1 MONTH OF
FREE
READING

at

www.ForgottenBooks.com

By purchasing this book you are eligible for one month membership to ForgottenBooks.com, giving you unlimited access to our entire collection of over 1,000,000 titles via our web site and mobile apps.

To claim your free month visit:
www.forgottenbooks.com/free579252

ISBN 978-0-666-34472-4
PIBN 10579252

This book is a reproduction of an important historical work. Forgotten Books uses
state-of-the-art technology to digitally reconstruct the work, preserving the original format
whilst repairing imperfections present in the aged copy. In rare cases, an imperfection in
the original, such as a blemish or missing page, may be replicated in our edition. We do,
however, repair the vast majority of imperfections successfully; any imperfections that
remain are intentionally left to preserve the state of such historical works.

Allgemeine Geschichte

in

Einzeldarstellungen.

Unter Mitwirkung von

Felix Bamberg, F. v. Bezold, Alex. Brückner, Felix Dahn,
G. Dröysen, Joh. Dümichen, Bernh. Erdmannsdörffer, Th. Flathe,
Ludw. Geiger, Gust. Hertzberg, Ferd. Justi, Friedrich Kapp, B. Kugler,
S. Lefmann, A. Müller, W. Oncken, M. Philippson, H. Prutz, S. Ruge,
Th. Schiemann, Eberh. Schrader, B. Stade, A. Stern, Ed. Winkelmann,
Adam Wolf, H. v. Zwiedineck-Südenhorst

herausgegeben

von

Wilhelm Oncken.

Dritte Hauptabtheilung.

Neunter Theil.

Oesterreich unter Maria Theresia, Josef II. und Leopold II.

Von Adam Wolf und H. von Zwiedineck.

Berlin,

G. Grote'sche Verlagsbuchhandlung.

1884.

Oesterreich

unter

Maria Theresia, Josef II. und Leopold II.

1740—1792.

Von

Dr. Adam Wolf,

k. k. Regierungsrath, Professor an der Universität Graz, Mitglied der k. Akademie
der Wissenschaften in Wien,

und

Dr. Hans von Zwiedineck=Südenhorst,

Steiermärkischer Landes=Bibliothekar und Privatdocent an der Universität Graz.

Mit Illustrationen und Porträts.

Berlin,

G. Grote'sche Verlagsbuchhandlung.

1884.

Druck von Fiſcher & Wittig in Leipzig.

Beginn des Satzes am 10. Juli 1882.

Vorwort.

Die Darstellung des Sonderlebens der österreichischen Länder in der
Zeit, in welcher ihre Vereinigung zu einem staatlichen Ganzen von drei geistig
hervorragenden Regenten des Hauses Habsburg-Lothringen versucht und theil=
weise angebahnt wurde, sowie die Feststellung ihrer Beziehungen zu den Nachbar=
staaten und ihres Einflusses auf die Gestaltung der allgemein=europäischen
und speciell deutschen Verhältnisse ist die Aufgabe des vorliegenden Buches, das
ähnlich, wie Brückners „Katharina II. von Rußland" als Ergänzung zu der
von dem Herausgeber des Gesammtwerkes übernommenen, umfassenden Behand=
lung des „Zeitalters Friedrichs des Großen" und des „Zeitalters der Revolution,
des Kaiserreiches und der Befreiungskriege" hinzutritt. Es war unvermeidlich,
daß sich zwischen den genannten Arbeiten Berührungen ergaben, daß dieselben
Ereignisse mehrfach erzählt und beurtheilt werden, daß selbst einzelne Ver=
schiedenheiten in der Auffassung zu Tage treten. Den einsichtsvollen Leser,
welcher die historische Lectüre mit der Absicht betreibt, sich auf Grund der
gewonnenen Bereicherung seiner Kenntnisse ein selbständiges Urtheil zu bilden,
werden die kleinen Differenzen in seinem Streben nicht hindern; er wird für
einzelne Zweifel, die ihm etwa ungelöst bleiben, durch die Thatsache entschädigt,
daß sich die Anschauung so mancher Zustände und Persönlichkeiten plastischer
gestaltet, wenn ihr mehrere Gesichtspunkte eröffnet sind. Ein flüchtiger Blick
auf die stoffliche Gliederung dieses Buches wird ihn belehren, daß die
äußeren politischen Verhältnisse der Habsburgischen Monarchie nur soweit
berücksichtigt wurden, als sie zur Erklärung der inneren Entwicklung unbedingt
erforderlich und geeignet sind, die Lage der Dynastie und ihre Haltung, ihre
Tendenzen und Ziele verständlich zu machen.

Es war dem Verfasser der drei ersten Bücher dieses Werkes nicht ver=
gönnt, dasselbe zu Ende zu führen. Ein organisches Leiden, das im Früh=
jahre 1883 seine ersten Vorboten fühlbar gemacht hatte, raffte Adam Wolf
am 25. October desselben Jahres dahin. Einem Wunsche des Verblichenen
folgend, übernahm der Unterzeichnete, als dessen ehemaliger Schüler, die
Vollendung des verwaisten Werkes, indem er dabei die flüchtigen Notizen,
welche Wolf für das vierte Buch zusammengestellt hatte, mit freundlicher Zu=
stimmung der Witwe des Autors, zu benützen Gelegenheit fand. Dieselben
konnten wegen ihrer Unvollständigkeit nicht als Grundlage der Darstellung
dienen, die eine vollkommen selbständige ist, doch wurde es möglich, einige

von Wolf gesammelte Materialien, sowie manche Bemerkung des zu früh dahingegangenen geistvollen Kenners und Beurtheilers der österreichischen Verhältnisse, namentlich im zweiten und dritten Kapitel, für dieselbe zu verwerthen.

In dem Schlußkapitel wird der Versuch gemacht, zu den kulturhistorischen Schilderungen, welche Wolf seiner Erzählung bereits eingefügt hat, einige Zusätze zu liefern, doch war in dem engen gegebenen Rahmen die Erreichung einer auch nur annähernden Vollständigkeit ausgeschlossen. Da in dieser Richtung eine zusammenfassende Arbeit ohnehin noch nicht vorliegt, so dürften vielleicht auch diese Skizzen nicht ganz unerwünscht sein.

Es kann demjenigen, dem die Fortsetzung eines in der Hauptanlage bereits feststehenden Werkes zufiel, nicht gestattet sein, sich über die Ideen und Absichten des Schöpfers des Grundbaues weiter zu verbreiten, nachdem dessen Mund leider für immer verstummen mußte, ehe er sich darüber ausgesprochen hatte; schon die Möglichkeit eines Irrthums müßte von einem solchen Unternehmen abhalten. Vielleicht wird eine aufmerksame Prüfung der doch in jeder Geschichtserzählung sich äußernden Gesinnung die vollkommene Uebereinstimmung vermissen, die zwar von dem Unterzeichneten angestrebt, aber doch nicht in jedem Punkte erreicht werden konnte. Sollte demselben daraus ein Vorwurf gemacht werden, so muß er dagegen das Bewußtsein in die Wagschale legen, daß er sich von jeder inneren Unwahrheit frei gehalten hat und in der Lage ist, jebe in seiner Darstellung ausgesprochene Meinung vollständig zu vertreten. Das redliche Bemühen, fern von jeder Schönfärberei die Ereignisse und Personen zu kennzeichnen, wie sie die bis jetzt veröffentlichten Quellen erkennen lassen, wird gewiß jedem der beiden Erzähler zugestanden werden.

Graz, im März 1884.

H. v. Zwiedineck-Südenhorst.

Einleitung.

Oesterreich 1650—1740.

Der Staat Oesterreich oder, wie er gegenwärtig genannt wird, Oester-reich-Ungarn, ist eine Schöpfung der Neuzeit. Im Mittelalter waren Deutsch-Oesterreich, Ungarn und Böhmen getrennte staatliche Individuen, verschieden durch den Volksgeist, die Sprache, Cultur und Politik. Von der Mitte des 13. Jahrhunderts an beginnen von österreichischer, böhmischer und ungarischer Seite her die Versuche zur Vereinigung der getrennten Gebiete und damit zur Bildung eines größeren Staatswesens. Dem Habsburger Ferdinand I. war es vorbehalten, das zu erreichen, was sein Urahn Rudolf von Habsburg vorgezeichnet, was der gewaltige Ottokar II. von Böhmen versucht und was Friedrich III. und Maximilian I. mit vieler Sorge und Arbeit vor-bereitet hatten: die Vereinigung Böhmens und Ungarns mit Deutsch-Oester-reich. Seit 1526 tritt Oesterreich aus Deutschland heraus und wird ein selbständiger europäischer Staat. Von nun an ist es nicht mehr die deutsche Politik und Cultur allein, welche sein Leben trägt und hebt, sondern die Gemeinschaft der Interessen deutscher, slavischer und magyarischer Stämme, und vor allem der dynastische Gedanke mit seinem Recht, seiner Macht und seiner europäischen Geltung. Dieses neue Oesterreich des 16. und 17. Jahr-hunderts hatte noch einen schmalen Leib. Seine Spitzen erreichten im Norden die mittlere Oder, im Süden das Meer. In der Mitte war dieser Leib so eingekerbt, daß nur eine Straße aus Kärnten nach Tirol führte und das türkische Gebiet kaum einen Tagmarsch von der steirischen Grenze entfernt war. Wien war eine befestigte Grenzstadt und Ungarn in seinen besten Theilen ein türkisches Paschalik. Erst als nach den langen Kriegen von 1683 bis 1718 Ungarn und Siebenbürgen erobert wurden, erschien die Staatsmacht Oesterreichs sicher begründet. Noch im Laufe des 18. Jahrhunderts hat seine territoriale Gestaltung Veränderungen erfahren. Die Grundlage seiner Macht blieben immer die deutsch-böhmischen und ungarischen Erbländer; aber das Haus Oesterreich besaß noch von der spanischen Erbschaft die Niederlande, die Lombardei, Parma, und Toscana wurde seit dem Aussterben der Medici von der österreichischen Dynastie beherrscht. Diese geographische Lage, welche die alten universalen Tendenzen der Habsburger geschaffen hatten, bedingte den fortdauernden Widerstand gegen die französische Politik, die Vorherrschaft in Deutschland und Italien, sowie den Einfluß auf den slavischen Osten und Norden und damit die Theilnahme an allen großen Fragen der europäischen Politik. Nicht wenig hat seine nationale Zusammensetzung zu der Verbindung mit dem großen europäischen Volksleben beigetragen. Oesterreich war kein

1*

nationaler Staat, seine Fürsten haben auch niemals nationale Politik ge=
trieben, aber jede große Volksbewegung: der Kirchenstreit im Mittelalter,
die Reformation, die deutsche und romanische Cultur, das Wiedererwachen
der Slaven haben ihre Spuren in Oesterreich zurückgelassen. Oesterreich er=
schien wie ein Mittelpunkt der europäischen Interessen; es wurde von allen
Händeln und Verwicklungen berührt, niemals konnte es sich der Theilnahme
daran entschlagen, und ebenso wirkten seine Neuerungen und inneren Kämpfe
nicht blos auf seine Nachbarn sondern in weiteren Kreisen auf das große
europäische Staatsleben zurück. Noch galt Oesterreich als die erste deutsche
Großmacht. Eine staatsrechtliche Trennung Oesterreichs von Deutschland war
niemals ausgesprochen, noch gehörten die deutschen und böhmischen Erb=
länder zum Reich, die deutsche Kaiserkrone blieb bei dem Hause Oesterreich,
seine Boten kamen zu den deutschen Wahlen und Reichstagen. Die Habs=
burger hüteten mit Ausdauer und Eifersucht die Beziehungen ihres Staates
zur deutschen Föderation, und Deutschland erkannte in Oesterreich die Macht,
„welche die Wagschale in Europa erhalten und die Freiheit und Wohlfahrt
des deutschen Vaterlandes vertheidigen konnte." Dessenungeachtet war Oester=
reich seit dem westfälischen Frieden noch mehr aus dem unmittelbaren
deutschen Leben herausgewachsen. Die Herrschaft über den slavischen und
magyarischen Osten, das Familienrecht, welches seine Dynastie in Anspruch
nahm, das Kaiserthum und die Stellung als kirchliche Vormacht gaben dem
Staate eine europäische Bedeutung. Seine besonderen Interessen hatten nicht
mehr die gleichen politischen Ziele der deutschen Territorien und umgekehrt
gingen die großen und kleinen deutschen Fürsten inner= und außerhalb der
Verfassung ihre besonderen Wege. Der Volksgebrauch und die Literatur
faßten bereits am Ende des 17. Jahrhunderts die österreichische Monarchie
als Oesterreich zusammen, seine Dynastie nannte sich das Haus Oesterreich
und bezeichnete damit die Selbständigkeit und Souveränität des Reiches.

Diese Selbständigkeit hat sich jedoch Oesterreich in schweren Kämpfen
erringen müssen. Mehrmals schien diese Macht mit einem scheinbar unver=
meidlichen Untergange bedroht: so 1529 und 1683 bei dem Ansturm der
Türken, so zur Zeit des Bruderkrieges 1609, und 1618 zur Zeit der böh=
mischen Revolution, so 1704 beim Einfall der Ungarn und 1740 bei der
Verschwörung von halb Europa gegen Oesterreich. Ebenso oft haben sich
auch in Oesterreich Wandlungen vollzogen, wenn sie am wenigsten erwartet
wurden; von der äußersten Schwäche erfolgte der Uebergang zu Kraft und
Stärke und inmitten der Bedrängniß erwachte im Volke das Gefühl der Zu=
sammengehörigkeit. Das gemeinsam vergossene Blut und die gemeinsame Noth
und eine gewisse äußere Nothwendigkeit hielten die Völker Oesterreichs an=
einander gekettet und über alle nationale und sociale Gegensätze hinaus erhob
sich das gemeinsame Herrscherhaus als die starke Burg des Zusammenhaltens
und Verbindens.

Ohne Zweifel haben die Herrscher das Meiste zu dieser Entwicklung beigetragen. Die meisten Habsburger waren sorgsame Herrscher, bedacht auf das Wohl des Volks und die Bestrafung des Unrechts, fromm, stolz, allen großen Neuerungen abgeneigt, voll Seelenruhe und Gottvertrauen im Mißgeschick. Ihre Politik regelte sich nicht so sehr nach allgemeinen Grundsätzen als nach den Thatsachen, nach dem Recht und nach der Möglichkeit des Erfolges. Sie stärkten im Innern den Absolutismus und die Staatskraft, sie hielten mit eiserner Gewalt alles selbstsüchtige Einzelstreben nieder und gaben den Provinzen den Impuls, als Glieder eines mächtigen Staates zu handeln, zu dulden, zu geben und zu empfangen. Die Idee eines Gesammtstaates hatte sich in den Habsburgern vom 16. Jahrhundert an von Geschlecht zu Geschlecht fortgeerbt. Ferdinand II. hat die Untheilbarkeit der österreichischen Erbländer verfügt. Leopold I. setzte in Ungarn die Erbfolgerechte seines Hauses durch und vereinigte Tirol mit dem Reiche. Karl VI. erneuerte in der pragmatischen Sauction die Erbfolge seines Hauses und sprach die Untheilbarkeit der österreichischen Länder abermals aus. Uebrigens haben die drei letzten Habsburger ihre äußere und innere Politik wenig verändert. Sie hielten ihre dynastischen Ansprüche, die Stellung in Deutschland, die absolute Gewalt und die feudale Staatsordnung aufrecht, nur die streng kirchliche Politik der Ferdinande haben sie aufgegeben.

Leopold I. (1657—1705), der zweite Sohn Kaiser Ferdinand II., geboren 1640, kam in jungen Jahren zur Regierung in Oesterreich und wurde mit 18 Jahren zum deutschen Kaiser gewählt. Jung, unerfahren und schwach hing er in der ersten Hälfte seiner Regierung von Ministern und Günstlingen ab, aber in der zweiten Hälfte seines Lebens griff er thätig und selbständig in Regierung und Politik ein. So friedliebend seine Natur war, brachte er sein Leben mit kurzen Unterbrechungen in Kriegen gegen die Türken und Franzosen zu: gegen die Türken von 1662—1664 und 1683 bis 1699, gegen Frankreich von 1672—1679, von 1688—1697 und von 1702 bis zu seinem Tod 1705. Bei Beginn des Türkenkrieges besaß Oesterreich nur ein Drittel von Ungarn; der größte Theil des Landes stand unter der Herrschaft des Halbmondes, die ungarischen Gegenkönige waren Vasallen der Pforte, erst durch den Frieden von Carlowitz wurden ganz Ungarn und Siebenbürgen wieder ein Glied des Reichs. Weniger glücklich war Leopold I. in den Kriegen gegen Frankreich. Oesterreichische und deutsche Interessen flossen dabei in einander, die deutschen Truppen fochten für Oesterreich und die Oesterreicher für Deutschland, aber der Verlauf der Kriege bezeichnete die Ohnmacht des Reichs, die Zerfahrenheit der Fürsten und den steigenden Einfluß Frankreichs auf die kleinen geistlichen und weltlichen Höfe. Im ersten Kriege blieb Frankreich siegreich; es behielt im ruhmlosen Frieden von Nimwegen die Freigrafschaft, eine ganze Reihe fester Städte in den Niederlanden, Freiburg im Breisgau. Lothringen blieb von Frankreich besetzt, die Rheinlande waren verwüstet, die verbündeten Mächte getrennt und geschlagen und Ludwig XIV. mächtiger als je. Im zweiten Kriege hatte das deutsche

Reich abermals den Stoß des französischen Angriffs abzuwehren. Leopold I. stützte sich auf Hannover und Brandenburg, aber der Krieg endete mit der Niederlage der österreichischen Waffen. Im Ryswicker Frieden kamen Trier, Freiburg und der Breisgau zurück, aber Straßburg und Elsaß blieben bei Frankreich. Erst im dritten Kriege, der wegen der spanischen Erbfolge geführt wurde, gelang es Oesterreich im Bündniß mit Deutschland und den Seemächten die Feinde zu schlagen. Leopold I. erlebte es noch, daß Frankreich gedemüthigt, Deutschland befreit und die Hoffnung auf einen ruhmvollen Ausgang eröffnet wurde. In allen diesen Kriegen erschien Oesterreich als der Führer der deutschen Nation, als der Schirm und Schutz der deutschen Cultur und Freiheit zwischen dem romanischen und dem slavischen Cäsarismus; aber eine tiefer gehende Verbindung mit Deutschland trat nicht ein. Das Reich war mehr eine europäische Conföderation als ein nationaler Staat, von den neun Kurfürsten waren vier zugleich Herrscher in außerdeutschen Ländern, und die kleineren Fürsten folgten ihren besonderen Zielen. Oesterreich blieb durch seine streng katholische Richtung, durch seine Hausinteressen, durch die Unterdrückung aller autonomen Gewalten, sowie durch die fremdartige, halb deutsche und halb spanische Cultur dem deutschen Volke entfremdet. Leopold I. war ein frommer, sittlicher, dabei etwas steifer und pedantischer Herrscher. In der Regierung stützte er sich vornehmlich auf die aristokratischen und clericalen Elemente. Er zeigte denselben Absolutismus, welchen sein Vater und Großvater gegründet, und dasselbe Streben, die Provinzen niederzuhalten. Er war gewissermaßen der erste Kaiser von Oesterreich. Er betonte die Einheit des Heerwesens und verpflichtete alle Reichstheile zur Erhaltung der Armee, er erließ Steuerpatente fürs ganze Reich und bereitete eine allgemeine Gesetzgebung vor. Das geheime Rathscollegium, der Hofkriegsrath und die österreichische Hofkanzlei erschienen als Centralstellen für das ganze Reich, aber der alte Verwaltungsmechanismus verhinderte eine durchgreifende einheitliche Leitung. Die ständischen Befugnisse kamen kaum in Betracht. Die Stände selbst ließen ihre Rechte fallen oder die Regierung setzte sich einfach darüber hinweg. Maria Theresia sagte: „Leopold I. war unter meinen Vorfahren derjenige, so über seine landesfürstliche Autorität Hand hielt und solche gegen jedermann zu mainteniren gedacht." Auch Ungarn sollte nach der Verschwörung von 1670 auf österreichischen Fuß eingerichtet werden, d. h. die Verfassung sollte beschränkt, die mächtigen Stände zu berathenden Ständen herabgedrückt und eine absolute Regierung eingeführt werden. Von 1673 bis 1681 bestand ein Gubernium in Ungarn, welches durchaus vom Hofe abhängig war und die Einführung einer bureaukratischen Verwaltung vorbereiten sollte. Während die Slaven diese Aenderung willig aufnahmen, hat die Freiheitsliebe und Energie des magyarischen Adels diese Centralisation wieder gestürzt. Leopold I. erklärte im Reichstage zu Preßburg 1687: das Recht der Waffen, die für Ungarns Wiedereroberung aufgewendeten

Kaiser Karl VI.

Nach dem 1728 von Andreas und Joseph Schmutzer (1700—1741) ausgeführten Kupferstich.

Kosten berechtigten ihn, das Reich neu zu constituiren, aber er wolle aus angestammter Gnade die alte Verfassung belassen. Dafür entsagten die Ungarn der Wahlfreiheit, der Widerstandsklausel von 1222 und anerkannten die österreichische Erbfolge mit dem Rechte der Primogenitur. Leopold I. starb 1705, 65 Jahre alt.

Josef I. (1705—1711), ein frischer, ritterlicher Herr mit feurigem Wesen und weitem Blick, nahm nach außen die Politik seines Vaters auf. Er bekämpfte mit den Seemächten vereint Ludwig XIV. so glücklich, daß dieser zu einem schmachvollen Frieden genöthigt war. Der Kaiser konnte 1710 dem Reichstag in Regensburg sagen lassen: Deutschland müsse ganz Elsaß und Lothringen fordern, sonst sei kein Friede, keine Sicherheit zu erwarten. Die österreichischen und deutschen Truppen eroberten Neapel, Mailand, Baiern und die spanischen Niederlande. In Ungarn hatte Josef die wilde Empörung zu bekämpfen, welche von Frankreich angeregt und unterstützt war, und die Führer sprachen ihm sogar das Thronrecht ab. Der Kaiser gedachte sich zu vergleichen, aber er erlebte den Frieden nicht mehr, welcher den Bürgerkrieg endete und die Königsgewalt wieder herstellte. Auch im Innern folgte er der überlieferten Politik seines Vaters. Nur erschien er in religiöser Beziehung etwas freier gesinnt. Er anerkannte 1707 die Religionsfreiheit der Protestanten in Schlesien, zeigte sich den Jesuiten abgeneigt und schien sogar entschlossen, den Papst zu bekämpfen, welcher den Bourbons günstig war und dem Kaiser mit dem Bannfluche drohte. Uebrigens hat seine Regierung an den bestehenden Verhältnissen in der Verfassung und Verwaltung nichts geändert. Auch seine Minister waren conservativ. Selbst Prinz Eugen vermochte die alte Regierungswirthschaft, die Macht des hohen Adels und die Wucht der finanziellen Mißbräuche nicht zu durchbrechen. Das Verhängniß bereitete Josef I. einen frühen Tod (17. April 1711).

Karl VI. (1711—1740), der zweite Sohn Leopold I., geboren 1685, war in jungen Jahren bestimmt, in Spanien eine zweite Linie des Hauses Oesterreich zu gründen. Leopold I. hatte ihm deßwegen 1703 seine Erbfolgerechte übertragen. Glück und Erfolg in Spanien hingen von dem großen Kriege ab, aber der junge König vermochte Catalonien und Barcelona zu behaupten, bis ihn der rasche Tod des Kaisers Josef nach Oesterreich zurückführte. Von fremden Räthen beeinflußt und von fremdartigen Erinnerungen durchdrungen lebte er sich erst allmählich in die heimischen Verhältnisse ein. Er war damals 27 Jahre, von männlicher Schönheit und Kraft, voll Bewußtsein seiner Hoheit, der Jagd, der Musik, den bildenden Künsten und dem Vergnügen des gesellschaftlichen Lebens sehr ergeben. Er schien in seinem steifen Ernste viel mehr althabsburgisch als sein feuriger Bruder. Nur im nahen Verkehr wurde er zutraulich; oftmals fiel er Fremden und Günstlingen anheim. Nach außen und innen folgte er der Politik seines Vaters und Bruders. Ohne Widerstand erhielt er 1711 die Kaiserkrone. Als er nach Oesterreich kam, huldigte ihm alles, Adel, Clerus und Bürgerthum, und nach dem

Styl der Zeit in wahrhaft orientalischer Unterwürfigkeit. Die niederösterreichischen
Stände begrüßten ihn mit den Worten: „des Himmelsfürsten Licht erstarrt ob
dem allerhöchsten niemals gesehenen Glanze; der Erdkreis wird zu klein zum
Schauplatz solcher Werke, wobei die treuen gehorsamesten Stände meinen,
den Gipfel des Glücks erstiegen zu haben, daß sie sich zu Eurer Majestät
Füßen legen dürfen. Die vorigen goldenen Zeiten sind gegen diese eisern,
da uns die Sonne eine lebende Glückseligkeit vor Augen schwebt." In Ungarn
fand er die Revolution geschlossen, die Regentschaft hatte den Frieden von
Szathmar bestätigt. Nachdem er 1712 die Verfassungsrechte beschworen hatte,
wurde er unbedingt anerkannt. Es gelang ihm, da er die Ungarn durch
Ungarn beherrschte, einige wesentliche Reformen durchzuführen und namentlich
1731 die Protestanten nach einem mehr als hundertjährigen Streite mit den
Katholiken zu befriedigen.

In der That erschien der junge Kaiser bei Beginn seiner Regierung als
ein Fürst, der seinem Volke Glück und Frieden bringt. Nur ungern fügte
er sich dem Spruch der Seemächte, welche in Utrecht die spanische Monarchie
zwischen den Bourbons und Habsburgern theilten. Karl VI. erhielt die
spanischen Niederlande, Neapel, Mailand, die toscanischen Häfen, die Insel
Sardinien, welche bald gegen Sicilien vertauscht wurde. Der Kampf gegen
die Pforte (1716—1718) brachte unter Prinz Eugens tapferer Führung
Sieg nach Sieg, und im Passarowitzer Frieden erhielt Oesterreich das Banat,
die kleine Walachei und den nördlichen Theil Serbiens mit Belgrad. Nicht
alles, was Leopold I. angestrebt, hat Karl VI. erreicht, aber das, was
für Oesterreich von Vortheil war: das Uebergewicht in Italien und Deutsch=
land, den freien Weg an die untere Donau und in die türkischen Vasallen=
länder. „Niemals war die Monarchie", schrieb Maria Theresia, „stärker
als von 1720—1734 und niemand wird sich zu widersprechen anmaßen,
daß meines Herrn Vaters Majestät ein erleuchteter und kluger Regent gewesen.
Ohne von den auswärtigen unter seiner Botmäßigkeit gestandenen Ländern,
besonders Neapel und Sicilien zu reden, die doch einige Millionen an Baar=
schaft zur Bereicherung des publici jährlich anher gebracht, bestanden die
Erblande aus all dem, so jetzo selbe ausmachen und ganz Schlesien, Glatz,
aus der diesseitigen Walachei, aus Serbien und dem Antheil des Temes=
varer Banates und dennoch hatte der Hof zu Friedenszeiten nicht mehr als
60,000 Köpf regulirter Mannschaft."

Im Innern bezeichnen jene Jahre von 1720—34 eine Zeit des Friedens,
des Wohlstandes und einer wirthschaftlichen und wahrhaft künstlerischen
Thätigkeit. Das Volk erholte sich aus der Noth, welche die Reformation
und die großen Kriege gebracht hatten, viele Gutsherren bemühten sich, die
Wunden zu heilen und die verkommene Oekonomie aufzurichten. Schlösser
und Stifte wurden umgebaut, die letzteren glänzten von Gold, Marmor und
Malereien, die Fremden rühmten die Redlichkeit, Gemüthlichkeit und Gastfreiheit
der Oesterreicher. Der Wiener Hof zeigte eine Pracht ohne Gleichen, alles

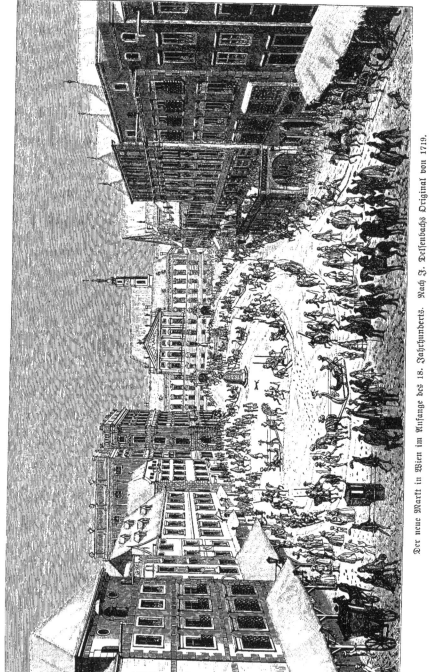

Der neue Markt in Wien im Anfange des 18. Jahrhunderts. Nach J. Delsenbachs Original von 1719.

suchte in seine Nähe zu kommen, sich zu sonnen, zu glänzen, zu erwerben und
zu genießen. Wien, welches noch 1683 nur 1228 Häuser und 50,000 Ein=
wohner zählte, war in lebhaftem Aufschwung begriffen und begann sich nach
außen und innen zu schmücken. Paläste und Kirchen wurden gebaut, das Kunst=
handwerk war in seiner Blüthe. An den Gebäuden der Vorstädte wurden
schöne Gärten angelegt, ringsum hatten Hofherren und Beamte ihre Güter mit
prachtvoll eingerichteten Schlössern, Gärten und Parks. Unverkennbar waren
die Spuren einer neuen Zeit in kirchlichen und weltlichen Dingen. Die Je=
suiten konnten ihren politischen Einfluß nicht wieder erringen. Männer und
Corporationen traten mit unabhängiger Gesinnung und freiem Muthe dem
gefürchteten Orden entgegen. Die Regierung selbst beschwerte sich 1724 über
das Unterrichtssystem der Jesuiten, der Gymnasial=Lehrplan von 1735 war
gegen sie gerichtet. Die Regierung begann die Klöster zu überwachen, ihren
Besitz zu beschränken und die alten Amortisationsgesetze zu erneuern. Die
Nothwendigkeit einer Reform des Unterrichtes wurde empfunden und ange=
bahnt. Dabei blieb die katholische Religion die Staatsreligion und wo der
Protestantismus auftrat, wurde er verfolgt und unterdrückt. Als 1731 der
Erzbischof von Salzburg die protestantischen Bauern aus dem Lande wies,
begann auch in den benachbarten Alpenländern, Steiermark, Kärnten und
Oesterreich eine strenge Verfolgung; die protestantischen Bauern mußten ihre
Heimath verlassen und sich in Siebenbürgen ansiedeln. Die Regierung wollte
damit die deutschen Länder von dem widerspenstigen Elemente befreien und
der Bevölkerung Siebenbürgens frisches Blut zuführen. Von 1734 an sind
wiederholt solche Züge von „Transmigranten" in Siebenbürgen eingetroffen
und erst 1774 wurde durch den Einfluß Josef II. diese gewaltsame Ab=
stiftung der Protestanten eingestellt.

Dabei blieb Oesterreich in seiner inneren Form und seinem ganzen
Wesen nach ein mittelalterlicher Staat, ein föderativer, feudaler Patrimonial=
staat. Es gab keine einheitliche Verfassung, kein gemeinsames Recht, keine
gleichmäßige Verwaltung. Die Provinzen bildeten drei Gruppen: Deutsch=
österreich, Böhmen, Mähren und Schlesien, und Ungarn mit seinen Neben=
ländern. Jede dieser Gruppen hatte ihre eigene Rechtspflege, Polizei und
Wehrpflicht, ja sogar eigene Zolllinien und Zollgesetze. Gemeinsam waren
nur die Dynastie, die oberste Staatsgewalt, einzelne Zweige der Regierung.
In Deutschösterreich wurde die oberste Staatsgewalt durch den geheimen
Rath, seit 1709 durch die sogenannte enge Conferenz vertreten, welche alle
Fragen über Krieg und Frieden, über Gesetzgebung und Verwaltung ent=
schieden hat. Als Ministerien für das ganze Reich fungirten der Hofkriegs=
rath für das Heer und die Grenzvertheidigung, die Hofkammer für die
gemeinsamen Einkünfte und Auslagen, und die Staatskanzlei für die aus=
wärtigen Angelegenheiten. Die föderative Natur des Reiches war auch sicht=
bar in der österreichischen, böhmischen und ungarischen Hofkanzlei, sowie in
den verschiedenen Landesbehörden. Weder die Rechtsgesetzgebung noch die

Rechtspflege hatten einen einheitlichen Charakter, Justiz und Verwaltung waren nicht getrennt, jede Gruppe der Provinzen hatte ihr Obergericht, das noch ständisch aus den Gliedern des Herren= und Ritterstandes zusammen= gesetzt war. Zwischen den Central= und Provinzialbehörden war keine feste Grenze gezogen, die Amtsbefugnisse waren wechselnd, der Geschäftsgang un= regelmäßig. Nur die collegiale Berathung gewährte Sicherheit und Freiheit. Nach unten verlief die Verwaltung in ein wahres Wurzelwerk autonomer Gewalten, welche jedoch durchaus ein Bild der Unordnung und Verfallenheit zeigten. Die Staatsgewalt hat sie überwacht, zerklüftet, aber sie vermochte nicht in den Volksboden zu bringen.

Eine gemeinsame Vertretung war nach dem gewaltsamen Anlauf von 1609 und 1610 gar nicht wieder versucht worden. Jede Provinz, jede Landschaft hatte ihre eigenen Verfassungsgesetze, ihren eigenen Landtag. Leopold I. und Karl VI. haben diese Provinzialverfassung, wie sie von Ferdinand II. und III. geordnet und begrenzt war, in Form und Recht anerkannt. Karl VI. war der letzte Landesfürst, welcher 1728 die Verfassung von Steiermark d. h. die ständischen Rechte und Freiheiten „mit aufgereckten Fingern und entblößtem Haupte" beschworen hat. Das ständische Gefüge und das Ausmaß der ständischen Rechte waren gleichartig, es gab hierin nur wenig provinzielle Verschiedenheiten. Im allgemeinen galt der Grundsatz, daß der Grundbesitz zur Standschaft berechtige und der Gutsherr allein das Interesse der Gutsangehörigen vertreten könne. Das Hauptgewicht lag deßhalb im Herren= und Ritterstande. Der Bauernstand war nur in Tirol vertreten und das Bürgerthum hatte in der Reformationszeit seine politischen Rechte beinahe gänzlich verloren. Die oberen Stände hatten Einzelstimmen, der Bürgerstand nur eine oder zwei Gesammtstimmen, in allen Landtagen wurden die bürger= lichen Abgeordneten von den oberen Ständen mit besonderer Geringschätzung behandelt, sie erschienen immer seltener und blieben endlich ganz aus. Die ständischen Rechte waren in allen Provinzen auf ein gleiches Maß herab= gedrückt. Das Recht der Gesetzgebung, des Krieges und Friedens, das oberste Richteramt, die Adelsverleihung gehörten unbedingt der Krone. Die Er= richtung von Zöllen und Mauthen, das Münzrecht waren staatlich geworden, die Stände hatten jedoch einen berathenden und mitwirkenden Einfluß in der Landesgesetzgebung und Verwaltung: so bei der Bewilligung der Grundsteuer, bei der Werbung und Verpflegung der Armee, bei den indirecten Steuern und Gefällen und in allen heimischen Angelegenheiten. Die Regierung ver= einbarte mit ihnen die neuen Bau=, Polizei= und Dienstbotenordnungen, das Steuerwesen ruhte ganz in ihrer Hand. Der Generalsteuereinnehmer in den Provinzen wurde bis 1714 von den Ständen bestellt. Diese Verfassung war historisch, rechtlich und konnte durch eine weise Reform verjüngt werden; mit Ausnahme der böhmischen Länder enthielt keine Verfassungsurkunde einen Para= graph, welcher die gesetzgebende Gewalt unbedingt der Krone zugesprochen hätte. Die Landhandfesten bestanden unverändert, in Tirol war ein wahr=

haft constitutionelles Regiment, aber in der Theorie und Praxis war die
souveräne Gewalt über die ständischen Rechte hinausgewachsen. Die Stände
hatten auch das Verständniß für eine wahre Freiheit verloren; von keiner
Seite her erfolgte ein Anstoß zu einer verstärkten Vertretung des Bürger=
thums oder zur Aufnahme des Bauernstandes. Sie bestätigten alle abge=
schmackten, widersprechenden und grausamen Gesetze. Die Stände des 17. und
18. Jahrhunderts waren durchaus aristokratisch und huldigten nur den Standes=
und Landesinteressen. Nur wenn die Regierung in die Rechte des grundbe=
sitzenden Adels eingriff, raffte sich derselbe zu einem Widerspruch auf. Dessen=
ungeachtet war der Absolutismus in Oesterreich niemals so stark als in
Frankreich, wo der Staat vollständig in der Person des Monarchen aufging
und wo es außer der Krone kein berechtigtes Staatsglied gab. Die öster=
reichischen Monarchen waren öfters schwach, wurden von Günstlingen und
hervorragenden Ministern geleitet, aber die souveräne Gewalt fand immer
Schranken in dem alten Landesrechte, in der kirchlichen Gewalt, in der
gesellschaftlichen Stellung des Adels und in den vielen abgeschlossenen Kreisen
der Stände und Gemeinden. Die letzten Habsburger waren viel weniger
absolute Herren als Maria Theresia und die ersten Fürsten des Habsburg=
Lothringer Namens.

Die vornehmste politische und sociale Stellung nahm, wie überall, der
Adel ein. Er bildete einen geschichtlich vorhandenen Stand und in Wesen=
heit eine wahre starke Grundaristokratie, denn der Dienstadel erschien nur als
eine Abzweigung davon. Die Reihen dieses Adels waren jedoch seit der
Reformationszeit stark gelichtet. Während die Zahl der Herrengeschlechter
unverändert geblieben war und sich neu ergänzte, war der Ritterstand in
steter Abnahme begriffen und konnte seine Stellung trotz der vielen neu=
geadelten Familien nicht behaupten. In den nördlichen Provinzen war das
Junkerthum beinahe gänzlich vernichtet, nur in Tirol und in Niederösterreich
hatte sich ein zahlreicher kleiner Adel erhalten. Rechte, Stellung und Einfluß
besaß allein der hohe Adel, er suchte sich überall über den niederen Adel empor=
zuheben und die verlorene politische Autorität durch neuen Glanz und Ehren zu
ersetzen. Namentlich wurde in den Jahren von 1600—1740 viel Reichsadel
geschaffen; die Titel Reichsgraf oder Reichsfürst wurden sehr begehrt. Ebenso
stammen die meisten Majorate und Fideikommisse aus der Zeit der letzten
Habsburger. Dieser Adel erschien noch immer als Provinzialadel, denn es gab
keine österreichische Landtafel oder kein Adelsbuch, aber die meisten Familien
besaßen Güter in den deutschen und böhmischen Provinzen und vertraten das
Interesse des Gesammtstandes. Dieser hohe Adel, „der an den Stufen des
Thrones geboren," wie der Ausdruck lautete, bildete eine besondere Genossen=
schaft, welche sich streng vom Ritteradel und den neugeadelten Familien unter=
schied. Die Dynastie und ihre Regierung fühlten das Bedürfniß, sich auf
diese Genossenschaft zu stützen. Die Landes= und Hofämter, die Minister=
und Präsidentenstellen, die Bischofsitze wurden größtentheils mit vornehmen

Die Freiung oder der Schottenplatz zu Wien im Anfange des 18. Jahrhunderts. Nach F. Deffenbachs Original von 1719.

Edelleuten besetzt, mehrere Adelige erhielten schon in der Wiege die Anwart=
schaft auf ein geistliches Amt. In der ersten Hälfte des 18. Jahrhunderts
bewahrte der Adel in Oesterreich seinen feudalen Charakter und die politische
Stellung noch unverletzt; er umgab den Hof, ertheilte den Fürsten Rath,
führte die Armee, bewilligte Geld und übernahm die Schulden; er beherrschte
das Volk und vermehrte die Sonderrechte, welche ihn als die ausschließlich
bevorrechtete und bevorzugte Classe aus der Gesammtheit des Volkes heraus=
hoben. Wie in England besaß der Grundadel gegen die Hintersassen gerichts=
herrliche und obrigkeitliche Rechte und Pflichten; er hielt die niedere Ver=
waltung und Justiz, das Patronats= und Schulwesen in der Hand, er war
von der Verpflichtung frei, auf eigene Kosten in den Krieg zu ziehen.

Der Clerus war in Oesterreich trotz der absoluten Gewalt der Curie
und der Krone mit einer Macht und Herrlichkeit ausgestattet, welche die welt=
lichen Rechte vielfach verdunkelte. Der Clerus erschien in der Landstube als
der erste Stand, er vermehrte seinen Besitz und griff vielfach in den Gang
des politischen Lebens ein. Die letzten Habsburger waren sich ihrer Hoheits=
rechte bewußt, aber als Schützer der Staatsinteressen gegen kirchliche Ueber=
griffe sind sie nur selten aufgetreten, nur das äußerste Gebot veranlaßte sie
zu Einschränkungen, um hie und da die staatlichen Rechte von den kirchlichen
Geboten aufzuheben. Schon Ferdinand III hatte die Veröffentlichung der
päpstlichen Bullen ohne Genehmigung der Regierung, die Visitation der Nuntien
untersagt, Karl VI. erneuerte die alten Amortisationsgesetze, aber die Regie=
rung wagte sich doch nicht an den Kirchenstaat in Oesterreich. Der Clerus
war in allen Provinzen der größte Grundbesitzer. Der Besitz der böhmischen
Geistlichkeit wurde auf 36 Millionen geschätzt; der Erzbischof von Prag und
das Domcapitel besaßen 16 Güter. Die großen Stifte der Benedictiner und
Cistercienser waren aus den religiösen Kämpfen unbeschädigt hervorgegangen,
nur einige Klösterlein waren verschwunden. Die todte Hand war seit der
Reformation wieder lebendig geworden, denn die Zahl der Klöster hatte sich
von 1650 an in erschreckender Weise vermehrt. Zu den alten Orden kamen
noch die Kapuziner, Serviten, Paulaner, die beschuhten und unbeschuhten
Augustiner, die Piaristen, die Klarisserinen und Karmeliterinen u. a. Noch
1769 zählte man in Deutschösterreich 2163 Klöster mit 64,890 Mönchen und
Nonnen. In Böhmen bestanden 119, in Steiermark 51 Klöster, in Nieder=
österreich 76 Stifte und Klöster, in Ungarn 147 mit 3578 Ordensleuten.
Seit die Päpste den Bettelorden den Erwerb an liegenden Gütern erlaubt
hatten, war das Klostergut stattlich angewachsen. Die Karthäuser, Domini=
caner, Karmeliter besaßen Güter, Häuser, Weingärten, Bergrechte, Kapitalien.
Der gewaltigste Orden war jedoch jener der Jesuiten, obwohl diese ihren
Höhepunkt bereits überschritten hatten. Schon unter Leopold I. war ihr
Einfluß in Regierungskreisen im Abnehmen, allein sie waren noch bis zur
Mitte des 18. Jahrhunderts allmächtig.

Gegenüber den bevorrechteten Ständen des Adels und der Geistlichkeit

erschien das Bürger= und Bauernthum nur als eine unterthänige Masse.
Das österreichische Volk war tief herabgekommen, der nationale Sinn ver=
kümmert, alles Leben in starren Gehorsam und Druck gebannt, so daß die
innere Entwicklung zum Stillstand kam und sein Organismus jeder selbständigen
Thätigkeit entbehrte. Mehr als ein Jahrhundert verging, bevor sich die Re=
gierung erinnerte, daß im Bauern= und Bürgerthum die eigentliche Kraft des
Staates ruhe und daß es Pflicht und Nothwendigkeit sei, der erloschenen
Volkskraft neues Leben einzuhauchen. In den deutschen Ländern, in Ober=
und Niederösterreich und in den Alpenländern, gab es keine Leibeigenschaft,
aber in Böhmen und Mähren lebte der Bauer in einem erbarmungswürdigen
Zustand. Im Mittelalter erfreute sich der böhmische Bauer einer ziemlich
ausgedehnten Freiheit, vom 15. Jahrhundert herauf wurde derselbe immer
mehr gedemüthigt und erniedrigt. Mit wenigen Ausnahmen war der Bauer
in den slavischen Ländern leibeigen, persönlich unfrei; er galt als Zubehör
des Grundes, seine Kinder als Zuwachs; in allen persönlichen Verhältnissen,
in Eigenthums= und Nutzungsfragen standen die Bauern unter dem Grund=
herrn. Maßlos waren die Abgaben, welche der Bauer zu leisten hatte, der
Grundherr, die Regierung und die Kirche griffen in gleicher Weise in seinen
Säkel. Die Robot war häufig der Willkür der Grundherren preisgegeben.
Der Bauer mußte für den Gutsherrn das Feld bestellen, Garn spinnen, Holz
fahren, Teiche säubern, Wege herstellen, das Wild treiben; er durfte sein
Getreide nur in der Herrenmühle mahlen lassen, Bier und Branntwein nur
aus der Herrenschänke beziehen. Die Uebersiedlung eines Bauern in die
Stadt galt als gesetzlicher Unfug, jedes bürgerliche Gewerbe war verboten,
nur die Hausindustrie der Schmiede, Schneider, Schuster und Weber gestattet.
In Böhmen und Mähren galt das Sprichwort: „Der Bauer ist wie eine
Weide, je mehr man sie beschneidet, desto besser wächst sie." Von Zeit zu
Zeit brachen Aufstände los: 1680 in Böhmen, 1662 und 88 in Krain, 1705,
1707 und 1715 in Mähren. Der vierte Stand blieb bis in die Mitte des
18. Jahrhunderts von der Regierung verlassen. Die Gesetze wurden mit den
Landständen vereinbart und hier waren das Herrenrecht und das Herren=
interesse vorwiegend. Die Regierung betrachtete noch immer das feudale
Verhältniß zwischen dem Grundherrn und dem Bauern als natürlich, rechtlich,
nothwendig. Wo sie eingriff, geschah es nur, um den Bauer vor allzu großer
Willkür zu schützen. Leopold I. erklärte noch 1679: „Der Unterthan ist
die Robot schuldig, aber die Obrigkeit soll ihn nicht beschweren und nicht
am eigenen Unterhalt und an der Nahrung verhindern." Das Patent von
1680 beschränkte die Robot auf drei Tage; das Erbgut soll dem Bauer nicht
abgedrungen werden, weite Fuhren, die Robot auf entlegenen Gütern, die
grausamen Strafen wurden verboten. Die böhmischen Herren brachten aber
Karl VI. dazu, in dem Patente vom 27. Jänner 1738 das frühere Gesetz
aufzuheben und die auf dasselbe gegründeten Privilegien des Bauernstandes
für null und nichtig zu erklären. Robot und Zehent sollen fortbestehen, wie

sie seit 32 Jahren in Brauch waren; der Grundherr kann, wenn Recht und Herkommen für ihn sprechen, die Robot bis zu vier und fünf Tagen fordern, er ist verpflichtet, ordentliche Grundbücher zu halten; er soll den Arbeitern wenigstens Brod geben, die Kinder nicht als Leibeigene sondern als Dienstleute gegen Kost und Lohn halten. Die Spuren des einstigen freien Lebens verschwanden wieder in den Dörfern, denn die Bauern wurden wieder rechtlos, leibeigen. Erst die großen Reformen Maria Theresias und Josef II. haben eine Milderung der Robot gebracht.

Im Verhältniß zum Bauernstand erschien das Bürgerthum beneidenswerth, aber auch hier waren seit der Gegenreformation der Verlust der Freiheit, der Stillstand der Arbeit, Kümmerniß und Beschränkung aller Art eingetreten. In der Verfassung galt das Bürgerthum der königlichen Städte als der vierte Stand. Derselbe wurde jedoch in den Landtagen nur durch wenige Abgeordnete vertreten und ihre Theilnahme beschränkte sich auf ein schriftliches Votum in der Steuerfrage. Die unterthänigen Städte waren wie die Dörfer den Grundherren unterworfen und mußten für dieselben zehenten und frohnden. Die Landesordnungen des 17. Jahrhunderts hatten an der corporativen Freiheit der städtischen Gemeinden nichts geändert, aber der neue Staat brach aus dem alten Bau einen Stein nach dem andern heraus, bis den Gemeinden nichts blieb als die Vertheilung der bürgerlichen und staatlichen Lasten, der Beirath in der Rechtspflege und die gemeinsame Arbeit. Eine gleichmäßige einheitliche Organisation des Bürgerthums hat es in Oesterreich so wenig als in Frankreich oder Deutschland gegeben. Jede Stadt bewahrte einige Fetzen der alten Verfassung und der alten Gebräuche. Im allgemeinen hatten die königlichen und freien Städte einen äußeren und inneren Rath als den Vertreter der Gemeinde und die Magistrate für die richterliche, polizeiliche und ökonomische Verwaltung. Bürgermeister und Räthe wurden von der Gemeinde gewählt und von der Regierung bestätigt. Aber die Bürger wurden von den Stadtämtern zu Gunsten der Juristen ausgeschlossen und dadurch dem Rechtsbewußtsein und der öffentlichen Freiheit entfremdet. Leopold I. ließ noch die städtische Selbstregierung unversehrt, Josef I. und Karl VI. beschränkten dieselbe in jeder Thätigkeit. Das gemeinsame Vermögen konnte seit 1724 nicht mehr von einem Rathsherrn, sondern nur unter Aufsicht des ganzen Magistrates verwaltet werden. 1726 wurde diese Verwaltung königlichen Wirthschaftsdirectoren zugewiesen. Seit 1734 durften nur Rechtsgelehrte in den Rath kommen. Bis in die josefinische Zeit hatten die königlichen und freien Städte das Strafrecht über die Bürger und Gemeindeangehörigen in erster und letzter Instanz. Der Mangel eines einheitlichen Rechts machte sich durch alle Provinzen fühlbar, aber weder die Regierung noch die Stände hatten den Muth, die alten Sonderrechte abzuschaffen. Einzelne Versuche geschahen nur im Sinne des provinziellen Rechtes. Vielfach war die Abstufung und Rangordnung der bürgerlichen Elemente. Die Großbürger hatten über die Kleinbürger, die Stadtbürger über die Vorstadtbürger das Uebergewicht. Wie überall war auch in Oesterreich das vornehmste Element der bürgerlichen Gemeinden die Zunft, aber diese Genossenschaften waren entgeistet, verfallen, versteinert. Die Regierung Karl VI. versuchte 1731 und 1739 die schad= haften Zweige des Zunftwesens auszuschneiden, aber im allgemeinen behielt das Handwerk und Gewerbe die mittelalterliche Zunftverfassung. Das Bürger= thum bewahrte seine Tüchtigkeit und Arbeitskraft, so sehr es ihm an innerer Freiheit, an Kapital und Handel fehlte. Die staatswirthschaftlichen Reformen Karl VI. sind der bürgerlichen Arbeit vielfach zu Gute gekommen, aber das Steigen des Wohlstandes von 1720 – 34 war doch mehr ein Erzeugniß der Volkskraft und des inneren Friedens als der Thätigkeit der Regierung. Ihre Maßnahmen erschienen ohne Plan und Leitung, ohne Kenntniß der natürlichen Bedingungen des geschäftlichen Lebens; sie kamen nur stoßweise und streiften an abenteuerliche Künstelei. Man vermeinte, wenn man gute Häfen anlegte, Straßen baute, an Private Geldvorschüsse vertheilte, deßwegen schon eine regsame Industrie, einen großen Handel geschaffen zu haben, während die Zwischenzölle, die Zünftigkeit der Gewerbe und die Unfreiheit des Grundes und Bodens fortdauerten. Die Staatsfabriken in Linz und Wien kosteten mehr, als sie trugen; auch der berühmte Straßenbau blieb unvollkommen und kam nur in kurzen Strecken zur Ausführung. Nur die Straße über den Semmering und die Reichsstraße über Linz wurden vollendet; an der Straße von Wien durch Mähren nach Breslau und Prag wurden in 22 Jahren nur 28 Meilen gebaut. Poststationen gab es 1740 in Mähren nur 12, in Schlesien 4. Eine Reform der Justiz und Justizverwaltung war un= bedingt nothwendig, aber weder die Zeit noch die Staatsmänner waren dazu befähigt. Noch 1713—15 wurden in Wien nicht weniger als 15 Hinrichtungen vollzogen; 1706 mußte ein eigenes Patent wegen Kindesmord erlassen werden.

Unverkennbar war das Streben der Regierung Karl VI., die materielle Cultur zu heben und aus der alten Finanzpraxis herauszukommen. Die österreichische Finanzverwaltung schien tief verwahrlost; die Hofkammer und die Provinzialkammern, das Kassen= und Schulenwesen waren in einer groß= artigen Unordnung und ohne Controle. Die Verschwendung des Hofs, die feudale Verwaltung, die großen Kriege, die vielen Ausnahmen und An= wartschaften machten eine geordnete Verwaltung und Pflege der staatlichen Finanzen geradezu unmöglich. Nur das hat die Regierung von den Ständen erreicht, daß 1715 die Steuern auf zehn Jahre voraus bestimmt wurden; nur die jährlichen Quoten sollte der Landtag bewilligen. Das gesammte Einkommen betrug 30 Mill., die Lombardei und die Niederlande nicht gerechnet, sie reichten aber für die Armee und die Verwaltung nicht aus. Die Heeresverfassung war unter Josef I. und Karl VI. unverändert ge= blieben, die Armee wurde durch Rekrutirung und Werbung ergänzt, die letztere besorgte der Hofkriegsrath; die Rekrutirung und der Unterhalt der Armee wurden durch die Stände besorgt. Dennoch war vieles zur Ver= besserung des Kriegswesens geschehen; die Uniform wurde 1729 für die

Cavallerie, 1735 für die Grenadiere und 1737 für die Infanterie ein=
geführt. Noch hatte die Infanterie die schweren Gewehre und die hölzernen
Ladstöcke, die Artillerie hatte seit Leopold I. keine veiteren Fortschritte ge=
macht. Viel zu wenig geschah für die fortdauernde Uebung der Truppen,
für die Schulung und Bildung der Officiere in einer Zeit, wo das Heer=
wesen in anderen Staaten, namentlich in Preußen, in einem steten Aufschwung
begriffen war. Die österreichische Armee zählte unter Leopold I. gegen
100,000 Mann, unter Josef I. 130,000 und unter Karl VI. 140,000 und
1734 153,000 Mann; aber in der Wirklichkeit wurde diese Zahl nicht
erreicht. Das Heer kostete riesige Summen; die Stände und Minister er=
klärten diese nicht aufbringen zu können. In dem Franzosenkriege 1734
konnte Prinz Eugen nur 40,000 Mann an den Rhein führen und nach dem
Türkenkriege verloren die kaiserlichen Truppen, welche als die besten in
Europa gefürchtet wurden, bei Freund und Feind den größten Theil ihres
Ansehens. Es schien, wie Maria Theresia später berichtete, als wäre mit
Guido Starhemberg und Prinz Eugen der alte Geist der Truppen ge=
wichen. Wer den Vorhang lüftete, erblickte einen Stillstand in der geistigen
Entwicklung, eine grenzenlose Verschwendung und Ausbeutung der Staats=
gelder, eine veraltete vielgliedrige Regierung ohne Kraft und Halt und eine
schwache unsichere Politik nach außen.

Die Provinzen, die aus der spanischen Erbschaft an das Haus Habs=
burg fielen, standen mit dem Staat Oesterreich in keinem politischen Zusammen=
hang; sie waren für die Weltstellung der Dynastie von Werth, aber für das
alte Oesterreich „trotz der Bereicherung des publici" ein Ballast. In den
Niederlanden erschien Oesterreich als der Wächter der Seemächte, die Barriere
an der französischen Grenze war eine Servitut für den politischen und wirth=
schaftlichen Vortheil Hollands. Einen wahrhaft reellen Gewinn bot nur die
Lombardei durch den Reichthum des Landes, durch sein fleißiges Bürgerthum
und die Tüchtigkeit seiner Soldaten. Die übrigen Provinzen wurden durch
die Eifersucht der europäischen Mächte in den politischen Verwicklungen von
1719—1736 zu Gunsten der spanischen Bourbons abgelöst. Don Carlos
erhielt 1731 Parma und dafür 1736 Neapel und Sicilien. Oesterreich
behielt nur die Niederlande, Parma und die Lombardei. Maria Theresia
perhorrescirte später „die spanischen Ideen, mit denen man allezeit hervor=
gekommen."

Karl VI. fühlte sich immer als deutscher Kaiser und würdigte die
Verhältnisse Oesterreichs zum deutschen Reich; aber seine Staatsmänner glaubten
noch mit den alten Mitteln und Grundsätzen in Deutschland regieren zu
können. Die conservative Politik der Habsburger hatte sich immer auf die
Aristokratie und die Fürsten stützen können; seitdem hatten sich die Ver=
hältnisse geändert und die Bundestreue der vornehmsten Fürsten war unsicher
geworden. Sachsen hielt, seit seine Dynastie katholisch geworden war, zu Oester=
reich, Baiern verhielt sich widerstrebend ja feindselig, Hannover folgte der

Die Schranne (das Stadtgericht) am hohen Markt zu Wien im Anfange des 18. Jahrhunderts. Nach J. Delsenbachs Original von 1719.

2*

großen englischen Politik, die geistlichen Höfe waren versumpft und Preußen offenbarte das eifrige Streben, seine Hausinteressen durchzusetzen, sich zu vergrößern und im Rath der Großmächte seine Stimme zu führen. Friedrich I. und Friedrich Wilhelm I. hielten noch zu Kaiser und Reich, in der ersten Hälfte des Jahrhunderts erschienen Oesterreich und Preußen eng verbunden und damit war ein Machtverhältniß gegründet, welches in Deutschland und in der europäischen Politik den Ausschlag geben konnte. Die Kaiser Leopold I. und Josef I. haben für das preußische Bündniß manches Opfer gebracht, aber Karl VI. hat nichts gethan, dieses Bündniß zu befestigen, ja er zerfiel zuletzt mit Preußen und in einer Zeit, wo Oesterreich einen so wohlgerüsteten tapferen Bundesgenossen brauchen konnte. Der Kaiser schloß den Frieden mit Frankreich 1735, ohne Preußen ins Einvernehmen zu ziehen und verfügte noch 1739 auf Anregung Englands zu Gunsten einer Wittelsbacher Linie über die Jülich-Berg'schen Lande, auf deren Besitz die Hohenzollern lang gewartet hatten.

Bekanntlich hat Oesterreich am Ende der Regierung Karl VI. noch zwei unglückliche Kriege geführt; 1733—35 gegen Frankreich wegen der polnischen Fragen und 1738 und 1739 gegen die Pforte. Während des ersten Kriegs war die Entmuthigung des Wiener Hofes 1734 derart, daß man den kühnen Gedanken erwog, die Prinzessin Maria Theresia an den Kurfürsten von Baiern und ihre Schwester Maria Anna an den Bourbon Don Carlos zu verheirathen und abermals zwei österreichische Linien zu gründen. Die Dinge waren so, daß Prinz Eugen 1735 an den Kaiser schrieb: „Sollte es Frankreich gelingen, Baiern, Sachsen und Preußen zu vereinigen, so ist für die Zukunft fast nichts gewisser, als daß die Erblande gänzlich zergliedert oder wenigstens vollständig verheert und der Schauplatz eines furchtbaren Krieges sein würden. E. M. deutsche Erblande sind rundum ohne Festung; von allen Seiten offen. Die Aufregung der Gemüther in Ungarn ist bekannt und ebenso weiß man, wie stark Baiern darauf rechnet, in Böhmen mit Leichtigkeit einen Aufstand erregen zu können." Ebenso nahm der Türkenkrieg, in welchen Oesterreich durch Rußland hineingezogen wurde, einen verlustreichen und schmählichen Ausgang. Die Truppen fochten tapfer, aber die Führer waren untüchtig, uneinig und zuletzt erfolgte der schmachvolle Friede von Belgrad, in welchem Oesterreich den wesentlichsten Gewinn des Passarowitzer Friedens, die kleine Walachei, einen Theil des Banates und Serbiens und vornehmlich die zwei Grenzfestungen Orsowa und Belgrad aufgeben mußte. Oesterreich verlor seine Position im Süden der Donau und damit auf lange Zeit die Hoffnung, die orientalische Frage aus eigener Hand lösen zu können. Karl VI. empfand das Unglück tief und wurde von düstern Ahnungen befallen. „Dieses Jahr," schrieb er im September 1739 an Bartenstein, nimmt viele Jahre meines Lebens hinweg, an welchen jedoch wenig gelegen ist, Gottes Wille geschehe."

Die Ursache der Schwäche der äußeren Politik lag zumeist darin, daß

Karl VI. keinen Sohn hatte und Oesterreich an seine Töchter vererben wollte. Seine Gemahlin, die schöne Elisabeth von Braunschweig, hatte ihm 1716 einen Sohn Leopold geboren, der nach wenig Monaten starb. Die späteren Kinder waren Mädchen: Maria Theresia, geboren 1717, Maria Anna 1718, Maria Amalia geb. 1724, gest. 1730. Die Frage, ver dereinst die österreichische Monarchie beherrschen würde, war deß=wegen für Oesterreich und das Ausland von hoher politischer Wichtigkeit, um so mehr, als Schwestern und Nichten des Kaisers am Leben waren und der Familienpact von 1703 der weiblichen Descendenz Josef I. einen Vor=rang zugesichert hatte. Die Frage wurde bis 1712 nur im vertrauten Hof=kreise erörtert; als jedoch die Erbfolge von den kroatischen slavonischen Ständen und in Folge dessen von den Ungarn angeregt wurde, kam die Angelegenheit in die Oeffentlichkeit. Der Kaiser erkannte sich das Recht zu, auf Grund der älteren Hausverträge die Erbfolge zu ordnen. Am 19. April 1713 ließ er in einer Versammlung von geheimen Räthen, Ministern und Hofwürden=trägern die Verträge der wechselseitigen Erbfolge von 1703 vorlesen und eröffnete den Anwesenden: „Die von Leopold I. und Josef I. ererbten König=reiche und Länder sollen ungetheilt auf seine Nachkommen übergehen und zwar zunächst auf seine männlichen Leibeserben, und im Falle solche nicht vorhanden seien, auf seine ehelich hinterlassenen Töchter und deren Nach=kommen; im Wegfall derselben auf Josef I. Töchter und deren Descendenz, und endlich, wenn die Linien Karls und Josefs aussterben würden, auf seine Schwestern und so weiter auf die übrigen Linien nach dem Rechte der Erst=geburt." Diese Erklärung wurde zu Protocoll genommen und war zunächst nur ein Hausgesetz. Man nannte dasselbe die „pragmatische Sanction" weil darin die früheren Erbfolgegesetze pragmatisch zusammengefaßt und neu sanctionirt wurden. Erst nach 1716, nach dem Tode des Kronprinzen, war es wahrscheinlich, daß die Thronfolge auf die ältere Erzherzogin übergehen werde, um so mehr, als die Töchter Josef I., die Prinzessinnen Josefa und Amalia, bei ihrer Verheirathung 1719 und 1722 ihren Erbfolgerechten zu Gunsten der männlichen und weiblichen Descendenten Karl VI. entsagt hatten. Von 1720 an wurde die pragmatische Sanction von der Regierung den verschiedenen Ständen der Erbländer vorgelegt und zwar „mit dem väterlichen Anliegen und mildestem Befehle, daß sie alle diese Anordnungen pflichtschuldigst und bereitwilligst entgegennehmen und befolgen." Die Stände von Deutschösterreich haben 1720 das Erbfolgegesetz, obwohl bei ihnen die agnatische Succession zu Recht bestand, ohne Widerspruch, ja hie und da in überschwänglicher Huldigung anerkannt; jene von Krain erblickten darin „eine von Gott eingegebene allerweiseste Anordnung." Ebenso nahmen die böhmischen, mährischen und schlesischen Stände die Regierungsvorlage im October 1720 an, die Stände des Egerer=Bezirkes 1721 unter Verwahrung ihres pfand=weisen Verhältnisses zu Böhmen. Der Tiroler Landtag verwahrte dabei seine Freiheiten und Rechte, die kroatischen Stände gaben ihre Zustimmung

1721, die Siebenbürger 1722. Auch die Stände der Niederlande nahmen
1724 diese „Successionsordnung und unzertrennliche Verbindung aller österreichischer Länder als ein unwiderrufliches Gesetz" an. In Ungarn fürchtete
die Regierung Widerstand, weil schon 1713 und 1714 mancher Zweifel über
die Erbfolge ausgesprochen war und die Stände nach dem Ableben Karl VI.
die Wahlfreiheit aufsprechen konnten. Der Reichstag zu Preßburg 1722 nahm
jedoch in der ersten Session das Gesetz in allen seinen Punkten an und
zwar „in Anerkennung des Erbrechtes, welches König Karl durch die Bande
des Blutes nach König Leopold und Josef I. zustand, in Erinnerung des
ruhmreichen Friedens, wodurch Ungarns innere und äußere Wohlfahrt stieg,
und in Erwägung der großen Uebel, welche mit einem Zwischenreiche verknüpft sind." Durch die Anerkennung der verfassungsmäßigen Stände wurde
das Hausgesetz in Wahrheit ein Grundgesetz, welches die Untheilbarkeit
des Reiches und die gemischte Erbfolgeordnung des Hauses Oesterreich bestimmte. Hinfort konnte kein Fürst eine Theilung der österreichischen Länder
verfügen, wie es einst im 15. und 16. Jahrhundert geschehen und wie noch
Leopold I. in seinem Testamente 1705 dem König Karl, wenn er Spanien
nicht behaupten würde, Tirol und die vorderösterreichischen Besitzungen in
Süddeutschland „vermacht" hatte. Dem letzten Habsburger erschien jedoch
diese staatsrechtliche Garantie in Oesterreich nicht genügend, er wünschte dafür
noch eine völkerrechtliche Garantie, die Anerkennung und Bürgschaft der
deutschen und europäischen Fürsten, um so mehr, als sich die europäischen
Mächte in den Verträgen von 1719—35 oftmals den Besitz ihrer Länder
garantirten, als wenn irgend ein Raubkrieg zu befürchten wäre. Karl VI.
hat für diese Bürgschaft Opfer an Land und Leuten gebracht und dabei viel
Sorge, Arbeit und Demüthigung erfahren. Die Grundlage und der Kern
aller Verträge von 1724 bis zum Tode des Kaisers blieb die Anerkennung
der pragmatischen Sanction. Sie erfolgte der Reihe nach 1725 und 1726
von Rußland, Spanien, Preußen, Braunschweig, Mainz, Trier, Pfalz,
Köln und Baiern (die beiden letzteren durch den Beitritt zum österreichisch-
spanischen Vertrag); 1728 nochmals von Preußen in dem geheimen Tractat
von Berlin; 1731 von England und Holland im Wiener Frieden; 1732
nach langen Verhandlungen vom deutschen Reichstag; 1733 von Sachsen;
1735 von Frankreich, nachdem ihm die Aussicht auf den Besitz von Lothringen eröffnet war, 1736 von Sardinien, 1731 von Spanien und beiden
Sicilien, jedoch mit einigem Vorbehalt. Frankreich und Baiern hatten
lange gezögert und Baiern versagte die bestimmte Anerkennung, auch nachdem der Kaiser den Kurfürsten persönlich gesprochen und mit ihm Briefe
gewechselt hatte.

Alle diese Friedens- und Anerkennungsurkunden blieben ein Haufen
Papiere für die Archive. Sie geben Zeugniß von dem Vertrauen Karl VI.
auf das öffentliche Recht, aber ebenso von der Buchstabenweisheit und der
Pedanterie seiner Rathgeber. Während die Regierung diese Verträge abschloß,

und Gutachten einholte, verlor sie die innere Kraft des Widerstandes und traf keinerlei Vorbereitung für die Zukunft.

Obwohl Karl VI. die Geburt eines Prinzen noch für möglich hielt, hatte er doch für das Schicksal seiner älteren Tochter eine Entscheidung getroffen. Die Erzherzogin war noch ein Kind, als Herzog Leopold von Lothringen wegen einer künftigen Heirath mit seinem älteren Sohne Clemens und nach dessen frühem Tode mit dem zweiten Sohn Franz Stefan anfragen ließ. Die Habsburger und Lothringer waren seit dem 17. Jahrhundert durch Verwandtschaft und Politik eng verbunden. Der Vater des Herzogs Leopold war der edle Held Karl von Lothringen, die Mutter Eleonore von Oesterreich, eine Stiefschwester Leopold I.; Herzog Leopold hatte seine Jugend am Wiener Hof zugebracht und blieb in der Freundschaft Josef I. und Karl VI. Der junge Prinz Franz Stefan kam 1723 nach Oesterreich und wurde wie ein Glied der Familie aufgenommen. Er war damals 15 Jahre alt, ein frischer junger Herr, französisch erzogen und mehr zum Vergnügen als zur Arbeit geneigt; gelernt hatte er nicht viel, seine Rechtschreibung im Deutschen und Französischen war niemals correct, aber er sprach gut und zeigte in allen Dingen ein richtiges Urtheil. Er begleitete den Kaiser auf den Jagden, nahm an Ritten und Fahrten desselben Antheil und wußte die Mutter und die zwei jungen Erzherzoginnen, namentlich Maria Theresia, welche neun Jahre jünger war, für sich einzunehmen. Man betrachtete sie frühzeitig in Wien als ein zukünftiges Paar, aber die Politik schien diesen Plan zu durchkreuzen. Die Königin von Spanien wünschte ihren Sohn Don Carlos mit der österreichischen Prinzessin zu verheirathen. Als 1729 der Bruch mit Spanien erfolgte, wurde das Project aufgegeben. Der junge Herzog reiste 1729 nach dem Tode seines Vaters nach Lothringen, übernahm die Regierung, ging dann in die Niederlande, nach England und Holland, besuchte den preußischen Hof und kam nach Oesterreich zurück. Der Kaiser war bereits entschlossen, ihn als künftigen Schwiegersohn anzunehmen. Vorerst ernannte er ihn 1732 zum Statthalter in Ungarn. In dem unglücklichen Kriege gegen Frankreich tauchte nochmals der Plan auf, Maria Theresia an den bairischen Kurfürsten und Maria Anna an Don Carlos zu verehelichen, aber der Verlauf der Friedensverhandlungen ließ auch diesmal das Project fallen. Frankreich erhielt im Frieden die Anwartschaft auf Lothringen, welches inzwischen dem entthronten König von Polen, Stanislaus Leszynski, zugesprochen wurde. Franz Stefan verlor sein Stammland und sollte dafür nach dem Aussterben der Medici das Großherzogthum Toscana erhalten. Die Lothringer bewahrten dem angestammten Fürstenhause noch lange Zeit ihre Anhänglichkeit; die Bürger in Nancy verhüllten und vermauerten ihre Fenster, als Stanislaus daselbst einzog. Franz Stefan war nur schwer zur Verzichtleistung auf das Land seiner Väter zu bewegen, aber er mußte sich der Nothwendigkeit fügen und erhielt die Hand der Erzherzogin Therese, welche für ihn längst eine zärtliche Liebe gehegt und diese nie vergessen hatte. Vor der Heirath mußte Maria Theresia noch die Aufrechthaltung der prag=matischen Sanction geloben und auf das Nachfolgerecht in Oesterreich für den Fall verzichten, wenn der Kaiser noch einen männlichen Erben erhalten sollte. Sie wurden am 12. Februar 1736 vermählt und erst am 11. April 1736 unterzeichnete Franz Stefan die Urkunde, welche die Abtretung seines Stammlandes an Frankreich vollzog. Der Kaiser versprach ihm damals das Generalgouvernement in den österreichischen Niederlanden, welches Amt der Herzog niemals übernommen hat. Auch zog ihn der Kaiser in die Conferenz und ernannte ihn 1737 beim Ausbruch des Türkenkrieges zum General=lieutenant d. h. zum Generalissimus des kaiserlichen Heeres. In der That zeigte sich der Herzog im Feldzug 1738 als ein tapferer Officier, aber er konnte die Dinge nicht beherrschen, kehrte enttäuscht nach Wien zurück und erfuhr überall eine herbe Kritik. Das Großherzogthum Toscana war ihm bereits 1737, als der letzte Medici Johann Franz am 9. Juli gestorben war, zugefallen und 1738 im December reiste das junge Paar nach Florenz, kehrte jedoch nach wenigen Monaten wieder zurück. An dem Feldzuge 1739 hat der Herzog nicht persönlich theilgenommen.

Karl VI. hat die Freude nicht erlebt, einen Enkel seines Geschlechtes begrüßen zu können. Er war damals 56 Jahre und von kräftiger Gesund=heit, niemand dachte an einen frühen Tod, aber im Herbst 1740 kam er eines Tages krank von einer Jagd in die neue Favorite zurück und fühlte sich schwer krank, er sah noch seine älteste Tochter, empfing die Minister, den Großherzog und dessen Bruder Karl und starb am 20. October 1740 als der letzte männliche Sprosse des Hauses Habsburg. Karl VI. hatte das Bewußtsein der allgemeinen Unordnung und des tiefen Verfalls seines Staates, aber er besaß nicht den Muth und die Kraft, mit dem Wuste der überlieferten Zustände aufzuräumen. Er hinterließ die Monarchie in einem wahrhaft hilf=losen Zustand. Maria Theresia schrieb später: „Nicht mehr als etliche tausend Gulden waren in den Cassen; der in= und ausländische Credit fast völlig zu Boden, wenig Einigkeit unter den Ständen und Ministern, das Volk in der Hauptstadt so zaumlos als schwierig, und auf die nämliche Art fast in denen Läubern, mit einem Wort, alles sah einem allgemeinen baldigen Verfall und Zerrüttung gleich.“

Erstes Buch.

1740—1765.

Maria Theresia.

Kupferstich von Philipp Andreas Kilian (1714—1759) nach dem Gemälde von Martin van Meytens (1695 oder 98—1770).

I. Der österreichische Erbfolgekrieg, 1740—1748 [1]).

Das rasche Ableben Kaiser Karl VI. brachte den Staat und die Dynastie in die höchste Gefahr. Alte und neue Feinde erhoben sich gegen Oesterreich, Bündnisse wurden geschlossen, die feindlichen Armeen fielen von Norden, Süden und Westen in das Land. Für einen Krieg war nicht das Geringste vorgesorgt. Die Armee war für den Krieg auf 120,000, für den Frieden auf 60,000 Mann berechnet; aber die meisten Regimenter waren in der Lombardei, in den Niederlanden und Ungarn vertheilt, jene in Deutsch=Oesterreich nicht vollzählig und schlecht bewaffnet. Das Corps in Schlesien sollte 13,100 Mann betragen, zählte aber nur 7000 Mann. In der Staatscasse fanden sich nur 87,000 Gulden vor. Das Volk war, wie die Regierung von Innerösterreich schon 1734 berichtete, „wegen der großen Accisen und Anlagen gänzlich entkräftet und darum alarmirt und kleinmüthig“. Die junge Fürstin, welche zur Herrschaft kam, war erst 23 Jahre, in den öffentlichen Geschäften unerfahren, und das Ministerium flößte weder Furcht noch Vertrauen ein. Der Staatskanzler Graf Philipp Ludwig Sinzendorf war ein geschäftskundiger Minister, aber träge, unentschlossen und dem Ernste der Zeit nicht gewachsen. Im Beginne der Regierung zeigte er zu viel Vertrauen auf Frankreich und Preußen. Der Leiter der Finanzen, Graf Gundacker Starhemberg, war ein erfahrener Staatsmann, durchaus reinen Charakters und freimüthig. Von Karl VI. empfohlen, wurde er der eigentliche Rathgeber der jungen Königin. Graf Alois Harrach, damals Landmarschall in Niederösterreich, Graf Königsegg, bis 1738 Präsident des Hofkriegsrathes, ebenfalls alte Herren, erschienen in der Conferenz ohne selbständige Meinung, ohne Frische und Kraft. Ein thatkräftiger, entschlossener Minister war Graf Philipp Kinsky, damals oberster Kanzler von Böhmen, aber mit seinem lebhaften Wesen brachte er die junge Königin in Verwirrung; er hatte eine zu geringe Meinung von der preußischen Macht und wollte die böhmischen Länder von Rüstung und Krieg verschonen. Nach dem ersten Feldzuge änderte er seine Meinung und trat 1741 und 1742 energisch gegen Preußen auf. Der Präsident des Hofkriegsrathes (1738—1764), Graf Josef Harrach, war zu träge und langsam. Die meisten Minister waren über siebenzig Jahre; ein jeder von ihnen wollte sehen, wohin sich die Sachen wenden würden; sie riethen bald zu einem

---

1) Arneth, Maria Theresia's erste Regierungsjahre, 3 B. 1865. K. Heigel, der österreichische Erbfolgestreit und die Kaiserwahl Karls VII. 1877. C. Grünhagen, Gesch. des ersten schles. Krieges, 2. B. 1881.

Abkommen mit Frankreich, bald mit Preußen. Aber im Ganzen haben doch
die alten Herren in der ernsten Zeit ihre Pflicht erfüllt. Maria Theresia
mußte später den Verlust Sinzendorfs und Kinskys tief empfinden. Das
größte Vertrauen bezeigte sie in Staatssachen dem Staatsreferendar und
Protocollführer Freiherrn von Bartenstein, in Hofsachen dem Oberhof=
meister Graf Herberstein und nach seinem Tode dem Grafen Sylva
Tarouca. In der allgemeinen Noth fand die junge Fürstin nur noch
Sicherheit im Vertrauen auf Gott, auf ihre Rechte, auf die innere Kraft
Oesterreichs. „Mit Freuden," schrieb sie, „wäre ich nichts anders, als die
Großherzogin von Toscana geworden; weil mich aber Gott zu dieser Last
auserwählt, so habe ich zum Princip gehabt, daß so lang als noch was zu
finden wäre, helfen."

Die Erklärungen, mit welchen die europäischen Cabinete die Anzeige
des Regierungsantrittes Maria Theresias beantworteten, schienen alle be=
ruhigend, obwohl in den meisten die Erneuerung der Bürgschaft der prag=
matischen Sauction sorgfältig umgangen war. Zuerst erkannten Polen und
Sachsen Maria Theresia als rechtmäßige Erbin ihrer Länder an und das
längst verbündete England erklärte, für sich und Holland mit Oesterreich
im Einverständniß zu bleiben. Am meisten Besorgniß hegte man im öster=
reichischen Ministerium vor den Ansprüchen Baierns, weil der Kurfürst bisher
jeder Verständigung ausgewichen war. Er stützte sich nicht auf etwaige An=
sprüche seiner Gemahlin, die zweite Tochter Kaiser Josef I., sondern auf
angebliche ältere Rechte seines Hauses, indem er sich auf seine Abstammung
von der Herzogin Anna berief, einer Tochter Kaiser Ferdinand I., welche
mit dem Herzoge Albrecht V. von Baiern vermählt gewesen war. Er be=
hauptete, daß dem Testamente Ferdinand I. zufolge nach dem Aussterben
der männlichen Erben desselben die Nachkommen Annas zur Nachfolge in
Oesterreich berufen seien. Karl VI. hatte kaum die Augen geschlossen, als
der bairische Gesandte in Wien offen mit der Erklärung hervortrat, daß sein
Herr Maria Theresia nicht als Erbin anerkenne. Auch als man ihm das
Original dieses Testamentes vorwies und dasselbe nach genauer Prüfung
deutlich den Ausdruck: „eheliche Leibeserben" enthielt, gab der Gesandte die
Sache seines Herrn nicht verloren und behauptete, daß unter ehelichen Nach=
kommen nur männliche zu verstehen seien. Nach dem römischen Rechte müßten
die Nachkommen des ersten Besitzers denen des letzten vorzuziehen sein, ob=
wohl nach dem deutschen Lehenrechte die Vererbung von Reichslehen immer
nur in einer Linie stattfand. Mit mehr Recht konnte sich der bairische Hof
auf die Ehepacten von 1546 stützen, worin sich die Herzogin Anna nach
dem Aussterben der männlichen Nachkommen Karl V. und Ferdinand I.
ihre Rechte ausdrücklich vorbehalten hatte. Inzwischen wurde die Entscheidung
eine andere, als durch Gesetz= und Rechtsbücher. Der Kurfürst handelte im
guten Glauben auf sein Recht, aber er war sich auch bewußt, daß er ohne
Unterstützung einer Großmacht weder ein Stück von Oesterreich, noch die

FRÉDERIC II ROI DE PRUSSE
ELECTEUR DE BRANDEBOURG

Friedrich II. von Preußen um 1740.
Gestochen von Johann Georg Wille (1715—1808) nach Antoine Pesne (1684—1757).

deutsche Kaiserwürde, das höchste Ziel seines Ehrgeizes, erreichen würde. Mit seinen Mitteln konnte er höchstens 20,000 Mann erhalten.

Neben Baiern erhob sich die deutsche Macht Preußen gegen das kaiserliche Oesterreich und zwar in einer Kraft und Bedeutung, daß die Rückwirkung auf ganz Europa erfolgte. Der junge und kluge König Friedrich II. gebot über einen gefüllten Schatz und eine wohlgeschulte Armee. Sein Auftreten gegen Maria Theresia begründete er mit alten Ansprüchen seines Hauses auf einen großen Theil von Schlesien. „Soll sagen (der Gesandte), ich werde mir mein Recht nicht nehmen lassen, denn es zu klar wäre,“ schrieb er an das auswärtige Amt [1]). Die Rechtfertigung überließ er seinen Staatspublicisten, aber im Grunde war es dem Könige darum zu thun, eine Rolle zu spielen, um Preußen eine andere Stellung als bisher anzuweisen. Von Anfang an mit sich einig, verließ er sich nur auf sein Glück und seine Macht und erschien auch als der erste offene Gegner auf dem Schauplatz. Sechs Wochen nach dem Tode Karl VI. in der Mitte December 1740 fiel er mit etwa 27,000 Mann und 50 Kanonen in Schlesien ein, und bis Ende Jänner 1741 war Schlesien vom Crossen bis an die Jablunka mit der Hauptstadt Breslau in seiner Gewalt. Zugleich schickte er den Grafen von Gotter nach Wien und ließ gegen die Abtretung von Schlesien seine Bundesgenossenschaft und Unterstützung zur Kaiserwahl anbieten. Aber die „süßen Worte und Versprechungen des jungen Königs“ wie Maria Theresia sagte, verfingen nicht. Einige Minister, namentlich Sinzendorf, hielten für rathsam, mit Friedrich II. zu verhandeln, während Maria Theresia, Starhemberg und Bartenstein die Abtretung auch eines Theiles von Schlesien verweigerten. Die Regierung war zum Krieg ent schlossen, und Graf Gotter mußte Wien verlassen.

Im Eindruck des entscheidenden Auftretens dieser zwei deutschen Mächte bekam auch August III. von Sachsen-Polen den Muth, seine frühere Zusage für Maria Theresia zurückzunehmen. Er fand nun, die junge Fürstin habe die pragmatische Sanction selbst verletzt, indem sie ihren Gemahl als Mitregenten angenommen und ihm die böhmische Wahlstimme übertragen habe. Nach dem Familienpact von 1703 sei seine Gemahlin Maria Josefa, als älteste Tochter Josef I., zur Erbfolge berufen; auch habe das Haus Sachsen aus viel älterer Zeit Rechte auf Oesterreich und Steiermark. Ernstlich waren diese Ansprüche nicht gemeint, und Sachsen selbst lehrte um, als die preußischen Erfolge so hoch gingen. Weil die Sachlage für Oesterreich so ungünstig schien, erhoben auch die spanischen Bourbons auf Grund der Erbverträge der Habsburger in Spanien und Oesterreich Ansprüche, aber die Forderung wurde nur angemeldet. Die Absicht war, dem Infanten Don Philipp ebenso ein Unterkommen in Italien zu verschaffen, wie einst Don Carlos. Der König von Sardinien, der gleichzeitig von England und Frankreich bearbeitet wurde, wollte wenigstens von der Artischocke „Lombardei“ ein Blatt gewinnen, und

---

[1]) Politische Correspondenz Friedrichs II. I. 23.

zwar ohne viel Anstrengung durch Vermittlung und Verträge. Noch andere
kleine Fürsten, wie der Herzog von Luxemburg, der Prinz von Gonzaga und
der Herzog von Württemberg, traten mit Ansprüchen auf österreichische Länder=
theile. auf. Oesterreich wurde wie ein herrenloses Gut betrachtet, und es
handelte sich deßwegen im nächstfolgenden Kriege nicht so sehr um die Erb=
folge, als um die Existenz Oesterreich als einer Großmacht.

Der Mittelpunkt aller europäischen Intriguen war jedoch Frankreich.
Die französische Politik hielt den Augenblick für geeignet, Frankreich zum
Schiedsrichter und Herrn von Europa zu machen und dabei am Rhein oder
in den Niederlanden einen Gewinn einzuheimsen. Frankreich und Oesterreich
waren die mächtigsten Continentalstaaten und hielten sich in früheren Jahr=
hunderten so ziemlich im Gleichgewicht, aber in dieser Zeit hatte Frankreich
die Uebermacht. Volk und Staat waren reich, seine Land= und Seemacht
vortrefflich. Ein Glück für Oesterreich war, daß ein schwacher König an der
Spitze stand, und die großen französischen Staatsmänner und Feldherrn aus=
gestorben waren. Die Geschicke Frankreichs leitete damals der greise Cardinal
Fleury, ein „alter Fuchs", wie ihn ein preußischer Diplomat nannte. Er
gab Oesterreich friedliche Versicherungen und ermunterte dabei Baiern für
seine ehrgeizigen Pläne. Schon 1737 hatte der Minister dem Kurfürsten von
Baiern versprochen, ihn zu unterstützen, zugleich aber vom Angriffe abgerathen,
bis die „zwei Augen" sich schließen würden. Während der Cardinal nach
dem Tode Karl VI. sich gegenüber dem österreichischen Gesandten zu Gunsten
Maria Theresias aussprach, verweigerte er jede schriftliche Anerkennung und
ermunterte den bairischen Kurfürsten, seine Ansprüche auf österreichische Pro=
vinzen geltend zu machen und sich um die Kaiserkrone zu bewerben. Mit
seiner Zustimmung reiste das Haupt der französischen Kriegspartei, Graf
Belleisle, an den deutschen Höfen herum, um Bündnisse zu schließen und
Karl Albert die Stimmen der Kurfürsten zu verschaffen. Karl Albert
war so zuversichtlich, daß er an seinen Bruder schrieb[1]): „Das Haus Oester=
reich ist nit mehr, das lothringische wird jenes nit mehr werben." Am
28. Mai 1741 wurde die spanisch=bairische Allianz abgeschlossen und am
11. Juli im französischen Staatsrath der Beschluß gefaßt, Oesterreich mit einer
Armee anzugreifen und eine zweite Armee an der Maas aufzustellen, um die
Seemächte von der Unterstützung Oesterreichs abzuhalten. Nach dem Berichte
der Zeitgenossen und neueren Geschichtsschreiber wäre am 18. Mai zu
Nymphenburg ein Vertrag abgeschlossen worden, in welchem Frankreich
72,000 Mann und dreißig Millionen für den Krieg versprach und sich dafür
die allfälligen Eroberungen am Rhein und in den Niederlanden ausbebungen
habe. Nach der neueren Forschung ist dieser Vertrag unecht.[2]) Der Vertrag

---

1) 1. März 1741.
2) Die Historiker Schlosser, Ranke und Arneth sind für die Echtheit des
Vertrages, Droysen, Heigel und Alfous Huber für die Unechtheit.

zwischen Baiern und Frankreich bestand schon seit dem 1. November 1727 und in Nymphenburg wurde nur die erwähnte spanisch=bairische Allianz ab= geschlossen, in welcher Spanien für den Krieg 6000 Mann und 80,000 Thaler monatlich zusagte.

In der ersten Hälfte des August 1741 rückte eine französische Armee von 42,000 Mann über den Rhein, um sich mit der bairischen Armee zu vereinigen, welche der Kurfürst mit spanischem und französischem Gelde ausgerüstet hatte. Karl Albert hatte anfangs auf den Rath Belleisles einen Angriff auf Böhmen beabsichtigt, welches fast ganz von Truppen ent= blößt war. Allein der preußische König rieth zu einem rascheren Vorrücken nach Wien. „Es sei dies," schrieb er an den Kurfürsten, „das einzige Mittel, um den Krieg mit einem Schlage zu Ende zu führen; ein Einfall in Böhmen würde den Krieg nur in die Länge ziehen und Oesterreich nur beleidigen, statt ihm den Stoß ins Herz zu versetzen." Der Kurfürst gab dem Drängen Preußens nach und entschloß sich mit dem Hauptheer, ungefähr 40,000 Mann längs der Donau vorzurücken. Ein bairisches Heer bemächtigte sich Passaus (31. Juli 1741) und die Franzosen überschritten anfangs September die österreichische Grenze.

Maria Theresia hatte noch am Todestage ihres Vaters die Regierung angetreten. Sie nannte sich kraft ihres Erbrechtes die Königin von Ungarn und Böhmen; die Huldigung der niederösterreichischen Stände erfolgte am 22. November. Eine Ausschreitung des Pöbels in Wien war mehr gegen einige verhaßte Beamte, als gegen die Königin gerichtet. Der allgemeine Eindruck war derart, daß der venetianische Gesandte schrieb [1]): „Es ist glücklich gelungen, die verschiedenen Völker mit der Ueberzeugung zu durch= bringen, die Monarchie beisammen zu erhalten und ihre Trennung nicht zu= zulassen. Wenn dieser Geist fortdauert, kann man auf die öffentliche Ruhe und gleichförmige Entschließung vertrauen." In der That ließen die ersten Maß= regeln der Regierung klare Einsicht und eine feste Hand erkennen. Während in der ersten Conferenz (21. October) mehrere Minister den Rath gaben, mit Preußen zu verhandeln, weil es an Geld und Truppen fehle und den Ungarn nicht zu trauen sei, wurde in einer zweiten Conferenz (24. October) Alles für die nöthige Rüstung vorbereitet. Maria Theresia ernannte ihren Gemahl zum Mitregenten, der ungarische Hofrichter, der alte Feldzeugmeister Graf Palffy, der nach Wien berufen war, erhielt die Civil= und Militärgewalt in Ungarn.

Maria Theresia hatte einige tüchtige Generale aus der Schule Prinz Eugens zur Verfügung; den Grafen Ludwig Andreas Khevenhüller, Fürst Wenzel Liechtenstein, die Grafen Traun, Leopold Daun und Ulysses Browne, welcher im Winter 1740—1741 in Schlesien commandirt hatte. Im Ministerrathe wurden anfangs die zwei Generale

---

1) Zeno 5. Nov. 1740.

Der Huldigungs=Act in der Ritter=Stuben.

Nachbildung aus Kriegl's gleichzeitigen Darstellungen der Krönung der Maria Theresia.

"Die Einführung des Erz Herzoghaus" zur Erbhuldigung Maria Theresias. Nachbildung aus Kriegl's gleichzeitigem Krönungswerk.

Khevenhüller und Graf Neipperg als Commandanten gegen die Preußen in Vorschlag gebracht. Der erstere begehrte jedoch mehr Geld und Truppen, der zweite begnügte sich mit 14,000 Mann.

Da der oberste Kanzler von Böhmen die Schwierigkeit der Verpflegung für eine größere Armee hervorhob, wurde Graf Wilhelm Neipperg zum Commandirenden in Schlesien ernannt. Er war ein kriegserfahrener Officier, aber für eine erfolgreiche Offensive nicht geeignet. Auch dauerte es eine Zeit, die kleine Armee von etwa 10,800 Mann Fußvolk und 8600 Reitern zusammenzubringen. Am 8. März reiste Neipperg von Wien ab, Anfangs April führte er seine Truppen aus Mähren nach Schlesien; er kam den 9. April bis Brieg und wurde am 10. April 1741 bei Mollwitz von den Preußen vollständig geschlagen. Der Beginn der Schlacht war für die Oesterreicher günstig, ihre Cavallerie warf den rechten preußischen Flügel über den Haufen. Der preußische General Schulenburg fiel, der König floh vom Schlachtfelde bis Ratibor, aber der Feldmarschall Schwerin brachte die österreichische Infanterie in Unordnung, und nach einem fünfstündigen Gefecht blieben die Preußen Herren auf dem Schlachtfeld. Maria Theresia meinte später, wenn Neipperg, statt 15,000, 30,000 Mann gehabt hätte, wäre der Krieg bald zu Ende gewesen, aber es ist unzweifelhaft, daß die Schulung und das rasche sichere Feuern der preußischen Infanterie den Ausschlag gegeben hat[1]). Die Wiener Regierung veränderte ihre Meinung über die Kriegstüchtigkeit des Feindes und gab auch die Hoffnung auf, die Preußen so bald aus Schlesien vertreiben zu können. Vorerst blieb Neipperg bei Neisse und Friedrich bei Mollwitz stehen. Das Lager des letzteren wurde bald der Sammelplatz der Diplomaten, denn die öffentliche Meinung hatte vollständig umgeschlagen und Oesterreich schien von seinen Bundesgenossen verlassen. Die beste Nachricht war die, daß die Pforte sich mit den Vortheilen des Belgrader Friedens begnügte und nicht in den Bund der Feinde eintrat. Der Vertrag von 1741 (2. März) fixirte die neue Grenze zwischen der Türkei und Oesterreich, und der türkische Botschafter sprach die Geneigtheit seines Herrn für die Fortdauer des Friedens aus. Von Rußland war eine militärische Hilfe nicht zu erwarten und die englische Regierung, welche nach den Verträgen von 1731 dazu verpflichtet war, beschränkte ihre Theilnahme darauf, daß sie zwischen Oesterreich und Preußen zu vermitteln suchte. Der englische Gesandte Robinson war dafür in Wien und der Botschafter Earl of Hyndford im Lager von Mollwitz thätig. Friedrich II. verlangte jedoch nach der siegreichen Schlacht nicht mehr einzelne Theile von Schlesien, sondern ganz Niederschlesien mit Breslau; dafür wolle er an Maria Theresia drei Millionen Gulden zahlen. In der bedrängten Lage waren auch einige österreichische Minister zu einem Vergleiche mit Preußen geneigt, während Kinsky und Bartenstein jeder Abtretung widerriethen.

---

1) Oesterr. militär. Zeitschr. 1827. 450; Oncken, Zeitalter Friedr. d. Gr., 323—329.

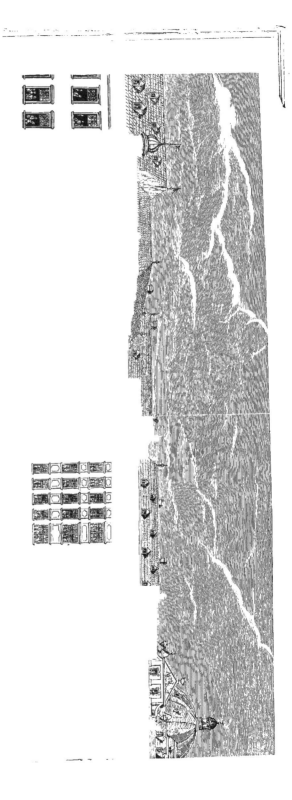

Maria Theresia selbst schwankte in bangem Zweifel. Sie wollte dem König von Preußen Geldern und Limburg, allenfalls auch Glogau in Schlesien anbieten, auch dieser Entschluß war nicht sicher. Dann wollte sie sich mit Baiern abfinden und bot dem Kurfürsten die Niederlande, die italienischen Besitzungen, wenn er sich mit Oesterreich verbinden und für die Kaiserwahl des Großherzogs von Toscana stimmen wolle. Aber der Kurfürst forderte damals die Vorlande, Oberösterreich und den Königstitel; auch das nahm er nicht ernstlich, denn er hatte gegründete Aussicht, die Kaiserwürde selbst zu erwerben. Friedrich II. hatte, nachdem Oesterreich und England seine Forderungen abgelehnt hatten, bereits in dem Bündnisse mit Frankreich (5. Juni 1741) gegen die Garantie von Niederschlesien seine Zusage gegeben.

Kurz nachher begann der Feldzug der Franzosen und Baiern in Oesterreich und zwar ebenfalls unter günstigen Auspicien. Der österreichischen Regierung fehlte es, um Oberösterreich zu decken, an Geld und Truppen. Die Stände schickten noch vor dem Einrücken der Baiern den Grafen Otto Hohenfeld nach Wien, um Maria Theresia um Verhaltungsbefehle und mehr reguläre Truppen zu bitten, aber die Königin konnte ihnen keine Hilfe zusagen: „sie müßte jeden gehen lassen," erwiderte sie. Die Commission, welche die Stände für eine allgemeine Landesbewaffnung aufstellten, stieß auf Unlust und Widerstand und als der feindliche Einfall erfolgte, war keinerlei Vorbereitung getroffen. Ohne Störung kamen die Franzosen und Baiern zu Wasser und zu Lande bis Linz. Am 15. September hielt der Kurfürst seinen Einzug in die Hauptstadt.

Die wenigen österreichischen Truppen wichen zurück, es kam nur zu kleinen Scharmützeln und am 30. September rückte die Armee über die Enns in Niederösterreich ein. Der vornehmste Rathgeber des Kurfürsten war damals Samuel von Schmettau, der früher in der österreichischen Armee gedient und noch 1741 den Rang eines Feldmarschalls erhalten hatte; er ging dann zu den Preußen über und wurde von dem Könige dem Kurfürsten als Unterhändler und militärischer Rathgeber beigegeben. Er drängte Karl Albert zum Vormarsche nach Wien, das nicht widerstehen könne. Vorerst ging der Kurfürst nach Linz zurück und empfing dort am 20. October die feierliche Huldigung der Stände, obwohl Maria Theresia dieselbe untersagt hatte. Die meisten Prälaten, ein Graf Thürheim, zwei Grafen Sprinzenstein, die Grafen Königsfeld, Kufstein, Wilhelm Starhemberg, Hohenfeld, die Freiherren Elam, Hoheneck, Röder, Stiebar waren erschienen. Insbesonders zeigten sich Freiherr Josef von Weichs und drei Grafen von Seean für die baierischen Interessen thätig. Graf Thürheim meldete den Vollzug der Huldigung dem Staatskanzler Sinzendorf und sprach den Wunsch aus, „bald wieder unter des Hauses Oesterreich mildeste Regierung zu kommen." Nur die Harrach, Lamberg, Polheim, Khevenhüller, Gundacker Starhemberg und Philipp Sinzendorf, welche in Wien lebten, waren ausgeblieben; dafür wurden ihre Güter eingezogen. Auch die Stände

3*

von Niederösterreich wurden zur Huldigung aufgefordert. Graf Ludwig Khevenhüller ließ jedoch melden, daß Wien und das Land die Treue für die Königin bewahren wollten. Ohne Widerstand rückten die Franzosen und Baiern die alte Reichsstraße herab, auf welcher die bairischen Truppen so oft für Oesterreich gegen die Türken gezogen waren. Am 16. October kam der Kurfürst nach Melk, am 21. nach St. Pölten und war nur mehr wenige Meilen von Wien entfernt. Einige feindliche Reiter erschienen schon auf den Höhen vor der Hauptstadt. Obwohl Graf Khevenhüller die Besatzung vermehrt und Alles zur Vertheidigung vorbereitet hatte, war die Stadt nicht gegen eine regelmäßige Belagerung, ja nicht einmal gegen einen raschen Angriff gerüstet. Der Kurfürst war dazu geneigt, aber er wurde von seinen Gönnern, den Franzosen, gezwungen, den Marsch nach Wien aufzugeben. Marschall Belleisle drängte nach Böhmen, die französischen Generale hatten sogar den Auftrag, wenn der Kurfürst sich weigern würde, den Gehorsam zu versagen. Das baierische Corps ging am 20. October bei Mautern über die Donau, und der Kurfürst folgte dann seinen Truppen nach Böhmen, um nach dem Willen Frankreichs zuerst dieses Königreich zu erobern.

Auch Böhmen war nicht im Vertheidigungsstande, der Feind kam sogar der österreichischen Armee unter dem Großherzoge von Toscana und dem Fürsten Lobkowitz zuvor. Während süd- und westwärts die Baiern und Franzosen in das Land rückten, kam von Schlesien her ein preußisches und von der Elbe ein sächsisches Corps. Die verbündeten Truppen erstürmten in der Nacht vom 5—6. December Prag. Karl Albert konnte am nächsten Vormittag in die alte Wenzelstadt einziehen und das Tedeum des Erzbischofes im St. Veitsdome anhören[1]. Die kaiserlichen Truppen auf dem Wischehrad, etwa 3 bis 400 Mann stark, mußten sich ergeben.

Einhundertundzwanzig Jahre früher waren nach der Schlacht am weißen Berge die bairischen Truppen unter Tilly und Herzog Max eingezogen, damals für, jetzt gegen Oesterreich. Karl Albert ließ sich bereits den 7. December als König und Erbherr anrufen. Der Adel und das niedere Volk fielen ihm zu, während das Bürgerthum seine Treue für Oesterreich bewahrte. Bei der Huldigung am 29. December erschienen die obersten Beamten, die Repräsentanten der Universität, der Erzbischof und die vornehmsten böhmischen Herren: der Fürst Kinsky, die Grafen Wrbna, Gallas, Kokorowa, Sternberg, Kolowrat, Wrtby, Bucquoy, Morzin, Lazansky u. a. Nur einige Beamte hatten die Stadt verlassen. Eine königliche Regierung wurde eingerichtet, an die Spitze der Hofkanzlei trat ein Graf Kaiserstein. Auch Belleisle, nun bevollmächtiger Minister bei den verbündeten Truppen, kam nach Prag und gab Befehle im Namen seines Königs.

---

[1] Heigel, Correspondenz Karls VII. mit Graf Seinsheim 1738—1743. Abhandl. der bair. Akademie III. Bd. XIV. Abth. I. 31.

Karl Albert stand damals in den Decembertagen 1741 auf der Höhe seines Glückes. Auch seine Wahl als deutscher Kaiser schien gesichert, die Wahlconferenzen hatten bereits den 20. November in Frankfurt begonnen, und am 24. Jänner 1742 wurde er als Karl VII. zum deutschen Kaiser gewählt. Ein langjähriges Interesse des Hauses Wittelsbach schien damit befriedigt, denn schon 1714 hatte Frankreich dem Kurfürsten Max Emanuel die Kaiserkrone und den Besitz von Böhmen zugesagt und die Erbverträge der beiden Linien des Hauses Wittelsbach von 1724 und 1741 hatten dasselbe Ziel. Maria Theresia hatte sich mit viel Eifer und Hast bemüht, die Kaiserkrone bei dem Hause Oesterreich zu erhalten, und im Frühjahre 1741 waren alle Kurfürsten mit Ausnahme von Köln dafür gewonnen. Aber die Erfolge des Kurfürsten in Oesterreich und Böhmen und die energische Verwendung Friedrich II. hatten die Meinung verändert. Karl Albert wurde von acht Kurfürsten einstimmig gewählt und am 12. Februar 1742 in Frankfurt gekrönt. Er war damals entschlossen, soweit seine Macht reichte, Oesterreich zu bekämpfen und zu besiegen. „Sobald ich Kaiser bin,“ schrieb er am 14. Jänner [1]), „wird mit vereinten Kräften die Großherzogin ohne große Mühe zu einem billigen Vergleiche gezwungen werden, widrigenfalls ihr in Aussicht steht, aus allen österreichischen Ländern verjagt zu werden, die sie ohnedem wider alles Recht in Besitz hat.“ Aber zur selben Zeit, als Karl VII. gewählt und gekrönt wurde, hatten die Oesterreicher Linz und Passau wiedererobert und die Freischaaren ergossen sich in gräuelvoller Verwüstung über die bairischen Lande. Die Kaiserkrone wurde Karl VII. eine schwere Last; er suchte einen Halt an den geistlichen Kurfürsten, am Fürstencollegium und an Preußen; die ersteren zeigten jedoch bald wieder die alte Sonderbündelei und Friedrich II. behielt seine eigene Politik und Kriegführung.

Während des Winters 1741—1742 hatte sich in Oesterreich ein vollständiger Umschwung vollzogen. Maria Theresia gewann wieder Muth und Hoffnung, obwohl die Minister sie nur „lau“ unterstützten. „Ich allein“, schrieb sie später „war, ohne eitlen Ruhm zu melden, diejenige, die in diesen Drangsalen noch den Muth beibehielt.“ Die junge Fürstin wurde plötzlich in Wien und in der Provinz populär. Niemals erschien sie öffentlich, ohne den freudigen Zuruf des Volkes zu hören. „Jeder ist bereit,“ berichtete ein Gesandter, „sich für die beste der Fürstinnen zu opfern.“ Sie hatte am 13. März 1741 einen Sohn geboren, welcher später die Freude und der Stolz des Volkes wurde. Noch im Sommer wurde Maria Theresia auf dem ungarischen Reichstage als Königin von Ungarn gekrönt und erhielt die Zusage der Unterstützung der Nation.

Bekanntlich wird erzählt, daß Maria Theresia in Trauerkleidung, mit dem Schwerte umgürtet und mit der Krone auf dem Haupte in der Reichs-

---

[1]) An Seinsheim 1742.

versammlung erschienen sei, daß sie den Erbprinzen Josef den Ständen ge=
zeigt und diese zur Vertheidigung des Reiches aufgefordert habe; die un=
garischen Stände hätten, von Edelmuth entflammt, mit gezücktem Schwerte
das berühmte „moriamur pro rege nostro" gerufen. Man knüpft daran
die Vorstellung, daß die ungarische Insurrektion die fremden Heere geschlagen
und die Monarchie befreit habe. In solcher Form haben sich die Ereignisse
nicht zugetragen. Der Reichstag von 1741 bot im Gegentheil ein Bild des
alten Verfassungslebens, in welchem die Opposition scharf hervortrat und auf
die Erweiterung der ständischen Rechte hinarbeitete. Das dynastische Element
hatte jedoch eine so starke Wurzel in Ungarn, daß die Majorität der Mag=
naten von Anbeginn bereit war, alle Opfer zu bringen und die Königin mit
Geld und Truppen zu unterstützen. Die Regierung bog auch klug den oppo=
sitionellen Begehren aus und bewilligte die dringendsten Forderungen.

Der Reichstag wurde am 18. Mai 1741 eröffnet. Während der Dauer
desselben erschien Maria Theresia dreimal in Preßburg, den 20. Juni, den
7. September und im October. Der feierliche Einzug am 20. Juni war
großartig und feierlich. Sie ernannte nach dem Vorschlage des Reichs=
tages den Palatin und die anderen Reichsbarone, unterzeichnete am 24. Juni
den Krönungsvertrag und wurde am 25. Juni in aller Pracht, welche das
Herkommen heiligte, gekrönt. Man setzte ihr die Krone nicht auf die Schulter,
wie der Gemahlin eines Königs, sondern auf das Haupt, als der unmittel=
baren Trägerin der Gewalt. Von einer Bühne herab, im Freien schwor sie
den Eid auf die altgerühmten Freiheiten des Reiches, und als sie in jugend=
licher Schönheit und guter Haltung den Krönungshügel hinaufritt und den
Schwerthieb nach den vier Weltgegenden, zum Zeichen der Vertheidigung des
Landes führte, war ein allgemeiner Jubel. Die nächsten Wochen gehörten
der Berathung des Reichstages. Maria Theresia erlebte hier Eindrücke der
verschiedensten Art, sie hoben und drückten ihr Gemüth. Die Lage des
Reiches wurde so gefahrvoll, daß auch die Muthigsten verzagten und der
Zerfall Oesterreichs unabwendbar schien. Der König von Preußen stand in
Schlesien, die Baiern und Franzosen waren in Oesterreich eingerückt. Karl
Albert ließ auch die Ungarn auffordern, ihn als König anzuerkennen. Die
Regierung brauchte Geld, Truppen und Alles rasch; es schien ungewiß, wie
der Reichstag die Begehren aufnehmen werde. In dieser Gefahr fand die
Königin den richtigen Weg; sie entschloß sich, obwohl man ihr abrieth, die
Ungarn in Masse unter die Waffen zu rufen. Am 7. September 1741 be=
rief sie die Notabeln auf das Schloß und erklärte ihnen die allgemeine Ge=
fahr. „Von den Ungarn allein," sagte sie, „hänge die Vertheidigung der
Krone, des Reiches, vielleicht aller Länder Oesterreichs ab." Mit der Beredt=
samkeit des Herzens forderte sie die Ungarn auf, die Waffen zu ergreifen,
und, von Bewunderung hingerissen, erklärten Alle, sich selbst, ihre Söhne,
ihre Einkünfte dem Dienste der Königin zu weihen. Die Aufstellung eines
Heeres von 40,000 Ungarn wurde beschlossen und noch an demselben Tage

gingen die Befehle an die Comitate. Vier Tage nachher (11. September) berief die Königin die Mitglieder beider Tafeln auf das Schloß. Sie erschien in Trauergewändern, die Krone auf dem Haupte, ernst und ruhig wie irgend ein königlicher Herr. Der ungarische Hofkanzler ergriff, wie es die Sitte forderte, zuerst das Wort; er schilderte den Einfall der fremden Fürsten, die Gefahr für die Hauptstadt, für die Sicherheit der Grenzen Ungarns und eröffnete, daß Maria Theresia ihre Person, ihr Haus, ihre Krone der sicheren Hut der Ungarn anvertrauen wolle, in Erinnerung an den uralten Ruhm der ungarischen Nation sprach er die Hoffnung aus, daß die Mitglieder des Landtages Alles thun würden, um den Feinden einen starken Damm entgegenzustellen. Maria Theresia sprach dann selbst einige Worte vom Throne herab, und zwar lateinisch, über die betrübte Lage des Landes und der Krone. „Es handelt sich,“ fuhr sie fort „um das Königreich Ungarn, um Unsere Person, um Unsere Kinder. Von Allen verlassen flüchten Wir einzig und allein zur Treue der Ungarn und zu ihrer bewährten Tapferkeit; Wir bitten die Stände in dieser äußersten Gefahr für Unsere Person, für die Krone und das Reich ohne die geringste Versäumniß Sorge zu tragen. Die Versammlung war tief bewegt, und als der Primas den Beistand der ganzen Nation versicherte, riefen viele Stimmen: „wir weihen unser Blut und unser Leben [1])!“ Noch an demselben Tage beschloß der Reichstag die unbedingte Annahme der königlichen Propositionen und zugleich eine scharfe Zurückweisung der Ansprüche des Kurfürsten auf Ungarn. Zwei Tage nachher wurden bereits die Hauptpunkte des allgemeinen Aufgebots festgestellt. Die Armee sollte auf 30,000 Mann vermehrt und dafür vier Millionen bewilligt werden; außerdem sollte Ungarn 15,000 Mann, Croatien und Slavonien 14,000 und Siebenbürgen 6000 ins Feld stellen, so daß man auf eine Nationalarmee von 100,000 Mann rechnen konnte.

Der Begeisterung folgte jedoch bald eine Ernüchterung. Wegen der großen Kosten kam man auf sechs Regimenter mit 21,000 Mann und mit den Kontingenten der Nebenländer auf 56,000 herab. Die Ausführung der Rüstung beschäftigte den Reichstag noch lange hinaus, und es kamen noch viele Streitigkeiten der Stände unter einander und mit der Regierung vor. Der Kronprinz Josef war damals sechs Monate alt und noch in Wien. Erst am 20. September, als man in Wien einen Ueberfall fürchtete, wurde derselbe nach Preßburg gebracht, und am 21. September, als der Großherzog den Eid als Mitregent ablegte, den Ständen gezeigt. Als Franz Stefan nach der Eidesleistung die Worte hinzufügte: „Blut und Leben für die Königin und das Reich“, wurde der Ruf von den Ständen mit lebhaftem „Vivat!“ erwidert. In den nächsten Tagen reiste der Hof nach Wien und Maria Theresia kam erst zum Schlusse des Landtages (29. October)

---

1) „vitam nostram et sanguinem consecramus“; die Worte: „moriamur pro rege nostro“ wurden nicht gesprochen. Arneth, I. 405.

nach Preßburg. Mancher Gegensatz zwischen der Krone und den Ständen war nicht ausgeglichen, aber die Reichstagsartikel vom 20. October 1741 befriedigten die Regierung und die Stände. Die Königin hatte das Wesentlichste erreicht: die Anerkennung der Mitregentschaft ihres Gemahles, Geld und Truppen für den Krieg. Der Verlauf des Reichstages, die Familienscenen im königlichen Schlosse und die großartigen Rüstungen in Ungarn machten einen ungeheuren Eindruck. In ganz Europa waren die Stände unterdrückt, mundtodt, mit Neid und Sehnsucht blickte Alles auf das englische Parlament, und hier in einem halbcivilisirten Lande gewährte eine anscheinend veraltete Verfassung der Krone die Stütze und dem Volke die Freiheit. Bei der Rüstung ging nicht Alles glatt ab, die ersten Reiterschaaren und die wilden Panduren, welche noch vor dem Schlusse des Reichstages ins Feld gerückt waren, ließen in der Disciplin Vieles zu wünschen übrig. Nur langsam, in geringer Zahl, kamen die ungarischen Truppen, aber nach und nach wurden die Schaaren dichter, ihre Kriegstüchtigkeit besserte sich und im zweiten schlesischen Kriege, besonders zur Zeit des Rheinüberganges, leisteten die ungarischen Truppen ausgezeichnete Dienste.

Während und nach dem Reichstage war die Lage Oesterreichs noch immer gefahrvoll. Der venetianische Gesandte meldete aus Preßburg: „Kein Tag vergeht, ohne daß die gegenwärtige Bedrängniß nicht vermehrt werde [1]." Karl Albert war damals auf dem Vormarsche gegen Wien, der Kurfürst von Sachsen hatte sich mit Baiern und Frankreich verbündet und erhielt Mähren zugesagt; Friedrich II. hatte den Krieg wieder begonnen; die österreichische Armee, etwa 40,000 Mann stark, kam zu spät, um Prag zu retten und konnte nur das südliche Böhmen besetzen. In dieser Noth dachte Maria Theresia an ein Abkommen mit Preußen. In ihrem Auftrage schloß Graf Neipperg mit Friedrich II. am 9. October 1741 die Convention von Klein-Schnellendorf in Schlesien. Preußen erhielt dadurch ganz Niederschlesien, unter gewissen Bedingungen auch Neisse und Glatz, und die preußischen Truppen konnten die Winterquartiere in Oberschlesien beziehen. Im Grunde dachte aber keine der Parteien an einen definitiven Frieden und Friedrich II. löste sich schon nach wenigen Wochen ohne Bedenken von der Convention los. Er verglich sich am 4. November 1741 mit dem Kurfürsten und ließ die preußische Armee in Böhmen einrücken, während Schwerin mit seinem Corps in Mähren einfiel und am 26. December 1741 Olmütz besetzte. Oberösterreich, der größte Theil von Böhmen, Schlesien und das nördliche Mähren schienen verloren, Geld und Truppen aus diesen Provinzen blieben aus.

Inzwischen hatte Graf Ludwig Khevenhüller, ein muthvoller, höchst gebildeter General, seine kleine Streitmacht durch ungarische und deutsche Truppen verstärkt und begann am 20. December die Offensive gegen die Baiern und Franzosen in Oberösterreich. Seine Armee zählte nur 16,000

---

[1] Capello 25. August 1745.

Mann: etwa 8000 Mann reguläre Infanterie, 4000 Reiter und 4000 Grenzsoldaten und Freischärler unter den kühnen Führern Menzel, Franz von der Trenck und Vernelau. Die Armee zog in drei kleinen Corps stromaufwärts, nahm Steyer, Enns und umschloß Linz, wo sich die Franzosen unter Graf Segur halten wollten. Am 23. Jänner begann Khevenhüller die Beschießung, und am nächsten Tage, 24. Jänner, hat Segur bereits capitulirt. Im Lager vor Linz erhielt Khevenhüller den berühmten Brief Maria Theresia's, in welchem sie ihn den Retter der Monarchie nannte, und der damals durch alle Zeitungen ging. In acht Tagen war ganz Oberösterreich vom Feinde geräumt, ein österreichisches Streifcorps besetzte Passau, schlug den Feldmarschall Graf Törring, den Hauptanstifter des bairischen Kriegszuges bei Schärding und Landshut. Khevenhüller rückte mit den regulären Truppen nach und besetzte das ganze Land zwischen dem Inn, der Isar und Donau; ein kaiserliches Regiment fiel aus Tirol ins bairische Land und Oberst Menzel nahm am 12. Februar die Hauptstadt München ein. Es war kein milder barmherziger Krieg, der in Baiern geführt wurde. Das Wort Maria Theresia's „das Land soll nicht geschont werden" ging mit furchtbarem Ernste in Erfüllung, namentlich verübten die Liccaner Grenzer und Panduren Greuelthaten aller Art; ein wilder Schreck ging vor ihnen her und der Ruf: „Menzel! Menzel!" trieb alle Landmilizen aus einander. Dem ritterlichen Khevenhüller widerstrebte diese Art Kriegführung, aber bei aller Warnung und Strafe konnte er der wilden Sturmfluth nicht gebieten.

Karl Albert suchte in seiner Bedrängniß Hilfe bei Friedrich II., der ihn allein noch retten konnte. Khevenhüller urtheilte ganz richtig, wenn er an Maria Theresia schrieb: „Der König allein ist es, der uns Uebles zuzufügen vermag." Friedrich II. trat am 30. Jannar in Olmütz an die Spitze seiner Truppen. Er wünschte das Commando über das sächsische Corps, was ihm nicht gelang. Unbehindert rückte er ins südliche Mähren vor, Iglau wurde am 18. Februar eingenommen, Niederösterreich war bald erreicht, preußische Husaren schwärmten bis an die Donau, aber es scheint nicht, daß der König mit seinem Kriegszuge etwas anrichten und Wien ernstlich angreifen wollte. In der Hauptstadt war allerdings die Furcht vor einer preußischen Belagerung aufgetaucht. Der Hofkriegsrath ließ Khevenhüller mahnen, zur Befreiung der Hauptstadt zurückzukehren und sich mit der böhmischen Armee zu vereinigen. Der kluge Marschall weigerte sich, Baiern, wo sich die Truppen bei Ingolstadt wieder sammelten, zu verlassen; er erklärte, der Uebergang der Preußen über die Donau sei ganz unmöglich, und der Rückzug werde von selbst erfolgen. Nur auf wiederholtes Drängen schickte er am 22. Februar 1742 unter F. M. L. Graf Mercy sechs Regimenter und 300 Croaten zur böhmischen Armee, hielt jedoch Baiern besetzt. Zur Zeit der Krönung Karl VII. schien Oesterreich der Herr der Situation und konnte, von englischen Subsidiengeldern unterstützt, zu neuem Angriff schreiten. Maria Theresia und die Minister waren der Meinung, König Friedrich, der gefährlichste Feind, müsse vor Allen bekämpft werden. Die böhmische Armee sollte Friedrich II. während des Rückzuges aus Mähren angreifen, aber dieser kam den Oesterreichern zuvor; er wandte sich, nachdem er Olmütz geräumt, nach Böhmen und bezog am 12. Mai ein Lager bei Chrudim. Die österreichisch-böhmische Armee, welche bedeutend verstärkt war, theilte sich in drei Corps. Während Fürst Lobkowitz die Straße von Prag nach Budweis beherrschte, wandte sich Karl von Lothringen mit der österreichischen Hauptmacht, etwa 30,000 Mann stark, gegen Czaslau, und traf am 17. Mai auf den Feind auf dem Plateau von Czaslau gegen Chotusitz. Der König griff an und erfocht einen vollständigen Sieg. Im Anfang schien dieser auf Seite der Oesterreicher. Die beiden Flügel brachten die preußischen Regimenter in Unordnung, aber im Centrum konnte sich die österreichische Infanterie nicht behaupten und ergriff die Flucht. Prinz Karl, welcher 4000 Mann verlor, zog sich bis Willimov zurück, der König blieb bei Kuttenberg, aber er konnte keine zweite Schlacht liefern und verhielt sich ruhig, als die Oesterreicher sich gegen die Franzosen wandten. Prinz Karl zog das Corps unter Lobkowitz an sich, schlug die Franzosen bei Teyn und drückte sie von der Verbindung mit Baiern ab, gegen Prag. Die ungeschickten Manöver der Franzosen und die allgemeine politische Lage machten Friedrich II. zum Frieden mit Oesterreich geneigt[1]). Das neue Ministerium in England versprach Maria Theresia Geld und die Aufstellung einer Armee in Hannover, wenn sie sich „koste es, was es wolle" mit Friedrich II. versöhnen wolle. Lord Hyndford wurde von Oesterreich bevollmächtigt, und der König schickte seinen Gesandten Podewils nach Breslau mit dem Auftrag, binnen vierundzwanzig Stunden abzuschließen. Die Präliminarien wurden in Breslau am 11. Juni vereinbart, und nachdem Sachsen seinen Beitritt erklärt hatte, wurde am 28. Juli 1742 der Friede in Berlin unterzeichnet. Er ist die Grundlage der spätern Friedensschlüsse mit Preußen bis zum Hubertsburger Frieden. Oesterreich überließ darin an Preußen Nieder- und Oberschlesien mit der Grafschaft Glatz, nur mit Ausnahme des Fürstenthums Teschen, der Stadt Troppau und jenes Gebietes, welches diesseits der Oppa liegt mit dem gebirgigen Theile Oberschlesiens. Der Generalreceß vom 6. December 1741 bestimmte die Grenzen. Die Theile, welche bei Oesterreich blieben, bilden das heutige Kronland Schlesien, und die kleine Oppa bildet noch immer die Grenze. Preußen verpflichtete sich zugleich, die katholische Religion in Preußisch-Schlesien aufrecht zu erhalten und das 1735 auf Schlesien hypothecirte Darlehen der englischen Kaufleute zu übernehmen, ein Punkt, der erst in unserer Zeit vollständig erledigt wurde. Georg II. von England und Hannover, August von Sachsen-Polen und die Kaiserin Elisabeth traten dem Frieden bei.

---

1) Politische Correspondenz Friedr. II., II. 191.

Der Friede von Breslau machte den Kaiser Karl VII. geneigt, das Bündniß mit Frankreich zu lösen, umsomehr als das französische Cabinet hinter seinem Rücken Verbindungen mit Wien anknüpfte. Nur forderte der Kaiser einen Ersatz für Böhmen und für den Verzicht auf die österreichischen Erblande. England war damals dafür, Karl Albert Lothringen, Elaß und die Freiggrafschaft als ein souveränes Königreich anzubieten, Baiern sollte mit Oesterreich vereint bleiben. Der Kaiser lehnte jedoch entschieden ab. „Würde ich nicht aus einem Kaiser ein Landstreicher, ein Fürst ohne Land!" schrieb er an seinen Vertrauten [1]). Für Oesterreich brachte der Breslauer Frieden den Vortheil, in den nächsten Jahren seine gesammte militärische Kraft gegen Frankreich und Baiern verwenden zu können. Die französische Regierung hatte schon vor den Präliminarien in Breslau den Frieden und sogar ein Bündniß mit Oesterreich angetragen, aber Maria Theresia erklärte dem englischen Gesandten, „sie würde sich diesmal nicht weich finden lassen." Sie erwiderte Fleury [2]): „Frankreich kenne Ihre friedfertige Gesinnung, aber damals, als man glaubte Sie völlig zu Grunde richten zu können, habe man dies nicht gewürdigt; man habe Ihren Staat erobert, verheert, die Grundlagen der Verfassung des deutschen Reiches umgestoßen, dessen Freiheit untergraben, und nicht Frankreich sei die Ursache, daß das Haus Oesterreich, dessen Existenz man schon zu bestreiten gewagt hatte, nicht wirklich aufgehört habe zu bestehen; man habe beabsichtigt, ganz Europa dem Joche Frankreichs zu unterwerfen. Die Sache der Königin sei dadurch Sache der deutschen Fürsten und aller Mächte geworden, denen ihre Ruhe und Unab= hängigkeit an Herzen liege."

Maria Theresia wollte vor Allem die Franzosen aus Böhmen hinaus= werfen; Khevenhüller mußte deßwegen Baiern verlassen und sich mit der böhmischen Armee vereinigen. Der französische Marschall Maillebois, welcher Prag entsetzen sollte, wurde in der Oberpfalz zurückgehalten und Fürst Lob= kowitz führte sein Corps von 17,000 Mann vor Prag, ohne jedoch die Stadt einschließen zu können. Belleisle entkam mit 14,000 Mann in der Winternacht vom 16. auf den 17. December und wandte sich westlich nach Eger, um sich mit den Franzosen in der Oberpfalz zu vereinigen; die Hälfte seiner Truppen ging jedoch auf dem Wege zu Grunbe. Der französische Oberstlieutenant Chevert, welcher in Prag nur noch 6000 Mann befehligte, capitulirte und konnte am 2. Jänner 1743 mit allen Ehren nach Eger ab= ziehen. Auch diese Festung mußte sich ergeben. Die böhmische Armee rückte fast in paralleler Richtung mit Maillebois wieder an die Donau, vereinigte sich mit Bernclau, welcher München geräumt hatte und ging über den Inn zurück. Für eine Zeit ruhten hier die Waffen; die Franzosen standen

---

1) An Seinsheim 18. Juli 1742. Heigel, a. a. O.
2) Arneth, II. 107.

bei Schärding, die Baiern bei Braunau, die Oesterreicher bei Passau und nach Oberösterreich hinein.

Maria Theresia hatte ihren nächsten Zweck erreicht: Böhmen war wieder unter österreichischer Herrschaft. Der erste Punkt der Capitulation, welche Fürst Lobkowitz abgeschlossen hatte, versprach eine Amnestie, aber Maria Theresia war nicht gewillt, die Huldigung und Theilnahme für die Fremdherrschaft ohne Ahndung zu lassen. Wie ein Jahr früher in Oberösterreich wurde auch hier eine Untersuchungscommission eingesetzt, welche ihre Aufgabe sehr ernsthaft nahm. Sie unterschied dabei die „Leichtsinnigen,“ die „Neuerungssüchtigen“ und die „gar Abholden,“ welche im Kriege gegen Oesterreich gedient hatten. Die eigentlichen Führer der bairischen Partei waren entflohen, aber alle Mitglieder der kaiserlichen und ständischen Behörden, welche das Amt unter dem Kurfürsten verwaltet hatten, der Erzbischof und viele Adelige wurden aus Prag verwiesen. Da jedoch jedem Einzelnen die Anklage zugesendet wurde, konnte sich Jeder geschickt verantworten. Die meisten Herren rechtfertigten sich, indem sie die Huldigung nur als passiven Gehorsam und als eine Rettung ihres Eigenthums darstellten: so die Grafen Stephan Kinsky, Rudolf Chotek, Philipp Gallas, Wenzel Kokořowa, Philipp Kolowrat und Andere. Die Hofcommission sprach die Meisten von der Anklage frei. Nur jene, welche in persönliche Dienste des Kurfürsten getreten waren, verloren ihre Stellen und durften nicht bei Hofe erscheinen: so die Grafen Franz Wrbna, Khuenburg, Karl Morzin, Franz Clary, Wenzel Pötting u. a. Der Erzbischof Graf Manderscheid, der es mit den Franzosen und Baiern gehalten und in Wien viel Aergerniß erregt hatte, stellte ebenfalls sein Benehmen als einen Act der Nothwendigkeit dar. Er konnte nicht gestraft werden, zog es aber vor, für einige Jahre auszuwandern. Ein besonderer Gerichtshof sprach über die Schuldigen das Urtheil aus und zwar auf Grundlage der Halsgerichtsordnung von 1707 und nach einem Ediet der Königin vom 6. März 1743, in welchem Maria Theresia die fremden und österreichischen Gutsbesitzer strenge unterschied. Die Güter der ersteren wurden eingezogen oder sequestrirt; die letzteren, welche sich freiwillig unterworfen hatten, kamen mit Geld= und Arrest= strafen davon: so Graf Heinrich Mannsfeld, welcher den Kurfürsten nach Frankfurt begleitet und ihn als Botschafter in Rom vertreten hatte. Ferner die Grafen Wrtby, Bubna, Michna, Ferdinand Kolowrat. Auch die Judenschaft mußte zahlen, die Stadträthe und Vertreter der Universität wurden abgesetzt. Maria Theresia hatte bei sich beschlossen, Niemanden am Leben zu strafen, aber einige besonders Schuldige kamen in entfernte Festungen: Graf Paradies, früher Stadthauptmann in Prag, nach Wiener= Neustadt, Freiherr von Deym, der als Spion gedient hatte, nach Temesvar und der Kreishauptmann Karl David, der sich in Wort und That schwer vergangen hatte, nach Ofen. Maria Theresia wünschte über das Ganze einen Schleier gedeckt und hat manches Urtheil nicht bestätigt oder ge=

mildert. Graf Kaiserstein, der Oberst-Kanzler des Kurfürsten, erhielt sogar einige Jahre später seine Güter zurück, nur nach Oesterreich durfte er nicht mehr zurückkehren. Die Zahl der Abgefallenen war groß. Aber die vornehmen Familien der Auersperg, Dietrichstein, Liechtenstein, Lobkowitz, Schwarzenberg, Colloredo, Harrach, Kaunitz, Salm, Schlick, Trautmannsdorf, Cernin, eine Reihe von Beamten, die Städte Budweis, Pilsen, Klattau, Leitmeritz, Eger hatten ihre Treue bewahrt [1]). Dessenungeachtet war Maria Theresia, als sie im Mai 1743 nach Böhmen kam, über die jüngste Vergangenheit noch trübe gestimmt; sie vergaß ihren Groll erst im Eindruck der Huldigung der Stände und in der Freude über einen Sieg, den Prinz Karl von Lothringen bei Braunau erfochten hatte. Die Huldigung und die Krönung (11. und 12. Mai 1743) wurden prachtvoll und unter Theilnahme einer bewegten Bevölkerung vollzogen [2]). Um auch in Oberösterreich die Erinnerung an die Fremdherrschaft auszulöschen, reiste die Königin von Prag nach Linz, ließ sich am 25. Juni huldigen und bestätigte die alte Landesverfassung. Sie hatte den oberösterreichischen Ständen schon im März 1742 erklären lassen: Sie wolle die Vergangenheit vergessen und hoffe nur, daß die Stände in der Bewilligung der Postulate und in anderen Diensten sich ebenso eifrig bezeigen würden, als viele derselben bei dieser „nichtigen Huldigung."

Wie ganz anders war die Lage Oesterreichs seit dem Winter 1741—1742 geworden! Der Plan einer Theilung war vollends gescheitert, Oberösterreich, Böhmen und Mähren wieder erobert, Preußen, Sachsen aus der Zahl der Feinde ausgeschieden. England wurde ein thätiger Bundesgenosse gegen Frankreich, und in Italien entwickelten sich die Dinge in günstiger Weise, wie im Norden. In Wien nannte man den König von Sardinien den italienischen König von Preußen. Es war nur der Unterschied: Friedrich II. handelte selbständig und der König von Sardinien hing entweder von Frankreich oder von England ab. Er fürchtete einen dritten Bourbon in Italien und verständigte sich deßwegen, als die spanischen Hilfsvölker in Oberitalien erschienen, mit Oesterreich in der Convention von Turin (1. Februar 1742). Seine Armee vereinigte sich mit der österreichischen unter Graf Otto Traun, und sie brachten die spanische Armee zu einem schmählichen Rückzug, bis der König von Neapel, von der englischen Flotte bedroht, seine Truppen zurückrief. Als jedoch ein spanisches Corps von Frankreich her einrückte, rief Karl Emanuel seine Truppen vieder ab (December 1742), so daß die Oesterreicher und Spanier sich allein gegenüberstanden, bis Traun und Aspremont die Spanier unter Gages am 8. Februar 1743 bei Camposanto vollständig schlugen. Die Spanier mußten durch mehr als ein Jahr in voller Unthätigkeit bleiben. Graf Traun, der nach der Ansicht der Wiener Regierung zu

---

1) Arneth a. a. O. II. 220—244; Wolf, Oesterreich unter Maria Theresia 68.
2) Capello a. a. O. 264.

viel Geld gebraucht hatte, wurde jedoch abberufen und als Commandant
nach Mähren versetzt. Sein Nachfolger in Italien wurde Fürst Christian
Lobkowitz, den man aus Böhmen entfernen wollte, weil er sich nicht mit
Khevenhüller und Karl von Lothringen vertragen konnte. Der König
von Sardinien verstand es wohl, die Verhältnisse auszubeuten. Weil die
Bourbons um sein Bündniß warben, drängte das englische Cabinet die
Königin dazu, an Sardinien einen Streifen Landes zu überlassen. Maria
Theresia villigte ein, weil Frankreich nach dem Tode des Cardinals Fleury
mit großer Energie zur Fortsetzung des Krieges rüstete. In dem Vertrage zu Worms (13. September 1743) überließ Oesterreich an Sardinien
alles Land am rechten Ufer des Lago maggiore und Tessin, das Gebiet
von Pavia am linken Ufer des Po (Pavesano), Piacenza mit einem Gebiet
und das Rückkaufsrecht auf Finale, welches Genua gehörte. Sardinien anerkannte dafür neuerdings die pragmatische Sanction und versprach für den
Krieg 45,000 Mann zu stellen. In einem geheimen Artikel gelobten die brei
Mächte Oesterreich, England und Sardinien: die Bourbons aus Italien,
namentlich aus Neapel und Sicilien zu vertreiben. Nur ungern war Maria
Theresia darauf eingegangen, denn Oesterreich verlor die vortreffliche Grenzlinie der Sesia, die Freundschaft Sardiniens war von zweifelhaftem Werthe,
und die Flotte, welche England gegen Neapel zugesagt, ist nie im Mittel-
meere erschienen.

Dagegen trat England-Hannover aus seiner Neutralität heraus. König
Georg sehnte sich nach Kriegsruhm, und die pragmatische Armee, welche in
den österreichischen Niederlanden geworben war, kam endlich nach Deutschland.
Ein österreichisches Corps unter Graf Salm vereinigte sich mit ihr und
das verbündete Heer schlug die Franzosen unter Noailles bei Dettingen
(27. Juni 1743) so furchtbar, daß die Letzteren über den Rhein zurück-
gingen. König Georg und Prinz Karl von Lothringen verständigten sich zwar
über einen gemeinsamen Kriegsplan, aber der ganze Feldzug am Rhein mis-
glückte und der eigentliche Zweck, die Eroberung von Elsaß und Lothringen,
wurde nicht erreicht. Dagegen kam Baiern im Jahre 1743 wieder in österreichische Gewalt, denn Khevenhüller und Prinz Karl hatten die Baiern
schon im Frühjahre bei Simbach und Braunau geschlagen. Kaiser Karl VII.
lebte in Frankfurt ohne Land und Leute, in Wahrheit ein Mann der Schmerzen.
Friedrich II. von Preußen rieth ihm zu einer Association mit einzelnen
Reichsständen, um eine Neutralitätsarmee bilden zu können, aber der Kurfürst
von Köln versagte jeden Beistand, jener von Trier handelte in österreichischem
Interesse und der Kurfürst von Mainz fürchtete die Säcularisirung. Die
Reichssteuer, welche der Reichstag bewilligt hatte, wurde nicht gezahlt, Baiern
hatte einen Schaden von 30 Millionen erlitten und die bairische Armee zählte
nur 18,000 Mann. Damals war Karl geneigt, die österreichischen Niederlande für Baiern anzunehmen, aber diesmal lehnte Oesterreich ab, und die
Vermittler unterstützten ihn nicht.

CHARLES·ALEXA·DUC·DE·LORRAI·GOUVER·DES·PAYS·BAS·&Ct.

Qui voulut peindre un Heros Citoyen. Aimai, connut, et fit le bien.
Dont l'ame aussi noble que belle. Ne chercha pas loin son modele.

Karl Alexander von Lothringen.
Kupferstich von A. du Boulois nach J. le Gendre

Der König von Preußen hatte 1743 die Siege der österreichischen Generale und Diplomaten mit wachsendem Mißtrauen verfolgt. Er ließ sich damals von seinen Ministern Podewils und Borke ein Gutachten über die allgemeine Situation geben[1]). Er suchte das Bündniß von Rußland und Schweden und rieth Frankreich, alle Friedensvorschläge fallen zu lassen. Offen und insgeheim arbeitete er gegen Oesterreich und suchte sogar die Pforte zum Einfall in Ungarn zu bewegen[2]). In der Furcht Schlesien zu verlieren, war der König schon im Herbst 1743 entschlossen, den Frieden zu brechen und einen neuen Krieg mit Oesterreich zu beginnen. Er vermehrte seine Armee auf 142,000 Mann und füllte seine Cassen, um im rechten Augenblick einen entscheidenden Schlag führen zu können. Dieser Augenblick trat ein, als Sachsen in dem Vertrage vom 20. December 1743 auf die Seite Oester= reichs trat und für den Fall eines Angriffes eine Bundeshilfe von 6000 Mann versprach. Friedrich II. behauptete, der Vertrag sei gegen ihn ge= richtet, während die Frankfurter Union vom 23. August Preußen, Baiern, Schweden und die Kurpfalz zu gemeinsamem Zwecke vereinigt hatte. Der König schlug früher, als er gedacht hatte, los, nachdem er erfahren, daß die Oesterreicher die Rheinlinie und damit Elsaß und Lothringen bedrohten. Im August 1744 fiel er mit der „kaiserlichen Auxiliararmee“ wie er sie nannte, etwa 80,000 Mann in Böhmen ein. Der große Zweck des Krieges war nicht die Vertheidigung Schlesiens allein, sondern die „vollständige Schwächung des Hauses Oesterreich“ und insbesondere die Eroberung des nordöstlichen Theiles von Böhmen, den er sich in dem Vertrage mit Kaiser Karl hatte zusichern lassen[3]). Ohne Widerstand kam der König von Preußen vor Prag, die Besatzung mußte capituliren (16. September); auf französisches Andringen rückten die Preußen bis Budweis vor, kamen jedoch in eine peinliche Lage. Das Landvolk zeigte sich überall widerspenstig, „der Adel, die Geistlichkeit und die Bürgermeister der Städte“, wie der König schrieb, „dem Hause Oesterreich sehr ergeben.“ Er konnte wohl Böhmen in raschem Zuge erobern, aber nicht behaupten. Die österreichische Armee kam vom Rhein zurück, vereinigte sich mit dem ungarischen Corps Batthyany's und mit einem sächsischen Hilfscorps, so daß sie 70,000 Mann zählte. Der tüchtige Stratege Graf Traun führte unter Karl von Lothringen das Commando und nöthigte ohne eine Schlacht den König zu einem verlustreichen Rückzuge. Die Oesterreicher eroberten wieder Prag, und als die Preußen das Land verließen, folgte die Armee und nahm ihre Quartiere in Mähren. Nur das hatte Friedrich II. erreicht, daß

---

1) Politische Correspondenz II. 41.

2) H. Plenker Internuntius Memoir. Ms. Die Unterhändler waren der Fürst der Moldau und ein Graf Seewald.

3) Nach Droysen war Oesterreich der Friedensbrecher, nach Arneth Fried= rich II. Die Urtheile über die Intentionen Friedrich II., welche Coxe, Arneth, A. Beer, Alfons Huber auf Grund der österreichischen und englischen Akten aus= sprechen, werden nicht geändert durch die politische Correspondenz Friedrich II. I, II.

Baiern von den Oesterreichern geräumt wurde. Sie behielten dort nur Passau, Braunau und die Stadt am Hof, Regensburg gegenüber, besetzt.

Kaiser Karl VII. konnte wieder zu seiner Armee und nach München zurückkehren, aber nur um dort zu sterben. Als die Nachricht von einer neuen Niederlage an der Bils die Hauptstadt aufschreckte, traf den Kaiser ein Herzschlag am 20. Jänner 1745. Er war ein liebenswürdiger ehrlicher Charakter; er konnte im Frieden regieren, sein Volk glücklich machen, aber die Mahnungen seines Vaters und die französische Politik führten ihn auf eine Bahn, auf welcher er sich durch eigene Kraft nicht behaupten konnte. Schon in Frankfurt rief er schmerzlich aus: „Das Unglück wird mich nicht eher verlassen, bis ich es verlasse." Sein Tod veränderte die ganze Lage. In Baiern wollte man noch eine Zeit den Krieg fortsetzen, um einen bessern Frieden zu erhalten. Der Sieg der Oesterreicher über die Franzosen bei Pfaffenhofen (15. April) vernichtete auch diese Hoffnung und da Maria Theresia entschlossen war, jedem Gedanken auf Baiern zu entsagen, kam der Friede schon am 22. April zu Füssen zu Stande. Oesterreich anerkannte Karl VII. als Kaiser, gab den eroberten Theil von Baiern zurück und verzichtete auf eine Kriegsentschädigung. Der junge Kurfürst Max Josef entsagte allen Ansprüchen auf Oesterreich, anerkannte die böhmische Wahlstimme und versprach, gegen englische Subsidien für Oesterreich ein Hilfscorps zu stellen. Mit Baiern war Süddeutschland pacificirt, Köln und Kurpfalz kamen durch Baiern zum Frieden, Hessen blieb neutral, Sachsen war Oesterreichs Bundesgenosse und ein großer Theil der deutschen Waffenmacht stand Oesterreich wieder zu Gebote. Maria Theresia dachte hinfort nur an den Kampf mit Preußen und die Wiedereroberung Schlesiens. Das Warschauer Bündniß (8. Jänner 1745) zwischen England, Holland, Oesterreich und Sachsen nährte ihre Hoffnung, aber den wirklichen Vortheil aus diesem Ringkampfe erreichte doch nur der Fürst, der besonnen, rücksichtslos und tapfer nur seine eigene Sache verfocht. Friedrich II. erfocht damals an den Häugen der schlesischen Berge eine Reihe von Siegen: bei Habelschwert (13. Februar), bei Hohenfriedberg (14. Juni), bei Soor (30. September), bei Hennersdorf (27. November) und bei Kesselsdorf (15. December). Dessenungeachtet wünschte der König einen baldigen Frieden mit Oesterreich. England drängte dazu die Königin in etwas unbequemer Weise und schloß deßwegen am 26. August mit Friedrich II. eine besondere Convention. Maria Theresia weigerte sich, dem Vertrage beizutreten. Sie hoffte auf einen Sieg und einen Umschlag der Dinge, ja sie war damals in ihrer Erbitterung mehr für einen Frieden mit Frankreich geneigt, nur um Schlesien, „das Juwel des Hanses Oesterreich" wieder zu erhalten. Die Aussicht auf eine russische Kriegshilfe für das nächste Jahr bestärkte sie noch mehr in ihrem Widerstand. Erst als nach der Schlacht von Kesselsdorf Sachsen aus der Allianz mit Oesterreich trat und Maria Theresia gänzlich isolirt schien, fügte sie sich der bitteren Nothwendigkeit. Der Friede wurde bereits am 25. December 1745 in Dresden abgeschlossen und zwar getrennt zwischen

Preußen und Kursachsen, Preußen und Oesterreich. Im Wesentlichen war derselbe nur eine Bestätigung der Verträge von 1742. Friedrich II. und Maria Theresia garantirten sich wechselseitig ihre Besitzungen, aber Schlesien blieb für Oesterreich verloren. Da zugleich der Friede Hannover, Hessen= Kassel und die Kurpfalz einschloß, wurde derselbe ein Reichsfriede, ob= wohl das Reich dessen Garantie erst 1751 übernahm. In Wien war weder die Regierung noch das Volk befriedigt; die Nachricht von dem Frieden wirkte ebenso niederschlagend, wie von einer verlorenen Schlacht. Alles klagte über die Fehler der Führer, namentlich über Herzog Karl von Lothringen. Schlesien war nicht erobert, Baiern zurückgegeben, die Macht Oesterreichs in Deutschland war für alle Zeiten geschmälert. Nur einen sehnlichen Wunsch erreichte Maria Theresia: die Erhebung ihres Gemahles auf den Kaiserthron.

Sie war dafür thätig gewesen in allen kriegerischen Unternehmungen und politischen Verhandlungen. Schon im Juni nach der Schlacht von Hohen= friedberg hatte Traun mit der deutschen Armee so operirt, daß er Frankfurt vor einem Ueberfalle der Franzosen sichern konnte. Der Großherzog kam selbst zur Armee, aber das Wahlgeschäft ging bei dem Widerstreben der Kurfürsten von Brandenburg und der Pfalz nur langsam vorwärts. Auch Baiern und Sachsen blieben noch Monate lang schwankend und Oesterreich konnte sicher nur auf die Stimmen von Mainz, Trier und Hannover rechnen. Da jedoch Preußen mit Frankreich verbündet war, so schien Oesterreich die einzige Macht, welche Deutschland schützen konnte, und allmählich sprach sich die Majorität der Kurfürsten für Oesterreich aus. Die böhmische Wahlbotschaft wurde diesmal zugelassen, und am 13. September 1745 wurde der Groß= herzog von Toscana mit sieben Stimmen zum römischen Kaiser gewählt. Die Krönung wurde erst am 24. October 1745 vollzogen. Maria Theresia kam selbst nach Frankfurt, aber sie ließ sich aus frauenhaften Ursachen nicht krönen. Sie war sehr fröhlich über die Krönung, denn sie erblickte darin den Ruhm ihres Geschlechtes und die Herstellung der alten Ordnung, obwohl der Krieg mit Frankreich noch fortdauerte.

Mit den Friedensschlüssen zu Füssen und Dresden hatte der österreichische Erbfolgekrieg als solcher sein Ende erreicht. Im Beginn desselben war Maria Theresia nur bestrebt, die Erbfolge und den Besitz der ererbten Länder aufrecht zu erhalten. Nach dem Verluste Schlesiens trachtete sie darnach, sich durch den Erwerb von Baiern zu entschädigen. Im zweiten schlesischen Kriege versuchte sie nochmals die Wiedereroberung Schlesiens. Auch dieser Versuch mißlang, aber das hatte sie erreicht, daß ihr Erbfolge= recht unangefochten blieb und Oesterreich wieder als deutsche und europäische Macht anerkannt war. In Europa war wieder die Ueberzeugung lebendig geworden, daß Oesterreich nicht ein Chaos von barbarischen Völkern, sondern ein lebenskräftiger Staat sei, dessen Existenz das Interesse des österreichischen Volkes und der europäischen Staaten in sich schließe.

FRANCISCVS I. ROM. IMPERATOR
GERMANIAE ET HIE ROSOLYMORVM REX
DVX LOTHARINGIAE ET BARRI MAGNVS
HETRVRIAE DVX ETC. ETC.

Franz I. Deutscher Kaiser.
1762 gezeichnet von J. S. Liotard (1702— nach 1788), 1769 gestochen von J. Schmuzer.

Der Krieg gegen Frankreich dauerte noch drei Jahre und endete trotz des wechselnden Kriegsglückes für Oesterreich nicht günstig. Im Jahre 1745 waren die Oesterreicher in Oberitalien entschieden im Nachtheile, die Spanier konnten sogar in Mailand einziehen, und es kam ein Augenblick, in welchem Maria Theresia schrieb: „Ich gebe jetzt in Italien Alles verloren." Der tüchtige General Browne stellte das Gleichgewicht wieder her. Es folgte die Vertreibung der Spanier aus Mailand, die Eroberung von Parma und Piacenza, die Erstürmung der Bocchetta und Genua's und der Feldzug nach Südfrankreich, der nur durch den von den Franzosen angezettelten Aufstand in Genua vereitelt wurde. In den Jahren 1747 und 1748 wurde der Krieg in Oberitalien matt geführt. Der König von Spanien, der hinfällige Philipp V., war 1746 gestorben, und sein Nachfolger Ferdinand VI. schien nicht geneigt, für seinen Stiefbruder Don Philipp große Opfer zu bringen. Die Absicht ging nur dahin, die spanischen Truppen mit geringen Verlusten aus Italien wegzuführen. Die Entscheidung lag, wie immer, wenn sich die germanische und romanische Nation bekämpfte, in den Niederlanden. Obwohl Maria Theresia erkannte, daß hier zumeist das Interesse der Seemächte betheiligt war, unterstützte sie ihre Bundesgenossen mit aller Kraft, nur fehlte sie darin, daß sie den Oberbefehl wieder dem Herzog von Lothringen anvertraute, der seinen kriegerischen Ruhm nicht wieder aufrichten konnte. 1746 zählte das verbündete Heer von Oesterreich, Holland und England 90,000 Mann, 1747 140,000 Mann; dabei waren 47,000 Oesterreicher und 1748 sollten 60,000 Oesterreicher zur neuen Armee stoßen. Im Ganzen behielten jedoch die Franzosen das Uebergewicht; sie eroberten die Barriereplätze, Antwerpen, Brüssel, schlugen die Verbündeten 1746 bei Rocoux, 1747 bei Laveld und belagerten unter Moritz von Sachsen die Festung Mastricht, was jedoch, wie Maria Theresia sagte, „ein militärisches Gaukelspiel" für einen günstigen Frieden war.

Alle Mächte waren des Krieges satt und sehnten sich nach dem Frieden. Holland drängte am meisten dazu[1]). Die Friedensverhandlung zu Breda im September 1747 scheiterte, aber nach wenigen Wochen wurde durch den König von England die Aussicht auf den Congreß in Aachen eröffnet, der jedoch erst im März 1748 zusammentrat. Die ersten Verhandlungen in Aachen sprachen nicht zu Gunsten Oesterreichs, denn die Seemächte schienen bereit, neuerdings das österreichische Interesse an Preußen und Sardinien preiszugeben. Maria Theresia sah deßwegen den weiteren Verhandlungen nicht mit Vertrauen entgegen; sie suchte nur das „minder Schädliche." Graf Kaunitz, welcher Oesterreich vertrat, erhielt den Auftrag, mit Frankreich ein separates Abkommen zu treffen, um dann mit England klarer sprechen zu können. Aber er kam damit viel zu spät, denn die Seemächte vereinigten

---

1) A. Beer, Holland und der österreichische Erbfolgekrieg; Archiv f. österreich. Gesch., Bd. 46, 382. Zur Geschichte des Aachener Friedens, Bd. 47, 1—197.

sich mit Frankreich, wie in Nimwegen und Utrecht, in Separatfrieden und zwar auf Kosten Oesterreichs und ohne Einvernehmen mit demselben. Nur ungern und mit inneren Kämpfen gab Maria Theresia nach und nahm die Bestimmung wegen Schlesien, Italien und wegen der Barriere an. Am 18. October 1748 schlossen Frankreich und die Seemächte den Vertrag, am 20. October trat Spanien, am 23. Oesterreich bei, Genua, Modena und Sardinien, welche betheiligt waren, folgten nach. Oesterreich überließ an Don Philipp Parma, Piacenza und Guastalla; das Heimfallsrecht auf Parma wurde Oesterreich, jenes auf Piacenza Sardinien vorbehalten; der König von Sardinien behielt die lombardischen Landtheile, welche er 1743 erworben. Die europäischen Mächte garantirten neuerdings die pragmatische Sanction, Franz von Lothringen wurde als deutscher Kaiser anerkannt, und der König von Preußen erhielt abermals den Besitz von Schlesien und Glatz zugesichert.

Nur anscheinend trat Alles in die früheren Verhältnisse zurück, die Grenzen blieben im Ganzen dieselben, aber es waren bereits die Keime gelegt für eine ganz neue politische Gestaltung. Die alte Allianz der Seemächte mit Oesterreich und Deutschland war längst gelockert und zur Zeit des Aachener Friedens schon im Verfall. Die Beziehungen Oesterreichs und Englands blieben äußerlich glatt und höflich, aber Maria Theresia hatte sich den alten Bundesgenossen entfremdet. Sie konnte mit Recht klagen, daß sie von diesen Schlimmeres erfahren, als von ihren Gegnern. Zugleich war es von hoher Bedeutung, daß Rußland thätig in den Händeln der Weststaaten aufgetreten war. Nach dem Vertrage von 1747 sollten 37,000 Mann Russen für den nächsten Feldzug an den Rhein marschieren. Der Kernpunkt aller politischen Beziehungen blieb jedoch das Verhältniß Preußens zu Oesterreich. Friedrich II. hatte mit seinem Schwert und mit seiner Politik Preußen eine europäische Geltung verschafft. Das Volk fürchtete ihn, die Armee vertraute ihm unbedingt, die europäischen Höfe haßten ihn oder stützten sich auf ihn; er war der erste Feldherr seiner Zeit und der alleinige Leiter seiner Politik. Oesterreich war aus der Verfallenheit unter Karl VI. wieder aufgerichtet. Maria Theresia hatte die innere und äußere Macht des Reichs neu befestigt, aber der Verlust Schlesiens war materiell und politisch empfindlich. Sie konnte auch niemals das Unrecht und die Niederlage, die sie von Friedrich II. erlitten hatte, vergessen, und alle ihre Bestrebungen waren darauf gerichtet, sich zu sammeln, zu stärken und neue Bundesgenossen zu erwerben, um das verlorene Schlesien wieder zu gewinnen. In der besten Zeit des Friedens fanden zwischen Preußen und Oesterreich kleine Differenzen statt: so wegen der Reichsgarantie für Schlesien, welche vom Reichstage erst 1751 anerkannt wurde, wegen der schlesischen Schuld und wegen der Wahl des jungen Kronprinzen von Oesterreich. Friedrich II. und Maria Theresia blieben deßwegen immer voll Eifersucht und Mißtrauen auf einander, und die Minister und Hofleute trugen Feuer statt Wasser herzu.

II. Der siebenjährige Krieg, 1756—1763.

Die Jahre 1748—1756 bezeichnen für Oesterreich einen Umschwung in seiner innern und äußern Politik. Aus den bisherigen föderativen Formen, mit welchen eine durchgreifende, rasche Regierung nicht möglich war, erhob sich Oesterreich zur Einheit der Verwaltung und damit zur Fähigkeit einer freieren Bewegung. Seine äußere Politik wird charakterisirt durch das allmähliche Loslösen von dem traditionellen Bündniß mit England und Holland und durch die Verbindung mit Frankreich. Dazu führten die geänderten Verhältnisse, das Interesse Oesterreichs und die persönlichen Motive der einzelnen Charaktere, welche die Macht hatten, die Bahnen für Krieg und Frieden vorzuschreiben. Maria Theresia hatte im Erbfolgekriege, um für Schlesien oder Baiern einen Ersatz zu erhalten, mehrmals nach einem Bundesgenossen umhergetastet. Frankreich selbst hatte 1743, 1744 und insbesondere 1747 unter sächsischer Vermittlung eine Annäherung versucht; seine Finanzen waren in einem trostlosen Zustande, der Krieg selbst war für Frankreich gegenstandslos und seine Alliirten waren nur die zwei Bourbons in Madrid und in Neapel. Bei dem Congreß in Aachen wurden durch Kaunitz diese Versuche erneuert, um dadurch einen leisen Druck auf England auszuüben. Schon damals waren Gerüchte von einer österreichisch-französischen Allianz und von einem Angriffsplan gegen Friedrich II. verbreitet; aber Maria Theresia dachte noch nicht an einen Krieg mit Preußen; sie suchte nur außer Rußland, das mit Oesterreich verbündet war, einen Bundesgenossen, der sie in allen Fällen zu unterstützen vermochte. Schon 1748 forderte Maria Theresia von ihren Ministern ein Gutachten über das politische System, welches Oesterreich befolgen sollte. Die Minister Königsegg, Ulefeld, Colloredo, Khevenhüller und Kaunitz erklärten: Rußland und die Seemächte seien die natürlichen Verbündeten Oesterreichs; Frankreich, die Türkei und Preußen seien feindselig, aber man müsse Frankreich dem König von Preußen entfremden und vor Allem die militärische und ökonomische Kraft des Staates stärken. Die Kaiserin entschied sich für die Majorität (20. April 1749). Auch Ulefeld und Bartenstein befürworteten eine Vereinigung mit Frankreich und die Folge war, daß Graf Kaunitz, dem Maria Theresia in der äußern Politik besonders vertraute, 1750 als Botschafter nach Paris geschickt wurde. Er verweilte dort drei Jahre, aber es gelang ihm nicht, ein politisches Einverständniß auch nur allmählich anzubahnen. Nach seiner Rückkehr verwerthete er seine Erfahrung in einem Gutachten an Maria Theresia, in welchem er für die künftige Politik Oesterreichs eine Allianz mit Frankreich entschieden befürwortete. Von einem Bruche mit England war keine Rede, obwohl Maria Theresia seit 1742 eine geheime Erbitterung gegen England nährte und auch alle Ursache dazu hatte, denn England hatte immer zu Ungunsten Oesterreichs vermittelt und jede Gelegenheit versäumt, den Feinden zu schaden. Nach dem Aachener Frieden suchte England der Kaiserin noch einige gute Dienste zu erweisen. Der König trat für Hannover 1750 dem österreichisch= russischen Bündniß bei und versprach die Wahl des jungen Erzherzogs Josef zum römischen König durchzusetzen, was freilich nicht gelungen ist, auch war damals der Erzherzog erst neun Jahre alt. Die eigentliche Ursache, welche das Verhältniß Oesterreichs zu den Seemächten lockerte, lag in dem Barriere= vertrage, welcher den Souverän der Niederlande verpflichtete, in den Grenz= festungen holländische Truppen zu dulden und theilweise zu besolden. Maria Theresia wollte das schöne Land von dieser Last, welche seit 1701 mehr als dreiunddreißig Millionen gekostet und den Handel Belgiens ruinirt hatte, befreien. Sie wünschte wenigstens für Belgien einen gleich günstigen Zolltarif wie für den englischen und holländischen Handel. Die Kaiserin betrachtete dies als ein natürliches Recht der Krone und des Volkes. Aber hier traf sie den wunden Punkt der englisch=holländischen Interessen. Die Seemächte wußten jeden Schritt in dieser Angelegenheit zu vereiteln, und weder Maria Theresia noch ihren Nachfolgern war es vergönnt, Belgien von der Barriere und der Handelsbegünstigung der Holländer zu befreien. Noch 1755 wünschten Eng= land und Oesterreich die frühere Freundschaft fortzusetzen, um nicht in einen allgemeinen Krieg verwickelt zu werden, aber in ihrem Verkehr trat eine Ge= reiztheit und ein Zwiespalt der Meinungen, welcher bereits einen Zerfall ahnen ließ. Weder die Lösung von England noch die Verbindung mit Frankreich ist so rasch erfolgt, als man gewöhnlich annimmt[1]). Jahre vergingen in Zweifel und Schwankungen, bis Maria Theresia den rechten Mann für ihren Weg gefunden hat.

Graf Kaunitz, seit 1753 Hof= und Staatskanzler, nahm den Grundsatz Friedrich II. auf: man muß die Freunde suchen, wo man sie findet. Der Gedanke einer Allianz mit Frankreich war nicht aus ihm entsprungen, derselbe war in den Wiener Kreisen schon vorhanden, aber er traf die Vorbereitung dazu und führte ihn mit viel Vorsicht und Geduld durch. Graf Georg Starhemberg, seit 1753 Botschafter in Paris, fand für die Absichten seiner Regierung einen harten Boden. Noch 1754 schien ihm „ein gutes Ein= vernehmen und eine genaue Freundschaft mit Frankreich" unmöglich. Der neue Handelsvertrag von 1754, die gemeinsame Agitation in der Wahl= angelegenheit für Josef gaben Zeugniß, wie einträchtig Frankreich noch mit Preußen verbunden war. Noch 1755 bei dem Ausbruche des Krieges zwischen

---

1) A. Beer, Denkschriften Kaunitz's (Archiv f. österr. Gesch. Bd. 48); Aufzeich= nungen des Grafen Bentinck über Maria Theresia 1871. Die österr. Politik 1755 bis 1756, histor. Zeitschr. 1872, 27. B. Arneth, Maria Theresia, IV. V. Oncken, Zeitalter Friedrichs des Großen, II 35 ff.

Illustrissimus ac Excellentissimus   Dominus Dominus Wenceslaus
Antonius S. R. J. Comes á Kaunitz,   Rietberg Wittmundæ, Esniæ, Siedesdorfii
ac Melrichii, Dynasta, Hæreditarius Dominus, Civitatum   et Dominiorum Aufterliz, Aunno, Brollæ.
Moravo, Grusri, Magno, Orsechovii, et Wicæ, Cyueroturei   Velleris, Utriusque Sacræ Cæsareæ et Regiæ
Majestatis Consiliarius Conferentiarum Intimus,   et Status Administer, Supremus Aulæ, et
Status Cancellarius, Camerarius, ac quondam ad   Congressum Pacis Generalis, Aquisgranensem, nec
non ad Potertissimum Galliarum Regem Ludovieum   XV. cum plena potestate primis Ordinis Legatus,
Æquitatis Vindex, Pacis Arbiter, Natus Anno   cIↃIↃCCXI. Quarto Aoh: Febr:

H. Thiele sc.

Staatskanzler Graf von Kaunitz.

Schwarzkunstblatt, 1755, von J. E. Haid (1739—1809) nach dem Gemälde von Martin van Meytens.

England und Frankreich besorgte man in Wien den Einfall der Franzosen in Belgien. Als jedoch England die österreichische Regierung aufforderte, 30,000 Mann zu einer verbündeten Armee nach Belgien zu schicken, kamen die Dinge von selbst in Fluß. Man vermuthete in Wien bereits ein Einverständniß mit Preußen, um so mehr als Holland, statt seine Truppen in Belgien zu vermehren, dieselben zurückzog. Der Ministerrath in Wien beschloß am 16. August 1755 jede Feindseligkeit, selbst bei einem Einbruch der Franzosen in Belgien, zu vermeiden. Eine zweite Conferenz vom 19. und 20. August erklärte jedoch: die Zeit sei gekommen, Friedrich II. zu demüthigen: wenn Oesterreich 100,000 Mann, wenn Rußland auf Grund des Vertrages von 1746 80,000 Mann stelle, wenn Schweden, Sachsen, die Pfalz und vielleicht Hannover in das Bündniß eintreten würden, könne man im Frühjahre 1756 den König von Preußen mit 250,000 Mann bekriegen; zugleich müsse man ernstlich versuchen, die Allianz Frankreichs mit Preußen zu lösen. Maria Theresia war zum Kriege gegen Preußen entschlossen, aber sie wünschte noch nicht die offene Theilnahme Frankreichs: die französische Regierung möge es nur ruhig geschehen lassen, wenn Oesterreich und Rußland und einige deutsche Mächte den König bekriegen würden. Graf Starhemberg erhielt auch (24. August 1755) die Weisung in dieser Art. Er verhandelte mit dem Könige durch die Marquise Pompadour und ihren Günstling, den Abbé von Bernis. Die erste Antwort kam einer Ablehnung gleich, weil Frankreich noch auf den bewaffneten Beistand Friedrich II. gegen England hoffte; man forderte von Oesterreich einen förmlichen Neutralitätsvertrag. Kaunitz ließ die Verhandlungen fallen und rieth der Kaiserin, keinem Bündniß beizutreten und keinen Krieg zu beginnen, der nicht unmittelbar gegen Preußen gerichtet wäre. Kaiser Franz I. sprach auch das Bedenken aus, einer französischen Armee den Eintritt in Deutschland und den Angriff auf hannoverische Lande zu gestatten, und es kostete dem Minister Kaunitz nicht geringe Mühe und Sorgfalt, den Kaiser zu überzeugen, „daß es erlaubt sei." Die Verhandlungen zeigten noch den ganzen Winter hindurch ein allgemeines Schwanken. Friedrich II. war auf Alles gefaßt. Schon 1742 hatte er geschrieben [1]): „Alles, was uns noch Widerwärtiges in der Zukunft begegnen könnte, wäre eine Verbindung Frankreichs mit der Königin von Ungarn, aber bei dieser Constellation hätten wir England, Rußland und noch viele andere Fürsten für uns." Rußland und die vielen andern Fürsten waren nicht für ihn, aber er fiel von Frankreich ab und schloß 16. Jänner 1756 den Vertrag zu Westminster mit England. Als die Nachricht davon nach Paris kam, erhielten Starhemberg, Bernis und die Pompadour, die im Hintergrunde stand, freie Bahn. Schon am 19. Februar konnte Bernis erklären, daß der König von Frankreich sich mit Oesterreich verbinden wolle, „für die Ruhe Europa's, für das Heil der katholischen Religion und das Interesse der beiden Fürsten", und zwar in voller

---

1) Politische Correspondenz I, 12.

Reciprocität d. h. Frankreich werde in derselben Weise gegen Preußen vor=
gehen, wie Oesterreich gegen England. Auch die Gegner im französischen
Ministerium waren jetzt für Oesterreich und am 20. April 1756 wurden in
Versailles die berühmten Verträge, welche die Geschicke Frankreichs und Oester=
reichs an einander ketteten, abgeschlossen. Im ersten Vertrage versprach Maria
Theresia die Neutralität im Kriege zwischen England und Frankreich; der
zweite Vertrag war ein Freundschafts= und Vertheidigungsbündniß für die
Sicherheit der beiden Staaten. Für den Fall eines Angriffes verpflichteten
sich die beiden Mächte zu einem Hilfscorps von 24,000 Mann und zu einer
entsprechenden Geldhilfe. In einem geheimen Artikel war bestimmt, Toscana,
Spanien, Neapel, Parma und andere Staaten zum Beitritt einzuladen. In
Paris und Wien war man über das Bündniß hoch erfreut. Die Pompadour,
welche damals die Rathgeberin, ja der erste Minister des Königs war, be=
zeichnete dasselbe als ihr Werk und als „eine schön begonnene Angelegenheit[1]).“
Maria Theresia erklärte wiederholt, sie habe während ihrer ganzen Regierung
nie einen Vertrag so vergnügt unterzeichnet, als jenen von Versailles. Die
Ratification wurde ohne Anstand vollzogen. In Wien sprach sich das ge=
sammte Ministerium für die Genehmigung aus. Maria Theresia ließ die
Verträge dem russischen Cabinet mittheilen und dieses erklärte: weil die Macht
des Königs von Preußen und seine Vergrößerungsbegier dem russischen Staats=
interesse und seiner künftigen Sicherheit widersprechen, wird Rußland den Ver=
trägen mit Frankreich beitreten und im Falle des Krieges eine Bundeshilfe von
80,000 Mann schicken. Bei dem persönlichen Hasse der Kaiserin Elisabeth
gegen Friedrich II. konnte Maria Theresia hoffen, daß Rußland seine Zu=
sage halten werde. Frankreich und Oesterreich zögerten noch mit der Kund=
machung der Verträge, aber eine unbestimmte Nachricht davon kam an alle
Höfe. Als der englische Gesandte Keith der Kaiserin erklärte: seine Regierung
müsse darin einen Abbruch der Beziehungen zu England erkennen, antwortete
ihm Maria Theresia: „Nicht ich habe das alte System verlassen, sondern
Großbritannien verließ mich und zugleich das System, indem es 1755 den
Vertrag mit Preußen einging; ich und der König von Preußen sind einmal
ganz unvereinbar und keine Rücksicht der Welt kann mich bewegen, in ein
Vertragsverhältniß zu treten, an welchem er theilnimmt.“ Der englische Ge=
sandte rief im weiteren Gespräche aus: „Wollen Sie, die Kaiserin und Erz=
herzogin, sich so weit erniedrigen, sich in die Arme Frankreichs zu werfen?“
Worauf Maria Theresia erwiderte: „Nicht in Frankreichs Arme will ich
mich werfen, sondern ihm zur Seite stehen; ich habe in Wahrheit nur zwei
Feinde zu fürchten, den König von Preußen und die Pforte; so lange die
Kaiserin von Rußland und ich gut zu einander stehen, werden wir, wie ich

---

[1]) Maria Theresia hat der Pompadour nicht geschrieben, wie einst Friedrich II.
der Chateauroux; nur Kaunitz schrieb ihr ein Billet voll Huldigung und Schmeicheleien.
Khevenhüller, Memoir. 2. A. 343.

hoffe, Europa beweisen können, daß wir uns beide gegen diesen wenngleich furchtbaren Gegner zu vertheidigen vermögen[1])."

Die Bündnisse Englands mit Preußen und Frankreichs mit Oesterreich waren anscheinend nur defensiver Natur. Beide sprachen den Zweck aus, den Frieden zu erhalten, aber indem jede Macht für ihre eigene Sicherheit sorgen wollte, war, wie Kaunitz bemerkte, ein allgemeiner Krieg unausweichlich, umsomehr, als seit dem Beginne des Seekrieges zwischen Frankreich und England Zündstoff genug vorhanden war. In Preußen und Oesterreich wurde gerüstet. Maria Theresia war besonders peinlich berührt, als sie die Kunde erhielt von einer geheimen Verbindung unzufriedener Ungarn mit Preußen, und daß sogar bewaffnete Schaaren in Ungarn geworben würden[2]). Das Bündniß mit Frankreich wurde erst am 20. Juni in Wien officiell kundgemacht, aber Friedrich II. hatte Manches von den Verhandlungen durch einen sächsischen Canzelisten in Dresden und den österreichischen Legationssecretär in Berlin, die er bestochen, erfahren. Er rüstete mit beispiellosem Eifer, während er in Wien zweimal in bestimmter Weise anfragen ließ, ob er Krieg oder Frieden zu erwarten habe. Oesterreich wollte im September 1756 eine Armee von 60,000 Mann in Böhmen und Mähren bereit halten, aber es wünschte den Krieg erst für 1757. Man hoffte in Wien, der König werde sich durch kostspielige Rüstungen erschöpfen, „am langsamen Feuer sich verzehren," oder daß er den ersten Schlag thun werde, in welchem Fall man den vertragsmäßigen Beistand Frankreichs und Rußlands aufrufen konnte. Der König von Preußen wußte jedoch, daß die Kriegsrüstungen in Oesterreich zurück waren, und daß er in den Herbstmonaten weder von Frankreich noch von Rußland etwas zu fürchten hatte. Er gedachte die Oesterreicher zu schlagen, bevor die Russen kämen. Ohne förmliche Erklärung eröffnete er den Krieg und nicht in Böhmen und Mähren, wie man in Wien erwartete, sondern in Sachsen, dessen Besitz ihm nothwendig und von ihm angestrebt war.

Der siebenjährige Krieg ist der bedeutendste Weltkrieg von der Mitte des achtzehnten Jahrhunderts bis zur französischen Revolution. Ferne Waldwildnisse und kleine Inseln in Nordamerika haben die Veranlassung gegeben und die Folge war ein allgemeiner europäischer Krieg, dessen Kosten und Ausgang Niemand berechnen konnte. Jede der Mächte hatte dabei ihre besonderen Absichten. Oesterreich dachte an Schlesien und Glatz, im günstigen Falle an die Lausitz oder Oberpfalz, Frankreich an die Niederlande, ganz oder zum Theil; Rußland an die Provinz Ostpreußen, um dieselbe gegen Kurland auszutauschen; Sachsen sollte Magdeburg erhalten. Das Ende war wie immer ein allgemeines Compromiß, indem die müden Kämpfer die Waffen aus der Hand legten und sich begnügten, das zu behalten, was sie besaßen.

---

1) 13. Mai 1756; Raumers Beiträge II. 329—333.
2) Corer, 18. Jänner 1755: il Ré di Prussia dà fomento a'malcontenti sudetti. Arneth IV. 556, Note.

Dieser Weltkrieg war zugleich ein Volkskrieg. Das nationale und staatliche Volksbewußtsein erwachte, die öffentliche Meinung begann sich zu regen, die Theilnahme des Volkes sprach sich in zahllosen Liedern und Volksschriften aus, welche die Schlachten, die Belagerungen von Städten schilderten und die Führer feierten oder schmähten.

Ende August 1756 rückten drei preußische Corps in der Stärke von 70,000 Mann in Sachsen ein. Der König führte das mittlere Corps über Torgau nach Dresden, besetzte die Stadt und nahm das ganze Land in „Verwahrung." Er fand es seinem Vortheile gemäß, auch die sächsische Armee in Verwahrung zu nehmen. König August hatte seine Truppen bei Pirna an der Elbe versammelt und es war nicht wohl möglich, sie in diesem Lager anzugreifen. Friedrich II. schloß sie also ein und suchte sie zur Uebergabe zu bringen, indessen der übrige Theil seiner Armee unter Keith den Weg nach Böhmen nahm. In Böhmen waren zwei österreichische Armeen unter Browne und Fürst Piccolomini aufgestellt; die erstere zählte 32,000, die andere 22,000 Mann. Graf Browne, ein sehr tüchtiger General, erhielt den Auftrag, die sächsische Armee bei Pirna zu unterstützen. Er verließ seine Stellung und lagerte sich bei Lowositz an der Elbe. Friedrich II. kam inzwischen die sächsisch-böhmische Straße herab und griff die Oesterreicher am 1. October an. Beide Theile rühmten sich des Sieges, aber die Preußen behaupteten das Feld. Browne machte noch einen Versuch, das sächsische Corps zu befreien und rückte mit 11,000 Mann am rechten Elbeufer gegen Schaudan bis an das sächsische Lager. Da aber die Sachsen den Uebergang nicht rasch genug bewerkstelligen konnten, entschloß sich der sächsische Kriegsrath zur Capitulation. Browne mußte den 14. October nach Böhmen zurück und Friedrich II. nahm die sächsische Armee gefangen. Die Infanterie wurde in preußische Städte verlegt und die Reiter in die preußische Cavallerie vertheilt. Zur selben Zeit war ein zweites preußisches Corps unter Schwerin durch die Grafschaft Glatz in Böhmen eingerückt. Da aber Piccolomini im Lager bei Königgrätz wohlverschanzt war, mußten die Preußen unverrichteter Dinge wieder abziehen und in den letzten Octobertagen stand kein preußischer Soldat mehr auf österreichischem Boden. Browne blieb im Winter in Prag, Friedrich II. in Dresden. Der Feldzug war nicht zu seiner Zufriedenheit ausgefallen; er hatte eine rasche Entscheidung gehofft und mußte nun auf einen langen Kampf gegen wohlgerüstete Bundesgenossen gefaßt sein. Während des Winters arbeitete er rastlos an der Fortsetzung des Krieges; er brachte seine Armee auf 200,000 Mann und erhob in Sachsen Steuern und Lieferungen aller Art. Seine Hoffnung auf eine auswärtige Hilfe ging nicht sogleich in Erfüllung. Die Pforte versagte den Krieg gegen Rußland und England versprach in dem neuen Bündniß vom 11. Jänner 1757 nur eine Million Thaler Subsidien für 22,000 Mann preußische Truppen.

Dagegen gelang es Maria Theresia im Winter und im nächsten Frühjahr das Bündniß gegen Preußen zu einer großartigen Coalition zu

erweitern. Oesterreich konnte mit Rußland zufrieden sein, die Kaiserin
Elisabeth sagte 1757: „Dieser Bösewicht soll nicht lange mehr regieren."
Sie trat am 11. Jänner dem Vertrage von Versailles bei und einigte sich
am 2. Februar 1757 mit Oesterreich für eine gemeinschaftliche Kriegführung:
jede Macht soll gegen Preußen 80,000 Mann stellen, die russische Flotte
die preußischen Seehäfen sperren, kein Waffenstillstand und Friede soll geschlossen werden, bis nicht Schlesien und Glatz wieder mit Oesterreich vereinigt und der Kurfürst von Sachsen wieder in sein Erbland eingesetzt sei;
Oesterreich versprach dafür an Rußland jährlich eine Million Thaler. Nur
konnten die Russen trotz des Eifers der Kaiserin Elisabeth vor dem Frühjahre nicht thätig in den Krieg eingreifen, was man in Wien wohl wußte.
Von Frankreich forderte Oesterreich außer der Bundeshilfe von 24,000 Mann
noch die Aufstellung einer Observationsarmee am Niederrhein; die französische
Regierung, wo eine Zeit die Gegner Oesterreichs wieder das Uebergewicht
hatten, lehnte jedoch anfangs dieses Begehren ab; auch war man in Paris
und Wien nicht einig über die Neutralität Hannovers, über eine Theilung
der Niederlande und über die Nachfolge in Modena. Die Verhandlungen
dauerten den ganzen Winter hindurch und wurden noch mehr verzögert durch
ein Attentat auf den König Ludwig (5. Jänner 1757) und durch die Er-
krankung des jungen Erzherzogs Josef. Aber die Pompadour brachte ihre
Anhänger ins Ministerium, die Botschaft des Königs von England erschien für Frankreich gehässig und beleidigend, so daß es Kaunitz und
Starhemberg gelang, von Frankreich alle Zugeständnisse zu erhalten, die
sie begehrten. In dem zweiten Vertrage von Versailles (1. Mai 1757) versprach Frankreich Geld und Truppen: jährlich 12 Millionen Gulden Subsidien und außer den 24,000 Mann noch 105,000 Franzosen oder von
Frankreich besoldete Truppen; der König von Preußen muß Schlesien und
Glatz, das Fürstenthum Crossen, Magdeburg und Halberstadt, schwedisch Vor-
pommern und die Erbschaft des Herzogs von Cleve herausgeben; Sachsen,
Schweden und die Kurpfalz erhalten Hilfsgelder und werden mit den genannten preußischen Landschaften entschädigt; Oesterreich stellt 80,000 Mann,
tritt einen Theil Belgiens an Frankreich, den anderen an Don Philipp ab
und wird dafür mit Parma entschädigt. Der Vertrag bezeichnet einen Sieg
der österreichischen Politik und zugleich eine vollständige Umkehr der französischen Regierung. Preußen sollte auf einen Staat zweiten oder dritten
Ranges herabgedrückt werden und Frankreich das Hauptziel seiner Politik,
die österreichischen Niederlande, erwerben. Die nächste Folge des Vertrages
war die Parteinahme des deutschen Reiches und Schwedens Beitritt zur
Allianz. Schon im Jänner 1757 hatte der Reichstag die bewaffnete Hilfe
des Reiches gewährt, damit der Kaiser im Stande sei, den Kurfürsten von
Sachsen wieder einzusetzen. Man berieth auch die Reichsacht, welche jedoch
nicht ausgesprochen wurde. Während Hannover, Braunschweig und andere
norddeutsche Fürsten gegen den deutschen Reichsschluß protestirten, erklärten

sich die süddeutschen Fürsten und alle katholischen Stände, auch Pfalz = Zwei=
brücken, Meklenburg=Schwerin, Hessen=Darmstadt und sogar Ansbach für den
Kaiser und das Reich. Man wußte in Wien wohl, daß der Reichsschluß
eine verbrauchte Waffe sei, aber man half durch Soldtruppen nach, so daß
die eine Hälfte Deutschlands gegen die andere bewaffnet wurde. Würzburg
stellte 6000 Mann, Köln 18,000, Baiern 4000 Mann. Spanien, Neapel
und Holland blieben neutral, aber im Sommer 1757 standen die drei größten
Continentalmächte Oesterreich, Rußland und Frankreich und eine Reihe kleinerer
Fürsten gegen Preußen in Waffen. Gegen eine solche Coalition, wenn sie
fest blieb und ihre Lebenskraft entwickelte, vermochte sich Preußen nicht zu
halten. Kaunitz hatte schon im September 1756 an den österreichischen
Gesandten in Petersburg geschrieben: „Mit Gottes Hilfe werden wir dem
hochmüthigen Könige von Preußen so viele Feinde auf den Hals laden, daß
er darunter erliegen muß, und es ihm wie vormals dem in der Historie
berühmten Henrico Leoni ergehe[1]." Friedrich II. war auch in diesem blu=
tigen Kriege mehrmals dem Untergange nahe. Die natürliche Kraft seines
Landes reichte nicht aus, mehrere Provinzen kamen in die Gewalt des
Feindes, Ausländer und Ausreißer füllten die Lücken seiner Armee, aber er
hat den Kampf bestanden, wie nur irgend ein Mann, als ein Held seines
Volkes und seines Geschlechtes. Der gebrechliche Zustand der Coalition, die
Zähigkeit ihrer Entwicklung, die veränderten Verhältnisse und die Klugheit
und Energie des Königs haben Preußen gerettet. Es war eine ähnliche
Situation, wie im Erbfolgekrieg 1741 und 1742 in Oesterreich.

Der Feldzug von 1757 war der reichste an Schlachten während des
ganzen Krieges. Die Schlachten von Prag, Kolin, Roßbach und Leuthen
fielen in dieses Jahr. Oesterreich hatte anfangs 1757 mächtig gerüstet. Der
tüchtige Browne hatte 80,000 Mann bei Budin vereinigt, unter diesen
64,000 Reiter, deutsche vortreffliche Cavallerie. Aus den Niederlanden kamen
14,000 Mann, aber man fehlte dadurch, daß man die Corps zu sehr ver=
theilte und das Obercommando des einen Theils abermals dem Herzog Karl
von Lothringen anvertraute. Dieser hielt sich im Vertrauen auf die
Stellung bei Prag in der Defensive, aber Friedrich II. schlug den Herzog
am 6. Mai, schloß ihn in Prag ein und beschoß die Stadt. Die österreichische
Hauptarmee von 54,000 Mann stand unter Graf Daun wenige Meilen von Prag.
Graf Kaunitz kam in das Lager und bestimmte Daun vorzurücken, um Prag zu
retten. Der König marschierte, um nicht zwischen zwei Feuer zu kommen, gegen
Daun, und dieser erfocht am 18. Juni 1757 den glänzenden Sieg bei Kolin[2].
Es war die erste Schlacht, welche Oesterreich gegen den König gewann, und
in Wien wurde die Nachricht mit großem Jubel aufgenommen. Feste wurden
gefeiert, Denkmünzen geschlagen und Daun und seine Officiere mit Ehren

---

1) Arneth, a. a. O. V. 158.
2) Kutzen, der Tag von Kolin 1857. Arneth, V. 195.

E. Knoll. f. J.

LEOPOLDVS.
S: R: J: Comes de Daun

S: Cæs: et Reg: Hung: et Boh: Maj: Supremus Campi Mareschallus.
Eques aurei Velleris et Archicomendator Ord: milit: Theres.

Graf Daun.
Gestochen von J. E. Nilson (1721—1788) nach dem Gemälde von Martin van Meytens (1695 oder 98—1775).

überhäuft. Die Kaiſerin ſtiftete, um dieſen Tag zu ehren, den militäriſchen Maria-Thereſienorden, der noch heute der Stolz der Armee iſt. Graf Daun erhielt das erſte Großkreuz dieſes Ordens. „Die Monarchie" ſchrieb ſie einige Tage nachher „iſt ihm ihre Erhaltung ſchuldig und ich meine Exiſtence, meine ſchöne liebe Armee und meinen einzigen und liebſten Schwager." Die Folge von Kolin war, daß Friedrich II. Böhmen und der Prinz von Preußen die Lauſitz räumen mußte. Auch von anderer Seite her kamen für ihn unglückliche Nachrichten. Die Franzoſen nöthigten die engliſch-hannoverſche Armee unter dem Herzog von Cumberland, an die Weſer und nach der ſieg-reichen Schlacht bei Haſtenbeck (26. Juli 1757) bis zur Niederelbe zurückzu-gehen; ja die Convention von Kloſter Zeven (8. September) verdammte die Armee zur Unthätigkeit, ohne das Land Hannover vor der Occupation der Franzoſen zu ſchützen [1]). Der König von England Georg II. gab zwar den Befehl, die Feinde ohne Weiteres anzugreifen, aber bis zur Kündigung des Vertrages und bis zur Wiederaufnahme des Kampfes vergingen Wochen, und Friedrich II. blieb in dieſer Zeit der engliſchen Hilfe beraubt. Zugleich ſchlug der ruſſiſche General Apraxin die Preußen bei Groß-Jägerndorf, der öſterreichiſche General Nadasdy das Corps bei Görlitz; es folgte der Ueberfall Berlins durch die Oeſterreicher unter Hadik, die Flucht der bedrohten königlichen Familie nach Spandau, der Verluſt der Lauſitz und die Verkündigung der Reichsacht, welche unter dem Drucke der Verhältniſſe kein leerer Schall war.

Man konnte hoffen, Friedrich II. und den Reſt ſeiner Armee bald zu erdrücken; in halb Europa betrachtete man ihn nur wie einen großen Aben-teurer. Der König ſelbſt verzweifelte an ſich, aber er ſchrieb ſich die Qualen ſeiner Seele in Verſen herunter und hatte bald wieder ſeinen Muth gewonnen. Noch in demſelben Jahre zog er gegen die Franzoſen und Reichsvölker, welche durch Thüringen kamen und ſchlug und zerſprengte ſie bei Roßbach am 5. November, ſo daß er durch längere Zeit von Weſten her nichts mehr zu fürchten hatte. Inzwiſchen hatten die Oeſterreicher wieder ganz Schleſien und nach der Schlacht von Breslau ſelbſt die Hauptſtadt, wo man mit der Regierung wenig zufrieden ſchien, beſetzt. Der kaiſerliche Miniſter Graf Kolowrat nahm den Rath und die Bürger in Eid und Pflicht und viele unterwarfen ſich in der Hoffnung, daß Schleſien wieder bei Oeſterreich bleiben würde. Prinz Karl von Lothringen hielt die Linie von der Elbe bis zur Oder beſetzt und hatte das Land von Breslau bis Landshut in ſeiner Gewalt. Seine Armee zählte 80 bis 90,000 Mann tapfere Soldaten, aber die Führer verſäumten im Glauben an ihre Sicherheit das Beſte, was ſie thun konnten, nämlich dem Könige die Vereinigung mit ſeiner ſchleſiſchen Armee ſtreitig zu machen. Friedrich II., der eine baldige Entſcheidung wünſchte, nahm an

---

1) W. v. Haſſel, die ſchleſiſchen Kriege und das Kurfürſtenthum Hannover, insbeſonders die Kataſtrophe von Haſtenbeck und Kloſter Zeven. 1879. Schäfer, der ſiebenjährige Krieg, I. 473.

der Katzbach) die Reste der geschlagenen schlesischen Armee auf und führte sein
Heer von 31,000 Mann gegen die dreimal stärkere Armee des Prinzen Karl
und des Grafen Daun. Diese verließen ihr sicheres Lager bei Breslau,
vollzogen ihre Offensivbewegungen so langsam und unbehilflich, daß sie der
König überraschte und am 5. December 1757 bei Leuthen mit seiner schiefen
Schlachtordnung einen vollständigen Sieg errang. Der linke Flügel der
Oesterreicher wurde total geschlagen, die nachrückenden Truppen kamen zu
spät zu Hilfe, auch die Reiterei des rechten Flügels ergriff die Flucht; binnen
wenigen Stunden war die Niederlage entschieden[1]. Daun und Prinz Karl
konnten zwar am 6. December die Truppen wieder sammeln und in Schlacht=
ordnung aufstellen; da jedoch der Feind jeden ferneren Angriff vermied,
nahmen sie, nachdem noch unglücklicher Weise in Breslau eine zahlreiche Be=
satzung zurückgelassen wurde, ihren Rückzug nach Schweidnitz und nach Böhmen.
Die stattliche Armee, welche 90,000 Mann stark aus dem Lager von Breslau
ausgerückt war, bot ein trauriges Bild. Prinz Karl schilderte sie in einem
Briefe an den Kaiser „nicht wenig delabrirt, vom langen Feldzuge abgerissen,
in einem so mißlichen und erbarmungswürdigen Zustande, als sie noch nie=
mals gewesen." Sie hatte durch die Schlacht und auf dem Rückmarsche fast
die Hälfte der Mannschaft verloren. Die Bestürzung in Wien war groß, ja
größer als 1756 nach der Prager Schlacht, besonders als am 21. December
Breslau wieder von den Preußen genommen wurde. So viel man sich von
Seite des kaiserlichen Hofes bemühte, die Fehler der Kriegführung zu ver=
decken, die Aufregung in Wien und in den Provinzen ließ sich nicht beschwich=
tigen. Der Wiener Witz übte sich in Satyren und Spottliedern gegen Daun
und den Prinzen Karl.

Nach der Schlacht von Leuthen war Friedrich II. nur von einer momen=
tanen Gefahr erlöst, die alten Gefahren blieben, ja sie schienen im nächsten
Jahre wieder frisch aus dem Boden zu wachsen. Die Verbündeten hielten,
wenn auch Frankreich eine Zeit schwankte, an Oesterreich fest. Friedrich II. hatte
schon im September eine geheime Verbindung mit Frankreich eingeleitet und
auch die Pompadour gewinnen wollen, was ihm viel Geld kostete[2]. Die
Unfälle der französischen Armee an der Weser hatten für eine Zeit die
Freunde Preußens im französischen Ministerium wieder ermuntert. Von
Wien und insbesondere von Kaunitz ging jedoch die Losung für eine energische
Fortsetzung des Krieges aus. Die Russen hatten am 16. Jänner 1758
Königsberg besetzt und unterwarfen die ganze Provinz Preußen. Die Czarin
ließ sich sogar huldigen und ihren Namen in das Kirchengebet aufnehmen.
Oesterreich konnte im Frühjahr wieder 122,000 Mann ins Feld stellen;
Ungarn allein schickte 30,000, Böhmen die Hälfte. Prinz Karl war auf
Verlangen der Verbündeten vom Oberbefehl zurückgetreten. Sein Nachfolger

---

1) Schäfer a. a. O. I. 515., Kutzen, die Schlacht von Leuthen.
2) Schäfer, I. 412.

Marschall Daun vermied es, sein Heer nach Schlesien zu führen und verweigerte auch Laudon, die Festung Schweidnitz zu entsetzen. Auch Friedrich II. drängte nicht zu einer neuen Schlacht. Weil aber Mähren von österreichischen Truppen entblößt war, erschien er am 5. Mai vor Olmütz und belagerte die Stadt. Aber hier commandirte ein tapferer General, Freiherr von Marschall. Als Daun von Böhmen her auf der Brünner Straße anrückte und Laudon, nachdem er einen feindlichen Transport zersprengt hatte, nördlich die Wege verlegte, mußte der König die Belagerung aufheben und sich ins nordöstliche Böhmen zurückziehen. Wie vierzehn Jahre früher Graf Browne, so manöverirte ihn Graf Daun auch hier hinaus. Seine Aufgabe war, sich sobald als möglich mit den Russen zu vereinigen, welche von der Weichsel her gegen Brandenburg vorrückten, aber dazu fehlte Daun der kühne Entschluß und die rasche Ausführung. Er marschierte in die Lausitz und nach Sachsen, um dieses schwer bedrängte Land zu befreien. Friedrich II. war schneller, rückte nach Frankfurt a/O., ging bei Küstrin über den Fluß und schlug am 26. August 1758 die Russen bei Zorndorf. Er konnte die Russen, trotz der Unfähigkeit und Feigheit ihrer Heerführer, nicht vernichten, aber er machte sie unschädlich. Die Armee verlor 20,000 Mann und verließ im November Brandenburg und Pommern. Maria Theresia machte damals Daun schwere Vorwürfe: er habe den Russen die ganze feindliche Armee auf den Hals gelassen, ihnen keine Unterstützung geleistet, den rechten Zeitpunkt für eine entscheidende Unternehmung versäumt und es nicht einmal gewagt, mit zwei Armeen, welche zusammen über 80,000 Mann tüchtige Soldaten zählten, das 20,000 Mann starke preußische Heer unter Prinz Heinrich aus Sachsen zu vertreiben. Nach der Schlacht von Zorndorf rückte Friedrich II. in Eilmärschen nach Sachsen, um seinem Bruder Luft zu machen und die Einnahme von Dresden zu verhindern. Daun und Laudon überfielen ihn am 14. October 1758 bei Hochkirch und eroberten das ganze preußische Lager. Die Preußen verloren 9000 Mann; statt dem flüchtigen Feinde nachzusetzen, blieb der Marschall noch drei Tage in seinem früheren Lager. Er glaubte den König festzuhalten, aber dieser täuschte ihn durch einen Umgehungsmarsch, ging nach Schlesien und befreite Neisse. Daun konnte weder Dresden belagern, noch die Preußen aus Sachsen vertreiben. Er nahm nicht einmal die Winterquartiere in Sachsen, sondern ging nach Böhmen zurück, ohne einen weiteren Erfolg zu haben. Sein Feldzug wurde allgemein getadelt, aber Maria Theresia bewahrte ihm ihr Vertrauen und bezeigte ihm dasselbe in glänzender Weise, indem sie damals für ihn und seine Familie ein Fideicommiß im Werthe von 250,000 Gulden errichtete. Auch Friedrich II. sprach damals ein günstiges Urtheil über Daun aus. Uebrigens hatte der König allen Muth und alle Ausdauer von Nöthen, denn das Jahr 1759 wurde für ihn das unglücklichste im ganzen Kriege. Er hatte nichts gewonnen, als daß England mehr zahlte[1]). Seit

---

1) Seit der Convention vom 11. April 1758 = 50,000 Pfd.

Gefecht bei Olmütz am 30. Juni 1758. Gemälde von August Querfurt (1696—1761).

Wolf, Oesterreich unter Maria Theresia 2c.

das neue Ministerium Choiseul an die Spitze der französischen Regierung gekommen war, hörten auch die geheimen Verbindungen mit Frankreich auf. Im Gegentheil, die Allianz mit Frankreich wurde durch einen neuen Vertrag zu Versailles (31. December 1758) befestigt, indem Frankreich versprach, die rückständigen Subsidien und zugleich für das Hilfscorps von 24,000 Mann monatlich 250,000 Gulden zu zahlen. Ebenso zahlte Frankreich die Sub= sidien an Schweden und an Sachsen. Ueber einen gemeinsamen Kriegsplan konnten sich die beiden Mächte nicht einigen, denn Frankreich wollte alle Kräfte gegen England, und Oesterreich dieselben gegen den König von Preußen ver= wenden. Wohl aber hatten die Höfe von Wien und Petersburg sich für 1759 verabredet, ihr Heer zu vereinigen und eine solche Stellung zu gewinnen, daß Friedrich II. zwischen zwei Feuer gerathe und möglicher Weise ver= nichtet werden könte, was 1757 und 1758 mißlungen war.

Die Unternehmungen des Königs konnten die Vereinigung der Oesterreicher und Russen nicht hindern. General Laudon führte sein Corps von 19,000 Mann bei Frankfurt a. O. den Russen zu und als der König auf der Ebene bei Frankfurt erschien, richteten Laudon und Soltikoff in der Schlacht bei Kunersdorf (12. August 1759) fast seine ganze Heereskraft zu Grunde. Derselbe Laudon, dessen Dienste einst der König abgewiesen, hatte mit der österreichischen Cavallerie die Entscheidung bewirkt, nachdem 5000 Preußen bereits 13,000 Russen in die Flucht geschlagen hatten. Die preußische Infanterie schien jedoch vollständig aufgelöst; „niemals," schrieb ein Mitkämpfer, der preußische General Tempelhoff, „habe ich die preußische Armee in einem solchen Zustande gesehen." Der König selbst war während der Schlacht in Lebensgefahr und nach derselben in der furchtbarsten Stimmung. Aber schon einige Tage nachher, während die Zwietracht der Oesterreicher und Russen jede kriegerische Thätigkeit lähmte, mußten die Oesterreicher erfahren, daß der König seine alte Spannkraft nicht verloren hatte. Er suchte Berlin gegen die Oesterreicher zu decken, ergänzte seine Armee und machte einen meisterhaften Marsch durch die Lausitz nach Sachsen, um den Marschall Daun nach Böhmen zurückzudrängen und Dresden, welches die preußische Besatzung am 4. September übergeben hatte, neuerdings einzunehmen. Daun wagte es nicht, den König anzugreifen, sondern bezog eine feste Stellung bei Kesselsdorf, um Dresden und das Erzgebirge zu decken. Das preußische Corps unter General Finck, welches der König ausgeschickt hatte, um den Weg nach Böhmen zu sperren, wurde bei Maxen geworfen und gefangen genommen (21. November 1759). Auch an der Elbe bei Meißen wurde ein preußischer General mit einem Theile seiner Truppen umringt und gefangen. Die öster= reichische Hauptarmee blieb in Sachsen, und Friedrich II. mußte das Land verlassen, weil seine Verbindung mit der Lausitz und Schlesien bedroht war. Der König war während des Winters mit schwerer Besorgniß erfüllt. „Noch ein Unglück und es wird der Gnadenstoß für mich sein", schrieb er an d'Argens. Seine Armee war sehr geschwächt, er konnte für den Feldzug kaum 90,000

Mann zusammenbringen. Ein Glück war für ihn, daß Prinz Ferdinand von Braunschweig die Franzosen bei Minden schlug und an die Lahn zurückdrängte. Die Russen waren unter Soltikoff über die Oder bis an die Weichsel zurückgegangen, um die Provinz Ostpreußen zu sichern. Während des Winters machten England und Preußen Friedensanträge, aber Oesterreich und Rußland waren dagegen: Oesterreich, weil es von der Fortsetzung des Krieges Gutes hoffte und Rußland, weil es in einem neuen Vertrage die Zusicherung wünschte, das Königreich Preußen im Frieden behalten zu dürfen. Erst im Sommer nach langer Verhandlung willigte Maria Theresia ein, jedoch unter dem Vorbehalt, daß dies nur nach der Wiedervereinigung von Schlesien und Glatz geschehen könne.

Oesterreich konnte im Frühling 1760 mit verstärkter Macht ins Feld rücken. Daun commandirte in Sachsen 100,000 Mann, Laudon in Schlesien 40,000 Mann und 100,000 Franzosen sollten gegen Hessen vorrücken, um die Armee Friedrich II. zu theilen. Diesmal fiel die vornehmste Aufgabe dem General Laudon zu, der die zweite Armee in Schlesien commandirte. Er vernichtete bei Landshut (23. Juni 1760) das preußische Corps unter Fouqué, eroberte Glatz, belagerte Breslau, wurde jedoch von Friedrich II., der in Eilmärschen aus Sachsen kam, bei Liegnitz (15. August 1760) geschlagen, während Daun mit seiner Armee nur langsam nachkam. Der Jubel, der darüber in Berlin laut wurde, erschien etwas gedämpft, als im Anfange October die Russen und Oesterreicher unter Lacy vor Berlin erschienen, die Besatzung gefangen nahmen und 50,000 Gulden Contribution erhoben. Auch die Reichsarmee errang einen Erfolg und nahm Wittenberg. Der König schrieb damals an den Prinzen Heinrich (30. September): „Dieser Feldzug erscheint mir noch unerträglicher als der vorhergehende; welche Mühe und Sorgfalt ich auch anwende, in großen Angelegenheiten vermag ich keinen Schritt vorwärts zu thun, nur in den kleinen gelingt es mir." Als der König sich nach Sachsen wandte, folgte ihm Daun aus Schlesien, nahm bei Torgau das Corps unter Lacy auf und bezog dort eine feste Stellung. Beide Gegner wünschten die Schlacht; der König griff die Oesterreicher am 3. November 1760 an und behauptete, nachdem die Oesterreicher bereits gesiegt hatten, am Abend das Schlachtfeld. Daun war verwundet, der General der Cavallerie O'Donell konnte jedoch die Oesterreicher auf das rechte Ufer der Elbe zurückführen. In Wien wurde die Nachricht von der verlorenen Schlacht bitter empfunden; allgemein wurde Lacy, der zu spät und zu wenig Hilfe geschickt hatte, die unglückliche Wendung zugeschrieben. Niemand war von dem Feldzug befriedigt. In Sachsen blieben die Oesterreicher und Preußen sich gegenüber. Laudon mußte die Belagerung von Glatz aufgeben, die Franzosen kamen in Hannover nur bis Göttingen, die Schweden standen im November noch bei Greifswald und die Russen räumten Pommern und gingen nach Ostpreußen zurück. Die Schlacht von Torgau war die letzte im großen Kampfe der Oesterreicher und Preußen im siebenjährigen Kriege, aber Friedrich II.

hatte keine Freude über den Sieg. Der Blick in die Gegenwart und Zukunft zeigte ihm nur Mühseligkeiten, Schwierigkeiten und Gefahren ohne Zahl. Die Verluste waren groß, die Armee bestand zumeist aus zusammengelaufenen, gepreßten Leuten. Seine Kassen waren leer und er mußte seine Zuflucht zu Mitteln nehmen, welche das Völkerrecht und die Völkersitte in Europa verab= scheuten. Schon 1758 waren die vier Millionen Thaler der englischen Subsidien in elf Millionen umgegossen worden, jetzt prägten die Berliner Juden Ephraim und Itzig sächsische, mecklenburgische und andere Münzen von dem schlechtesten Gehalte. Sachsen wurde von den Preußen furchtbar ausgesogen. Mehr als 10,000 Rekruten waren für den preußischen Dienst ausgehoben, die Contribution betrug 1759 über zwei Millionen Thaler, Leipzig allein mußte acht Tonnen Goldes erlegen. Auch die diplomatischen Versuche des Königs verfingen nicht. Er sah sich überall auf die Defensive gedrängt und die Friedensversuche, wie der in Aussicht gestellte Congreß der Verbündeten konnten die Fortführung des Krieges nicht verhindern.

Oesterreich hatte im Winter abermals seine Armee verstärkt. Daun befehligte in Sachsen und Laudon in Schlesien. Der erstere sollte den König von Preußen in Sachsen festhalten, der letztere sich in Oberschlesien mit den Russen unter Buturlin vereinigen und einer den andern nach Möglichkeit unterstützen. Daun und Lacy blieben jedoch auch nach dem Abmarsche des Königs in Sachsen, ohne das Geringste zu unternehmen und Laudon, der den König in seinem Lager bei Schweidnitz angreifen wollte, vermochte die Mitwirkung der Russen nicht zu erhalten. Buturlin ging nach Polen zurück und ließ nur ein Corps von 12,000 Mann bei Laudon. Friedrich II. war der Meinung, daß der Feldzug beendet sei, gab seine Stellung auf und wandte sich südöstlich gegen Münsterberg. Als ihn Laudon hinlänglich fern wußte, überrumpelte er in der Nacht vom 30. September zum 1. October die Festung Schweidnitz und erstürmte sie. Diese glückliche That war für Oesterreich der wichtigste Erfolg dieses Feldzuges, denn sie verschaffte ihm die Hälfte von Schlesien. Friedrich II. brach sogleich wieder nordwärts auf, um wenigstens Breslau und das übrige Niederschlesien zu decken. Seine Hoffnung, Laudon werde den Rückzug antreten, ging jedoch nicht in Erfüllung. Der König wagte keine Schlacht mehr; er beschränkte sich darauf, seine Schwächen zu verbergen und so viel als möglich das preußische Land zu decken. Was ihn rettete, war seine Ausdauer und die freiwillige Trennung der Gegner, insbe= sondere der Tod der Kaiserin Elisabeth (5. Jänner 1762), welche bis zum letzten Athemzuge ihre erbitterte Feindin geblieben war. Ihr Nachfolger, Peter III., war viel mehr preußisch als österreichisch gesinnt. Obwohl er von Maria Theresia eine Pension bezog, hatte er immer gegen das österreichische Bündniß gearbeitet und die Oesterreicher mußten das oftmals fühlen, weil die russischen Generale darauf Rücksicht nahmen und ihre Armee keinem großen Verluste aussetzen wollten. Sie erhielten sogleich den Befehl, nicht weiter zu gehen und am 23. Februar 1762 ließ der Kaiser den Verbündeten erklären,

Ernestus Gideon   *Baro de Laudon*
Regii Ord. Militaris Theresiani   *Magnæ Crucis Eques S.C.R.*
Ap. M. a Secretioribus Consiliis   *Generalis Campi Mareschallus*
et unius Legionis   *Pedestris Chiliarchei*

General Laudon. 1783 geſtochen von F. B. Durmer (1766).

er wünsche den Frieden und verzichte auf jede Eroberung. Im März wurde der Waffenstillstand und am 5. Mai 1762 der Friede zwischen Rußland und Preußen abgeschlossen. Rußland gab die eroberten preußischen Landschaften zurück und garantirte dem König den Besitz von Schlesien. Auch ein Bündniß mit Preußen stand in Aussicht und Cernicew, der wenige Monate vorher Landau verlassen hatte, brach am 2. Juni wieder von Thorn auf, um sich mit Friedrich II. zu vereinigen. Auch Schweden machte seinen Frieden mit Preußen, und da Frankreich ebenfalls den Frieden wünschte, brach die ganze große Coalition, welche Kaunitz so kunstvoll zusammengefügt hatte, zusammen. Maria Theresia und Kaunitz standen bald allein in dem Kampfe gegen Preußen. Sie mußten erkennen, daß eine Schmälerung der preußischen Lande nicht mehr zu erreichen sei und strebten nur mehr darnach, allenfalls Glatz oder den Theil Schlesiens, welchen die österreichischen Truppen besetzt hielten, zu erhalten. Aber die Erfolge des Feldzuges von 1762 waren nicht dazu angethan, ihre Forderung genügend unterstützen zu können. Dann erhielt das Commando in Schlesien, Marschall Serbelloni in Sachsen; unter ihm commandirte Prinz Carl von Stolberg die Reichstruppen. Sie konnten trotz ihrer Uebermacht nichts ausrichten. In Sachsen trennte Prinz Heinrich die österreichischen und deutschen Truppen und drängte die letzteren bis nach Franken zurück. In Schlesien sah sich Daun nach dem unglücklichen Treffen bei Burkersdorf (21. Juli) genöthigt, seine Stellung bei Schweidnitz zu räumen, er konnte die Belagerung dieser Festung nicht hindern und behielt nur einen kleinen Theil von Schlesien und die Grafschaft Glatz besetzt. Die letzten Kriegsereignisse waren die Uebergabe von Schweidnitz an die Preußen (9. October) und die Schlacht von Freiberg in Sachsen (29. October), in welcher die Reichstruppen und eine Abtheilung der Oesterreicher geschlagen wurde. „Alles das macht mich zittern, und jeder Tag verschlechtert unsere Lage," schrieb Maria Theresia. Sie mußte es dulden, daß Friedrich II. sein Winterquartier in Leipzig nahm, daß seine Truppen in Franken einfielen und bis Nürnberg und Regensburg streiften. Von der französischen Armee kamen noch schlimmere Nachrichten; sie hatte Hannover und Hessen räumen müssen und schloß am 15. November einen Waffenstillstand mit Preußen. Aber die Hoffnung Friedrich II., Oesterreich mit Hilfe der Russen zum Frieden zu zwingen, ging nicht in Erfüllung. Peter III. wurde am 9. Juli des Thrones entsetzt und am 17. Juli ermordet. Die Kaiserin Katharina II. blieb zwar auf gutem Fuße mit Preußen, aber sie entsagte jeder Theilnahme an dem Kriege.

Ohne Zweifel besaß Maria Theresia Hilfsmittel genug, um den Krieg gegen Preußen fortzusetzen; sie war jedoch gleich ihren Bundesgenossen kriegs= müde geworden, und die Finanzen in Oesterreich forderten gebieterisch, für eine Zeit jede kriegerische Politik aufzugeben. Der Krieg kostete jährlich über fünfzig Millionen; die öffentliche Schuld war seit 1761 um achtundachtzig Millionen vermehrt, obwohl Frankreich von 1759 an 82,6 Millionen Livres an

Subsidien bezahlt hat.[1]) Der Verlust an Menschenleben war groß. Oesterreich hatte, ungerechnet was in den Festungen, Spitälern und in der Gefangenschaft zu Grunde gegangen war, nur in den Schlachten 80 bis 100,000 tapfere Männer verloren.

Seit England, Frankreich und Spanien den 3. November 1762 die Präliminarien unterzeichnet hatten, wünschte Maria Theresia auch ihren baldigen Frieden mit Preußen und zwar durch Vermittlung Sachsens, welches des Friedens am meisten bedurfte. Es gelang einem edlen deutschen Patrioten, dem sächsischen Geheimrath Freiherrn von Fritsch, auch den König von Preußen zum Frieden zu stimmen. Die Verhandlungen begannen am 30. December 1762 in dem sächsischen Schlosse Hubertsburg[2]). Oesterreich wurde dabei durch den Hofrath Collenbach, Preußen durch den Legationsrath Hertzberg und Sachsen durch den Freiherrn von Fritsch vertreten. Man wich nur in einigen Punkten ab: wegen der Zurückgabe der Grafschaft Glatz, wegen des Heimfalles von Ansbach und Baireuth an Brandenburg und wegen der Wahl des Erzherzogs Josef zum römischen König. Friedrich II. gab in dem letzten Punkte, Oesterreich in den ersteren nach. „Placet", schrieb Maria Theresia auf einen Bericht Collenbach's, „alles was die Sach beschleunigen kann approbiere;" und am 15. Februar 1763 wurde zwischen Oesterreich, Sachsen und Preußen der Friede zu Hubertsburg abgeschlossen. Oesterreich und Preußen garantierten sich wechselseitig ihre deutschen Länder; der Berliner und Dresdener Friede wurden bestätigt, Maria Theresia entsagte abermals der Grafschaft Glatz und der König versprach seine Kurstimme dem Erzherzog Josef. Sachsen und das ganze deutsche Reich wurde in den Frieden eingeschlossen, aber Sachsen erhielt trotz der Verwendung Oesterreichs keine Entschädigung für die Opfer, die es im Kriege gebracht. Das Land wurde geräumt, der Kurfürst kehrte heim, starb jedoch wenige Monate nachher.

Die nächste Folge des Krieges war die Wahl des Erzherzogs Josef zum römischen König, welche Maria Theresia in früheren Jahren vergeblich betrieben hatte. Durch die guten Dienste Friedrich II. wurde diesmal eine einstimmige Wahl erzielt, was seit langer Zeit nicht mehr geschehen war. Bei der Wahl Karl VI. hatte die bairische, bei Karl VII. die böhmische Kurstimme und bei Franz I. Brandenburg und Pfalz gefehlt. Die Wahl Josef II. wurde am 27. März von allen neun Kurfürsten vollzogen. Der Kaiser und die Erzherzoge hielten zwei Tage nachher ihren feierlichen Einzug in Frankfurt. Seit Monaten war hier eine zahlreiche Gesellschaft von Kurfürsten, Ministern, Gesandten und Hofleuten versammelt, um der altdeutschen ehrwürdigen Krönungsfeier beizuwohnen, sich zu unterhalten und zu empfehlen; das meiste Aufsehen machten die Kurfürsten von Mainz und Köln mit ihrem prunkvollen Hofstaate. Aus Oesterreich waren gegenwärtig: der alte Fürst

---

1) Schlosser, II, 317.
2) Beaulieu=Marconnay, der Hubertsburger Friede 1871.

Wenzel Liechtenstein als kaiserlicher Commissär, Bartenstein als Kron-Commissär, Graf Pergen als Gesandter in den vordern deutschen Kreisen, Graf Waldstein als böhmischer Wahlbotschafter, die Fürsten Auersperg, Eszterhazy, Schwarzenberg, der Reichskanzler Graf Colloredo, der Oberst-kämmerer Graf Khevenhüller und eine Reihe junger Edelleute. Der Krö-nungszug und die Krönung (3. April 1763) machten trotz der schäbigen Pracht und der veralteten Ceremonien einen wunderbaren Eindruck. Bei dem Zuge erschienen der Kaiser und der König zu Pferde und der letztere trug die etwas weite Krone mit viel Anstand und Würde. Zum ersten Male konnte er sich des Volksjubels erfreuen. „Mein Bestes will ich thun, auf daß es in seiner Freude, mich dereinst zum Oberhaupt zu haben, niemals getäuscht werde," schrieb er seiner Mutter. Am Tage nach der Krönung ernannte der Kaiser zur Erinnerung an die Feier mehrere Reichsfürsten: aus Oesterreich die Grafen Rudolf Colloredo, Josef Khevenhüller, Karl Batthyany und Wenzel Kaunitz, den Staatskanzler. Der Hof verließ Frankfurt am 10. April und reiste nach Wien zurück.

Die Resultate des siebenjährigen Krieges waren für Oesterreich nicht günstig. Die Ursache lag in dem gebrechlichen Bau der Coalition, in der un-sichern Regierung von Rußland und in der Wahl der Feldherrn, welche dem Kriegsmeister Friedrich II. nicht Stand halten konnten. Preußen hatte keinen Theil Bodens verloren und Oesterreich konnte nicht einmal die Grafschaft Glatz, welche seine Truppen noch besetzt gehalten, gewinnen. Auch in poli-tischer Beziehung schied Oesterreich wenig befriedigt aus dem Kampfe, obwohl die Staatsmänner den Frieden noch als ein Glück ansahen. Friedrich II. war der Nationalheld der Deutschen geworden, er genoß eine Bewunderung, welche die Armuth, das Elend seines Volkes und die Gewaltthaten in Sachsen vergessen ließen. Die neue Politik, welche Oesterreich seit 1756 pflegte, ließ Maria Theresia als eine eroberungssüchtige, ehrgeizige Herrscherin erscheinen, obwohl sie nur ein altes Erbland im Kriege wiedergewinnen wollte, wie sie es im Kriege verloren. Mit schwerem Herzen, aber aufrichtig entsagte sie jeder Hoffnung, Schlesien wieder zu gewinnen. Sie behielt hinfort eine natür-liche Scheu vor jedem weiteren Krieg, auch als Preußen ihre Wege noch mehr-mals kreuzte. Vorerst richteten beide Herrscher ihr Augenmerk dahin, die Wunden des Krieges zu heilen und die Wohlfahrt des Volkes in wirthschaft-lichen Dingen, in Gesetz und Recht zu beleben.

III. Der Hof und die Minister.

Nicht leicht hat eine regierende Frau soviel Hingebung, Vertrauen und Liebe erfahren, als Maria Theresia.[1]) Die fremden Gesandten, Venetianer, Preußen und Holländer berichteten frühzeitig von ihrem Geist, Charakter, von ihrem Muth und dem scharfen, richtigen Urtheil in öffentlichen Dingen. Im Beginne ihrer Regierung hielt man sie für eine schwache junge Frau; wie ganz anders war sie in die Welt getreten. Wie nur irgend ein Mann ergriff sie das Steuer des Staates und führte dasselbe kräftig und sicher in Glück und Unglück. Sie hatte die Herrschaft nicht begehrt. „Mit Freuden," schrieb sie in einer Druckschrift, „wäre zu nichts und eine Großherzogin von Toscana geworden, wenn geglaubt hätte, daß es Gott also wollte; weil er mich aber zu dieser großen Last der Regierung auserwählt, so habe ich zum Princip gehalten, zu helfen und wo einige Ressourcen vorhanden, anzuwenden und daß ich dieses zu thun schuldig sei." Dieses Pflichtgefühl, die fromme Gläubigkeit, der stolze Sinn und das Vertrauen auf die dynastische Kraft sind Familien= züge der Habsburger, und Maria Theresia überragte die meisten ihrer Vor= gänger durch ihre zähe Ausdauer, ihren offenen Sinn und die kluge Art, mit Menschen zu verkehren. Niemals kam eine erschlaffende, unfruchtbare Entmuthigung über sie, auch nicht in Momenten, wo die Würfel des Geschickes schwer und gewichtig fielen. Die Thränen, die sie im Reichstage zu Preßburg vergossen, waren Thränen der Rührung und Aufregung, nicht der Demuth und Verzweiflung. Am liebsten wäre sie damals selbst zu Felde gezogen. Sie war im ersten Kriege geneigt, auch als ihre Bundesgenossen abfielen, den Kampf fortzusetzen. In jenen Jahren der Betrübniß hatte sie lieben und hassen gelernt, auch die schwere Kunst der Verstellung und eigennützigen Ver= handlung. In der äußeren Politik steifte sie sich auf „ihr gutes Recht", als alle Verträge und Garantien zerfielen. Sie verlor damals das Vertrauen auf den Areopag der europäischen Mächte, erst das Bündniß mit Frankreich und Rußland richtete ihren Glauben an Bundesgenossen wieder auf und machte sie sicherer und zuversichtlicher. Ihre Ideen über Königthum und monarchische Macht standen an der Schwelle zweier Zeitalter. Sie hatte den absoluten Sinn ihrer Vorfahren geerbt, aber dieser Absolutismus war nicht der launen= hafte Despotismus Ludwig XV., nicht die kriegerische Gewalt eines Selbst=

---

1) Ranke, hist. pol. Zeitschr. 1835 II. 690. (Aus den Papieren des Großkanzler Fürst.) Podewils Relationen 1746—1748. Sitz.=Ver. d. k. Akad. in Wien 1850. Arneth, Maria Theresia und die Venetianer Relationen, fontes XXII 1863. Ad. Wolf, Oesterreich unter Maria Theresia, 103—76.

herrschers, wie Friedrich II. Sie vereinigte ihre Hausinteressen mit den staatlichen Interessen. „So lieb ich auch meine Familie und Kinder habe," schrieb sie, „dergestalt daß keinen Fleiß, Kummer, Sorge noch Arbeit für selbe spare, so hatte ich doch der Länder allgemeines Beste vorgezogen, wenn in meinem Gewissen überzeugt war, daß solches thun köne und daß derselben Wohlstand dies erheischet, indem sothaner Länder allgemeine und beste Mutter bin." Sie hatte eigentlich keine Neigungen zu Reformen, verschloß sich aber nicht der Nothwendigkeit, Manches zu ändern und zu bessern. Sie war der erste Habsburger, welcher das Reich über die Provinzen, den Staat über die Stände, das Ganze über die Theile stellte. Sie centralisirte nicht die Verfassung, sondern die Verwaltung und auch dies nur, um die militärische und die wirthschaftliche Kraft des Staates zu stärken. Sie hat es erreicht, daß man Oesterreich als eine Monarchie mit der Gemeinsamkeit der Interessen aller österreichischen Völker anerkannte. Die Provinzen unterwarfen sich der Herrschaft des neuen Staates und der neuen Regierung, welche anfangs als eine lästige Neuerung empfunden wurde, als eine Errungenschaft für das öffentliche Wohl und die allgemeine Freiheit. Selbst in Ungarn, wo Maria Theresia seit 1765 als eine absolute Königin regierte, machte sich das Gefühl der Gemeinsamkeit und Unterordnung geltend. In Deutsch-Oesterreich fügten sich die Stände und der Adel insbesondere unbedingt dem Willen der Fürstin. Die soldatische Theilnahme verschaffte ihr eine militärische Popularität, der Clerus erkannte ihren religiösen Sinn und ihre Achtung vor der Kirchengewalt, das Volk war voll Enthusiasmus, Liebe und Furcht. Ihre Regierung war nach außen und innen von Erfolg begleitet. „Als die Kaiserin Maria Theresia," schrieb 1755 der Großkanzler Fürst, „den Thron bestieg, fand sie Alles in größter Unordnung und ein achtjähriger Krieg konnte den Finanzen nicht aufhelfen; welch' ein anderer Souverain würde es vermocht haben, die Dinge auf dem Fuße herzustellen, auf dem wir sie jetzt sehen? Bis in die späteste Zeit wird man anerkennen, daß Maria Theresia eine der größten Fürstinnen der Welt war; das Haus Oesterreich hat ihres Gleichen nicht gehabt."

Ein großer Theil dieses Erfolges kam auf Rechnung ihrer liebenswürdigen, lebenswarmen Persönlichkeit. Die Porträts, welche Möller, Meytens und Matthäus Donner gemalt haben, werden noch heute mit Interesse und Bewunderung betrachtet. Die schönsten sind von Meytens und seiner Schule aus den Jahren 1747—1760. Sie zeigen ein anmuthiges, rundes Gesicht mit hellgrauen Augen, einen feingeschnittenen Mund, eine helle Stirne und ein rundes Kinn. Ein Schleier fällt rückwärts über das gewellte, leicht gepuderte Haar. Die Büste hat einen weißen, rosigen Teint. Sie trägt ein blaues Kleid mit Goldstickereien und Spitzenärmeln; die eine Hand ist wie zu einem Befehle ausgestreckt, die andere ruht auf einem Tische neben der ungarischen Krone. Die Haltung ist voll edler Würde, die Lebhaftigkeit der jungen Jahre schon etwas abgedämpft. Die späteren Bilder nach 1765 stellen sie als Wittwe dar im schwarzen Kleide, mit einer Florhaube auf dem

glatt geſtrichenen Haar. Sie iſt voller geworden, die Züge ſind beinahe
männlich, das Auge kühl und forſchend. Alter und Krankheit, die vielen
Geburten, Täuſchung und Erfahrung haben den Reiz der Jugend verwiſcht,
aber ſie konnte noch bis ins höchſte Alter beſtechend liebenswürdig ſein. In
jungen Jahren ſprach ſie immer ſehr lebhaft und begleitete auch den Aus=
druck mit lebhaften Worten; wenn ſie in Aerger, Zorn oder Bitterkeit ſprach,
überſtürzten ſich ihre Sätze. Ihr Gemüth quoll auf, wenn ihre Ideen nicht
raſch zum Ziele flogen, oder wenn ſie ein Unrecht ſah, aber ſie war ebenſo
leicht beſänftigt. Während ihr Vater und Großvater ſich vor aller Oeffentlich=
keit ſcheu zurückzogen und ſich mit einer Wolke von Würde und Anſehen
umgaben, durchbrach Maria Thereſia oft alle Formen der Etiquette und
handelte nach ihrem natürlichen Sinn: ſo 1741 zu Preßburg, als ſie bei
der Tafel die ſchwere ungariſche Krone abnahm und vor ſich hinſtellte; ſo
1745 in Frankfurt, als ſie vom Römer herab dem Volke zurief: „Vivat
Kaiſer Franz!" oder 1768, als ſie in die Burgloge kam und ins Parterre
hinunterrief: ‚Der Leopold hat einen Buben." Dieſe treuherzige Offenheit,
der ſchlichte kernhafte Ausdruck ſpricht auch aus ihren Briefen. Was an
Ideologie, an ein abstractes Denken ſtreifte, fand bei ihr keine Gnade. Den
Segen einer tiefen Forſchung hat ſie nie erkannt. Wiſſenſchaft und Kunſt
fanden bei ihr nur eine herablaſſende Beachtung. Die Huldigungen der heimiſchen
Dichter nahm ſie gnädig an, aber die ideale Poeſie war nicht nach ihrem Geſchmack.
Die Philoſophie und die Aufklärung waren ihr ein Greuel, ſie wollte nichts
damit zu thun haben. Noch in einem Brief von 1779 vindicirt ſie ſich das
Naturell eines andern Jahrhunderts. Ihre Religioſität war ein inniger,
feſter Glaube; er hat ſie aufgerichtet in mancher ſchweren Stunde, und ſie
hielt ſich deßwegen beſonders von Gott beſchützt. „Als ſich der ſtarke Arm
Gottes augenſcheinlich für mich ſpüren zu laſſen anfing", ſchrieb ſie einmal
in der Erinnerung an das Jahr 1742. Alle kirchlichen Pflichten erfüllte
ſie mit ängſtlicher Sorgfalt. Ja ſie nahm Antheil an den beſchwerlichen
Kloſtergängen, Umzügen und Wallfahrten, die ihre Vorfahren eingeführt.
Sie unterwarf ſich der Curie in den meiſten Dingen und nahm auch wieder
den Titel einer apoſtoliſchen Königin von Ungarn auf. Sie unterſtützte
Mönche und Jeſuiten, nur nahm ſie nicht mehr einen Jeſuiten als Beicht=
vater und entfernte ſie auch von ihren Kindern. Die katholiſche Religion
war ihr die alleinſeligmachende und für Oeſterreich die wahre Staats=
religion. Daraus entſprang ihr kirchlicher Eifer und die Intoleranz gegen
Proteſtanten und Juden. 1744 ließ ſie alle Juden aus Prag und Böhmen
ausweiſen, nur mit Mühe brachte man ſie davon zurück. Noch 1754
wurde ein früheres Patent Karl VI. erneuert, welches den Abfall vom
Glauben mit ſchweren Strafen belegte. Die Transmigrationen d. h. die
zwangsweiſen Ueberſiedlungen von Proteſtanten nach Ungarn und Sieben=
bürgen wurden eifrig fortgeſetzt. Die Religionscommiſſion in Inneröſterreich
nahm den Proteſtanten die Bücher weg und hinderte die proteſtantiſche Kirchen=

lehre. Erst in den letzten Jahren ihres Lebens ließ sie von diesem Ver=
folgungsgeist ab und übte eine mildere Praxis.

Dabei lebte in ihr ein feines Gefühl für alles Sittliche und Sittige.
Sie wachte über den Hausfrieden, die Hausehre und verlangte Zucht und
Ehrbarkeit in allen Familien. Ja, sie ging hierin zu weit. Ihre Keuschheits=
commissionen wurden berüchtigt, und die Ehen, die sie zahlreich gestiftet,
fielen nicht immer gut aus. Bücher hat sie nicht gelesen, aber Hunderte von
Staatsschriften, welche oft Büchern gleich kamen. Man muß die Thätigkeit
dieser Frau bewundern, sie fand für Alles Zeit, für das Größte und für das
Kleinste. Die fremden Gesandten waren oft darüber erstaunt. Sie hat
außerordentlich viel geschrieben: Briefe, Billete, kurze Befehle an ihre Söhne
und Töchter, Minister, fremde Herren und Frauen¹). Viele sind gedruckt
und füllen ganze Bände; ihr Inhalt ist der Spiegel ihrer Seele, der Bericht
ihres innern Lebens. Die Befehle an die Minister schrieb sie häufig auf
kleine unscheinbare Zettel; auf den Vorschlag der Minister fügte sie ihr
„placet" mit einigen Worten über die Ausführung hinzu. Ihre Sätze sind
halb deutsch, halb französisch, unorthographisch, aber immer klar, bestimmt,
treffend. Die meisten Briefe sind französisch geschrieben, aber deutsch gedacht.
In jungen Jahren liebte sie noch reiche Toiletten, heitere Gesellschaft, Spiel
und Theater. Sie war eine Kennerin der Musik und sang selbst im Familien=
kreise kleine italienische Lieder, namentlich in der Zeit von 1743 an, als die
ersten Gefahren des Krieges vorüber waren. Bis 1756 und 1760 wurden
fröhliche Feste gefeiert. Es gab Bälle und Schlittenfahrten, Caroussels,
mythologische Festspiele, Opern und kleine Comödien, von den Kindern des
Hauses aufgeführt. Metastasio dichtete den Text, Gluck schrieb die Musik,
und es galt als besondere Auszeichnung, zu diesen häuslichen Festen geladen
zu sein. Noch war der Wiener Hof der deutsche Hof, die Aristokratie war
reich, die Etiquette in Vielem gemäßigt, der Stil prachtvoll und üppig. Der
Hofstaat erschien noch nach der altfränkischen Einrichtung gegliedert, altdeutsche
und österreichische Formen flossen hier zusammen. Jeder Erzherzog und jede
Erzherzogin erhielten, wenn sie mündig wurden, einen eigenen Hofstaat. Seit
1755 führten sie den Titel: „Königliche Hoheit." Die Schaar der Hofleute,
Hofbeamten und Hofdiener war sehr zahlreich. Nach dem Tode des Kaisers
kamen die großen Feste nur bei besonderen Gelegenheiten vor, zu Neujahr,
im Fasching, bei der Hochzeit eines der Kinder oder bei dem Empfang eines
Fürsten. Maria Theresia suchte immer mehr die Arbeit, und fand an Dem,
was man Vergnügen nennt, keine Freude mehr. In einer Denkschrift klagte
sie darüber, daß ihre Vorfahren Karl VI. und Leopold I. so viel ver=
schenkt und die Minister diese Neigung sehr ausgenützt haben. Sie warnte
ihre Nachkommen in „Lustbarkeit, Hoheit und Magnificenz nicht zu viel Geld

---

¹) Arneth, Briefe der Kaiserin Maria Theresia an ihre Kinder und Freunde.
4. B. 1881.

zu verschenken", aber sie selbst hat diesen Grundsatz nicht beachtet. „Wenn die Kaiserin so fortfährt", berichtete 1754 ein preußischer Gesandter, „so wird sie wahrlich keine Schätze sammeln, wie ihr Gemahl." Die Veränderung des Ministeriums 1753 kostete gegen eine Million Gulden[1]. Bartenstein erhielt 100,000 Gulden, Taroucca zwei Jahre später ebensoviel, Ulefeld erhielt außer seinem vollen Gehalt von 40,000 Gulden noch ein Geschenk von 100,000 Gulden. Die Einrichtung für ein Haus des Grafen Chotek kostete der Kaiserin 300,000 Gulden, der Umbau der böhmischen Kanzlei für den Grafen Haugwitz 240,000 Gulden. Fürst Josef Khevenhüller erhielt 250,000 Gulden, Marschall Daun 1757 250,000 Gulden u. s. w. Die Kaiserin machte gerne Geschenke; Heuchler und Abtrünnige zogen viel Geld von ihr. Niemals ging sie, ohne eine Zahl Goldstücke zu sich zu nehmen, die sie an Bettler und Soldaten vertheilte. Die Folge war, daß die Kaiserin jährlich sechs Millionen ausgab, während dem sparsamen König von Preußen 340,000 Thaler genügten. Erst Josef II. hat später den „Kammerbeutel" zugeschnürt. Große Reisen hat der Hof nur selten unternommen, und auch diese aus politischen Gründen: so die Krönungsreisen nach Preßburg, Prag und Frankfurt, die Reisen zu den ungarischen Reichstagen und 1765 nach Innsbruck zur Vermählung des Erzherzogs Leopold.

Im Winter lebte Maria Theresia in Wien in der alten Hofburg, welche noch immer die Burg hieß, obwohl die Gräben ausgefüllt, die Erker und Thürme abgebrochen waren, wie die alten Stützen und Schranken des feudalen Königthums. Die Burg hatte bereits durch die Bauten Leopolds I. und Karl VI. die Form, welche wir heute noch kennen. An die alte Burg, welche schon unter Ferdinand I. modernisirt war, schlossen sich der leopoldinische Trakt, die Rudolfsburg oder der Amalienhof und die Zubauten Karls VI.: die Reichs-Kanzlei, die Reitschule und die Hofbibliothek. Maria Theresia fügte nur die Redoutensäle und das Schauspielhaus hinzu[2]. Sie dachte an einen Ausbau nach den Plänen Karl VI.; Graf Taroucca machte ihr den Vorschlag, das Belvedere, die Favorite und die benachbarten Gärten zu einer neuen, großartigen Residenz zu vereinigen, aber der Ausbruch des siebenjährigen Krieges vereitelte diesen Plan. Dafür verwendete Maria Theresia und ihr Gemahl Alles auf die Verschönerung der Sommerresidenzen Schönbrunn und Laxenburg. Der Hof übersiedelte dahin schon gewöhnlich Ende April zur Verzweiflung der Hofleute, die es noch zu kalt und unbequem fanden. Schönbrunn, das Versailles von Oesterreich, ist, wie wir es kennen, eine Schöpfung der Kaiserin Maria Theresia. Maxmilian II. hat den Besitz erworben, Kaiser Matthias gab ihm den Namen Schönbrunn und legte dabei einen Thiergarten an. Inmitten stand ein kleines Jagdhaus mit zwei Stockwerken, einem Thurm und einer Kapelle, früher die Kater- oder Gatter-

---

burg genannt. Dasselbe wurde 1683 von den Türken niedergebrannt und
Kaiser Leopold I. ließ auf der Stelle durch den Architecten Johann Bern=
hard Fischer einen neuen Sommerpalast bauen. Der Kronprinz Josef
hielt hier im Vorhofe prachtvolle Turniere. Karl VI. wies das Schloß
der Kaiserin Amalie als Wittwensitz an. Das Haus war damals um ein
Stockwerk niedriger, aber der Garten schon im französischen Stile ange=
legt. Maria Theresia ließ 1744—1750 durch den Architecten Pacassi und
den Baumeister Valmagini das noch immer unvollendete Schloß in eine
prachtvolle Sommerresidenz verwandeln. Das Hauptgebäude wurde um ein
Stockwerk erhöht, das Innere erweitert, zwei Freitreppen hinzugefügt. Sie
vergrößerte und schmückte den Garten; noch 1776 wurden der Obelisk und
1777 die römische Ruine aufgerichtet; nur die Gloriette ist von Josef II.
In der schweren Zeit von 1741—1745 hatte Maria Theresia oftmals die
Einsamkeit des Gartens aufgesucht oder in dem Marienkirchlein zu Hietzing
gebetet. Das neue Schloß wurde dann der Schauplatz prachtvoller Feste.
Die erste und zweite Vermählung Josef II. wurden hier gefeiert, auch 1767
ein Fest für 65 Kinder, an welchen die erste Impfung in Oesterreich voll=
zogen war. Die Kaiserin verbrachte hier den Sommer und Herbst. Noch
in ihren alten Tagen saß sie im kleinen Kaisergarten unter einer Laube;
der Tisch vor ihr war mit Briefen und Acten überdeckt. Sie liebte Schön=
brunn; in ihrem Testament sprach sie die Bitte aus, die Schlösser Schönbrunn,
Laxenburg und das Belvedere sammt der innern Einrichtung in gleichem
Stande zu lassen. Auch das Schloß Hetzendorf, ehemals Thunhof genannt,
hat Maria Theresia erworben und durch Pacassi neu aufgebaut.

So lange die Kaiserin lebte, pflegte der Hof im Frühjahr und Herbst
einige Wochen in Laxenburg zuzubringen. Hans und Grund waren seit
Friedrich III. im Besitze der Habsburger. Leopold I. ließ nach der Türken=
belagerung die Laxenburg, welche heutzutage das alte Schloß genannt wird,
neu aufbauen; damals führte ein Wassergraben herum und eine hölzerne
Brücke darüber. Das Haus war klein, enge und unbequem. Maria
Theresia und Franz I. vergrößerten und verschönerten den Besitz. Das
sogenannte blaue Haus und die Nebengebäude wurden umgestaltet, Spring=
brunnen, Lustwäldchen angelegt, ein Theater gebaut, und ringsum richteten
sich Minister und Hofleute in Schlössern und Villen ein. Kaiser Franz I.
hielt von hier aus mit Gefolge und Jägern die so beliebten Falkenjagden.
Maria Theresia nahm später nicht mehr daran Theil und kam auch nach
dem Tode ihres Gemahles nicht mehr nach Laxenburg. Josef II. wohnte
hier als Mitregent und versammelte häufig seine Wienergesellschaft zu Garten=
festen und Ausflügen.

Franz Stefan, seit 1737 Großherzog von Toscana, seit 1745 deutscher
Kaiser, war ein edler, etwas leichtlebiger Herr, der es schwer empfand,
daß er nicht einen souveränen Einfluß auf die Geschäfte üben konnte. Nach
Toscana ist er seit dem Besuche 1739 nicht mehr gekommen. Er regierte

Kaiſer Franz I. Stefan († 1765).

Nach dem Kupferſtich von Phil. Andr. Kilian (1714—1759); Originalgemälde von
Martin van Meytens (1698—1770).

das Land autokratisch von Wien aus, aber er änderte nichts an den alten politischen Einrichtungen der Medici und ließ den Senat der Achtundvierzig und die zweihundert Räthe, welche das souveräne Volk repräsentirten, fortbestehen. Die alten heimischen Geschlechter waren der neuen Dynastie nicht geneigt; sie wünschten noch im Erbfolgekrieg einen Spanier zum Großherzog, und zwar Don Philipp, den Sohn der Elisabeth Farnese, welcher 1746 Parma und Guastalla erhielt. Die Florentiner klagten über den Minister Richecourt, einen Lothringer, der alle Autorität in den Händen hatte; sie warfen ihm vor, daß er alles Geld, dessen er habhaft werden könne, nach Wien sende. Die Einkünfte von Toscana betrugen doch nur eine Million Gulden und der Großherzog wie der Minister haben Vieles für die materielle Cultur des Landes gethan[1]).

Die Rathgeber und Hausminister des Großherzogs in Wien waren die zwei Lothringer, Pfütschner und Toussaint. Als deutscher Kaiser wußte er vortrefflich zu repräsentiren, aber er hat keinen Stein im alten Reichsgebäude verrückt. Die Bedeutung der kaiserlichen Macht war längst verflüchtigt; er konnte Adelsbriefe austheilen, Privilegien verleihen, uneheliche Kinder legitimiren, bedrängten Schuldnern Fristen auswirken, sonst war Alles in der Landeshoheit der Fürsten verdichtet. Er sah als Kaiser keinen Staat und kein Volk vor sich und hatte weder Besitz noch Macht. In Oesterreich war er als junger Mann nicht sehr populär, namentlich nach dem Feldzuge gegen die Türken 1738. Man nannte ihn in Wien einen Ausländer, mehr einen Franzosen als einen Deutschen, der Oesterreich nichts angehe und kein Herz für das Land habe. Maria Theresia hatte im Beginn der Regierung seine Ernennung zum Mitregenten mit einer gewissen Energie durchgesetzt. Die Ungarn gestatteten ihm nur eine beschränkte Theilnahme an der Verwaltung; vor seiner Anerkennung durfte er nicht einmal bei der Krönung an der Seite seiner Gemahlin erscheinen; wie irgend ein Gast ging er durch die Nebengäßchen, um seine Frau zu sehen, wie sie den Krönungshügel hinauf ritt. In Deutschösterreich war aber Franz Stefan nicht so ein Schattenfürst, wie man gewöhnlich annimmt. Er hatte Antheil an allen wichtigen Fragen: so 1741 in der Verhandlung mit Preußen, 1747 bei der Veränderung der Verfassung, 1756 bei dem Bündnisse mit Frankreich und 1763 bei dem Friedensschlusse. Maria Theresia hatte ihm auch mehrmals den Oberbefehl über die Armee übergeben, aber er schien dabei den commandirenden Generalen vielmehr unter- als übergeordnet. Seine politische Meinung wich oft von jener des Staatskanzlers Kaunitz ab, und es kam in einigen Conferenzen zu peinlichen Scenen. Maria Theresia wußte jedoch diesen Widerstreit auszugleichen und Franz Stefan machte gewöhnlich den ersten Schritt zur Versöhnung. Erst nach dem siebenjährigen Kriege

---

[1]) Doran, man and manners of the court of Florence 1740—1786, London 1876, 2 Bde.

überließ die Kaiserin ihrem Gemahle die Leitung der Finanzen und insbe=
sondere das Schuldenwesen. In der That nahm der Staatscredit in jenen
Jahren einen Aufschwung, aber es war zu spät. Franz Stefan erschien bei
Hof wie ein einfacher schlichter Privatmann, mehr mit Jagd, Spiel und
Kunstliebhabereien beschäftigt, als mit ernsten politischen Dingen, er war
ein vortrefflicher Wirthschafter, sehr sparsam und vermehrte das große Ver=
mögen, das er von seiner Tante geerbt hatte. Man berechnete 1755 seine
Schätze auf zwanzig Millionen Gulden. Er kaufte Schlösser, Güter, ver=
besserte den Boden, errichtete Fabriken, Gestüte. Er schmückte Schönbrunn,
legte daselbst den botanischen Garten und die Menagerie an. Er ist der
Gründer des Mineralien=, Münz= und Medaillen=Cabinets in der Hofburg.
In seiner Jugend war er ein schöner Mann; ein Porträt von Pompeo
Battoni zeigt ihn in voller männlicher Kraft, mit einer hohen Stirne,
dunkelblauen Augen und vollen Lippen; die Haare sind leicht gepudert, die
Tracht französisch. Später wurde er voll und corpulent, die Formen seines
Gesichtes fast viereckig. Inmitten seiner Familie, wo er sich gerne gehen
ließ, erschien er wie ein bürgerlicher Hausvater. Ein wenig bekanntes Bild
stellt eine Familienscene nach dem Nicolai=Abende vor und gewährt einen
Einblick in die glücklichste Häuslichkeit. Der Kaiser ist in Schlafrock und
Pantoffeln, die Kaiserin in einfach bürgerlicher Tracht, die Kinder haben ihr
Spielzeug. „Man muß gestehen", berichtet Fürst, „daß wenig Privatleute
in so inniger Eintracht leben wie die Kaiserin und der Kaiser." Man er=
zählte sich von diesem, daß er mehrere Frauen gerne gesehen habe, besonders
die junge, schöne Fürstin Wilhelmine Auersperg. Die Huldigungen, die
ihr der Kaiser erwies, machten Maria Theresia eifersüchtig, aber sie be=
handelte die Fürstin immer mit der größten Artigkeit und Höflichkeit. Für
die Männer, die ihm dienten, hegte er eine große Anhänglichkeit, so für den
Irländer Ogara, den Rath Pfütschner, für den gelehrten Duval, der mit
ihm aus Lothringen gekommen war. Fürst Auersperg, Graf Losi, Fürst
Trautson und Josef Khevenhüller konnten sich seines besonderen Ver=
trauens rühmen. Der letztere schrieb in sein Tagebuch: „Das Volk liebte
den Kaiser wegen seiner Ehrlichkeit, wegen seines leutseligen Umganges und
als einen guten Hausvater; in den ersten Regierungsjahren hing es nur
von ihm ab, die Ruder mehr und fester in die Hand zu bekommen, allein
er war von Natur aus nicht sehr arbeitsam, langsam und unentschlossen."
     Zu der kaiserlichen Familie gehörten damals auch die Kaiserin Mutter,
Elisabeth Christine, gest. 1750, und die Geschwister des Kaisers, Prinz
Karl und Prinzessin Charlotte von Lothringen. Die letztere war eine
lange hagere Frau, lebte still und einfach und sehnte sich nach Lothringen
zurück. Der preußische Gesandte schrieb 1747: Sie mißfalle sich sehr in
Wien und würde, um nach Lothringen heimzukehren, den Weg barfuß zu=
rücklegen. Mehrmals sprach sie den Wunsch aus, sich zurückziehen zu dürfen.
1754 erhielt sie die Abtei Remiremont in den Niederlanden mit 25,000

Gulden Rente und kam nur noch einmal 1764 nach Wien. Prinz Karl von Lothringen (1712—1780) kam als junger Mann an den Hof Karl VI. und heirathete 1742 die Schwester Maria Theresia's, Maria Anna. Diese ging 1744 als Regentin in die Niederlande, starb jedoch schon im selben Jahr (16. December), während ihr Gemahl bei der Armee war. Im Türken= krieg 1738 hatte sich Prinz Karl als tapferer Oberst erwiesen; 1742 und 1743 führte er das Commando in Böhmen; der Uebergang über den Rhein war seine beste Waffenthat. Er besaß nicht das militärische Genie seines Großvaters, handelte nicht gern selbständig und genoß in der Armee wie im Publikum wenig Zutrauen. Insbesondere schrieb man ihm das Un= glück der Armee bei Leuthen zu; Maria Theresia wollte ihn noch halten, aber die Minister verlangten seine Entfernung. Der Prinz legte 22. Jänner 1758 das Commando nieder und ging in die Niederlande, wo er als Regent sehr beliebt wurde; er starb kurz vor Maria Theresia 1780 im Schloß Tervuren.

Aus der Ehe Maria Theresia's mit Franz I. sind sechzehn Kinder entsprossen: fünf Söhne und elf Töchter. Der erste Sohn war der spätere Kaiser Josef II.; der zweite, Erzherzog Karl (1745—1761) starb mit 16 Jahren; der dritte ist Erzherzog Leopold (1747—1792), später Groß= herzog von Toscana und 1790 deutscher Kaiser und Regent in Oesterreich; der vierte ist Ferdinand (1754—1806), Herzog von Modena, der fünfte, Erzherzog Maximilian (1756—1801), Hoch = und Deutschmeister und Kur= fürst von Köln. Von den Töchtern starben mehrere in früher Kindheit: Erzherzogin Johanna mit 12 und Josefa mit 16 Jahren; nur zwei blieben in Oesterreich, Maria Anna (1738—1789) und Elisabeth (1743 bis 1808), als Aebtissinen in Klagenfurt und Innsbruck. Die anderen heiratheten in die Fremde. Maria Theresia war eine vortreffliche Haus= frau und Mutter, sie überwachte die Erziehung ihrer Söhne und Töchter mit der größten Sorgfalt; keines ihrer Kinder ging in die Welt hinaus, ohne mehrfache Lehren und Anweisungen auf den Weg zu bekommen. Uebri= gens war der Unterricht der jungen Erzherzoginnen ziemlich oberflächlich; sie haben auch wenig gelernt und die Lehren ihrer Mutter nicht immer ge= treulich befolgt.

Die meiste Sorgfalt wurde auf die Erziehung und den Unterricht des jungen Kronprinzen verwendet. Maria Theresia hat dabei mit Ueber= zeugung und fester Hand eingegriffen. Vor Allem wollte sie in ihrem Sohn einen sittlichen thatkräftigen Charakter entwickeln, der sich selbst und andere zu beherrschen vermag. Sie duldete keine Leidenschaftlichkeit und forderte unbedingte Unterwerfung. Josef blieb bis zu seinem siebenten Jahre unter den Händen der Frauen und erhielt dann seinen eigenen Erzieher, den Feld= marschall Graf Karl Batthyany. Der kleine Josef war ein hübscher, leb= hafter und gutherziger Knabe, etwas eigensinnig, schweigsam und befangen. Seine Lehrer, meist steife, pedantische Männer, vermochten das Gemüth und

den Geist des Knaben nicht zu erschließen. „Mir kommt vor", schrieb
Bartenstein 1751, „daß mehr in ihm verborgen steckt, als man glaubt."
Er lernte gut Deutsch und Latein, etwas Philosophie, die Rechts= und Staats=
wissenschaften, insbesondere die Geschichte der Neuzeit. Der alte Bartenstein
faßte selbst ein Handbuch dafür ab, aber nach seiner Art so weitschweifig,
daß er erst im sechsten Bande zu Rudolf von Habsburg und im zwölften
zu Friedrich III. kam. Ein anderes Werk umfaßte die Zeit von Max I.
bis Rudolf II., ist aber durchaus aphoristisch und trocken. Nur langsam und
nur von bestimmten Eindrücken geweckt, entwickelten sich die Anlagen des
Kronprinzen; sein Bruder Karl war ihm an Kenntniß und Gewandtheit
voraus. Erst nach einer lebensgefährlichen Krankheit, die er 1758 in seinem
siebzehnten Jahre durchgemacht hat, entfaltete sich sein Wesen in größerer
Selbständigkeit. Er las, studirte, bildete sich seine eigene Ueberzeugung,
bekam Kraft und Lust zu eigenem Schaffen. Er bildete eine fast stoische
Strenge in sich aus. Den Fremden erschien er stolz, hochmüthig und hart.
Nur Wenige kannten den idealen Schwung seines Geistes und die Alles um=
fassende Liebe seines Herzens. Er hatte keine Freude an geräuschvollen Hof=
festen, am liebsten war ihm ein Gespräch im engsten Kreise. Er tanzte nicht,
spielte nicht gern und liebte die Jagd nicht. Als er das erste Mal heirathete,
war er zwanzig Jahre alt, jung, schön, blühend von Kraft und Gesundheit.
Seine Physiognomie, die hohe Stirne, die sanftgebogene Nase, der geistvolle
Blick nahmen allgemein für ihn ein. „Er betrachtet", schrieb eine Dame
bei Hofe, „die Frauen wie Statuen; er ist kalt, ohne Leidenschaft, es muß
einmal eine Neigung gewaltsam über ihn kommen." In der Ehe war er
nicht glücklich, obwohl ihn seine Eltern früh verheiratheten, freilich auch
mit politischer Absicht. Seine erste Frau war die Prinzessin Isabella von
Parma, die Tochter Philipp V. von Parma, der einst in der Lombardei
hatte herrschen wollen. Ihr Erscheinen in Wien (6. October 1760) war
ein wahrer Triumphzug. Mann und Frau lernten sich kennen und lieben.
Sie war damals neunzehn Jahre, hatte einen dunklen Teint, schöne Augen
und eine reizend geformte Büste. Sie war wohl erzogen, interessirte sich
für Musik, Politik und schrieb sogar Betrachtungen nieder über Handel,
Sittengeschichte, Freundschaft und Charakteristiken über die Glieder der kaiser=
lichen Familie. Bei aller Liebe und Zärtlichkeit ihres Mannes und ihrer
Schwiegereltern konnte sie niemals froh werden. Sie hatte die Vorahnung
eines frühen Todes und die Sehnsucht nach demselben. „Ich kann sagen",
schrieb sie einmal an ihre Schwägerin Marie Christine, der sie in schwär=
merischer Liebe zugethan war, „daß eine geheime Stimme mir den Tod an=
kündigt und dieser Ausspruch verbreitet eine Sanftmuth, eine Weihe in meiner
Seele, die ich nicht begreifen, noch weniger ausdrücken kann." Im November
1763 wurde sie von den Blattern befallen, war nicht mehr zu retten und
starb den 27. November in Wien. Sie hinterließ nur eine Tochter, Maria
Therese, welche als ein Kind von neun Jahren 1770 gestorben ist. Josef

kounte sich nur schwer und nur auf das Zureden seiner Eltern zu einer zweiten Heirath entschließen. Er war am meisten geneigt für die jüngere Schwester seiner Frau, welche jedoch bereits dem Infanten von Spanien zugesagt war. Als sich Maria Theresia und Franz I. für die Prinzessin Josefa von Baiern entschieden, fügte er sich und vermählte sich mit ihr in Schönbrunn (23. Jänner 1764). Die Welt mußte jedoch bald erfahren, daß Josef sich in seine zweite Frau nicht fügen könne. Sie war gut und anmuthig, aber zwei Jahre älter, nicht schön, hatte einen unreinen Teint und eine schlechte Haltung. Mit Ausnahme des Kaisers, welcher die Heirath gemacht, erwies ihr Niemand eine besondere Zuneigung; Josef zog sich von ihr zurück und spottete nur über die Gerüchte einer zu erwartenden Nach= kommenschaft. Die junge Kaiserin starb schon 1767 (28. Mai) ebenfalls an den Blattern und Josef II. hat nicht wieder geheirathet.

Maria Theresia schrieb 1774: „Das Bischen Namen, welches ich mir in der Welt erworben habe, verdanke ich nur der guten Wahl meiner Räthe;" sie hätte hinzufügen können: ich verstand es, meine persönliche Meinung unterzuordnen und meine Anschauung zu berichtigen, wenn bewährte Rathgeber dafür sprachen. Das Geheimniß ihrer Erfolge ruhte zumeist in der Wahl der Minister, welche die Geschäftskenntniß mit der Initiative für Reformen vereinigten. Im Beginn ihrer Regierung ließ sie die Minister Karl VI. alle auf ihren Posten, obwohl sie sich nach neuen Kräften sehnte.

Facsimile der Unterschriften von Maria Theresia, Ulefeld und Bartenstein: unter einem Schreiben an den Abt des Stiftes Fulda betreffend Truppendurchzug durch das Gebiet des Stiftes, datirt Wien, 11. April 1744; im königl. Geh. Staatsarchiv zu Berlin.

Nach und nach starben die alten Herren, Sinzendorf 1742, Starhemberg 1745, Philipp Kinsky 1748, Josef Harrach 1764. Sinzendorfs Nach= folger wurde 1741 Graf Ulefeld. Er war in seiner Jugend Soldat, dann Reichshofrath, Gesandter im Haag, 1740 Botschafter bei der Pforte, ein rechtschaffener Mann aber schwerfällig, verworren und seinem Posten nicht gewachsen. Die Kaiserin hätte ihn gern entlassen, aber er wurde von Bartenstein gehalten, der durch ihn regierte; 1753 mußte er doch weichen und wurde dann Oberhofmeister.

Der eigentliche Staatskanzler war damals Johann Christoph Freiherr von Bartenstein (1689—1767), ein Fremder und Convertit, der schon unter Karl VI. eine einflußreiche Stellung inne hatte[1]). Bartenstein war der Sohn eines Lehrers und Predigers der reformirten Gemeinde in Straßburg, kam 1714 nach Wien, wurde dem Grafen Sinzendorf empfohlen, der ihn als Secretär aufnahm und in die Regierung brachte. Bartenstein wurde 1717 Regierungsrath, 1726 Hofrath, 1727 geheimer Staatssecretär und als solcher Protocollführer in der Staatsconferenz. Wie mehrere seiner Vorgänger, welche die Stelle bekleideten, kam er zu großem Einfluß und zu solcher Macht, daß ihm die Minister und Fürsten des Reiches huldigten. Karl VI. liebte ihn persönlich und schenkte ihm großes Vertrauen. Er hat zur Anerkennung der pragmatischen Sanction beigetragen und konnte es wagen, dem Herzoge Franz Stefan, als er mit der Abtretung seines Erblandes zögerte, zuzurufen: „Keine Abtretung, keine Erzherzogin." Bartenstein var rauh und schroff in seinem Wesen, ehrenhaft im Wandel, selbständig und dabei ein geschmeidiger Höfling, der alle Personen und Wege kannte. Er besaß einen riesigen Fleiß und ein reiches Wissen, namentlich in den Reichsgesetzen und in der Form der deutschen Reichspraxis. Bei dem öster" reichischen Adel war er nicht beliebt, und das Volk insultirte ihn nach dem Tode Karl VI. Als Maria Theresia zur Regierung kam, wurde ihr Bartenstein von den Grafen Herberstein und Starhemberg besonders empfohlen; er befestigte sich in ihrem Vertrauen durch die Ehrerbietung, die er für die Meinung der jungen Fürstin zeigte und durch sein varmes Interesse für das Haus Oesterreich, besonders als sie erfuhr, daß Bartenstein die Heirath mit dem Infanten Don Carlos, welche Sinzendorf gewünscht hatte, hintertrieben, die Mitregentschaft ihres Gemahles und die Heirath ihrer Schwester mit Karl von Lothringen durchgeführt habe und so viel Anderes „was die Einigkeit und Befestigung dieses Hauses angeht, gesucht zu procuriren." Er leitete von 1740—1753 die auswärtigen Angelegenheiten beinahe selbständig. Im Grunde machte er, wie Kaunitz sagte, Alles allein und ungefähr so, wie er es wollte. Auch machte ihm Niemand Opposition, als die beiden Grafen Harrach. Er fügte sich 1748 der neuen Politik, noch 1750 siegte seine Ansicht in der Barriereangelegenheit. Maria Theresia hielt ihn für nothwendig, aber er war mehr Jurist als Staatsmann und sah mehr zurück als vorwärts; seine Reden und Schriften waren breit und dunkel. „Dieser geschickte, aber eigensinnige und in sein Concept zu sehr verliebte Mann",

---

1) Foscarini 1736, Erizzo 1738, venet. Relation. Podewils 1747, Arneth I. 70—76. Oncken, Zeitalter Friedr. d. Gr. I. 205.

schrieb Khevenhüller 1752, „hat sich bei allen Höfen so odios gemacht, daß sich jeder scheut, mit ihm zu verhandeln." Als Maria Theresia 1753 Kaunitz ins Ministerium berief, mußte Bartenstein fallen. Er wurde Vice=kanzler im Directorium und Maria Theresia fragte ihn noch oft um seinen Rath, besonders wegen der Erziehung und des Unterrichts des Kronprinzen. Bartenstein schrieb für diesen, wie erwähnt, eine Reihe von Handbüchern über die österreichische Geschichte und Politik; sie sind nie im Druck erschienen, schwerfällig und für den Unterricht nicht brauchbar. Josef II. hat daraus weder Geschichte noch Politik gelernt.

In den Wiener Kreisen wurde nach Sinzendorfs Tode und auch später Graf Friedrich Harrach (1696—1749) als Staatskanzler bezeichnet. Er war eine bedeutende geistige Kraft, den andern Ministern weit überlegen, Haupt= und Stimmführer des österreichischen Adels. In jungen Jahren hat er Oesterreich an mehreren Höfen vertreten, war eine Zeit bevollmächtigter Minister in den Niederlanden, dann Oberstkanzler in Böhmen und Landmarschall der Stände von Niederösterreich. Er schien vor Allem geneigt, die englisch=österreichische Alliance zu erhalten und im Innern die Ständeverfassung zu ver=jüngen, aber er verlor deßwegen die Gunst der Kaiserin, mußte sein Amt niederlegen und starb bald nachher 1749.

Der rechte Mann für die neue Politik war Graf und später Fürst Wenzel Anton von Kaunitz (1711—1794), ein Minister, der in der Fülle und Dauer seiner Wirksamkeit nur Richelieu und Metternich gleich=gestellt werden kann. Durch beinahe 40 Jahre leitete er die äußere Politik Oesterreichs, seine Rathschläge und Ideen wurden entscheidend für die Ver=fassung, Verwaltung, für künstlerische und wirthschaftliche Zustände. Er stammte aus der jüngeren mährischen Linie der Kaunitz, welche heutzutage erloschen ist. Die Kaunitz sind seit 1642 Grafen, seit 1683 Reichsgrafen; ihr Fideicommiß mit dem Mittelpunkte Austerlitz in Mähren wurde 1704 gegründet. Erst der Staatskanzler fügte seinem Geschlecht die Namen Riet=berg und Questenberg hinzu. Als jüngerer Sohn war er für den geist=lichen Stand bestimmt und erhielt schon mit dreizehn Jahren eine Domherrn=stelle. Nach dem Tode seiner zwei ältern Brüder studirte er die Rechte in Wien, Leipzig und Leyden, wurde 1739 Reichshofrath, im selben Jahre kaiser=licher Commissär am Reichstage in Regensburg, 1740—1742 Gesandter an mehreren italienischen Höfen. Als die Erzherzogin Maria Anna nach Brüssel ging, wurde ihr Kaunitz als Obersthofmeister und bevollmächtigter Minister nachgeschickt. Nur ungern hat er den höfischen Dienst übernommen. Während der Krankheit der Erzherzogin berief er den berühmten Professor van Swieten aus Leyden. Kaunitz sah damals (1744) die französische Occupation voraus, blieb jedoch während der Belagerung in Brüssel, unter=zeichnete die Capitulation und nahm 1746 seine Entlassung, wie er schrieb „mit lebhaftem Vergnügen." Damals starb sein Vater, und er wurde der Erbe der reichen Güter in Mähren. Aber die Kaiserin berief ihn bald wieder

Friedrich Graf von Harrach.

Gestochen 1750 zu Wien von F. L. Schmitner, nach dem Gemälde 1749 zu Wien von D. Chr. Schomburg.

in den öffentlichen Dienst, schickte ihn als Gesandten nach London und 1748
zu dem Congresse in Aachen. Hier wirkte er im Sinne der Kaiserin, welche
geneigt war, das Bündniß mit England aufzugeben und Frankreich als
Bundesgenossen zu gewinnen. Die Idee dafür ist nicht aus Kaunitz' Geiste
entsprungen, sie war in den Wiener Kreisen schon vorhanden, wiewohl ohne
greifbare Gestalt und ohne bestimmte Tendenz gegen Preußen. Kaunitz hatte
damals noch kein „sonderliches Vertrauen zur französischen Aufrichtigkeit,"
aber er war bereits der Vertrauensmann Maria Theresia's und befür=
wortete 1749 in der geheimen Conferenz in Wien eine künftige Alliance mit
Frankreich. Während seiner Botschaft in Paris 1750 bis 1753 schrieb
er fortwährend geheime Berichte an Maria Theresia und ließ sie durch
Tarouca, wie früher durch den Kabinetssecretär Koch übergeben. Am
französischen Hofe vermochte er damals für seine Pläne nichts durchzusetzen.
1753 wurde er als Staatskanzler ins Ministerium berufen und blieb von
nun an der Leiter der österreichischen Politik, in Wahrheit der erste und
dirigirende Minister. Zunächst löste er die Staatskanzlei von dem Verbande
mit der österreichischen Hofkanzlei und machte sie zu einem selbständigen
auswärtigen Amt; er vereinigte damit die Bureaux der obersten Verwaltung
für die Niederlande und die Lombardei. Statt Bartenstein wurde Friedrich
von Binder Staatsreferendar. Ohne Zweifel ist Kaunitz der Haupturheber
der Verträge mit Frankreich und Rußland, aber er überstürzte seine Pläne
nicht. Noch 1753 und 1754 erschienen die auswärtigen Beziehungen in
keiner Weise verändert. Erst 1755 sprach der Staatskanzler in einer Conferenz
seine Meinung offen aus: „die allgemeine Lage sei wie ein großes Wetter,
dessen Ausbruch alle Tage zu besorgen sei; der König von Preußen benehme
sich im Reich wie ein Gegenkaiser; er sei in Krieg und Frieden der gefähr=
lichste Nachbar und der heimliche Feind Oesterreichs; eine Sicherheit könne
die Monarchie nur im Bündnisse mit Frankreich und Rußland erwarten."
Der Botschafter in Paris Graf Starhemberg übernahm die Ausführung.
Er wirkte auf Bernis und dadurch auf die Pompadour und den König.
Die Folge waren die zwei Verträge von Versailles 1756 und 1757. Das
nächste Ziel Oesterreichs war die Wiedereroberung Schlesiens und Kaunitz
hat im Beginne des Krieges nicht an dem Erfolge gezweifelt. Auch nach
dem Kriege bezeichnete Kaunitz seine Politik als ein wahres Friedenssystem
Oesterreichs, nur dadurch könne gegen Preußen, die Pforte und in Italien
der Friede erhalten und die innere Kraft Oesterreichs gestärkt werden.
Josef II. war jedoch von den Vortheilen der französischen Alliance nicht so
überzeugt, und es kamen auch Störungen zwischen ihm und Kaunitz vor.
Kaunitz war sehr eifersüchtig, wollte keinen Nebenmann und änderte nicht
gerne seine Gutachten und Entschlüsse; mehrmals bot er seine Entlassung an,
aber in großen Fragen haben sich Kaunitz und Josef immer wieder geeinigt.
Die Erfolge davon waren die Erwerbung Galiziens, der Bukowina und des
Innviertels. In der Theresianischen Zeit hat Kaunitz auch in den innern

Angelegenheiten einen bestimmenden Einfluß gewonnen. Er gründete 1760 den Staatsrath, er unterstützte die Reformen in der Verwaltung, nur in den kirchlichen Fragen verhielt er sich mehr vorsichtig und zögernd. Dabei stand er auf der Seite der Regierung gegen die Stände und die Hierarchie. Schon 1763 schrieb er[1]): „Ich kann nicht dafür stimmen, den Adel und die Stände in die Höhe zu heben, ich selbst bin vom böhmischen Adel und Gutsbesitzer, aber meine Pflicht gegen Eure Majestät steht oben an. Wie gefährlich die Machtbefugnisse des Adels sind, hat sich in Ungarn, Siebenbürgen, in den Niederlanden gezeigt. Ich muß vor Gott und Eurer Majestät bekennen, daß ich die Wiedereinführung der Regierung durch den Adel für ein Werk ansehe, das auf einmal alle Verbesserungen und Hoffnungen abschneidet und der allerhöchsten Macht den empfindlichsten Stoß versetzen würde." Kein Minister des achtzehnten Jahrhunderts hat so viel und so unermüdlich gearbeitet als Kaunitz; man ist erstaunt über die Zahl, Gründlichkeit und Mannigfaltigkeit der Gutachten und Denkschriften, welche er Maria Theresia und Josef vorgelegt hat. Er zeigte sich darin als ein klarer Denker, aber ebenso sehr als ein großer Theoretiker; er liebte es, allgemeine Betrachtungen über die europäischen Verhältnisse anzustellen und seine Politik daraus zu berechnen. Nicht Alles ist tief durchdacht und richtig; so über finanzielle Dinge, über Länderbanken und Staatsschulden, über Landwirthschaft und Polizei und Anderes. Sein Glaube war nicht streng katholisch, er war vielmehr Voltairianer, beobachtete aber die kirchliche Gebräuche. Einmal schickte er sogar der Kaiserin einen Beichtzettel. Dabei sprach er, wenn auch rücksichtsvoll für die Kaiserin, der Toleranz das Wort und Maria Theresia nahm auch 1777 bei den Religionsirrungen in Mähren seine Vorschläge an, obwohl die Minister dagegen sprachen. Kaunitz war ein reicher, unabhängiger und sein gebildeter Edelmann, dabei uneigennützig und wohlwollend. Er zeigte Verständniß für Musik und die bildenden Künste, liebte die Lectüre und den Umgang mit Gelehrten und Künstlern. Nach dem Tode seiner Frau, einer gebornen Gräfin Starhemberg, hatte er viele Liebschaften, aber keine vermochte ihn zu beherrschen, niemals hat er einer Frau etwas von Geschäften und Geheimnissen mitgetheilt. In spätern Jahren mußten seine Freunde Geduld mit ihm haben, denn mit dem Alter nahmen seine Besonderheiten in einer Weise zu, daß sie den geselligen Verkehr mit ihm unangenehm machten. Seine Gesundheit war niemals ganz fest, aber er schonte sich, lebte einfach, und brachte es auf 84 Jahre. Ein Portrait von Lampi d. Aelt. zeigt ihn in seiner schlanken Haltung mit einem geistvollen Gesicht und schönen blauen Augen.

Der Gründer des bureaukratischen Absolutismus der theresianischen Zeit war der Graf Friedrich Wilhelm Haugwitz (1700—1765), ein geborner Schlesier und aus der Familie, welche in Preußen, Sachsen und Schlesien ansässig war. Er diente zuerst in der Breslauer Amtsstube und war eben

---

1) Hock-Biedermann, österreichischer Staatsrath, 18.

mit der Einführung eines neuen Steuersystems beschäftigt, als Schlesien an Preußen fiel. Er blieb Oesterreich getreu, kam nach Wien und wurde schon nach dem Breslauer Frieden Präsident in Oesterreichisch=Schlesien. Maria Theresia berief ihn jedoch wegen seiner politischen und finanziellen Kenntnisse wieder nach Wien. Er wurde geheimer Rath, Conferenzminister, 1749 Directorial= minister, 1753 Oberstkanzler der vereinigten Hofkanzlei, d. h. Minister des Innern für Deutsch=Oesterreich. Er centralisirte die Verwaltung, verdrängte die Stände durch das Beamtenthum, hob die Steuerfreiheit des Adels auf, schuf ein neues Steuersystem und löste damit die Regierung von der ständischen Autorität ab, ohne diese zu vernichten. Von dem Volke und dem österreichischen Adel wurde er mehr gefürchtet als geliebt. Man eiferte gegen die neue Ein= richtung und gegen den „Schlesier", der die Idee dazu gegeben und sie mit Energie durchführte. „Aber," bemerkt ein preußischer Beobachter, „wo ist das Land, wo man sich nicht über die Minister beklagt, die an der Spitze der Geschäfte stehen?" Maria Theresia unterstützte Haugwitz in seiner refor= matorischen Thätigkeit trotz aller Opposition der Stände. Nach seinem Tode 1765 schrieb sie der Wittwe: „Er allein hat den Staat 1747 aus der Con= fusion in Ordnung gebracht." Haugwitz besaß ein unangenehmes Aeußere, eine kurze gedrungene Gestalt, war sehr kurzsichtig und in seinem Wesen scharf und herrisch. Nach dem Tode seines Vaters erbte er mehrere Güter, kaufte 1752 die Herrschaft Namiest und bestimmte sie als ein neues Fideicommiß für seine Familie. Er hatte jedoch nur einen Sohn, der schon vor ihm 1761 als Gubernialrath in Mähren starb, und Namiest fiel an die jüngere Linie der Haugwitz.

Ein fähiger Minister, nämlich für das indirecte Steuerwesen, war Graf Rudolf Chotek (1707 — 1771). Er stammte aus dem alten böhmischen Geschlechte der Chotek, das in der Geschichte der österreichischen Verwaltung eine Rolle spielt. Er war unter Karl VI. Statthaltereirath in Prag und unterwarf sich wie so viele andere böhmische Herren dem Kurfürsten Karl Albert von Baiern, wußte sich aber bei Maria Theresia so zu recht= fertigen, daß sie ihn unter allen andern hervorhob. Schon 1744 wurde er geheimer Rath: er schloß den Frieden zu Füssen, ging mit der Armee nach Genua und führte 1747—1748 die neue Organisation der Landesstellen in Triest, Tirol und in Vorderösterreich ein. 1749 wurde er Banko=Präsident, 1759 vereinigte er als Präsident der Hofkammer das ganze Finanzwesen in seiner Hand. Seine staatswirthschaftlichen Grundsätze waren etwas allgemeiner Natur: Vermehrung der inländischen Cultur, der Manufactur und Gewerbe= verbesserung, der Transportmittel, aber er wußte sein schwieriges Amt in der Kriegszeit wohl zu verwalten. 1760 sollte er als Staatsrath eintreten, er lehnte dies jedoch ab und wurde 1762 nach Graf Haugwitz Obersthofkanzler. Er war viel mehr aristokratisch und ständisch gesinnt als Haugwitz und kam in mannigfachen Conflict, aber die Kaiserin schenkte ihm ihr Vertrauen bis zu seinem Tode.

Eine wichtige Persönlichkeit in jener Zeit war der Präsident des Staats=
rathes Graf Karl Friedrich Hatzfeld (1718—1793), ein hervorragender
Verwaltungsmann, streng centralistisch, aber gemäßigt in seinen Anschauungen
über die Stellung der Regierung zu Adel und Clerus. Seine staatswirth=
schaftlichen Ansichten waren veraltet. In der Zeit des siebenjährigen Krieges
kannte er kein anderes Mittel die Ausgaben zu decken, als durch Zwangsanlehen
und eine neue verstärkte Ausgabe des Papiergeldes. In dem berühmten
Regierungssystem von 1773 empfiehlt er gute Schulen, einen prächtigen Hof=
halt, die Erhaltung des Adels und der katholischen Religion, ohne Duldung
der Andersgläubigen, eine oberste Behörde für die gesammte innere Verwaltung
und strenge Unterordnung der Provinzialbehörden. Er stammte aus der
böhmischen Linie dieses alten, deutschen Geschlechtes, trat 1750 in den öffent=
lichen Dienst, wurde 1765 Präsident der Hofkammer, 1771 nach Chotek
Obersthofkanzler und trat noch in demselben Jahre als dirigirender Staats=
minister an die Spitze des Staatsrathes. Graf Heinrich Blümegen, Oberst=
hofkanzler von 1771—1788, Graf Leopold Kolowrat, Präsident der Hof=
kammer, die Staatsräthe Gebler und Kressel folgten bereits den josefinischen
Tendenzen, einer straffen administrativen Centralisation und der Erweiterung
der Staatshoheit, gegenüber jeder autonomen Verwaltung.

In den zwei großen Kriegen, welche Oesterreich von 1741 bis 1763
geführt hatte, trat eine Reihe ausgezeichneter militärischer Talente hervor.
Die meisten waren tapfere Officiere, tüchtige Corpsführer, aber als Feldherren
können nur wenige genannt werden: die Grafen Khevenhüller und Daun,
Lacy und vornehmlich Laudon. Das gesammte Kriegswesen war bis 1762
übel bestellt; denn der Chef des Hofkriegsrathes war von 1739 bis 1762
der Feldmarschall Graf Josef Harrach, der schon bei dem Beginne des
siebenjährigen Krieges 78 Jahre alt und schon deßwegen unfähig zu diesem
anstrengenden Dienst war. Einer der besten Führer, Feldmarschall Graf
Traun, war schon 1748 gestorben. Fürst Wenzel Liechtenstein, seit 1744
Generaldirector der „k. k. Land=, Feld= und Hausartillerie", hat in den Friedens=
jahren nach 1748 durch Rouvroy und Schröder die österreichische Artillerie
wesentlich vervollkommnet; aber er war im siebenjährigen Kriege nicht mehr
im Dienst. Graf Ludwig Andreas Khevenhüller (1683—1744) von der
Frankenburgischen Linie dieses Geschlechtes war ein theoretisch gebildeter
kluger General. Im Türkenkriege 1738 hatte er sich nicht sehr ausgezeichnet,
aber 1741 organisirte er eine neue Armee, eroberte Oberösterreich und Baiern
und war der erste, der das Kriegsglück wieder zu fesseln verstand. Graf
Leopold Daun (1705—1765) war schon mit dreizehn Jahren Soldat,
diente in Ungarn, Italien und am Rhein, wurde 1735 Oberst, 1737 General,
1739 Feldmarschalllieutenant, 1745 Feldzeugmeister, 1757 Marschall und
1762 Präsident des Hofkriegsrathes. Maria Theresia glaubte ihm seit
der Schlacht von Kolin das Heil der Monarchie verdanken zu müssen; auf
das Denkmal in der Augustinerkirche in Wien ließ sie die Worte setzen:

Graf Moriz Lacy.

Gestochen 1770 von J. E. Mansfeld (1738—1796) nach dem Gemälde von Kollomitsch

„Dem Befreier des Vaterlandes." Im siebenjährigen Krieg erschien er als der erste Feldherr, immer bedächtig, zaudernd, ausweichend und haushälterisch mit seinen Mitteln. Als Kriegspräsident hielt er sein Departement in Ordnung, ohne viel Neues zu schaffen. Die großen durchgreifenden Reformen im österreichischen Kriegswesen sind ein Werk des Grafen Moriz Lacy (1725—1801). Seine Familie war irischen Ursprungs, sein Vater in russischen Diensten, er selbst trat mit 18 Jahren in die österreichische Armee und kam durch seine Verdienste, wie durch die Gunst des Marschalls Browne rasch empor, obwohl er ein Ausländer und nicht von vornehmer Familie war. Er diente in allen Feldzügen, wurde 1759 Feldzeugmeister, 1763 Hofkriegsrath, 1765 General= inspector der Armee, 1766 Feldmarschall und von 1765—1774 Präsident des Hofkriegsrathes. Er war ein gewandter Hofmann von hoher, geistiger Bildung, dabei etwas eigenwillig, reizbar und besonders eifersüchtig auf Lau= don. Lacy stand in hoher Gunst bei Josef II. und machte mehrmals den Mittelsmann zwischen dem Kaiser und Maria Theresia. Die Eingeweihten schrieben ihm zu, daß er an der Theilung Polens und seit 20 Jahren an dem russischen Bündniß gearbeitet habe. 1774 nahm er seine Entlassung, blieb jedoch der Rathgeber Josef II. in allen militärischen Dingen. Lacy war ein tüchtiger Tactiker und Organisator, aber in der Disposition und Führung der Armee, in Angriff und Abwehr wurde er von Laudon über= troffen. Gedeon, Ernst Laudon (1716—1790) ebenfalls ein Ausländer schottischen Ursprungs, war aus russischen Diensten in österreichische übergetreten, kam aber nur langsam und nur durch seine Verdienste empor. Im Beginn des Erbfolgekrieges war er Hauptmann in einem slavonischen Freikorps, dann Major in einem Grenzregimente, kam 1756 zur böhmischen Armee unter Browne, wurde 1757 General, 1758 nach dem Tage bei Olmütz Feld= marschalllieutenant und nach der Schlacht von Kunersdorf Feldzeugmeister. Er eroberte Glatz, Schweidnitz und erschien als der bedeutendste Gegner Friedrich II. Als Lacy das Kriegsministerium übernahm, wurde Laudon der erste Hofkriegsrath, Generalinspector der Infanterie, 1761 commandiren= der General in Mähren, legte jedoch 1773 die Stelle nieder, lebte einige Jahre auf seinem Gute Beczwar und seit 1776 zu Hadersdorf bei Wien. Er hatte jeder Amtsführung entsagt. Erst 1776 wurde er Marschall und übernahm ein Commando im bairischen Erbfolgekrieg, zeigte aber eine solche Verlegenheit und Unentschlossenheit, daß Maria Theresia und Josef sich ungünstig über ihn äußerten. In der Zeit Kaiser Josefs schien er vergessen, bis er im Türkenkriege 1789 an die Spitze der Armee berufen wurde. Laudon war ein streng soldatischer Charakter; im Kriege voll Feuer und Leben, begierig nach Kampf, immer zur Offensive bereit, im Privatleben schien er kalt und abstoßend, aber er war der populärste General und vom Volke in vielen Liedern verherrlicht.

IV. Verfassung und Verwaltung.

In der innern Politik schlug Maria Theresia, wie ihre Nachfolger Josef und Leopold II., Wege ein, welche von denen der letzten Habsburger wesentlich verschieden waren. Das Ziel war dasselbe: die Wahrung der absoluten Souveränität und die Verstärkung der Staatsmacht, aber sie suchten diese in der Vereinigung und Vertiefung der Regierung, in der Loslösung von der ständischen und kirchlichen Gewalt und in einer neuen Wirthschafts= und Handelspolitik. Die Staatsordnung der Ferdinande war der feudale Absolutismus, die Staatsordnung Maria Theresia's und der Habsburg= Lothringer wurde die absolute bureaukratische Monarchie. Maria Theresia und Josef II. können von der Schuld nicht freigesprochen werden, die Ver= fassung in Oesterreich, statt sie zu verjüngen und zu beleben, angebrochen und unterdrückt zu haben. Maria Theresia ließ noch wie Friedrich II. in Preußen die Ständeverfassung unberührt, aber sie nahm gleich ihrem großen Gegner die wichtigsten Rechte heraus und legte sie der Regierung zu. Die ständischen Corporationen wurden weder in der Gesetzgebung noch in der Administration mehr gefragt. Wie in Deutschland und Frankreich ging sogar das Verständniß für die historische Verfassung verloren: weder Maria Theresia und ihre Minister, noch die Stände selbst hatten eine richtige Auf= fassung des alten Staatslebens. Die Kaiserin erblickte in der Ständeverfassung nicht ein historisches oder sociales Element, sondern eine Versammlung des hohen Adels, der für sich und seine Familie Güter und Aemter erwerbe und nur darauf bedacht sei, die Regierung zu hindern. Nach ihrer Ansicht waren die Privilegien der Stände nur aus der Nachsicht und Gnade der Landes= fürsten hervorgegangen. „Die ständischen Prärogativen haben," wie sie sich ausdrückte, „größtentheils zu ihrem Hauptzweck einen arbitrarischen Umgang einiger Mitstände, so sich einer unermeßlichen Präponderanz über andere an= maßen."[1] Wahrscheinlich hat ihr Niemand die böhmische oder mährische Landesordnung erklärt, denn sie fand, daß darin vielmehr das Interesse der Großen, als des Landes berücksichtigt sei, „wo doch das Land erobert worden." Namentlich war sie der ständischen Verwaltung und dem Oberstkanzler von Böhmen abgeneigt, obwohl sie zugestehen mußte, daß in der böhmischen Hof= kanzlei mehr Ordnung herrschte, als in der österreichischen. Frühzeitig nahm sie sich vor, die Stände mehr zu beschränken und insbesondere die Chefs der

---

[1] Arneth, Denkschriften Maria Theresia's 1751 und 1756, Arch. f. österr. Gesch. 47. Bd. II, 295.

Verwaltung nach ihrem eigenen Ermessen zu ernennen. Nachdem einmal der erste Schritt geschehen war, machte sie den Standpunkt der Regierung den Ständen mehrmals klar. So schrieb sie 1748 den mährischen Ständen, welche die Fortdauer der Landtage verlangten: „finde keinen Anstand pro formalitate die Landtage beizubehalten, jedoch mit der Bedingniß daß, was jetzt feststeht, nicht einmal in Question zu ziehen wäre." Als die böhmischen Stände gegen das einseitige Vorgehen der Regierung in der Steuerfrage protestirten, entschied Maria Theresia wie ihr Urgroßvater Kaiser Ferdinand III.: „Bei Landtagsverhandlungen über die allerhöchsten Befehle haben die Stände nicht über die Frage „ob", sondern nur über die Frage „auf welche Art" zu berathen." Ihre Minister waren derselben Anschauung. Der eine schrieb 1780: „Die ständischen Privilegien können den Souverän nicht einschränken, aber es ist nicht rathsam, die Ständeverfassung aufzuheben, weil die Abänderung lang dauernder Zustände gefährlich ist." Auch Kaunitz sprach sich scharf gegen den ständischen Adel aus. Der Staatsrath hat die Frage der Verfassung nur selten, die Beschränkung der absoluten Gewalt niemals berührt.

Der Anbruch der feudalen Verfassung ist jedoch nicht auf einmal erfolgt, sondern allmählich und nur auf administrativem Wege. Er begann mit der Fixirung der Steuer und einem neuen Militärsystem, wurde fortgesetzt mit der Verstaatlichung der Central= und Landesbehörden und endigte mit der Sistirung der ständischen Verfassung 1788.

Maria Theresia hatte sich in den ersten Kriegsjahren überzeugt, daß die schwerfällige provinzielle Verwaltung für allgemeine Zwecke nicht ausreiche. Während der König von Preußen das, was er brauchte, in Bereitschaft hatte, war in Oesterreich Alles nur langsam und unvollkommen ausgeführt worden. Schon nach dem Dresdener Frieden faßte Maria Theresia den Entschluß, die Armee auf 108,000 Mann zu vermehren und dafür die nöthigen Fonds aufzutreiben. Nach einer allgemeinen Zustimmung des Ministeriums folgte sie 1747 dem Rathe des Grafen Haugwitz, das Recht der jährlichen Bewilligung von Steuern und Truppen den Ständen aus der Hand zu nehmen, die Militärangelegenheiten der Regierung zu übergeben und dafür von den Ständen statt der jährlich bewilligten 9 Millionen 14 Millionen und zwar auf zehn Jahre fixirt zu verlangen. Der Conferenz=Minister, Graf Friedrich Harrach, das Haupt der ständischen Partei, sprach sich ebenfalls dafür aus, das Militärwesen der Regierung zu übertragen, aber die Gesammtauslagen des Staates sollten von Jahr zu Jahr von den Ständen bewilligt werden. Maria Theresia erblickte darin noch größere Ausdehnung der ständischen Rechte und legte ein entschiedenes Veto ein. Die Conferenz ließ den Plan Harrachs fallen und nahm die Vorschläge des Grafen Haugwitz an, obwohl die Minister der Meinung waren, die Stände würden den Antrag ablehnen. Aber die Kaiserin und Haugwitz wußten die Chefs der Stände zu gewinnen, ein Widerspruch fand im All=

gemeinen nicht statt und wo sich eine Provinz nicht fügte, wurde die
Regierungsvorlage mit Gewalt und Energie durchgeführt. In Böhmen und
Mähren, wo man eine Opposition gefürchtet hatte, wurde 1748 das Begehren
der Regierung sogleich angenommen, obwohl diese Provinzen am meisten
besteuert waren. In Niederösterreich waren die Stände nicht dafür geneigt
und der Stellvertreter des Landmarschalls, Graf Friedrich Harrach, bestärkte
sie in der Opposition. Die Kaiserin entfernte ihn von seinem Posten, ernannte
Haugwitz zum landesfürstlichen Commissär und die Vorlage ging ohne
weiteres Widerstreben durch. In Krain kam der Vertrag nur auf drei
Jahre zu Stande. In Kärnten unterzeichneten die Stände anfangs den
Revers, verweigerten jedoch nach drei Wochen die Bewilligung und Zahlung;
sie schlugen, wie Maria Theresia meinte, „aus Ignoranz und Bosheit vor,
mehr auf den Unterthan zu legen." Die Regierung kümmerte sich nicht darum,
der Landeshauptmann Graf Goës mußte seine Stelle niederlegen, der Minister
Haugwitz führte eine landesfürstliche Regierung ein und ersetzte die ständischen
Beamten durch 25 Schlesier, welche die doppelte Steuer von 476,702 Gulden
ausschrieben und eintrieben. Der Sequester dauerte durch 22 Jahre bis
1770. Tirol behielt noch seine Landesstellung und verpflichtete sich 1744
und 1771 nur zur Stellung der Landmiliz, welche theils von den Ständen,
theils von der Regierung gezahlt wurde. Maria Theresia ließ damals er=
klären, sie habe nicht die Absicht, die ständischen Freiheiten zu beschränken,
aber sie müsse auf der neuen Einrichtung der Landesvertheidigung beharren.[1]
Auch für Ungarn war eine Steuer von 2,447,000 und für Siebenbürgen
von 721,000 Gulden veranschlagt, aber die Ungarn haben diesen Antheil nicht
bezahlt. Die nächste Folge der neuen Ordnung war, daß die Steuerfreiheit
des Adels und der Geistlichkeit vollends aufhörte und eine neue Aufnahme
der Größe und des Werthes von Grund und Boden nothwendig wurde.
Diese wurde in Vereinbarung mit den Ständen 1756 beendet und ist die
Grundlage der directen Steuer bis 1829 geblieben.

Weitere Reformen von 1749 an betrafen die Vereinigung der böhmischen
und österreichischen Hofkanzlei in ein Ministerium, die Trennung der Justiz
von der Verwaltung, die neue Einrichtung der Finanz= und Heeresverwaltung
im Sinne der Einheit und Gleichförmigkeit. Auch diese Veränderungen
gingen nur von der Regierung aus und wurden ohne Beirath und Zustimmung
der Stände durchgeführt. Maria Theresia wurde dazu durch das Ueber=
wiegen der Provinzialinteressen und die Mißwirthschaft in der finanziellen
Gebahrung veranlaßt. Den Gebrechen im alten Staatsorganismus sei, wie
sie meinte, unmöglich abzuhelfen gewesen, „in so lange nicht die Sachen mehr
concentrirt und künftig durch weniger Hände und Stellen laufen würden."
Die Conferenz blieb in ihrer Einrichtung wie in ihrem Geschäftskreise noch
unberührt, wurde aber seit der Veränderung des Ministeriums 1753 immer

---

[1] Egger, Geschichte Tirols. III. 29.

seltener berufen, weil die Kaiserin die wichtigsten Fragen unmittelbar mit den Ministern berieth. Ein Theil der Wirksamkeit der Conferenz ging an den Staatsrath über, welchen Maria Theresia 1760 geschaffen hatte. Der Staatskanzler Kaunitz hat dazu die Anregung gegeben, indem ihm das französische Conseil d'état vorschwebte; aber der österreichische Staatsrath hat niemals in einem solchen Umfange und solcher Bedeutung vie der französische die Geschäfte geleitet. Die auswärtigen und militärischen Angelegenheiten blieben ihm ganz entzogen. Er war ein berathendes Collegium für die inländischen Geschäfte, für die Entschließungen der Herrscherin, für die öffentliche Ordnung, für die Finanzen und den Staatscredit, die Controle der Verwaltung und für die staatlichen und kirchlichen Reformen. Er besaß nicht das Verfügungsrecht, kein Mitglied durfte ein anderes öffentliches Amt bekleiden und seine Wirksamkeit galt nur für Deutschösterreich. Maria Theresia hat ungemein viel auf das neue Institut gehalten, sie erwartete von demselben „das Heil der Erblande, die Beruhigung ihres Gemüthes und ihres Gewissen." In der That wurde der Staatsrath in der theresianischen und josefinischen Zeit das wichtigste Organ für die neue Staatsverwaltung, denn in seinem Schoße ist „alles Gute und Böse", was damals in die Gesetzgebung und Verwaltung gekommen ist, berathen, aber er hatte kein bestimmtes Maß seiner Wirksamkeit und huldigte bei allem Freisinn der einzelnen Mitglieder dem strengsten Absolutismus.

Als die Kaiserin die böhmische und österreichische Hofkanzlei vereinigte, hoffte sie damit eine „fest stabilirte Einrichtung", eine einheitliche Leitung für alle inneren Angelegenheiten, insbesondere für die politischen und finanziellen Geschäfte geschaffen zu haben. Die neue Behörde hieß nach preußischem Muster Directorium, der Minister Präsident. Wegen der Last und Ausdehnung der Geschäfte erwies sich bald eine neue Eintheilung nothwendig. Die Finanzen wurden 1762 wieder getrennt der Hofkammer zugewiesen und statt der Bezeichnung Directorium wurde der alte Name „vereinigte böhmische und österreichische Hofkanzlei" aufgenommen. Der Chef hieß „böhmischer oberster und österreichischer erster Kanzler", kurz Obersthofkanzler; er wurde von der Krone ernannt und blieb von den Ständen unabhängig. Die früheren ständischen Stellen wurden staatlich, nur ihre Form blieb noch unberührt. Der Präsident der Stände war zugleich Präsident der neuen Behörde und die Mitglieder wurden nach der alten Ordnung aus dem Herren-, Ritter- und Gelehrtenstande genommen. Erst von 1763 an wurden die Beamten der Regierung, der Statthalterei oder des Guberniums ohne Rücksicht auf die ständische Gliederung ernannt. Der Präsident war in der Provinz der Stellvertreter des Landesfürsten und für die gesammte innere Verwaltung verantwortlich. Die Kreisämter bildeten den Unterbau der Verwaltung. Früher mußte der Kreishauptmann ein Landmann, d. h. ein Ständemitglied sein und stand mit der Regierung nur durch die Stände und ihre Organe in Verbindung. Durch die neue Ordnung wurden die Kreishauptleute

staatliche Beamte und erhielten auch ihre Instructionen und Befehle nur
von der Landesregierung und den Ministern. Sie wachten über die öffent=
liche Sicherheit, wahrten das Recht der Krone, hoben die Grundsteuer ein,
leiteten das Aufgebot und die Verpflegung des Militärs und nahmen Ein=
fluß auf die Geschäfte der Patrimonialbeamten. Dieser Einfluß erschien jedoch
bei der Macht des Grundadels bedeutend abgeschwächt.

Von den Kreisämtern verlief der alte Staatsorganismus in das dicht
verzweigte Wurzelwerk der städtischen, bäuerlichen und Patrimonialverwaltung.
Man unterschied damals in Oesterreich noch freie und unfreie, landesfürstliche
und unterthänige Städte. Die ersteren standen unter der landesfürstlichen
Hoheit, die zweiten waren einer Corporation oder einem Grundherrn unter=
than. Neben den freien Städten gab es halbfreie, Municipalstädte, welche
ihre eigene Obrigkeit hatten, aber für den Landtag nicht wahlberechtigt
waren. Obwohl die alten Stadtcorporationen vielfach vermorscht und un=
brauchbar erschienen, war eine Belebung derselben doch möglich und noth=
wendig, aber das Verständniß dafür war in der Regierung und im Bürger=
thum selbst verloren gegangen. Im Ministerium und im Staatsrath sprachen
nur wenige Stimmen für eine Reform des städtischen Selfgovernments.
Die Regierung betrachtete dasselbe vielmehr als ein Hinderniß ihrer Thätig=
keit, und wo sie auf das bürgerliche Leben Einfluß nahm, geschah es zunächst
nur für staatliche Zwecke, insbesondere für die Regierung, die Wehrkraft und
Steuer. Die Regierung trug auch Bedenken, eine neue, allgemeine Gemeinde=
ordnung einzuführen. Die altbürgerlichen Zustände sind in Oesterreich wie
die ständischen nicht durch einen Stoß, sondern durch eine Reihe von Ver=
waltungsmaßregeln vernichtet und hinweggeräumt worden. In der theresia=
nischen Zeit 1745—1765 wurden den Städten die Gerichtsbarkeit, die
Polizei, das Volksschulwesen, die Rekrutirung und die ökonomische Verwal=
tung abgenommen und den staatlichen Beamten zugetheilt. Ueber die Ver=
waltung des Gemeindevermögens herrschten unsichere, wechselnde Grundsätze:
von 1752—1761 wurde dieselbe verpachtet, von 1761—1763 wurde sie
dem Staatsrathe, von 1763—1792 einer besonderen Wirthschaftsdirection
zugewiesen. Die Bürgermeister und Stadtschreiber mußten von der Regierung
bestätigt werden. Die Mauth und Dienstbotenordnungen wurden abgeändert,
die Gemeindeweiden zerstückelt, der Verkauf von Gewerbsrechten untersagt, die
städtischen Güter in Erbpacht gegeben, alles Eigenthum der Gemeinde, Güter,
Maierhöfe, Brauhäuser als verkäuflich erklärt, sogar die Mantelkleider der
Rathsherren abgeschafft, ohne früher die ehrsame Gemeinde zu fragen. Die
theresianische Regierung hat die alte, freie Gemeindeverfassung erschüttert,
aber nicht aufgelöst. Sie erkannte, daß man diese Institute nicht gänzlich
zerstören dürfe und lenkte allmählich ein, konnte jedoch weder Richtung noch
Maß für eine neue Gemeindeordnung finden.

Eine Agrarreform, eine Veränderung in dem Verhältnisse des Bauers
zur Grundobrigkeit, die Milderung oder Aufhebung der Robot war in

Oesterreich wie in ganz Europa als nothwendig erkannt. Die Regierung und die Stände stimmten darin überein, nur in der Frage: wie? und wann? gingen sie auseinander. So sehr sich Maria Theresia den ständischen Rechten und der ständischen Verwaltung abgeneigt zeigte, die alte Ordnung im Verhältnisse der Grundherren zu den Unterthanen mochte sie nicht stürzen, sie erkannte vielmehr die Robot als ein wohlbegründetes Recht und als Eigenthum der Grundherren. Sie schrieb 1742: „Die Unterthänigkeit völlig aufzuheben kann nie für thunlich gehalten werden, nachdem kein Land ist, wo nicht zwischen Herren und Unterthanen sich ein Unterschied fände; diesen (den Bauer) von der Schuldigkeit gegen jenen zu befreien würde den einen zaumlos und den andern unzufrieden machen, allerseits aber gegen die Gerechtigkeit verstoßen."[1] Seit der Aufhebung der Steuerfreiheit des Adels, seit sich die Kreisämter zwischen Grundadel und Bauer einschoben, wurde die Frage immer drängender. Als 1769 die Verhandlungen über eine Reform der Robot im Zuge waren, sprach Maria Theresia den Grundsatz aus: „Der Bauernstand, der als die zahlreichste Klasse der Unterthanen die größte Stärke des Staates ausmacht, ist so zu erhalten, daß derselbe sich und seine Familie ernähren und in Friedens und Kriegszeiten die allgemeine Landesumlage bestreiten kann; hieraus fließt von selbst, daß weder ein Urbar, noch ein Vertrag, noch ein so altes Herkommen bestehen kann, welches sich nicht mit der Aufrechthaltung des Unterthanen vertragen kann." Aber von den Grundsätzen bis zur That verstrichen noch Jahre. Die Hungersnoth in den Jahren 1770 und 1771, welcher mehr als 250,000 Menschen zum Opfer fielen, sowie die 1770 eingeführte Rekrutirung für das stehende Heer rüttelten den alten Groll der Bauern gegen die Grundherren wieder auf, und erst als die Oberbehörde in Prag von der allgemeinen Gährung nach Wien berichtete, überzeugte sich die Regierung, daß bald etwas zur Erleichterung des Bauernstandes geschehen müsse.

Die Trennung der Justiz von der politischen Verwaltung war bereits 1749 wenigstens in den oberen Instanzen durchgeführt. In Wien wurde eine oberste Justizstelle für die deutschen und böhmischen Länder eingerichtet. Die ersten Präsidenten waren Graf Franz Seilern und Graf Josef Herberstein. Für die zweite Instanz blieb die Landesstelle als Obergericht und für die erste Instanz verlief die Justiz in die Patrimonialgerichtsbarkeit und in die städtischen und bäuerlichen Gemeinden. Für den Hof blieb das Marschallamt, für den Adel das Landrecht und für die Geistlichkeit die Consistorien als außerordentliche Gerichte. Die Mängel der alten Rechtsgesetze und des Gerichtsverfahrens waren schon unter Karl VI. erkannt. Das Civil- und Strafrecht war provinziell, stützte sich auf das deutsche und römische Recht und das Ganze gab ein verworrenes Bild der alten Culturelemente der socialen und nationalen Wandlung vergangener Jahrhunderte.

---

[1] Arneth a. a. O. II. 489.

Maria Theresia war die erste Regentin, welche sich für ein gemeinsames österreichisches Recht aussprach, wie einst Maximilian I. für eine gemeinsame deutsche Gesetzgebung. „Nichts kann", schrieb sie, „natürlicher, billiger, ordentlicher und auch die Justiz beförderlicher sein, als daß zwischen den Erbländern unter dem nämlichen Landesfürsten ein gleiches Recht festgestellt werde." Der oberste Gerichtshof erhielt 1753 den Auftrag, durch eine Commission ein neues, gleichförmiges Civil = und Strafrecht auszuarbeiten zu lassen. Die ersten Entwürfe zeigten neben der Neigung, den bestehenden Landesgesetzen gerecht zu werden, eine stark theokratische Färbung. „Die Gewalt, Gesetze zu geben", heißt es in dem Entwurfe von 1753, „ist von Gott verliehen; die Grundlage aller positiven Vorschriften ist: liebe Gott über Alles und deinen Nächsten wie dich selbst." Die eine Partei hielt ein gemeinsames Recht nicht für ausführbar, weil das Maß der persönlichen Freiheit in den Provinzen verschieden sei, die andere Partei machte geltend, das Gemeinwohl und die natürliche Freiheit seien allen geschriebenen Gesetzen vorzuziehen. Noch wurde für nöthig gehalten, den Ausspruch, daß es in Oesterreich keine Leibeigenschaft gebe, zu mildern, weil der Bauer daraus gefährliche Forderungen ableiten könne. Die Ehe wurde nur als Sacrament betrachtet und blieb noch durch zwanzig Jahre der Kirche allein überlassen. Die Geistlichen entschieden über die Zulässigkeit der Eheschließung, führten die Matrikeln und gestatteten nur im Nothfalle eine äußere Trennung von Tisch und Bett. Das Asylrecht, die ständischen Rechte und Unterschiede wurden noch anerkannt, der Erwerb unbeweglicher Güter war nur Katholiken gestattet. Der Civilcodex von 1767, ein wahres Monstrum in acht Foliobänden, mußte als unbrauchbar zurückgelegt werden. In den nächsten Jahren beschäftigte sich die Commission mit der Abfassung einer gleichförmigen Gerichtsordnung, aber in der letzten Zeit Maria Theresia's kam diese Arbeit wie so viele andere ins Stocken. Wie bei allen Reformen machte sich auch hier der Einfluß einer neuen Zeit geltend. Die älteren Gelehrten standen noch auf dem Boden des geschichtlichen Rechtes, die neueren huldigten der Rechtswissenschaft und forderten die persönliche Freiheit und die unbedingte Gleichstellung vor dem Gesetze. Erst die Regierung Josef II. hat die Codification eines neuen Civilcodex wieder aufgenommen.

Viel rascher ist der neue Strafcodex zu Stande gekommen. Die Verfasser hatten den Auftrag, nicht ein neues Gesetz zu entwerfen, sondern nur die alten Strafordnungen zusammenzufassen und auszugleichen, insbesondere die peinliche Gerichtordnung Ferdinand III. von 1656 und die Halsgerichtsordnung von 1707. Daraus entstand die bekannte „Nemesis Theresiana." Sie war kein Meisterwerk und stand nicht auf der Höhe der Zeit, aber sie stellte trotz ihrer Peinigungsarten doch einen Fortschritt gegen die früheren Strafgesetze dar. Ihre Vorzüge waren: der Bruch mit dem alten Strafsystem, die Ausfüllung der Lücken der alten Gesetzgebung, die Scheidung des bösen Vorsatzes von der bloßen Schuldtragung und eine bestimmtere

7*

Fassung der Beweisarten. Ihre Mängel: die geringe Präcision und Deut=
lichkeit, das inquisitorische Verfahren, die zu große Freiheit des Richters, die
Aufrechthaltung der Folter, die Beibehaltung der Brandmarkung, der Zauberei,
Hexerei und ähnlicher abergläubischer Dinge, die, wie Kaunitz sagt „unseren
aufgeklärten Zeiten vielmehr zum Gelächter dienen, als den Gegenstand der
Strenge einer peinlichen Vorsehung abgeben können.‟ Die Theresiana wurde
am 18. Februar 1769 genehmigt und blieb in Kraft bis zum josefinischen
Strafgesetz von 1788. Die einzelnen Härten wurden durch viele nachträg=
liche Bestimmungen gemildert. Kein Verbrecher wurde mehr lebendig ver=
brannt, weniger Hinrichtungen fanden statt, die Hexenprocesse mit ihrem ab=
scheulichen Verfahren, dem so viele Opfer des Aberglaubens und der Barbarei
verfallen sind, hörten auf. Die Tortur wurde seit dem 1. Jänner 1776
aus dem Gesetzbuche gelöscht. Die letztere Frage wurde lange berathen, weil
die Kaiserin die Neuerungen überhaupt nicht liebte[1]) und weil die älteren
Juristen sich von der Ansicht der Nothwendigkeit und Nützlichkeit der Folter
nicht zu trennen vermochten. Die Aufhebung oder wenigstens die Beschränkung
der Todesstrafe wurde 1776 berathen, allein man fand die Sache noch nicht
spruchreif. Auch die neue Wechselordnung von 1763, die neuen Berggesetze
gehören in die theresianische Zeit, aber die Reform der Justizgesetzgebung
blieb in ihren wesentlichen Theilen stecken, weil sich die Gesetzgeber noch
nicht von den alten Rechtsanschauungen lossagen konnten.

Eine tiefgehende Thätigkeit entfaltete die theresianische Regierung in der
Gesetzgebung und Verwaltung der Finanzen, insbesondere seit die letztere
1762 wieder in der Hofkammer vereinigt wurde. Unter und neben der=
selben standen die Ministerial=Banko=Deputation für die indirecte Steuer,
für das Credit= und Schuldenwesen die Hofrechenkammer, das Commerz=
directorium, eine Art Handelsministerium, welches 1776 wieder aufgelöst
wurde und die Landkammern als Provinzialbehörden. Zahllos waren die
untergeordneten Aemter, nämlich für das Steuer=, Kassen=, Zoll= und Mauth=
wesen, weil die directen und indirecten Steuern zumeist von den städtischen
Gemeinden, den Grundherren und den Ständen eingehoben wurden. Als
Maria Theresia zur Regierung kam, fand sie nur 87,000 Gulden in der
Staatskasse. Die Kosten des Erbfolgekrieges konnten nur durch englisches
Geld, durch neue Schulden und Auflagen gedeckt werden. Die Regierung
griff damals noch zu den verbrauchten Mitteln der Vermögens= und Kopf=
steuer, welche nach besonderen Classen ausgeschrieben wurden. Die Kreis=
beamten, Geistliche, Militär und Adel, Bürger, Bauern und Dienstleute
wurden von einander geschieden; die Listen der Vertheilung füllen ganze
Folioseiten[2]). Die theresianische Regierung war vor Allem darauf bedacht,
das öffentliche Einkommen zu steigern, die Staatslasten besser zu vertheilen

---

1) Mar. Ther. an Erzherzog Ferdinand 4. Jänner 1776.
2) Codex Austriacus V. 198.

und eine sichere Ordnung im Geschäftsgange einzuführen. Das öffentliche Einkommen, welches 1745 nur 20 Millionen betragen hat, stieg 1748 auf 36, 1754 auf 40, 1773 auf 54 Millionen und fiel 1777 wieder auf 50 herab. Die Contribution oder Grundsteuer stieg 1747 auf 14 Millionen, 1748 auf 16, 1773 auf 19 Millionen, das Erträgniß der indirecten Steuern und Gefälle betrug das Doppelte, jenes von der Lombardei 3, von den Niederlanden 7 Millionen. Im Ganzen war jedoch der Zustand der Finanzen ein trostloser, selbst in der glänzenden Epoche nach dem siebenjährigen Kriege. Wenn ein Gleichgewicht zwischen Einnahmen und Ausgaben hergestellt oder ein Ueberschuß erzielt war, folgte eine Rüstung oder ein Krieg, der Alles wieder verschlang. Der Erbfolgekrieg kostete 80 Millionen, der siebenjährige Krieg jährlich 50, der bairische Erbfolgekrieg mehr als 30 Millionen. Die Armee kostete 1748 14, später 16—19 Millionen und 1773 in der Friedens= zeit 17 Millionen; der Pensionsetat für das Civil 732,000, für das Militär nur 373,000 Gulden. Das Defizit stand jährlich auf 8—10 und die öffent= liche Schuld auf 250—260 Millionen. 1767 wurde ein großer Theil der Schuld reducirt, und die öffentlichen Papiere standen zwei Drittel, dem Paricurse beinahe gleich.

Viele und ausgezeichnete Kräfte, namentlich die Mitglieder des Staats= rathes, haben sich abgemüht, das Volk so viel als möglich zu entlasten, Handel und Gewerbe emporzubringen. Maria Theresia hatte 1762 einen Com= merzienrath, eine Art Handelsministerium und 1769 eine besondere staats= wirthschaftliche Depulation eingesetzt. Es fehlte weder an dem redlichen Willen, noch an Fleiß und Arbeit. Immer kamen neue Finanzpläne in Vorschlag, aber die meisten empfahlen nur veraltete und gewöhnliche Mittel. Die Finanzmänner von Haugwitz bis Kolowrat waren durchaus Praktiker und Mercantilisten. Ihre Grundsätze vereinigten sich dahin: die Gewerbe und Manufacturen durch Herabsetzung der Zölle zu fördern, die Ausfuhr zu erleichtern und die Einfuhr von Rohstoffen zu gestatten. Die Regierung selbst nahm die wirthschaftliche Thätigkeit auf, der Staat wurde Fabrikant, Monopolist, Capitalist. Neue Steuern wurden geschaffen: die Trank=, Schlacht=, Salz=, Pferd=, Erbschafts= und Schuldensteuer. Das Tabakmonopol war ver= pachtet und trug von 1759 bis 1769 21 Millionen, das Lotto, 1751 ein= geführt, trug schon 1751 187,000 Gulden, die Post 500,000, Mauth und Zölle 4,3 Millionen. Die Zollordnung von 1775 beseitigte endlich die Zoll= linie zwischen den böhmischen und deutsch = österreichischen Ländern, aber sie war, wie Josef II. sagte, ein Zwitterding und vermehrte den Schleichhandel. Die Grenzwache wurde von Militärinvaliden versehen und kostete eine Summe, welche mit den Zollerträgnissen nicht im Verhältniß stand. Die Gold= und Silberwährung, welche in Oesterreich wie in Deutschland neben einander be= stand, zeigte einen wechselnden Werth. Die leopoldinische Münzordnung hatte 1693 das Verhältniß des Dukatens zum Silber wie 1:14 fixirt. In der Münzconvention zwischen Oesterreich und Baiern 1753 wurde das Verhältniß wie 1 : 14$^1/_3$, ungefähr wie in Frankreich und Holland angenommen. Die Convention sollte eine Reichsconvention für Deutschland werden, aber die deutschen Fürsten gingen nicht darauf ein, und auch Baiern zog sich zurück. Die Einheit des Münzwesens wurde nicht erreicht, nicht zwischen Oesterreich und Deutschland und nicht einmal zwischen den verschiedenen Erbländern. Die Regierung suchte wenigstens durch das Münzgesetz von 1763 der Un= ordnung der Geldmittel zu steuern. 1762 wurde in Oesterreich auf den Credit der Staatsbank das erste Papiergeld, die Bankozettel, ausgegeben, anfangs nur 12 Millionen zu 5, 10, 25, 50, 100 und 1000 Fl., 1781 bereits 20 Millionen. Kaiser Franz I. wollte schon 1761 eine Börse nach dem Muster der englischen und holländischen Institute errichten lassen, aber das Project fand damals noch eine laue Aufnahme. Erst 1771 begann mit dem „Börsenpatent" factisch und in gesetzlich geregelter Weise eine Börsenthätigkeit. Der erste Curszettel erschien am 1. September 1771 und enthielt in deutscher Sprache die Notirung der Wiener Bank und ständischen Obligationen, in italienischer Sprache Devisen und Valutacurse von Amster= dam, Venedig, Paris, London und Hamburg. Die Regierung interessirte sich besonders für den Levantiner Handel und damit für Triest. Millionen wurden dafür ausgegeben, aber dem österreichischen Volke ist wenig zu Gute gekommen. Statt eine feste deutsche Colonisation einzuleiten, begünstigte man griechische Familien; diese bereicherten sich und verschwanden wieder. Graf Karl Zinzendorf, Gouverneur in Triest, 1776—1782, ließ es sich angelegen sein, die Schiffahrt von den drückenden Zöllen in französischen und italienischen Seehäfen zu befreien; auch die Straße über Optschina war sein Werk.

Das vornehmste Motiv der verschiedenen Verwaltungsreformen war für Maria Theresia die Stärkung der militärischen Kraft des Reiches. Sie hatte im Erbfolgekriege die unvollkommene, halb mittelalterliche Einrichtung in der Stellung und Ausrüstung der Armee kennen gelernt und begann deßwegen sogleich nach dem Aachener Frieden eine durchgreifende Veränderung des Kriegswesens. Der Commission, welche darüber 1748 berathen hat, waren als Grundsätze vorgezeichnet: eine Armee von 108,000 Mann im Friedensstande, ein Erforderniß von 14 Millionen, ein neues Reglement für die ganze Armee, ein gleichmäßiges Exercitium, die Verbesserung und Verein= fachung des Militärrechnungswesens. Das Programm konnte erst allmählich und mit viel Arbeit durchgeführt werden. Für den Krieg 1756 wurde die Armee auf 202,279 Mann vermehrt, aber gegen Friedrich II. sind nur 86,500 Mann ins Feld gerückt. Im baierischen Erbfolgekriege standen 200,000 Mann unter Waffen. In der tactischen Gliederung und Bewaffnung wie in der Exercierart wurde vielfach das preußische Kriegswesen nachgeahmt. Die eisernen Ladstöcke waren schon nach der Czaslauer Schlacht eingeführt worden. Aber erst Lacy konnte die Cantonirung, ein neues Exercierreglement für die Cavallerie und die Unterordnung der Militärbuchhaltung unter den Hofkriegsrath durchführen.

Eine besondere Institution war die Einrichtung der Militärgrenze, welche jedoch von den Südslaven und Rumänen nur mit Widerstreben aufgenommen wurde. Das ganze Volk erhielt dadurch eine militärische Verfassung und der Streifen Landes vom adriatischen Meer bis nach Siebenbürgen und der Bukowina, etwa 250 Quadratmeilen, wurde eine lebendige Grenzfestung.

Die Heeresleitung und Verwaltung versahen der Hofkriegsrath als Centralstelle, die Generalate und Festungscommanden in den Provinzen. Der Hofkriegsrath für Innerösterreich und jener für Tirol waren bereits aufgelöst. Seit 1753 zerfiel der Hofkriegsrath in drei Departements für die militärische, richterliche und ökonomische Verwaltung. Die letztere wurde 1761 als General= kriegscommissariat abgelöst, aber 1768 wieder damit vereinigt. Die Kaiserin nahm ein persönliches Interesse an Allem, was die Armee betraf. Oftmals besuchte sie die Feldlager und folgte zu Pferde den militärischen Uebungen. Um einen tüchtigen Officierstand heranzubilden, stiftete sie 1752 die „adelige" Militär= akademie in Wiener=Neustadt und 1754 die Ingenieurakademie in Wien. Sie begünstigte die Officiere, gestattete ihnen den Zutritt bei Hof. Jedem Officier, welcher 30 Jahre diente, wurde der Adel unentgeltlich zugesagt. „Auch ist sie," schrieb 1747 der preußische Gesandte „bei den Truppen sehr beliebt; gewiß ist, daß sie einmal die ernstliche Absicht hegte, persönlich ihre Armee zu führen". Josef II. setzte, nachdem er 1765 das Militärwesen in die Hand genommen hatte, die Reformen fort. Er erhöhte den Stand der Regimenter, umformte die Cavallerie, schuf die Chevaux=legers und vermehrte die Marine. Diese zählte 9 Kriegsschiffe und 6 Galeeren. Maria Theresia meinte: „In der That ist in unserm Militari schon viel Schönes und Großes geschehen." Vollkommen war nicht Alles. Die österreichische Armee hatte mehr Generale, aber weniger Officiere als die Preußen. 1771 wurden nicht weniger als 4 Feldzeugmeister, 18 Feldmarschalllieutenants, 49 Generalmajors, 19 Oberste, und 12 Oberstlieutenants an einem Tage ernannt.

Der neue Staatsbau, den Maria Theresia aufgerichtet hat, war jedoch nicht fertig. Er glich einem modernisirten Feudalschlosse; ein neues Stockwerk war aufgesetzt, neue Flügel waren angebaut, aber Alles ruhte auf dem alten Grundbau. Die Einheit der Verwaltung war nicht vollständig. Neben dem Directorium oder der vereinigten Hofkanzlei bestanden die ungarisch=sieben= bürgische und die illyrisch=banater Hofkanzlei, neben der österreichischen Finanz= verwaltung die ungarische Hofkammer und das siebenbürgische Thesauriat. Der Reichshofrath, wiewohl für die gemeinsamen Angelegenheiten des deutschen Reiches thätig, übte einen mannigfachen Einfluß auf die inneren Verhältnisse. Tirol hatte immer eine Sonderstellung. Erst 1749 wurden der geheime Rath, die Regierung und die Hofkammer für Tirol aufgelöst, erst 1751 die Kreis= ämter, 1763 das Gubernium eingeführt. Auch das Innere des Staatsbaues war nicht ganz wohnlich und bequem eingerichtet. Die Verwaltungszweige durchkreuzten sich, es fehlte der Ueberblick, die Kenntniß des Einzelnen und die nöthige Autorität. Die Ministerconferenzen entschieden nur in den wich=

tigsten Fragen; die Fachminister verständigten sich nicht, nur der Staatsrath brachte wenigstens nach oben eine gewisse Ordnung und Einheit in die Geschäfte. Nach unten blieb der alte feudale Grundbau, denn die Grundherren behielten die niedere Gerichtsbarkeit, die Polizei, das Schulwesen.   Das

Siegel der Kaiserin Maria Theresia. 12/13 der Originalgröße.

Umschrift: Maria Theresia D(ei) G(ratia) Rom-(anorum) Imperatrix Reg(ina) Germ-(anorum) Hung(ariae) Boh(emiae) et Arch(idux) A(ustriae) Dux Burg(undiae) Brab(antiae) et Com(es) Fland(riae.)

Herrengut war bis in die josefinische Zeit minder besteuert, als das Bauerngut und die Kreishauptleute schützten den Herrn mehr als den Bauer. Es fehlte auch nicht die Opposition der „allzeit getreuen Stände," besonders wenn die Maßregeln der Regierung das Adelsinteresse und die Geldwirth= schaft betrafen. Als die Regierung 1753 die Armee abermals um 28,000 Mann vermehren wollte, beriefen sich die Stände auf die Zusagen von 1748,

und die Regierung nahm ihr Begehren zurück. Als jedoch die böhmischen
Herren 1763 statt der neuen staatlichen Landesstellen das alte ständische
Regiment wieder verlangten, entschied Maria Theresia dagegen. Auch die
Lösung der Robotfrage überließ sie der Regierung allein. Maria Theresia
hatte im Beginne das neue System als den „wahren Grundstein der Monarchie"
betrachtet und dasselbe noch in einer Denkschrift von 1756 ihren Nachkommen
als ihren „Augapfel" empfohlen, aber später äußerte sie in dem vertrauten
Gespräche mit dem Staatskanzler mehrmals ihre Betrübniß über den traurigen
Stand der innern Angelegenheiten.

Das Wesentlichste war, daß Oesterreich nicht mehr in drei Gruppen
von Ländern erschien, wie von 1526 bis 1749, sondern nur in zwei Gruppen:
Deutschösterreich und Ungarn. Dieser Dualismus zeigte sich in socialen und
politischen Formen. Im Westen hatte Oesterreich seine einheitliche Gestalt
gewonnen, im Osten blieb es föderativ; hier war eine starke Centralgewalt
geschaffen, dort brach sich die Kraft der Regierung an der Autonomie des
Landes. Deutsch=Oesterreich hatte eine Verwaltung ohne Verfassung und Ungarn
eine Verfassung ohne Verwaltung. In Deutsch = Oesterreich regierte die Krone
unumschränkt, in Ungarn gehörte die gesetzgebende Gewalt der Krone und den
Stäuben. In Oesterreich war der Adel unterthänig, der ungarische Adel
behauptete seine Freiheit. In Oesterreich erhoben sich die Gesetze über die
Persönlichkeiten und localen Beziehungen, in Ungarn blieb Alles individualisirt.
In Oesterreich herrschten die Deutschen, in Ungarn die Magyaren. Hier
war die Sprache der Regierung und der Stände deutsch, in Ungarn lateinisch.

V. Ungarn, die Niederlande und die Lombardei.

Ungarn gehörte seit dem Anfange des 16. Jahrhunderts zu Oesterreich, aber in einer Sonderstellung, wie sie im Mittelalter Oesterreich zu dem deutschen Reiche eingenommen hatte. Die Dynastie war die gleiche, und vielfache Verbindungen knüpften dieses östliche Land an Böhmen und Oesterreich. In früheren Jahrhunderten waren die nationalen Elemente bestrebt, wieder ein besonderes Königthum aufzurichten und umgekehrt versuchten die Habsburger, das „Reich“ Ungarn in eine österreichische Provinz umzuwandeln. Alle diese Versuche sind jedoch gescheitert; Ungarn behielt seine historisch berechtigte Selbstständigkeit, ohne seine Kraft dem Gesammtreiche zu entziehen.

Die Sonderstellung Ungarns gründete sich auf die Verschiedenheit der Race und Cultur, so wie auf jene der Verfassung und Verwaltung. Die Anfänge derselben reichen in die Zeit der ersten ungarischen Könige zurück, unter welchen die Optimaten im Vereine mit dem höheren Clerus an der Leitung der Reichsangelegenheiten betheiligt waren. Diese Betheiligung ging jedoch nicht über die Befugniß der Ertheilung eines guten Rathes hinaus. Erst im 13. Jahrhundert unter der Regierung des schwachen und wankelmüthigen Königs Andreas II. begann die vorwiegende Herrschaft des geistlichen und weltlichen Adels, der sich damals seine Rechte und Privilegien durch Königseide und besondere Bullen (1222) bekräftigen ließ. Der niedere Adel, die gemeinen Edelleute traten in derselben Zeit, der bürgerliche Stand erst im Anfange des 15. Jahrhunderts in die Rechte der Reichsstandschaft ein; nur blieb der Unterschied, daß das Recht des Adels ein persönliches, jenes der Städte ein Recht der Gemeinde blieb. Diese vier Stände, die Prälaten, die Magnaten, die Ritter oder der gemeine Adel und der bürger= liche Stand der freien Städte bildeten in Ungarn die politische Nation und gesetzmäßig den ungarischen Reichstag. Die Theilnahme dieser Reichsstände an der Gesetzgebung war im Princip eine gleichartige und gleichberechtigte. Kein Stand hatte ein größeres Recht als der andere. In der Wirklichkeit gestalteten sich die Dinge anders, indem der hohe Adel durch seine sociale und dienstliche Stellung einen immer größeren Einfluß gewann. Eine Scheidung des Reichstages in zwei Abtheilungen, in das Ober= und Unterhaus, in die „Magnaten= und Ständetafel“ trat erst gegen Ende des 16. und im 17. Jahrhundert ein, zuerst factisch auf den Reichstagen von 1608 und 1637, dann gesetzlich seit 1681. Die Magnatentafel oder das Oberhaus bestand aus den Prinzen des königlichen Hauses, den Großwürdenträgern und den

Erzbischöfen, Bischöfen, Erzäbten, aus den Obergespanen der Komitate und aus den erblichen oder Titularmagnaten. Als die wichtigsten Glieder des Oberhauses wurden immer die Reichsbarone bezeichnet, deren Aemter so einfluß= reich waren, daß ihre Besetzung und ihre Functionen viele innere Kämpfe veranlaßt haben. Der erste derselben, der Palatin, wurde lebenslänglich gewählt. Der König schlug dafür zwei Katholiken und zwei Protestanten vor. Der Palatin führte den Vorsitz bei der Magnatentafel, bei der Statthalterei und dem obersten Appellationsgericht; er war zugleich Obergespan von drei Comitaten, Insurrectionscapitän und oberster Richter der Jazygen und Kumanen. Von den übrigen Reichsbaronen hatten nur der oberste Landrichter (judex curiae regiae), der Ban von Kroatien und der Tabernikus oder Reichs= schatzmeister eine politische Stellung, die anderen versahen nur Ehrenämter. Im Unterhause oder bei der Ständetafel erschienen die Abgeordneten der Capitel, die Abgeordneten des Comitatsadels, der freien Städte, die Stell= vertreter der abwesenden Magnaten, die Landrichter, zwei Abgeordnete von Croatien, seit 1745 die Deputirten der Jazygen und Kumanen und seit 1775 die Abgeordneten der Stadt Fiume.

Die Grundlage des ungarischen Staatsrechtes ruhte in den Reichsgesetzen und Reichsgewohnheiten.[1] Beide hatten gleiche Geltung. Die pragmatische Sanction sicherte das dynastische Recht und den Verband mit Oesterreich, der Krönungsvertrag oder das Krönungsdiplom die Rechte der Nation. Das Königthum war beschränkt. Der König übte die gesetzgebende Gewalt mit dem Reichstag; er konnte ohne Zustimmung der Stände keine Steuer aus= schreiben, keine Truppen ansheben; er war verpflichtet, die vollziehende Ge= walt nach den Landesgesetzen zu handhaben. Maß und Richtung der einzelnen Rechte waren niemals genau abgegrenzt, und die größten Könige von Ungarn haben autokratisch regiert. Das Königthum behielt auch, nachdem die Verfassungsformen bestimmter geworden, einen mächtigen Charakter. Die Person des Königs konnte nicht mehr in die Verhandlung gezogen werden; er leitete die auswärtigen Verhältnisse, Krieg und Frieden hingen von ihm ab. Die Stände sprachen wohl noch von einer Theilnahme bei den Friedens= schlüssen mit der Türkei, aber diese bestand nach den alten Gesetzen nicht in einer reichstägigen Verhandlung, sondern nur in einer Beiordnung ungarischer Räthe. Der König berief und entließ den Reichstag; die Stände verlangten denselben alle drei Jahre, aber kein Punkt der Verfassung sprach dies aus. Für jedes Gesetz war die Zustimmung des Königs nothwendig, die Postulate der Regierung mußten zuerst berathen werden. Der König übte eine um= fassende und vollziehende Gewalt. Militär und Festungen standen zu seiner Verfügung, nur das Aufgebot mußte vom Reichstage ausgeschrieben werden. Von ihm flossen alle Gnaden und Ehren aus. Der König ernannte oder bestätigte alle Beamten, mit Ausnahme der Comitats= und städtischen Beamten,

---

[1] A. v. Virozsil, das Staatsrecht von Ungarn, 3 Bde. 1865.

velche von den Corporationen gewählt wurden. Seine Oberherrlichkeit über
die Kirche war größer als in Oesterreich. Die Protestanten genossen die
Religionsfreiheit aus königlicher Gnade. Der König hatte allein das Münz=
recht, er leitete das Postwesen, er war im Besitze aller Regalien. Als oberster
Lehnsherr genoß er viele Rechte über die Vasallen und Lehen. Viele
Familien wie die Karoly, Zichy, Palffy, Batthyany, Eßterhazy, Forgaes
sind durch die Könige reich geworden. Die Ausübung aller dieser könig=
lichen Rechte erforderte jedoch eine feste Hand und eine genaue Kenntniß
der nationalen Verwaltung. Die Ungarn zeigten deßwegen immer eine ge=
wisse Scheu gegen jede Reform, welche von Oesterreich und seinen Herrschern
ausging. Erst Karl VI. ist es gelungen, einige Keime der neuen staatlichen
Ordnung in das mittelalterliche Staatsleben der Ungarn zu verpflanzen:
so 1715 die Einführung einer stehenden Armee und 1723 der Statthalterei,
als des obersten Organs für die Verwaltung. Dagegen wurden unter seiner
Regierung die letzten Reste der Abhängigkeit der ungarischen Kammer von
der österreichischen Hofkammer zerstört. Unstreitig war die ungarische Ver=
fassung die beste Schutzwehr für die Unabhängigkeit und Freiheit des ungarischen
Volkes, aber diese Verfassung hatte auch ihre wesentlichen Mängel. Die Kreis=
versammlungen des Adels hatten das Recht, gegen die königlichen Befehle
Beschwerden zu erheben, sie bildeten eine Gewalt neben dem König und neben
dem Reichstag. In England, Schweden, Oesterreich gaben der Besitz oder
ein Reichsamt das Anrecht auf einen Sitz im Parlament, in Ungarn der
Zufall der Geburt. Jeder Abkömmling einer Magnatenfamilie war zur
Standschaft berufen, somit ein geborener Gesetzgeber. Die Familien des
höheren Adels waren durch mehrere Glieder oft bis zu 13 und 18 vertreten;
noch 1847 belief sich die Zahl der gräflichen Familien auf 80, jene der
freiherrlichen auf 95, und jene der Indigenen auf 401. Die große Zahl
der Mitglieder erschwerte die Verhandlung, und doch waren die Magnaten
bis zu Ende des 18. Jahrhunderts die Führer der Nation. Das Unterhaus
war in Form und Geist ebenfalls eine Repräsentanz der adeligen und kirch=
lichen Elemente, denn das Bürgerthum war gering vertreten und erhielt nur
ein Votum. Die ganze Verfassung hatte einen vorwiegend aristokratischen
Charakter. Keine Aristokratie der Welt genoß ein solches Uebermaß der
persönlichen und politischen Freiheit, als der ungarische Adel. Alle Edelleute
waren vor dem Gesetze gleich, die Magnaten hatten nur wenig vor dem
niederen Edelmann voraus. Kein Adeliger durfte arretirt werden, ohne von
seinem Standesrichter belangt zu sein, die strengen Strafgesetze galten für
den Edelmann nicht. Der Grundbesitz war ein ausschließliches Recht des
Adels; die Städte konnten nur in der Eigenschaft Grundbesitz erwerben, daß
die Gemeinde dem einzelnen Edelmanne gleichkam. Der Adel war von allen
Steuern, allen Mauthen und von der Militärpflicht mit Ausnahme der „Insur=
rection“ frei. Alles was nicht Edelmann war, bildete „das arme beitragende
Volk“, die misera contribuens plebs. Alle Abgaben hafteten auf dem Grunde,

auf der Industrie, auf den Köpfen der steuerbaren Volksklasse. Der Bauer
gehörte zu keiner Standschaft; er genoß kein persönliches, kein dingliches
Recht. Seine Person und sein Gut gehörten dem Grundherrn. Kein Landes-
gesetz bestimmte dieses Verhältniß, der Brauch der alten Zeit war allein
maßgebend. Von Ferdinand I. an war das Königthum in Ungarn bemüht,
dem Bauer eine Erleichterung zu verschaffen, aber es gingen Jahrhunderte
ohne Erlösung vorüber, und dieser drückende Zustand blieb bis in die theresianische Zeit und noch darüber hinaus.

Scheu und unerfahren trat die junge Königin diesen Verhältnissen gegenüber. Ihre Rathgeber waren ihr Gemahl Franz Stefan, der einige
Jahre in Ungarn gelebt hatte, der alte Minister Graf Gundacker Starhemberg und der ungarische Oberrichter Graf Johann Palffy. Sie flößten
ihr Muth und Vertrauen ein, aber die Lage war nicht günstig. Der letzte
Reichstag war 1729 versammelt und die Besorgniß nicht unbegründet, daß
die Stände die allgemeine Bedrängniß benützen würden, ihre Rechte zu erweitern und die Sonderstellung Ungarns zu vermehren. Nachdem der Reichstag am 18. Mai 1741 eröffnet war, verlangten die Stände die Erweiterung
des Kronvertrages. Die Bestätigung der Steuerfreiheit des Adels, die Einverleibung Siebenbürgens und die Nationalisirung der Verwaltung sollten
darin aufgenommen werden. Maria Theresia ließ ihnen jedoch erklären:
sie würde nur das Krönungsdiplom, welches ihre Vorfahren und zuletzt noch
Karl VI. 1713 beschworen hatten, anerkennen; sie habe das Reich als Fideicommiß erhalten und wie sie die königliche Gewalt empfangen, müsse sie dieselbe weiter vererben. Die Eidesleistung und die Krönung gingen, wie erzählt
wurde, am 24. und 25. Juni in würdiger Feier vor sich. Die Wahl der
Reichsbarone befriedigte allgemein. Palatin wurde Graf Johann Palffy,
damals 77 Jahre alt, ein edler Patriot, der den Szatmarer Frieden vermittelt hatte. Graf Josef Eszterhazy wurde Oberstlandrichter, Graf Ludwig Batthyany Ban von Kroatien. Sie stützten die Regierung in vielen
schwierigen Verhandlungen, ebenso der Erzbischof Graf Eszterhazy, der
Präsident der Ständetafel Anton Grassalkovics, der Kronhüter Georg
Erdödy und die Magnaten Emerich Zichy, Adam Batthyany, Leopold
Nadasdy, Gabriel Erdödy und Andere. Gegen diese feste conservative
Partei kam die Opposition in der Ständetafel nicht auf. Als nach der
Krönung die Berathung des Reichstages neuerdings anfing, zeigte sich ein
tiefer Zwiespalt zwischen der Regierung und den Ständen. Die Debatten
über das Krönungsgeschenk wurden bald geendigt. Die Stände einigten sich
für 25,000 Dukaten. Schwieriger war die Annahme des Großherzogs von
Toscana als Mitregenten, weil sie als eine Neuerung erschien. Das ungarische
Gesetz kannte nur Reichsverweser und die Habsburger ließen ihre Erbprinzen
als legitime Nachfolger krönen. Auf den entschiedenen Wunsch der Königin
gaben die Stände nach, aber sie gewährten dem Großherzog nur den Titel
eines Mitregenten und mit dem Vorbehalt der Rechte der Königin und der

Stände.[1]) Viel schärfer geriethen die Parteien wegen der Landesverwaltung an einander. Die Stände verlangten ein besonderes ungarisches Ministerium, die vollständige Trennung von der österreichischen Finanz = und Militär=verwaltung. Aehnliche Begehren waren schon auf den Reichstagen 1723 und 1729 ausgesprochen worden, und wie Karl VI. wies auch Maria Theresia mit der Berufung auf das ungarische Staatsrecht dieses Begehren zurück. Sie ließ den Ständen erklären: die Statthalterei bleibe wie vordem ein königliches Amt; statt eines Ministeriums werde die Königin für alle ungarischen Angelegenheiten den Palatin, den Primas und andere Magnaten nach Wien berufen; die ungarische Kammer sei ohnehin unabhängig, die Be=schwerden gegen die Militärverwaltung sollten untersucht werden. Diese un=vollständige und formelle Erledigung rief bei den Ständen einen wahren Sturm hervor. Schmähschriften gegen die Königin und ihre Minister wurden verbreitet und es schien, als würde der Reichstag auseinander gehen. Erst als die Magnaten vermittelnd eintraten, als Maria Theresia bei der wachsenden Gefahr am 7. und 11. September an die Nation appellirte und die Ungarn zu den Waffen griffen, erfolgte ein Umschlag in der öffentlichen Meinung wie in der Berathung des Reichstages. Derselbe beschloß am 11. September die Ausschreibung der Insurrection. Die Opposition der Stände suchte jedoch diesen Beschluß abzuschwächen und die Rüstung der Truppen von der Erweiterung der ständischen Rechte abhängig zu machen. Die Stände wollten am 3. October sich in Masse in das königliche Schloß begeben, um von Maria Theresia die Erfüllung ihrer Forderungen zu verlangen. Es kam aber nur zu einer stürmischen Scene bei dem Präsidenten der Ständetafel. Nur die Klugheit der Königin und die Thätigkeit einiger Magnaten vermochten die Eintracht im Reichstage wieder herzustellen. Die Regierung und die Stände gaben etwas nach, aber die Berathung über die Stellung der Truppen, über die Steuerleistung und besonders über das Recht, auch die Geistlichen dazu zu verhalten, dauerte noch wochenlang. Erst als die Königin durch eine besondere Botschaft den Reichstag zum Abschluß der Berathung ermahnte, wurden am 25. October die Gesetzartikel vereinbart. Maria Theresia bestätigte dieselben ihrem vollen Inhalte nach, nur die Vereinigung Siebenbürgens mit Ungarn wies sie als „eine Ungerechtigkeit" ab. Am 29. October konnte sie den Reichstag verabschieden. Das Reichs=gesetz enthielt 70 Artikel. Der wichtigste war der achte, welcher aussprach, daß die Steuerpflicht nicht auf dem Grund und Boden laste; er garantirte dem Adel die Steuerfreiheit und blieb bis auf die neueste Zeit ein Grund=gesetz der ungarischen Verfassung. Ungarn wurde als das erste Reich der Krone erklärt, ein Rang, welchen früher Böhmen angesprochen hatte. Die Königin versprach öfter in Ungarn zu verweilen und für ungarische Geschäfte in und außer dem Reiche nur geborene Ungarn zu verwenden; die ungarische

---

1) IV. Gesetzartikel des Krönungsdecretes, Virozsil I, 353.

Hofkammer und die Hofkanzlei sollen unmittelbar unter dem Souverän stehen. Siebenbürgen gehört zur ungarischen Krone und wird so regiert, wie es die Königin übernommen. Andere Artikel betrafen die Vereinigung einiger Komitate und der Militärgrenze, die Palatinwahl, den königlichen Fiskus und einige Handelserleichterungen.

Im Ganzen bezeichnete das Reichsgesetz von 1741 einen Sieg der Krone, und dieser Sieg war durch die Persönlichkeit der Königin und den Einfluß der vornehmen, adeligen Familien bewirkt worden. Maria Theresia vergaß das nicht. Sie vertheilte Würden, Geschenke, und Ehren, zog die Magnaten an den Hof, begünstigte sie in der Verwaltung und in der Armee. Die ungarische Aristokratie bewies auch ihre Ergebenheit für die Krone in mancher schweren Zeit. Viele vornehme Familien zogen nach Wien, wie einst die böhmischen Adelsfamilien unter Leopold I., und dieses Wiener Leben glich manchen Gegensatz der alten österreichischen und ungarischen Aristokratie aus. Aber der Gegensatz zwischen dem österreichischen und ungarischen Staatsleben bestand fort, und der niedere Adel nährte das alte Mißtrauen gegen den Hof und die Minister.

Nach dem denkwürdigen Reichstage von 1741 hielt Maria Theresia nur noch zwei Reichstage in Ungarn 1751 und 1764. Die Regierung beabsichtigte bei beiden eine Erhöhung der Kroneinkünfte und die Erweiterung des Wehrsystems durchzusetzen; 1764 kam noch der Versuch einer Agrarreform hinzu. Die Reformen betrafen zunächst den Kreis der Verwaltung, aber sie berührten zugleich den innersten Nerv der ungarischen Verfassung, und Maria Theresia mußte bei aller royalistischen Begeisterung den Druck der Opposition fühlen lernen. Mit der Steuererhöhung drang die Regierung nur zum Theil, mit der Reform der Wehrpflicht gar nicht durch, und die Erleichterung des Bauernstandes mußte Maria Theresia später aus eigener Machtvollkommenheit angreifen. Für beide Reichstage war sie nach Ungarn gekommen, in der Hoffnung, durch ihre persönliche Erscheinung auf die öffentliche Meinung zu wirken. Sie wurde mit den höchsten Ehren empfangen, die Schlösser des Adels öffneten sich ihr, wie einst den alten Lehenkönigen, allenthalben bezeigten die Ungarn ihr Huldigung, aber im Reichstage drangen ganz andere Stimmen durch und die Regierung mußte einen Theil ihrer Vorschläge zurückziehen. Die österreichischen Minister fühlten sehr wohl, daß es sich hier um tiefe innere Gegensätze handle, aber eine Lösung derselben konnten damals weder Oesterreich noch Ungarn versuchen, obwohl die Vortheile einer geordneten Staatsverwaltung, die Nothwendigkeit einer Armee und einer größeren Steuer von vielen Ungarn erkannt wurden. 1715 hatten die Stände, weil das Reich durch die Insurrection oder den Heerbann allein nicht hinlänglich vertheidigt werden könne, die Aushebung einiger tausend Unadeliger mit lebenslänglicher Capitulation bewilligt. 1741 wurde diese Truppenzahl auf sechs Regimenter vermehrt, und die Insurrection aufgerufen, die aber für den großen Krieg wenig brauchbar war. Die Steuer, welche für die Truppen 1715 bewilligt war, betrug kaum 2 1/2 Millionen, ungefähr die Hälfte von dem, was Böhmen leistete. 1747 hatte die Regierung bei der Erhöhung der Steuer auch auf den Beitrag der Ungarn gehofft, aber die ungarische Kammer hat diesen nicht bezahlt, weil er von den Ständen nicht bewilligt und angewiesen war. Das Gesammteinkommen von Ungarn kam höchstens auf 20 Millionen, davon floß das Meiste für die kirchliche und politische Verwaltung zurück, nur vier Millionen konnten für die Ge= sammtauslagen der Monarchie verwendet werden. Die Leistung Ungarns entsprach weder dem Volksvermögen, noch den Vortheilen, welche es aus der Verbindung mit Oesterreich genoß.

Auf dem Reichstage von 1751, welchen die Königin persönlich am 10. Mai eröffnete, begehrte die Regierung für eine größere Armee die Er= höhung der Steuer um 1,2 Millionen. Um alle ausgreifenden Begehren zu verhindern, wurden die Stände ermahnt, sich in der Berathung an die Postulate zu halten, damit der Reichstag nicht über die gesetzliche Frist von zwei Monaten verlängert würde. Die Wahl des Palatins, des Grafen Ludwig Batthyany, früher Hofkanzler, wurde allgemein anerkannt, aber die Erhöhung der Kontribution fand einen geschlossenen Widerstand. Wie 1741 fand die Regierung bei der Magnatentafel Zustimmung und Unter= stützung, während die Mehrzahl der Ständetafel in der Opposition verharrte. Die Abgeordneten begehrten vorher die Erledigung der Beschwerden; sie erklärten, das Land sei zu arm und zu erschöpft, um eine neue Steuer= last tragen zu können. Die Königin ließ darauf antworten, Ungarn habe durch den Krieg weniger gelitten als die übrigen Erbländer, die Sicherheit der Monarchie sei auch die Sicherheit Ungarns und es solle daher das Land einen gleichmäßigen Beitrag leisten. Die Stände rühmten die persönlichen Tugenden der Königin, aber sie mäkelten mit der Regierung. Erst als diese fest auf ihren Forderungen beharrte, ließen sich die Stände langsam zu einer Steuererhöhung herbei. Sie bewilligten am 30. Juni einen Mehrbetrag von einer halben Million Fl. für drei Jahre, dann weitere 200,000 Fl., im Ganzen 3,2 Millionen Grundsteuer. Ueber die Beschwerden der Stände kam es zu einer langen, scharfen Verhandlung. Die Ungarn verlangten die öftere Anwesenheit der Königin im Lande, die Verwendung ungarischer Officiere bei den Regimentern, die Verwaltung des Bergwesens durch die ungarische Hofkammer, den Nachlaß der Steuerschulden, eine besondere ungarische Ordensprovinz für die Jesuiten. Die Regierung machte einige Concessionen, wies aber die Einverleibung des Bergwesens, den Nachlaß der Steuerschulden und die Herabsetzung des Ausfuhrzolles nach Oesterreich ent= schieden ab, was bei der Ständetafel nicht geringe Unzufriedenheit erregte. Die Königin reiste deßwegen für zwei Wochen nach Pest, fand jedoch, als sie am 13. August zurückkehrte, die Stimmung nicht günstiger. Sogar die Aufnahme von vier neuen Städten in die Reichsstandschaft wurde lebhaft angefochten und die Stände gaben erst nach, als ihnen Maria Theresia

ihren „königlichen Unwillen" erklären ließ. Sie sanctionirte die Gesetzartikel,
aber beim Schluß der Reichstage sprach sie an die Versammlung nur wenig
Worte und diese in gereiztem Tone, so daß die Abgeordneten unwillig aus=
einandergingen. Ein gleichzeitiger Bericht in den Landtagsacten schließt mit
den Worten[1]): „So endigte ein mit Verwirrung begonnener Landtag in
höchster Verwirrung." Regierung und Regierte schrieben sich die Schuld zu
aber beide hatten gefehlt und Maria Theresia namentlich darin, daß sie
den Einfluß der Magnaten überschätzte, während sie den niedern Adel zu
wenig kannte, und doch lag darin der Nerv, die Kraft und die Macht
der Nation.[2])

Während des siebenjährigen Krieges hat Ungarn zahlreiche Truppen
zur Armee geschickt, aber die Beiträge an Geld flossen um so spärlicher.
In der allgemeinen Geldverlegenheit entschloß sich Maria Theresia, statt
eines Reichstages 1762 eine Versammlung von ungarischen Notabeln einzu=
berufen, welche in der That im Namen des Landes eine Bürgschaft für ein
Anlehen von 10 Millionen übernommen hat. Die Maßregel war nicht
gesetzlich, sie kam auch wegen der Beendigung des Krieges nicht zur Aus=
führung, aber die öffentliche Schuld war so groß, daß die Regierung daran
denken mußte, die Einkünfte aus Ungarn zu vermehren.

Auf den Rath der ungarischen Minister schrieb Maria Theresia
einen dritten Reichstag aus, der am 17. Juni 1764 eröffnet wurde.[3])
56 Abgeordnete kamen nach Wien, um die Königin einzuladen, die Ver=
sammlung der Stände zu besuchen. Sie kam mit ihrem Gemahl, mit ihrer
Familie und einem großen Hofstaate am 8. Juli nach Preßburg und wurde
würdig empfangen. Aber die Regierung hatte einen schweren Stand. Ein
Hofmann schrieb: „Schon die erste Eröffnung des Landtages war schlechter
als 1751." Die Stände suchten auch diesmal die Berathung der Regierungs=
vorschläge von der Erledigung der Reichsbeschwerden abhängig zu machen
und Maria Theresia ließ ihnen wie 1751 eröffnen, sie möchten sich vor
Allem mit den königlichen Propositionen beschäftigen und die unabwendbaren
Forderungen erfüllen. Die Regierungsvorlage fand einen heftigen Wider=
stand und diesmal auch in der Magnatentafel. Die Stände meinten, es sei
nicht möglich, eine erhöhte Steuer anzunehmen: die Erhöhung von 1751
sei für drei Jahre bewilligt und werde nun seit dreizehn Jahren erhoben;
Ungarn sei geldarm, die deutschen Erblande bezahlten ihre Steuer mit
ungarischem Gelde, denn der Zoll an der Grenze sei erhöht. Einmüthig
wiesen die Stände den Antrag zurück, die Insurrection wenigstens theilweise
in eine reguläre Macht umzubilden. Ungarn habe bereits eine stehende
Armee und eine Grenzmiliz; daß die Zahl der Insurrectionstruppen nicht

---

1) Diarium diaetale, Arneth IV. 529, Note.
2) Der Venetianer Tron sagt 1751 von der Ständetafel: „che compone il
nerbo, la forza e l'autorità della nazione ungara.
3) Krones, Ungarn unter Maria Theresia und Josef II. 1871. 14—19.

ermittelt werden könne, sei ein Landesgeheimniß und ein Vortheil. Sie bewilligten endlich, als die Regierung nicht nachgab, eine Steuererhöhung von 310,900 fl. und als die Regierung den Vorschlag wegen der Insurrection fallen ließ, noch 300,000 fl. Die Contribution kam dadurch auf 3,9 Millionen. Die königlichen Propositionen enthielten noch einen dritten wichtigen Punkt, die Ordnung der bäuerlichen Verhältnisse. Maria Theresia empfahl bestimmte Gesetze, um den Landmann vor den Bedrückungen und Erpressungen der Gutsherren zu sichern, damit sie „ihr Gewissen beruhigen könne." Ueber diesen Punkt, die eigentliche sociale und politische Wurzel der ungarischen Verfassung, gingen die Stände stillschweigend hinweg. Als die Antwort der Stände am 14. September übergeben wurde, war die Königin peinlich berührt. Sie dachte daran, den Landtag zu schließen und abzureisen; nur auf das Zureden ihres Gemahles und einiger Magnaten verlängerte sie ihren Aufenthalt, um die fernere Verhandlung der Stände abzuwarten. Fürst Kaunitz, der nach Preßburg berufen war und die anderen österreichischen Minister riethen zu einer Vermittlung, aber die Kaiserin hatte die Freude in Preßburg verloren, sie blieb nur noch 14 Tage und kehrte am 26. September nach Schönbrunn zurück. Sie war auch nicht zu bewegen, den Reichstag in eigener Person zu schließen und unterschrieb erst am 19. März 1765 die mühsam zusammengetragenen Gesetzartikel in Wien. Nach Frauenart schrieb sie die Niederlage der Regierung den hervorragenden Persönlichkeiten zu, und sie ließ auch dem Primas und dem Palatin ihren Unmuth deutlich fühlen. „Dieser Landtag", schrieb sie einem böhmischen Edelmann,[1] „hat mich gut die Leute kennen machen; wenn nur diesen Profit davon hätte, ist er groß genug."

Ohne Zweifel hatte Maria Theresia schon nach dem zweiten Reichstage die Absicht, das absolute System, welches ihre Vorfahren so oft in Ungarn versucht, wieder aufzunehmen: nämlich die Regierungsgewalt zu stärken, die Steuerfreiheit des Adels und der Geistlichkeit aufzuheben oder wenigstens die Grundsteuer auf den Besitz zu übertragen. Sie hielt nach 1764 keinen Reichstag mehr, obwohl ihn die Stände alle drei Jahre verlangt hatten. Sie nahm 1765, ohne die Stände zu fragen, den Kronprinz Josef als Mitregenten an und setzte statt eines Palatins den Herzog Albert von Sachsen-Teschen zum Statthalter und Generalcapitän, d. h. zum Chef der Militär- und Civilverwaltung in Ungarn ein. Es waren dies ganz verschiedene Aemter: der Palatin leistete den Eid auch der Nation, der Statthalter nur dem Könige; der Palatin wurde von den Ständen vorgeschlagen, die Ernennung des Statthalters ging von dem Könige aus; der Palatin brachte die Verlangen der Nation vor den Thron, der Statthalter vollzog die königlichen Befehle; der Palatin präsidirte dem Oberhause, der Statthalter einem Amte, der Statthalterei. Seit Leopold I. war kein Statt-

---

1) Graf Johann Chotek, 18. Jänner 1765.

halter im Lande. Niemand widersprach, der ungarische Abel erkannte den
Herzog und seine Gemahlin, die Erzherzogin Marie Christine, in der neuen
Stellung an.

Bei allem politischen Verdrusse lag Maria Theresia das Interesse
Ungarns immer sehr am Herzen.[1]) Ohne die Form der Verfassung zu be-
rühren, führte sie auf administrativem Wege die wichtigsten Reformen durch.
Sie kümmerte sich um Alles, um jede Rechtssache, um Brücken und Wege, um
Holzungen und Bergwerke; sie ging auf die kleinsten Verhältnisse ein, kannte
die Stimmung eines jeden Komitates und schätzte jeden Beamten, Richter,
Domherrn oder Bischof, Jeden nach seiner Thätigkeit. In vielen wichtigen
Dingen gab sie auch den Ungarn nach. Sie ließ zu, daß 1772 die Zipserstädte, 1775 Fiume und 1778 das Temeser Banat, welches seit der Eroberung
unter Prinz Eugen von Wien aus regiert wurde, wieder unter ungarische
Verwaltung kam. Nur Siebenbürgen blieb ein selbständiges Kronland und
behielt seine besondere Regierung. Am meisten beschäftigte Maria Theresia
damals die Urbarialreform, d. h. eine gesetzliche Ordnung der bäuerlichen
Verhältnisse. Nachdem der Reichstag 1764 diese Reform stillschweigend abgelehnt hatte, nahm sie dieselbe als Souveränin auf und suchte sie von 1766
an noch vor dem österreichischen Robotpatent durchzuführen. Sie wünschte
wenigstens dem Bauernstande die Lockerung der Leibeigenschaft, die Besitz-
fähigkeit und einen gesetzlichen Schutz zu verschaffen. Die Frohntage und die
Abgaben sollen fest bestimmt werden, der Bauer wurde freizügig, seine Kinder
konnten Stand und Beschäftigung frei wählen. Die Befreiung des Bauernstandes wurde dadurch angebahnt, aber in der Wirklichkeit blieb auch dieser
Schritt unvollendet, denn das Gesetz vermochte das verrottete Wurzelwerk
der Verfassung nicht zu durchbrechen und scheiterte an dem Eigenwillen und
der Eigensucht der Herren. Die Einführung des Katasters war gar nicht
möglich, die Bedrückung der Grundherren und die alte, barbarische Rechtspflege
dauerten fort, ja das theresianische Urbarialsystem blieb die alleinige Grundlage aller bäuerlichen Verhältnisse bis zum Reichstage von 1832.

Trotz der absoluten Regierung Maria Theresia's wurde an der dualistischen Form von Oesterreich = Ungarn nichts geändert. Der einheitliche
Charakter der Monarchie war nur in der militärischen Leitung und in der
Vertretung nach außen sichtbar und die innere Verwaltung erschien durchaus
national. Die Ungarn hatten ihre besonderen Ministerien in der Hofkanzlei,
Hofkammer, im obersten Gerichtshof und in der Statthalterei, welche ausschließlich von Ungarn besetzt wurden. In den unteren Kreisen gliederte sich
die Verwaltung nach den Komitaten, den städtischen Corporationen und freien
Gemeinden. Ihre Beamten, die Ober= und Vicegespane, die Notare, Stuhlrichter, Bürgermeister, Stadt= und Gemeinderichter waren gewählt und nur

---

1) . . j'ai toujours aimée la nation hongroise parceque qu'elle est la Base
à notre commune bonheur . . An Herzog Albert, November 1765.

von ihnen abhängig. Die königliche Gewalt fand den Volksboden gar nicht. Der niedere Adel, der in Deutsch-Oesterreich mundtodt war, besaß eine Macht, welche die königlichen Befehle unterstützen, aber ebenso abschwächen und lebensunfähig machen konnte. Der Absolutismus der theresianischen Regierung von 1765—1780 hat die Verfassung sistirt, und diese schien durch eine Zeit todt und vergessen, aber die Erinnerung an die Freiheit und die Grundsätze des alten Staatsrechtes flüchtete aus den Bureaux der Regierung, aus den Schlössern der Magnaten in die Kreisversammlungen des niederen Adels, in die Städte und freien Gemeinden. Jeden Augenblick konnte die Verfassung wieder ins Leben gerufen werden. Josef II. mußte dies, als er das System Maria Theresia's für eine einheitliche Regierung fortsetzen wollte, schmerzlich erfahren.

Während Ungarn trotz seiner Sonderstellung den staatlichen Zusammenhang mit Oesterreich bewahrte, blieben die Nebenländer, welche das Haus Oesterreich noch aus der spanischen Erbschaft besaß, außerhalb aller organischen Verbindung mit der Monarchie. Die Dynastie und die Grundsätze der Gesetzgebung und Verwaltung waren dieselben, nicht aber die Interessen und Stimmungen. Diese Provinzen erschienen für Oesterreich vielmehr eine Last als ein Gewinn, denn der Staat wurde durch sie in Fragen europäischer Politik verwickelt, welche seiner natürlichen Entwicklung ferne standen. In den Niederlanden war Oesterreich der Wächter der englischen und holländischen Politik. Der Barriere-Vertrag, welchen die Seemächte 1715 dem Hause Oesterreich aufgedrungen hatten, war eine Fessel der Souveränität, denn die Niederlande mußten nicht nur eine schwere Contribution entrichten, sondern auch die holländische Besatzung in den Grenzfestungen gegen Frankreich erhalten. Die Schelde, der Lebensquell des Handels und des Gewerbefleißes, wurde neuerdings für geschlossen erklärt und durch anderthalb Jahrhunderte mußte die Eifersucht der Holländer die freie Schifffahrt, den freien Handel der Niederlande zu unterdrücken. Noch 1731 mußte Karl VI. dieser Eifersucht die Handelsgesellschaft von Ostende opfern. Da die Franzosen im österreichischen Erbfolgekriege das Land erobert hatten, kam Maria Theresia erst 1749 in den ruhigen Besitz dieser reichen, schönen Länder. Der Aachener Friede hielt den Barriere-Vertrag aufrecht, aber Maria Theresia ließ sich wenigstens nicht mehr herbei, die Beisteuer von einer halben Million für die Erhaltung der holländischen Truppen zu zahlen.

Bekanntlich hatten die Niederlande eine Föderativ-Verfassung, wie die mächtige Republik im Norden. Jede Provinz hatte besondere Gesetze und Privilegien. Die wichtigsten Rechte waren jedoch dem ganzen Lande gemeinsam: namentlich der wechselseitige Vertrag zwischen Fürst und Volk, die Bewilligung aller Steuern und Abgaben, die nationale Gerichtsbarkeit und die freie Verwaltung von oben bis unten. Als Vorbild galt das freisinnige Grundgesetz der Brabanter, das „Blyde Inkomst“ oder die joyeuse entrée aus dem 13. Jahrhundert. Die Stände vertraten wie überall den Adel, die Geist-

lichkeit und das Bürgerthum, nur die Bedeutung der einzelnen Stände war
verschieden; in Brabant hatte entschieden der dritte Stand das Uebergewicht.
Ohne Zweifel haben die Vorrechte und Freiheiten der Niederlande jene der
österreichischen Länder weit überragt. Die Stände bewahrten dieselben auch
mit Muth und Festigkeit; sie ließen sich weder durch die Drohungen der
Regierung einschüchtern, noch durch die Gunstbezeigung derselben überraschen;
die Steuerverweigerung war ein gefürchtetes Recht gegen jede absolute Regierung. Da jedoch die belgische Verfassung eine feudale und aristokratische
war, so fehlte ihr die Einheit und die persönliche Freiheit.

Die innere Verwaltung wurde von drei Rathscollegien versehen. An
der Spitze stand der geheime Rath für die Aufsicht und Leitung aller Staats-
angelegenheiten. Er hatte die Functionen des früheren aristokratischen Staatsrathes übernommen, war aber von demselben wesentlich verschieden, denn der
Name Staatsrath bezeichnete ein Ehrenamt, der Name geheimer Rath eine
einflußreiche Stellung. In Oesterreich war das umgekehrt der Fall. Der
Rath der Finanzen und die Rechenkammer, welche die Landeseinkünfte einhob
und verrechnete, standen unter dem geheimen Rath. Der oberste Gerichtshof,
die höchste Instanz in Rechtssachen, war der große Rath von Mecheln. Dabei
gab es besondere Gerichtshöfe für die Grundherren, die Geistlichkeit, für die
Admiralität und die Armee. Die Rechtspflege und die Zusammensetzung der
Gerichte war jedoch in den Provinzen verschieden bis zur Gerichtsbarkeit des
Gemeinderichters herab. [1]

Das Haus Oesterreich hatte die Gewohnheit, ein Mitglied der Dynastie
als Gouverneur in die Niederlande zu senden und ihm einen geschäftskundigen
Edelmann als bevollmächtigten Minister zur Seite zu stellen. Der erste
Generalgouverneur war Prinz Eugen von Savoyen, der zweite 1725 bis
1741 die Erzherzogin Maria Elisabeth, eine Schwester Karl VI. Nach
ihrem Tode bestimmte Maria Theresia ihren Schwager Prinz Karl von
Lothringen für dieses ehrenvolle und sehr einträgliche Amt. Er konnte
jedoch erst 1744, als das Land für eine Zeit von den Franzosen befreit war,
mit seiner Gemahlin die Huldigung für Maria Theresia empfangen. Nach
dem Tode seiner Frau ging er nach Oesterreich zurück und übernahm erst
wieder 1758, als er das Commando der österreichischen Armee niedergelegt
hatte, die Regierung. Seine Stellvertreter waren nacheinander die Grafen
Harrach, Königsegg-Erps, Wenzel Kaunitz, Botta d'Adorno, Karl Cobenzl
und Georg Adam Starhemberg. Für die oberste Leitung der Regierung hatte
Karl VI. in Wien einen niederländischen Rath (le conseil suprême) eingerichtet, den Maria Theresia mit dem italienischen Rathe vereinigte, bis sie
beide 1757 als ein besonderes Departement der Staatskanzlei beifügte. So lange

---

1) Van Ruckelingen, Belgie onder Mar. Ther. Deutsch von Stubenrauch
1859. G. J. Piot, le règne de Marie Thérèse dans les Pays-bas Autrichiens.
Louvain 1874.

diese Behörde selbständig fungirte, war ihr Präsident Graf Emanuel Silva-
Tarouca, ein besonderer Vertrauensmann der Kaiserin, aber von den nieder-
ländischen Verhältnissen verstand er gar nichts. „Ich verstehe nichts vom
Civilrechte, vom Rechtsgange und dem Gerichtsverfahren," schrieb er einst dem
Staatssekretär Crumpipen.[1]) Der Holländer Bentinck verglich ihn mit einem
Rasirmesser, welches das Haar in der Luft schneidet, aber auf hartem Holz
brüchig wird.[2]) Die wichtigsten Mitglieder des Rathes waren der Niederländer
Philipp Pattyn, genannt mare liberum, weil er den freien Seehandel der
Niederländer vertheidigte, Mac-Neny, ein geborener Irländer, und Graf
Vignerola, welche später in den Niederlanden angestellt wurden. Das Collegium war durchaus vom Hofe abhängig und vertrat die absoluten Neuerungen
mehr als gut war, während der Gouverneur und seine Stellvertreter die bestehenden Verhältnisse besser würdigten und nur zu leisen Uebergängen riethen.
Es war deßwegen immer ein kleiner Krieg zwischen dem Gouverneur und
dem niederländischen Rathe in Wien, selbst als Kaunitz die Leitung desselben
führte. Die Minister wechselten deßhalb rascher, als man es in den Niederlanden wünschte. Graf Harrach mißfiel wegen seines Freimuthes; als er sich
1741 weigerte, zwei Millionen nach Wien zu schicken, wurde er abberufen.
Graf Königsegg war nicht besser daran, Botta begehrte eine durchgreifende
Reform des Militärs und der Finanzen. Nur Graf Karl Cobenzl (1753 bis
1770), ein geistreicher, freisinniger und geschäftskundiger Edelmann, konnte sich
behaupten. „Er ist zu Zeiten etwas hitzig und unklug," wie der Gouverneur
sagte, aber er wußte allen Conflikten auszuweichen und war ein Freund des
Staatskanzlers Kaunitz, der ihn unterstützte. Sein Nachfolger Graf Starhemberg nahm nach drei Jahren seine Entlassung, weil Josef II. den Militärcommandanten unabhängig stellte. Prinz Karl von Lothringen stand in einer
Gunst des belgischen Volkes wie kein Statthalter vor und nach ihm. Er war
ein guter Herr, leutselig, einfach, ein erleuchteter Beschützer der Kunst und
Wissenschaft, aber in politischen Dingen lässig und zurückhaltend. Maria
Theresia hatte ihm gerathen, sich zu begnügen, der erste Hahn im Dorfe zu
sein und die Dinge gehen zu lassen[3]); und diese Richtung hat er getreulich
eingehalten. Er konnte auch der Staatskanzlei in Wien imponiren, weil ihm
Maria Theresia alles Vertrauen schenkte.

Wie erwähnt, waren hier die ständischen und municipalen Freiheiten
länger als in Deutschland und Oesterreich geblieben. Das hatte seine Vortheile und Nachtheile. Die Nation war ruhig und beschränkte ihre Thätigkeit
auf provinziale und locale Kreise, aber die alte Ordnung schleppte sich doch
nur in einem trägen Gange fort. Der feudale Druck, die hierarchische Macht
hinderten das Aufkommen des Bürgers und Bauers, der alte Reichthum war
zu Grunde gegangen, die Städte tief verschuldet, das Heerwesen verfallen, im

1) 1749, Piot 17.
2) Beer, Aufzeichnungen des Grafen Bentinck 123.
3) Stubenrauch 138.

Steuerwesen und in der Rechtspflege galten die alten Vorrechte, der Verkauf
der Stellen war allgemein, die Schelde nicht frei und an den Grenzen waren
die Städte verfallen, in Festungsmauern eingeengt und abgesperrt. Es hat
nicht an Versuchen gefehlt, von Wien aus Manches umzuändern: 1755 wurde
das bürgerliche Element in den Ständen von Ostfriesland vermehrt, 1746
eine oberste Finanzbehörde für das Steuer= und Schuldwesen eingeführt, die
Zahlungen für die holländischen Truppen hörten auf. Das Reinerträgniß
der Niederlande betrug fünf Millionen Gulden, die Armee, 1749 25,000 Mann,
kostete 2,6 Millionen. Im siebenjährigen Kriege wurden davon etwa 120,000
Mann in Anspruch genommen und nach dem Frieden mußten die Nieder=
lande einen Theil der Kriegskosten (16 Millionen) übernehmen, aber das
Land wurde von dem Kriege nicht berührt und genoß in dieser Zeit eine
ungetrübte Wohlfahrt. Die tiefe Ruhe wurde nur durch den jansenistischen
Streit und die kirchlichen Reformen der Regierung unterbrochen. Diese be=
trafen, wie in Oesterreich, die Einschränkung der Klöster, ihres Erwerbs,
die Aufnahme von Novizen, die Aufhebung des Jesuitenordens, die Ver=
fügung über sein Vermögen und die neue Ordnung des Unterrichtes. Das
Beste, was in den Niederlanden geschehen ist und die Erinnerung an die
Kaiserin Maria Theresia so glänzend bewahrt hat, wurde durch den Minister
Cobenzl angeregt: die Gründung der öffentlichen Bibliothek, der Akademie
der Wissenschaften, die Reform der Akademie der schönen Künste in Antwerpen.
Die alte staatliche Ordnung blieb jedoch dieselbe und Prinz Karl von
Lothringen enthielt sich so viel als möglich aller Störung in der Selbst=
verwaltung der Stände und der Gemeinden. Die vierzig Jahre der theresia=
nischen Regierung bezeichnen deßwegen weder einen politischen, noch einen großen
wirthschaftlichen Fortschritt[1]), aber in der Zeit der gewaltsamen Reformen
Josef II. gedachte die Nation gerne der ruhigen Herrschaft Maria Theresias.

Die Lombardei stand in politischer Beziehung der alten österreichischen
Monarchie noch ferner als Belgien. Am Beginne der theresianischen Regierung
waren die Mailänder mehr spanisch als österreichisch gesinnt. Sie hofften, die
Lombardei würde bei einem Frieden dem Infanten Don Philipp zufallen
und Mailand dadurch der Mittelpunkt eines neuen italienischen Nordstaates
und der Sitz eines prächtigen Hofhaltes werden. Es bildete sich sogar 1746,
als die Oesterreicher wieder die Herren des Landes wurden, eine Verschwörung
von vornehmen Herren und Frauen, welche gewaltsam unterdrückt wurde. Erst
als der Aachener Friede den Besitz der Lombardei für Oesterreich bestätigte,
ergaben sich die Mailänder wieder der alten Herrschaft. Die schöne Lombardei
mit ihrem Boden und Klima, ihren Saaten, ihrer Seide, mit ihren Straßen
und Canälen, ihrer geistigen Cultur und den milden Sitten war ein kostbarer
Besitz des Hauses Oesterreich. Es gab hier keine feudale Herrschaft, keine
mächtige Hierarchie. Die Regierung konnte ungehindert ihrer Neigung folgen,

---

1) Piot 758—797.

die Armee zu verstärken, die Verwaltung zu ordnen und die materielle Volkskraft zu beleben. Die oberste Leitung führten in Wien der italienische Rath,
seit 1757 der Staatskanzler, und im Lande der Generalstatthalter als Civil-
und Militärgouverneur: Graf Ferdinand Harrach, Graf Johann Palla-
vicini, von 1754—1771 der Herzog Franz von Modena und 1771 der
Erzherzog Ferdinand, der dritte Sohn der Kaiserin. Die wichtigste Persönlichkeit bis 1758 war der Großkanzler Beltrame-Christiani, der die
Neigung des Hofes und der Minister für sich hatte und dieselbe auch ver-
diente. Er hatte seine Laufbahn im Stadtrathe zu Piacenza begonnen und
frühzeitig die Partei Oesterreichs ergriffen. Christiani hat 1753 die Verbindung der regierenden Familien Oesterreichs und Este für den Todesfall
des alten Herzogs Franz von Modena angeregt und wurde, als der Herzog
nach Mailand kam, dessen bevollmächtigter Minister, in Wahrheit der Träger
der Regierung. Was in der Lombardei Gutes geschah, ist von ihm ausgegangen: die Selbstverwaltung der Gemeinden, die Durchführung des Katasters, das Concordat mit Rom, die Verpflichtung des Clerus zur Steuerleistung, die Ordnung der Justiz, die Einrichtung eines obersten Cameralrathes
und einer eigenthümlichen Landesvertretung. Aus den Land- und Stadtgemeinden gingen die Delegationen für die Bezirke und aus diesen der General-
rath hervor, unter dessen Aufsicht die Stadt und Landpräfecten die Verwaltung
besorgten. Das Institut war keine Verfassung, sondern vielmehr eine administrative Einrichtung, aber sie entsprach den socialen Verhältnissen, wahrte die
persönliche Freiheit und unterstützte die Regierung. Was Christiani begonnen,
setzte sein Nachfolger Graf Karl Firmian (1759—82) fort.[1] Beide wurden
von dem Hofrathe Sperges, dem Referenten über lombardische Angelegenheiten,
in Wien wesentlich unterstützt. Die wichtigsten Reformen, wie sie Turgot in
Frankreich zur Abwehr der Revolution vergebens anstrebte, wurden hier still
und geräuschlos durchgeführt: der Grundbesitz wurde frei, der Fideicommiß-
verband gelöst, der Handel frei gegeben, die Patrimonialgerichte hörten auf,
die Inquisition und die Klosterkerker verschwanden, das Recht des Staates,
gegenüber der Kirche, wurde in Anspruch genommen und die Studien nahmen
einen raschen Aufschwung. An der Universität zu Padua waren ausgezeichnete
Gelehrte thätig. In Mailand lehrte Cesare Beccaria und bekämpfte die
Tortur und die Todesstrafe. In Böhmen und Oesterreich wagte die Regierung
nicht so weit zu gehen. Dessenungeachtet zeigten die Mailänder keine Vorliebe für das österreichische Regiment. Josef II. beklagte sich, als er 1769
in Mailand verweilte, über die unglaubliche Scheu und Zurückhaltung, obwohl
Adel und Volk den jungen Kaiser allgemein verherrlichten. Ein Mailänder
schrieb damals: „Allgemein ist der Enthusiasmus für ihn; sein Hauptstreben
geht dahin, so viel Leute als möglich glücklich zu machen."

---

1) A. Mazetti, vita e reggimento del Conte di Firmian. Ms. 3 Bde., Mu-
seum in Trient.

Zweites Buch.

———

Maria Theresia und Josef II., 1765—1780.

I. Maria Theresia und Josef II. als Mitregent.

Nach dem Hubertsburger Frieden und nach der Krönung Josef II. schien Maria Theresia auf dem Gipfel ihrer Macht und Größe. Nicht Alles war ihr gelungen, besonders nicht der Sturz Preußens, aber sie genoß die höchste Achtung in Europa, war mit allen Mächten im Frieden; Oesterreich war im Innern gekräftigt und trotz des langen Krieges in blühendem Wohlstand. Noch lebte der gutmüthige, fröhliche Kaiser Franz, die Söhne und Töchter waren herangewachsen und Maria Theresia dachte daran, die Letzteren in die souveränen katholischen Familien, zunächst an die Bourbons zu verheirathen, um die alte Feindschaft vollends zu brechen und neue Stützen für die Zukunft zu gewinnen. 1764 beschäftigte sie zunächst die zweite Heirath Josef II. und die Vermählung ihres zweiten Sohnes, des Erzherzogs Leopold, mit der spanischen Infantin Maria Luise. Dieselbe war bereits (16. Februar 1764) dem Stellvertreter des Erzherzogs Graf Rosenberg angetraut und die Vermählung sollte im Sommer 1765 in Innsbruck vollzogen werden. Der Kaiser übertrug dem Erzherzog (am 2. Jänner 1765) das Großherzogthum Toscana als ein Erbland für die Secundogenitur des Hauses Oesterreich, wie es die Verträge 1739 bei dem Tausche mit Lothringen bestimmt hatten. Josef hatte am 12. Jänner 1765 zu Gunsten seines Bruders auf die Erbfolge in Toscana verzichtet. Der Hof reiste 1765 (4. Juli) von Wien durch Steiermark, Kärnten nach Innsbruck. Die Infantin kam am 29. Juli und wurde am 5. August mit dem Erzherzog Leopold vermählt. Die fröhlichen Feste, welche in den nächsten Wochen folgten, wurden aber unterbrochen, als Kaiser Franz am 18. August, als er Abends aus dem Theater ging, vom Schlage gerührt wurde und auf der Stelle todt blieb. Die ganze vornehme Gesellschaft zerstreute sich, Maria Theresia kehrte mit ihrer Tochter und Josef nach Wien zurück. In den ersten Wochen war sie wie in einer Betäubung und vermochte sich kaum zu fassen. Mehr als je gab sie sich religiösen Uebungen hin, ja einen Moment dachte sie daran, die Regierung niederzulegen und sich in ein Kloster zurückzuziehen. Aber sie richtete sich bald wieder auf und übernahm die Leitung der Geschäfte wie früher mit allem Fleiße und aller Macht. Mehr als je schien sie bereit, Frieden und Glück um sich zu verbreiten. Besonders beschäftigte sie in der Trauerzeit die Heirath ihrer Tochter Marie Christine mit dem Herzog Albert von Sachsen. Die Erzherzogin war die vierte Tochter der Kaiserin, 23 Jahre alt, schön, geistvoll und der besondere Liebling der Kaiserin. Herzog Albert, ein jüngerer Sohn Friedrich August II. von Sachsen-Polen, ein Cousin der Kaiserin, war damals 26 Jahre alt, vortrefflich erzogen und ein tüchtig gebildeter junger Mann. Bei Beginn des siebenjährigen Krieges, als Friedrich II. Sachsen besetzte, war der Prinz in die österreichische Armee eingetreten, lernte unter Daun den Krieg und diente als Feldmarschalllieutenant 1760—1762. Wenn er im Winter nach Wien kam, wurde er als ein Glied der kaiserlichen Familie betrachtet. Seine stille Neigung für die Erzherzogin Marie wurde erwidert, und die Kaiserin war entschlossen, das Glück des jungen Paares zu begründen, aber die Heirath mußte noch verschoben werden. Im Winter 1765 nach dem Tode des Kaisers wurde der junge Prinz zum Statthalter von Ungarn ernannt. Der Kaiser trat das Herzogthum Teschen an die Kaiserin ab und diese übertrug dasselbe als ein Fideicommiß an ihre Tochter und den Prinzen Albert, der sich nun Herzog von Sachsen-Teschen nannte. Am 8. April 1766 wurde das junge Paar in Schloßhof bei Wien vermählt und nahm dann seinen Wohnsitz in Preßburg. Nach dem Tode des Herzogs Kart von Lothringen sollten der Herzog und seine Frau als Gouverneure in die Niederlande gehen. Die Mutter gab jedoch ihrer Tochter nicht blos Geld, Güter und Ehren, sondern auch Lebensregeln mit auf den Weg, so feinfühlig, so voll Wissenschaft des menschlichen Gemüthes, daß sie noch heute Zeugniß geben von ihrer Herzenswärme und sittlichen Kraft[1]). Bald nachher, 1766 (28. April), wurde bei Hofe eine neue Verlobung gefeiert, jene des dritten Sohnes der Kaiserin, des Erzherzogs Ferdinand mit der Erzherzogin Beatrix von Modena. Sie war 16, der Erzherzog 12 Jahre alt und erst 1771 konnte die Heirath vollzogen werden. Ein Jahr nachher, 1767, erkrankte die Kaiserin an den Blattern und konnte nur schwer genesen. Ihre gesunde Natur und die Hülfe ihres Arztes van Swieten halfen ihr heraus; ganz Wien feierte ihre Genesung; man überbot sich, überall eine herzliche Theilnahme an den Tag zu legen für die Frau und Fürstin, welche von ihrem Volke geliebt war, wie kein anderer Souverän in Europa.

Allmählich wurde es am Hofe Maria Theresia's einsam und stille. Im Frühjahre 1768 heirathete die Herzogin Amalia nach Parma und 1770 die junge Marie Antoinette nach Frankreich. Bei Hofe hatte man erwartet, die Herzogin Amalia werde mit dem Prinzen Karl von Pfalz-Zweibrücken, welcher seit December 1767 in Wien verweilte, vermählt werden. Der Kurfürst von der Pfalz hätte die Heirath gern gesehen und wollte dem Prinzen für diesen Fall das Herzogthum Neuburg übergeben, aber Maria Theresia zeigte sich dazu nicht geneigt. Die österreichische Politik hatte schon damals die bairische Erbfolge in Aussicht und gedachte die Nebenlinie von Zweibrücken auf eine andere Weise abzufinden. Die Erzherzogin wurde bald darauf dem Prinzen von Parma vermählt. Sie zeigte sich herrschsüchtig, hochmüthig, ihr junger Gemahl launisch, roh und eigenwillig. Von der Regierung verstanden sie nicht viel, und es kam so weit, daß die Könige von Frankreich

---

1) A. Wolf, Erzherzogin Marie Christine, I, 63.

und Spanien Gesandte als Vormünder schickten, welche im Einverständniß mit dem ersten Minister Tillot die Regierung leiteten. Die Heirath der österreichischen Prinzessin mit dem Dauphin von Frankreich war von dem Minister Choiseul vorbereitet, und Maria Theresia war mit Freuden darauf eingegangen. Marie Antoinette wurde ganz französisch erzogen und gefiel Allen durch ihre natürliche Anmuth und Schönheit, aber sie war 15 Jahre, ein fröhliches, naives, unschuldsvolles Kind und wurde in eine neue Welt, in ein Gewirre von Intriguen versetzt. Die schriftliche Anweisung, welche Maria Theresia ihrer Tochter mitgegeben hat, berührt zunächst nur die religiösen Pflichten, wann sie ihr Gebet sprechen, wie oft sie die Messe hören, wie sie ihre geistliche Lectüre einrichten soll. Doch fügte sie einige Regeln über das Verhalten in Frankreich zu, welche Marie Antoinette nicht immer getreulich befolgt hat.

Diese Familiengeschichten wirkten wie in allen monarchischen Staaten mannigfach auf das öffentliche Leben zurück, aber das wichtigste und bedeutendste Ereigniß war doch die Mitregentschaft Josef II. Unmittelbar nach dem Tode seines Vaters nannte er sich deutscher Kaiser und übernahm die Regierung des deutschen Reiches, soweit es hier noch eine Regierung gab. Maria Theresia übertrug ihm alle persönlichen Würden und Vorzüge, welche dem Erben und dem männlichen Haupte der Dynastie gebührten. Am 8. December 1765, wenige Monate nach dem Tode ihres Gemahles, ernannte sie ihn zum Mitregenten für Oesterreich, „ohne,“ wie sie sich ausdrückte, „der ihr zustehenden Beherrschung der für alle Zeit untrennbaren österreichischen Staaten etwas zu vergeben“. Sie überließ ihm die Einrichtung des Hofstaates, die Leitung des Militärs und der Finanzen, aber sie blieb die regierende Herrin und zog die Grenzen der Wirksamkeit des Mitregenten weiter und enger, wie es ihre Ueberzeugung und der Rath der Minister von ihr forderten. Ein Verhältniß der Art ist nur möglich, wenn die eine oder andere Person durchaus passiver Natur ist und das war weder Maria Theresia, noch ihr Sohn. Es mußte daher zwischen ihnen zu Conflikten kommen, umsomehr als ihre Anschauungen in religiösen und politischen Dingen weit aus einander gingen.

Vorerst durchbrach der Kaiser die Schranken des alten, steifen Hofceremoniels. Er durchstrich im Hofkalender alle Galatage, die Klosterfahrten und Kirchgänge, die zur Osterzeit gebräuchliche Fußwaschung der armen Leute und die ceremoniösen Audienzen. Er löste die Pagerie und die Schweizergarde auf, welche seit 1745 den Dienst versehen hatte. Er vereinigte seinen Hofstaat mit dem der Kaiserin und schaffte die alte spanische Hoftracht ab. Man erzählte, daß Josef, als er das erste Mal in Militäruniform erschien, zu seiner Umgebung gesagt habe: „Was wird mein Obersthofmeister dazu sagen?“ Ebenso schnürte er den „Kammerbeutel“ zu, indem er dem Bettel um Gnadengaben und Pensionen ein Ziel setzte. Er strich die Ausgaben für die Jagd in seinem Hausbudget. Auf seine Anregung wurde 1766 der Prater in Wien, der in jener Zeit ein Jagdrevier für den Hof war, und ebenso 1765 der Augarten der ganzen Bevölkerung geöffnet.

Auch im Staatsleben und in der Gesellschaft wurde ein neuer Geist bemerkbar. Josef faßte das Königthum und die Herrschaft anders auf als seine Mutter. Maria Theresia vertrat, ungeachtet aller Reformen, doch das alte Regierungssystem Oesterreichs in seiner provinziellen und feudalen Richtung. Josef wollte den mittelalterlichen Schutt, der noch auf Oesterreich lag, gänzlich hinwegräumen. Maria Theresia vertheilte Gnaden in verschwenderischer Weise, Josef wollte nur dem Verdienste seine Ehre zusprechen. Maria Theresia hielt auf alte Familien und herkömmliche Ansprüche, Josef schätzte den Werth des Mannes nach seiner Arbeit. Maria Theresia rüttelte nicht gerne an den alten Zuständen, Josef wollte die Staatskräfte frischer und beweglicher sehen. Die Hofleute, welche seine Neuerungen fürchteten, warfen ihm Heftigkeit, Härte und einen zu raschen Wechsel der Reformen vor, aber die Briefe und Gutachten, die wir aus jener Zeit von Josef besitzen, zeigen, wie vertieft und gereift der junge Kaiser über Staat und Regierung gedacht hat. Er kannte nicht mehr den Patrimonialstaat, sondern den Rechtsstaat. Sein ganzes Wesen ist getragen und durchleuchtet von dem Bewußtsein seiner Pflichten und dem Gedanken an das Wohl und die Macht Oesterreichs. Das Privatvermögen, das er von seinem Vater geerbt und über welches er in einen kleinen Streit mit seinem Bruder Leopold kam, ungefähr acht Millionen, überließ er dem Staate zur Reducirung der öffentlichen Schuld. „Die Liebe zum Vaterlande," schrieb er 1768 seinem Bruder, „das Wohl der Monarchie, das ist die einzige Leidenschaft, die ich fühle und welche mich in allen Unternehmungen leitet. Ich bin so davon durchdrungen, daß meine Seele nur ruhig sein kann, wenn ich von dem Nutzen der Einrichtungen überzeugt bin, welche wir treffen; mir erscheint nichts kleinlich, Alles interessirt mich." [1] Sein junger Geist verlangte nach Arbeit und Thätigkeit, aber er mußte frühzeitig die Macht, die Gewohnheit und die Trägheit der gegebenen Verhältnisse erfahren. Seine Regentschaft war mehr eine berathende als beschließende, so daß er Manches gegen seine Ueberzeugung unterschreiben mußte. Auch mit Kaunitz kam er in manchen Gegensatz und dieser konnte sich rühmen, daß die Kaiserin ihm zumeist beipflichtete. [2] In den ersten Jahren fügte sich Josef vollständig seiner Mutter, ja er ging darin bis zur Entsagung und Selbstdemüthigung, aber in der Länge der Zeit vermochte er die Rolle seines Vaters nicht fortzuspielen. Schon 1769 wünschte er seiner Unterschrift eine selbständige Bedeutung zu geben und 1773 und 1775 bat er offen, zurücktreten zu dürfen. Da sich seine Mutter gegen das Eine und das Andere sträubte, ging er immer mehr seinen eigenen Weg; er vertrat in den Conferenzen bestimmter und offener seine Meinung, blieb aber immer geneigt nachzugeben. „Ich liebe Niemanden auf Erden als Sie und den Staat," schrieb er seiner Mutter 1773 und 1775: „Ich habe zwar den Willen und die Kraft gehorsam

1) An Leopold, 25. Juli 1768. Briefwechsel I 225.
2) Beer, Josef II., Leopold II. und Kaunitz Briefwechsel 1873.

Josef II. als römischer König.
Nach dem Kupferstich von P. Lion, Original von A. Tischler.

zu sein, nicht aber meine Principien und Ueberzeugungen abzuändern." Die principiellen Widersprüche dauerten fort, aber sie verhinderten nicht, daß sich Maria Theresia mit ihrem Sohne wieder verständigte und sich auch auf dem für sie unverletzlichen Gebiete zu „guten und nützlichen Neuerungen" herbei= ließ. Aus der verzögernden und beschleunigten Bewegung, wie sie Maria Theresia und Josef vertreten haben, ist jene Reformperiode von 1770 bis 1780 hervorgegangen, welche die Grundlage für den Josefismus geschaffen hat, jene Reform, welche den Feudalismus und die Hierarchie zu Gunsten der staatlichen Gewalt bei Seite schob, welche das Justiz= und Heerwesen neu einrichtete, die Rechtscodifikation, die Volksschule schuf, die Bauern von den erdrückenden grundherrlichen Lasten befreite und nicht nur das Gefüge des Staates, sondern ebenso die Gliederung, Denkart und Sitte des Volkes ver= ändert hat.

Wer hat nicht einmal ein Bildniß Josef II. gesehen? Dieses offene Gesicht mit den blauen Augen, welche so mild und so trotzig blicken konnten, die hohe Stirne, den kleinen Mund und die weichen Lippen, das volle, etwas sinnliche Kinn, das gepuderte Haar, welches an den Schläfen in Wickeln auf= gerollt und rückwärts in einem Haarbeutel geknüpft war. Damals, zwischen 1770 und 1780 war er im kräftigsten Mannesalter, gesund und frisch, keine Arbeit war ihm zu viel, keine Anstrengung zu groß. Rasch war sein Gang, seine Geberde, rasch sein Thun. Auf seinen Reisen ging es mit Windeseile vorwärts, durch Nacht und Nebel über reißende Ströme und wilde Gebirgs= pässe. Immer war er bereit zu lernen. Er ging dabei ins Einzelne, ins Kleinste. Viel zu wenig hat er den Rath befolgt, den ihm der große Friedrich in Neisse gegeben hat: er möge sich nicht von Bagatellen erdrücken lassen, das ermüde den Geist und verhindere, an große Sachen zu denken. Sein Haushalt und seine Tagesordnung waren gleich einfach. Gern nahm er den Schein an, als wenn er Niemandes bedürfe. Er war gewohnt zu befehlen, strenge, rücksichtslos, oftmals gewaltsam zerschmetternd und doch wieder gütig und milde, barmherzig und voll Verständniß für jedes Leid, zumeist für die Seufzer der Armen und Bedrängten. Er war seit Jahrhunderten der erste Fürst seines Stammes, welcher wieder in die offenen Kreise des Lebens hinaustrat, der erste Fürst, welcher ein erträgliches Deutsch sprach und schrieb. Wo= hin er kam, bezauberte er Alle, hoch und niedrig mit seinem offenen, freund= lichen Wesen, in Deutschland war er in jenen Jahren der populärste Fürst, die Freude und Hoffnung der Jugend.[1])

Als deutscher Kaiser machte Josef II. den Versuch, wenigstens die höchsten Organe der Reichsverwaltung aus ihrer Starrheit aufzurütteln; aber wie wäre es möglich gewesen, in die todte Masse der Reichsconföderation die Keime einer Fortbildung zu bringen? Der deutsche König war seit Langem aller wesentlichen Rechte entkleidet; einen reellen Einfluß behauptete er nur durch

---

1) A. Wolf, Fürstin Eleonore Liechtenstein, 1875, 125.

den Reichshofrath, und auch hier war es schwer etwas durchzubringen, das die Gewalt und das Recht einzelner Territorien betraf. Der kaiserliche Gerichtshof war zudem mit Geschäften überladen und seine Glieder hatten wenig Neigung zu einer ausdauernden Thätigkeit. Sie betrachteten, wie sich ein Reichshofrath ausdrückte, ihre Stelle wie einen Meierhof, nach dessen Ertrag die Größe des Eifers und der Arbeit abgemessen werde. Josef hatte den redlichen Willen, den offen liegenden Mißbräuchen abzuhelfen. Nachdem er im April 1766 die Oberleitung übernommen hatte, ließ er den Räthen seine Unzufriedenheit mit ihrer Amtsführung erklären. Ein Decret vom 21. October 1767 ordnete in der Woche vier Sitzungen des Collegiums und die Erledigung der Streitsachen binnen wenigstens zwei Jahren an; besonders sollte dem Uebel der Annahme von geforderten und angebotenen Geschenken gesteuert werden. „Die mindeste Verhehlung und Uebertretung meines ernstlichen Befehles," hieß es in dem kaiserlichen Erlaß, „würde ich ohne Ansehung geleisteter Dienste und noch so großer Geschicklichkeit den Redlichen zur Genugthuung, den Eigennützigen zum Schrecken aufs Schärfste, auch mit Cassation ahnden." Ebenso suchte Josef dem Verderbniß des Reichskammergerichtes in Wetzlar zu steuern. Bei dieser Instanz war jedoch eine Durchführung der Justiz gar nicht möglich, die kleine Zahl der Arbeiter konnte die Masse der Geschäfte nicht bewältigen und wenn die Processe erledigt wurden, geschah es nicht immer nach Recht. Seit 1588 war keine Visitation vorgenommen worden. Unter Josef I. wurde einmal eine solche verordnet, aber nicht ausgeführt. Josef II. ließ die Sache noch einmal angreifen, um den Justizverkäufen und der Corruption ein Ende zu machen. 1767 (11. Mai) eröffnete eine Commission die Visitation des Reichskammergerichtes. Als Principal fungirte der Fürst Fürstenberg, als Commissär der alte trierische Kanzler Spangenberg; statt seiner trat dann der Mainzer Domherr Baron Erthal ein. Die Commission war thätig, aber es blieb beim Reichskammergerichte wie beim Reichshofrathe wie zuvor. Die Zahl der rückständigen Processe hat 1772 nicht weniger als 61,233 betragen; ein einziger Proceß um einen reichsgräflichen Besitz dauerte 188 Jahre. Josef II. erging es hier im Kleinen, wie später im Großen. Die Masse fauler Stoffe war zu groß, als daß er sie mit dem Hauche eines neuen Lebens hätte befruchten können. Der Verfall der obersten Behörden des Reiches, der Kriegs-, Finanz- und Gerichtsverfassung kann nicht allein auf Rechnung einzelner saumseliger Räthe und gewinnsüchtiger Agenten; er lag tiefer, in dem vollen Zerfall der Föderation des Reiches und in dem vollständigen Mangel eines staatlichen Charakters.[1] Bei der früheren Generation war noch ein fröhliches Gedeihen, ein Zusammenhalten der Interessen nach außen durch die Hausgesinnung der deutschen Fürsten gegeben. Namentlich hatte der Zusammenhalt Oesterreichs und Preußens am Ende des 17. und 18. Jahrhunderts zu einer frischen Entfaltung gemeinsamer Kräfte geführt

---

[1] Häußers Deutsche Geschichte I. 73—78.

und die Bedeutung des Reiches vor Europa wieder gehoben. Dieser Zu=
sammenhalt war durch die Feindschaft Friedrich II. gegen Oesterreich und
durch die neue Stellung, welche er Preußen gegeben hatte, zerfallen und es
war nicht vorauszusehen, wie die föderativen Einrichtungen des Reiches, seine
Organe in Gehalt und Form sich von innen heraus entwickeln sollten.

Nach dem Hubertsburger Frieden wirkte die Verbitterung Oesterreichs
und Preußens noch eine Zeit nach, aber von 1766 an erfolgte eine An=
näherung und es erschien für Deutschland wie für Europa von Bedeutung,
daß der junge Kaiser mit Friedrich II. zweimal und anscheinend in voller
Freundschaft und Verständigung zusammenkam: 1769 zu Neisse in Schlesien
und 1770 zu Neustadt in Mähren.[1] Diese Zusammenkunft wurde jedesmal
als eine große Staatsangelegenheit betrachtet, von den Fürsten und Ministern
berathen und lange vorbereitet. Die Absicht war eine politische, aber das
Resultat blieb trotz der gegenseitigen Huldigung und der vertraulichen Gespräche
geringfügig. In Neisse (25.—29. August 1769) wechselten die beiden Fürsten
zwei Briefe aus, in velchen sie die volle Versöhnung zwischen Oesterreich und
Preußen ausdrückten und sich für den Fall eines Krieges zwischen England
und Frankreich die Neutralität in Deutschland zusagten. Die zweite Zusammen=
kunft (3.—7. September 1770) war ein Gegenbesuch des Königs von Preußen
auf österreichischem Boden. Sie wurde zunächst veranlaßt durch die polnische
Angelegenheit und den russisch=türkischen Krieg. Auch Fürst Kaunitz kam
nach Neustadt und die Fürsten einigten sich für eine gemeinsame Friedens=
vermittlung zwischen Rußland und der Pforte. Die nächste Folge davon war,
daß Oesterreich, als Katharina diese Vermittlung ablehnte, das Bündniß
mit der Pforte (7. Juli 1771) schloß. Josef II. hat in Neisse und Neustadt
nur als Mandatar der Kaiserin und des Fürsten Kaunitz gesprochen und
gehandelt, aber es war doch von Erfolg, daß der alte König in dem jungen
Kaiser einen freimüthigen Fürsten, ja einen ehrgeizigen Politiker voll Verstand
und Einsicht erkannte und eine durchaus günstige Meinung von ihm ge=
wonnen hatte.

Im Innern erstreckte sich die Reformthätigkeit des Mitregenten zunächst
auf die Geschäfte, die ihm zugewiesen waren: das Kriegswesen und die Finanzen.
Nach dem Tode Danns (1765) dachte Josef einen Augenblick daran, selbst
die Leitung des Kriegswesens zu übernehmen, aber es ging doch nicht an, daß
der deutsche Kaiser zugleich als Kriegsminister Oesterreichs eintrete. Als Präsident
des Hofkriegsrathes wurde nicht Laudon, nach der Meinung Friedrich II.
der einzige tüchtige Feldherr Oesterreichs, berufen, sondern Graf Moriz Lacy,
ein Fremder ohne Namen, welcher im Anfange des siebenjährigen Krieges einer
der jüngsten Obersten in der Armee war und nun über dreißig Generale hin=
weg die erste Stellung in der Armee erhielt. Daun hatte ihn empfohlen und

---

1) Arneth VIII. 154, 192. Beer, 47. Bd. Arch. f. österr. Gesch. 446,
Memoiren des Herzog Albert von Sachsen=Teschen, Ms., Josef II. und Friedrich II.
in Neustadt, Jahrbuch für vaterländische Geschichte 1860.

in der That schien die Wahl eine glückliche, denn Lacy war ein vortrefflicher
Organisator. Er sorgte für eine bessere Bekleidung, Bewaffnung und Aus=
rüstung der Armee, führte bei der Cavallerie ein neues Exercitium ein, ver=
einigte die oberste Verpflegsverwaltung mit dem Hofkriegsrathe, gründete den
Generalstab, ließ die Festungen des Reiches herstellen u. a. Seine Administration
brachte in die Armee ein neues Leben, rief aber in der Civilverwaltung [viel
Opposition hervor. Lacy kam selbst in kleine Conflikte mit dem Kaiser und
nahm 1774 seine Entlassung. Sein Nachfolger wurde wieder nicht Laudon,
sondern der General der Cavallerie Graf Andreas Habik. Josef hatte
an den Militärreformen lebhaften Antheil genommen, schien jedoch nicht be=
friedigt. Er klagte seiner Mutter, daß das Armeebudget nur 17,5 Millionen
betrage und kaum die Hälfte der Mannschaft marschfähig sei. Als die Armee
1778 ins Feld rückte, erschien sie weder so stark noch so versorgt und kriegs=
tüchtig, als Maria Theresia und Josef erwartet hatten.

Die österreichischen Finanzen waren im und nach dem siebenjährigen Kriege
in einem traurigen Zustande. Die Staatsschuld allein betrug 256 Millionen.
Auf Anregung Josef II wurden 1765 die Zinsen der öffentlichen und ständischen
Obligationen von fünf auf vier Procent herabgesetzt, aber bis zu einer Tilgung
der Schuld, oder bis zu einer Herstellung des Gleichgewichtes zwischen Ein=
nahmen und Ausgaben war noch ein weiter Weg. Dabei waren die Klagen
über die Verarmung allgemein; das Volk hoffte bei jeder Finanzoperation eine
Verminderung der Steuerlast und fand sich darin immer getäuscht. Der
Ministerrath vom 17. April 1766 schwankte zwischen theoretischen und praktischen
Fragen, während Kaunitz erklärte, das bestehende Finanzsystem vernichte den
Handel und die Industrie. Er forderte ein neues Zollsystem, die Unterstützung
der Industrie, eine Verbesserung im Münzwesen: erst nach mehreren Jahren
kam es zu praktischen Consequenzen. Im Staatsrathe fanden ernste Ver=
handlungen statt, denen der Kaiser und die Kaiserin beiwohnten, bis der
Präsident Hatzfeld 1769 mit seinem Finanzsystem Sieger blieb. Die neuen
Maßregeln bewährten sich, obwohl die Rüstungen 1771 und 1772 wegen
Polen und der Türkei abermals ein Deficit von acht Millionen veranlaßten.
Die Staatsschuld betrug 1771 254,2 Millionen, 1772 255,1 Millionen, aber
die Voranschläge von 1775—1778 zeigten eine Verminderung der Schuld
und eine Steigerung der Einnahmen. 1775 schien das Gleichgewicht zwischen
Einnahmen und Ausgaben hergestellt; es wurde ein Ueberschuß von 5,2 Mil=
lionen und 1778 von 4 Millionen ausgewiesen, ein Zustand, der in der
Finanzgeschichte Oesterreichs unerhört war und nicht lange gedauert hat, denn
der bairische Erbfolgekrieg verhinderte jede weitere Hoffnung. Noch 1778
wurde für die Armee ein Erforderniß von 44,8 Millionen eingestellt. Der
Großherzog von Toscana klagte 1779 dem Gouverneur von Triest über die
schlimme Lage des Staates[1]: der Finanzminister suche die Ausgaben überall

---

1) Graf Karl Zinzendorf, Wolf, geschichtliche Bilder aus Oesterreich II. 274.

zu vermindern, der Staat habe über 300 Millionen Schulden, der Civiletat koste jährlich mehr, die Regierung sei dem Militär völlig untergeordnet und dieses stelle excessive Verlangen.

Auch Josef II. war mit den finanziellen und staatswirthschaftlichen Zuständen unzufrieden und verurtheilte mit scharfen Worten die Kurzsichtigkeit der Staatsbeamten, welche nie einen Ueberblick über das Ganze hatten, oder aus ihrer Haus- und Wirthschaftsrechnung schlossen, was dem Staate noth thue.[1]) Josef II. war Prohibist mit einer physiokratischen Beigabe.[2]) Schon 1765 hatte er sich in einer Denkschrift ausgesprochen, alle ausländischen Waaren, mit Ausnahme der Gewürze, zu verbieten. Wie bekannt, ließ er einmal für viele Tausend Gulden fremde Uhren zerschlagen und die fremden Weine aus seinem Hause in das Krankenhaus bringen. „Der Ackerbau und die Industrie sind wichtiger als der Handel," schrieb er. Nach seiner Ansicht werde Oesterreich, das nur einen Streifen Seeküste besitze, niemals einen ausgedehnten Handel erwerben und die Handelsbilanz werde, wie bisher, passiv bleiben. Von Jahr zu Jahr legte er seiner Mutter umfassende Reformpläne vor, die mit viel logischer Schärfe und einer großen Detailkenntniß abgefaßt sind. Dabei stellte er immer das allgemeine Beste und die Nothwendigkeit durchgreifender Maßregeln voran. „Mein Eifer," schrieb er 1775 an Maria Theresia, „wird für das Vaterland und Euer Majestät Dienste niemals erkalten, aber zu großen Sachen zu gelangen muß man wohl einsehen und recht munter dreinschneiden, sonst geht es stückweise, wie wir sehen, gewiß nicht vor sich; zu viele particuläre Interessen verblenden den Bestdenkenden."

Das „munter Dreinschneiden" war jedoch nicht nach dem Sinne der Kaiserin, besonders nicht in den späteren Jahren. Die josefinischen Neuerungen schienen von so unerhörter Kühnheit, daß die Hofleute der guten alten Zeit bedenklich den Kopf schüttelten und die Kaiserin selbst zurückschrak. Der eine dieser Hofleute sagte zu ihr[3]): man suche geflissentlich ihr die Regierung zu verleiden, um sie von den Geschäften noch mehr zu entfernen und ihr das Scepter ganz zu entwinden; sie möge sich in christlicher Kraft aufraffen. So ernst war es Maria Theresia mit der Abdankung nicht, sie nahm auch nach der ersten flüchtigen Anwandlung die Zügel der Gewalt wieder auf und hielt sie fester als je, aber der frühere Lebensmuth, die innere Fröhlichkeit wollte nicht wiederkehren. Aus jener Zeit stammen die Klagen: „bin nicht mehr en vigueur, bin allein und verlassen, mein Muth fängt an zu wanken" u. a. Die alten Kräfte, die ihr gedient hatten, starben allmählich ab und mit den neuen konnte sie sich nicht verstehen. In den Ideen und Personen spiegelte sich der Gegensatz der alten und neuen Zeit ab und dieser Gegensatz spielte in den Staatsrath, in die Ministerien und in die Stellung zu den Ständen und Provinzen

---

1) Hock-Biedermann a. a. O. 550.
2) Roscher, Geschichte der Nationalökonomik 1874, 467.
3) Khevenhüller, Tagebuch, 21. Februar 1771.

hinein. Das eigenthümliche Verhältniß zwischen der Herrscherin und dem Mit=
regenten brachte zwar in die oberste Staatsleitung nicht den Dualismus, aber
einige wesentliche Reformen kamen ins Stocken und sogar die äußere Politik
wurde unsicher und schwankend. In der inneren Verwaltung gab Maria

Maria Theresia als Wittwe. Nach dem Kupferstiche von Adam.

Theresia häufig dem Kaiser nach, beson= ders wenn Kaunitz dessen Meinung un= terstützte. 1771 setzte es Kaiser Jo= sef durch, daß das Ministerium mit neuen Männern be= setzt wurde: Hatz= feld, welcher fünf Stellen in seiner Hand vereinigt hatte, wurde Prä= sident des Staats= rathes, Blümegen Oberstkanzler, Leo= pold Kolowrat Kammer= und Bank= opräsident, Graf Pergen Vicepräsi= dent; Binder trat aus dem Staats= rathe, Kressel, Löhr, Gebler, Eger kamen in den Staatsrath. In Folge der An= regung des Kaisers erhielt der Staats= rath, der bisher der einheitlichen Leitung und einer bestimm= ten Instruction ent= behrte, das neue

Statut vom 12. Mai 1774, welches denselben wieder lebensfähig machte.
So oft auch die Kaiserin die Vorschläge Josefs genehmigte, in den
Punkten, welche die Toleranz und das Verhältniß des Staates zur Kirche
betrafen, war eine Verständigung zwischen ihnen unmöglich. Maria Theresia
betrachtete die katholische Kirche nicht nur als die allein selig machende, sondern

ebenso als die allein berechtigte. Sie haßte die Toleranz, die Aufklärung, die Philosophie und den Indifferentismus. Sie beklagte das Verderbniß der Sitten, das Lossagen von der positiven Religion, das Streben nach allgemeiner Freiheit und insbesondere die aufklärerischen Gelehrten und Philosophen, die nach ihrer Meinung jedes sittlichen Halts entbehrten und durchaus schlechte Väter, schlechte Söhne und Gatten, Minister und Bürger seien.[1] Sie rügte an Josef das Streben nach einer freien Religionsübung, welche kein katholischer Fürst anstreben könne, nach einer allgemeinen Freiheit und nach der Vernichtung der Großen unter dem Vorwand: „den mehreren Theil zu erhalten". Als Josef II. in die Schweiz reiste und in einem Briefe das Wort „Toleranz" gebrauchte, antwortete sie ihm[2]: „Nichts ist so nothwendig und heilsam als die Religion; willst Du, daß sich Jeder eine Religion nach seiner Phantasie bilden soll? Kein bestimmter Cultus, keine Unterwerfung. Ruhe und Zufriedenheit würden aufhören, das Faustrecht und andere schreckliche Zustände würden wiederkehren. Ich will keinen Verfolgungsgeist aber noch weniger Indifferentismus und Toleranz. Ich wünsche zu meinen Ahnen hinabzusteigen mit dem Troste, daß mein Sohn ebenso religiös denkt wie seine Vorfahren, daß er zurückkomme von seinem falschen Raisonnement, von den schlechten Büchern, daß er nicht Jenen gleiche, die ihren Geist glänzen lassen auf Kosten alles Dessen, was heilig und ehrwürdig ist und eine imaginäre Freiheit einführen wollen, die in Zügellosigkeit und Umsturz übergehen kann." In dieser Beziehung vermochte Josef seine Ueberzeugung nicht zu ändern. Als sich 1773 in Innerösterreich und 1777 in Mähren viele Bürger und Bauern zum Protestantismus bekannten, verlangte Josef Glaubensfreiheit und verurtheilte das Vorgehen der Regierung, welche nach den bestehenden Strafgesetzen gegen die Abtrünnigen einschreiten wollte, auf das Schärfste. „Die Befehle der Regierung," schrieb er seiner Mutter[3], „wegen der Protestanten in Mähren sind gegen die Grundsätze unserer Religion und einer guten Verwaltung, ja gegen den gesunden Verstand. Um die Leute zu convertiren, will man sie zu Soldaten machen, in die Bergwerke und zu den öffentlichen Arbeiten schicken; das ist nicht geschehen zur Zeit der Verfolgung bei Beginn des Lutheranismus. Ich erkläre positiv, wer dieses geschrieben, ist unwürdig zu dienen, ein Mann, der meine Verachtung verdient." Da auch Kaunitz zur Mäßigung rieth, ließ sich Maria Theresia 1779 und 1780 zu milderen Maßregeln bewegen: die Urheber des Abfalles sollen nach Ungarn oder Siebenbürgen verwiesen, der öffentliche Gottesdienst nicht gestattet werden, aber die Regierung soll ohne weitere Untersuchung auf das Volk nur durch einen milden Unterricht wirken.

Auch in der Frage der Agrarreform wollte Josef rascher vorwärts gehen als seine Mutter und die Mehrzahl der Minister. Nur seinem Willen und

---

1) Instruction für den Erzherzog Maximilian, 1774, Ms.
2) Juli 1772, Briefwechsel II. 146, 157.
3) 23. September 1777, II. 160.

seinem Drängen war es zu danken, daß der schwer bedrängte Bauernstand
in jenen Jahren eine größere persönliche und dingliche Freiheit erhalten hat.
In den deutschen Ländern Oesterreichs ob und unter der Enns, in Steiermark
und Kärnten bestand bereits das Verhältniß einer gemäßigten Unterthänigkeit[1]),
und die Lage des Bauernthums war eine erträgliche, aber in den slavischen
Ländern, in Böhmen und Mähren, hatte die Unterdrückung des Bauernstandes
durch die Grundherren und ihre Amtsleute bedeutend zugenommen. Als 1769
eine Schilderung der Verhältnisse in Böhmen an den Staatsrath gelangte,
schrieb Gebler: „Mit Erstaunen, ja mit wahrem Grausen und peinlicher innerer
Rührung ersieht man das äußerste Elend, in welchem der arme Unterthan
durch die Bedrückung seiner Grundherren schmachtet." Maria Theresia dachte
an die Aufhebung der Leibeigenschaft, aber die Durchführung schien weder
durch die Stände noch durch die Regierung möglich. Josef selbst schwankte
eine Zeit, denn es fehlte jede sichere Kenntniß der Leibeigenschaft, der Hörigkeit
und des Ausmaßes der Zahlung oder der Dienste an den Grundherrn, obwohl
seit 1749 wegen des Katasters der herrschaftliche und bäuerliche Besitz satirt
war. Die Regierung entschloß sich zunächst zu einer Urbarialreform und
damit zur Robotregulirung. 1766 wurde diese bäuerliche Reform in Ungarn,
1769 in Schlesien und 1771 in Böhmen begonnen. Die Urbarialcommission
für Schlesien bestimmte zuerst die Herabsetzung der Robot auf ein oder zwei
Tage und die Einführung von Grundbüchern. In Steiermark erfolgte eine
ähnliche Verfügung 1771, in Krain 1772, in Mähren 1775, aber in Böhmen
stieß die Regierung, als sie die Agrarreform in die Hand nahm, auf den
Widerstand der reichen abligen Grundherren und damit auch der Stände. Selbst
die Hofkanzlei, damals unter Graf Rudolf Chotek, erklärte sich gegen jedes
neue Robotgesetz, als der Landesverfassung entgegen; das Patent von 1738
sei genügend, die Ueberbürdung der Bauern käme überhaupt nicht von den
Grundlasten, sondern von den Staatssteuern her. Maria Theresia, Josef
und der Staatsrath hatten jedoch darüber andere Ansichten. Vorerst suchte
man der Willkür, welche sich die Grundherren seit 40 Jahren angemaßt hatten,
einen Zaum anzulegen. Eine Verordnung von 1770 verbot den Grundherren
den Vorkauf, den Dienstzwang, die Geldstrafen, die Abnahme von Gebühren
für Heirathen oder den Betrieb eines Gewerbes, den Ankauf der Bauern=
gründe u. a. Aber wie dem Uebel an der Wurzel abzuhelfen sei, darüber
waren weder die Kaiserin und Josef, noch die Minister und der Staatsrath
einig und die Berathung schleppte sich noch Jahre hinaus. In der Urbarial=
commission, welche Maria Theresia für Böhmen berufen hatte, wollte der
Eine mehr den Gutsherrn, der Andere mehr den Bauer begünstigen und die
böhmischen Stände verbaten sich (27. October 1773) jede Regelung der Lasten
der Bauern von Seite des Staates. Erst als die Regierung fest blieb, trugen
sie einen Vergleich an: Grundherren und Unterthanen sollen sich freiwillig

---

1) R. Peinlich, z. Geschichte der Leibeigenschaft und Hörigkeit in Steiermark, 1881.

vereinbaren, und wo dieses nicht möglich wäre, solle das Kreisamt nach den alten Urbaren und nach dem Herkommen Vergleiche finden; das gesetzliche Maximum könne in sechs Hand= und sechs Robottagen in der Woche bestehen. Josef und Maria Theresia nahmen theilweise diesen Vergleich an. Eine kaiserliche Verordnung, vom 7. April 1774, gestattete die freie Vereinbarung, aber nur in einer Frist von sechs Monaten; wo sie nicht stattfinden könne, sollte eine staatliche Urbarialcommission entscheiden und zugleich soll an die Bauern eine Anleitung, ein „Unterricht" als ein Regulativ der Unterthans= verhältnisse vertheilt werden. Auf den Kron= und Jesuitengütern wurde die Frage der Leibeigenschaft und der Robot im friedlichen Uebereinkommen gelöst; auch einige Gutsherren, so ein Graf Trautmannsdorf und der Abt von Klosterbruck bei Znaim verglichen sich mit ihren Unterthanen. Die meisten Grundherren hofften jedoch eine zwangsweise Vereinbarung noch vereiteln zu können, so daß sich Maria Theresia 1775 äußerte: „Mit den Ständen ist nichts zu richten, haben keine Köpfe, keinen Willen, man muß vorschriftlich vorgehen." Die Regierung kam aber selbst zu keinem festen Entschluß und die Bauern verloren dadurch alle Hoffnung auf eine Besserung ihrer Ver= hältnisse. Gerüchte verbreiteten sich, die Kaiserin habe die gänzliche Aufhebung der Frohnde befohlen, der Adel und die Beamten hätten jedoch das Patent unterschlagen.

Die Bauern im Norden Böhmens entschlossen sich zur Selbsthülfe. Es kam zu Unruhen und einem Bauernkriege, welcher die volle Aufhebung der Robot erzwingen wollte. [1] Die ersten Unruhen brachen 1775 in den Gemeinden bei Trautenau und Braunau aus und verbreiteten sich rasch bis in die Niederungen der Elbe. Die Führerschaft übernahm Matthias Chwojka, ein junger beredter Mann, der einige Jahre studirt hatte und lateinisch und deutsch sprach. Er führte in die schlecht bewaffneten Haufen einige Disciplin ein, schickte Agenten aus und befahl in zwei Scharen nach Prag zu ziehen. Auf dem Wege wurden Schlösser, Kirchen und Amtshäuser geplündert, Geistliche und Grundherren mißhandelt. Der Hauptschwarm rückte unter Chwojkas Führung zuerst gegen Chlumec; aber die Bürger vertheidigten die Stadt und es gelang einem Trupp Soldaten nach einem kurzen Kampfe, die zügellose Masse in die Flucht zu jagen. Andere Rotten zogen über Pardubitz gegen Podiebrad, nahmen hier Zuzüge auf und rückten etwa 5000 Mann stark gegen Prag. Die Wiener Regierung kam in große Verlegenheit, umsomehr, da sich auch in Mähren, in Steiermark und Oesterreich eine bedenkliche Gährung zeigte; sie war aber entschlossen, den Aufstand mit aller Gewalt zu unterdrücken. Sie bot alle Truppen in Böhmen, etwa 40,000 Mann, auf, und schickte noch vier Regimenter Cavallerie. Sie kamen jedoch zu keiner Ver= wendung. Prag war wohl besetzt, die Thore geschlossen. Der Oberstburggraf Graf Nostitz wollte die Bauern bei Lieben bewegen, auseinanderzugehen, aber

---

[1] Svátek, Kulturhistorische Bilder aus Böhmen, 189—205.

die Anführer erwiderten ihm trotzig: „Wir wollen die Freiheit!" Als jedoch der Haufen vor den Mauern der Stadt erschien, trieb ihn ein Regiment Dragoner aus einander. Die Flüchtigen wandten sich gegen Norden, wurden dann bei Mühlhausen abermals versprengt, und die Bauernrevolte war zu Ende. Einige Anführer waren schon bei Prag gehängt worden, die Gefangenen kamen vor eine Untersuchungscommission, einige wurden zu Gefängniß und Schanzarbeit verurtheilt, die Meisten erhielten Pardon. Chwojka oder der Bauernkaiser, wie man ihn spöttisch nannte, verantwortete sich, daß er gepreßt worden und die Bauern von Gewaltthaten zurückgehalten habe; aber er wurde verurtheilt und erst nach einer achtjährigen Haft frei entlassen. Im Gefängnisse verfaßte er ein Gedicht über die böhmische Bauernrebellion, das zweiundsiebzig Strophen zählte und sich eine Zeit im Gedächtniß des Volkes erhalten hat. Wohl kamen noch im Sommer 1775 kleine Aufstände vor, wurden jedoch im Keime erstickt. Die letzten Spuren der Bewegung wurden vertilgt, als eine Hofcommission mit dem General Graf Wallis an der Spitze eine Untersuchungsreise von Herrschaft zu Herrschaft antrat und die Robotverhältnisse nach dem Patente regelte.

Die Kaiserin war von Alledem tief erschüttert, umsomehr, als die Behörden von Prag berichteten, die Bewegung trage einen hussitischen Charakter und preußische Agenten hätten die Bauern im Norden von Böhmen aufgestachelt, aber sie konnte bei dem Gegensatze der Parteien selbst im Schooße der Regierung zu keinem sicheren Entschluß kommen. „Seit fünf Jahren," schrieb Josef an seinen Bruder Leopold,[1]) „ködert die Regierung die Unterthanen mit Erleichterungen, ohne sie ihnen zu Theil werden zu lassen und bedroht die Grundherren mit Herabsetzung der Robot, ohne sie ihnen wirklich aufzuerlegen; die Ungeduld erfaßt die Einen, die Intrigue bemächtigt sich der Andern, Diese drängen, Jene verhindern, man macht die Kaiserin verwirrt. Mehr als zehnmal hat sie es über sich genommen, die Entscheidung der Dinge zu befehlen, und immer haben andere Personen sie im Schwanken zurückgehalten und sogar widerrufen gemacht."

Im Verlaufe der Frage kam es so weit, daß die drei Persönlichkeiten, welche die oberste Gewalt in Händen hielten, Maria Theresia, Josef und Kaunitz ausscheiden wollten, bis es endlich Josef gelang, die Kaiserin zu einer Anerkennung der „billigsten und vernünftigsten Grundsätze" zu bringen. Das Robotpatent vom 13. August 1775 maß die Robot nach dem Steuergulden aus auf ein, zwei oder drei Tage in der Woche. Die Grundherren und Grundholden können durch gütlichen Vergleich die Robot in einen Geld- und Naturalzins verwandeln. Für die Grundsteuer zahlt der Unterthan zwei Procent vom Kapitale und vierzig Procent von seinen Einkünften, die Grundherren die Hälfte. Einige drückende Steuern wurden aufgehoben. Das Gesetz erschien gegen das Patent von 1738 als ein Fortschritt, aber weder der Bauer

---

1) Juli 9. August 1773, Briefwechsel, II. 71, 81, 82.

noch der Grundherr war damit zufrieden, umsomehr, als die Ausführung vielen Schwierigkeiten begegnete. Ein neues Patent vom 1. Mai 1777 bestimmte den Preis für die Ablösung der Arbeitstage und ein drittes von 1778 normirte als Maximum der Robot drei Tage in der Woche. Maria Theresia war sich durchaus klar über die Ziele und Parteien, aber sie wagte es nicht, gegen die reiche und mächtige Aristokratie in Böhmen und Mähren aufzutreten. „Die Bauern,“ schrieb sie[1]), „sind durch die Excesse der Grundherren auf das Aeußerste gebracht; diese Letzteren aber haben während der sechsunddreißig Jahre, die ich sie regiere, sich gerade so wie jetzt aus der Sache zu ziehen und es so anzustellen gewußt, daß man niemals ins Klare komme, der Unterthan aber noch fortan in der bisherigen Unterjochung gehalten werde. Ich glaube, daß wenn der Kaiser, ich sage nicht mich unterstützen, aber nur neutral bleiben wollte, ich noch ans Ziel kommen könnte, die Leibeigenschaft und die Frohnen abzuschaffen.“ Die Patente von 1775 und 1777 bezeichnen einen wichtigen Fortschritt für die Agrarreform, denn die Bauern hatten, was sie 1680 und 1775 verlangt hatten, eine gelinde Robot und einen gesetzlichen Schutz, bis Josef als Alleinherrscher die Reformen abermals aufnahm.

Einen wesentlichen Factor in der Geschichte jener Jahre der Mitregentschaft bilden die Reisen, welche Josef theils für seine eigenen Kenntnisse, theils für politische Zwecke unternommen hat. Gewöhnlich reiste er als Graf Falkenstein mit geringem Gefolge und ohne Hofprunk, und in Oesterreich ist nicht leicht ein Winkel Landes, den er nicht besucht hat. Er lernte Land und Leute, staatliche und sociale Zustände aus eigener Erfahrung kennen und die Berichte, die er darüber seiner Mutter geschrieben hat, bieten deßhalb ein eigenthümliches Culturbild des Volkes von Oesterreich, umsomehr, als er sich nicht blos mit dem Adel und den Schlössern, sondern vorzugsweise mit der Lage des Landvolkes beschäftigte. Schon 1764 machte er mit seinem Bruder Leopold einen Ausflug nach den ungarischen Bergstädten und dann nach Böhmen. Im nächsten Jahre sah er Tirol, Kärnten und Steiermark, im April 1768 ging er nach Ungarn, 1769 nach Italien. In Wien erzählte man, er wolle in Turin oder Modena eine zweite Frau suchen, aber die Gründe, welche ihn dazu bewogen, waren die Papstwahl und der Wunsch seiner Mutter, dem Könige und der Königin von Neapel Rathschläge über ihr Privatleben zu ertheilen. Er verweilte nur einige Tage, aber er bezauberte Alle mit seinem offenen ehrlichen Wesen. Die Frau des österreichischen Gesandten in Neapel schrieb damals[2]): „Man kennt ihn in Wien nicht, aber ich habe ihn kennen gelernt und den besten Eindruck davon. Ich habe in ihm einen leutseligen, menschlichen, wahrhaften und ehrlichen Mann gefunden und vergebens suchte ich die harten Züge, die man mir von seinem Charakter erzählte. Er ist

---

1) 30. Jänner 1777 an Erzherzog Ferdinand. Arneth, Briefe Maria Theresia's an ihre Kinder und Freunde II. 66.
2) Gräfin Leopoldine Kaunitz an ihre Schwester Fürstin Eleonore Liechtenstein, 7. April 1769.

freundlich für seine Leute, viel mehr als vir, und das nicht zum Schein, sondern aus gutem Herzen. Er haßt jede Betrügerei, jede Falschheit, jede über-
triebene Empfindlichkeit und das Ueberheben wegen des Ranges. Unsere
großen Herren und Adeligen werden im Allgemeinen nicht so regiert werden,
als sie es wünschen; aber er wird die Gerechtigkeit erheben und ein Vater
der Armen, nicht der Müßiggänger sein; er wird das allgemeine Wohl voran-
stellen und von Allen das Gleiche verlangen. Nicht ein Gott oder Engel
wird uns beherrschen, sondern ein Mensch und als solcher wird er alle guten
Eigenschaften eines Regenten haben." Wie erwähnt, besuchte er 1769 den
König von Preußen im Lager bei Neisse. Auf dem Wege durch Mähren traf
er auf dem Felde der Liechtensteinischen Herrschaft Posowitz einen Bauern,
der ackerte. Josef stieg aus dem Wagen und führte durch einige Furchen den
Pflug mit eigener Hand. 1770 traf er mit Friedrich II. auf österreichischem
Boden in Mähren zusammen, 1771 war er wieder in Böhmen und sah die
Leiden des armen hungernden Volkes. 1773 ging er nach Siebenbürgen und
Galizien. 1774 unternahm er seine zweite italienische Reise und 1777 die
Reise nach den Niederlanden und Frankreich. Bekanntlich erregte der Kaiser
in Paris durch seine Einfachheit und Offenheit große Sensation: der Hof, der
Adel, die Akademie und die Fischweiber huldigten ihm. Er hat das gute
Einvernehmen zwischen Oesterreich und Frankreich befestigt und den König und
die Königin einander näher gebracht, was der Hauptzweck war. Dabei studirte
er eifrig die französische Verwaltung und die Folge war die Gründung einer
Reihe von humanitären Instituten in seiner Heimath. Den Rückweg nahm
er durch die Schweiz, wo er Haller und andere Gelehrte besuchte, aber
nicht Voltaire in Ferney, was von Maria Theresia und Kaunitz sehr
gut aufgenommen wurde. 1780, im Todesjahre seiner Mutter, machte
er die Reise nach Rußland, welche für seine äußere Politik so verhängnißvoll wurde.

II. Die Jesuiten und die Schulreform.

Die theresianische Regierung mußte in ihrer Reformthätigkeit auch jene Kreise treffen, in welchen sich Staat und Kirche berührten. Die Anregung dazu ist von Maria Theresia, von der Hofkanzlei und dem Staatsrathe ausgegangen, denn Josef II. hat als Mitregent keinen direkten Einfluß auf diese Angelegenheiten genommen. In der That waren in Oesterreich auf dem kirchlichen Boden Zustände vorhanden, welche an das Ausgreifen der Kirchen= gewalt im Mittelalter und in der finstern Zeit der Gegenreformation erinner= ten. Die österreichischen Regenten hatten oftmals ihr Oberaufsichtsrecht und sogar ein Reformationsrecht geltend gemacht, aber diese Rechte waren ver= fallen und von der kirchlichen Gewalt überwuchert. Das Verhältniß der Bischöfe zur Regierung, die Ausdehnung ihrer Sprengel, die Eintheilung der Pfarren, das alte und neue Klosterwesen, die geistliche Gerichtsbarkeit, der große Güterbesitz und der Aberglaube, welchen die Kirche duldete und be= günstigte, erforderten eine neue Gesetzgebung, und, weil diese von der Kirche nicht zu erwarten war, von Seite des Staates. Damit eröffnete sich die Bewegung, welche man später Josefinismus genannt hat; aber sie ist nicht in Oesterreich entstanden und blieb nicht auf Oesterreich beschränkt, denn sie durchflutete damals das ganze katholische Europa.

Die Spuren der kirchlich=politischen Reformthätigkeit finden sich schon unter Josef I. und Karl VI., in der theresianischen Zeit seit den Fünfziger= jahren. Cardinal Hŕzan, der Vertreter Oesterreichs am römischen Hofe, be= richtete, das System der österreichischen Regierung in geistlichen Angelegen= heiten hätte sich seit 1745 geändert[1]). Im Beginn zielten die Bemühungen der Regierung nur dahin, die Strafgewalt und die Gerichtsbarkeit des Klerus zu beschränken, den Anwachs des Kirchengutes zu verhindern und in der Verwaltung desselben, welche bisher der Kirche anheim gestellt war, eine entscheidende Stimme zu führen. In der mehrmals erwähnten Denkschrift, in welcher Maria Theresia von ihren Regierungsmaximen, von dem Nutzen und der Nothwendigkeit ihrer Reformen spricht, gedenkt sie auch der Frömmig= keit ihrer Ahnen und der großen Vergabungen derselben an die Geistlichkeit. Sie fügte hinzu: ihre Nachkommen mögen jene Frömmigkeit bewahren, allein mit solchen Gaben inne halten, weil die Geistlichkeit ihrer nicht mehr bedürfe, und was sie besitze, „leider nicht so anwende, wie sie sollte und nebenbei das Publikum sehr bedrücke, welches Alles einer großen Remedur noch erfordern

---

1) Brunner, theologische Hofdienerschaft 1868, 314.

werde, was mit der Zeit und nach guter Ueberlegung ich weiter auszuführen
gedenke. Die Reform würde mit Zuziehung von Weltlichen vorzunehmen und
dabei zu bedenken sein, was dem Gemeinbesten, nicht aber was den Geistlichen,
Mönchen und Klöstern zum Nutzen gereicht." Das Oberaufsichtsrecht über
die Verwaltung des Kirchenvermögens wurde von 1750 an der Hofkanzlei
übergeben. 1752 erklärte die Kaiserin, daß sie sich als suprema advocata
ecclesiarum berufen fühle, der Unordnung in der Administration des Kirchen=
vermögens ein Ende zu machen. Die milden Stiftungen, geistliche wie welt=
liche, wurden 1756 in Rücksicht auf ihren Vermögensstand untersucht und über
ihre künftige Verwaltung ein Regulativ erlassen. Von den Siebzigerjahren
an griff die theresianische Regierung weiter aus; sie wurde darin vom Staats=
rathe und der öffentlichen Meinung unterstützt. Der Bischof von Constanz
konnte 1770 an die Curie berichten, daß in Oesterreich die Opposition gegen
die alte Form der Kirchenverfassung und Verwaltung von unten hinauf bis in
die Ministerien reiche. Fürst Kaunitz hatte damals eine Reihe von Denk=
schriften über die Kirchenfreiheiten, den Primat, die Grenzen der Staats= und
Kirchengewalt, die Besteuerung der Kirchengüter, die Beschränkung der Zahl
und des Vermögens der Geistlichen, über die Verminderung der Feiertage und
sogar über die Lehre und innere Disciplin der Kirche verfaßt[1]). Maria
Theresia war als eine fromme katholische Frau der Curie ergeben. Niemals
würde sie eine Zustimmung gegeben haben, die Kirche vom Staat aus zu
reformiren oder in die Lehre und das Dogma einzugreifen, aber sie ließ sich
herbei, die geistliche Reform, wenn sie vom Staatsrathe als „gute und nütz=
liche Neuerung" erkannt wurde, in die Hand zu nehmen. Die Vorberathung
geschah durch eine Commission von geistlichen und weltlichen Mitgliedern,
welche die Kaiserin 1770 für die kirchlich=politischen Geschäfte eingesetzt hatte.
Von 1765—1780 wurden mit oder ohne Einwilligung der Curie Verfügungen
getroffen, welche in das autonome und wirthschaftliche Gebiet der Kirche ein=
griffen. Sie betrafen die Gerichtsbarkeit der Kirche über die Laien, die
Steuerleistung der Geistlichen und das Klosterwesen. Die älteren Gesetze,
welche die Veröffentlichung päpstlicher Bullen ohne Vorwissen und Genehmigung
der Regierung untersagten, wurden 1767 erneuert. Schon 1764 hatte die
Regierung einer päpstlichen Bulle, welche die Jesuiten gegen die Maßregeln
der Bourbonenhöfe vertheidigte, die Anerkennung versagt. Die Visitation der
Nuntien hörte auf, der Verkehr der Laien und Geistlichen mit Rom soll durch
das auswärtige Amt geleitet werden. Die Ehedispensen wurden den Bischöfen
zugewiesen, die Geistlichen verpflichtet, landesfürstliche Verordnungen von der
Kanzel zu verkünden, und die kirchlichen Verordnungen mußten der Regierung
vorgelegt werden. Maria Theresia setzte zweimal, 1754 und 1771, eine
Verminderung der Feiertage, deren Menge das Arbeits= und Verkehrsleben
hinderte, durch. Sie begehrte 1755, daß jede Excommunication der Regierung

---

1) Hock=Biedermann a. a. O. 48.

angezeigt werde und 1779 wurde jede äußerliche Kirchenbuße verboten. Die Stiftungen für Altar- und ewige Lampen sollten ungültig sein. Die Regierung bestimmte 1769 die Gebühren für kirchliche Functionen bei Heirathen, Taufen und Begräbnissen. Als der Bischof von Passau sich dagegen beschwerte, wurde erwidert, der Landesfürst habe das Recht, die Abgaben seiner Unterthanen zu regeln. Die Opfergänge wurden für die Ostern, Pfingsten und die Kirchweihtage eingeschränkt; die Umgänge, wenn nicht das Kirchengesetz einen besonderen Tag bestimmte, auf die Sonn- und Feiertage verlegt. Der Mißbrauch der Gelderpressung und Zeitverschwendung war dabei groß; ein einziger Pfarrer in Krain hielt jährlich 67 Umzüge. Der Pfarrer darf sich nicht mehr die Kirchenalmosen aneignen; der Beichtkreuzer wurde verboten, die Wallfahrten außer Landes und jene, welche Tag und Nacht dauern, untersagt. Die bestehenden Bruderschaften wurden controlirt, die Errichtung neuer Bruderschaften verboten. Das geistliche Asylrecht wurde 1775 beschränkt. Die Gerichtsbarkeit der Kirche über die Laien hörte auf, nur in Ehesachen blieben diese den bischöflichen Consistorien unterworfen. Diese behielten nur eine gewisse Strafgerichtsbarkeit über die Geistlichen, der Strafproceß für die Laien gehörte vor das weltliche Gericht. Der Klerus verlor alle Freiheiten, deren Titel er nicht nachweisen konnte. Er mußte als Grundbesitzer die Grundsteuer ebenso leisten wie der Edelmann, freilich auch mit der Begünstigung, welche das Adelseigenthum genoß. Die Steuerfreiheit hörte dem Namen nach auf. Früher hatte der Papst von 15 zu 15 Jahren die Zahlung eines Zehents von 2 Millionen bewilligt. Seit 1768 legte die Regierung die Steuer ohne diese Bewilligung auf. Man dachte sogar daran, alle Güter, welche der Klerus seit 1760 erworben, gegen eine Vergütung von zwei Procenten einzuziehen.

Besonders war es die Klosterfrage, welche die Kaiserin und ihre Staatsmänner lebhaft beschäftigte. Das Ansehen der Klöster sank in dieser praktisch nüchternen Zeit immer mehr und mehr. Ihre Organisation, ihre Stellung zur Weltgeistlichkeit, die Anhäufung des unbeweglichen Eigenthumes und andererseits die zerrüttete Geldwirthschaft einzelner Klöster gaben stets neuen Anlaß zum unmittelbaren Eingreifen der Staatsgewalt. 1769 und 1770 wurde das Projekt besprochen, dem gesammten Regularklerus die Verwaltung seiner Güter abzunehmen und jedem Ordensgeistlichen einen Jahresgehalt anzuweisen. Der Nuntius berichtete darüber an die Curie und machte der Kaiserin Vorstellungen, bis sie 1771 in einem Briefe dem Papste versprach, so viel als möglich die Reform der geistlichen Orden zu verhindern. Das hielt sie jedoch nicht ab, das Klosterwesen einzuschränken. Die Zunahme der Klöster wurde untersagt. Das Gesetz vom 9. December 1770 beseitigte die Klosterkerker, jenes vom 16. Jannar 1771 beschränkte das Strafrecht der Ordensobern, ein anderes 1776 untersagte die Aufnahme neuer Mitglieder in die sogenannten dritten Orden. Trotz des Widerspruches der Curie wurde das achtzehnte Jahr das Normaljahr zum Eintritt in einen Orden und das vierundzwanzigste Jahr zur Ablegung der Gelübde bestimmt, während das Trienter Concil den Eintritt

nach dem sechzehnten Jahre gestattete. Eine lange Reihe von Gesetzen und
Verordnungen zielt auf die Einschränkung insbesondere des klösterlichen Besitz=
erwerbes hin, die alten Amortisationsgesetze wurden erneut, der Ankauf von
Landgütern durch die Geistlichkeit ohne Regierungsbewilligung nicht gestattet.
Den Bettelcien der Mendicanten wurde eine Schranke gesetzt, den Klöstern die
Abschließung von Leibrentenverträgen untersagt. Die Regierung bestimmte die
Summe, welche Novizen in ein Kloster mitbringen durften. Um den Klagen
über Erbschleicherei zu begegnen, wurde den Ordensgeistlichen untersagt, Laien=
testamente niederzuschreiben oder als Zeuge einer letztwilligen Anordnung bei=
zuwohnen. Ein Gesetz von 1779 verfügte, daß alle Testamente von Ordens=
geistlichen der Landesstelle vorgelegt würden, damit alle gesetzwidrigen und
„unnöthigen“ Vermächtnisse verhindert werden könnten. Einige Verordnungen
betrafen die Geldverschleppungen von Klöstern und die Anlegung von Kapita=
lien in fremden Ländern. Den Ordensobern wurde das Recht der Verfügung
über das Vermögen der Mönche entzogen. Die Provinzialkassen der Orden
wurden aufgehoben[1]).

Auf die Anregung einiger Bischöfe ging die Regierung daran, den alten
Aberglauben und Wunderglauben auszurotten. Die Volksspiele, welche zum
„allgemeinen Aergerniß“ Anlaß gaben, so das Sommer=, Winter=, Weihnacht=
und Sonnwendspiel, der Aufzug der heiligen drei Könige, das Neujahrsingen,
das Pfingstsonntagreiten wurden verboten; ferner das Kreuzschleppen und
Geißeln an öffentlichen Orten, die Johannisfeuer, das Läuten bei Gewittern,
das Aushängen von geweihten Palmzweigen, von Wurzeln, Kräutern und
Blumen an den Thüren und Fenstern, der Handel der Geistlichen mit Wachs=
kerzen und Amuletten, die geweihten Rosenkränze, das Exorciren u. a. Im
Kalender wurden 20 Feiertage, die Aderlaß=, Schröpf= und Badetage ge=
strichen. Viele dieser Verordnungen wurden nicht ausgeführt, das Volk hing
an seinen Gebräuchen und Vorurtheilen; die Verminderung der Feiertage er=
regte in Stadt und Land Anstoß und Widerstand. Eine Generation mußte
vergehen, bevor die bürgerlichen Wirkungen dieser staatlich=kirchlichen Polizei
fühlbar wurden.

Ein Einverständniß mit der Curie wurde nicht immer erzielt und es
scheint unglaublich, wie lange die Verhandlungen selbst über geringfügige und
nothwendige Dinge, z. B. über die Verminderung der Feiertage und das
Asylrecht gedauert haben. Aber Maria Theresia war eine ergebene Tochter
der Kirche, sie dachte nicht daran, die Nebenregierung der Hierarchie, wie jene
der Stäube wegzuschieben und suchte in allen Fragen der Curie gerecht zu

---

1) Beidtel, Untersuchungen über die kirchl. Zustände 1849. Warnkönig,
Stellung der kath. Kirche im deutschen Reiche 1856. Perthes=Springer, politische
Zustände und Personen in Deutschland II. 50. 75. Theod. Kern, die Reformen
Mar. Theres. in Raumers hist. Taschenbuche 1869, 95—209. Arneth, a. a. O.
IX. 1—155.

werden. Zur Zeit Clemens XIII. vermochte sie nur wenig durchzusetzen,
man focht in Rom sogar den Titel apostolische Königin an, aber Clemens XIV.
(1769—1774) gab in den meisten Fragen dem Drängen der österreichischen
Regierung und namentlich des Staatskanzlers nach. Sein Nachfolger Pius VI.
befriedigte Maria Theresia, aber nicht Kaunitz und Josef, deren Gedanken
viel weiter gingen. Die meisten Fragen betrafen die Gründung neuer Bis=
thümer, denn die kirchliche Eintheilung war noch ganz mittelalterlich und
entsprach nicht mehr den Verhältnissen. Zu Salzburg gehörten die Bisthümer
von Brixen, Lavant, Gurk, Seckau, das Patriarchat von Aquileja erstreckte
seinen Sprengel bis zur Drau, der Bischof von Passau im Donauthale herab
bis zur ungarischen Grenze, Tirol zählte vierzehn Sprengel, das katholische
Schlesien gehörte zu Breslau, das Egerland zu Regensburg. Mit Einwilligung
der Curie errichtete Maria Theresia die neuen Bisthümer zu Görz, Brünn,
Leitmeritz und Königgrätz; Olmütz wurde ein Erzbisthum. Sie wünschte
später, als sich der protestantische Geist zu regen begann, ein neues Bisthum
für Schlesien und noch zwei Bisthümer in Budweis und Pilsen für Böhmen;
aber der Papst fürchtete den Widerspruch von Regensburg und Breslau, und
die Sache wurde verschleppt. In Ungarn wurde 1771 das griechisch = unirte
Bisthum in Munkacs errichtet; nur mußte der Bischof jährlich dem Nuntius
ein schriftliches Glaubensbekenntniß einsenden [1]); das Erzbisthum Gran wurde
in drei bischöfliche Diöcesen gegliedert, die Bisthümer von Stuhlweißenburg
und Steinamanger geschaffen (1777). Vornehmlich bemühte sich Maria Theresia
seit 1754, die griechischen Christen zur Union und damit zum Katholicismus
zu belehren, weil die Ungarn sie dazu aufforderten und russische Emissäre in
Ungarn die griechischen Christen zur Auswanderung veranlaßten.

In ihrem katholischen Eifer konnte sich Maria Theresia nicht ent=
schließen, den Protestanten in Oesterreich die bürgerliche Gleichberechtigung
und die Religionsfreiheit oder nur Duldung zu gewähren. In Deutsch=Oester=
reich zählte man ungefähr 20,000 Protestanten, meistens Bauern, denn vom
Adel waren nur wenige Familien in Niederösterreich evangelisch geblieben.
Die protestantischen Bauern wurden vielfach gedrückt, die Religionscommission
und die Missionäre entzogen ihnen die Bücher, hinderten den protestantischen
Unterricht und versuchten sie zum Uebertritt zu bewegen oder aus dem Lande
zu entfernen. Die Patente von 1726 und 1754 belegten den „Irrglauben“
mit schweren Strafen. Noch immer kam die zwangsweise Uebersiedlung pro=
testantischer Bauern nach Siebenbürgen vor. Erst als 1773 in Obersteiermark
sich 380 Personen und 1777 in Mähren 10,000 Bauern und Kleinbürger
als Protestanten meldeten, setzten Josef II. und Kaunitz eine mildere Be=
handlung durch, aber der protestantische Gottesdienst wurde nicht gestattet, die
Ehen mußten von katholischen Priestern eingesegnet, die Kinder katholisch ge=

---

1) Fiedler, zur Geschichte der Union der Ruthenen in Nordungarn; Sitz.=Ber.
b. kaiserl. Acad. XXXIX, 500.

tauft werden. In ganz Oesterreich blieben die Akatholiken von allen öffent=
lichen Aemtern ausgeschlossen, nur den Titel eines Doctors der Rechte, der
Medicin oder Philosophie konnten sie erwerben, als „ein Zeugniß ihrer
Wissenschaft." In Ungarn bildeten die Protestanten, ungefähr 3 Millionen,
eine geschlossene Partei; sie genossen die freie Ausübung ihrer Religion, aber
nicht mehr das Recht einer politischen Standschaft wie im 16. und 17. Jahr=
hundert. Seit der Revolution von 1731 konnten die Religionsbeschwerden
nicht mehr im Reichstage ausgetragen werden; sie blieben der Krone und
den Behörden überlassen, aber durch die gegenseitige Proselytenmacherei kam
der Kampf zwischen Protestanten und Katholiken niemals zur Ruhe. In
manchen Städten konnte kein Protestant Grundbesitz erwerben oder zu der
Zunft und dem Bürgerrecht zugelassen werden. Der katholische Eid, der
gesetzlich vorgeschrieben war, schloß die Protestanten von allen Reichsämtern
aus. Von 1681—1749 waren den Evangelischen 141 Kirchen entrissen
worden. Noch 1749 wurde ein förmlicher Inquisitionsproceß gegen den
Abfall vom katholischen Glauben festgesetzt, die Jesuiten brachten sogar einen
Fond für die Convertiten zusammen. Die Protestanten hatten vielfache Ur=
sachen, über die Feindseligkeiten der ungarischen Bischöfe und Behörden zu
klagen. 1751 brachen unter den Protestanten in der Theißgegend religiöse
Unruhen aus, die jedoch bald unterdrückt wurden. Obwohl es verboten war,
Religionsbeschwerden im Namen der Gesammtheit anzubringen, schickten die
Protestanten doch Deputationen nach Wien. Maria Theresia nahm solche
Bittschriften an, erklärte jedoch, daß sie nur in einzelnen Fällen helfen könne.
Erst in den letzten Jahren, als die Früchte einer neuen Cultur allgemein
wurden, nahm die ungarische Regierung mildere Grundsätze für die Protestanten
auf, aber eine freie bürgerliche Berechtigung erhielten dieselben erst 1790 und
1791. Am schlechtesten blieben die Juden gestellt. Sie waren aus Inner=
österreich seit 1496 verbannt und hier wie in Tirol bis auf wenige Köpfe
verschwunden. In Triest, in Görz, in Böhmen waren sie sehr zahlreich. Im
Anfang der Regierung (1744) war Maria Theresia entschlossen, die Juden
aus Prag und Böhmen auszuweisen; nur durch das Einschreiten der Stäube,
der städtischen Behörden und der Regierung ließ sie sich zum Aufschub dieser
Maßregel bewegen, die dann nicht wieder angeregt wurde. Die Juden=
ordnung von 1753 gestattete den Juden nicht, in Wien Häuser und Grund=
besitz zu erwerben, zu hausiren, wucherische Darlehen zu geben oder christliche
Diener, mit Ausnahme der Schreiber, aufzunehmen.

Die wichtigste kirchliche Frage, welche Oesterreich in jener Zeit berührte,
war die Angelegenheit der Jesuiten. Bekanntlich haben die katholischen Mächte
Portugal, Spanien und Frankreich den Krieg gegen die Jesuiten eröffnet und
trotz des Widerstandes des Papstes dieselben aus ihren Ländern abgeschafft.
Indessen blieb die Jesuitenfrage noch ein Jahrzent unentschieden und wurde
erst gelöst, als Papst Clemens XIV., um einem Schisma mit den katholischen
Staaten vorzubeugen, mit der Bulle „Dominus ac redemptor noster"

(21. Juli 1773) den Orden der Jesuiten auflöste [1]). Bischöfe und Staatsmänner, die Könige und ihre Regierungen waren überzeugt, daß die Jesuiten mit ihrer Organisation, mit ihrem kirchlichen und politischen Ehrgeiz und dem veralteten Wissen dem Staate und der Gesellschaft nicht mehr genügen konnten. Die Jesuiten waren die Vertreter des Katholicismus des Trienter Concils, der absoluten Gewalt der Curie, des sinnlichen Cultus und der romanischen Kunst in ihrer ärgsten Ausartung; ihre Moral erschien verhängnißvoll und ihre ratio studiorum von 1599 als ein Muster pädagogischer Verwirrung.

In Oesterreich hatten sich die Jesuiten aus den kleinen Anfängen des sechzehnten Jahrhunderts zu einer zahlreichen, mächtigen und reichen Gesellschaft entwickelt. Sie besaßen große Güter, Häuser, Mühlen, Weingärten; sie trieben Handel und Wechselgeschäfte, sie waren Pfarrer, Prediger, Beichtväter, Erzieher, Professoren, Censoren und geistliche Räthe. Sie hatten in Oesterreich drei Profeßhäuser, einundachtzig Collegien, acht Novizenhäuser, fünfundsechzig Seminare und Convikte, dreiundvierzig Residenzen und dreiundsechzig Missionen; in Ungarn, das zur österreichischen Provinz gehörte, achtzehn Collegien, neunzehn Residenzen und elf Missionshäuser. In Niederösterreich allein waren neun große Jesuitenanstalten. 1750 zählte der Orden in der „österreichisch-böhmisch und polnischen Provinz" 5600 Mitglieder, darunter 1976 Priester. Der Werth der Güter wurde auf 15,415,000 Gulden, in Innerösterreich allein auf sechs Millionen, das Gesammtvermögen auf 400 Millionen geschätzt. Vieles davon war frühzeitig ins Ausland gewandert. „Man spricht," schrieb Maria Theresia, „von 40 Millionen, welche sie seit 1757 nach England, Holland und Leipzig gesendet haben sollen." Trotz der gefürchteten Macht der Jesuiten fanden sich in Oesterreich vom Anfang des achtzehnten Jahrhunderts an Männer und Corporationen, welche mit Freimuth den Jesuiten entgegentraten. Schon 1712 und 1726 sollte eine Commission die Mittel vorschlagen, wie der Unterricht in den höheren und niederen Schulen zu verbessern sei. Diese Verbesserung wurde 1735 als dringend nothwendig erklärt, aber die Jesuiten kümmerten sich nicht um die Regierung. Sie ignorirten die Studienreform von 1735 und 1752 und noch von 1764. Die Societät fand ihren Unterricht überhaupt keiner Reform bedürftig und die Klagen über sie dauerten deßwegen bis zu ihrer Aufhebung fort. Unleugbar waren die Jesuiten in Oesterreich wie überall in Verfall gerathen, in der Disciplin und im Unterricht. Bischöfe, Weltgeistliche und Ordensprovinciale haben dies zugestanden. Sogar der Erzbischof Migazzi in Wien rügte ihre falsche Wissenschaft und Verweltlichung.

Der theologische Unterricht an den Universitäten war mit Ausnahme einiger Dominikaner ganz in ihrer Hand, ebenso die sogenannten philosophischen Studien und mehr als 200 Gymnasien. Aber wie war dieser Unterricht beschaffen? [2])

---

1) Text bei Theiner, epistolae Clem. XIV. 385—403.
2) H. M. Richter, Geistesströmungen 117, 118. Kelle, Die Jesuitengymnasien in Oesterreich 1873, 1876.

Die Jesuiten haben nicht einen Theologen von Bedeutung zurückgelassen. Die theologische Facultät hatte vier Jahrgänge. Die Vulgata war die Grundlage, das Hebräische wurde nur oberflächlich gelehrt, aber mit großer Sorgfalt die Dogmatik nach Thomas von Aquino und Soarins, die Controverse und Casuistik. Die philosophischen Studien hatten drei Jahrgänge: im ersten wurde aristotelische Logik und Mathematik, im zweiten Physik und Mathematik, im britten Geschichte und Metaphysik gelehrt, Alles lateinisch. Die österreichischen Jesuiten hatten einige tüchtige Mathematiker und Physiker, wie Scherffer, Max Hell und Stepling, aber der Unterricht war mager, sie beschränkten sich auf das, was die Schüler gerne hörten. In der Philosophie hielt man sich an Aristoteles. Die Erdkunde und Naturgeschichte wurden gar nicht vorgetragen und aus der Geschichte Einiges über das Alterthum oder die deutsche Geschichte bis Rudolf von Habsburg. Trotz aller Kämpfe hatten die Jesuiten das Uebergewicht an der Universität; sie beherrschten die Consistorien, die philosophischen und theologischen Facultäten. Der Kanzler und der Bischof beugten sich vor ihnen. An den Gymnasien hielten sich die Jesuiten wenig mehr an die alte ratio studiorum. Das Erlernen der griechischen Sprache war darin vorgeschrieben, aber gänzlich vernachlässigt. Der Exjesuit Cornova klagte: „Sie schleppten den Schüler den dornigten Weg der grammatikalischen Regeln, bis er alle Lust am Griechischen verblutet hatte.“ Die nationalen Sprachen wurden in der ersten Hälfte des 18. Jahrhunderts gar nicht gelehrt, die Geographie und Geschichte unwissenschaftlich, unmethodisch und nicht an allen Gymnasien. Der Hauptzweck des Studiums durch sechs Jahre war eine fertige Latinität, aber die alten Classiker dienten nur zur Bildung des Stils, ohne Rücksicht auf den Geist derselben. Deßwegen war Cicero das höchste Ideal in den Schulen, Vergil, Horaz und Ovid wurden nur spärlich verabreicht. Dazu kamen die Uebungen im Briefschreiben, in Elegien, Chrien, Distichen und die lateinischen Schulregeln. Die Folge war, daß die Jünglinge, wenn sie vom Gymnasium kamen, kaum einen deutschen Brief oder Aufsatz schreiben konnten und daß selbst die Beamten und Schriftsteller ein schlechtes Deutsch schrieben. Die Jesuiten beurtheilten häufig die Kenntnisse der Lehrer und Fortschritte der Schüler nach lateinischen Schulcomödien, welche die spanischen Auto's, aber in äußerst geschmackloser und langweiliger Weise, nachahmten. Sie wurden 1768 untersagt. Auch die erziehende Thätigkeit, auf welche die Jesuitenfreunde das größte Gewicht legten, war sehr gering, denn der jesuitische Geist wirkte mehr auf die Frömmelei und den unbedingten Gehorsam, als auf die freie Schulung des Geistes, das strenge Pflichtbewußtsein und die echte Idealität des Herzens. Der böhmische Jesuitenprovincial Ignaz Franz schrieb 1770: „Die Humanitätsprofessoren sind leider an manchen Orten sehr träge, pflegen der Ruhe und leiten die Zöglinge nicht wirksam zur wahren Sittlichkeit und zum äußern Anstand an.“ Nicht mit Unrecht klagte die Regierung 1735 über alle diese Punkte, sowie über die Anstellung junger und unerfahrener Lehrer, den beständigen Wechsel derselben und die Ablehnung jeder

staatlichen Controle.. Sogar die Piaristen erkannten das, was sie im Lehr=
plane und in der Lehrart der Jesuiten angenommen, für unzureichend und
traten 1763 für eine Veränderung derselben zusammen.

In der theresianischen Zeit hat zuerst der berühmte Professor und Leib=
arzt Gerhard van Swieten den Kampf gegen die Jesuiten aufgenommen;
1763 schrieb er an die Kaiserin: „Es ist einmal Zeit, daß die Gesellschaft Jesu
als diejenige erkannt werde, die sie wirklich ist und daß man dem Uebel
steuere, welches sie verübt; die frommen Stiftungen wurden, wenn sie die Ver=
fügungen hatten, zu anderen Zwecken verwendet, die Universitäten, an denen
sie herrschen, verfallen, die Befehle E. M. werden offen und ungestraft ver=
achtet und jene, welche über die Ausführung wachen sollen, thun nichts, schließen
die Augen und kommen mit einer Rüge davon." Swieten ist es von 1754
bis 1772 gelungen, die Jesuiten allmählich von der Censur, von der Leitung
der Universitäten und zuletzt auch von dem theologischen Unterrichte zu ver=
drängen. Die Kaiserin war früher der Gesellschaft persönlich geneigt, aber sie
gestand doch 1774: „Schon seit langen Jahren war ich nicht mehr von der
Societät eingenommen und entzog mich selbst und meine Kinder in der Erziehung
und im Beichtstuhle."

Für die Aufhebung des Ordens hat Maria Theresia nicht einen Schritt
unternommen, obwohl die Regierung und die Mehrzahl der Staatsräthe die=
selbe wünschten, nachdem 1762 und 1764 die Jesuiten aus den romanischen
Ländern vertrieben waren. Die Kaiserin betrachtete die Aufhebung als eine
rein kirchliche Angelegenheit und verhielt sich auf den Rath des Staatskanzlers
ganz neutral. Als 1770 die katholischen Könige die Anschauung der Kaiserin
über die Jesuitenangelegenheit zu erfahren suchten, ließ sie erklären, daß sie
sich der Aufhebung des Ordens nicht widersetzen werde, wenn sie der Papst
für zweckmäßig und nützlich halte. Im Frühjahr 1773 gab sie dieselbe Er=
klärung, nur behielt sie sich das Verfügungsrecht über die Güter und Personen
des Ordens in Oesterreich vor, denn der Entschluß der Curie war gewiß und
baldigst zu erwarten.

Die erste Nachricht von der Aufhebung erhielt Maria Theresia durch
den König von Spanien, der ihr am 13. August die päpstliche Bulle vom
21. Juli übersandte. Sogleich ließ sie den Jesuiten mittheilen, daß sie die
Aufhebungsbulle angenommen habe, und ihnen nichts übrig bleibe, als sich zu
unterwerfen. Die Veröffentlichung der Bulle geschah im September 1773
durch die Bischöfe im Beisein von Regierungscommissären: in Wien am 10.
September in den Häusern der Jesuiten und am 22. September in allen
Kirchen. Die Patres blieben vorerst noch in ihren Wohnungen, das Baargeld
und die Schriften, welche sich auf die Güter bezogen, mußten ausgeliefert werden.
Wie die Regierung es gewünscht, ging Alles in Ruhe und Anstand vorüber
und die unzufriedenen Aeußerungen, welche in Graz und Linz laut wurden,
erregten wenig Aufmerksamkeit. Maria Theresia hatte bereits im Mai 1773
für die Geschäfte in der Jesuitenangelegenheit eine Commission eingesetzt, aber

von ihrer Thätigkeit war anfangs nichts zu spüren, obwohl der freisinnige Staatsrath Kressel an der Spitze stand. Josef II., der den Sommer in Siebenbürgen und Galizien zugebracht hatte, schrieb damals an seinen Bruder:[1]) „Die Angelegenheiten der Jesuiten sind einer Commission anvertraut, die nichts thut; die Herren gehen nach ihrer Bequemlichkeit auf ihren Herrschaften spazieren. Man hat sich von der Bulle überraschen lassen; statt dieselbe zurückzuhalten und ihre Publikation zu verschieben, bis man seine Maßregeln getroffen, beeilte man sich, sie in Wien zu publiciren, während man sie in den Provinzen nicht vollziehen kann. In Preßburg, Prag, Brünn, selbst in Neustadt existiren die Jesuiten noch wie früher und werden noch, Gott weiß wie lang, existiren, denn ich sehe, daß sich Niemand darum bekümmert."

Nachdem jedoch die Aufhebung ausgesprochen war, wurde die Arbeit der Commission eine ernste und langwierige; die kaiserlichen Verordnungen vom 18. September, 9. October 1773 und 25. Jänner 1774 enthalten die Verfügungen über die Personen und das Vermögen der Jesuiten. Die Novizen wurden entlassen, die Priester traten in ein Kloster oder in den Säcularklerus, oder sie blieben als Lehrer in den öffentlichen Schulen; die alten und gebrechlichen erhielten eine Pension oder ein Beneficium; die Pfarren wurden von den Bischöfen besetzt. Die Jesuitenschriften über die Disciplin, die Sitten und Strafen der Patres sollten verbrannt werden; gewöhnlich haben dies die Jesuiten selbst vollzogen oder die Schriften ins Ausland geschickt.

Maria Theresia wünschte, daß die Sperre und Bezeichnung des Jesuitenvermögens „mit allem Glimpf, Gelindigkeit und gutem Anstand" vollzogen werde. Desto mehr fühlte sie sich verletzt, als ihr die Commission von der Unterschlagung und Verschleppung der Jesuitengelder ins protestantische Ausland, besonders nach Preußen, berichtete. Ein Abbé hatte in Petersburg ein Anlehen von zwei Millionen Dukaten angeboten. In Linz versuchten die Jesuiten ihre Werthpapiere zu verkaufen und die Kapitalien zu künden. In Trient wurden das kostbare Kirchengeräth, Möbel und Habseligkeiten aller Art verschleppt, so daß der Bischof meldete, es sehe dies einer Plünderung gleich. In Steiermark zeigte sich eine Verringerung des Jesuitenvermögens um 250,000 Gulden, und in Böhmen war eine Million gekündet und verschwunden. Die Regierung hat das Jesuitenvermögen eingezogen, aber in dem Geiste verwendet, welcher die Stifter und Wohlthäter bei ihren Schenkungen geleitet hatte, nämlich für die Seelsorge und den Unterricht. Das Patent vom 12. Februar 1774 bestimmte das ganze Vermögen des Jesuitenordens, „welcher den Unterricht der Jugend seit 200 Jahren fast allein besorgt hatte", mit Ausnahme der Stiftungen für einen „Studienfond", den die Hofkammer verwalten und die Studienhofcommission verwenden sollte. Das Vermögen reichte für die Schulzwecke niemals aus, weil die Güter in Böhmen, statt wie früher 2½ Procent, nur ein Procent trugen, und der Staatsschatz mußte schon damals

---

[1]) An Leopold von Toscana, 23. September 1773.

GERARDUS L. B. VAN SWIETEN,
August. Imperato. et Imperatric.
a consil. Archiatr. comes.

Kupferstich von A. Bruneau nach einer Zeichnung von Aug. de St. Aubin (1736—1801).

57,484 Gulden zuschießen. Die Jesuitenkirchen wurden Pfarrkirchen, die Ordenshäuser den Universitäten, Gymnasien oder Wohlthätigkeitsanstalten zugesprochen. Maria Theresia ließ den Orden nicht im Grabe beschimpfen, aber ebensowenig duldete sie die Ergüsse der aufgeregten Jesuitenfreunde. Das Wiener Profeßhaus war durch eine Zeit ein Mittelpunkt einer geheimen Agitation durch ganz Europa. Viele Exjesuiten erklärten, der Orden bestehe noch fort und werde eine glorreiche Auferstehung feiern. Der Cardinal Migazzi verwendete die Patres für die Seelsorge und andere geistliche Funktionen, während die Exjesuiten in Frankreich von der Seelsorge und den Lehrstühlen ausgeschlossen waren.

Die Aufhebung der Jesuiten machte eine weitere durchgreifende Reform des Unterrichtes nothwendig, obwohl dieselbe an den Universitäten von 1749—1754 bereits durchgeführt war. Nachdem alle Versuche für die Wiederbelebung der Universitäten unter den letzten Habsburgern erfolglos geblieben waren, hatte die theresianische Regierung die Reform wieder aufgenommen und zwar durch den Staat und für den Staat. Statt eine der deutschen Universitäten, dieser alten ruhmreichen Culturstätten, zum Muster zu nehmen, formte die Regierung die österreichischen Universitäten allmählich und durch vereinzelte Vorschriften zu Staatsanstalten um. Die Ernennung der Professoren erfolgte durch die Regierung, das Eigenthum an liegenden Gütern wurde verkauft, die Verwaltung ging an den Staat über. Die oberste Leitung wurde anfangs dem Bischof als Studienprotector, 1757 dem Oberstkanzler, 1760 einer besonderen Studienhofcommission übertragen, welche anfangs gleich einem Unterrichtsministerium eine selbständige Stellung einnahm, aber 1778 wieder der Hofkanzlei untergeordnet wurde. Die Consistorien der Universität wurden in zwei Collegien getheilt, von welchen das eine die Rechtssachen und das andere die eigentlichen Universitätsgeschäfte besorgte. Die Professoren verloren das Wahlrecht für ihre Vorstände; sie wurden in jeder Facultät einem Director untergeordnet, der von der Regierung ernannt wurde. Die Professoren waren verpflichtet, sich an seine Weisungen zu halten. Auch die Wissenschaft trat in den Dienst des Staates, denn der Professor mußte nach einem bestimmten Vorlesebuche lehren, das er eigenmächtig nicht ändern durfte. Die neue Einrichtung hatte ihr Gutes und Schlimmes. Sie brachte in die Universitäten ein neues Leben, zu welchem die alten Corporationen sich nicht erheben konnten, aber sie schied den selbständigen wissenschaftlichen Geist und damit die freie Forschung aus. Die ganze Reform war mehr nach französischer als deutscher Art. Der Schöpfer und Gründer derselben war der bekannte Gerhard van Swieten. Seine Vorschläge für die medicinische Facultät wurden 1749 von der Kaiserin unbedingt angenommen. Er berief als der erste Director der Facultät neue Lehrer wie: de Haën, Anton Störck für die Klinik, Josef Leber für Anatomie und Chirurgie, Langier und Josef Jacquin für die Chemie und Botanik, Heinrich Cranz für Geburtshülfe und Physiologie.[1]

---

1) Arneth, a. a. O. IV. 118.

Swieten war selbst Patholog. Das medicinische Studium blühte durch diese Männer rasch auf, und man kann sagen, daß der hohe Ruf, welchen die medicinische Schule in Wien genießt, aus jener Zeit datirt.

Nach der Reform der medicinischen Facultät kamen die theologischen und philosophischen Facultäten an die Reihe. Der Erzbischof Trautson, ein edler, einsichtsvoller Kirchenfürst, hatte die Instruktion entworfen, für die Durchführung vurben Directoren und Examinatoren bestellt. In der Theologie und Philosophie sollte die frühere scholastische Methode verlassen werden, wodurch der überwiegende Einfluß der Mönche und Jesuiten gebrochen wurde. Die letzteren behielten noch ihre Lehrkanzeln, aber wenn eine derselben frei wurde, berief die Behörde einen Welt= oder Klostergeistlichen. Nach der Aufhebung wurden alle Jesuiten ausgeschieden. Als Theologen wurden gerühmt der Dominikaner Gazzaniga, der Augustiner Bertieri in Prag, der Prämonstratenser Blasius Stephan. Der Unterricht in der philosophischen Facultät erhielt 1747 und 1752 zwei Jahrgänge. Im ersten wurde gelehrt: die Einleitung in die Philosophie, Logik, Metaphysik und Mathematik, im zweiten: die Naturgeschichte, Physik und Ethik. Dieser wurden angereiht die Rechtsphilosophie, die Geschichte und in Wien die sogenannten Kameralwissenschaften. Das dialektische Wortgepränge, das stete Dictiren sollten vermieden, die Vorlesebücher mit Beachtung der neuen wissenschaftlichen Systeme verfaßt oder gewählt werden. Für den Uebertritt in die juridische und theologische Facultät wurde das Studium der Geschichte und die Pflege der deutschen Sprache und Stilistik gefordert. Die Philologie und Geographie waren gar nicht vertreten, erst 1778 kam die schöne Wissenschaft und allgemeine Geographie hinzu. Anfangs behielten die Jesuiten ihre Lehrstühle, aber es wurde ihnen aufgetragen, die Vorschriften ohne weitere Bedenken und Anzeigen sogleich zu vollziehen, widrigenfalls die widerspänstigen Professoren abgesetzt würden. Auch nach der Aufhebung blieben einige ausgezeichnete Lehrkräfte des Ordens in Thätigkeit, wie: Cornova, Eckhel, Biwald und Andere; wenn einer anßfiel, berief man Mönche oder Weltliche. Nur in den Gymnasien blieben wegen des Mangels an Lehrkräften die Exjesuiten beinahe allgemein in Verwendung.

Die Reform der juridischen Facultät erfolgte 1753 und 1754. Die Regierung war Willens, die juridischen Studien zur Blüthe zu bringen, „daß keine hohe Schule in Europa sich besserer Rechtsgelehrten als jene in Wien rühmen sollte." Mit Ausnahme der Geschichte sollten nur streng juristische Fächer vertreten sein: das römische Recht, das Strafrecht nach der Karolina und Theresiana, das deutsche Staatsrecht, die gemeine und österreichische Rechtspraxis. Für das Völkerrecht, für die Reichsgeschichte und Staatenkunde wurden neue Lehrkanzeln errichtet und die Polizei= und Kameralwissenschaft, welche 1763 Sonnenfels zu lehren begann, der philosophischen Facultät zugetheilt. Die Lehre des Kirchenrechtes wurde den Jesuiten entzogen und einem weltlichen Professor übergeben.

Die Reform brachte die Universitätsstudien jedenfalls in ein besseres Gedeihen, als dies von 1650—1750 der Fall war, aber die Fortschritte der Wissenschaft wurden nicht so bald bemerkbar. Die Ursache lag in dem Drängen auf praktische Zwecke, in dem System der vorgeschriebenen Lehrbücher und in der Unsicherheit, in welcher die Universitätseinrichtungen noch lange Zeit geblieben sind. Schon nach dem Tode van Swietens prägte die Studienhofcommission, obwohl Professor Birkenstock die Göttinger Einrichtungen empfahl, den staatlichen Charakter der Universität noch schärfer und bestimmter aus. 1775 wurde die staatliche Aufsicht und die Macht des Directors vergrößert, der Geschäftsgang geregelt und die Zahl der Fächer vermehrt. Nur die medicinische Facultät behielt die Form, welche ihr van Swieten gegeben; die juristische erhielt durch Schrötter eine historische Grundlage und in der theologischen Facultät wurde die staatliche Richtung bevorzugt, besonders seit 1774 der Benedictinerabt Franz Stefan Rautenstrauch die Führerschaft übernahm. Zwischen der Regierung und dem Erzbischof bestand deßwegen fortwährend ein kleiner Krieg, bis Josef II. die gänzliche Trennung der Universität von der Kirche aussprach.

Maria Theresia scheute keine Opfer für die Universitäten. Sie stattete die Laboratorien, Cabinete und Bibliotheken aus, sie ließ 1764 einen botanischen Garten anlegen und baute 1756 der Wiener Universität ein neues stattliches Haus. Das Ziel war jedoch immer auf unmittelbar praktische Zwecke, besonders auf die Heranbildung eines tüchtigen Beamtenstandes, gerichtet. Persönlich hatte die Kaiserin für die Wissenschaft wenig Verständniß und wenig Theilnahme. Das zeigte sich, als in den siebziger Jahren abermals die Gründung einer kaiserlichen Akademie der Wissenschaften versucht wurde. Der Gedanke war 1713 und 1714 von Leibnitz ausgegangen, 1749 von Gottsched, 1753 von dem Minister Haugwitz und bei der Aufhebung der Jesuiten abermals angeregt worden. Maria Theresia genehmigte auch im Principe den Plan, welchen die Studienhofcommission 1774 vorgelegt hatte, aber die Akademiefrage scheiterte an der Dotation, an der beschränkten Auffassung und der Wahl der Mitglieder. Als der Kaiserin 1776 die Namen von sechs Mitgliedern genannt wurden, erwiderte sie: „Ohnmöglich könnte mich resolviren eine Akademie de Sciences anzufangen mit drei Exjesuiten und einem Professor der Chemie, wir würden lächerlich in der Welt.“ Von der Gründung der Akademie war nicht mehr die Rede, obwohl eine genügende Zahl geeigneter „Individuen“ vorhanden war.

Die Reform der Universitäten zog die Reform des Gymnasialunterrichtes nach sich [1]); auch auf diesem Boden herrschte eine vollständige Principienlosigkeit. Die Regierung wünschte praktische Abhülfe, einen gleichförmigen Unterricht und

---

1) Beidtel, österreichische Zustände, 1740—80, Sitz.=Ber. d. kais. Akad. d. Wissensch., VII, 724. Kink, Geschichte der Wiener Universität, I, 513. Arneth, a. a. O. IX, 225—243, Hochegger, österr. Gymnasien, Oesterr. Revue, 1863.

die staatliche Controle, kam aber aus den Experimenten nicht heraus und begnügte sich zuletzt mit halben Maßregeln. Wie erwähnt, war die Gymnasialreform mehrmals versucht worden, unter Karl VI. 1735, unter Maria Theresia 1747, 1752 und 1764. Die kaiserliche Resolution von 1747 verlangte in den unteren Schulen den Unterricht in der Geschichte, in der griechischen Sprache und Arithmetik, sowie die Abkürzung der Ferienzeit. Die Verordnung von 1752 ließ die Gymnasien in sechs Classen fortbestehen und forderte neuerdings den griechischen, geographischen und arithmetischen Unterricht. Die Jugend sei nicht mit unnützem Auswendiglernen zu beschweren, sondern vielmehr in der Muttersprache und in einer richtigen Schreibart zu unterrichten. Die Jesuiten sollen erfahrene Lehrer, welche der lateinischen und deutschen Sprache vollkommen mächtig sind, anstellen. Der Universitätssuperintendent hat als Inspector der unteren Schulen die Aufnahme der Knaben zu überwachen, die Unfähigen zu entfernen, jährlich die Schulen zu visitiren und durch unparteiische Examinatoren eine Ueberprüfung vorzunehmen. Als die Jesuiten nicht gehorchten, wurde 1752 abermals befohlen, daß nicht mehr junge Scholastiker, sondern Priester und reifere Männer zum Unterricht verwendet würden. In den Provinzialhauptstädten ist dies wohl geschehen, aber nicht überall. Noch 1764 konnte ein tüchtiger Schulmann, Professor Gaspari, rügen: daß die lateinischen Schriftsteller nur oberflächlich ausgelegt werden, daß man die Autoren selbst in den unteren Classen nicht deutsch, sondern lateinisch erkläre, daß die alten Schulbücher zu weitläufig, unrichtig und lateinisch seien, der Unterricht im Griechischen und Deutschen werde trotz der Vorschriften von 1735 und 1752 vernachlässigt. Im Auftrage der Regierung verfaßte Gaspari eine neue Instruktion für Gymnasien, welche 4. Februar 1764 allgemein vorgeschrieben wurde.[1] Auch diese Einrichtung befriedigte nicht, denn die Schulen der Piaristen, Benedictiner, Prämonstratenser und anderer geistlicher Orden litten an denselben Mängeln, wie die Jesuitenschulen. Deßwegen hatte Graf Johann Pergen in einem Studienplan die Entfernung aller Ordensgeistlichen von den Gymnasien verlangt. Der gelehrte Kollar wünschte die Bevorzugung der griechischen Sprache, die Professoren Martini und Heß empfahlen in ihrem Lehrplan die Geschichte als Hauptstudium und die classischen Sprachen nur in zweiter Linie. Zu einer solchen Revolution im Gymnasialwesen konnte sich die Regierung nicht entschließen, umsomehr als bei dem Mangel an Lehrkräften die Mönche und Exjesuiten nicht entbehrlich waren. Dafür kam der dritte Entwurf eines Piaristen P. Gratian Marx, welcher einen Uebergang anbahnte und den Gymnasialunterricht in nähere Verbindung mit den Volksschulen brachte, zur Anerkennung und wurde 1776, 11. Mai, von der Kaiserin genehmigt. Die lateinische Sprache und Literatur blieb das Hauptfach, die griechische Sprache, Mathematik, Geographie und Geschichte wurden als Nebenfächer angefügt; für den Religionsunterricht sorgte

---

1) Peinlich, Geschichte des Gymnasium in Graz 1872, 52—60.

der Bischof, die deutsche Sprache war bereits 1774 die allgemeine Unterrichts=
sprache; die Theilung in sechs Classen, die monatlichen Prüfungen und die
Classenlehrer blieben wie vordem.   Da sich diese Reform zunächst an die
Lehrgrundsätze der Piaristen hielt und dieselben nur eine Ausführung der
Jesuitenmethode waren, so erschienen die österreichischen Gymnasien nur als
eine neue Auflage der Jesuitengymnasien.   Deßwegen konnten auch die Ex=
jesuiten und andere Ordensgeistliche verwendet werden und dieses System blieb
in seinen Grundzügen ungeändert bis auf die neueste Zeit.

Viel sicherer und freier nahm die Regierung die Reform der Volksschulen
auf.   Bereits 1770 (13. October) erklärte sie die Kaiserin als ein der Staats=
verwaltung gehöriges Gebiet, als ein „Politikum“.   Die allgemeine Schul=
ordnung von 1771 schrieb die allgemeinen Grundsätze vor, das Gesetz von
1774 führte dieselben aus.[1])   Das allgemeine Ziel war: jeder Unterthan
soll nach seinem Stande und Berufe den nöthigen Unterricht erhalten.   Die
Volksschulen wurden deßwegen gegliedert in vierclassige Normalschulen für die
großen Städte, in Hauptschulen für die Kreisstädte und in dreiclassige Gemein=
oder Trivialschulen für die Dörfer und Marktflecken.   In den ersteren, wo
auch die Lehrer ihre Bildung erhielten, wurden gelehrt: Religion, Lesen, Schreiben,
Rechnen, deutsche Sprache und Geschäftsstil, Erdbeschreibung und vaterländische
Geschichte; auch Hauptschulen hatten ein weiteres Lehrziel, während in den
Trivialschulen nur in der Religion, im Lesen, Schreiben und Rechnen unterrichtet
wurde.   Die Eltern und Vormünder wurden verpflichtet, ihre Kinder in die
Schule zu schicken.   Die Schulpflicht dauerte sieben Jahre, vom sechsten bis zum
dreizehnten, wobei nur auf dem Lande die Erleichterung gewährt wurde, daß für
die größeren Kinder bis zum dreizehnten Jahre die Winterschule, für die kleineren
vom sechsten Jahre die Sommerschule Pflichtschule war.   Nach der allgemeinen
Schule mußten die jungen Leute noch bis zum zwanzigsten Jahre nach dem
Nachmittagsgottesdienste die Wiederholungsschule besuchen.   Die Kosten wurden
bestritten aus den Stiftungen, von den Gutsherren und Gemeinden, selten von
der Regierung.   Die Aufsicht hatte der Pfarrer oder Dechant, die Verwaltung
führte die politische Behörde, in der obersten Instanz ein Referent des Guber=
niums, meistens ein Geistlicher.

Zur Durchführung der Volksschule wurde einer der ersten deutschen Schul=
männer, Johann Ignaz Felbiger, Propst zu Sagan in Preußisch=Schlesien,
berufen.   Er kam mit Einwilligung seines Königs 1774 nach Wien, entwarf
die allgemeine Schulordnung vom 6. März 1774 und wurde 1777 Oberdirector
des gesammten Volksschulwesens.   Bald gab sich ein allgemeiner Eifer für den
Volksunterricht kund.   Die Kaiserin selbst errichtete, wo sie das Patronat be=
saß, neue Schulen, Gutsherren und Bischöfe folgten nach.   Ein Schulfreund
in Böhmen, Dechant Kindermann, gründete allein 500 Schulen.   Maria
Theresia wollte das neue Lehrsystem auch in Ungarn einführen, aber die

---

[1]) Helfert, österreichische Volksschulen 1860.

Dorfschulen erschienen hier nicht nothwendig und die Protestanten besaßen be=
reits vortreffliche Schulen. Vor Maria Theresia wurde der Volksunterricht auf
dem Lande von den Klöstern, Pfarrern und Wanderlehrern kümmerlich ver=
sehen, die neue Volksschule sollte den Elementarunterricht bis in die Tiefe des
Volkes bringen, aber die Zahlung der Gemeinden und Gutsherren reichte nicht
aus, für die Heranbildung tüchtiger Lehrer war zu wenig gesorgt und das
Volk kam der neuen Schule nicht freudig entgegen. Dessenungeachtet zeigte
sich die Volksschule als ein wahrer Segen und gereicht der theresianischen Re=
gierung zu unvergänglichem Ruhm.

Außer den allgemeinen Schulen sind von Maria Theresia auch einige
besondere Lehr= und Erziehungsinstitute geschaffen worden, welche aber trotz
der reichen Ausstattung nicht recht gedeihen wollten, so die theresianische Ritter=
akademie und die orientalische Akademie. Das „Theresianum", gegründet 1746,
war eine freie, nicht vom Staate unterstützte Lehr = und Erziehungsanstalt,
welche auf freiwilligen Stiftungen basirte und über reiche Einkünfte verfügte.
Ausgezeichnete Männer sind daraus hervorgegangen, aber als Erziehungsinstitut
hat es sich nicht bewährt, auch als die Jesuiten abtraten, weil man mehr die
französische als die englische Erziehungsmethode, wie z. B. in Eton befolgte.
Die Ritterakademie wurde unter Josef II. 1782 geschlossen, unter Leopold II.
wieder eröffnet und 1797 reformirt. Die orientalische Akademie, seit 1754
den Jesuiten überlassen, war mit Schulden überlastet und kam erst später empor,
als 1771 die Staatskanzlei die Leitung übernahm. Auch die „Realhandlungs=
akademie", 1770 gegründet, führte mit wenigen Schülern ein einfaches Still=
leben und war mit den Handelsschulen in Hamburg und Magdeburg nicht zu
vergleichen.

Auch auf diesem Gebiete: in der kirchlich politischen Reform, in der Jesuiten=
Angelegenheit und im Schulwesen hat Maria Theresia dieselbe vorsorgliche
kluge Art bewahrt, welche ihre ganze Regierung kennzeichnet; aber sie blieb
bei halben Maßregeln stehen, während die aufklärende Richtung der Zeit, die
Politik und Praxis ihrer Staatsmänner vorwärts drängte.

III. Die Erwerbung von Galizien und der Bukowina.

Während die Regierung auf dem Gebiete der Kirche und des Unterrichtes eine so reiche Reformthätigkeit entwickelte, wurde die äußere Politik in Anspruch genommen von der ersten Theilung Polens und dem russisch=türkischen Kriege von 1768—1774. Beide Ereignisse waren innerlich verbunden und berührten das österreichische Interesse im Norden und Süden. Bekanntlich ist die Theilung Polens, abgesehen von dem tiefen inneren Verfall des Reiches, eine Folge der Politik der beiden Nachbarn Preußen und Rußland [1]). Oesterreich stand dabei nicht in erster Linie, aber sein Interesse machte, nachdem einmal der Würfel geworfen war, die Theilnahme an der aggressiven Politik Rußlands und Preußens nothwendig. Schon 1762 waren Gerüchte verbreitet von einer geheimen Vereinbarung der beiden Mächte wegen der künftigen Königswahl und einer allfälligen Gebietsvergrößerung. Oesterreich und alle Welt hatte Ursache, daran zu glauben, daß der König von Preußen das polnische Preußen oder Westpolen, welches sich zwischen seinem Erblande Preußen und den brandenburgischen Landen bis zur Ostsee erstreckte, auf irgend eine Art ge= winnen wolle. Als nun 1763 (5. October) der König August III. von Sachsen=Polen gestorben war und von den Mächten verschiedene Candidaten in Vorschlag kamen, begann die russisch=preußische Thätigkeit für eine nationale Wahl und zwar für den Fürsten Stanislaus Poniatowsky, den einstigen Geliebten der Kaiserin Katharina II. Preußen und Rußland schlossen den Alliancevertrag vom 11. April 1764 und sagten sich darin zu, keinesfalls die Verwandlung Polens aus einem Wahl= in ein Erbreich oder eine Veränderung der Verfassung zu Gunsten der königlichen Gewalt anerkennen zu wollen. Oesterreich und Frankreich wünschten, als die polnische Frage auftauchte, die Integrität Polens und einen von Preußen und Rußland unabhängigen König. Maria Theresia interessirte sich zunächst für das sächsische Haus und insbe= sondere für den Sohn König August III., den Kurfürsten Friedrich Christian von Sachsen. Als jedoch dieser frühzeitig starb (17. December 1763) und weder sein Sohn Friedrich August, der erst 13 Jahre alt war, noch dessen Oheim Prinz Xaver, damals Regent und Administrator in Sachsen, in Betracht kommen konnten, schien sich Oesterreich ebenfalls für eine nationale Wahl und zwar für den alten Kronfeldherrn Branicki oder den Fürsten Radzivil zu

---

[1]) Janssen, Zur Geschichte der ersten Theilung Polens, 1861. Van der Bruggen, Polens Auflösung 1878. Lelewel, Geschichte Polens. Arneth, VIII, 45—125. Häusser, Deutsche Geschichte I. Beer, Erste Theilung Polens, 2 B. 1873.

erwärmen. Vor Allem aber wünschte man eine ruhige Wahl ohne fremde
Truppen. Eine Partei wandte sich (13. April 1764) an Oesterreich, den
russischen Gewaltthaten ein Ziel zu setzen, eine andere Partei erklärte Maria
Theresia: sie hätten den Beistand Rußlands in Anspruch genommen und die
Kaiserin möge nicht feindlich vorgehen. Die Zarin Katharina ließ durch
ihren Bevollmächtigten in Warschau entschieden erklären: wenn nicht der russische
Candidat gewählt werde, so würden Rußland und Preußen ihre Truppen ins
Land schicken, die Gegner als Rebellen erklären und die Waffen nicht früher
niederlegen, bis polnisch Lievland mit dem russischen Reiche vereinigt sei. Als
dann 4000 Mann Russen in Warschau einrückten, um diese Wahl zu sichern,
riefen Frankreich und Oesterreich ihre Gesandten ab und ließen vorerst den
Dingen ihren Lauf. Stanislaus Poniatowsky, ein reich begüterter polnischer
Edelmann, früher Gesandter in Rußland, wurde vom Reichstage gewählt und
am 25. November 1764 in Warschau, nicht wie die alten polnischen Könige in
Krakau, gekrönt. Der Kaiserin und dem Staatskanzler war diese Wahl nicht
willkommen. Kaunitz nannte Stanislaus verständig, fest, ehrgeizig, so daß
er leicht ein Eroberer werden und die Verfassung umändern könne; übrigens
würde er ganz den Wünschen der Zarin und des Königs von Preußen,
welchen er die Krone zu verdanken hatte, gefügig sein. Erst nach einigem
Zögern sprach Maria Theresia die Anerkennung des Königs aus und wirkte
auch dafür in Konstantinopel und Paris.

Kaunitz befolgte in der polnischen Frage eine vorsichtige planmäßige
Politik, wurde jedoch immer von den Ereignissen überholt, umsomehr als
Maria Theresia und Josef verschiedener Ansicht waren. Die Kaiserin
wünschte vor Allem den Fortbestand der Alliance mit Frankreich, die Integrität
Polens und die Vermeidung eines jeden Krieges. Sie verhielt sich Preußen
gegenüber immer mißtrauisch, ablehnend. Als 1766 Friedrich II. den Wunsch
aussprach, Josef II. persönlich kennen zu lernen, sträubte sie sich lange dagegen und gab erst 1769 auf das Drängen des Staatskanzlers ihre Einwilligung. Auch Kaunitz fürchtete die Thätigkeit des Königs in der polnischen
Frage, aber er konnte derselben nicht Einhalt thun, weil Rußland und Preußen
sich bereits geeinigt hatten, die alte Verfassung von Polen aufrecht zu erhalten
und den Akatholiken oder Dissidenten die gleichen politischen Rechte, welche
die Katholiken genossen, namentlich den Eintritt in den Reichstag, zu verschaffen. Kaunitz hielt es nicht für wahrscheinlich, daß Rußland gegen König
Stanislaus zum Aeußersten schreiten werde, und rieth deßwegen Maria
Theresia, vorerst noch' abzuwarten. Als jedoch 1767 die russischen Truppen
zum Schutze der griechischen Christen in Polen einrückten, erklärte die Kaiserin
dem englischen Gesandten[1]: Sie könne diesem Einmarsch unmöglich gleichgültig zusehen und mit gekreuzten Armen dasitzen, wenn ein Fürst, mit dem

---

1) Raumers Beiträge II. 83.

sie in Freundschaft lebe, muthwillig unterdrückt werde, nur weil er nicht Alles thun köune, was man von ihm verlange.

Eine Zeit schien Oesterreich geneigt, die polnische Verfassung und die katholische Staatsreligion vertheidigen zu wollen, so daß Preußen und Ruß= land sich am 23. April 1767 in einem geheimen Vertrage verständigten, Oesterreich anzugreifen, wenn es seine Truppen nach Polen schicken und die russischen Streitkräfte verdrängen wolle. Inzwischen hatte die Dissidentenfrage alle Leidenschaften in Polen entzündet. Die verschiedenen Parteien bildeten Conföderationen für und gegen Rußland, für und gegen die Dissidenten, für und gegen das Königthum, und das Reich war bereits der Willkür Rußlands preisgegeben. Als der Reichstag (4. October 1767) eröffnet wurde, ließ der russische Bevollmächtigte Bischöfe und Senatoren, welche gegen die Zulassung der Dissidenten sprachen, verhaften und in das Innere des russischen Reiches schleppen. Um die große Opposition zu brechen, wurde aus dem Reichstag eine Delegation gewählt, welche die Begehren Rußlands formulirte und dem Reichstage vorlegte, der sie auch genehmigte. Die Forderung der Dissidenten wurde angenommen, das liberum Veto unbeschränkt aufrecht erhalten und, da sich der Reichstag herbeiließ, die Zarin um die Gewährleistung der Verfassung zu bitten, hielt Rußland das Schicksal Polens in seiner Hand. Kaunitz hoffte durch die englische und französische Vermittlung wenigtens eine mildere und rücksichtsvolle Behandlung der unglücklichen Nation zu erreichen, aber das englische Cabinet kümmerte sich nicht um Polen, Choiseul in Frankreich versagte jede ernstliche Hülfe und erging sich in abenteuerlichen Plänen.

Die alten Patrioten verabscheuten die Dissidenten als Urheber der russischen Gewaltthaten; diese wurden möglichst gedrückt und mehrere Conföderationen entstanden wider sie und die Russen. Die mächtigste war die Conföderation zu Bar in Podolien unter dem Marschall Krasinski. Sie vertheidigte die alte Verfassung, die Rechte der Katholiken und verfolgte die griechischen Christen. Die Conföderirten mußten jedoch vor der russischen Uebermacht in die Walachei fliehen und versammelten sich wieder unter österreichischem Schutze in Teschen, eroberten Krakau, entsetzten den König Stanislaus und suchten den Krieg bis nach Litthauen und Posen anzufachen.

Der Wiener Hof war damals noch im Zweifel, welche Bahn er nach „Recht und Billigkeit" und für das Interesse des Reiches einschlagen solle. Kaunitz rieth noch immer zu einer abwartenden Politik; nur im Falle des Einmarsches preußischer Truppen in Polen sollte eine österreichische Armee die polnisch=ungarische Grenze besetzen und Gewalt mit Gewalt vertreiben. Der Staatskanzler träumte damals von einer friedlichen Erwerbung Schlesiens, wenn Preußen das Herzogthum Kurland und einen Theil von polnisch Preußen erhalten würde [1]). Bekanntlich versuchte damals Friedrich II. die Annäherung an Oesterreich. Er sprach zu dem kaiserlichen Gesandten die Worte: „Wir

---

1) Beer, Dokumente 275.

find Deutsche, was liegt uns daran, ob sich die Engländer und Franzosen in Canada oder auf den Inseln Amerikas herumschlagen? So lange wir zwei, das Haus Oesterreich und ich, uns wohl verstehen, hat Deutschland von Kriegs= unruhen wenig zu fürchten. Die Kaiserin und ich haben lange Zeit verderbliche und kostspielige Kriege geführt und was haben wir endlich davon?" Wie erzählt, führte dieser Versuch zu der Zusammenkunft Friedrich II. und Josef II. in Reisse und Neustadt, aber ohne ein befriedigendes politisches Resultat. Von einer Theilung Polens wurde gar nicht gesprochen und Oesterreich konnte auch entschieden in Abrede stellen, daß es irgend ein Gebiet erwerben oder den Herzog Albert von Sachsen=Teschen auf den Thron von Polen erheben wolle.

Inzwischen dauerte der Bürgerkrieg in Polen fort und die Pforte erklärte im October 1768 den Krieg an Rußland, weil die Russen in türkisches Gebiet eingefallen waren und jede Genugthuung verweigerten. Die Pforte bestand auch auf dem Kriege, als Oesterreich, England und Preußen in Konstantinopel für den Frieden arbeiteten. Der Wiener Hof war vom Anbeginn entschlossen, sich an diesem orientalischen Kriege nicht zu betheiligen, obwohl ihn die Pforte mit der Aussicht auf die Wiedereroberung Schlesiens und die Selbständigkeit Polens zu verlocken suchte. Wohl aber stellte Oesterreich zum Schutze seines Gebietes an der österreichisch=polnischen Grenze von Teschen bis zur Moldau einen Militärcordon auf. Die Truppen sollten streng neutral bleiben, aber alles Kriegsvolk, das über die Grenze ging, entwaffnen. Die Grenzlinie wurde überall durch Pfähle mit dem kaiserlichen Adler bezeichnet und dabei in Ungarn über einen Landstrich hinausgeschoben, den man allgemein für ein Stück Polen hielt und den auch die Republik als ihr eigenes Gebiet betrachtete. Es war dies die Zips, alt ungarisches Gebiet, welches einst Kaiser Sigismund als König von Ungarn an seinen Schwager Wladislaw Jagello für eine Summe Geldes verpfändet hatte[1]). Polen ragte dadurch über die Karpathen in einem spitzen Winkel nach Ungarn herein. Die österreichischen Soldaten besetzten nun jene Distrikte und die Zips wurde in ungarische Verwaltung genommen. Zunächst wollte Oesterreich damit den Gefahren vorbeugen, welche durch die Karpathen hereindrängten, denn bei allen polnischen und ungarischen Revolutionen war dort die große Heerstraße für alle anarchischen Elemente gewesen und auch jetzt wieder kamen polnische Conföderirte in das Land. König Stanislaus selbst ließ den kaiserlichen Hof bitten, den Zipser Distrikt einstweilen zu besetzen und die Republik erhob auch keine Einsprache dagegen. Aber Oesterreich be= gnügte sich nicht mit der ungarischen Zips, sondern ließ die Grenzlinie über die südlichen Theile der polnischen Starostien Sandez, Neumarkt und Csorsztyn, das Glacis des Karpathenpasses hinausschieben. Als dann die Krone Polen sich über diese Ausdehnung beschwerte, erklärte Oesterreich diese Gebietstheile als altungarisches Land und wollte das Recht der Wiedereinlösung geltend machen. Diese Ausdehnung der Reichsgrenze gegen Polen war von Josef II.

---

1) 1412 für 37,000 Schock Groschen = 98,000 Gulden.

und Lacy ausgegangen und Kaunitz und Maria Theresia haben sich nur ungern gefügt. Die Zips wurde sogleich mit Ungarn vereinigt; der Verwalter derselben, Hofrath Josef Török, erhielt den Titel „Administrator der wieder= einverleibten Provinz." Diese Occupation erfuhr im Beginn nur Widerspruch von der Krone Polen, nicht von Rußland und Preußen, velche sich darum nicht zu kümmern schienen. Auch als nach dieser Besetzung König Friedrich mit dem Kaiser in Schlesien und Mähren zusammentraf, wurde in den militärischen und politischen Gesprächen der Zips gar nicht gedacht. Vielmehr schien dadurch zwischen Oesterreich und Preußen eine Versöhnung und Uebereinstimmung für den orientalischen Krieg hergestellt.

Die Vereinbarung Friedrich II. mit der Zarin über die Vergrößerung ihrer Staaten auf Kosten Polens war noch nicht fixirt, aber sie verstanden sich und Friedrich II. wartete nur einen günstigen Zeitpunkt ab. Als dann im Winter 1770—1771 sein Bruder Prinz Heinrich in Petersburg verweilte, kam die Sache in Fluß und der österreichische Gesandte konnte im Februar 1771 aus Berlin melden, daß die beiden Mächte über den Theilungsvertrag wahrscheinlich schon einig seien und die Einwilligung Oesterreichs wünschten. So rasch war die Verständigung nicht erfolgt, denn Rußland strebte damals mehr nach einer Vergrößerung auf Kosten der Türkei und nur dem rastlosen Drängen König Friedrichs war es zuzuschreiben, daß man in Petersburg auf seine Pläne einging. Als die Zarin gewonnen war, sprach sich auch der russische Staatsrath dafür aus. Die österreichische Occupation erschien nun den beiden Mächten ein willkommener Vorwand, in gleicher und noch schärferer Weise gegen Polen vorzugehen. König Friedrich sagte zu dem österreichischen Gesandten van Swieten: „Lassen Sie doch in Ihren Archiven nachsehen, ob Sie nicht Ansprüche auf noch Mehreres finden; glauben Sie mir, man muß die Gelegenheit benutzen, ich werde auch meinen Theil nehmen und Rußland den seinigen." Und nach Rußland schrieb er: Oesterreich hat das Beispiel gegeben, Rußland und Preußen könnten nun ebenso mit Polen verfahren; Rußland möge sich mit ihm über die Gebiete vereinbaren, der Wiener Hof werde sich nicht widersetzen können [1]). Oesterreich verhielt sich aber in dieser Frage noch immer zurückhaltend. Der Kaiser und die Kaiserin ließen er= klären, wenn die beiden Mächte ihre Truppen aus Polen zurückrufen würden, wollten sie die Occupation der Zips aufgeben und Alles in den früheren Stand setzen [2]). Noch im Sommer 1771 sagte Maria Theresia dem eng= lischen Gesandten: „Ich für meinen Theil wünsche kein Dorf zu behalten, das mir nicht zukommt; kein Theilungsplan, wie vortheilhaft er auch sein möge, wird mich in Versuchung führen; ich werde vielmehr alle Entwürfe der Art mit Verachtung verwerfen." Aber die Kaiserin ließ sich in der

---

[1]) Friedrich II. an Solms, 28. April 1771; Duncker, Besitzergreifung West= preußens 563.

[2]) Josef an Leopold, Mai 1771. Briefwechsel I, 341.

äußern Politik von Josef II. beherrschen und fügte sich seinen Entschlüssen, wenn dieselben vom Staatskanzler gebilligt wurden. Wie die Besetzung der Zips und die Convention mit der Pforte 1771 auf Veranlassung Josef II. erfolgt war, so ging auch die aggressive Politik in der polnischen und orientalischen Frage von ihm aus und Kaunitz trat allmählich ganz auf seine Seite. Nur übersahen der Herrscher und der Minister, daß ihnen die Dinge aus der Hand entschlüpften und daß sie geschoben wurden, als sie noch zu schieben wähnten. Beide hofften auf eine Verständigung mit Rußland wegen der russisch-türkischen Friedensbedingungen, hatten jedoch keine Ahnung, daß seit der Rückkehr des Prinzen Heinrich aus Petersburg zwischen Rußland und Preußen wegen der Theilung Polens eifrig verhandelt wurde. Schon im November 1771 beutete der König von Preußen dem österreichischen Gesandten an, daß sich Rußland für die Donaufürstenthümer auf Kosten Polens entschädigen werde [1]), und im December 1771 erfuhr man in Wien, daß die beiden Mächte bereits einig seien und Preußen alles gewünschte Land mit Ausnahme von Danzig erhalten werde. Kaunitz fügte sich den Thatsachen und erklärte: entweder müsse Oesterreich diese Vergrößerung ruhig geschehen lassen oder an dem Theilungsvertrage theilnehmen und dafür ein angemessenes Gebiet von Polen in Anspruch nehmen. Josef dachte dabei noch an einen Erwerb auf Kosten der Türkei: an Belgrad mit einem Theile von Serbien und Bosnien bis an die obere Drina, weil dadurch die Militärgrenze und Innerösterreich am besten geschützt würden. Maria Theresia war für keinen der Vorschläge und wünschte „in Recht und Billigkeit" aus der Sache herauszukommen, aber sie war doch geneigt, Preußen einen polnischen Erwerb zu lassen, wenn sie die Grafschaft Glatz und einen Theil von Schlesien hätte wieder erlangen können. Friedrich II. wies dies Anerbieten lebhaft zurück, versicherte jedoch, jede andere Forderung bei der Zarin unterstützen zu wollen. Der König war überzeugt, Oesterreich fürchte den Krieg, und um diesen zu vermeiden, werde es Alles annehmen, was man ihm biete [2]).

Maria Theresia war in einer trostlosen Stimmung, sie wollte von einer Bereicherung auf Kosten Polens oder der Pforte nichts wissen und wurde von Kaunitz zu einer Entscheidung gedrängt. „Trachten wir lieber", antwortete sie dem Staatskanzler, „die Begehren der Andern zu vermindern, statt mit ihnen auf so ungleiche Bedingungen hin zu theilen; suchen wir eher für schwach als für unredlich zu gelten", und an Josef: „Aller Partage ist unbillig in seinem Grund und uns schädlich. Zeit meines Lebens habe ich mich nicht so beängstigt gefunden. Als alle meine Länder angesprochen wurden, steifete ich mich auf mein gutes Recht und den Beistand Gottes. Allein in diesem Falle, wo nicht nur das Recht auf meiner Seite fehlt, sondern Verbindlichkeiten, Recht und Billigkeit wider mich streiten, bleibt mir

---

1) Swieten an Kaunitz, 4. Nov. 1771. Beer, 42—47.
2) Friedrich II. an Prinz Heinrich, 8. Febr. 1772, Duncker, a. a. O. 571.

keine Ruhe, vielmehr Unruhe und Vorwürfe eines Herzens übrig, so niemals gewohnt war, Jemanden oder sich selbst zu betäuben oder Duplicität für Aufrichtigkeit geltend zu machen. Treue und Glaube ist für alle Zeit ver= loren, so doch das größte Kleinod und die wahre Stärke eines Monarchen ist. Ich bin nicht stark genug, allein die Affaires zu führen, mithin lasse jedoch nicht ohne meinen größten Gram selbe ihren Weg gehen [1]." Alle Zweifel und alle Vorschläge des Staatskanzlers wurden jedoch abermals von den Ereignissen überholt, denn der russische Gesandte theilte dem Wiener Hofe den am 19. Februar 1772 zwischen Preußen und Rußland abge= schlossenen Theilungsvertrag mit, welcher Oesterreich zum Beitritt und zu einem gleichen Verfahren einlud. Zugleich erklärte der Gesandte im Namen seiner Herrin, der Vertrag werde, auch wenn Oesterreich nicht beitrete, durch= geführt werden, deshalb möge man so rasch als möglich jene Theile von Polen, welche man begehren wolle, bezeichnen. Kaunitz mußte nun der Kaiserin erklären [2]: bei dieser Lage der Dinge bleibe nichts Anderes übrig, als ein polnisches Gebiet in Anspruch zu nehmen, welches dem russischen und preußischen Antheile entspräche, oder sich dem Theilungsvertrage mit gewaffneter Hand zu widersetzen oder die Vergrößerung der beiden Nachbar= staaten ruhig geschehen zu lassen; er rathe zu dem Ersteren. Maria Theresia gab ihre Zustimmung mit den Worten: „Ich finde, daß vor jetzo nichts Anderes mehr zu thun, kann mich aber noch nicht beruhigen über die Vergrößerung biser beeden puissances und noch weniger, daß wir auch mit selben theilen sollen." Die Bezeichnung der Gebiete, welche Oesterreich fordern sollte, war nicht so leicht, weil gar keine Vorbereitung dafür getroffen war, aber Galizien und Lodomerien waren einst von Ungarn erobert worden und die ungarischen Könige hatten nach der Zurückgabe niemals das Rückfallsrecht aufgegeben; ebenso waren die schlesischen Lehen Zator und Auschwitz im 15. Jahrhunderte an den König Casimir von Polen auf Lebenszeit ab= getreten und niemals zurückgegeben worden. Die Ungarn hatten schon 1741 ihre Wünsche für Galizien ausgesprochen und die Königin veranlaßt, Titel und Wappen des Landes anzunehmen. Auf Grundlage dieses geschichtlichen Besitzes stellte Oesterreich seine ersten Forderungen, mit denen jedoch Preußen und Rußland nicht ganz einverstanden waren. Der König erwiderte dem österreichischen Gesandten, daß es auf etwas mehr oder weniger nicht an= komme, „aber", fügte er hinzu, „erlauben Sie mir zu sagen, Sie haben einen guten Appetit" [3]. Die Verhandlungen darüber dauerten Monate lang, be= sonders wegen der Salzbergwerke Wieliczka und Bochnia. Inzwischen waren, noch ehe die drei Staaten sich über die Theilung geeinigt hatten, ohne be= sondere Kundgebung die preußischen Truppen von Westen und die öster=

---

1) Februar 1772, Arneth VIII, 360. 365.
2) 8. März 1772.
3) Beer, Documente, 71, 72.

reichischen von Süden her in Polen eingerückt. Der Marschall Graf Hadik commandirte diese Armee, Graf Pergen wurde ihm als Commissär und künftiger Statthalter für die Provinz beigegeben; Graf Eßterhazy besetzte Lemberg und General d'Alton die Salzwerke nnb Krakau. Die Barer Conföderirten, welche sich hier noch behauptet hatten, flüchteten ins Ausland oder in das Innere von Polen.

Am 2. August 1772 wurde in Petersburg der Theilungsvertrag der drei Mächte, Oesterreich, Preußen und Rußland, unterzeichnet. Darin waren auch die Bestimmungen über die einzelnen Gebiete, ihre Grenzlinien, über die Form der Besitzergreifung, die Vereinbarung mit der Republik Polen enthalten. Als Kaunitz mit der höchsten Befriedigung den Bericht über den Abschluß des Vertrages vorlegte, dankte der Kaiser mit den Worten: „Für diese vergnügliche Nachricht bin ich verbunden", während Maria Theresia nur kurz beifügte: „habe unterschrieben." Aber sie schrieb ihre innerste Meinung in einem Billet an Lacy: „Ihnen danke ich wieder diesen Vortheil, wenn er wirklich ein solcher ist; das aber ist gewiß, daß Sie den Plan dazu entworfen, daß Sie so viel zu verlangen gewagt und dadurch dem Staate diesen Nutzen verschafft haben, ohne in die Frage einzugehen, ob es auch gerecht sei oder nicht" [1]).

Das Patent, welches die Besitzergreifung von Seite Oesterreichs verkündigte und die Einwohner zum Gehorsam ermahnte, erschien erst am 26. September 1772, nachdem die Occupation bereits vollzogen war. Von keiner Seite her erfolgte ein Widerspruch oder Widerstand. Weder Frankreich noch England nahmen sich der Polen an, das Volk ergab sich gutwillig, die Conföderirten entflohen und es fehlte von dem völkerrechtlichen Standpunkte aus für den rechtmäßigen Erwerb nichts als die Einwilligung des polnischen Königs und der Nation. Die Zarin hatte in dieser Beziehung die Führung übernommen und es ging Alles nach Wunsch. In dem Manifeste der drei Mächte vom 13. Jänner 1773, welches von Kaunitz verfaßt war und der polnischen Regierung übergeben wurde, hoben Oesterreich und Preußen nochmals ihre historischen Ansprüche hervor, welche der gelehrte Pole Loiko zu widerlegen versuchte. Rußland citirte kein historisches Recht, sondern verlangte Weißrußland als Entschädigung für die Kriegskosten gegen die Conföderirten. Wohl protestirten der König und der Rest der Conföderirten, aber die Furcht und die Abhängigkeit vom Auslande waren so groß, daß nur wenige Polen den Muth hatten, dem öffentlichen Unrecht und der Gewalt zu widerstreben. Auf das Verlangen des russischen Gesandten wurde ein außerordentlicher Reichstag berufen, der sich am 19. April 1773 sehr unvollständig versammelte und die alten Gesetze und Formen selbst ver-

---

1) Arneth VIII, 391. Weder die Thränen noch der bekannte Satz: „placet, weil so viele und große Männer es wollen; denn ich aber längst todt bin, wird man erfahren, was daraus hervorgehen wird" — sind urkundlich verzeichnet.

nichtete. Nachdem am 17. Mai die Truppen der drei Mächte die Hauptstadt besetzt hatten, beschloß der Reichstag nach langen Debatten mit 52 gegen 51 Stimmen, wegen der Theilungsvorschläge sei keine Abstimmung nothwendig und damit war die alte gesetzliche Form beseitigt. Der Reichstag wurde vertagt, ein Ausschuß desselben, zu welchem der ganze Senat und eine große Zahl Landboten gehörten, übernahm die gesetzgebende Gewalt und damit auch die Verhandlung über die Theilung. Die Gesandten schrieben Alles vor, was verhandelt und beschlossen werden sollte, und am 18. September 1773 genehmigte der Ausschuß die erste Theilung Polens [1]). Mehrere Mitglieder weigerten sich, ihre Namen zu unterzeichnen. An einen Widerstand war nicht zu denken, das Land war von den fremden Armeen besetzt, der König wahrhaft hülflos, die Nation in Parteien gespalten und die Führer uneinig. Von 13,500 Quadratmeilen verlor das Reich 3925 und damit auch die fruchtbarsten und am meisten bevölkerten Gebiete. Rußland behielt Livland und einen Theil von Litthauen, Preußen: Westpreußen mit den Ausflüssen der Weichsel, und Oesterreich: Rothrußland, das halbe Palatinat von Krakau, die 13 Zipserstädte, die Herzogthümer Zator und Oswiecim (Auschwitz) und Theile von Podolien, Sendomir, Balyk und Pokutien mit der Grenze der Weichsel und des Sereth, alle jene Landestheile, welche, zu dem Königreich Galizien und Lodomerien verschmolzen, noch heute ein selbständiges Kronland der Monarchie mit 1400 Quadratmeilen und vier Millionen Einwohnern bilden.

Der alte Staat Polen behielt noch immer eine stattliche Ausdehnung, und Oesterreich und Preußen wünschten aufrichtig die innere Festigung des Reiches als einer starken Mittelmacht gegen Rußland. Die Verfassungsreform des Reichstages von 1775 war dazu nicht angethan, aber die Theilmächte garantirten dieselbe und dabei abermals die Integrität der Republik. Die fünfzehnjährige Ruhe, welche in der langen Regierung Stanislaus August's von 1773—1788 folgte, brachte eine Reihe von Gesetzen, welche die Wohlfahrt des Volkes fördern und der inneren Zerrüttung abhelfen konnten. Wegen der Grenzlinie hatte Oesterreich mit Polen einen besonderen Vertrag vom 21. August 1773 geschlossen, aber Oesterreich und Preußen schoben 1774 ihre Grenzen noch weiter hinaus. Preußen annectirte noch einen Landstrich mit 22 Dörfern in Cujavien und Oesterreich wollte die Grenze vom Sereth bis an den Fluß Sbrucz ausdehnen. Darüber fanden noch lange Verhandlungen mit Polen und Rußland statt, welche erst durch eine neue Convention von 1776 beendigt wurden. Auch wegen der Religion kamen noch einige Differenzen vor, weil die Zarin die griechischen Christen begünstigte. Kaiser Josef kam noch 1773 auf einer Rundreise durch die östlichen Provinzen in das Land und suchte sich von den Zuständen und der Stimmung zu unterrichten. „Das Land", schrieb er an seine Mutter [2]), „scheint von gutem Willen erfüllt. Der Bauer

---

1) Lelewel, Geschichte Polens, 2. A. 269.
2) Lemberg, 1. August 1773, Briefwechsel, II. 13—15.

ist ein Unglücklicher, der nichts als das Aeußere eines Menschen und das physische Leben besitzt; der kleine Adel ist gleichfalls arm, aber er hofft viel von der Gerechtigkeit, die man ihm gegen die Großen gewähren wird, welche ihn unterdrücken. Die Großen sind allerdings unzufrieden, aber sie machen doch jetzt gute Miene." Wegen des Verhältnisses zur Monarchie wünschten Maria Theresia und Kaunitz wenigstens für eine Zeit noch eine gewisse Selbständigkeit der neuen Provinz unter der Leitung der Staatskanzlei wie in der Lombardei und in den Niederlanden, aber Josef wollte für Galizien keine andere Stellung, als die eines besonderen Kronlandes mit einer Hof= kanzlei in Wien und einem Gouverneur im Lande, „so lange nicht die Um= stände dessen Vereinigung mit Ungarn gestatten." Und es geschah nach dem Willen Josefs. Graf Wrbna, früher Vice = Kammerpräsident, wurde Hof= kanzler, die Gouverneure wechselten rasch: Graf Pergen, der Marschall Habil, Graf Heinrich Auersperg und Graf Brigido. Prinz Karl von Sachsen, der einst für Kurland bestimmt war, wünschte diese Stelle sehr, aber die politischen Rücksichten ließen die Verwendung eines souveränen Prinzen in der polnischen Provinz nicht zu. Die Regierung, die Militär= und Finanzverwaltung, das Gerichtswesen wurden ganz nach dem Vorbild der österreichisch = böhmischen Provinzen eingerichtet. Der Gouverneur hatte seine Kanzlei oder das Gubernium mit einigen deutschen und polnischen Räthen, in den Kreisen regierte der Kreishauptmann. Das Tribunal in Lemberg war die Appellationsinstanz; unter demselben standen die Land= und Kreisgerichte und die Distriktsgerichte für den Bürger= und Bauernstand; der Adel behielt seine besonderen Gerichte. Für das Civil= und Strafrecht galten die österreichischen Gesetze, die Amtssprache war deutsch und lateinisch. Josef II., der sich für Galizien lebhaft interessirte, wünschte die Urbarialreform, die Vermehrung der Bisthümer und die Einführung des deutschen Schulwesens, aber er fand hier Hindernisse aller Art. 1775 wurde dem Lande eine stän= dische Verfassung und ebenfalls nach dem Muster der deutschen octroyirt. Der Adel wurde in die zwei Ordnungen des Herrn= und Ritterstandes gegliedert, ein ständischer Ausschuß und einige neue Landeserzämter für die vornehmen Familien, aber nur für die Lebensdauer eingerichtet. Der Landtag war be= rathend und hatte keinen Antheil an der Gesetzgebung. Ausdrücklich war hinzugefügt: bei den Verhandlungen über die allerhöchsten Befehle haben die Stände nicht über die Frage ob, sondern nur auf welche Art zu berath= schlagen [1]. Der Landtag sollte wie in Deutsch = Oesterreich, eine Hülfskraft der Regierung werden, den socialen und politischen Verhältnissen des Landes hat er nicht entsprochen. Der Herrenstand war nur durch wenige Mitglieder repräsentirt, denn der polnische Adel zählte nur wenige Grafen und Fürsten, alle gehörten zum Ritterstande. Ein besonderer geistlicher Stand war nicht genannt; nach der Meinung Josef II. waren die Geistlichen, Bischöfe und

---

[1] Patent vom 13. Juni 1775.

Regulare mehr für ihre Landwirthschaft als für den geistlichen Dienst thätig. Eine Vertretung des Bürger= und Bauernthums wurde weder von der Regierung noch von der Nation angeregt. Wer möchte leugnen, daß Oesterreich in die verwahrloste polnische Wirthschaft dieses Landes zuerst eine geordnete Verwaltung, eine sichere Justiz, eine größere materielle Wohlfahrt und die bürgerliche Freiheit gebracht hat! Das Volk war im Allgemeinen zufrieden, aber der Adel, der seine politische Freiheit, die Verbindung mit dem polnischen Reiche, die Steuerfreiheit und so viele andere Privilegien verlor, fügte sich nur der Gewalt. Der polnische Adel wünschte deshalb die Vereinigung des Landes mit Ungarn und die Ungarn verlangten darnach. Maria Theresia war nicht abgeneigt, aber nach ihrem Tode wurde nicht mehr davon gesprochen und Galizien behielt seine gesonderte provinziale Stellung. Die galizische Hofkanzlei wurde 1777 mit der österreichischen Hofkanzlei vereinigt und erst 1797 wieder hergestellt.

Die Zips und die Herrschaft Lublo, ein wohlcultivirter Landstrich mit 13 Städten und 175,000 größtentheils deutschen Einwohnern, wurden dem Königreich Ungarn einverleibt. Die Vertreter der Städte leisteten in Iglo, dem reichsten Hauptorte, den Eid. Maria Theresia bestätigte ihnen 1775 die alten Freiheiten und Privilegien. An der Spitze stand bis 1779 ein Provinzgraf, 1780—1789 wurde die Zips mit dem Distrikte von Kaschau vereinigt und erst unter Leopold II. bei der Herstellung der Verfassung übernahm ein ungarischer Obergespan die Leitung des Komitates [1]).

Mit der Politik, welche zur Theilung Polens führte, stand der russisch= türkische Krieg von 1768—1774 im engsten Zusammenhang. Die Kriegserklärung der Pforte stützte sich darauf, daß die Occupation Polens den Verträgen von 1720 entgegen sei; sie wurde jedoch zumeist durch Frankreich in den Krieg getrieben, welches dadurch den russischen Einfluß in Polen zu beschränken hoffte. Die Pforte begann den Krieg ohne Bundesgenossen, schickte riesige Armeen ins Feld und hielt eine große Flotte im schwarzen Meer, aber die türkischen Heere des 18. Jahrhunderts konnten einer disciplinirten wohlorganisirten Streitmacht nicht widerstehen. Schon in den ersten Feldzügen errangen die russischen Truppen bedeutende Vortheile, eroberten die Krim, die Grenzfestungen und rückten in die Donaufürstenthümer ein. Diese Vortheile wurden 1770 durch die Siege der russischen Flotte bei Sinope und Tschesme erhöht. Die Türken waren zur See, am Pruth und an der Donau geschlagen und mußten ohne Intervention der europäischen Mächte den Untergang erwarten. Diese Ausdehnung der russischen Macht und insbesondere der Besitz der Donaufürstenthümer gefährdeten das österreichische Interesse im Osten und Süden und Josef II. wie der Staatskanzler waren entschlossen, die Russen nicht in den Donaufürstenthümern und über die Donau zu lassen. Es war eine Zeit,

---

1) Weber, Zipser Geschichten und Zeitbilder, 1880; Krones, Zur Geschichte des deutschen Volksthums in den Karpathen.

wo Oesterreich die Schicksale der Pforte in der Hand hielt. 1689 konnten die Minister Kaiser Leopold I. rathen, „die Grenzen bis Konstantinopel oder diesseits des Balkan gegen das adriatische Meer hin auszudehnen" [1]), aber die Orientpolitik Oesterreichs war seit dem Passarowitzer und Belgrader Frieden zum Stillstand gekommen und kam auch in dieser Zeit nicht zu einem klaren sichern Ziele. Maria Theresia und Josef hatten in dieser wie in der polnischen Frage verschiedene Ansichten, Kaunitz stand mehr auf der Seite Josefs, war jedoch selbst unsicher und wurde auch hier von den Ereignissen überholt. Oesterreich stellte in Ungarn eine Armee von 60,000 Mann auf und schloß durch Thugut, den kaiserlichen Botschafter in Konstantinopel, 1771 (7. Juli) einen Vertrag mit der Pforte, in welchem es sich anheischig machte, der Türkei mit den Waffen beizustehen, wenn Rußland derselben einen allzunachtheiligen Frieden aufnöthigen wolle.   Für die kleine Walachei, welche die Pforte angeboten hatte, sollte dieselbe eine Summe von 11,250,000 Fl. unter dem Titel von Subsidien zahlen.   Maria Theresia hat jedoch den Vertrag nicht ratificirt.   Ihr Grundsatz war: kein Krieg, kein Abirren von dem alten System, kein gänzliches im Stichlassen der Türkei und kein Geld von „diesen Leuten".   Während Kaunitz und Josef eine Entscheidung im Süden wünschten, verwarf die Kaiserin jeden Vorschlag, sich auf Kosten der Türkei zu bereichern. „Sollten uns", schrieb sie [2]) „die Ereignisse auch die kleine Walachei, ja selbst Belgrad verschaffen, so werde ich sie noch immer als zu theuer erkauft finden, denn es geschähe auf Kosten unserer Ehre, des Ruhmes der Monarchie, unseres guten Glaubens und unserer Religiosität.   Seit dem Beginn meiner unglücksvollen Regierung haben wir wenigstens darnach getrachtet, eine wahre gerechte Haltung, eine stete Mäßigung und treue Erfüllung unserer Versprechungen zu zeigen.   Das hat uns das Vertrauen, ja ich wage zu sagen die Bewunderung von Europa, selbst die Verehrung unserer Feinde gewonnen, und seit einem Jahre ist dies Alles verloren gegangen."   Die Kaiserin verstand es wohl, wenn Rußland drängte, mit „dem Säbel zu rasseln," aber im Ernste dachte sie nur an den Frieden durch einen Waffenstillstand und einen Friedenscongreß.   Auch der König von Preußen meinte, es wäre am besten, wenn Oesterreich und Preußen die Zarin dahin bringen könnten, daß die Donaufürstenthümer gegen eine Entschädigung in Polen wieder an die Türkei abgetreten würden, und er behielt Recht.   Als die russischen Truppen im dritten Feldzuge 1771 wieder siegreich blieben, nahm Oesterreich eine mehr drohende Haltung an und Rußland gab, nachdem es sich mit Preußen verständigt hatte, seine Forderung wegen der Moldau und Walachei auf. Damit schien das Haupthinderniß des Friedens hinweggeräumt.   Durch die Intervention der österreichischen und preußischen Gesandten wurde zu Giurgewo am 30. Mai 1772 ein Waffenstillstand abgeschlossen und im August der Congreß

---

1) Graf Jörger, Unterschiedliche Motive, Ms.
2) An Kaunitz, Jänner 1772, Arneth VIII, 353.

zu Fokschan eröffnet. Die Vermittlung der beiden deutschen Gesandten wurde jedoch dabei abgelehnt, indem der russische Gesandte ihnen erklärte, daß die Zarin nicht ihre Vermittlung, sondern nur ihren freundschaftlichen Beistand gewünscht habe. Als sich der Congreß im November 1772 in Bukarest erneuerte, wurden der österreichische und preußische Gesandte nicht eingeladen. Rußland hoffte damals unter dem Eindruck des siegreichen Feldzuges an der Donau seine harten Friedensbedingungen durchsetzen zu können, aber der Congreß ging unverrichteter Dinge auseinander. Der Feldzug von 1773 führte zu keinem entscheidenden Resultate, 1774 drangen jedoch die Russen über die Donau und konnten nun den Frieden dictiren. Der Sultan Mustafa war gestorben, der Nachfolger Abdul Hamid war ein blöder schwacher Mann und der Großvezier, welcher die Geschäfte führte, fügte sich widerstandslos 1774 (16. Juli) dem Frieden von Kainardsche. In Betracht der Sachlage waren die russischen Forderungen noch mäßig: die Unabhängigkeit der Krim, die Abtretung der Grenzfestungen am Asowischen Meere, das Schutzrecht über die griechischen Christen in der Türkei und das vasallitische Verhältniß der Donaufürstenthümer. Der Friede gab Zeugniß von dem tiefen Verfalle des türkischen Reiches. Kaunitz sagte zum englischen Gesandten[1]): „dieses Volk ist zum Untergang bestimmt, ein kleines gut geführtes Heer könnte die Türken zu jeder Zeit aus Europa hinaustreiben.“

Josef und Kaunitz hatten noch gehofft, bei dem Frieden ein kleines Gebiet der Türkei zu erwerben: Kaunitz war für die kleine Walachei, Josef für ein kleines Stück am linken Ufer der Donau bei Orsova, aber die österreichische Diplomatie war in der orientalischen Frage in allen Punkten unterlegen und Oesterreich in eine vollkommen isolirte Lage versetzt. Niemand hat die damalige österreichische Politik schärfer gerichtet, als Maria Theresia. „Das Resultat aller dieser Schritte war gegen uns,“ schrieb sie[2]). „Unsere Unternehmungen gegen das polnische Gebiet gewährten dem König von Preußen einen Vorwand, einen Theil dieses Königreiches zu besetzen. Unsere Convention mit der Pforte gab Anlaß zu der, welche der König mit Rußland abschloß. Unsere kriegerischen Kundgebungen und der drohende Ton, dessen wir uns gegen die letzte Macht bedienten, vermochte sie dazu, ihre Anstrengungen zu verdoppeln und sich mehr und mehr des Königs von Preußen zu versichern, indem sie ihm einen Antheil an der Zerstückelung Polens zugestand. Wir haben uns bei der Pforte discreditirt, indem wir Verpflichtungen gegen sie eingingen, welche wir nicht zu erfüllen im Staube sind. Wir haben Frankreich gegenüber eine Zurückhaltung beobachtet, für die es uns sehr wenig dankbar sein kann. Wir haben uns in die Lage gebracht, sogar von dem König von Preußen mit Recht der Falschheit und Doppelzüngigkeit beschuldigt zu werden. Ohne Ursache und ohne Nutzen haben wir unsere Finanzen und

---

1) Raumers Beiträge III. 32.
2) An Mercy, August 1773, Briefwechsel II. 15.

unseren Credit erschöpft und wir finden uns in die peinliche Nothwendigkeit
versetzt, selbst zur Vergrößerung von zwei Mächten, unseren Nebenbuhlern und
Feinden, beitragen zu müssen und dafür so zu sagen als Geschenk von ihnen
Dasjenige zu erhalten, worauf sie ebenso wenig ein Recht der Verfügung als
wir eines der Erwerbung besitzen. Dies ist unsere Lage. Sie ist gewiß
peinlich und das umsomehr, als es kein Mittel giebt, sie zu ändern. Am
wichtigsten für uns ist, daß der Friede baldigst geschlossen werde; die
Fortsetzung des Krieges kann unsere Gefahren und die Vortheile Ruß=
lands und des Königs von Preußen nur vermehren. Was Polen angeht, so
werden wir den König nicht mehr verhindern, einen Theil davon an sich zu
reißen, Rußland wird den seinigen nehmen und uns bietet man ein Gleiches
an. Unter Privatleuten würde ein solches Anerbieten eine Beschimpfung
und seine Annahme eine Ungerechtigkeit sein. Sollen die Gesetze des
natürlichen Rechtes nicht gleichmäßig in Kraft sein für die Handlungen der
Herrscher?"

Die Niederlage der Pforte und der russisch = türkische Friede verschafften
jedoch Oesterreich ein neues Land, auf dessen Reichthum, politische und mili=
tärische Wichtigkeit Josef II. zuerst aufmerksam gemacht hat, nämlich die Buko=
wina, damals der nordöstliche Theil der Moldau, größtentheils von Rumänen
bewohnt, aber im Volksmunde „der deutsche Kreis" genannt. Der Landstrich
mit etwa 181 Quadratmeilen gehörte einst zu Siebenbürgen und war dieser
Provinz zu Ende des 15. Jahrhunderts von den moldauischen Fürsten ent=
zogen worden. Oesterreich hatte während der Verhandlungen zur Convention
mit der Pforte das Land als einen strategischen Stützpunkt gegen die russische
Armee besetzen lassen, und nach dem Frieden verlangte Kaunitz dessen Ab=
tretung als eine Entschädigung für die kleine Walachei, welche die Pforte
1771 Oesterreich angeboten hatte. Die türkische Regierung schloß darüber
mehrere Verträge mit Oesterreich: 1775, 1776 und 1777 (5. Februar), welche
Oesterreich den Besitz des Landes definitiv sicherten. Die Zarin hatte nicht
darauf eingehen wollen und erst im Sistower Frieden erkannte sie den Erwerb
an. Gregorio Ghika, der Hospodar der Moldau, suchte zwar die Abtretung
des Landes zu hintertreiben [1]), aber der General Spleny konnte die Huldigung
in der Hauptstadt Czernowitz im Namen der Kaiserin ungestört entgegen=
nehmen (10. October 1777). Die Provinz erhielt anfangs eine rein mili=
tärische Verwaltung und stand unter dem Generalcommando in Lemberg und
unter dem Hofkriegsrath in Wien. Man gedachte hier eine neue Militär=
grenze einzurichten, aber die Militarisirung des Landes erschien unausführbar
und Kaiser Josef befahl 1786 die administrative Vereinigung der Bukowina
mit Galizien, welche bis 1850 fortdauerte [2]).

---

[1]) Dora d'Istria, storia dei principi Ghika 367 ff.
[2]) Biedermann, die Bukowina unter österreichischer Verwaltung 1775—1875.

Ohne Zweifel waren der Erwerb von Galizien und der Bukowina von großer Bedeutung für Oesterreich, nicht für die Cultur, denn die neuen Provinzen haben in dieser Beziehung mehr von Oesterreich empfangen als gegeben, wohl aber für die staatliche Macht des Reiches, denn sie stellten eine kleine Armee und gaben ein Reinerträgniß von 6—7 Millionen.   Der Besitz sicherte Oesterreich zugleich den Einfluß auf die Slavenländer und eröffnete eine Orientpolitik, welche von Josef II. festgehalten und weitergeführt wurde.

Joseph II. zur Zeit feiner Mitregentfchaft.

Verkleinertes Facfimile des Kupferftiches, 1778, von Chrift. Gottfr. Schultze (1749—1819),
Originalgemälde, 1777, von Kymly.

IV. Die Erwerbung des Innviertels.

Wenige Jahre nach der Theilung Polens nahm das Haus Oesterreich eine andere Erwerbung in Aussicht, nämlich des Landes Niederbaiern, oder wenigstens eines Theiles desselben. Wie bei der spanischen Erbfolge, fanden auch bei der sogenannten bairischen Erbfolge vor und nach dem Tode des Erblassers Verhandlungen und Vergleiche statt, ja die bairische Frage beschäftigte die österreichische Politik noch in die Zeit Kaiser Josefs und der französischen Revolution hinein. Bekanntlich gab es im 18. Jahrhundert drei Linien des Hauses Wittelsbach: die bairische oder jüngere Hauptlinie, welche Ober= und Niederbaiern, die Oberpfalz und die Kurwürde besaß, die pfälzische oder ältere Hauptlinie in der Rheinpfalz, in Neuburg und Sulzbach, und die jüngste nur sparsam dotirte Linie Pfalz = Zweibrücken = Birkenfeld. Der letzte Kurfürst der bairischen Linie, Maximilian Josef, war kinderlos, sein Vetter, Herzog Clemens, war 1770 unerwartet gestorben, der Kurfürst von der Pfalz hatte keine legitimen Nachkommen und der regierende Fürst von Zweibrücken Karl II. (1746—1795), welcher für die Zukunft als der berechtigte Erbe von Baiern und der Pfalz erschien, stand nur in entfernten Beziehungen zu den beiden Hauptlinien. Die Regenten der verwandten Geschlechter und ihre Minister beschäftigten sich daher frühzeitig mit der Frage, wem Baiern nach dem Tode der beiden Kurfürsten zufallen würde. Die Vereinigung der beiden Linien Pfalz und Baiern war nach dem deutschen Rechte und nach den Erbverträgen von 1329 und 1724, welche noch 1766, 1771 und 1774 erneuert wurden, zu erwarten, aber wegen der Erbschaft von Niederbaiern, wegen des Allodialbesitzes und wegen der deutschen und böhmischen Lehen konnten verschiedene Rechtsansprüche erhoben werden. Vor allen war es das Haus Oesterreich, welches für den Fall des Absterbens der bairischen und pfälzischen Linie den Erwerb von Niederbaiern vorbereitete. Die Einleitung dazu war die Heirath Josefs II. mit der bairischen Prinzessin Maria Josefa, welche schon 1753 von Baiern angeregt und 1764 vollzogen wurde. Einen Rechtsanspruch konnte das Haus Oesterreich nicht daraus herleiten, denn Josefa war nur eine jüngere Schwester des Kurfürsten, starb auch schon 1767 und in Baiern galt die agnatische Succession. Auch lebte damals noch der Herzog Clemens, ein Sohn des Herzogs Ferdinand, des Oheims des Kurfürsten. Im 15. Jahrhundert hatte nach dem Aussterben der einen bairischen Linie Kaiser Sigismund das Land Niederbaiern als ein Frauen= lehen an den Herzog Albrecht V. von Oesterreich vergeben und dieser hatte, um sich mit den bairischen Herzogen nicht zu verfeinden, das Land für eine

Geldsumme zurückgegeben. Niederbaiern wurde wieder mit Oberbaiern ver=
einigt und blieb bei der bairischen Hauptlinie bis zum Erlöschen derselben.
Der Besitz von Baiern oder auch nur eines Gebietes an der Donau hinauf
war für Oesterreich von wichtiger Bedeutung.   Das Haus Habsburg erweiterte
damit seine Grenzen in Süddeutschland, brachte Tirol und Böhmen näher,
schloß Oberbaiern und Salzburg ein und schlug einen Brückenpfeiler weiter
zu seinen Vorlanden in Schwaben, dessen vornehmster Theil österreichisch und
im Reste unter achtzig Herren vertheilt war.

Oesterreich konnte die einzig gebietende Macht in Süddeutschland werden
und damit die Stellung wiedergewinnen, aus welcher es seit dem westfälischen
Frieden herausgerückt war.   Im spanischen Successionskriege und im öster=
reichischen Erbfolgekriege hatte Oesterreich diese bairischen Lande zwischen dem
Inn und der Donau erobert und auch behalten wollen; nach dem Frieden
von Füssen, welcher die Selbständigkeit Baierns anerkannte, konnte Oesterreich
nur für den Fall des Absterbens des einen und des andern Kurfürsten einen
Zuwachs erwarten.   Die Möglichkeit dafür hat Fürst Kaunitz schon 1764
erwogen, indem er in einem Gutachten die rechtlichen und politischen Gründe
auseinandersetzte [1]: der Zuwachs von Baiern sei für Oesterreich wünschens=
werth, aber nur durch ein Einvernehmen mit Frankreich, Preußen und Ruß=
land zu erreichen; die Ansprüche Oesterreichs können sich nur auf Niederbaiern
erstrecken; die böhmischen Lehen müßten an die Krone Böhmens zurückfallen,
die deutschen Reichslehen können vom Kaiser als heimgefallen sequestrirt, aber
nicht als Eigenthum betrachtet werden; für die Oberpfalz, Neuburg und Sulz=
bach könne man dem Kurfürsten von der Pfalz einen Theil der Vorlande
anbieten und Sachsen, welches seine Allodialansprüche hervorheben wird, mit
Geld abfinden; ein Tausch der Niederlande für Baiern war vielleicht im Erb=
folgekrieg, aber nicht für jetzt angezeigt; die Seemächte würden sich widersetzen,
weil Oesterreich im Barriere=Vertrage auf die Cession und den Austausch der
Niederlande verzichtet habe; auch tragen die Niederlande 1,5 bis 2 Millionen
mehr als Baiern ein und es sei jedenfalls besser, die Niederlande zu behalten und
nur einen Theil des bairischen Erbes zu gewinnen.   Die Initiative in dieser
Frage ging nicht von Maria Theresia, sondern von Josef II. aus; er unter=
nahm die ersten Schritte ziemlich selbständig und suchte nur die Beihülfe des
Staatskanzlers.   Für eine Zeit ruhte die Frage, aber 1772 hielt der Kaiser
eine deutsche Conferenz mit dem Reichsvicekanzler Colloredo und anderen, in
welcher die staats= und privatrechtlichen Verhältnisse der künftigen Verlassen=
schaft „Baiern" erörtert wurden [2].   Auch ließ Josef II. dem König von
Preußen mittheilen, daß er nach dem Tode des Kurfürsten von Baiern die
männlichen Reichslehen für das Reich und die böhmischen Lehen für die Krone

---

1) Beer, Kaunitz' Denkschriften IV. 48. Bd. Arch. f. österr. Gesch. 87. Zur
Geschichte der bairischen Erbfolge, Sybels histor. Zeitschr. XXXV. 88—152.
2) Arneth, X. 286—289.

von Böhmen in Besitz nehmen werde. Der König erkannte damals das Recht Oesterreichs auf die böhmischen Lehen vollkommen an, sprach jedoch wegen Baiern keine bestimmte Meinung aus. Weil diese Erklärung ausblieb, unternahm der Kaiser keine weiteren Schritte, bis der Kurfürst von der Pfalz die Sache 1776 selbst in Anregung brachte. Dieser fürchtete, daß Preußen nach seinem Tode sogleich Jülich und Berg besetzen werde und begehrte wegen der Garantie von 1764 den Schutz Oesterreichs. Er schrieb selbst an Kaunitz, daß er diese Sache und die bairische Angelegenheit vollkommen dem kaiserlichen Hofe überlassen wolle [1]). Der Staatskanzler gab deßwegen den Rath, aus der bisherigen Zurückhaltung herauszutreten und die Ansprüche Oesterreichs auf Baiern dem Kurfürsten und dem französischen Hofe mitzutheilen. Der letztere ließ die Hoffnung auf ein gütliches Einverständniß ausdrücken, aber Karl Theodor von der Pfalz fügte sich nicht unbedingt den österreichischen Forderungen. Während der Verhandlungen war der Kurfürst von Baiern, Maximilian Josef, am 30. December 1777 nach kurzer Krankheit gestorben.

„Die Nachricht," schrieb ein Zeitgenosse, welcher dem österreichischen Hofe nahestand [2]), „kam am Neujahrstage nach Wien. Wie gewöhnlich, war an diesem Abende großer Empfang bei Hofe, als Fürst Kaunitz zu Maria Theresia kam. Ich gestehe, ich habe sie nie in einem ähnlichen Zustande gesehen. Diese Fürstin, welche die gefahrvollsten Momente des Lebens nicht beunruhigt hatten, ließ Karten und Spiel und ging, ohne Jemanden zu grüßen, in ihr Zimmer, wohin ihr sogleich der Kaiser und Kaunitz folgten. Sie hielten dort eine Conferenz, in welcher das Einrücken der österreichischen Truppen und eine Convention mit dem Kurfürsten von der Pfalz verabredet wurde. Man weiß, mit welcher Leichtigkeit der neue Kurfürst auf die Vorschläge unseres Hofes einging und daß er bei dieser Gelegenheit den Orden des goldenen Vließes annahm; während der Herzog von Zweibrücken, sein präsumtiver Erbe, welchen man nicht gewonnen hatte, gegen die Handlung des Kurfürsten protestirte und sich an Preußen um Hülfe wandte. Auch Sachsen machte Ansprüche für die Kurfürstin Wittwe, welche die ältere Schwester Maximilian Josefs war, auf das Allodialvermögen." Maria Theresia war jedoch mit der Politik ihres Sohnes und Ministers nicht einverstanden und erklärte schon zwei Tage nach dem Tode des Kurfürsten: daß sie nur einer versöhnlichen Verhandlung und nicht einer bewaffneten Besitzergreifung zustimmen werde [3]). „Selbst wenn unsere Ansprüche auf Baiern mehr nachweisbar und begründet wären als sie sind," fügte sie hinzu, „sollten wir zögern, um eines speciellen Vortheiles willen einen allgemeinen Braub zu entzünden; die Kosten würden nur auf uns fallen, die Schulden vermehrt und der Credit neuerdings untergraben. Der Marsch der Truppen ist ein Gewaltstreich und soll verzögert werden,

---

1) 14. Febr. 1777.
2) Herzog Albert von Sachsen-Teschen, Memoiren, Ms.
3) 2. Jänner 1778, Arneth X. 304.

aber ich weigere mich nicht, mit dem Kurfürsten von der Pfalz und gemein-
schaftlich mit unseren Verbündeten zu verhandeln." Aber der Wille des
Kaisers war mächtiger als die Neigung oder der Zweifel seiner Mutter.
Bereits am 3. Jänner 1778 wurde der Vertrag mit dem Bevollmächtigten
des Kurfürsten von der Pfalz abgeschlossen, in welchem derselbe die Ansprüche
Oesterreichs auf den größten Theil von Niederbaiern, auf die Herrschaft
Mindelheim und auf die böhmischen Kron= und Privatlehen anerkannte; nur
wolle der Kurfürst sich für die letzteren abermals belehnen lassen. Andererseits erkannte Oesterreich den Erbanspruch des Kurfürsten auf alle übrigen
bairischen Länder an und beide Theile behielten sich vor, sich wegen eines Austausches des österreichischen Antheils oder des ganzen Landes neuerdings zu
vergleichen. Karl Theodor war, nachdem er die Nachricht von dem Tode des
Kurfürsten von Baiern erhalten, sogleich nach München abgereist und fand
dort eine starke Partei, welche Baiern ungetrennt erhalten wollte. Das
bairische Ministerium hatte bereits Patente mit seinem Namen zur Besitz=
ergreifung von ganz Baiern kund machen lassen. Erst am 14. Jänner erfolgte
die Ratification des Vertrages mit Oesterreich, und am 16. Jänner der Einmarsch der österreichischen Truppen in die Oberpfalz. „Die Verhältnisse
Europas scheinen uns günstig," schrieb Josef [1], „alle Welt ist beschäftigt, un-
aufmerksam, daher hoffe ich, daß dieser Streich auch ohne Krieg gelingen
werde."

Der friedliche Erwerb von Niederbaiern schien gesichert und Josef hoffte
sogar, durch einen neuen Vertrag Oberbaiern oder ganz Baiern durch einen
Tausch gegen die Niederlande oder gegen Vorderösterreich mit Luxemburg und
Limburg zu erwerben; aber er dachte dabei nicht an das deutsche Reich, nicht
an den künftigen Erben von Baiern, den Herzog von Zweibrücken, und nicht
an den König von Preußen. In München selbst begann sich der Widerstand
gegen eine Theilung von Baiern zu regen. Die Wittwe des Herzog Clemens,
Marianne, eine geborene Pfalzgräfin von Sulzbach, war seit ihrer Heirath
1742 eine Verehrerin des Königs von Preußen und eine Gegnerin Oesterreichs.
Sie wurde der Mittelpunkt einer geheimen Agitation, deren Fäden zunächst
nach Zweibrücken und Berlin liefen. Der Minister des Herzogs von Zweibrücken, Freiherr von Hofenfels, und der Herzog Karl selbst kamen nach
München; sie unterhandelten anscheinend mit dem österreichischen Gesandten
wegen des Beitrittes zum Vertrage vom 3. Jänner, standen jedoch bereits
in geheimer Verbindung mit Preußen und der ganze Verlauf wurzelte zuletzt
in dem alten Gegensatze zwischen Preußen und Oesterreich, der trotz aller
Friedensschlüsse und Vergleiche niemals erloschen war.

Der Wiener Hof hatte den König Friedrich wegen der bairischen Succession
1770 und 1772 sondiren lassen, aber dieser war dadurch nur aufmerksamer
auf jeden Schritt der österreichischen Politik geworden, besonders als Josef II.

I) An Leopold, 5. Jänner 1778, II. 178.

Charles Theodore Comte Palatin du
Rhin, Archi-Trésorier et Electeur du
S.t Empire, Duc . . . . de Bavière &c &c

Kupferstich von Romanet nach dem Gemälde von Pompeo Girolamo Battoni (1708—1787).

1777 nach Paris reiste. Maria Theresia und Kaunitz sahen den preußischen
Widerstand voraus, während Josef nicht daran glaubte, wenigstens nicht für
einen Krieg. König Friedrich hatte den Tod des Kurfürsten von Baiern am
3. Jänner erfahren und sogleich einen geheimen Agenten, den Grafen Eustach
von Görtz, ausgeschickt, um der österreichischen Politik entgegenzuarbeiten.
Dieser erklärte dem pfälzischen Gesandten in Regensburg: Preußen werde
eine solche Vergrößerung Oesterreichs nicht zugeben; der König wolle den
Kurfürsten Karl Theodor in dem Besitze aller seiner Erbländer unterstützen,
er brauche nur von der Convention zurückzutreten, seine Beschwerde an den
Reichstag und an die Garanten des westfälischen Friedens zu bringen. Als
der Kurfürst den Antrag ablehnte, wandte sich Friedrich an den Herzog von
Zweibrücken, der sich ihm ganz ergab. Görtz reiste nach München und ver=
ständigte sich dort mit der Herzogin Marianne und mit dem Minister Hofen=
fels. Herzog Karl schrieb, wiewohl nach einigem Zögern, an den König von
Preußen und bat um seine Unterstützung in der bairischen Angelegenheit; er
reiste plötzlich am 17. Februar von München ab und protestirte bei dem
deutschen Reichstage gegen die Convention vom 3. Jänner [1]). Preußen erhielt
dadurch einen rechtlichen Vorwand, sich in die Frage der bairischen Erbschaft
zu mischen und versprach auch bereits dem Kurfürsten von Sachsen, dessen
Allodialforderungen zu unterstützen. Als dann Oesterreich seine Ansprüche,
die Convention und den Einmarsch der Truppen den fremden Höfen mittheilen
ließ, trat der König mit seiner Note vom 7. Februar 1778 offen heraus.
Er bestritt darin alle Ansprüche Oesterreichs, auch jene auf die böhmischen
Lehen in der Oberpfalz; über die Reichslehen könne nur im Einvernehmen
mit den Reichsfürsten verfügt werden und die militärische Besitzergreifung
möge daher aufhören. Auf den Rath des Staatskanzlers erwiderte Josef die
Note in maßvoller und doch fester Weise. Rußland stellte sich mehr auf
preußische Seite und Frankreich zeigte eine gewisse Zurückhaltung, ja der
französische Gesandte in Wien sagte Kaunitz, daß das österreichisch=französische
Bündniß auf diesen Fall keine Anwendung finden könne. Maria Theresia
drängte ihre Tochter, die Königin Marie Antoinette, in mehreren Briefen, damit
von Seite Frankreichs der österreichischen Politik kein Hinderniß in den Weg
gelegt werde. Aber sie mußte die Hoffnung auf eine thätige Hülfe für den
Fall eines Krieges aufgeben. Die französische Politik hatte sich seit dem Tode
der Pompadour und noch mehr, seit Vergennes Minister des Aeußeren
war, geändert.

Uebrigens war weder die österreichische noch die preußische Politik sicher
in ihren Zielen und in den Mitteln. In Oesterreich wünschte Kaiser Josef
ganz Baiern zu erwerben und zwar im Austausche gegen die Niederlande,
während Maria Theresia und Kaunitz dieses Projekt als unvortheilhaft und
nicht leicht möglich erklärten. Karl Theodor, ein stiller furchtsamer Mann,

---

1) Görtz, Mem. historiques de la négociation en 1778, 1812.

fühlte sich in München nicht heimisch und schien am meisten für einen Tausch gegen die Niederlande geneigt, aber man konnte nicht rasch mit ihm ins Reine kommen, weil die altbairische Partei jeden Versuch durchkreuzte. Als Oester= reich wegen der besetzten Landesstriche die Einsicht in die Urkunden von 1353 verlangte, mußten die altbairischen Beamten diese Prüfung zu verzögern und Oesterreich gab auch mehrere Ortschaften und Distrikte zurück. Maria Theresia entschied, Alles zu besetzen, was nach der Convention recht und billig sei, „aber kein Stück Wiesen von Baiern behalten, was nicht bewiesen würde." Die Huldigung der Stände von Niederbaiern ging in Folge dessen ohne An= stand vor sich. Mit Sachsen konnte sich Oesterreich nicht vergleichen, obwohl die Correspondenz darüber der Herzog Albert von Sachsen=Teschen führte. Der Kurfürst antwortete immer ausweichend und lehnte auch die Neutralität für den Fall eines Krieges ab.

Auch die preußische Politik war in den ersten Monaten unsicher und schwankend. Das österreichische Cabinet konnte nicht annehmen, daß der alternde König aus Freundschaft für den Herzog von Zweibrücken und den Kurfürsten von Sachsen eine so schwierige Verhandlung übernehmen oder zum Schutze der deutschen Verfassung den Degen ziehen werde. Während die Minister versicherten, daß der König nichts für sich begehre und nur als Schutzherr von Zweibrücken und Sachsen auftrete, erfuhr der Wiener Hof, daß der König es ebenfalls auf eine Vergrößerung seines Landes abgesehen habe. Er ließ in den Verhandlungen mit Ludwig Cobenzl erklären, daß er von Sachsen durch einen Tausch oder Vergleich die Ober= und Niederlausitz und einen Theil des sächsischen Landes am rechten Ufer der Elbe erwerben wolle [1]. Prinz Heinrich von Preußen stand mit Wissen des Königs in fortwährender Verbindung mit Cobenzl, aber in Oesterreich überschätzte man den Einfluß des Prinzen und schien sich nicht zu erinnern, daß der König die äußere Politik von jeher selbständig leitete und den Prinzen und die Minister nur mit der Ausführung seiner Pläne betraute. In Preußen hielt man schon im April den Krieg für sicher, und die Vorbereitung wurde in großem Maß= stabe begonnen. Auch Josef sorgte dafür in einer fieberhaften Thätigkeit, während Maria Theresia mit Abscheu an den Krieg dachte und weder ihren Bundesgenossen noch der militärischen Kraft des Reiches vertraute. Nach ihrer Meinung sei die österreichische Armee um 30—40,000 Mann schwächer als die preußische, aus Ungarn, Galizien und den Niederlanden müßten die Truppen herausgezogen werden; in Galizien sei der polnische Patriotismus, die Bildung von Conföderationen und für Ungarn die Gefahr eines neuen russisch=türkischen Krieges zu fürchten. „Es handelt sich", wie sie in einem Briefe sagte [2], „um nichts Geringeres, als um den Sturz unseres Hauses und der Monarchie, ja sogar um eine völlige Umwälzung in Europa. Alles steht

---

1) Beer, a. a. O. 143—145.
2) An Josef, 14. März 1778, II. 186—191.

auf dem Spiel. Selbst wenn unsere Armee glücklich wäre, würde dieser Vor=
theil zu nichts führen; zwei oder drei gewonnene Schlachten werden uns
keinen Kreis in Schlesien erwerben; viele Feldzüge und Jahre wären erforder=
lich, um zu diesem Ziele zu gelangen. Wir haben 1757 die Probe davon
gemacht, um überzeugt zu sein, daß man unseren Feind nicht so bald zu
Boden schlägt. Wenn der Krieg ausbricht, dann zählt in nichts mehr auf
mich, ich werde mich nach Tirol zurückziehen, um dort meine Tage in der
größten Einsamkeit zu beschließen und mich mit nichts mehr zu beschäftigen,
als das traurige Loos meines Hauses und meines Volkes zu beweinen."

Die Folge waren einige Briefe Josef II. an den König von Preußen,
eine Reihe von Depeschen mit Vorschlägen und die fruchtlosen Unterhandlungen
mit Preußen in Berlin und Wien vom 1. Mai bis 3. Juli 1778 [1]). Schon
die ersten Briefe zeigten, daß der Kaiser und der König in der ganzen Frage
weit auseinandergingen. Nachdem Josef am 13. April an den König einen
Vertragsentwurf gesendet hatte, erklärte sich Friedrich II. in seiner Antwort
als Reichsglied verpflichtet: die Privilegien, Freiheiten und die Rechte des
deutschen Reichsverbandes, wie die Wahlcapitulation, welche die Gewalt des
Reichsoberhauptes beschränkte, zu vertheidigen; die Art, mit welcher Baiern in
Besitz genommen werde, sei eine gewaltthätige, der Kaiser könne nicht über
die Reichslehen nach seinem Willen verfügen wie der Sultan über die Tima=
rien (türkische Lehengüter), der Herzog von Zweibrücken, Sachsen und Mecklen=
burg müßten entschädigt werden [2]). Josef erwiderte: daß er in dieser bairischen
Angelegenheit nicht als Kaiser, sondern nur im Namen seiner Mutter als
König von Böhmen und als Erzherzog von Oesterreich gehandelt habe; in
dieser Eigenschaft habe er mit einem anderen Mitstand, dem Kurfürsten von
der Pfalz, dem berechtigten Erben, einen Vertrag abgeschlossen und der Herzog
von Zweibrücken habe durchaus kein Recht, so lange der Kurfürst lebe, sich
als den Erben zu erklären. Der König von Preußen beantragte darauf
(20. Mai): Oesterreich möge das angrenzende Land, nördlich von der Donau
bis zur böhmischen Grenze und südlich den Inn entlang bis zur Salza be=
halten, alles andere an den Kurfürsten zurückstellen. Dieser möge mit Limburg
und Geldern entschädigt werden, die Reichslehen in Baiern sollen an Baiern,
Mindelheim, die Lehen in Schwaben, und ein Theil der Oberpfalz an Sachsen
fallen; dafür begehre der König volle Reciprocität, und Oesterreich solle niemals
einen Anstand erheben, wenn die fränkischen Fürstenthümer oder im Einver=
nehmen mit Sachsen die Ober= und Niederlausitz mit Preußen vereinigt würden.
Der Kaiser bezeichnete jedoch diese Vorschläge als „unmöglich und höchst schäd=
lich": während Preußen durch die Lausitz einen so wichtigen Besitz erhalte,
solle Oesterreich für zwei kleine bairische Landstriche Limburg, Geldern, Mindel=
heim, alle deutschen und böhmischen Lehen und sogar das Rückfallsrecht auf

---

1) Arneth, X. 363—437.
2) 14. April an Josef; Oeuvres VI. 208.

die Lausitz aufgeben. Oesterreich könne nur für ganz Baiern den Erwerb der Lausitz zugeben; für die Hälfte von Baiern wolle man den Erwerb der Nieder=lausitz zulassen und den Kurfürsten dafür entschädigen, auch werde man nichts gegen die Vereinigung von Anspach und Baireuth oder gegen einen Tausch derselben einwenden. Der Kaiser war der Meinung, daß der König sich nur schwer zum Kriege entschließen und noch andere Vorschläge machen werde. „Ich bin übrigens", schrieb er seiner Mutter, „zu Allem bereit, außer zu Dem, aus der Sache in schmachvoller Weise hervorzugehen." Er mahnte Maria Theresia fortwährend zur Standhaftigkeit, während diese einen allgemeinen Krieg, die große Verheerung und den Geldmangel fürchtete; sie schmeichelte dem Kaiser, appellirte an seinen Patriotismus, an seine Liebe für die Brüder und den Schwager. „Die Monarchie", äußerte sie in einem Briefe, „ist in erschreckender Weise dem Spinnrocken verfallen; sie bedürfte Deiner ganzen Thätigkeit und Deiner Hülfe; hierzu aber benöthigen wir den Frieden. Sei der Patriarch Deiner Völker; laß mich die wenigen Lebenstage, die mir übrig bleiben, noch genießen" [1]). „Niemals", fuhr sie fort, „werde sie die Nieder=lande vertauschen, dieses so glückliche Land, das uns so nützlich ist und uns so viele Hülfsquellen darbietet; weder Preußen noch Frankreich werden uns den neuen Besitz gönnen; deswegen sollten wir uns begnügen mit dem bairischen Landstrich, der von der Donau und dem Inn begrenzt wird, mit der Grenzlinie von Waldmünchen bis Kufstein, die Salinen eingeschlossen."

Nachdem die Könige gesprochen, folgten noch die Verhandlungen der Gesandten und Minister, in Berlin zwischen Cobenzl und dem Prinzen Heinrich und dessen Vertrauten, Freiherrn von Knyphausen, in Wien zwischen Kaunitz und dem preußischen Gesandten, Freiherrn von Riedesel. Kaunitz hatte bei den widerstreitenden Ansichten der Kaiserin und Josef II. einen schweren Staub; er neigte mehr zu Josef, hielt sich sogar eine Zeit von der Kaiserin gänzlich ferne, aber zuletzt arbeitete er doch ihr zu Gefallen einige neue Vorschläge für einen möglichen Frieden aus. Für die äußere Politik blieb jedoch Josef in dieser Zeit die treibende Kraft; auch er wünschte einen Frieden aber nur durch „ernste Entschlossenheit, Billigkeit und vollkommene Reciprocität." Er wiederholte den Versuch, mit Preußen eine Verständigung zu finden, indem er durch Cobenzl dem Könige vorschlagen ließ: Preußen möge einwilligen, daß Oesterreich die bereits occupirten Landstriche von Baiern behalte, dafür werde Oesterreich gegen die Vereinigung der fränkischen Fürstenthümer keine Einwendung erheben. Beide Mächte sollten sich wegen der Allodialforderungen von Sachsen und der Pfalz vergleichen, und sich für einen künftigen Austausch von Baiern und der Lausitz einander unterstützen. Da jedoch der Herzog von Zweibrücken gar nicht erwähnt war und der Kurfürst von Sachsen jede Verhandlung wegen der Abtretung oder des Austausches der Lausitz beharrlich ablehnte, nahm Friedrich II. die letzte Eröffnung des österreichischen Gesandten

---

1) An Josef 22. Mai, 2. Juni II. 255—260.

als Ultimatum und entschloß sich zum Kriege. Er ließ am 3. Juli in Wien
durch seinen Gesandten erklären: Oesterreich habe kein Recht auf Baiern; was
Ansbach und Baireuth angehe, so sei dies eine Hausangelegenheit der älteren
und jüngeren Linie des Hauses Brandenburg; da ein Vergleich nicht möglich
sei, nehme er seine Zuflucht zur Gewalt, um eine Theilung Baierns zu ver=
hindern. Am Morgen des 5. Juli überschritt König Friedrich bei Nachod
mit einem Theile seiner Armee die böhmische Grenze.

Die langwierigen Verhandlungen in der bairischen Successionsfrage bieten
in Form und Inhalt den unerquicklichen Eindruck einer Cabinetspolitik, in
welcher die Stärkeren auf Kosten der Schwächeren einen Gewinn suchen. Das
Volk, seine Neigungen und Interessen werden nicht berücksichtigt, die Landschaft
nur nach dem Steuergulden geschätzt, das historische Recht kam nur in zweiter
Linie in Betracht, der deutsche Kaiser handelte als Landesfürst von Oesterreich
und der König von Preußen sprach wie ein Kaiser von dem Schutze der
Reichsverfassung und der deutschen Freiheit. Zugleich entbrannte ein Feder=
krieg zwischen Gelehrten und Ungelehrten, welche die bairische Frage aus den
tiefsten Winkeln der Archive heraus erörterten. Nicht weniger als 288 Bücher
sind darüber verzeichnet, schon 1778 waren 52 Schriften gedruckt. In
Göttingen las ein Professor über die Geschichte von Baiern=Straubingen,
Professor Heyrenbach in Wien hielt Vorträge über die statistischen und histo=
rischen Gegenstände der bairischen Erbfolge. Die wichtigsten Schriften waren
von den Cabineten selbst ausgegangen und bekämpften sich wechselweise wie
im Civilproceß. Der preußische Gesandte Riedesel übergab dem Wiener Hof
eine Schrift „Betrachtungen über das Recht der bairischen Erbfolge“; der
Herzog von Zweibrücken, der Kurfürst von Sachsen ließen ihre fideicommissa=
rischen Rechte erörtern; die österreichischen Hauptschriften, welche Hofrath
Schrötter verfaßt hatte, besprechen das Recht des Kaisers für die kaiserlichen
Lehen, des Königs von Böhmen für die böhmischen Lehen und das Recht der
Dynastie Oesterreich auf den mehrfach genannten Theil von Niederbaiern,
sowie das Recht eines Reichsstandes, sich mit einem andern Reichsstande fried=
lich zu vergleichen.

Während der Unterhandlungen waren im April bis Juni 1778 die
Kriegsrüstungen fortgesetzt worden und die beiden Armeen standen sich bereits
im Mai in voller Bereitschaft einander gegenüber. Die österreichische Armee
zählte 170,000 Mann. Die Hauptarmee unter dem Befehl des Kaisers stand
im nordöstlichen Böhmen am rechten Ufer der Elbe von Königgrätz bis
Leitmeritz, der linke Flügel unter Laudon, der rechte unter Lacy. Bei dem
Kaiser befand sich der Großherzog Leopold, welcher nach Oesterreich gekommen
war, um den Feldzug mitzumachen. Eine zweite Armee in Mähren, befehligt
von dem Herzog Albert von Sachsen=Teschen und dem Marschall Graf Hadik,
wurde nach Böhmen gezogen und in Mähren nur ein kleines Corps zurück=
gelassen. Prinz Albert war schon am 9. April, Kaiser Josef am 11. April
zur Armee gereist, fanden jedoch die Rüstungen nicht vollendet: die Regimenter

aus den Niederlanden und der Lombardei waren noch im Marsche, die Ge=
schütze nicht zahlreich; es fehlte an Zugpferden, Magazinen u. a. Zum Glücke
war der König von Preußen auch nicht genügend vorbereitet und fürchtete
ein zu rasches Vorgehen von österreichischer Seite[1]). Seine Armee war ebenso
stark wie die österreichische und das Corps des Prinzen Heinrich, welches von
Sachsen aus nach Böhmen operirte, sollte noch durch die sächsische Armee von
22,000 Mann verstärkt werden. Der König hatte den Vortheil der Offensive,
denn die österreichische Armee hielt sich aus politischen Rücksichten, um nicht
als Angreifer zu erscheinen, in der Defensive, ihre Stellung erschien jedoch so
gesichert, daß Kaiser Josef seine Mutter immer zum Abwarten und Festhalten
mahnte. Nach den ersten Gefechten änderte er, obwohl der König zurückwich,
seine Meinung und schrieb der Kaiserin: die feindliche Armee sei der öster=
reichischen an Stärke überlegen, der König selbst ein großer Kriegsmann;
Oesterreich sei ohne Bundesgenossen und müsse sich auf seine eigene Kraft
verlassen; eine neue Rekrutirung von wenigstens 40,000 Mann, vielleicht die
ungarische Insurrection oder fremde Soldtruppen seien nothwendig und zwar
so rasch als möglich. „Ich halte es für meine Pflicht, dies E. M. vor=
zustellen und die Ausführung als ein wahrer Patriot sehnlichst zu wünschen;
ich will gerne Alles, was ich habe und besitze, und die äußerste Kraft meines
Geistes und Körpers dazu widmen." Auch Herzog Albert sah nichts Gutes
voraus und schilderte die Lage als sehr kritisch, denn der Feind sei überall
stärker, kriegserfahrener und kühner. Als jedoch täglich Deserteure aus dem
preußischen Lager kamen und als man erfuhr, daß bei den Preußen auch
nicht Alles vollkommen sei, erholten sich die Heerführer von der ersten Be=
stürzung.

Inzwischen hatte Maria Theresia schon nach dem ersten Briefe Josefs
die Verhandlung mit dem König wieder aufgenommen und damit den ersten
Schritt zum Frieden gethan. Auf den Rath des Staatskanzlers schickte sie
einen vertrauten Unterhändler, den Freiherrn von Thugut, der ihr von Kaunitz
empfohlen war, durch Mähren in das preußische Hauptquartier. Derselbe
reiste am 13. Juli von Wien ab, mit einem Passe des russischen Gesandten
auf den Namen eines russischen Legationsrathes Rosdorf und mit einer etwas
allgemein gehaltenen Vollmacht versehen. In dem eigenhändigen Briefe schrieb
Maria Theresia an ihren alten Gegner, wie peinlich sie der Krieg berühre
und wie besorgt sie wegen des Schicksals ihrer zwei Söhne und ihres Schwieger=
sohnes sei; sie wünsche die Wiederanknüpfung der Verhandlungen, der Ueber=
bringer Thugut sei dazu ermächtigt. Die Kaiserin theilte auch die Mission
Thuguts dem Kaiser sogleich mit und da sie einen neuen Conflikt mit Josef
voraussah, fügte sie hinzu: ihr graues Haupt könne auch das Aergste ertragen
und man möge getrost allen Tadel auf sie wälzen. Josef war von dieser
Nachricht sehr erschüttert, denn er erblickte darin nicht blos ein Zurückweichen

---

1) Herzog Albert, Journal de la Campagne 1778, 79, Ms.

in der ganzen Streitfrage, sondern ebenso ein tiefes Mißtrauen gegen ihn selbst. „Ich habe", schrieb er an die Kaiserin (15. Juli) „nur von dem Wunsche nach einem Frieden und durch fremde Vermittlung gesprochen. Was bleibt mir übrig, als Alles im Stiche zu lassen und ich weiß nicht wohin, vielleicht nach Italien zu gehen, ohne dabei Wien zu berühren." Auch Laudon theilte er mit, daß die Kaiserin den König um Frieden gebeten habe und wie schmerzlich ihn das berühre, wie „spöttlich und verkleinerlich" dies für die Ehre des Staates sei; er würde zum Beweis, daß er keinen Theil daran habe, nach Florenz gehen, ohne Wien zu berühren. Laudon widerrieth ihm in aller Ehrfurcht, ein solches Aufsehen zu machen; er möge eine große Seele zeigen, nachgeben und während des Friedens den Gebrechen und Fehlern der Armee, die er nun selbst beobachtet, abhelfen und sie so herstellen, daß man jedem Nachbar begegnen könne. Der Kaiser war an den Gehorsam gegen die Herrscherin so gewöhnt, daß er sich schon am nächsten Tage fügte. „Ein Unterthan, ein Sohn", schrieb er seiner Mutter, „muß sogar hinabschlucken, was ihn wurmt; ich hoffe, daß ich nie meiner persönlichen Pflichten uneingedenk sein werde und werde dem Amte, das ich bekleide, weder Schaube noch Nachtheil bereiten." Durch einige Zeit blieben die Monarchin und ihr Mitregent in Aufregung über ihre eigenen Briefe und vor Allem in großer Spannung, wie der König die Mission aufnehmen werde. Thugut traf ihn (16. Juli) im Hauptquartiere zu Welsdorf in Nordböhmen und sprach ihn zweimal. Der König äußerte seine Verehrung für den Kaiser und die Kaiserin, enthielt sich jedoch einer entscheidenden Antwort; er notirte nur auf demselben Blatt, auf welches die Kaiserin die Vorschläge geschrieben hatte, einige Punkte wegen Sachsen, Mecklenburg und der fränkischen Herzogthümer; zugleich sprach er den Wunsch aus, daß ihm der Wiener Hof eine Karte von Baiern sende, auf welcher die Theile, welche Oesterreich erwerben oder zurückgeben wolle, verzeichnet wären. Im Gespräche kam er auf den westfälischen Frieden zurück und daß er als Reichsstand die deutsche Freiheit vertheidigen müsse. Die Ansprüche Oesterreichs seien ungerecht, Herzog Albrecht V. von Oesterreich habe ausdrücklich dem Besitze von Niederbaiern entsagt u. a. Als nach der Abreise Thuguts die Antwort des Wiener Hofes nicht so rasch erfolgte, sandte der König am 28. Juli eine Punctation für den Frieden nach Wien: Oesterreich möge Alles an Baiern zurückstellen und dafür die Innlinie von Passau bis Wildshut behalten, allen Lehensrechten in der Oberpfalz und Sachsen entsagen, den Kurfürsten von Sachsen mit Mindelheim und einer Million Thaler entschädigen, den Herzog von Zweibrücken als den künftigen Nachfolger in Baiern anerkennen und nichts gegen die Vereinigung der fränkischen Fürstenthümer mit Preußen oder einen Austausch derselben gegen die Lausitz einwenden. Die Bedingungen waren jedoch Maria Theresia, so ernstlich sie den Frieden wünschte, nicht genehm, besonders wegen der Lausitz und Zweibrücken; auch wünschte sie wegen der Verbindung mit Tirol die Grenze bis Kufstein ausgedehnt. Als Thugut (6. August) ein zweites Mal nach Welsdorf in das Hauptquartier des Königs kam, fand der König wieder die österreichischen Vorschläge nicht annehmbar: der Heimfall der fränkischen Herzogthümer sei eine preußische Hausangelegenheit, der Kurfürst von Sachsen habe die Ab= tretung der Lausitz abgelehnt, man müsse die Friedensbedingungen an Rußland mittheilen. Er verwies den österreichischen Gesandten jedoch wegen der Größe des bairischen Landstriches an seine Minister. In der That kam Thugut am 13. August mit Hertzberg und Finkenstein in Braunau zusammen, aber diese erklärten ihm, der König wolle die Ausdehnung der Grenze bis Kufstein und die Abtretung der Salinen bei Reichenhall nicht zugeben. Thugut kam am 20. August nach Wien zurück, mit der Ueberzeugung, daß der König für den Augenblick keine Vereinbarung wünsche.

Die Verhandlungen erschienen abgebrochen und der Krieg wurde erneuert, aber es wurde mehr manöverirt als gekämpft. Schon Ende Juli war ein preußisches Corps bei Komotau in Böhmen eingefallen und bedrohte Prag; anfangs fiel Prinz Heinrich in Böhmen ein, Laudon wich, ohne sich in eine Schlacht einzulassen, bis an die Isar zurück und der Kaiser fürchtete bereits für die gesicherte Stellung der Hauptarmee, bis König Friedrich sich plötzlich (19. September) über Trautenau nach Schlesien zurückzog. Auch Prinz Heinrich verließ Böhmen und bezog ein Lager bei Pirna. Die Kriegslust schien auf keiner Seite groß. Die körperlichen Leiden des greisen Königs, die Verluste, welche die preußische Armee erlitten und die Armuth des böhmischen Ge= birgslandes hatten diesen allgemeinen Rückzug veranlaßt [1]. Die Oesterreicher hatten im Anfang mehrere Verluste erlitten, Laudon war über seinen Rückzug in Verzweiflung und bot seine Entlassung an, der Kaiser selbst fürchtete von zwei Seiten angegriffen zu werden und schwankte immer zwischen Krieg und Frieden. Er blieb an der Spitze der Armee, verweigerte jedoch jede Theil= nahme für eine Friedensverhandlung. „Sie haben", schrieb er seiner Mutter, „die Macht in den Händen und können thun, was Sie wollen, ich aber kann und will niemals den Anschein auf mich laden, daß ich das gewünscht habe, worin ich die Schaube und das Verderben des Staates erblicke." Er er= klärte, er werde Alles, was von ihr käme, als Gesetz annehmen, aber den Krieg könne er nur fortsetzen, wenn die Armee um 40,000 Mann verstärkt und alle Kräfte des Staates angestrengt würden. Maria Theresia war voll Verzweiflung, Qual und Mißtrauen. Sie kam so weit, daß sie am 25. Juli an Josef schrieb [2]: „Wir waren eine Großmacht und sind es nicht mehr; man muß sein Haupt beugen, wenigstens die Trümmer retten und die Völker, die uns noch bleiben, glücklicher machen, als sie es während meiner unglück= lichen Regierung waren." Auch der Rückzug des Feindes und einige glück= liche Gefechte der Oesterreicher vermochten sie nicht aufzurichten. Kaunitz widerrieth unbedingt eine Fortführung des Krieges; die Wiedereroberung

---

1) Schöning, der bairische Erbfolgekrieg, 1854.
2) Briefwechsel II. 367—369.

Schlesiens und der Grafschaft Glatz sei nicht zu hoffen, von Frankreich sei keine Hülfe zu erwarten und Rußland werde den König vielmehr unterstützen, als ihm entgegen sein. Er halte deßwegen die Wiederaufnahme der Verhandlung und die Ermäßigung der österreichischen Forderungen angezeigt. Es kam auch wegen der Intervention der anderen Mächte nicht mehr zur Eröffnung eines neuen Feldzuges.

Schon bei dem Ausbruche der Feindseligkeiten hatten sich Oesterreich und Preußen bemüht, Frankreich und Rußland für sich zu gewinnen. Der König von Preußen hatte es dahin gebracht, daß sich Rußland zwar nicht zu einem bewaffneten Beistand, aber zu dem Versprechen bewegen ließ, an den Wiener Hof eine energische Vorstellung zur Nachgiebigkeit zu richten. Die scharfe Erklärung der russischen Kaiserin, welche Gallitzin schon am 20. October überreichte, betonte das Interesse Rußlands an der deutschen und insbesondere an der bairischen Angelegenheit. Die russische Kaiserin betrachte die österreichischen Ansprüche nicht ausreichend begründet und im Widerspruche mit dem westfälischen Frieden. In Rücksicht auf die große Gefahr für Deutschland und Europa möge Maria Theresia daher mit dem König von Preußen und den übrigen Betheiligten ein gütliches Uebereinkommen treffen, sonst müßte die Kaiserin ernstlich erwägen, was sie dem Interesse des Reiches und der ihr befreundeten Fürsten schuldig sei. Während Kaunitz und Maria Theresia daran arbeiteten, Frankreich wenigstens zu einer ähnlichen Erklärung an den König von Preußen zu veranlassen, hatten sich Rußland und Frankreich bereits einverstanden erklärt, ihre Vermittlung zwischen Preußen und Oesterreich auf einem Congreß zu übernehmen. Rußland ließ dieses in Wien und Frankreich in Berlin eröffnen. Maria Theresia war nicht für einen Congreß eingenommen, aber Kaunitz rieth dazu und Josef wünschte jetzt selbst den Frieden, obwohl er die Armee auf 386,000 Mann gebracht hatte. Maria Theresia beugte ihr Haupt und nahm nach einigem Zögern die Vermittlung Frankreichs und Rußlands an, nur ließ sie die Zarin ersuchen, daß so rasch als möglich ein Waffenstillstand abgeschlossen würde. Wenigstens war das gewonnen, daß Rußland aus der Rolle eines Bundesgenossen in die eines Vermittlers übertrat, was dem König von Preußen durchaus nicht erwünscht war. Während des Winters folgte noch eine Reihe von Verhandlungen über die Grundlagen des Friedens, der kleine Krieg wurde jedoch erneuert. Der König suchte die Oesterreicher aus Oberschlesien zu vertreiben, die Oesterreicher drangen unter Wurmser in die Grafschaft Glatz ein, der König ließ noch einen Streifzug nach Böhmen bis Brüx unternehmen und er selbst ging nach Reichenbach, um seinen Truppen näher zu sein, bis er dem Waffenstillstande zustimmte.

Auf den Vorschlag des Königs wurde Teschen in Oesterreich-Schlesien zum Versammlungsort der Bevollmächtigten sämmtlicher bei den Fragen interessirten Höfe bestimmt. Der Congreß dauerte vom März bis zum Mai. Rußland war vertreten durch den Fürsten Repnin, Frankreich durch seinen Wiener

Gesandten Baron Breteuil, Oesterreich durch Graf Philipp Cobenzl, den
Vetter des österreichischen Gesandten in Berlin, Preußen durch Freiherrn von
Riedesel; der Kurfürst von Baiern sandte den Grafen Törring=Seefeld, Kur=
sachsen den Grafen Zinzendorf, der Herzog von Zweibrücken den Freiherrn
von Hofenfels.   Die Verhandlungen wurden mit vieler Zähigkeit und Miß=
trauen geführt und jeder Gesandte mäkelte für seine Regierung oder deren
Freunde.   Der russische Gesandte trat für Preußen, der französische für Oester=
reich ein.   Der König von Preußen begehrte die Auflösung der Convention
mit dem Kurfürsten von der Pfalz, der Gesandte von Zweibrücken wollte als
vertragschließende Partei betrachtet werden, Sachsen forderte als Erbschaft
40 Millionen und der Kurfürst von Baiern wollte nur 4 Millionen Thaler
geben; Oesterreich begehrte die Innlinie bis Tirol, bis die Geduld Aller sich
erschöpfte und durch gegenseitiges Nachgeben ein Vergleich erzielt wurde.
Maria Theresia gab ihre Zustimmung und an ihrem Geburtstage, am 13. Mai
1779, wurden die Verträge in Teschen unterschrieben.   Der König von Preußen
hatte die Artigkeit, am gleichen Tage die noch besetzten österreichischen Ge=
bietstheile von seinen Truppen räumen zu lassen.   Niemand war froher als
Maria Theresia.   „Ich habe heut gloriose meine Carrière geendigt mit einem
Tedeum; was wegen der Ruhe meiner Lande mit Freude übernommen, so
schwer es mir gekostet; das Uebrige wird nicht mehr in Vielem bestehen.“
Oesterreich erhält den bairischen Landstrich zwischen der Donau, dem Inn und
der Salza, alles übrige Land wird an den Kurfürsten von der Pfalz zurück=
gegeben, auch die Oberpfalz und die böhmischen und fränkischen Reichslehen;
Oesterreich entsagt der Convention vom 3. Jänner 1778; Sachsen erhält
6 Millionen Thaler und die böhmischen Lehensrechte in Sachsen; für Mecklen=
burg soll die unbeschränkte Befreiung vom Reichskammergerichte ausgewirkt
werden.   Preußen begehrte nichts; nur die Vereinigung der fränkischen Fürsten=
thümer wurde in Aussicht gestellt.   Frankreich und Rußland garantirten den
Frieden, das deutsche Reich erklärte seinen Beitritt durch das Reichsgutachten
vom 28. Februar 1780, obwohl Salzburg, Württemberg und der schwäbische
Kreis dagegen Einsprache erhoben.   Der bairische Landstrich, welcher Oester=
reich zugesprochen war, umfaßte 40 Quadratmeilen mit 60,000 Einwohnern
und wurde unter dem Namen Innviertel der Provinz Oberösterreich ein=
verleibt.   Die Uebernahme fand noch im Mai 1779 statt und Maria
Theresia und Josef haben Alles gethan, um den Unterthanen den Ueber=
gang in die neue Herrschaft zu erleichtern.   Kaiser Josef kam selbst nach
einer Rundreise durch Böhmen in das schöne reiche Land (October 1779)
und bedauerte nur, nicht auch Passau oder wenigstens die Festung Obernberg
erworben zu haben. [1])

Der König von Preußen war über den Frieden erfreut, obwohl ihm der
Krieg 29 Millionen Thaler und 20,000 Soldaten gekostet hatte.   Ein un=

---

1) Arneth, X. 661—663.

mittelbarer Vortheil war ihm nicht daraus erwachsen, aber der Zweck, wofür
er das Schwert gezogen, war erreicht: Oesterreich hatte sein Gebiet nur um
einen geringen Theil vergrößert, Baiern behielt im Ganzen seine Integrität,
der Herzog von Zweibrücken die Anwartschaft auf Baiern, und Preußen hatte
seine Uebermacht im Norden Deutschlands glänzend bewährt. Man kann nicht
sagen, daß der Friede von Teschen die alte Feindschaft, das alte Miß=
trauen zwischen Oesterreich und Preußen ausgelöscht hat. Im Gegentheile
zeigte sich zu Lebzeiten Maria Theresia's noch einmal die verhängnißvolle
Spaltung der beiden Großstaaten in Deutschland, als Maria Theresia bei
der Coadjutorswahl in Köln ihren jüngsten Sohn Maximilian zum Bis=
thume bestimmte. Der König von Preußen stellte in dem Prinzen Josef
Hohenlohe einen andern Candidaten auf, konnte jedoch nicht durchdringen,
weil sich die Domcapitel in Köln und Münster bereits für den Erzherzog
geeinigt hatten. Nachdem der Papst die Wahlfähigkeit desselben und die
Dispens von den höheren Weihen ausgesprochen hatte, wurde der Erzherzog
am 7. August 1780 zum Coadjutor und am 16. August in Münster gewählt.
Maria Theresia war sehr befriedigt, denn sie hatte damit nicht blos ihren
Sohn zu einem deutschen Fürstenthum gebracht, sondern auch einen Einfluß in
den katholischen Rheinlanden erworben, der in der Zukunft von Bedeutung
werden konnte.

Nicht so befriedigt war Maria Theresia von der Reise des Kaisers nach
Rußland, obwohl dieselbe unmittelbar gegen die preußische Politik gerichtet
war. Sie wünschte den König von Preußen nicht noch mehr zu erbittern und
nannte die Reise ein wahrhaft trauriges Ereigniß. Erst durch Kaunitz ließ
sie sich umstimmen. Josef hatte der Zarin durch den russischen Gesandten
den Wunsch ausdrücken lassen[1]), bei ihrer Reise nach Weißrußland ihr irgendwo
zu begegnen, um sie persönlich kennen zu lernen. Die Zarin nahm das An=
erbieten freundlich auf und bestimmte als den Ort der Zusammenkunft die
Stadt Mohilew in Lithauen. Der Kaiser hatte ausdrücklich erklären lassen,
er habe dabei keinen politischen Zweck, aber Niemand glaubte ihm und er
selbst hatte schon seit 1774 den Wunsch, Oesterreich und Rußland wieder
einander zu nähern. Der französische Hof glaubte, der Kaiser habe es auf
die Lösung der Alliance abgesehen, der König von Preußen nahm an, Josef
wolle im Bündnisse mit Rußland einige türkische Provinzen erwerben, und
der Fürst Potemkin erblickte schon in Josef einen willkommenen Bundes=
genossen für einen künftigen Krieg gegen die Türken. Der Staatskanzler gab
dem Kaiser den Rath, der Zarin zu erklären: Oesterreich denke nicht an einen
neuen Krieg gegen Preußen und noch weniger an eigennützige Pläne in
Polen. Vor Allem möge er als Motiv der Reise angeben, daß die Zarin
den künftigen Herrscher von Oesterreich richtig beurtheilen und vomöglich
die alte Freundschaft zwischen den beiden Staaten wieder lebendig werde.

---

[1]) 1. Februar 1780.

Inzwischen hielt sich Josef nicht an das Programm und ging seinen eigenen Weg. Er reiste am 26. April von Wien fort und kam aus Galizien über Kiew am 2. Juni nach Mohilew. Die Zarin traf am 4. Juni ein und blieb vier Tage. Der Empfang war gegenseitig höchst zuvorkommend, aber die Zarin schien für politische Fragen sehr zurückhaltend; nur warf sie den Gedanken hin, ob nicht Italien und besonders Rom eine erwünschte Er= werbung für den Kaiser wären, worauf dieser nur scherzhaft antwortete. Ueber den König von Preußen äußerte sie nur, er sei alt und mürrisch geworden und lasse sich Vieles von kleinen Leuten zutragen. Als die Zarin den Kaiser einlud, ihr nach Petersburg zu folgen, machte Josef einen Ausflug nach Moskau und kam am 28. Juni nach Petersburg, wo er drei Wochen verweilte. Josef wollte insbesondere den Großfürsten und den Minister Panin gewinnen, aber er verhielt sich in politischen Dingen ebenso zurückhaltend und abwartend wie die Zarin selbst. Auf ihre erneute Hinweisung auf Italien und die Türkei meinte Potemkin, der Kaiser möge wenigstens versprechen, nie mehr ein Bündniß mit der Pforte gegen Rußland zu schließen, und Josef erwiderte seine Ge= neigtheit, wenn Rußland niemals an einem Kriege gegen Oesterreich theil= nehmen wolle; eine Vereinbarung darüber müßte man den Ministern über= lassen. Zu einem bestimmten Versprechen kam es nicht, aber Josef hatte sich, wie der englische Gesandte sagte, einen Platz im Herzen der Zarin erobert. Maria Theresia bezeichnete das Resultat in einem Briefe an die Königin von Frankreich: „Man hat gar nichts verhandelt, aber es scheint, daß er das Glück gehabt hat, die falschen und tief eingewurzelten Vor= urtheile gegen uns zu zerstreuen." Josef führte nach seiner Rückkehr einen lebhaften Briefwechsel mit der Zarin, in welchem sie sich gegenseitig mit den größten Schmeicheleien überhäuften. Die Aufgabe, die Freundschaft in politischer Weise zu pflegen, blieb dem Gesandten Cobenzl vorbehalten, bis daraus das österreichisch=russische Bündniß von 1781 erwachsen ist.

In den Ereignissen, welche die äußere Politik Oesterreichs in den letzten zehn Jahren beschäftigten, erscheint Maria Theresia nicht mehr als die ener= gische willensstarke Selbstherrscherin, welche im Beginn ihrer Regierung die Bewunderung von ganz Europa erregt hatte. Nur im bairischen Erbfolge= kriege hatte sie mit einem raschen Entschlusse dem Kriege Einhalt gethan. Sie war alt geworden, schwerfällig, unbehilflich, nannte sich gerne „die alte Frau" und klagte über Personen und Zustände. Ihr Geist blieb immer hell und frisch, sie arbeitete unverdrossen und wenn irgend etwas das Interesse ihres Hauses betraf, leuchtete das Feuer der Seele auf, aber sie ahnte, daß ihr Leben bald erlöschen werde. „Meine Gesundheit schwindet rasch dahin, ich kann nicht glauben, daß es noch lange dauern wird", schrieb sie am 3. No= vember 1780 an den Gesandten in Paris. Besonders litt sie an asthma= tischen Beschwerden, ihre Kinder fürchteten keine Gefahr, denn sie hatte bisher jede Störung ihrer Gesundheit glücklich überwunden. Am 8. November 1780 wohnte sie noch als Zuschauerin einer Fasanenjagd in Schönbrunn bei, kam jedoch ganz durchnäßt nach Hause. Ihr Husten wurde stärker, sie bekam Erstickungsanfälle und am 24. November konnte ihr der Arzt, Professor Störck, die Gefahr nicht mehr verhehlen. Sie empfing die Sterbesakramente und sah ihrem Tode mit wahrhaft christlicher Ergebung entgegen. Als der Kaiser sie eines Abends ermahnte, sich dem Schlafe zu überlassen, antwortete sie: „Ihr wollt, daß ich schlafen soll, während ich doch jeden Augenblick erwarte vor meinen Richter gerufen zu werden." Kein Wort der Klage oder der Ungeduld kam über ihre Lippen, desto trostloser waren ihre Söhne und Töchter, die in den letzten Tagen bei ihr verweilten: der Kaiser Josef, der Erzherzog Maximilian, der Herzog Albert von Sachsen-Teschen, dessen Gemahlin Marie und die Erzherzoginnen Marianne und Elisabeth. Am 29. November wurde ihr Zustand schlimmer, sie nahm Abschied von ihren Töchtern und richtete an sie die liebreichsten Worte. Am Abende desselben Tages, den 29. November 1780, verschied sie sanft und ruhig in Gegenwart ihrer Söhne. Ihr Leib wurde am 3. December in der Kapuzinergruft in Wien mit der altherkömmlichen, düsteren Pracht beigesetzt. Die Stadt Wien, welche früher ihrer Herrin und Fürstin so ergeben war, zeigte nicht den Antheil, den man erwartet hatte, ja die Menge schaute der Leichenfeier mit einer gewissen Gleichgültigkeit zu. Man sagte, die vor Kurzem eingeführte Tranksteuer habe das niedere Volk erbittert. Die Berichte der Gesandten und anderer Zeitgenossen bezeugen jedoch, daß die Trauer in die Weite und Tiefe ging und noch heute ist das Andenken an die Kaiserin Maria Theresia im Volke lebendig. Der Kaiser war tief erschüttert. „Das schreckliche Unglück", schrieb er an Kaunitz, „das mich zu Boden drückt, wird Ihnen, mein theurer Fürst, wohl schon bekannt sein. Ich habe aufgehört Sohn zu sein und dies war es doch, was ich am besten zu sein glaubte. Bleiben Sie mein Freund, seien Sie mein Beistand, mein Führer bei der schweren Last, die nun auf mich gelegt ist. Sie wissen ohnehin, wie hoch ich Sie schätze." Er vollzog das Testament der Kaiserin vom 15. October 1780 in jeder Anordnung, aber er deckte die Legate durch einen Zuschuß von 1,200,000 Gulden aus dem Familienvermögen, nicht aus der Staatskasse.

Maria Theresia hat in den 40 Jahren, in welchen sie den Staat Oesterreich regierte, denselben vertheidigt, befestigt, frisch und lebensfähig umgestaltet und die Wurzeln der theresianischen Staatsordnung ragen noch in unsere Zeit hinein. Wohl war in den letzten Jahren Vieles zum Stillstande gekommen; von den alten Freiheiten waren die besten gestürzt und mit Mißbehagen blickte man auf die fromme Heuchelei, die sich unter dem Schutze der edlen Fürstin breit machte. Sie nannte ihr Regiment eine unruhige Regierung, aber die feine vorsorgliche Art, mit der sie Alles berührte, hat ihre Gegner versöhnt, das Volk befriedigt. Sie wurde als Herrscherin so vielfach gerühmt, wie die große Elisabeth von England oder die Zarin Katharina. Als Frau und Mutter war sie glücklicher und ihr Familienleben bietet für immer einen unauslöschlichen Reiz. Man kann nicht sagen, daß ihre Kinder, für welche sie

Kaiser   Maria   Herzog Albert
Josef II.   Theresia. von Sachsen-Teschen.

Maria Theresia's letzter Tag; nach einem gleichzeitigen Kupferstich.

so besorgt war, glücklich geworden sind.   Die Königin von Neapel, die
Herzogin von Parma, die Regentin der Niederlande, Marie Christine, der
Erzherzog Maximilian mußten zur Zeit der französischen Revolution flüchtig
ihr Land verlassen, die unglückliche Königin von Frankreich wurde hingerichtet;
Kaiser Josef hatte weder Glück in der Ehe noch in der Regierung und Kaiser
Leopold II. mußte das Bündniß mit Frankreich, welches Maria Theresia mit
so viel Stolz und Hoffnung aufgerichtet hatte, zerfallen sehen.

V. Materielle und geistige Zustände, 1740—1780.

Wer die österreichischen Volkszustände der theresianischen Zeit mit jenen von 1650—1750 vergleicht, findet nach allen Seiten hin einen unverkennbaren Fortschritt der persönlichen Freiheit, der materiellen und geistigen Cultur. Die Regierung zeigte bei all ihrer fiskalischen Richtung entschieden eine volks= freundliche Tendenz und es war schon ein Gewinn, daß die wirthschaftlichen und sozialen Fragen der Regierung und dem allgemeinen Interesse nicht mehr so ferne lagen, als in früheren Jahrhunderten. Die Förderung der Boden= cultur lag im Geiste des 18. Jahrhunderts und die theresianische Regierung ging hierin wie die preußische den deutschen Mittelstaaten mit gutem Beispiele voran. Zahlreich sind die Verordnungen für das Gemeindewesen, für den Wild = und Waldschutz der Unterthanen, für die Scheidung des Bauern= und Herrengrundes, für die Straßen und Wege, für die Brücken und Regulirung der Flüsse, für das Bauwesen auf dem Lande, für die Gesundheit und öffent= liche Sicherheit. Von 1764 an entstand in jeder Provinz ein landwirth= schaftlicher Verein; der Anbau von Klee, Flachs wurde begünstigt, die Kartoffeln wurden seit 1734 in Böhmen und Schlesien, seit 1740 in Mähren, seit 1741 in Krain angebaut. Oesterreich hatte eine riesenhafte Masse von Bauern= gütern und unter diesen viele, welche an Größe und Werth den Rittergütern gleichkamen, aber die Wirthschaft und soziale Stellung der Bauern war in den deutschen und böhmischen Ländern wesentlich verschieden. In Oesterreich, an der Donau und in den Alpenländern war der Bauer niemals so abhängig und rechtlos wie in Böhmen und Mähren. Die deutschen Bauern, welche in alter Zeit den Boden mit dem Pfluge und der Axt gewonnen hatten, be= wahrten ihre persönliche Freiheit und das Recht auf ihren Grund und Boden. In Kärnten gab es 800 Freisassen, welche wie die Edelleute auf ihren Gütern saßen und nur die landesfürstliche Steuer zahlten. Bei den südslavischen Bauern jenseits der Drau hatte sich ein Rest der mittelalterlichen Hörigkeit erhalten; sie waren an Grund und Boden gebunden, aber nicht leibeigen; sie genossen noch das alte Volksrecht, Verträge und Ehen zu schließen, Testamente zu machen. Im Allgemeinen waren Grund und Boden seit dem 16. Jahr= hundert frei und konnten verlauft, verpachtet und belastet werden [1]. Die Mehrzahl der Bauern blieb jedoch unterthänig, d. h. irgend einer Herrschaft abgaben = und robotpflichtig. Der Bauer unterlag der Abstiftung und dem Einstandsrechte der Herren. Die Abgaben waren nicht gering, die Urbare und

---

1) R. Peinlich, Gesch. d. Leibeigenschaft und Hörigkeit in Steiermark 1881, 94.

die Grenzen des Bauerngutes nicht immer sicher. Erst 1748 verzeichnete die Landtafel die ständischen Gülten, d. h. die Gründe, welche dem Landesfürsten oder der Landschaft dienstbar waren; die Grundbücher wurden erst 1768 eingeführt. Auch die Bürger in den unterthänigen Städten waren frohnpflichtig. Die Lebens = und Wirthschaftsverhältnisse waren in Gebirg und Ebene, bei Slaven und Deutschen verschieden. In Kärnten und in der oberen Steiermark blieben nicht wenige behauste Bauern trotz aller Vorsichtsmaßregeln der Regierung eifrige Anhänger der protestantischen Lehre, obwohl jeder Bauer, der zum Grundbesitz kommen wollte, das Gelöbniß des Katholicismus ablegen mußte. Viele Bauern waren wohlhabend und hinterließen 3, 6, 8 bis 30,000 Gulden Baargeld. Trotz dieser Wohlhabenheit Einzelner wurde der Bauernstand dünner und ärmer; der Ackerbau und die Viehzucht, der Wein = und Flachsbau gingen zurück, die Industrie auf dem Flachlande nahm ab, der äußere Handel hörte beinahe ganz auf. Ein Staatsmann schlug 1760, um dem Lande aufzuhelfen, vor: die Berg = und Hüttenwerke zu erhalten, das Bergvolk nicht zu rekrutiren, Gerechtigkeit und Barmherzigkeit gegen die Arbeiter zu üben, die Wälder zu hegen und die Pferde nicht außer Land zu führen. Regierung, Adel und Geistlichkeit hielten dieses Volksthum strenge gebunden. Der größte Theil des Grund und Bodens gehörte dem Adel und Clerus, der letztere besaß allein ein Drittheil des Landes. In den Ländern der böhmischen Krone erholte sich der Bauernstand nur langsam von den Leiden des dreißigjährigen Krieges, welcher die Dörfer zerstört, das Land entvölkert, Wälder und Felder wüste gelegt hatte. Die Bevölkerung hatte sich im 18. Jahrhundert immer mehr verdichtet; große Wirthschaften waren entstanden und, was Böhmen besonders eigenthümlich war, es entwickelte sich eine gewerbliche Dorfindustrie. Auch hier hatte der Hochadel und die Geistlichkeit das Uebergewicht. In den letzten Regierungsjahren Maria Theresias um 1773 gab es nach der böhmischen Landschaftsmatrikel 14 Fürsten, 172 Grafen, 79 Freiherrn = und 95 Ritterfamilien. Der Güterwerth der auswärtigen Prinzen betrug 12,5 Millionen, der Fürsten 46 Millionen, der Grafen 116 Millionen, der Freiherren 10 Millionen und der Ritter 7 Millionen. Die kirchlichen Besitzungen repräsentirten einen Werth von 36 und die Krongüter von 8 Millionen. Die Fideicommißgüter allein konnten auf 26 Millionen berechnet werden. Der Bauer war mit Ausnahme einiger deutscher Landstriche durchaus leibeigen und in eine Knechtschaft versunken, welche ein anderes, schwächliches Volk aufgerieben hätte. Die Ablösung der Robot wurde allgemein gewünscht, aber die Herren konnten anführen, daß diese ihr gekauftes oder vererbtes Eigenthum sei. Wie erwähnt, brachten erst die Robotpatente von 1775 und 1777 eine Verminderung der bäuerlichen Lasten und machten die Ablösung der Robot, oder wenigstens den Erbpacht möglich. Die Maßregeln der Regierung waren nicht immer glücklich gewählt: durch die Theilung der großen Bauernhöfe verarmte manche tüchtige Familie, die Pflege der Maulbeerbäume und Seidenwürmer wollte nicht gedeihen, die Bauernwaldung

Der innere Burgplatz in der Hofburg zu Wien; im Hintergrund die Reichskanzlei, links der Amalientract.

Nach der Original-Aquarelle von Janscha (Wien, Albertina).

wurde mehr verwüstet als je. Die Waldordnung von 1754 war ein vor=
treffliches Gesetz, aber seine Grundsätze waren veraltet und die Durchführung
nicht möglich. Die Bauern vermochten nicht sich aus eigener Kraft heraus=
zubilden. Ihre Lehrmeister in der Landwirthschaft wurden die Gutsherren,
die Verwalter und Pächter der Meierhöfe, die Klöster oder die städtischen
Herren. Wohl klagte der böhmische Professor Cornova, daß der Adel des
Landes dem Getreidewucher, auch der Kornspeculation zuneige, aber die böh=
mischen Herren waren die besten Landwirthe in Oesterreich. Sie haben nicht
nur Schlösser umgebaut und verziert, sondern auch neue Dörfer angelegt,
den Boden verbessert, die Teiche ausgetrocknet, den Wald gehütet, die Garten=
cultur und den Obstbau gepflegt und sogar humanitäre Institute geschaffen.
Die berüchtigten böhmischen Dörfer mit den Lehmhütten verschwanden all=
mählich und an ihre Stelle traten gassenartige Dörfer mit neuen Scheunen
und Ställen. Die Wirthschaft der Deutschen in Böhmen war tüchtiger und
reicher, aber es gab im cechischen Böhmen große wohlhabende Höfe und das
Ganze war übersäet mit zahlreichen Höfen, Dörfern und kleinen Städten,
welche neben der Landwirthschaft die Hausindustrie und Gartencultur trieben.
Die Wiedergeburt des böhmischen Volkes erfolgte erst unter Josef II. durch
die Aufhebung der Leibeigenschaft, durch die Anerkennung des bäuerlichen
Grundeigenthumes und die neue Einrichtung des Steuerwesens [1]).

Die gewerbliche Industrie war in Oesterreich zumeist Haus = und Zunft=
arbeit; sie entwickelte sich hie und da zu einer regsamen Kleinkunst und Kunst=
industrie, aber im Ganzen blieb sie doch ein handwerksmäßiger Kleinbetrieb
und konnte sich nicht zu einer großen Industrie und zu einer ausgebildeten
Manufacturthätigkeit entfalten. Die Zünfte waren verfallen, versteinert, die
persönliche Freiheit und die selbständige Arbeit, die zwei wichtigsten Elemente,
erschienen mehr beschränkt als gefördert. Das jüngere Geschlecht haßte deß=
wegen die Zünfte, und die Physiokraten forderten allgemein ihre Auflösung.
„Diese vermaledeiten, verfluchten Zünfte“, rief ein Schriftsteller dieser Schule
aus, „sind Ursache, daß in Deutschland die Manufacturen nicht aufkommen
können.“ Die österreichische Regierung kämpfte deßwegen seit Leopold I. gegen
das Zunftwesen und begünstigte den Fabriksbetrieb. Sie hat dabei viele künst=
lichen Mittel aufgewendet, velche nicht immer gut anschlugen, so die Prämien=
gelder, Vorschüsse, Privilegien und Einfuhrverbote. Am günstigsten war der
Einfluß der Regierung, wenn sie die Förderung der Gewerbsthätigkeit an die
alten Industrie= und Gewerbszweige anknüpfte. Die böhmischen und mährischen
Tücher waren vom 13. bis ins 17. Jahrhundert berühmt. Die Folgen des
großen Krieges und die Concurrenz der Engländer und Holländer hatten
jedoch das Geschäft ruinirt. 1661 gab es in Mähren nur in Olmütz, Brünn,
Znaim, Iglau und Neustadt Tuchmacherzünfte. Leistung und Absatz waren

---

1) Beidtel, österreich. Zustände 1740—1792, Sitz.=Ber. VIII. 1852. Brauner,
böhmische Bauernzustände 1847, über Robot und Robotablösung 1848.

gering. Allmählich kam dieser Industriezweig in die Höhe und wurde fabriks=
mäßig betrieben. Maria Theresia ließ für die Tucherzeugung 2 Millionen
Gulden verwenden und Arbeiter aus den Niederlanden nach Iglau kommen.
Der Begründer der Fabrikindustrie in Reichenberg war Georg Berger, in
Viktring bei Klagenfurt die Moro; die Feintuch= und Wollzeugfabrik in Linz
wurde 1672 von dem Bürger Christian Sind gegründet, danu vom Staate
übernommen und von Maria Theresia wieder aufgelassen, ebenso die Staats=
fabriken in Olmütz und Brünn. In Mähren unterstützte der Adel diese In=
dustrie, namentlich die Harrach in Janowitz. Der große Absatz der böhmischen
Strumpfwirker regte allenthalben an. Die Zunft in Oberleutensdorf zählte
1759 22 Meister, 1789 32. Böhmen hatte zahlreiche Glashütten; die Ein=
wohner von Haida und Umgebung unterhielten einen ausgebreiteten Glas=
handel und hatten ihre Niederlagen in Holland, England, Spanien und
Portugal. Die Wiener Porzellanfabrik hat ein Niederländer, du Paquier,
gegründet; sie wurde 1744 vom Staate übernommen und lieferte ausgezeichnete
Produkte. Maria Theresia hat die Einfuhr des sächsischen Porzellans ver=
boten, wofür die Sachsen wieder den böhmischen Wein nicht zuließen. Kaiser
Franz I. hat 1746 in Holitsch eine Majolikafabrik errichtet. In Oesterreich
unter der Enns waren 10,000 Menschen in der Baumwollenspinnerei be=
schäftigt. Die Seidenindustrie wurde in Wien fabriksmäßig betrieben. Christian
Hornbostel gründete 1768 eine Seidenstoffweberei. Zahlreich waren die Band=
weber, Posamentirer, Sammt= und Brokatmacher, die Goldschmiede, Uhrmacher,
Emailleure, die Mechaniker für chirurgische und mathematische Instrumente,
die Schlosser, Stahlarbeiter, Tischler u. a. Wien wurde erst in der theresia=
nischen Zeit eine Industriestadt. Die österreichischen Eisen= und Stahlwaaren
wurden außer den englischen als die besten gerühmt. Böhmen, das Land ob
der Enns, Tirol, Kärnten und Wien wetteiferten darin. 1769 waren im
Traunviertel in Oberösterreich allein 7361 Eisenarbeiter beschäftigt. In Steier=
mark wurden 72 Eisenhämmer, 2 Eisengußwerke und 26 Sensenschmieden
gezählt. Die Regierung gab sich viele Mühe, den Bergbau in Kärnten und
Steiermark, der tief verfallen war, in die Höhe zu bringen. Sie übernahm
Gold= und Silberbergwerke auf eigene Rechnung, so im Möllthale, in Sießlitz,
mußte sie aber wegen des geringen Ertrages wieder auflassen. Nur der Bau
auf Blei und Eisen brachte Gewinn. Dessenungeachtet sind viele Gewerke
verarmt. Die staatliche Controle, die Eisensatzungen und Radwerksordnungen
waren vielfach veraltet; erst Josef II. hob die kostspielige Administration des
„Oberstkammergrafenamtes" auf, löste die sogenannte Widmung d. h. den
Lieferzwang von Roheisen und Proviant und gab den Hauptgewerkschaften
in Steiermark und Kärnten die eigene Verwaltung zurück [1]).

Die Förderung des Handels war ein Hauptaugenmerk der theresianischen

---

1) Wolf, Geschichtliche Bilder aus Oesterreich II, 373. — W. Exner, Beiträge
zur Geschichte der Gewerbe und Erfindungen in Oesterreich 1873.

Regierung. Die fiskalische und volkswirthschaftliche Richtung drängten dazu. Die Minister und Gouverneure mühten sich in zahlreichen Gutachten und Vorschlägen ab, den Forderungen der neuen Zeit gerecht zu werden, aber die Regierung schwankte noch lange zwischen Mercantil= und Prohibitivmaßregeln. Josef klagte noch 1768 in einer Denkschrift an seinen Bruder Leopold, daß der Handel trotz der Thätigkeit des Commerzienrathes keinen Aufschwung genommen habe und daß die Verträge mit der Türkei mehr die türkische Einfuhr als die österreichische Ausfuhr begünstigten. Die Einfuhr von Wolle, Garn, Baumwolle, Seide und Metallen sei nur zu Gunsten österreichischer Fabrikanten und zu Ungunsten der Landwirthschaft und Gewerbe verboten. Es gab Finanzzölle, Schutz= und Tendenzzölle. Kaunitz fand den Zoll für die ausländischen Industrieprodukte viel zu hoch, und Graf Karl Zinzendorf und Hofrath Raab wünschten die Aufhebung aller Einfuhrverbote. 1769 stellte der Staatsrath als leitende Grundsätze auf: ein einheitlicher Tarif für das ganze Reich, geringe Ausfuhrzölle, geringe oder gar keine Durchfuhrzölle, die Einfuhrzölle für die Roh= und Hülfsstoffe niedrig, für Luxuswaaren so hoch als möglich, ein neues Handels= und Seerecht, Zuziehung von praktischen Handelsleuten zu dem Commerzienrath und Handelsgericht. Die Regierung befreite 1774 mehrere Arten fremder Waaren von dem Ausschließungsverbote und belegte nur ihre Einfuhr mit hohen Zöllen. Noch blieben ausgeschlossen alle Baumwoll=, Woll= und glatten Seidenwaaren, Blei, Eisen, Kupfer, Messing und Zinnwaaren. Der neue Tarif von 1775, entworfen von dem tüchtigen Vicepräsidenten Graf Philipp Cobenzl, gestattete die Einfuhr der früher ver= botenen Waaren gegen einen Zoll von 20 Proc., hob fast alle ständischen und Privatmauthen auf und befreite Oesterreich von den lästigen Zwischen= zolllinien, welche die einzelnen österreichischen Länder von einander getrennt hatten. Nur gegen Ungarn blieb die Zolllinie bestehen. Der Finanzminister Kolowrat hatte sich heftig gegen das neue Zollgesetz gewehrt, aber Maria Theresia genehmigte dasselbe, und setzte noch aus eigener Entschließung den Zuckerzoll herab[1]). Die Regierung traf noch eine Reihe handelspolitischer Maßregeln; sie gründete neue Consulate, unterstützte den Straßenbau, das Postwesen, die Schifffahrt und die Verbindung durch Canäle. Nicht alle hatten den gewünschten Erfolg; der Elbehandel kam in Folge der schweren Zölle herab, auch der Donauhandel blieb zurück, weil sich die Pforte kein Zugeständniß abbringen ließ, nur der innere Handel und der Seehandel nahmen einen erfreulichen Aufschwung. Oesterreich hatte an der adriatischen Küste vortreffliche Häfen, aber Triest blieb das Schoßkind der Regierung. 1761 war der Handel dort noch so gering, daß Maria Theresia zum vene= tianischen Gesandten sagen konnte, Venedig habe keine Ursache, auf Triest eifersüchtig zu sein. In der Zeit des Gouverneurs Graf Zinzendorf nahm Triest jedoch einen solchen Aufschwung, daß 1782 die Ausfuhr und Einfuhr

---

1) Hock=Bidermann 93.

auf 8,5 und 13 Millionen berechnet wurde. 1788 kamen 4288 und 1790 6750 Schiffe, an und unter diesen waren 6 Proc. österreichische. Der Versuch von 1774, Triest in direkte Verbindung mit Ostindien zu bringen, war etwas abenteuerlich; Josef II. nannte auch die „ostindische Handlung", welche gegründet werden sollte, eine „Particularspeculation."

Neben den Anfängen des wirthschaftlichen Umschwunges beginnt in Oesterreich die literarische Reform, welche die geistige Erstarrung des Volkes löste und ein neues Culturleben vorbereitete[1]). Die Aufklärung in Oesterreich ist durchaus ein Nachhall der deutschen Aufklärung. Sie erfaßte zunächst die Wissenschaft und Dichtung, den Gebrauch und die Pflege der deutschen Sprache, verbreitete dann ihre Lichter in die Gesetzgebung und verkündete die geistige Freiheit und echte Humanität. Die Bahnbrecher waren die sogenannten schöngeistigen Schriftsteller, die Lehrer der Staats- und Rechtswissenschaft, die Vertreter der Regierung und zu oberst der große Reformkaiser selbst, der mit allen seinen Ideen in der Bewegung der Zeit stand. In den fünfziger Jahren war der geistige Zustand des österreichischen Volkes noch tief unter dem Niveau freier Bildung; nur die Volksdichtung, welche in zahlreichen Flugblättern die patriotischen Gefühle aussprach, zeigte bereits ein höheres Selbstbewußtsein und die Theilnahme an den allgemeinen Interessen. Im Jahre 1761 trat in Wien eine „deutsche Gesellschaft" zusammen, um es den Deutschen gleich zu thun, die Sprache zu reinigen, Kunst und Wissenschaft zu beleben. Ihre Mitglieder waren der juristische Professor Riegger, der Freiburger Bob, damals Stadtgerichtsschreiber in Wien, Constantin Khautz, Geschichtsschreiber und Censor, Hofrath Sperges, Spielmann, Thugut, Sonnenfels u. a. Die Gesellschaft vermochte als solche nicht in das öffentliche Leben einzugreifen, aber die Strebungen und Anstrengungen der Einzelnen bewirkten einen literarischen Wetteifer, eine erfrischende Theilnahme der Regierung und des gebildeten Publikums. Die Milderung der Censur hatte bereits den deutschen poetischen und historischen Schriften Eingang verschafft und veranlaßte zugleich zur Vermittlung der allgemeinen Bildung eine Reihe literarischer Zeitschriften. Nur wenige hatten einen tiefen Gehalt und eine längere Dauer. Die „Wiener gelehrten Nachrichten" fristeten 1755—1758 ein kümmerliches Dasein, die „gelehrten Neuigkeiten", mit denen sich das „Wiener Diarium" zu schmücken versuchte, waren durchaus form- und gehaltlos. Mehr Erfolge hatte 1762 die „Welt" und „Der Patriot", welche der Corrector Klemm redigirte und 1765 „Der Mann ohne Vorurtheil" von Sonnenfels. 1769 erschien „Die Bibliothek der österreichischen Literatur", ein würdiges Organ für wissenschaftliche Bestrebungen, ferner 1771 die „österreichischen gelehrten Anzeigen" und in Prag, Linz und Graz mehrere schöngeistige Wochenschriften. Die „Welt" und „Der Patriot" waren ein

---

[1]) Wolf, a. a. O. II. 313 ff. Arneth, IX.! 282. Richter, Geistesströmungen 265 ff.

Mahnruf an den britten Stand und das Deutschthum, in Oesterreich die Muttersprache zu pflegen und sich von der französischen Cultur loszusagen. „Der Mann ohne Vorurtheil" bekämpfte die alten Volksschauspiele, predigte Vaterlandsliebe und Volkserziehung, schmeichelte jedoch überall der Regierung, dem Regenten und hohen Adel. Die Wochenschrift sollte ein Mittelpunkt der literarischen Strebungen in Oesterreich sein, aber sie ist nur ein Lokalorgan, zeigt eine vollkommene Unkenntniß des österreichischen Volkslebens, und hat nur einen Werth durch den sittlichen Ernst und die feste Ueberzeugung, mit welcher sie lokale und öffentliche Mißstände geißelte. Gebler berichtet: „Seit dieser Zeit hat bis auf den gemeinsten Pöbel die Denkungsart sich augenscheinlich geändert" und de Luca sagt: „Hier fängt die große Reformation an."

Die Rührigkeit und Thätigkeit der Wiener Literaten erregte die Aufmerksamkeit der Deutschen. Nicolai sprach die Hoffnung aus: wenn die philosophische Denkungsart, die allein zu den Werken des Geistes tüchtig macht, sich in Oesterreich immer mehr ausbreite, könne man hoffen, daß dort Schriftsteller von der ersten Größe auferstehen werden und unsere Literatur von daher einen neuen Glanz erhalten werde. Die Deutschen glaubten, Josef II. werde dem Volke die Leuchte der neuen Bildung vorantragen. Klopstock widmete ihm 1768 die „Hermannsschlacht" und verglich ihn mit Trajan und Alfred dem Großen. Aber wenige Jahre nachher, als er sich in seinen Hoffnungen getäuscht sah, schrieb er voll Unmuth und Bitterkeit: „Betritt er noch nicht die Bahn des vaterländischen Namens, so schweigt von ihm die ernste Wahrheitsbezeugerin." Weder Wien noch Deutschösterreich waren damals geeignet, die Führerschaft in der Sturm= und Drangperiode der deutschen Literatur zu übernehmen. Der politische und kirchliche Druck hatte die dichterische Naturanlage unseres Stammes getödtet. Die Volkspoesie war in die Berge geflüchtet, in den Städten blühte nur die Gelegenheitsdichterei und am Hofe Maria Theresia's galt noch immer Metastasio als der bevorzugte Hofpoet. Wer frische Nahrung wünschte, suchte sie bei den Engländern, Franzosen und Deutschen. Das Volk in Oesterreich war der deutschen Cultur niemals entfremdet, und das Wiedererwachen der deutschen Literatur wurde in Oesterreich mit viel Theilnahme und Huldigungen aller Art begrüßt. Gellerts Fabeln und religiöse Lieder, Klopstocks Oden und Messias, Lessing, Herder waren trotz der Grenzsperre allgemein verbreitet. 1762 wurde der Misogyn „von dem berühmten Sekretär Lessing" im Burgtheater aufgeführt, 1763 Miß Sara Sampson, 1768 Minna von Barnhelm, 1772 Emilia Galotti. Goethe's Lieder, Götz von Berlichingen und Werther entzückten das Publikum [1]. Wien war unter der Kaiserin eine deutsche Stadt geworden und wollte als solche gelten. 1768 verweilte Winckelmann in Wien und wurde bei Hofe, wie in dem künstlerischen Kreise mit aller Auszeichnung empfangen.

---

[1] Richter, aus der Messias= und Wertherzeit 1882.

Lessings Berufung stand mehrmals in Aussicht, 1769, 1772 und 1775. Einmal, 1772, war er dazu geneigt. Daß es nicht geschehen, wird einer Intrigue Sonnenfels', der ihn fürchtete, zugeschrieben. Vielfach waren die Beziehungen der österreichischen und deutschen Dichter und Gelehrten. Sogar an den deutschen literarischen Händeln nahmen die Oesterreicher Theil, aber die „Briefe deutscher Gelehrten", welche 1772 aus dem Nachlasse des Professor Klotz herausgegeben wurden, zeigten auch die Kehrseite, die bestellte Kritik und die Wohldienerei einzelner Oesterreicher. Die Dichter und Dichterlinge versuchten es den Deutschen gleich zu thun, aber dem Streben fehlte die geistige Weihe und die Erkenntniß vom Wesen der Dichtung. Nur wenige Talente ragen hervor und diese gehören der vorlessingischen Richtung an.

Der liebenswürdige Jesuit Michael Denis [1729—1800] war ein edler Kämpfer für die deutsche Literatur. „Was könnte Deutschland, wenn es wollte", schrieb er in einem Gedichte, und die Sammlung deutscher Gedichte, welche er 1762 für den Schulgebrauch herausgegeben hat, hat außerordentlich fruchtbringend und anregend gewirkt. Er stand mit Klopstock, Bodmer, Geßner, Gleim und Ramler in Verbindung [1]. Seine ersten Dichtungen mahnen an Uz und Gleim. Während des siebenjährigen Krieges 1760 und 1761 gab er die „poetischen Bilber", eine Reihe patriotischer Gedichte, heraus. Der Gehalt ist gelehrt, nüchtern, die Verse holprig und der Verfasser zeigt sich dabei als ein schlechter Prophet. In dem Gedichte „bei Ausbruch des Krieges" 1756 sagte er von Friedrich II.: „Was thust Du, kühner Fürst — das Grab, das Du gräbst, ist Dir bestimmt, Du suchest Deinen Sturz." Denis war damals, 1761—1773, Lehrer der schönen Wissenschaften in der theresianischen Ritterakademie und fand viele Gelegenheit zu offiziellen Gedichten. Mit seinen Oden steht er ganz in der Klopstock'schen Schule und es gelingt ihm auch manchmal, sich zu höherem Schwunge emporzuheben. Auch in den religiösen Dichtungen, besonders in dem Liede „auf die Geburt des Erlösers 1764", findet man eine einfache edle Sprache, die an Gieseke und Silesius erinnert. Ein gefeierter Mann wurde er erst durch die Uebersetzung der Gesänge Ossians in drei Bänden 1768 und 1769. Er schließt sich darin genau an das Original, so daß die Uebersetzung wie eine Paraphrase erscheint, aber er wählt statt der Prosa den Hexameter und hat das Original noch mehr poetisirt [2]. Die deutsche und österreichische Kritik war eine durchaus günstige, Herder meinte jedoch: trotz alles Fleißes, Geschmackes und Schwunges sei dieser Ossian nicht mehr der wahre Ossian. Von Klopstock und Ossian angeregt, kam Denis in die erkünstelte pathetische Bardendichtung. Mit Vorliebe nannte er sich den „Barden Sined", den Druiden der Harfe, und wünschte die religiöse Poesie und Hofdichtung nur im bardischen Gewande

---

1) Retzer, Denis' literarischer Nachlaß 1801, III.
2) v. Hofmann, Michael Denis 1881, 181 ff.

MICHAEL DENIS

FINGAL

Bardorvm. Citharas
Patrio. Qvi. Reddidit.
Ilro.

Kupferstich, 1781, von Jacob Adam nach J. Donner.

zu sehen. „Ossians und Sineds Lieder" erschienen 1772 [1]). Die Wahl der
Stoffe ist dieselbe, nur verwendete er mehr Schwulst, Phrasen und die
Ossian'sche Ornamentik mit „dem schweigenden Mondthale, dem hellen Mond=
gewölke, den heiligen Eichen mit der Bardenhalle und der klirrenden Harfe."
Die Sprache ist verworren, hat lange, breite Perioden und viele prosaische
Wendungen. Klopstock heißt der „oberste der Barden Teuts", Gleim der
„Bardenführer der Brennerheere", Weiße der „Oberbarde der Pleiße." Wie
die alten Fürsten und Heerführer ihre Sänger hatten, will er der Barde
Maria Theresia's und Josef II. sein. Mit schwungvollen Gesängen begleitete
er die wichtigsten Ereignisse ihres Lebens und ihrer Regierung, so z. B. die
Krönung und die Reisen Josefs, die Genesung und den Tod Maria Theresia's.
Seine anderen Dichtungen, die nicht bardisch sind, enthalten ebenfalls offizielle
Gelegenheitsgedichte, aber dabei viele kleine tändelnde und leichte Lieder, die
von seiner dichterischen Naturanlage das beste Zeugniß geben. Er ist immer
Lyriker geblieben, nirgends findet man bei ihm eine epische Darstellung oder
eine greifbare Menschengestalt. Seine Verse aus den letzten Jahrzehnten tragen
schon das Gepräge des Alters. Sein letztes Gedicht ist die „Aeonenhalle",
ein Bild des 18. Jahrhunderts bis zur französischen Revolution: Maria
Theresia, Katharina II. und Friedrich II. erscheinen, dann folgt die Entdeckung
Australiens durch Cook, der Freiheitskampf der Amerikaner, die Aufhebung
des Jesuitenordens, Linné, Klopstock, Kant, der Aufschwung der Chemie, die
Pockenimpfung, der Blitzableiter und Montgolfiers Luftballon. Denis genoß
ein hohes Ansehen in und außer Oesterreich. Ramler und Adelung priesen
ihn als den „Lichtbringer im katholischen Oesterreich." Nicolai wünschte sein
Bildniß, und Klopstock schrieb ihm einst: „Die Fortsetzung Ihrer Freundschaft
hat mein Vergnügen über dieselbe vermehrt." Als Bibliothekar im Theresianum
gab er mehrere bibliographische Arbeiten heraus, insbesondere die Buchdrucker=
geschichte Wiens 1784. Nach der Aufhebung des Theresianums 1784 wurde
Denis Custos an der Hofbibliothek. Johannes Müller hat ihn noch gelaunt.
Denis' Zeitgenosse, Karl Mastalier, ebenfalls Jesuit und Professor, lehnte sich
an Haller und die englischen Meister, hat jedoch nur einen matten Flug
genommen. In seinen „Gedichten" 1774 zeigt er sich als balsamischer Dichter
und Landschaftsmaler, jedoch mit einer gewissen Frische und einfachen Natür=
lichkeit. Die Gedichte des Lorenz Haschka sind vergessen, Blumauer und
Alxinger gehören in die josefinische Zeit.

Das erwachende Nationalgefühl und der deutsche Geist haben auch die
Slaven und Magyaren zu neuen Schöpfungen angeregt. Prag wurde ein
Mittelpunkt der philosophischen Aufklärung und der böhmische Adel zeichnete
sich durch eine lebhafte Theilnahme an den neuen Strebungen aus. Die
magyarischen Dichter der theresianischen Zeit sind noch von dem französischen
Geiste angehaucht. Faludi hat eine antikisirende Richtung, Anyos, ein Pauliner

---

1) Mit der Ossianübersetzung vereint 1784. 5 Bde.

Mönch, ist vornehmlich Lyriker, erst mit Kisfaludy beginnt wieder die nationale Poesie der Magyaren.

Die Dichtung in der theresianischen Zeit stand mit der Aufklärung nur in geringer Verbindung und hat die öffentliche Meinung nicht angeregt und nicht beherrscht, auch die Geschichtswissenschaft stand außerhalb der neuen Strömungen und der neuen Politik. Während die Regierung immer mehr einer straffen Centralisation zusteuerte, blieb die Geschichtsschreibung durchaus provinziell. Erasmus Fröhlich schrieb für die Geschichte Innerösterreichs, Julius Cäsar für Steiermark, Kollar, Katona, Pray für Ungarn, Dobner und Pelzel für Böhmen. Die meisten waren Geistliche und die besten Benediktiner, in deren Orden sich die ernste wissenschaftliche Thätigkeit forterbte. Bekannt ist Franz Ferdinand Schrötter (1736—1780) durch seine Abhandlungen aus dem österreichischen Staatsrecht, in welchem er die Privilegien des Hauses Habsburg, die Hausverträge und Erbrechte wissenschaftlich erörterte. Die moderne Kritik hat Manches daran zersetzt, das böhmische und ungarische Staatsrecht, die Ständeverfassung und das Verhältniß zum deutschen Reiche sind gar nicht betrachtet, aber das Werk ruht auf einer wahrhaft gelehrten Grundlage. Schrötter wurde 1769 Sekretär und 1774 Hofrath in der Staatskanzlei und zur Zeit der bairischen Erbfolge der Staatspublicist von Oesterreich. Er kam mit Peter Ludwig und Pütter in literarische Fehden, welche seinem Ansehen in Deutschland viel geschadet haben. Der beste Lehrer für Geschichte war der Exjesuit Ignaz Cornova in Prag (1740—1822), der später wegen seiner freisinnigen Richtung denuncirt wurde. Er war kein tiefer Geschichtsforscher, aber ein Geschichtsphilosoph, der bereits die Geschichte als eine Naturwissenschaft auffaßte. „Die Gesetze", lehrte er, „nach denen sich die Weltgeschichte regulirt und nach denen seit Jahrtausenden die Geschichte der Menschheit sich abwickelt, sind ebenso fest, unveränderlich und unerschütterlich wie die Gesetze der Natur. Diese unveränderlichen Gesetze veralten nie, sie ziehen nur neue Formen und Hüllen an. Die Zeit mag solche Formen und Hüllen brechen und neue schaffen, wie sie will, es ist dies ihr Recht, aber jedes Schaffen neuer Formen und Hüllen wird ein vergebliches Mühen und Täuschung sein, wenn nicht das Erkennen und Erfassen des unveränderlichen Gesetzes eine Idee erzeugt, welche die neue Form belebt." Seine historischen Jugendschriften sind einfach, richtig, anregend und sollten nicht vergessen werden.

Als Vorkämpfer der aufklärerischen Ideen erschienen weniger die Dichter und Historiker als die Lehrer an der Wiener Universität. Vor Allem sind in dieser Beziehung der alte van Swieten, Professor Riegger und Sonnenfels zu nennen. Gerhard van Swieten (1710—1772), der bekannte Anatom und Leibarzt der Kaiserin, hat das größte Verdienst um die geistige Freiheit in Oesterreich. Er war Jansenist, ernst, religiös, den Jesuiten wie den Atheisten und Freigeistern abgeneigt; er verdrängte die Jesuiten von den Universitäten, nahm ihnen die Censur ab und, ohne der Aufklärung zu huldigen, wurde er der Vermittler der Ideen und Anschauungen, welche das geistige Leben in Oesterreich in den nächsten Jahren beherrscht haben. Paul Josef Riegger (1705—1775) aus Freiburg im Breisgau, seit 1733 Professor in Innsbruck für Natur= und Völkerrecht, seit 1749 für Staats= und Kirchen= recht in Wien, war einer der ersten Canonisten seiner Zeit und in der Lehre wie in der Praxis ein wahrer Reformator. Er lehrte zuerst ein staatliches Kirchenrecht und vertrat mit Herz und Muth die Rechte des Staates gegen die frühere Allmacht der Curie. Seine kirchenrechtlichen Lehrbücher, seine Schriften und Vorträge über die Zauberei, über die Kirchenstrafen, Concilien, über die Rechte der päpstlichen Nuntien, über die Grenzen der päpstlichen Gewalt sind aber nicht aufklärerisch=philosophisch, sondern streng juristisch. Mit unendlichem Eifer las er die Verordnungen der früheren Jahrhunderte auf und zeigte, wie es die Geschichte und Natur des Königthums, wie es der Staat verlange, die kirchlichen Elemente zurückzudrängen und mit oder ohne Einverständniß mit der Curie auf dem Boden, wo sich Staat und Kirche berührten, Veränderungen vorzunehmen. 1760 übernahm er das Referat der Kirchensachen im Ministerium und konnte dadurch seine frei= sinnigen Anschauungen für die Staatsverwaltung verwerthen. Er ist der erste Träger, ja der Schöpfer des Josefinismus in Oesterreich, und die Schule von Juristen, welche er herangebildet, hat nicht aufgehört, die Kirche auf dem positiven Rechtsboden zu bekämpfen. Rieggers Institutionen des Kirchen= rechtes waren als Lehrbuch eingeführt und nicht so kirchenfeindlich, wie das von Pehem, das ganz die febronianische Lehre aufnahm und 1784 als Lehr= buch eintrat. Auch die Theologen mußten seit 1766 die Vorlesungen Rieggers besuchen, so daß allmählich eine ganz neue Generation von Theologen heran= wuchs. Die Führer der Ultramontanen, die Erzbischöfe von Wien und Salzburg wünschten Rieggers Entfernung vom Lehrstuhle, aber Maria Theresia und die Minister haben ihn gehalten und gewürdigt. In seine Fußtapfen traten sein Sohn Josef Anton Riegger, Professor in Freiburg, 1778 in Prag, und Josef Valentin Eybel, ein Schüler des älteren Riegger und dessen Nachfolger im Lehramte für das Kirchenrecht. Er ging viel weiter als sein Lehrer, mußte 1779 die Professur aufgeben und wurde zur Regierung in Oberösterreich versetzt, wo sein Name bei der Klosteraufhebung wieder auf= tauchte. Die bedeutendste juristische Größe nach Riegger war Karl Anton Martini (1726—1800), obwohl er als Beamter der wissenschaftlichen Rich= tung entzogen wurde. Er lehrte 1754—1778 an der Wiener Universität das Naturrecht und römische Recht, war zugleich Mitglied der Censur und Studienhofcommission, später Hofrath bei der obersten Justizstelle und bei der Hofkanzlei, 1782 Staatsrath und 1787 Vicepräsident bei der obersten Justiz= stelle. Seine Schriften bewegten sich alle auf dem Felde des natürlichen und positiven Civilrechtes und sind im rationalistischen Sinne der neuen Rechts= wissenschaft geschrieben. Er war ein ernster Denker, gemäßigt in seiner Anschauung, fand viele Anfechtung, behauptete sich jedoch in seiner Stellung;

PERILLUSTRIS DOMINUS PAULUS IOSEPHUS a RIEGGER

Eques I. V. Doctor S. C. R. A. M. Consiliarius aulicus actualis apud Cancellariam Bohemicam et Austriacam Iuris ecclesiastia in celeberrima universitate Vindobonensi Professor publ: ordin: ac studii juridici in utraque nobilium Academia Theresiana et Sabaudia Director Natus Friburgi Brisgoviae anno 1705: die 29. Junii.

Schwarzkunstblatt von J. E. Haid (1739—1809) nach Franz Meßmer († 1773).

als Mitglied der Gesetzgebungscommission hat er bei der Ausarbeitung eines neuen Civilrechtes auf den Geist und die Form des Personenrechtes wesentlich Einfluß gewonnen[1]).

Als der vornehmste Vertreter der Aufklärung in Oesterreich galt und gilt mit Recht Josef von Sonnenfels (1733—1817), einer der merkwürdigsten Charaktere seiner Zeit, Autodidakt, ein geistvoller Eklektiker, Freigeist und Regierungsmann, fleißig, geschäftig, eitel und dabei von ehrbaren Sitten und treuer Ueberzeugung[2]). Wie bekannt, stammte er von jüdischen Eltern und hat in seiner Jugend eine schwere Zeit durchgemacht. Seine erste Schrift war eine juristische Dissertation über deutsches Recht. Riegger führte ihn in die deutsche Gesellschaft ein und veröffentlichte rasch hinter einander mehrere kleine Aufsätze theils in der Wochenschrift „Die Welt“, theils in der Leipziger „Bibliothek der schönen Wissenschaften und freien Künste.“ Eine „Rede auf Maria Theresia“, welche von Loyalität triefte und 1762 im Druck erschien, machte ihn mit den Machthabern in der Regierung bekannt; durch den Staats= rath Borié und Kaunitz erhielt er 1763 die Professur der Polizei und Cameralwissenschaft an der Wiener Universität. Sein erster Vortrag war eine Rede „über die Unzulänglichkeit der Erfahrung in den Geschäften des Staates“ und er bezeichnete damit den Weg der neuen politischen Theorien. Die Männer der alten Schule eröffneten den Krieg gegen ihn, aber für Sonnenfels sprach die öffentliche Meinung, er ging consequent weiter und kam zum Siege. In den ersten Jahren blieb er noch der allgemeinen literarischen Thätigkeit getreu. 1765 begann er die Wochenschrift „Der Mann ohne Vorurtheil“ und eiferte darin insbesondere gegen die alten Volksschauspiele, den lästigen Hanswurst und die urwüchsige Komik. Sein Stil ist ohne plastische Kraft und ohne Schwung, aber Alles, was er schreibt, ist klar und einfach und hatte Erfolg. Sonnenfels wurde für Oesterreich ein Nicolai, aber kein Lessing. Goethe war niemals gut auf ihn zu sprechen. Sonnenfels stand 1768—1770 mit dem Gelehrten Klotz in Verbindung und arbeitete auch insgeheim gegen die Berufung Lessings nach Wien. Dieser nannte ihn auch in einem Briefe „einen falschen niederträchtigen Mann“ und wollte einen Fehdebrief gegen ihn loslassen. Als ihm jedoch Eva König schrieb, wie bestürzt Sonnenfels und seine Familie darüber sei, ließ er die Gegnerschaft fallen und sagte: „Auf wen Alles losschlägt, der hat Frieden von mir“[3]).

Tiefer und nachhaltiger war der Einfluß, den Sonnenfels durch seine Vor= träge und durch seine wissenschaftlichen Werke ausübte. 1765 erschien die Polizei=

---

1) Volpi, sulla vita e sulle opere del Barone A. Martini 1834.

2) Wolf, geschichtliche Bilder aus Oesterreich. II. 318—323. — W. Müller, Josef von Sonnenfels, J. Kopetzky, Josef und Franz von Sonnenfels, Wien 1882.

3) 3. Dec. 1772, Schöne, Briefwechsel zwischen Lessing und seiner Frau, H. Rollet, Briefe von Sonnenfels 1874. F Kopetzky a. a. O. 107—192.

wissenschaft, 1768 die Handlungswissenschaft, 1776 die Finanzwissenschaft, 1777 die politischen Abhandlungen. Es läßt sich leicht nachweisen, daß er die wichtigsten Fragen ohne wissenschaftliche Tiefe und schöpferische Kraft behandelte. Er ist

Karl Anton Martini.
Schwarzkunstblatt von Johann Jacobe (1733—1797) nach F. Mösner

durchaus Eklektiker, aber er weiß die eigenen und fremden Erkenntnisse der Strömung der Zeit sowie der politischen Tendenz seiner Regierung geschickt anzupassen. Er greift in alle Gebiete der Politik, bekämpft die Tradition und huldigt dem Fortschritte. Wie allen Aufklärern fehlt ihm alle Kenntniß und das Verständniß für die historische Grundlage des Staats= und Volkslebens. Er schreibt von Oesterreich, als ob es aus einem Urwalde erwachsen wäre, als ob es niemals eine Verfassung, eine Volksgestaltung, Gelehrte oder Künstler erzeugt hätte. Er kennt nur die natürlichen Stände, nicht die politischen. Er schmeichelt dem hohen Adel und eifert gegen den niedern. In einer Abhandlung unterscheidet er · den großen, mittleren Adel und den geadelten Bürger. „Ein günstiges Geschick", schrieb er, „hat uns in einem Staate geboren werden lassen, wo der Adel die Verdienste der übrigen Stände nicht verachtet, da er sich seiner eigenen bewußt, wo die erhabensten Bürger auch die nützlichsten sind, wo die Geburt durch den persönlichen Adel alles Zufällige verliert und wo die Enkel wenigstens ebensoviel auf die ruhmvollen Gräber der Vorältern zurücksenden, als sie von denselben empfangen haben" [1]). In dem „Versuch über das Verhältniß der Stände" meint er [2]): „die Ver= mehrung des hohen Adels ist nicht leicht zu fürchten, aber der kleinere Adel erfordert die Aufmerksamkeit des Regenten. Wenn der mittlere Adel zahl= reicher wird, als es das Verhältniß zu anderen Ständen verträgt, wird eine unzählige Menge von Armen und Hoffärtigen vorhanden sein." Wie fast alle Reformer des 18. Jahrhunderts ist Sonnenfels ein Anhänger des aufgeklärten Absolutismus. „Herrsche über Bürger, die nicht Knechte sind, in ihrem Herzen gründe deine Macht", läßt er in einem Gedichte Kaiser Franz I. zu seinem Sohne sagen. In einer Schrift „über die Liebe zum Vaterlande" 1771 unterscheidet er Monarchie, Aristokratie, Demokratie, aber nur in der alten herkömmlichen Weise. Titus, Hadrian, Marc Aurel sind ihm die Muster der Regenten. Der Staat entsteht, indem sich mehrere Menschen zur Sicher= heit und Bequemlichkeit des Lebens vereinigen. Der Zweck ist die allgemeine Glückseligkeit. Die Religion ist das sanfteste Band der Gesellschaft, der Regent darf diesen „Leitriemen" nicht aus der Hand lassen. Bei dem Land= volk muß die Religion die Stelle der Erziehung und Sitte vertreten. Die politische oder Gesellschaftstugend ist die Fertigkeit, seine Handlungen mit den Gesetzen der Gesellschaft übereinstimmend einzurichten. Die Advokaten und Pfarrer sind von Staatswegen zu besolden. Die Pensionen der Staatsbeamten sind nicht Ausfluß der Gnade, sondern des Verdienstes und Rechtes. Die Menge des Volkes bedingt den größeren Reichthum des Staates, die Ver= mehrung der Bevölkerung ist daher ein Hauptgrundsatz der Politik. Große Städte hemmen diese Vermehrung, weil sie dem Ackerbau den Boden ent= ziehen. Es widerstrebt der Weisheit des Schöpfers, daß zu viel Menschen geboren werden. Die Ehelosigkeit der Soldaten und Handwerksgesellen ist verwerflich. Jeder Vater soll verpflichtet werden, seine Söhne zu verheirathen und auszustatten. Niemand hat ein Recht auszuwandern. Die uneheliche Geburt ist kein Makel. Alle Menschen sollen nützlich beschäftigt werden u. a.

---

1) Politische Abhandlungen 1777.
2) Mann ohne Vorurtheil, Bild des Adels IV, 222.

Vor Sonnenfels hatte Johann Gottlob Justi bis 1754 in Wien Staats=
wissenschaft docirt. Gleich ihm bekämpfte Sonnenfels die geschichtliche In=
stitution des Staates, den Erbadel, die erbliche Gerichtsbarkeit, die Un=
freiheit der Bauern, aber Justi stützte sich mehr auf Montesquieu, Sonnen=
fels auf Rousseau. Von den Deutschen entsprach ihm Schlözer mehr als
Justus Möser.

Kupferstich von J. M. Schmutzer nach dem Gemälde von F. Messner.

Auch in seinen national=ökonomischen Anschauungen ist Sonnenfels Eklek=
tiker [1]). In der Staatswissenschaft lehnt er sich an Justi, in der Lehre vom
Adel an den Franzosen Fourbonnais. Er sieht mehr auf praktische Vorschriften
als auf eine wissenschaftliche Analyse. Er betrachtet die Nationalökonomie

---

1) Roscher, Gesch. d. Nationalökon. 533.

nur vom Standpunkt des Staates. Für den Handel ist er Merkantilist, für
den Ackerbau Physiokrat. Die Zweige des öffentlichen Einkommens sind die
Geldrenten, die Einkünfte der Landgüter, das Verdienst des Fleißes. Die
Ausfuhr bringt Gewinn, die Einfuhr fremder Waaren Verlust. Geben be=
reichert, Empfangen verarmt. Er empfiehlt Bauerngüter in kleinen Antheilen
auszumessen, den Großgrundbesitz zu beschränken. Grund und Boden soll
nur als Ackerland benutzt werden, die Lust= und Thiergärten, die Teiche, der
Boden mit Baumreihen vor den Gebäuden sind als verlorenes Erdreich an=
zusehen. Der unbenutzte Grund soll an den Staat fallen. Er verwirft die
Steuerfreiheit des Adels, der Geistlichkeit, die Wuchergesetze, die Luxusverbote
und alle Monopole. Staatsfabriken können nur bestehen, um einen neuen
Gewerbszweig zu begründen. Seine Ansichten über die Industrie und die
Gewerbe entsprechen ganz der Praxis seiner Zeit. Seine nationalökonomischen
Grundsätze sind gewagt und veraltet. Er hatte keine Ahnung von Adam
Smith, das Ganze durchfließt ein vernüchterter Geist, eine kühle Verstandes=
mäßigkeit. Manche Sätze spinnen die Verordnungen der Regierung theoretisch
aus und preisen sie als der Wissenschaft und der öffentlichen Wohlfahrt
entsprechend. Er fand auch allmählich bei der Regierung Anerkennung.
Maria Theresia und Josef schützten Sonnenfels gegen alle Anfeindungen.
Seine amtliche Wirksamkeit begann erst, nachdem er zum Hofrath bei der
obersten politischen Stelle ernannt wurde. Sein Verdienst war die stilistische
Revision des Strafrechtes und des ersten Theils des bürgerlichen Rechtes
unter Josef II. Wie die meisten erleuchteten Persönlichkeiten seiner Zeit
sprach und schrieb er gegen die Folter, aber unrichtig ist, daß er die Ab=
schaffung der Folter durchgesetzt hat. Diese ist von den Juristen des Reiches,
von Josef II. und dem Staatsrathe ausgegangen und war lange vorbereitet.
Seine Abhandlung über die Aufhebung der Folter ist nicht juristisch, durchaus
aufklärerisch und hebt nur die ethische und humanistische Rücksicht hervor.
Er stand in der Theorie der Frage nicht einmal auf der Höhe der Zeit,
denn für gewisse Fälle fand er die Folter wie die Todesstrafe angezeigt[1]).
Seine Schriften waren allgemein verbreitet; mehrere seiner Sätze sind ins
preußische Landrecht und in das österreichische Civilrecht übergegangen. Von
seinen Epigonen wurde er hoch gepriesen. Seine Bedeutung liegt in der
Verbreitung der allgemeinen Bildung, in seinem patriotischen Eifer und in
der provinziellen öffentlichen Wirksamkeit: in der Verneinung alles Historischen
und Volksmäßigen, in der Forderung eines unbedingten Fortschrittes und der
Berechtigung des Individuums, in der Vorliebe für das allgemeine Mensch=
liche war er der echte Mann seiner Zeit. „Die wahre Aufklärung“, schrieb
er im Beginne seiner Laufbahn[2]), „wirkt nicht auf die Oberfläche, sondern auf
das Innere, nicht so sehr auf Witz und Lebensart als auf Verstand und

---

1) Werke VII. 25. Müller, a. a. O. 128.
2) Betrachtungen eines österreichischen Staatsbürgers 1763.

Sitten. Die Fortschreitung der wahren Aufklärung zeigt sich also bei einem Volke in der Erkenntniß, daß alle Classen ihre Pflichten haben und in der Ueberzeugung, daß von der Erfüllung dieser Pflichten das allgemeine und einzelne Beste abhängt." Ebenso schrieb er 1783 [1]): „Die Aufklärung und geläuterte Grundsätze sind das größte Geschenk des Lebens." Er erlebte noch den Niedergang der Ideen, die ihn begeistert und angeregt hatten. Mehrmals sprach er im Alter seinen Schmerz über die Enttäuschung und den Rückschritt in Oesterreich aus.

In dem Jahrzehnte von 1765—1775 ging eine fieberhafte Erregung durch ganz Oesterreich. Die allgemeine Rührigkeit und die geistige Fühlung mit dem Reiche schienen den Sieg der neuen Ideen zu verbürgen. Unter dem Schutze des vordringenden Kaisers gewann jedes höhere Streben Raum. Die Anhänger der neuen Richtung, Gebler, Sperges, Borié, Petrasch, Sonnenfels, Birkenstock, Born u. a. standen in Amt und Würden. Die Deutschen und Oesterreicher dachten damals an eine Akademie für deutsche Sprache, an eine Akademie der Wissenschaften, aber wie die Dinge lagen, wären auch Klopstock und Lessing unvermögend gewesen, in Wien den Ausgangspunkt einer neuen Literaturepoche zu schaffen. Dazu fehlte die Ruhe der Arbeit, die Achtung vor der Wissenschaft, die Freiheit des Glaubens und Denkens. Der alte Uz hatte Recht, wenn er 1769, als von einer Akademie der deutschen Sprache und von der Berufung Klopstocks die Rede war, schrieb: „ein süßer Traum, von dem ich nichts glaube." Wer tiefer blickte, erkannte den Gegensatz der Meinungen, den zähen Widerstand der alten Elemente, den Mangel an Energie und Consequenz in allem geistigen Streben. Die aufklärerische Strömung erschreckte die Staats = und Kirchenmänner. Maria Theresia trat für das orthodoxe Kirchenthum und für die alte Autorität gegen die freie Ueberzeugung ein. Sie lehnte die Aufklärung und damit die ganze geistige Richtung ihrer Zeit ab, während Josef die religiöse Duldung, die bürgerliche Gleichstellung der Protestanten und die Vernichtung aller politischen Vorrechte vertheidigte. In seinen Briefen sprach er nirgends vom alten Recht, von der ehrwürdigen Vergangenheit, sondern nur von „der gesunden Vernunft, von der Redlichkeit, Pflicht und Neigung der Natur zu folgen." In den Hofkreisen wurde der Zwiespalt zwischen Mutter und Sohn ausgeglichen, aber in den höheren Schichten der Gesellschaft und im Volke dauerte der Gegensatz der Meinungen im geheimen und offenen Krieg noch fort, auch als sich die „zwei Augen" geschlossen hatten und mit Josef II. Alleinherrschaft die Früchte der Aufklärung rings aus dem Boden wuchsen.

---

1) Vorrede zu den gesammelten Schriften.

Drittes Buch.

―――

Josef II., 1780—1790.

I. Josef und seine Minister.

Die Uebernahme der Regierung durch Josef II. ging so ruhig und einfach vor sich, als wäre in der höchsten Macht keine Veränderung eingetreten. Das Ableben Maria Theresia's wurde offiziell drei Tage später, der Regierungsantritt erst am 9. December bekannt gemacht und zwar in der Form eines Rescriptes, welches den Ministern die Fortführung der Geschäfte, „ohne die mindeste Aenderung" anbefahl.[1] Das monarchische Princip „der König ist todt, es lebe der König" galt auch für Oesterreich, aber für den Gesammtstaat gab es keine Krönung, keine Huldigung. In den deutschen Provinzen, in Mailand und in den Niederlanden leisteten die Stände ihre Huldigung an den Statthalter. In Böhmen und Ungarn war die persönliche Huldigung verfassungsgemäß, aber Josef erkannte darin nur eine kirchlich-politische Form und setzte sich darüber hinweg. Ein Brief an die ungarischen Komitate erklärte, daß er alle Beamten bestätige und die ungarischen Rechte und Privilegien garantire.[2] Der Reichstag und die Krönung wurden gar nicht erwähnt. Josef hatte als Mitregent keinen Widerspruch erfahren und wurde auch jetzt als legitimer Herr und König anerkannt; im Gegentheil, das Volk kam ihm in Oesterreich und selbst in Ungarn mit vielem Vertrauen entgegen und die Gelegenheitsdichter beeilten sich „die frohe Aussicht in die Herrscherzeit Josef II." zu verkünden.

Während im Winter 1779/80 noch bei Hofe rauschende Feste gefeiert wurden, ging es in der ersten Zeit am Hofe Josef II. still und traurig zu. Alle Welt war verwundert, daß eben nichts vorging, selbst das Militär schien den Kaiser nicht zu interessiren. Er hielt keine Revuen, keine Manöver. Nur die Theater und öffentliche Musik wurden schon am 24. December gestattet und zwar, wie Josef an den obersten Kanzler schrieb „da die wahre Empfindung nicht in äußerlichen Beweisen bestehe und um mehreren Personen ihren Verdienst nicht zu entziehen." Der Kaiser schien nur mit der Ordnung des Nachlasses Maria Theresia's beschäftigt, wo er eine „entsetzliche" Unordnung vorfand. Da er vor Allem Herr im Hause bleiben wollte, nöthigte er seine Schwestern Marianne und Elisabeth von Wien abzureisen, die erstere nach Klagenfurt, wo ihr eine Zufluchtstätte bereitet war, die andere nach Innsbruck, wo sie nach dem Willen der verstorbenen Kaiserin als Aebtissin in ein Damenstift eintrat. „Die Prinzessinnen", befahl Josef dem Kanzler, „werden privatim leben; keine Art von Empfehlung oder Recommandation, weder zu einem geist-

---

1) Wiener Zeitung 2., 9. und 30. Dec. 1780, sie erschien wöchentlich zweimal.
2) 30. November 1780.

lichen noch weltlichen Dienst wird unter was immer für einem Vorwand in
Betracht zu ziehen sein." Auch die Gesellschaft des Erzherzogs Max schien dem
Kaiser unangenehm, so daß dieser in seine Residenz nach Mergentheim abreiste.
Am meisten blieb Josef mit seinen Schwestern in Neapel und Frankreich in
Verbindung, und seinem Bruder Leopold, dem Großherzog von Toscana, bewahrte er zeitlebens eine vertraute Freundschaft. Er theilte ihm wenigstens
im Anfange Alles mit, seine politischen Pläne, die Resultate seiner Regierung,
seine Neigungen und Vergnügungen, und mit einer Offenheit und Innigkeit, wie
diese selten zwischen einem Souverän und künftigen Thronfolger stattgefunden
hat. Schon 1781 meldete er ihm, daß er ihn und den ältesten Sohn Erzherzog Franz als seine nächsten Erben betrachte[1]); er wollte den letzteren sogleich zu sich nehmen. 1784, als Josef in Toscana verweilte, wurde die Berufung des Erzherzogs nach Wien ernstlich besprochen, zugleich auch die künftige
Vereinigung Toscanas mit Oesterreich, der Austausch der Niederlande gegen
Baiern und das Fortschreiten in der innern Politik. Der Großherzog war
von denselben Principien geleitet, er fügte sich im Anfang dem Willen und der
Einsicht seines Bruders, aber später traten doch die verschiedenen Meinungen
des Bruders heraus; auch klagte Leopold wiederholt, daß man ihn nur un-
genügend unterrichtet habe. Als Josef einige Aeußerungen seines Bruders erfuhr, schrieb er ihm[2]): „Bist Du mit mir verschiedener Meinung, so theile sie
mir mit der größten Offenheit mit; von Jedermann liebe ich die Wahrheit
und von Dir wird sie mir doppelt willkommen sein, weil sie mir gleichzeitig,
Deinen Scharfblick und Deine Freundschaft beweisen wird."

Josef II. war damals, 1780 und 1781, in seinem vierzigsten Lebensjahr
und noch immer ein schöner Mann, wohlgestaltet, über Mittelgröße, mit einem
freien offenen Gesicht, einer gewölbten Stirn und mit so schönen blauen Augen,
daß diese Farbe als „Kaiseraugenblau" in die Mode kam. Seine Haare waren
lichtbraun, wurden aber bald schütter, so daß er schon 1785 eine Perrücke
auflegte. Er trug zu Hause die Uniform seines Regimentes und auf Reisen
die deutschbürgerliche Kleidung mit Hut und Stiefeln. Seine Gesundheit war
freilich schon kleinen Leiden unterworfen. 1781 und 1782 litt er an einer
Augenentzündung, 1784 am Rothlauf, öfter an Katarrhen und 1787 entwickelte sich das Brustleiden, welches ihm den Tod brachte. Dabei zeigte er
eine Beweglichkeit und Rührigkeit ohne Gleichen. Er sprach viel und gut und
mit erstaunlicher Raschheit; er fragte viel, ohne immer eine Antwort zu erwarten. Jahr aus Jahr ein im Sommer und Winter war er auf Reisen.
So 1781 in den Niederlanden und Frankreich, 1783/84 in Italien, 1786 in
Ungarn und Galizien, 1787 in der Krim, 1788 im Feldlager und dazwischen
in Ungarn und Böhmen, bei Verhandlungen und Manövern. Viel zu viel

---

1) car le cas est très eloigné de mon mariage et d'avoir des enfants.
Josef an Leopold 23. Jänner 1781, Arneth Briefwechsel I.
2) 30. September 1787.

Josef II. als Alleinherrscher.
Nach dem Kupferstich von Jac. Adam.

trotzte er auf seine Gesundheit, und Kaunitz mahnte ihn oft an seine Regenten=
pflicht, sich zu schonen. Die Königin von Frankreich hatte ihm schon 1780
geschrieben: „Schonen Sie sich, erhalten Sie sich, Sie sind das uns Allen
schuldig." Er lebte wie ein einfacher Officier und ließ sich weder zum Essen
noch zum Schlafen Zeit. „Ich suche jeden Tag auszugehen", meldete er seinem
Bruder 1781 „und meine Lebensweise ist geregelt. Ich arbeite von 7 Uhr
Morgens bis 2 Uhr, dann gehe ich aus. Um 4 Uhr nehme ich mein Mittags=
mahl, hernach arbeite ich wieder bis 9 Uhr, dann gehe ich in Gesellschaft bis
11 Uhr und hierauf zu Bette; so ist es jeden Tag." Die Hofköche hatten
für seine Person nichts zu thun; eine Köchin bereitete ihm einige Speisen, die
er hastig verzehrte. Bei einem Diner, wo Gäste waren, hielt er es kaum
länger als eine halbe Stunde aus. Er trank nur Wasser, selten Wein. Gewiß
hat kein Fürst seiner Zeit weniger auf Zerstreuung und Lebensgenuß gehalten
als Josef. Er war der Erste seines Geschlechtes, welcher den alten Prunk
abstreifte und das Fürstenthum dem Volke näher brachte. Gleich im Beginne
seiner Regierung verbot er die langen Titulaturen und gestattete weder Hand=
kuß noch die Kniebeugung vor seiner Persönlichkeit, „weil dieses Gott allein
vorbehalten sein müsse." Er hob die Gewohnheit auf, daß die adeligen Leib=
wachen neben dem Wagen einer Person des regierenden Hauses reiten mußten,
er beschränkte die Zahl der Kammerherren auf 36 und überhob auch diese sehr
häufig ihres Dienstes. In der ersten Zeit liebte er die Jagd; seit 1784, als
ihn in der Brigittenau ein angeschossener Hirsch anfiel, gab er auch dieses Ver=
gnügen auf.

In der Wiener Burg wohnte er im sogenannten leopoldinischen Tract.
Sein Arbeitszimmer, seine Kabinetskanzlei und die Bureaux des Staatsrathes
stießen hart an einander. Im Verlaufe des Tages kam Josef oft aus seinem
Kabinete in das Halbgeschoß, den sogenannten Controlorgang, wo er Leute
aus allen Ständen anhörte und Bittschriften annahm. Viele Anekdoten haben
diesen Controlorgang zum Schauplatz und er ist für immer mit dem Andenken
Kaiser Josefs verknüpft. Im Frühjahr und Sommer wohnte er am liebsten
im Augarten und in Laxenburg. Ungern ging er nach Schönbrunn. Der
Augarten lag damals wie ein stiller Wald weit ab von der Stadt. Josef
hatte sich neben dem kleinen Schloß, die alte Favorite genannt, ein neues
Haus bauen lassen, welches noch das „Kaiser= oder Josefstöckel" heißt. Fast
in jedem Frühling verweilte hier Josef einige Wochen, ging unter den pracht=
vollen Bäumen herum, gab kleine Diners und mischte sich Sonntag unter die
bunte Menge, welche sich hier einzufinden pflegte. Während des heißen Som=
mers blieb der Kaiser in dem lieblichen, glänzenden Laxenburg, welches er
sehr liebte. Das Beste seines Lebens, der Traum von Liebe und Glück,
Sehnsucht und Frieden waren ihm hier zu Theil geworden. Wie ein ein=
facher, liebenswürdiger Edelmann empfing er hier seine Gäste, Frauen und
Männer der Wiener Gesellschaft, Hofherren und Gesandte, und wie zur Zeit
Maria Theresia's gab es hier glänzende Gesellschaften, Komödien, Opern und

Das Schloß Schönbrunn gegen den Garten.

Le Chateau de Schönbrunn vers le Jardin.

Spiele aller Art. Die fremden Gesandten waren überrascht, wenn sich hier der Kaiser im heitern Gespräche inmitten seiner Gäste bewegte. Kammerherren, Pagen und Leibgarden wurden gar nicht bemerkt. Bei Tische setzte sich jeder hin, wohin er wollte. Viele sagten, es gäbe keinen Hof in Europa, wo man sich so ungezwungen und angenehm bewege und wo der Souverän Jedem seine Güte und Aufmerksamkeit bezeigte. Dessen ungeachtet fanden die österreichischen Aristokratenfrauen, welche die Unabhängigkeit auf ihren Gütern gewöhnt waren, daß dieses „irdische Paradies Laxenburg" ziemlich langweilig sei.

Souveräne Persönlichkeiten kamen in der Zeit Josef II. selten nach Wien. Im November 1781 trafen hier der russische Großfürst Paul und seine Gemahlin mit der herzoglichen Familie Württemberg=Mömpelgard zusammen; sie kehrten hier nach der italienischen Reise im October 1782 wieder ein und blieben bis zum Jänner. Der Kaiser gab ihnen am 25. November 1782 in der Orangerie zu Schönbrunn ein großes Fest, bei dem die ganze Wiener Aristokratie erschien. Josef dachte dabei an die Zarin und das russische Bündniß, aber er erkannte bald, daß eine politische Verbindung mit dem Großfürsten nicht leicht möglich sei; auch die Correspondenz erlosch bald. Weniger bekannt ist, daß 1782 im Mai, bald nach der Abreise des Papstes, Herzog Karl von Württemberg mit Frau Franziska von Hohenheim, welche Josef von seiner Reise 1777 her kannte, in Wien verweilten; der Kaiser zeigte ihnen Wien, Laxenburg und führte sie in die kleinen aristokratischen Kreise ein. Erst im Jänner 1785 fand die Heirath des Herzogs mit Franziska statt. Um dem Bündniß mit Rußland Dauer und Festigkeit zu geben, hatte Josef für den Erzherzog Franz die junge Prinzessin Elisabeth von Württemberg=Mömpelgard, die Schwester der russischen Großfürstin, als Braut ausgesucht. Er selbst hatte die Familie auf seiner Reise 1781 in Montbéliard kennen gelernt. Die Prinzessin kam mit ihren Eltern im Herbst 1781 nach Wien, wo sie mit dem Erzherzog verlobt wurde. Im October 1782 kam sie abermals und zwar für immer nach Wien. Sie wohnte anfangs im unteren Belvedere neben den Salesianerinnen, welche ihren Unterricht und ihre Erziehung vollenden sollten. Sie war damals noch ein Kind, 15 Jahre alt, schüchtern und unbeholfen, blaß, mager und groß gewachsen. Erst später, als ihre Formen voller wurden, wurde sie schöner; ihr Bildniß zeigt ein anmuthiges, freundliches Gesicht mit blauen Augen und lichtblonden, schönen Haaren. Wenige Jahre später, im August 1784, brachte der Großherzog auch seinen ältesten Sohn nach Wien, um ihn vollständig der Leitung des Kaisers zu überlassen. Josef fand den jungen Erzherzog, welcher damals 16 Jahre alt war, gesund, wohlgewachsen, nicht ohne Kenntnisse, aber träge und apathisch gegen Alles, was man Vergnügen und Unterhaltung nennt; aber er sprach doch die Hoffnung aus, daß der junge Mann sich einst für die Geschäfte eignen und einen tüchtigen, festen Charakter zeigen werde. In einer Denkschrift setzte er die Grundsätze für die Erziehung und den Unterricht des künftigen Thronfolgers auseinander [1]), und bereits am 6. Jänner 1788 wurde die Vermählung des Erzherzogs Franz mit der Prinzessin Elisabeth vollzogen. Der Erzherzog mußte jedoch seine junge Frau bald verlassen und in den Krieg gehen. [2])

Berühmt war der Verkehr des Kaisers mit den fünf Frauen, velche durch eine Generation die Sitte und den Ton der Wiener Aristokratie beherrschten. Diese Frauen waren: Die Fürstinnen Clary, Kinsky, Leopoldine und Eleonore Liechtenstein und die Gräfin Leopoldine Kaunitz. Sie waren alle verheirathet, höchst ehrbar, fromm und dem Vergnügen nicht abgeneigt. Seit 1768 bildeten sie während des Winters einen kleinen höchst exclusiven Kreis, in welchem nur Lacy, Graf Rosenberg und der Kaiser zugelassen wurden. Vor 1780 erschien der Kaiser nur wie geduldet, nach 1780 war er der Herr und Mittelpunkt der kleinen Gesellschaft. Eine Zeit hindurch, von 1771 auf 1772, hatte Josef zur Fürstin Eleonore Liechtenstein eine ernste Neigung gefaßt, welche jedoch nicht erwidert wurde und sich später zu einer herzlichen Freundschaft abklärte. Gespielt wurde niemals, ebensowenig musicirt. Nur selten theilte der Kaiser etwas von seinen Reformen mit, auch waren alle, mit Ausnahme der Fürstin Clary, seinen kirchlichen und politischen Bestrebungen entgegen. [3])

Bei aller Rührigkeit und Beweglichkeit im öffentlichen Leben fühlte sich Josef nicht weniger einsam als sein großer Gegner Friedrich II., der von seiner Frau getrennt lebte und die meisten seiner Freunde durch den Tod verloren hatte. Josef hielt nicht einmal Hunde, an denen der alte Fritz seine Frende hatte, wohl aber zeigte er die gleiche Neigung für schöne, wohldressirte Pferde. Oftmals kam er Morgens in die kaiserliche Reitschule und schaute zu, wie Pferde geschult und abgerichtet wurden. Er war ein vortrefflicher kühner Reiter. Friedrich II. hatte sogar das Flötenblasen aufgegeben und so allen musikalischen Genüssen entsagen müssen. Josef konnte seine kleinen Hausconzerte, in welchen er Violoncello und Viola spielte, fortsetzen. Er war ein tüchtiger Musiker und gewandter Partiturspieler. Sein Verkehr mit Tondichtern, Sängern und Musikern, so mit Mozart, Dittersdorf, mit dem Sänger Kelly und der Sängerin Storace, offenbart eine eigenthümliche poetische und liebenswürdige Seite seines Wesens. Er wußte vielfach schöpferische Talente anzuregen; vier von Mozarts Opern entstanden auf sein Geheiß. Josef war in der Tradition der italienischen Musik gebildet und blieb auch diesem Geschmacke treu. Aber er hat doch das Ballet und die italienische Oper aufgehoben und mit dem „deutschen Nationalsingspiele" die deutsche Oper begründet. Dem Theater widmete Josef eine stetige und ernste Aufmerksamkeit. Das kaiserliche Haustheater erhob sich, seit es Josef 1776 zum Hof- und

---

1) Arneth, Briefwechsel I. Einleitung 24. Anhang V.
2) Weyda, Briefe an Erzherz. Franz von seiner ersten Gemahlin Elisabeth. 1870. Archiv f. österr. Gesch. 44. Bd. k. Akad. d. Wissensch.
3) A. Wolf, Fürstin Eleonore Liechtenstein 111 ff.

VERMÆHLUNGSFEYER

Ihrer königl. Hoheiten des Erzherzogs Franz mit der Erzherzogin Elisabeth

am 6ten Janu: 1788

Erzherzogin   Erzh. Maximilian,   Erzherzog
Elisabeth.   Kurfürst von Köln.   Franz.

Nationaltheater erklärte, durch ausgezeichnete Leistungen. Die besten deutschen Stücke wurden gegeben: Minna von Barnhelm, von dem „Herrn Justizrath Lessing," 1786 die Geschwister und Clavigo; Fiesko hat der Kaiser 1787 eigenhändig für die Darstellung eingerichtet. Der Kaiser saß nicht in der großen Hofloge, sondern gewöhnlich in der dritten Loge neben der Bühne. Wenn er von einer Reise zurückkam, empfing ihn das Publikum mit Beifalls- klatschen, er neigte sich dann grüßend und dankend zur Loge heraus.

Ohne Zweifel besaß Josef bei aller Schroffheit und Rücksichtslosigkeit seines Wesens eine hinreißende Liebenswürdigkeit. Wer mit ihm verkehrte, gehörte ihm zu eigen; in Gedichten und in Prosa wurde er als der „gekrönte Menschenfreund" gefeiert. Er war schlagfertig, witzig, oftmals hart, aber weich für die Armen und Unterdrückten. Die Räthsel des mystischen Lebens, die wissenschaftliche Forschung, die zarte Poesie, der träumerische Idealismus sind ihm fremd geblieben. Nur das Praktische, Gemeinnützige fand Gnade vor seinen Augen. Wie sein Charakter sind seine Briefe nicht überschwänglich oder philosophisch, sondern einfach, schlicht und bestimmt. Sein Französisch ist nicht immer correct, aber er sprach fran- zösisch und italienisch gleich fließend und deutlich. Leider sind die meisten seiner Briefe gefälscht. [1]) Aber sein rastloser Eifer für das Wohl des Volkes, seine stoische Strenge wie sein wilder Sarkasmus sind in zahllosen Aeußerungen niedergelegt. Wir citiren hier nur einige Sprüche: „Von Allem, was ich unternehme, will ich auch gleich die Wirkung empfinden; als ich den Prater und Augarten zurichten ließ, nahm ich keine jungen Sprossen, die erst der Nachwelt dienen mögen; ich wählte Bäume,

Unterschrift Josef II. von einem Brief an „Dem Ehrwürdigen Unserm und des Reichs Fürsten und Lieben Andächtigen Theodor Abten des Stif- tes Corvey" mit der Anzeige vom Tode seiner Mutter; datirt Wien, 30. November 1780. (Geh. Staatsarchiv zu Berlin.)

unter deren Schatten ich und meine Mitmenschen Vergnügen und Vor- theil finden können." — „Der Fürst soll nicht Einzelne mit Vorliebe, sondern die Gesammtheit mit Gleichheit bedenken; ich bin einem Jeden ohne Unterschied der Person und des Ranges Gerechtigkeit schuldig." — „Jede Vorstellung, die man macht, muß mir durch unwidersprechliche Beweise aus der Vernunft dargethan werden, wenn sie mich zur Abänderung einer getroffenen Entschließung bringen will." — „Man soll von sich selbst anfangen und keine andere Absicht in seinen Handlungen haben, als den Nutzen und das Beste der größeren Zahl. Wer nicht Liebe zum Dienste des Vaterlandes und seiner Mitbürger hat, wer nicht für die Erhaltung des Guten von einem besondern Eifer entflammt ist, der ist nicht für die Geschäfte gemacht und nicht werth, Ehrentitel zu besitzen oder eine Besoldung einzuziehen." — „Die deutsche

---

[1]) Namentlich in der Sammlung von Schuselka.

Sprache ist Universalsprache meines Staates; warum sollte ich die öffentlichen
Geschäfte in einer Provinz nach der Nationalsprache derselben behandeln lassen?
Ich bin Kaiser des deutschen Reiches, demzufolge sind die übrigen Staaten,
die ich besitze, Provinzen, die mit dem ganzen Staate im Vereine einen Körper
bilden, dessen Haupt ich bin." — „Meine Wächter sind meine Unterthanen,
auf ihrer Liebe beruht meine Sicherheit." — „Die Todesstrafe macht nie jene
Wirkung, welche eine anhaltende schwere Strafarbeit nach sich zieht, da sie
geschwind vorübergeht und vergessen wird, die andere aber lange dem Publikum
unter den Augen bleibt." — „Das allgemeine Beste hat der Convenienz ein=
zelner Menschenclassen stets voranzugehen." — „Wenn der Dienst des Staates
es erfordert, müssen alle andern Rücksichten schweigen." — „Man kann mit
seinen Freunden nicht aufrichtig genug sein. Ich glaube, das ist Pflicht, bei
mir ist es Natur und Gewohnheit." — „Ackerbau und Industrie sind wichtiger
als der Handel." — „Grund und Boden ist die einzige Quelle, aus welcher
Alles kommt und wohin Alles zurückfließt, was dem Menschen zum Unterhalt
dient. Der Wechsel der Zeiten ändert hieran nichts." — „Die Meinung,
als hätten die Unterthanen ihre Ländereien von der Obrigkeit zugewiesen er=
halten, ist ebenso absurd, als wenn ein Landesfürst sich einbilden wollte, das
Gebiet seiner Herrschaft gehöre ihm und nicht vielmehr dem Lande, oder es
seien Millionen Menschen nur für ihn geschaffen und nicht vielmehr er für sie,
um ihnen zu dienen." — „Die Vorrechte und Freiheiten einer Adelsschaft
oder einer Nation bestehen nicht darin, daß sie zu den öffentlichen Lasten nichts
beitragen können." — „Ich nehme an, daß mein Leiden mir bleibt, aber ich
werde nicht aufhören, in aller physischen und moralischen Kraft, die mir bleibt,
das zu thun, was der Dienst und das Wohl meines Vaterlandes verlangt,
ohne an die Folgen zu denken, welche daraus für die Dauer und Annehm=
lichkeit meiner Existenz entspringen können" — u. a.

Josef II. war der Erste des Geschlechtes der Habsburg=Lothringer,
welches noch in Oesterreich regiert. Als politischer Charakter steht er höher
als die letzten Habsburger, selbst als Maria Theresia, welche viel zu viel den
alten Ideen huldigte. Bei aller Hast im Denken ließ sich Josef doch in der
Ausführung seiner Projekte Zeit, hörte den Rath seiner Minister und zeigte
gleich seinen Vorfahren ein kluges Ausbiegen und Vermitteln, nur nicht die
zähe Ausdauer, welche den alten Habsburgern so viel Glück und Siege ver=
schafft hatte. All sein Denken und Arbeiten war nur auf den Staat, auf
dessen Macht und Größe gerichtet. In der innern Politik ist er dieselben
Wege gegangen wie Maria Theresia, nur freier und unbefangener und mit
bestimmten Zielen. Frühzeitig hatte er sich ein „System", wie man damals
so gerne sagte, gebildet. In einer Denkschrift von 1770 bezeichnete er die
Gebrechen des Staatswesens und brachte Mittel dagegen in Vorschlag, welche
ein Programm seines künftigen Wirkens darstellen. Er war aus der Zeit der
Aufklärung erwachsen, sein ganzes Wesen schien davon erfüllt und alle Vor=
züge und Schwächen jener Denkrichtung spiegeln sich darin ab. Seine Er=

ziehung, seine Persönlichkeit, seine Abstammung machten ihn nicht zu einem Verfechter der Philosophie, wohl aber zu einem staatlichen Reformator, zu einem politischen Stürmer und Dränger. Alles Alte galt als verdorben, nicht das Bestehende wurde zu Recht erkannt, sondern ein neues Recht als bestehend verkündet. Man kennt im Allgemeinen die josefinischen Grundsätze zur Herstellung der Staatseinheit und Staatsallmacht. Aus dem bunten vielgliedrigen Oesterreich sollte ein Staat werden, in welchem alle Provinzen, alle Stände ohne Ausnahme zu dem allgemeinen Besten mitwirken.[1]) Während die Gesellschaft in Oesterreich noch der Monarchie Ludwig XIV. mit der Herrschaft des Adels und des Clerus huldigte, stützte Josef seine absolute Monarchie auf die Herrschaft des Gesetzes mit der Gleichstellung aller Stände, mit der Befreiung des Geistes und seiner Verwendung für das Allgemeine. Die Staatsgewalt sollte wie eine klare einfache Maschine nach bestimmten Gesetzen fortarbeiten, den Volksboden berühren und alle Kräfte für das Ganze zusammenfassen. Er glaubte dabei an den guten Willen seines Volkes und an die zwingende Macht des Erfolges. In ganz Europa herrschte der sogenannte aufgeklärte Despotismus, welcher die alten organischen Institutionen austrocknen ließ und, wie Tocqueville sagt, die allgemeine Freiheit in das Privatleben einmauerte. Auch das josefinische System entsprach diesem aufgeklärten Despotismus. Wie Friedrich II. sprach er das Wort aus: „Der Fürst ist der erste Diener, der Verwalter des Staates"; auch Leopold II. schrieb noch 1789: „ich glaube, daß der Souverän, auch der erbberechtigte, nur der delegirte Beamte des Volkes ist." Aber zwischen dieser Theorie und der Praxis lag noch eine tiefe Kluft. Wehe dem, der an der Souveränität des Fürsten rütteln wollte. Alles sollte dem autokratischen Willen des Monarchen unterthan sein. Josef wollte, daß die Regierung regiere, die Verwaltung verwalte, die Polizei überwache, das Gericht ahnde und züchtige, aber in Allem nach dem Gesetze, welches seiner Natur und seiner Regierung entflossen war. Es war der größte Irrthum seines Lebens, daß er die Nothwendigkeit einer Verfassung nicht anerkannte und die gesetzgebende und ausführende Gewalt derselben Hand anvertraute. Man muß sich dabei erinnern, daß im 18. Jahrhundert alle ständischen Verfassungen verfallen waren. In Preußen herrschte die Militärmonarchie, in Frankreich der persönliche Absolutismus, in England war das Feudalsystem abgeschafft und die alte Verfassung vielfach corrumpirt. In Oesterreich hatte Maria Theresia die feudale Monarchie durchbrochen, aber noch lagen überall die mittelalterlichen Reste ausgestreut, vertrocknet und zerstückt. Josef wollte diese Reste vollständig wegräumen. Er war weder ein Feind der Religion noch ein Feind des Adels, sondern nur ein Feind der Privilegien, der individuellen Macht und der Corruption. Die Staatsgewalt sollte nicht auf einzelne Corporationen, sondern auf die ganze Masse des Volkes wirken, die Stütze der Staatsgewalt sollten nicht mehr der Adel und die Geistlichkeit,

---

1) Josef an Maria Theresia 1771. Arneth I. 353.

sondern eine willfährige und opfermuthige Beamtenschaft sein. Vielleicht war in keinem Lande die Verwaltung so wunderlich gegliedert und die Gesetzgebung so abhängig von dem Beamtenthum als in Oesterreich. Sie konnte die Repräsentation des Volkes nicht ersetzen, aber man muß gestehen, daß diese Bureaukratie in der josefinischen Zeit eine äußerst rührige und weitgreifende Thätigkeit entfaltete, daß sie, beeinflußt von den Ideen der Zeit und unterstützt von dem mächtigen Willen des Kaisers, mitgeholfen hat, auf den Trümmern der alten Ordnung einen Neustaat aufzubauen. Jedoch ist es ein alter Satz, daß ein Staat, dessen Wohl und Wehe nur in der Beamtenschaft liegt, die Keime des Verfalls in sich trägt. Josef mußte frühzeitig erfahren, daß dieser Beamtenschaft durchaus nicht jener Opfermuth, jenes Verständniß, jene Arbeitskraft und Arbeitslust innewohne, welche er von ihr verlangte. Schon 1783 klagt er über die „mechanisch-knechtische Art des Geschäftsganges", über die Trägheit und den Widerstand der Beamten bis in die Ministerien hinauf. „Wenn ich", schrieb er an die Hofkanzlei „nach gewonnener Einsicht meinen Stellen Aufträge ertheile, so müssen dieselben nach Pflicht sich meine Gesinnung eigen machen, selbe mit Eifer prüfen und alle Mittel ersinnen, sie zu bewerkstelligen; sie sollen nur über Zweifel und Anstände sich bei mir anfragen, nicht aber die Befehle als ein Klagelibell betrachten, auf das sie ihren ganzen Witz verwenden und eine advokatorische Replik machen, um nur das Vorhergegangene zu beschönigen." [1])

Die kirchliche Gesetzgebung Josef II. ist berühmt und vielfach dargestellt worden. Ihr Ziel war: die Beschränkung des Gesetzgebungsrechts der Curie, eine größere Selbständigkeit der Bischöfe gegenüber dem Primat, Schutz und Duldung des Protestantismus, Reduction der Klöster, ein rein staatliches Schulwesen und ein strenges Aufsichtsrecht des Staates. Mit kühner Hand griff der Kaiser in das strittige Grenzgebiet der weltlichen und geistlichen Gesetzgebung und nahm damit einen Kampf auf, in dem so manche stolze Kraft gebrochen war und in dem auch er sich verbluten sollte. Er wird noch heute von kirchlichen Schriftstellern als ein Feind der katholischen Kirche, ja als ein Atheist bezeichnet. Auch Philipp II. war nach dieser Meinung kein guter Katholik und seine spanisch-katholische Politik wurde vom Papste gebannt.[2]) Josef war ein gläubiger Mann, er dachte und fühlte sich als Katholik; er erkannte alle Dogmen der Kirche und fügte sich ihrer Vorschrift; er war weder Freimaurer noch Voltairianer, denn er hielt fest am positiven Christenthum. Die Intentionen in seiner kirchlich-politischen Thätigkeit hatten ihre Wurzel vielmehr in dem gesteigerten Staatsbewußtsein, als in der Philosophie seiner Zeit. Indem er die Emancipation des Staates von der Kirche anstrebte, fühlte er sich in seinem Recht. Er vermied es über ein Concordat mit der Kirchengewalt zu verhandeln, und er wäre damit auch nicht zum

---

1) 1783 6. Juni, Beer, Josef II., Leopold II. und Kaunitz 1873 XXII.
2) Philippson, Westeuropa im Zeitalter Philipp II. 1882, 85, 86.

Ziele gekommen; jedoch hielt er alle Beziehungen zur Kirchengewalt aufrecht, theilte der Curie alle Verordnungen mit und suchte die Einwilligung und Förderung derselben zu erhalten.

Die Josefinischen Reformen waren wie die Theresianischen mehr staatlich als volksmäßig, mehr fiskalisch als wirthschaftlich. Der leitende Gedanke der Regierung ist immer die Macht des Staates, aber es wäre doch ein Frevel, daran zu zweifeln, daß Josef ein warmes Herz für das Wohl seiner Unter= thanen besaß. Schon die ersten Gesetze, das Censuredikt, die Aufhebung der Leibeigenschaft und das Toleranzpatent betreffen die Freiheit des Geistes und Glaubens, sowie die Lösung des Menschenthums aus den alten Banden der Knechtschaft. Sonnenfels sagt in einer Vorlesung von 1782 [1]): „Das erste Jahr seiner Regierung ist an merkwürdigen Gesetzen fruchtbarer, als die ganze Lebenszeit anderer Regenten. Er hat die Gewissen von dem Zwange befreit, er hat der Feder und der Presse die Freiheit gegeben, er räumte seinem Volke das freie Recht der Vorstellungen ein, er hat der Classe der Unterthanen die ursprünglichen Rechte der Menschheit zuerkannt. Alle Unterthanen Josefs sind Bürger, Josef ist ein Oesterreicher: er ist unser Vaterlandsgenosse, unser Mit= bürger." So viel ihm angedichtet wurde, so vieles verfehlt erscheint, die Josefinischen Gesetze, die Aufklärungstendenz und der Geist der deutschen Bil= dung haben in Oesterreich einen Kern der freiheitlichen Gesinnung erschaffen, der nicht wieder vertilgt werden konnte. Der geistvolle Georg Forster sagte von Josef II.: „Aus der Fackel seines Genius ist in Oesterreich ein Funke gefallen, der nicht wieder erlischt."

In den ersteren Jahren fügte sich Alles der Regierung. Die Weltgeistlich= keit und einige Bischöfe waren zufrieden mit der kirchlichen Reform, der jüngere Clerus versöhnte sich damit und die Einsprache des Papstes konnte die be= gonnene Umwälzung nicht einhalten. Ein großer Theil der einflußreichen adeligen Geschlechter zeigte eine gewisse Theilnahme für die Ideen des Kaisers. Aber dieser stützte sich nicht auf sie und verletzte durch Schroffheit und Härte selbst ihre wohlwollende Gesinnung, daß sie ein immer wachsendes Mißtrauen gegen ihn nährten. Die Briefe der Zeitgenossen bringen überall den Gegensatz des Alten und Neuen, den Sondergeist des Adels, die Macht des kirchlichen Einflusses und die Dumpfheit und Trägheit des Volkes zum Ausdruck.

Uebrigens war Josef nicht der Autokrat, wie er hier und da geschildert wird. Wie Maria Theresia wußte er seine persönliche Meinung unterzuordnen und auch seine Anschauung zu verändern, wenn die Männer seines Vertrauens dagegen waren. Friedrich II. war in Wahrheit ein Alleinherrscher, Alles ruhte in seiner Hand. In Oesterreich waltete mehr die persönliche Gesinnung der Minister vor. Hatzfeld z. B. gab öfters Entscheidungen heraus, welche nur dem Kaiser zustanden. Es kam vor, daß die höchsten Organe sich wider=

---

1) Werke VIII.

sprachen oder Widerstand leisteten. Nur in der äußeren Politik war Kaunitz fast unbedingt der Herr und Meister.

Fürst Wenzel Kaunitz-Rietberg vereinigte schon seit 1753 und 1760 die höchsten Aemter in seiner Hand.[1]) Er war Haus-, Hof- und Staatskanzler, Staatsminister in inländischen Geschäften und Präsident des Staatsrathes. Friedrich II. nannte ihn den „Vicevezier“, aber Kaunitz war niemals ein demüthiger Diener des Souveräns, sondern ein unabhängiger selbständiger Staatsmann, der das Interesse des Ganzen über die Wohlfahrt des Einzelnen stellte, dabei immer voll Loyalität. Als ihm Josef II. nach seinem Regierungs= antritte eine goldene Dose mit den Bildnissen der kaiserlichen Familie, welche aus der Verlassenschaft des Herzogs Karl von Lothringen herrührte, zuschickte, erblickte Kaunitz darin eine besondere Anerkennung seiner Dienste. In der Wiener Gesellschaft hieß er schon damals der „alte Fürst;“ er war an die Siebzig, kränklich, verwöhnt und schwer zugänglich. Niemals erschien er in einer Conferenz oder im Staatsrathe, und vom Hofe machte er sich so gut wie vollständig los; er kam auch nicht zum Kaiser, dafür besuchte ihn dieser in seiner Stadtwohnung oder in seinem Sommerpalais in Mariahilf meist Abends nach dem Diner. Oftmals stand hier der Kaiser vor dem sitzenden Kaunitz oder mischte sich, was ihm am liebsten war, unter die anwesenden Gäste. Nur wenige Gesandte hatten dort Zutritt, aber alle bewegten sich un= gezwungen, und in dem Billardzimmer wurden oft die wichtigsten Dinge be= sprochen. „Jedermann verehrte in Kaunitz sein außerordentliches Verdienst, die erreichten Erfolge, sein hohes Alter, den umfassenden, zum Ziele treffenden Geist, den er bei jeder Gelegenheit an den Tag legte; seine Sonderbarkeiten gaben seiner Erscheinung eine eigenthümliche Färbung, die den Eindruck, den er machte, eher verstärkte. Die Gesandten kamen, um ihm etwas vorzutragen, aber sie beschieden sich, einen Moment guter Stimmung abwarten zu müssen. Die Entscheidung der Geschäfte lag so gut wie unbedingt in seinen Händen.“[2]) Wenn der Kaiser auf Reisen war, besorgte der Fürst die Regierung: so 1781, 1783, 1784, 1786 und 1788, als der Kaiser in den Krieg ging. Seine Unterschrift war wie jene des Souveräns gültig. Ganz eigenthümlich war dieses Verhältniß des Ministers zum Monarchen. Josef, der regsame Fürst, erschien immer zu neuen Entwürfen, zu neuen Projekten bereit; der Fürst war der systematische, ruhige Staatsmann. Sie ergänzten sich in ihrer Thätigkeit für die Kraft und Ehre Oesterreichs. Dem Umstande, daß der Verkehr des Kaisers und des Ministers meist schriftlich stattfand, verdanken wir den Ein= blick in dessen umfassende Wirksamkeit, seine Arbeitskraft, seine Einsicht und seinen Freimuth. Im Staatsrath vertrat Kaunitz immer die freisinnige Rich= tung und der Kaiser, wenn er auch Manches zurückwies, entschied nach seiner Meinung; so bei der Toleranz= und Klosterfrage, bei den Beziehungen zu

---

1) Vergl. S. 85.
2) Ranke, die deutschen Mächte I. 90.

Rom und der deutschen episkopalen Bewegung. Nur 1787 und 1788 gingen sie in der niederländischen und ungarischen Frage auseinander. Als der Kaiser 1787 in Lemberg einen Brief des Fürsten, in welchem derselbe zur Nachgiebigkeit mahnte, unwillig zerriß und das Gegentheil befahl, zog sich Kaunitz zurück und Herr und Minister haben sich nicht wiedergesehen. Dessen ungeachtet nannte sich Kaunitz noch 1788 den einzigen Freund, den der Kaiser in dieser Welt besitze; er beschwor ihn, das Commando niederzulegen und sich nicht länger den Strapazen des Feldzuges auszusetzen. Als 1789 die ungarische Verfassung im Staatsrathe berathen wurde, gab Kaunitz seine Meinung ab mit den Worten: „Will man das ständische gesetzgebende Recht mit gutem Erfolge wieder aufleben machen, so sorge man bei Zeiten für die Reorganisation des ungarischen Landtages und ziehe man das Volk zur stärkeren Theilnahme an demselben heran; zugleich wäre die vollziehende Gewalt zu kräftigen und ihr ein weites Feld zu wahren."[1] In der äußeren Politik fügte sich Josef vollständig der Einsicht und der Ueberzeugung seines Ministers. Keine Depesche wurde ausgefertigt, ohne daß sie Kaunitz mitgetheilt war, jedes politische Gespräch wurde von Kaunitz geleitet, ja dieser hat sogar einige Briefe an Katharina II. verfaßt. Der Kaiser und der Minister handelten in allen Fragen in Uebereinstimmung, nur in den Motiven und in der Ausführung gingen sie auseinander. So im Barriere- und Scheldestreit, wegen des Austausches Baierns gegen die Niederlande, in der orientalischen Politik und in der Haltung gegen Preußen. Der alte Fürst hielt immer an dem System fest, welches er 1756 und 1757 aufgebaut hatte, nämlich an dem Bündnisse mit Rußland und Frankreich und an der Isolirung und Bekämpfung Preußens. Die orientalische Politik hatte Kaunitz seit 1772 nicht mehr aus den Augen verloren. Er bestärkte Josef 1781 zu dem erneuerten Defensivtractat mit Rußland. 1783 wünschte Kaunitz ein offensives Zusammengehen gegen die Pforte, er machte den Vorschlag, Alles zu verlangen, was Oesterreich seit dem Passarowitzer Frieden verloren hatte, aber Josef hielt noch nicht die Zeit für geeignet, auf die Vorschläge seines Ministers einzugehen.[2] Auch 1787 drängte Kaunitz zur Kriegserklärung gegen die Pforte aus denselben Gründen, welche er in einer Denkschrift schon 1749 ausgesprochen hatte. Die Grundlage seines Systems war immer das Mißtrauen und die Vorsicht gegen Preußen, welches Oesterreich so schwere Schläge versetzt hatte. Als Josef II. 1786 nach dem Tode Friedrich II. die Neigung aussprach, sich an England und Preußen anzuschließen, bezeichnete Kaunitz es als einen frommen Wunsch, das österreichische Staatsinteresse mit jenem in Preußen „in solider und dauerhafter Weise" zu vereinigen, jede Erweiterung der österreichischen Grenze würde neue Collisionen zwischen Oesterreich und Preußen hervorrufen. Noch 1790 und 1791 bei dem Vertrage von Reichenbach und Sistowe hielt er das alte Mißtrauen gegen

1) Hock-Bidermann a. a. O. 207.
2) Josef an Leopold 10. August 1783, Arneth I. 64.

Preußen aufrecht. Erst 1792, als die französische Revolution immer höher ging, unterstützte er das Bündniß mit Preußen, um gegen Frankreich eine haltbare deutsche und europäische Macht zu gründen; unter Kaiser Franz wünschte er diesem Bündniß dieselbe Kraft und Umfassenheit zu geben, wie dem Bündnisse mit Frankreich von 1756.

Die vornehmsten Helfer des Staatskanzlers in der äußeren Politik waren: Graf Ludwig Cobenzl, von 1779 bis 1795 Gesandter in Petersburg, dessen Neffe Graf Philipp Cobenzl, derselbe, welcher den Teschener Frieden schloß und als Vicekanzler Kaunitz zur Seite stand. Ferner die österreichischen Gesandten in Berlin, Gottfried van Swieten, Graf Reviczky und seit 1786 Fürst von Reuß-Plauen, Heinrich XIV. Eine wichtige Persönlichkeit, besonders in geistlichen Angelegenheiten, war der Cardinal Graf Franz Hrczan-Harras, in der theresianischen Zeit Uditore della Rota, seit 1780 Kroncardinal und bevollmächtigter Minister am römischen Hofe.[1] Er mußte bei der Curie die Josefinischen Reformen erklären, rechtfertigen, vermitteln und drängen, wie die Lage es erforderte. Während Josef meinte, er sei noch zu viel Cardinal, sagte dieser von sich selbst, der Dienst des Hofes gehe ihm über Alles. In Rom mußte er viele Demüthigungen erfahren. Consalvi schildert Hrczan als einen Intriguanten und unbedeutenden Politiker. 1799—1800 war er bei dem Concil in Venedig thätig.

Als Fachminister fungirten unter Josef II. die Hofkanzler Graf Blümegen 1771 bis 1782, Graf Kolowrat 1782 bis 1808, der Kanzler Graf Rudolf Chotek, für das Kriegswesen Graf Hadik, für die Justiz Graf Seilern, für das Rechnungswesen Graf Zinzendorf, für die Studien Gottfried van Swieten. Blümegen und Kolowrat waren tüchtige Verwaltungsmänner, aber mehr ausführende Organe, als schöpferische Minister. Sie waren aus der theresianischen Zeit erwachsen und hielten in allen kirchlichen und politischen Fragen an der alten Form fest. Graf Heinrich Blümegen suchte dem Toleranzgesetze eine Wendung zu geben, welche Josef II. nicht entsprach. Als die finanzielle Leitung mit der politischen in ein Ministerium vereinigt wurde, nahm er Ende 1781 seine Entlassung. Andere sagten, er habe dieselbe nehmen müssen, weil sein Bruder Christof Blümegen, Landeshauptmann in Mähren, den ständischen Ersparungsfond der Regierung verheimlicht und der Minister dazu geschwiegen habe. Blümegen starb 1788 in Brünn. Sein Nachfolger wurde Graf Leopold Kolowrat-Krakowsky (1727—1809), der Sohn des ehemaligen Oberstburggrafen Graf Philipp Kolowrat, welcher einst Karl VII. gehuldigt, aber sich gerechtfertigt hatte. Leopold Kolowrat trat 1748 aus der Armee in den Civildienst, wurde Appellations- dann Gubernialrath in Böhmen, 1768 böhmischer Vicekanzler, 1770 oberster Kanzler, 1771 Präsident der Hofkammer und 1782 Directorialminister für die politische und finanzielle Verwaltung. Als unter Leopold II. die Hofkanzlei wieder

---

1) S. Brunner, Hofdienerschaft 1869, 73, 78.

Excell: ac. Ill: D. Leopoldus Krakowsky
S. R. J. Comes a Kollowrat,
Magna Crucis Ord: S: Stephani Reg: Ap.
Eques. S. C. R. A. M. Cons: act: int: Cam.
nec non Camer: a Aulica et Ministerialis
Bancalis Deputationis Praeses.

Nach dem Kupferstiche von J. G. Mensfeld (1763—1817).

von der Hofkammer getrennt wurde, blieb er oberster Kanzler, bis ihn Franz II. wieder als Staats= und Conferenzminister an die Spitze der ganzen innern Verwaltung stellte. Er hat vier österreichischen Regenten gedient, schied erst 1808 aus und starb in Wien 2. November 1809, 83 Jahre alt. [1] Er war ein strenger und fleißiger Herr, dabei ein Gegner der Josefinischen Reformen und deßwegen auch Gegner des Staatsrathes. Mit einzelnen Gliedern desselben z. B. mit Eger stand er in fortwährender Reibung. Er war vielmehr ständisch als bureaukratisch gesinnt; deßhalb wünschte er im Ministerium mehr eine gremiale Behandlungsform als die präsidiale, welche Josef wollte. Nur mit Widerstreben ließ er die Vorarbeiten zur Steuer= reform ausführen. Bei der Vorlage erhob er den Einwurf: der erbländische Adel würde durch diese Gesetze größtentheils zu Grunde gerichtet. Noch 1788 rieth er dem Kaiser von der Steuer= und Urbarialregierung ab. Aber Josef verbat sich damals energisch solche „Deklamationen" und setzte hinzu: „Ich will nur das Gute und Billige und liebe nicht, daß man mich mit leeren Worten herumziehe und Zeit zu gewinnen suche, um zuletzt die ganze so mühsam und kostspielig eingeleitete Sache zu vereiteln." [2] Kolowrat wollte später statt des Staatsrathes Ministerialconferenzen einführen, was ihm erst 1801 gelungen ist und auch da nur für die äußeren, für Militär= und innere Angelegenheiten.

Graf Rudolf Chotek (1748—1824) ein Neffe des gleichnamigen Mini= sters unter Maria Theresia, begann seine Laufbahn als Regierungsrath in Niederösterreich, wurde 1776 Hofrath bei der Hofkanzlei und 1782 unter Kolowrat Kanzler bis 1789. [3] Er führte das finanzielle Referat und zeigte sich darin wohl erfahren. 1788 und 1789 hat er für das Kriegsbudget alles vorbereitet, obwohl er auch kein anderes Mittel wußte, als neue Kriegs= steuern und zwar bis 30 Prozent für jeden Steuergulden. Chotek war Josefiner, soweit es die Souveränität der Krone und die Einheit Oesterreichs betraf, aber dabei ein starrer Aristokrat und deßwegen Gegner der Aufhebung der Leibeigenschaft, der Robotermäßigung und so vieler anderer Gesetze für die Emancipation des Bauernstandes. Wie Kolowrat wünschte er die ver= haßte Steuerreform zu hintertreiben. Er witterte den allgemeinen Wider= stand und wollte mit der Ausführung nichts zu thun haben. Noch vor dem Erscheinen des Patentes am 5. Februar 1789 nahm er seine Entlassung. Der Kaiser war darüber erzürnt und antwortete: „Ich bin schon gewohnt Undank= bare zu machen und so überrascht mich dieses Verlangen nicht; daß aber ein Mann von Geist wie Sie aus Eigensinn und Donquixoterie einen solchen Schritt unternimmt, nur weil er das Patent für schädlich hält, das er nicht verhindern konnte, setzt mich in Erstaunen." Graf Karl Zinzendorf (1739

---

1) Wiener Zeitung 1809, Nr. 96.
2) Hock=Bidermann 144.
3) Sitzber. d. Akad. d. Wissensch. 1852, IX. 434.

bis 1813) stammte aus dem altösterreichischen Geschlechte der Zinzendorf, welches unter Leopold I., wegen der Religion nach Sachsen ausgewandert war.[1]) Er kam 1762 nach Oesterreich, convertirte, wurde deutscher Herr, 1765 Hofrath, 1775 Gouverneur in Triest und 1782 Präsident der Hof= Rechenkammer in Wien. Zinzendorf konnte ein Reformer der österreichischen Finanzen werden; er hatte sich dafür theoretisch und praktisch gebildet und kein anderer Staatsmann hatte so gediegene Kenntnisse über das Geld= und Kreditwesen, über Handel und Bergbau, wie er. Seine Reiseberichte und

Graf Rudolf Chotek.
Kupferstich von J. Axmann (geb. 1793), nach der Zeichnung von P. Fendi (1796—1842).

Staatsschriften füllen 116 Foliobände, aber im Staatsrath galt er als Theoretiker und Josef war ihm nicht sehr geneigt wegen seiner Selbstän= digkeit. Zinzendorf war ein Anhänger und Gegner der Josefinischen Grund= sätze; er blieb ein Freund der Toleranz und der Rechte des Staates gegen= über der Kirche. Aber er sprach viel zu freimüthig gegen das Prohibitiv= system, gegen die Emancipation der Bauern und die Vernichtung der stän=

---

1) A. Wolf, geschichtliche Bilder aus Oesterreich II. 245.

bischen Freiheit. Als Vorstand der Commission über die Rabotablösung und den neuen Kataster befriedigte er den Kaiser nicht. Dieser beschuldigte ihn einer „felsenartigen Stützigkeit" und übertrug die Leitung der Commission der Hofkanzlei. 1790 hoffte Zinzendorf von Leopold II. zur Leitung der Finanzen berufen zu werden, aber Chotek wurde ihm damals vorgezogen. Erst 1792 unter Kaiser Franz kam er in den Staatsrath, wurde 1801 Landmarschall, 1802 Minister für die inländischen Geschäfte und 1808 nach Kolowrat dirigirender Staats= und Conferenzminister, trat 1809 bei der Veränderung des Ministeriums aus und starb 1813 als der letzte seines Geschlechtes.

Als Justizpräsident erschien in der Josefinischen Zeit Graf Christian August von Seilern (1717—1801), ein Großneffe des Hofkanzlers Friedrich Seilern unter Leopold I., ein stiller, ruhiger Mann, der längere Zeit Bot= schafter in England war, dann einen wichtigen Antheil an der neuen Gesetz= gebung nahm und 1791 resignirte.[1]) Das Kriegswesen leitete Graf Andreas Hadik (1710—1790), der alte Held aus dem siebenjährigen Kriege, der den kühnen Zug nach Berlin unternommen hatte. Er wurde bereits 1758 General der Cavallerie, 1774 Feldmarschall und nach Lacy Kriegspräsident. 1788 sollte er die Hauptarmee in Südungarn commandiren, wurde jedoch krank und mußte den Befehl an Laudon abgeben. Er starb nur wenige Wochen nach Kaiser Josef, 12. März 1790.[2]) Studienpräsident war von 1781—1790 Gottfried Freiherr van Swieten (1734—1803), ein Sohn des großen Gerhard van Swieten, in jungen Jahren Gesandter an mehreren Höfen, besonders in Berlin, seit 1777 Vorstand oder Präfekt der Hofbibliothek in Wien. Er gehörte zu der freisinnigen, besonders antikirchlichen Partei der Josefinischen Regierung und hat auf das gesammte Schulwesen einen wohlthätigen Einfluß gewonnen. Nach Josefs Tod erlag er der Reaction und zog sich wieder in die Hofbibliothek und in den Verkehr mit Dichtern und Musikern zurück.

Der Staatsrath hatte in den späteren Jahren nicht mehr den Einfluß, wie im Beginne der Josefinischen Regierung, es gab auch keine Rathssitzung mehr; die meisten Reformen hat Josef mündlich mit den Staatsräthen berathen, ja viele wichtige Entscheidungen hat Josef ohne Vorberathen und Vorwissen des Staatsrathes getroffen. Im Josefinischen Geiste arbeiteten besonders Franz Freiherr Kressel von Qualtenberg (1720—1801) und Tobias von Gebler (1726—1786). Der erstere war unter Maria Theresia Hofrath, dann Präses der Studien=Hofcommission, 1779 landesfürstlicher Commissär im Innviertel und 1782 Präses der geistlichen Hofcommision, ein Mann von tiefem Wissen und milden Anschauungen, eine unschätzbare Arbeitskraft und in der Admini= stration wohl geschult. Viele kirchliche Reformen sind von ihm ausgegangen und die kirchlichen Schriftsteller bezeichnen ihn deßwegen als Freimaurer.

---

1) S. Brunner, Mysterien der Aufklärung 1869, 66.
2) Wurzbach, Lexikon, VII. 166.

Gebler war, wie man in Oesterreich sagt, ein Ausländer, kam 1753 nach
Oesterreich, convertirte, wurde 1759 Rath im Münz= und Bergwesen, 1762
Hofrath in der Hofkanzlei, 1768 Staatsrath. Josef II. nahm ihn wieder
1781 in den activen Dienst der Hofkanzlei. Wie bekannt, war Gebler ein
fruchtbarer Schriftsteller und stand mit allen hervorragenden literarischen Größen
in Verbindung. Die Staatsräthe Hatzfeld, Reischach und Martini, welcher
1785 ausschied, waren immer conservativ. Freiherr von Eger und Izdenczy,
welcher 1785 eintrat, erschienen als die Stützen des Josefinischen Absolutismus.
Besonders zeigte sich Eger als ein Gegner der Ungarn. 1789 bei einer Ver=
handlung über die Beschwerden der ungarischen Komitate, sagte er: „Alle
ständischen Versammlungen, auch die comités des notables, sind hintanzuhalten,
weil sie die wahren Bedürfnisse des Volkes nicht kennen lehren und in ihrer
Bewilligung stets eine Anerkennung des Mitgesetzgebungsrechtes liegt, welche
zuzugestehen jeder Monarch sich wohl besinnen mag. Auch die deutschen Erb=
lande nahmen dasselbe einmal in Anspruch, wie jetzt die Ungarn; auch sie
hattten eine Adelsverfassung und Landtage, auch sie glaubten noch vor Kurzem
landesfürstliche Postulate abschlagen oder nur unter Bedingungen bewilligen
zu dürfen; sie wurden aber gewöhnt, mit Ehrfurcht zu erwarten, was der
Landesfürst über ihre Desiderien zu entscheiden geruht.“

II. Die äußere Politik 1781—1786.

Die äußere Politik Josef II. war gleich jener seiner Vorfahren auf die Macht und Vergrößerung seines Reiches gegründet. Sie stützte sich auf die Freundschaft Frankreichs und Rußlands, und Josef betrieb, nachdem er von seiner Reise nach Rußland als ein Freund der Kaiserin Katharina II. zurückgelehrt war, das russische Bündniß mit aller Hast und all dem Eifer, der ihm eigen war. Der Abschluß eines neuen Garantievertrages verzögerte sich zwar durch eine Formsache, indem die Zarin als das Oberhaupt der orientalischen Kirche den gleichen Rang mit dem Kaiser beanspruchte. Aber der Vertrag erhielt noch im Mai 1781 durch die Briefe der beiden Monarchen bindende Kraft und bestimmte Zusagen. Josef garantirte der Zarin das europäische Rußland, den polnischen Besitz, die polnischen Verhältnisse von 1773 und die Abtretung der Grafschaft Oldenburg an die jüngere Linie des Hauses Holstein; ebenso garantirte die Zarin dem Hause Oesterreich den Besitz seiner Provinzen, auch die Niederlande, nur mit Ausschluß der italienischen Herzogthümer; wegen Polen gab sie dieselben Zusagen wie Josef. In einem zweiten Briefe verpflichtete sich der Kaiser zur Bundesgenossenschaft gegen die Pforte; er versprach dieselbe zur strengen Beobachtung der Verträge zu verhalten und sie nöthigenfalls drei Monate nach der russischen Kriegserklärung mit der gleichen Truppenzahl, welche Rußland stellen würde, zu bekriegen. Das Bündniß beider Staaten war also zunächst gegen die Pforte gerichtet, aber ebenso gegen andere Feinde und insbesondere gegen Preußen, denn die Zarin versprach Oesterreich, im Falle einer Invasion mit den Waffen zu Hülfe zu kommen. [1]

Das Geheimniß, in welches Josef und die Zarin ihre Zusagen einhüllten, wurde anfangs strenge bewahrt. Friedrich II. hatte wohl eine Ahnung, konnte aber nichts Gewisses erfahren. „Der Kaiser lastet auf meinen 70jährigen Schultern", schrieb er 1781, und 1782: „Wir streiten jetzt, wer Rußland auf seiner Seite haben wird; wir müssen sehen, wer von Beiden den Sieg davon trägt." Aber bereits im Herbste 1782 erfuhr der König den Garantievertrag in allen seinen Einzelheiten. [2] Er war wegen seiner Isolirung mißgestimmt, schien

---

1) 21. Mai, $\frac{24.\ \text{Mai}}{1.\ \text{Juni}}$ 1781; Arneth, Josef II. und Katharina II. 72, 77, 79, 81.

2) Josef an Katharina 6. Oct. 1782: Je suis bien sûr que le Roi de Prusse est informé avec detail de tout. 162.

jedoch entschlossen, sich ruhig zu verhalten und die Ereignisse kommen zu lassen. [1)]
Nach seiner Meinung hatte es Rußland auf die Donaufürstenthümer und Oester=
reich auf Belgrad und Bosnien abgesehen.

Vorerst war jedoch die Aufmerksamkeit der europäischen Mächte mehr dem
Westen als dem Osten zugewendet, denn Kaiser Josef hatte bereits begonnen,
die veralteten völkerrechtlichen Verhältnisse, welche auf Belgien lasteten, mit
kühner Hand abzustreifen, nämlich den Barriere= und Scheldevertrag. Der erste
gründete sich auf die Verträge von 1715, nach welchen die Holländer sieben
belgische Grenzfestungen mit 14,000 Mann und zwar auf Kosten Belgiens
besetzt halten sollten. Die Schließung der Schelde datirte aus den spanisch=
französischen Kriegen des 17. Jahrhunderts und war in den Vertrag von
Münster 1648 aufgenommen. Beide Verträge waren gegen die Freiheit Bel=
giens gerichtet und erschienen als eine höchst nachtheilige Servitut für die
Entwicklung dieses schönen Landes, welches seit 1715 dem Hause Oesterreich
gehörte. Karl VI. und Maria Theresia hatten versucht, sich davon zu befreien,
und der letzteren war es wenigstens gelungen, die Hälfte der Beisteuer, welche
Belgien für die holländischen Truppen zu zahlen hatte, nämlich eine halbe
Million Gulden, zu streichen. [2)] Die Niederländer wünschten sehnlichst von
dieser Sperre zu Lande und Wasser befreit zu sein und die Frage war längst
im niederländischen Rathe zu Wien studirt. Der Barrierevertrag bestand factisch
nicht mehr, denn die Holländer hatten seit 1740 nichts mehr dafür gethan
und 1744/45 das Land schlecht vertheidigt. Das Verhältniß brachte noch
andere Mißstände mit sich, denn die Holländer warben ihre Grenztruppen in
Belgien, die Religionsfreiheit der Offiziere und die zollfreie Einfuhr von
Waffen und Munition führten zu manchen Reibungen. Als Josef II. im
Sommer 1781 die Niederlande bereiste, sah er mit innerem Aerger die fremden
Truppen im Lande und die Festungen in Verfall. In den Ministerconferenzen
in Brüssel sprach er offen über den demüthigenden Barrierevertrag, welcher
viel kostet und bei dem Bündnisse mit Frankreich nicht mehr nöthig sei, über
die Schließung der Schelde sowie über die Mißbräuche der Verwaltung. Es
war ein Programm dessen, was er durchführen wollte. Nachdem er die bel=
gische Regierung beauftragt hatte, darüber ein Gutachten einzuschicken, reiste
er über Frankreich nach Oesterreich zurück. Die Zeit schien günstig, diese ver=
alteten Verträge abzuschütteln. Das englische Cabinet ließ damals, weil die
Generalstaaten in dem Seekriege gegen sie Partei ergriffen, das holländische
Interesse fallen und ging den Kaiser selbst an, die alten Tractate nicht mehr
zu beachten und sich der Ausflüsse der Schelde zu bemächtigen. Der Kaiser
war schon damals geneigt, von Holland das offene Meer, d. h. die Aufhebung
der Scheldesperre zu verlangen, Kaunitz entgegnete jedoch, man könne dadurch

---

1) Ranke, deutsche Mächte, I. 148. Schreiben Friedrich II. an den Herzog
Ferdinand von Braunschweig.

2) Vergl. S. 216.

das Bundesverhältniß zu Frankreich stören, und der Vortheil würde ohnehin nur den Antwerpener Kaufleuten zufließen. Josef verschob deßwegen noch die Scheldefrage, aber mit dem Barrierevertrage wollte er jedenfalls ein Ende machen. Er ließ den holländischen Gesandten in Wien und Brüssel erklären: es sei seinem Interesse nicht zuträglich, alle Grenzfestungen beizubehalten, er wolle die meisten schleifen lassen; die holländische Regierung möge daher ihre Truppen zurückrufen. In Folge dessen schickten die Generalstaaten einen ihrer besten Diplomaten, den Grafen Wassenaer, nach Wien, um mit dem Kaiser und Kaunitz persönlich zu verhandeln. Dieser mußte jedoch mehrmals hören, daß der Wiener Hof die Aufhebung des Vertrages entschieden beschlossen habe. Der Staatskanzler sagte ihm schon in der ersten Unterredung: Der Vertrag existire nicht mehr, der Kaiser wolle nichts mehr davon hören. Als Wassenaer meinte, das Verhältniß zu Frankreich könnte sich doch einmal ändern, erwiderte Kaunitz: Das sei unmöglich, auch binde kein Vertrag länger, als das Verhältniß, welches ihn veranlaßt habe, fortdauere. In einem Gespräche, welches Wassenaer mit dem Kaiser in Laxenburg darüber führte, wiederholte dieser die Worte des Staatskanzlers und sagte: „Ich betrachte mich als einen alten Verbündeten der Holländer; seit die Republik besteht, sind wir in gutem Einvernehmen gewesen; ich bin überzeugt, Frankreich wird sich von dem gegenwärtigen System nicht entfernen; sollte es aber einmal die Niederlande beunruhigen, muß man einen anderen Weg einschlagen.“ [1] Im Ganzen hatte der holländische Gesandte einen günstigen Eindruck empfangen; seine Regierung war von den guten Absichten Oesterreichs nicht so überzeugt. Sie fand jedoch für rathsam, nachzugeben, umsomehr, als ihr der Krieg mit England nicht freie Hand ließ. Sie hätte wenigstens gerne Namur besetzt gehalten, welches 1757 nochmals zugesichert war, aber auch das war nicht durchzusetzen. Mit Ausnahme von Luxemburg, Ostende und der Citadelle von Antwerpen wurden alle Festungen geschleift, nur für die Garnisonen sollten einige militärische Gebäude erhalten bleiben. Die Ausführung dieser Maßregel, welche Oesterreich übernahm, kostete viel Geld, aber die Städte wurden ihrer Zwingmauern entledigt und statt der Thürme mit Gärten und buschigen Wegen umgeben. Niemand verlor dabei als die alten Platzcommandanten und jene, welche einmal auf diesen ruhigen Posten gehofft hatten; wohl klagten viele im ersten Revolutionskriege, daß diese Barriere hinweggeräumt sei, aber der Zustand der Festungen hätte die Franzosen nicht aufgehalten, einzurücken.

Bald mußten die Generalstaaten erfahren, daß der Kaiser noch mehr zu Gunsten der Belgier verlange. Er beanspruchte zuerst eine Berichtigung der Grenzlinie nach den alten Verträgen und namentlich Mastricht, dessen Herausgabe die Holländer 1673 und 1687 versprochen hatten. Insbesondere verlangte er 1783 die Oeffnung der Schelde. Josef II. hatte bei seiner Rund-

---

1) il faudroit alors opposer une autre pointe à la France. Bericht Wassenaers an die Generalstaaten 18. Mai 1782.

reise die seltsamen Zustände mit eigenen Augen kennen gelernt. Der schöne
Hafen von Antwerpen war geschlossen, die Schelde gesperrt, holländische Forts
bewachten an der Grenze von Flandern den Zutritt zum Meere. Allerdings
war das Recht der Scheldesperre durch den Frieden von Münster verbürgt,
und auch dieses Recht war nur die Bestätigung eines uralten Stapelrechtes,
nach welchem die fremden Schiffe in die Mündungen der Schelde zwar einlaufen konnten, aber ihre Waaren in seeländische Schiffe umlagern mußten.
Nur hatten die Generalstaaten, seit sie als Freistaaten constituirt waren, dieses
Recht dahin ausgedehnt, daß gar kein fremdes Schiff einlaufen durfte. Auch
die Fahrt auf dem innern Strom war gehemmt und lästigen Abgaben unterworfen. Die Forts und zahlreiche Wachtschiffe bewachten die Ufer des Stroms
weit in das Land hinein, welches von Belgien in Anspruch genommen wurde.
Die drei Hauptstädte von Brabant hatten die Freiheit der Schelde schon mehrmals angeregt[1]), und der Kaiser ging sogleich nach der Lösung der Barriere
daran, auch dieser Servitut ein Ende zu machen, wie einst Elisabeth von England den Hanseaten das Monopol weggenommen hatte. Bekanntlich hat der
Scheldestreit auch einen hitzigen Federkrieg veranlaßt und Josef II. wurde deßhalb vielfach angefeindet.[2]) Wer aber das reiche, stolze Antwerpen unserer
Tage mit der armen finstern Stadt des vorigen Jahrhunderts vergleicht, wer
sich erinnert, wie blühend der belgische Handel geworden, seit die Schelde frei
ist, wird nicht zweifeln, daß der Kaiser von einer richtigen Anschauung und
von den besten Absichten für Belgien erfüllt war. Auch jetzt schien die Gelegenheit für Oesterreich günstig. Die Holländer waren im Kriege mit England und im Innern durch den alten Zwist der Parteien gelähmt. Frankreich
war Oesterreichs Verbündeter und antwortete, nachdem der Kaiser 1781 in
Paris den König und die Königin für seine Pläne vorbereitet hatte, zustimmend.
Josef versah sich der Billigung der Zarin. Der König von Preußen, alt und
isolirt, versuchte nur in Paris und Petersburg Oesterreich entgegenzuarbeiten.

Die unmittelbare Veranlassung des Scheldestreites war eine Verletzung des
belgischen Gebietes: erstens durch einen holländischen Offizier (October 1783),
welcher auf belgischem Boden einen Deserteur abfangen ließ und zweitens
dadurch, daß die Holländer ein belgisches Schiff, welches die Schelde hinab
fuhr, zwischen belgischen Ufern und auf einem Theile des Flußes, der belgisch
war, beschossen hatten. Die belgische Regierung verlangte deßwegen von Holland eine Genugthuung und ließ bei dem letzten Fort der Holländer auf belgischem Boden eine Redoute anlegen. Noch war alle Hoffnung auf die friedliche Beilegung des Streites vorhanden. Die holländische Regierung ließ den
Offizier versetzen und durch ihre Gesandten in Wien erklären, sie wolle nur
das alte Recht der Scheldesperre bewahren. Sie behielt aber doch ihre Grenzen
bis in den belgischen Antheil des Flußes vorgeschoben. Die bevollmächtigten

---

1) A. Borgnet, histoire des Belges 1861 I. 50.
2) Schettwein und der Franzose Linguet schrieben für Josef, Mirabeau dagegen.

Commissäre, welche die Generalstaaten nach Brüssel schickten, zeigten anfangs vielen guten Willen, bis Graf Belgiojojo (November 1783) im Namen des Kaisers die Forderungen für einen friedlichen Ausgleich stellte. Die öster= reichische Regierung verlangte nämlich: Die Herstellung der Grenzlinie zwischen Holland und Belgien nach der Convention von 1664, die Schleifung der hol= ländischen Forts an der Schelde, die Entfernung der Wachtschiffe, ferner die Herausgabe von Mastricht und des Gebietes, welches früher dazu gehört hatte; für den Verlust an Einkünften könnten die Holländer entschädigt verben. Noch schienen diese geneigt nachzugeben, bis der französische Botschafter de la Van= guyon im Haag erschien und durch den Protest der Kaufleute von Amsterdam und Rotterdam ein Umschlag erfolgte. Die Generalstaaten erklärten nun die Begehren des Wiener Hofes für unbegründet und ungerecht; sie widerriefen alle ihre Zusagen, verlangten die Hülfe Frankreichs, ließen ihre Truppen an die Grenze rücken und versammelten ihre Flotte bei Vliessingen. Ohne Zweifel wurde schon längere Zeit zwischen Holland und Frankreich verhandelt. Vergennes gelang es, die dynastischen Neigungen des französischen Hofes zu binden und er erklärte auf eine Anfrage des österreichischen Gesandten, daß die Forderungen des Kaisers nicht den Garantieen entsprächen, welche Frankreich den General= staaten für ihr Land und für ihre Rechte zugesagt. Das belgische Gouver= nement verstärkte nun die Garnisonen in Antwerpen und traf einige andere militärische Dispositionen. In diesem Zustande blieben die Dinge einige Monate, bis das französische Cabinet einen Vergleich vorschlug. Belgien sollte alles flandrische Gebiet an der Schelde und die freie Schifffahrt gewinnen, dafür sollte Mastricht das Land an der untern Maas, Geldern und ein Theil von Limburg Holland einverleibt werden. Der Kaiser ließ durch Mercy in Paris kurz und bestimmt erklären: weil die Holländer selbst die Verträge so oft ver= letzt hätten, betrachte er sich ebenfalls davon befreit; er wolle jedoch alle An= sprüche aufgeben, wenn die Holländer die freie Schifffahrt anerkennen würden; er sei entschlossen, auch ohne ihre Zustimmung die Schiffe seiner Unterthanen fahren zu lassen und werde jede Insult wie eine Kriegserklärung betrachten. Die Commissäre in Brüssel baten, wenigstens die Abfahrt der Schiffe noch zu verzögern, aber die Generalstaaten verwarfen auch nachher jeden Vergleich und erklärten, die freie Schifffahrt sei den Interessen der Republik entgegen und sie würden niemals darauf eingehen. Die frühere Gleichgültigkeit war nämlich in wahren patriotischen Enthusiasmus umgeschlagen. Die Fortdauer der Re= pressalien, der heftige Ton der österreichischen Staatsschriften hatten ebenso dazu beigetragen, wie die Aufhetzung Frankreichs und anderer Höfe. Die Holländer kamen so in Eifer, daß sie auf ihrem Entschluß beharrten und sich zu einem Kriege entschlossen, der für ihr Land gefährlich werden konnte. [1]

Der Kaiser hatte als den letzten Termin für die Abfahrt der Schiffe den 8. October bestimmt. Die Capitäne erhielten den Befehl nicht zu weichen,

---

[1] Memoiren des Herzogs Albert von Sachsen=Teschen, Ms.

selbst wenn geschossen würde und auf die Gefahr hin, daß die Schiffe zu
Grunde gingen. Der Ordre aus Wien war beigefügt, nach dem ersten Schuß,
den die Holländer abfeuern würden, solle die ganze belgische Armee an die
Grenze rücken, jedoch solle es bei dieser Demonstration bleiben, bis neue Befehle
kämen. Zugleich ließ der Kaiser diesen Entschluß den holländischen Gesandten
in Brüssel, wie den Regierungen im Haag und in Paris mittheilen. Er war
entschlossen, alle Zweifel über das Recht der freien Schifffahrt gewaltsam zu
lösen und hoffte, daß diesem Schritte nur einige ohnmächtige Proteste folgen
würden. Am 8. October 1784 fuhr eine kaiserliche Brigantine unter der
kaiserlichen Flagge von Antwerpen die Schelde hinab, wurde jedoch von dem
Fort Säftingen mit drei Schüssen empfangen und gezwungen, die Segel zu
streichen.[1]) Ein anderes Schiff, welches stromaufwärts nach Antwerpen gehen
wollte, wurde von den Holländern genommen. Ihre Regierung billigte offen
das Benehmen der Offiziere und verlangte sogar Genugthuung.

Dieses Ereigniß führte zum Abbruch der Verhandlungen. Der kaiserliche
Gesandte Reischach verließ den Haag, Wassenaer reiste von Wien und die
holländischen Commissäre von Brüssel ab. Beide Parteien waren jedoch für
den Krieg viel zu wenig vorbereitet. In Belgien standen nur 12000 Mann
und 9000 Mann Cavallerie. Es fehlte an Artillerie, an Pontons und Schiff=
brücken, welche für einen solchen von Kanälen durchschnittenen Boden besonders
wichtig waren. Die Holländer waren nicht besser daran; ihre Armee war
schwach und wenig geübt, ihre Artillerie vernachlässigt, und die Festung
Mastricht konnte eine Belagerung gar nicht anshalten. Aber sie vermochten
doch 30,000 Mann zu stellen und genossen den Vortheil des Meeres und der
Flotte. Sie eröffneten die Feindseligkeiten, indem sie (6. November) die
Schleußen bei den Forts der Schelde öffneten und das belgische Land über=
schwemmten. Dasselbe schreckliche Vertheidigungsmittel wendeten sie bei allen
Forts an der Grenze von Flandern an und verdarben dadurch das eigene
und das belgische Land. Es war schwer ihnen beizukommen; die Holländer
waren Herren des nördlichen Flanderns, sie beherrschten die offene See, die
Meeresarme, die Schelde, und die Ueberschwemmungen bildeten zwischen ihnen
und den Kaiserlichen einen weiten offenen See. In Belgien war Alles voll
Feuer für den Krieg und der alte Haß gegen Holland trat wieder hervor.
Die Stände bewilligten eine außerordentliche Steuer und übernahmen eine
Anleihe. Der Kaiser schien gewillt, die Sache zu Ende zu führen: tüchtige
Offiziere wurden nach Belgien geschickt, die Truppen in Böhmen und im
Breisgau erhielten Marschbefehl, ein Corps Cavallerie sollte in das flache
Flandern einfallen, ein anderes Corps Brabant decken.

Einen Moment schien die Scheldefrage eine europäische zu werden.

---

[1]) Josef an Katharina 25. October 1784. 235. Die Anekdote, Kaunitz habe auf
die Depesche geschrieben: „Die Holländer haben doch geschossen“, ist nicht richtig, denn
Josef und Kaunitz handelten in voller Uebereinstimmung.

Friedrich II. erklärte, er werde dem Kaiser kein Hinderniß in den Weg legen, er schlug auch den Holländern die Bitte ab, ihnen den General Möllendorf als Oberbefehlshaber zu schicken, ließ aber doch Kriegsbedürfnisse aller Art im preußischen Lande aufkaufen. Sein Gesandter in Petersburg, Graf Görtz, mußte im November 1784 erklären: Die deutschen Fürsten seien von der Politik des Kaisers sehr beunruhigt und fürchteten, daß der Kaiser den Osnabrücker Frieden nicht halte und die deutsche Freiheit und Verfassung bedrohe. Die Zarin ließ antworten: Es befremde sie, daß Preußen sich so sehr der Sache Hollands annehme, da es doch in keinem Bündniß mit Holland sei.[1] Katharina II. ließ auch die Holländer durch ihren Gesandten abmahnen, der Kaiser war daher der Unterstützung Rußlands sicher. England zeigte sich gleichgültig in dieser Sache, aber die Hoffnung auf den Beistand oder wenigstens die Neutralität Frankreichs erwies sich als trügerisch. So bereitwillig das französische Cabinet den ersten österreichischen Schritten gefolgt war, so rasch fiel es ab und ergriff die Partei der Gegner. Der französische Gesandte Noailles rechtfertigte in einem Gespräche mit Kaunitz die Holländer in einer Weise, daß ihm dieser offen sein Erstaunen, ja seinen Unmuth ausdrückte (8. October). Während der König im October 1784 den Kaiser ersucht hatte, ihm seine Wünsche und Intentionen zu offenbaren, schrieb er am 17. November: daß Frankreich die Scheldeöffnung nicht so betrachten könne wie Oesterreich; die Holländer hätten ein verbürgtes Recht, welches der Grund ihres Wohlstandes und selbst ihrer Existenz sei, der König wünschte einen billigen Vergleich und biete seine Vermittlung an.[2] Vergennes, der Minister des Aeußeren, hatte die dynastische Freundschaft zu dämpfen verstanden und wünschte eine Vermittlung nicht aus Rücksicht für den Kaiser, sondern weil dieselbe eine Bedingung der Alliance zwischen Frankreich und Holland war.[3] Die Briefe Ludwig XVI., die orientalische Politik und der Plan, Baiern gegen die Niederlande auszutauschen, bewirkte, daß Josef II. die Vermittlung und vorerst einen Waffenstillstand annahm, doch verlangte der Kaiser insbesondere eine offene Genugthuung für die Beschimpfung der kaiserlichen Flagge. Herzog Albert stand mit den Truppen an der Grenze, und war bereit gegen Bergen-op-Zoom und Breda vorzurücken. Auch die Holländer blieben kriegsbereit, nahmen deutsche und französische Truppen in Sold und übertrugen das Commando dem französischen Marschall Maillebois. Für den Wiederbeginn der Feindseligkeiten war der Termin für den 1. Mai 1785 bezeichnet, aber auf den Vorschlag des französischen Cabinets verlängerte der Kaiser die Frist bis in den Juli und später bis zum 15. September.[4]   (Er

---

1) Görtz, Denkwürdigkeiten 335 ff.
2) Staatsarchiv in Wien.
3) Ranke, deutsche Mächte I. 253, 255.
4) Josef an Kaunitz 25. Juli 1785: Je vais faire passer des ordres a mon Ambassadeur à Paris de reprendre les negotiations sous la mediation du Roi de France. Staatsarchiv in Wien.

ließ die Verhandlungen in Paris wieder aufnehmen und gab unter dem Ein=
flusse Frankreichs in allen Dingen nach. Er verzichtete auf die Scheldefreiheit
und alle Ansprüche, die er erhoben, und begnügte sich zuletzt mit einer Geld=
entschädigung. Der Kaiser verlangte anfangs fünfzehn Millionen, dann neun
ein halb und eine halbe Million als Entschädigung für die belgischen Grund=
besitzer, welche durch die holländischen Ueberschwemmungen gelitten hatten.
Die Holländer boten jedoch nur fünf Millionen und wollten nicht weiter
gehen, bis endlich Frankreich, um den Verhandlungen ein Ende zu machen,
die weiteren fünf Millionen zuzuschießen sich bereit erklärte. Am 20. Sep=
tember 1785 wurden die Präliminarien und am 8. November der Definitiv=
friede von Fontaineblau abgeschlossen: Der Friede von Münster 1648 blieb
die Grundlage; der obere Theil der Schelde von Antwerpen bis Säftingen
gehört Belgien, der tiefere bis zum Meere den Holländern; die Forts an der
Schelde werden theils geschleift, theils den Belgiern überlassen, der Fluß
bleibt jedoch geschlossen; die Grenzen von Flandern sollen nach der Convention
von 1664 regulirt werden; der Kaiser entsagt allen Ansprüchen auf Mastricht,
die Republik zahlt zehn Millionen in sechs Tagen.[1]

So endigte dieser Scheinkrieg und alle Welt war überrascht, daß Josef
nach so vielen Anstrengungen so weit nachgegeben hatte. Friedrich II. schrieb:
„Ich fange an zu vermuthen, daß dieser Fürst sehr inconsequent ist und, so=
bald er ernstliche Hindernisse sieht, seine Projekte gleich fallen läßt.“ In
Belgien blieb eine tiefe Mißstimmung zurück. Die Nation hatte an dem
politischen Streit, der ihre Lebensinteressen berührte, den lebhaftesten Antheil
genommen und war von dem Ausgange desselben bitter enttäuscht. Dazu
kam die Nachricht von dem beabsichtigten Ländertausch. Es verletzte das
bessere Gefühl, daß der Souverain das Land aufgeben wollte, ohne Rücksicht
auf den alten Besitz seines Hauses und auf die Gesinnung, die man seinen
Vorfahren und ihm entgegengetragen hatte.

Ohne Zweifel war der Kaiser schon Ende 1784 zu einem friedlichen
Abkommen mit Holland geneigt, aber er gedachte damals noch den Streit
für einen Plan auszunützen, welcher damals die österreichische Politik be=
schäftigte, nämlich für den Austausch Baierns gegen die Niederlande.[2] Dieses
Projekt war bereits seit 1783 im Werle und ging dem Scheldestreit parallel.
Der Kaiser hatte sich bereits an Frankreich um dessen Vermittlung bei dem
Herzog von Zweibrücken gemeldet. Die Pacification mit Holland wurde der
Preis für die Unterstützung Frankreichs in dieser Angelegenheit. Josef II.
hatte 1779 nur auf den bestimmten Willen seiner Mutter auf Baiern ver=
zichtet und das „Vergnügen“, mit welchem er offiziell den Teschener Frieden
anerkannte, war daher nicht groß. Der Ehrgeiz seines Hauses, das Interesse

---

1) Großhoffinger, Josef II. IV. Archiv 306—314.
2) Josef an Katharina 28. December 1784. 241: „Cest aussi dans cette vue
seule que j'entretiens toute la querelle avec la Hollande.“

Oesterreichs, sowie die Mahnung des Staatskanzlers führten ihn dahin, den Plan des Austausches der Niederlande gegen Baiern wieder aufzunehmen. Kaunitz brachte dafür dieselben Gründe vor wie 1777: das Bündniß von 1756 hätte den Zweck, Oesterreich freie Hand gegen Preußen und Frankreich freie Hand gegen England zu lassen; der Besitz der Niederlande sei nicht nothwendig, um das Bündniß mit Frankreich zu erhalten, während der Er= werb von Baiern für Oesterreich von unschätzbarem Nutzen wäre. Oesterreich könne allein dadurch Preußen, welches bald Ansbach und Baireuth erwerben würde, das Gleichgewicht halten; der Besitz von Baiern bringe die öster= reichischen Provinzen in Italien in eine bessere Verbindung. Auch die Mög= lichkeit für das Gelingen sei vorhanden. In Deutschland seien die geistlichen Stände für Oesterreich, von Württemberg sei kein Widerspruch zu besorgen, die andern könnten gewonnen werden. Wohl habe Oesterreich im Teschener Frieden der Convention vom 3. Jänner 1778 entsagt, aber ein freiwilliger Tausch stehe den öffentlichen Verträgen nicht entgegen; dem bairischen Regenten sei in den Hausverträgen im Nothfalle die Veräußerung oder die Beschaffung eines besseren Nutzens vorbehalten. Nur der präsumtive Nachfolger des Kurfürsten, der Herzog von Zweibrücken, könne eine Einsprache erheben und dessen Einwilligung sei hoffentlich zu erreichen. Die Erwerbung von Baiern schien in der damaligen Zeit für Oesterreich von größtem Vortheile, weil es dadurch Preußen, wenn nicht das Uebergewicht, so doch ein Gleichgewicht halten könnte. Kaunitz sagte dem Kaiser: wenn er den Gedanken des Tausches überhaupt nicht aufgeben wolle, was Gott verhüten möge, so sei der gegen= wärtige Augenblick der günstigste.

In Betracht dessen hatte Oesterreich durch seinen Gesandten Graf Lehr= bach den Kurfürsten Karl Theodor sondiren lassen, und dieser sprach sich im Allgemeinen nicht abgeneigt aus. Er war sechszig Jahre alt, weltscheu, muthlos und wünschte sich der deutschen Länder zu entledigen, umsomehr als er keine legitimen Kinder besaß und für den nächsten Erben, den Herzog von Zweibrücken, kein sonderliches Interesse hegte. Der Kaiser suchte sogleich Rußland und Frankreich dafür zu gewinnen. Bereits am 13. Mai 1784 theilte er der Zarin den Plan des Austausches mit, und ersuchte sie um ihre Unterstützung. Im Auftrage des Staatskanzlers fügte der österreichische Ge= sandte hinzu: der Tausch sei für die Fundamentalinteressen beider Höfe vor= theilhaft. So lange das Herz der Monarchie von Preußen bedroht werde und Frankreich im Staube sei, sich der Niederlande zu bemächtigen oder Mailand, Sardinien und Spanien zu bedrohen, könne Oesterreich gegen die Osmanen keine nachdrückliche Hülfe leisten und seine italienischen Besitzungen nicht beschützen. Der Erwerb von Baiern sei keine Vergrößerung für Oester= reich, denn dasselbe würde eher verlieren als gewinnen und der Teschener Friede würde dadurch nicht angetastet. [1]   In der Erinnerung an die guten

---

1) Ranke a. a. O. I. 168.

Dienste, welche Oesterreich im letzten Krimkriege geleistet, billigte die Zarin den Plan und sagte ihre Mitwirkung zu. Sie habe, war ihre Antwort [1]), bereits ihre Gesandten dahin beauftragt und namentlich Romanzow zu Frankfurt instruirt, auf den Herzog von Zweibrücken zu wirken. Erst den 2. August theilte Kaunitz die Verhandlungen an Mercy mit, um Frankreich dafür zu gewinnen. [2]) In der Convention von 1778 sei dieser Austausch von Baiern ganz oder theilweise vorbehalten gewesen; der Kurfürst habe immer dazu den sehnlichen Wunsch gehegt, und nach seiner Ansicht könne der Tausch stipulirt werden ohne Einwilligung der anderen Höfe. Die materielle Ungleichheit bei dem Tausche würde beseitigt, wenn auch Salzburg und Berchtesgaden an Oesterreich falle und das Hochstift Salzburg mit Luxemburg, Limburg und allenfalls Namur entschädigt werde. Der Kurfürst sei bereits mit Oesterreich einverstanden und bemüht, Zweibrücken von Preußen abzuziehen. Oesterreich müsse trachten, wenn die fränkischen Fürstenthümer an Preußen fallen, ein Aequivalent dafür zu erhalten. Das Herz der Monarchie sei Preußen bloßgestellt, Sachsen mit Preußen verbündet, Böhmen, Mähren und Schlesien vom Feinde umgeben. Dieser Austausch könne Oesterreich befriebigen, das Verhältniß zum Reiche und die ständische Verfassung in Baiern blieben unangetastet. Nichts widerstreite der Garantie, welche Frankreich und Rußland im Teschener Frieden gegeben. Frankreich habe schon 1714 im Badener Frieden zu einem künftigen Tausche eingewilligt. Der Minister Vergennes fand nichts gegen den Tausch einzuwenden, stand aber nicht unbedingt auf Seite Oesterreichs.

Karl Theodor wünschte einfach die gesammten Niederlande gegen seine bairischen Besitzungen einzutauschen, aber diese Rechnung schien Josef II. noch etwas ungleich. Baiern zählte 800 Quadratmeilen mit $1{,}4$ Millionen Einwohnern, Belgien dagegen 700 Quadratmeilen mit $1{,}8$ Millionen Einwohnern, und einem Einkommen von $7{,}6$ Millionen. Deßwegen wünschte Josef Luxemburg und Limburg abgetrennt und als Entschädigungsobject für Salzburg bestimmt. Im August trat Lehrbach mit bestimmten Anträgen heran, konnte sich aber nicht so leicht mit dem Kurfürsten vereinigen. Dieser wollte die Oberpfalz, Neuburg und Sulzbach nicht aufgeben, besonders wegen der Kurwürde; auch fand er sich durch die Lostrennung von Luxemburg und Limburg im Verluste. „Was bleibt dann mir?" rief er aus; Lehrbach erwiderte: „Der schönste, ansehnlichste Theil der Niederlande." Eine Uebernahme der bairischen Staatsschulden lehnte der Kurfürst ab, doch blieb die Bemerkung, daß er in den Niederlanden eine Million Einkünfte mehr genieße, nicht ohne Eindruck. Er konnte die Kurpfalz, Jülich und Berg behalten, in den Niederlanden eine europäische Stellung einnehmen; sein Sohn, Fürst Bretzenheim, sollte Großprior des Malteserordens bleiben und die Güter des Ordens in

---

1) 23. Mai 1784. 229.
2) Originalrescript an Mercy 2. August 1784. Staatsarchiv in Wien.

Baiern behalten. Der Kurfürst fühlte sich in Baiern fremd und verlassen; wohl sprach er im halben Vertrauen zu dem Kanzler Kreitmayer und Stuben=rauch, aber diese wollten lieber alle bairischen Länder bei Oesterreich lassen, als die schlechte Verwaltung Karl Theodors weiter führen. Erst im Sep=tember 1784 folgte abermals eine Besprechung mit Lehrbach. Der Kurfürst schien dem Plane geneigt, nur wünschte er, daß derselbe an den Herzog von Zweibrücken mitgetheilt werde, „weil dessen Einwilligung hiezu allemal nöthig sei." Auf sein Verlangen übernahm es Oesterreich, mit Zweibrücken zu ver=handeln. [1]) Der beste Weg nach Zweibrücken führte über Berlin oder Paris, aber Oesterreich mochte diesen Weg nicht einschlagen und versuchte es, den Herzog dahin zu bringen, daß er sich selbst nähere und eine pecuniäre Aus=hilfe verlange. Ein kurkölnischer Hofrath Mayer und der Fürst von Waldeck, ein Jugendbekannter des Herzogs, waren dafür thätig. Als der Herzog den Tod seines Sohnes dem Wiener Hof mittheilte, wollte dies Kaunitz zu einer Anknüpfung benutzen, fand es aber doch besser, das Vorhaben am fran=zösischen Hofe in „alliancemäßiger Weise" mitzutheilen. Das Alles geschah jedoch viel zu spät und scheiterte wie 1779, denn der Herzog war bereits von den Verhandlungen und dem Kurfürsten insgeheim unterrichtet und der preußischen Unterstützung sicher. Ende 1784 bestand auch keine Ursache mehr, den Plan ferner geheim zu halten. Anfangs Jänner 1785 theilte Romanzow dem Herzoge mit, daß die Linie Pfalz=Baiern ganz Ober= und Niederbaiern, die obere Pfalz, Neuburg und Sulzbach an Oesterreich abtreten werde, wofür dem Kurfürsten unter dem Titel eines Königreiches von Burgund die öster=reichischen Niederlande mit Ausnahme von Luxemburg und Namur überlassen würden; der Kaiser habe sich alle Artillerie und die niederländischen Truppen vorbehalten; jeder Theil übernähme die Landesschulden; der Tausch werde geschehen unter der Garantie von Frankreich und Rußland. Der Gesandte forderte von dem Herzoge die Einwilligung und bot ihm eine Million Gulden, sowie dem Prinzen Maximilian eine halbe Million; er versicherte, der König von Frankreich sei im Allgemeinen einverstanden, der Herzog wie der Prinz würden am besten für sich selber sorgen, wenn sie den Antrag annähmen. „Möge aber der Herzog einwilligen oder nicht, so würde die Sache doch zu Staube kommen." Der Herzog von Zweibrücken war bereits vorbereitet, daß dieser Antrag an ihn herantreten werde, gab jedoch, von seinem Mini=ster Hofenfels und Hertzberg in Berlin bearbeitet, in einem Briefe eine voll=kommen abschlägige Antwort: „Er wolle sich eher unter den Ruinen von Baiern begraben lassen, als einwilligen." Schon am 11. Jänner 1785 konnte Josef diese Antwort an die Zarin melden, die von ihrem Gesandten

---

1) Die Linie Zweibrücken war damals vertreten durch die Herzoge Karl II. und Maximilian. Der Erstere war Regent und verlor am 21. Aug. 1784 seinen einzigen achtjährigen Sohn; Herzog Maximilian war unvermählt, heirathete erst den 30. Sept. 1785, folgte 1795 seinem Bruder und succedirte 1799 in Baiern.

jedenfalls davon unterrichtet war. Der Kaiser fügte hinzu, er kenne zwar
die Schwäche und den schlechten Willen des Herzogs, aber er habe nicht er=
wartet, daß er so blind sei und die Vortheile für sich und seine Nach=
kommenschaft zurückweise. Josef urtheilte ganz richtig, daß der Herzog von
Zweibrücken von Preußen dazu angeleitet worden sei. [1]

Friedrich II. hielt immer ein wachsames Auge auf jeden Schritt der
österreichischen Politik. Wie 1782 die Verträge Oesterreichs und Rußlands,
so hatte er schon im Jänner 1785 die Verhandlungen in München und die
Mittheilung an Frankreich erfahren. [2] Wie immer, war der König sogleich
nach allen Seiten hin thätig, um diese Vergrößerung Oesterreichs wie 1778
und 1779 zu hintertreiben, obwohl er anfangs der Meinung war, daß
Hertzberg und Hofenfels die Sache viel übertrieben hätten. Hertzberg schickte
einen Legationssecretär Glanz nach München, um durch die Herzogin
Marianne mehr zu erfahren, und als man dort das Richtige mittheilte, kam
der alte König ganz aus seiner Ruhe. Er beschwor die Zarin, den Plan
nicht gut zu heißen, welcher den Teschener Frieden zerstöre, erhielt jedoch
abermals eine kühle Antwort: Die Zarin sehe nicht ein, warum der Herzog
von Zweibrücken beunruhigt sein solle, derselbe sei übel berathen, der Teschener
Friede werde durch einen friedlichen Austausch zwischen Oesterreich und dem
Kurfürsten nicht gebrochen u. a. Aber die Zarin machte doch einen Unter=
schied zwischen ihren freundlichen Worten und der frischen That. Sie schrieb
einen pathetischen Brief an Romanzow, meinte aber, daß ihre Briefe und
Sendschreiben keinen großen Erfolg haben würden. [3] In Frankreich war
inzwischen ein Umschlag der Politik erfolgt. Vergennes war entschlossen, die
Holländer im Scheldestreite zu unterstützen und nicht mehr geneigt, für den
Austausch zu wirken. Kaunitz erkannte wohl, daß sich die Sache nicht augen=
blicklich durchführen lasse. „Künftige Ereignisse“, schrieb er, „sind nicht vor=
auszusetzen, sie dürften aber doch das, was jetzt unterbleiben muß, über kurz
oder lang thunlich machen“ und Josef äußerte sich: [4] „Ich denke wie früher;
kann der Kurfürst dem Herzog endlich die Augen öffnen über seine eigenen
so ansehnlichen Vortheile, so bin ich zum Tausche bereit, sollte er auch mit
ganz Luxemburg und Namur eingeschlossen, geschehen.“ [5] Der Kurfürst hatte jedoch
bereits den Rückzug angetreten. Er ließ den bairischen Ständen, welche zu einer
Mittheilung drängten, eröffnen (12. Februar 1785): „Das Gerücht von einem
unterzeichneten Vertrage des Ländertausches sei falsch, die Verhandlung be=
treffe nur einige Grenzirrungen.“ Auch der Kaiser ließ noch vor dem Frie=

---

1) Josef schrieb auf den Bericht des Staatskanzlers: „Cette réponse vous la
caractérisez parfaitement, mais elle sent plus Potsdam que Versailles.“ Arneth,
a. a. O. 243.

2) Preuß, Lebensgeschichte Friedrich II. 1834, IV. 181.

3) An Josef 3. Febr. 1785, 247.

4) Briefe an Lehrbach vom 9. und 19. Febr. 1785.

5) Ranke, a. a. O. I. 214.

den mit Holland alle weiteren Verhandlungen fallen. Der österreichische Gesandte mußte am deutschen Reichstage erklären: Die Unterhandlung mit Baiern sei aufgehoben, der Kaiser wolle das Reichssystem in allen seinen Theilen erhalten und nichts geschehen lassen, was den Reichsgrundgesetzen entgegen sein könne.[1])

Der Kaiser hatte von Anfang an in seiner Politik die deutschen Verhältnisse zu wenig beachtet. Sein gewaltsames Auftreten gegen mehrere Bisthümer, die Autorität, welche er im Reichstag ausübte, hatten das allgemeine Mißtrauen und die Selbständigkeit der deutschen Fürsten angeregt. Schon 1783 war der Gedanke aufgetaucht, eine Union zum Schutze der Reichsverfassung aufzurichten. Der Herzog Karl August von Weimar schrieb 1784 an Goethe: „Ich bleibe dabei, daß wir deutsche Fürsten eine Armee aufstellen müssen, um unsere Länder und unsere Person vor dem Joch Josef II. zu sichern, denn an den Fesseln für uns wird fleißig geschmiedet." Mit Begierde nahm der König von Preußen, der sich isolirt fühlte und auf Deutschland stützen wollte, den Plan auf, an die Spitze einer „verfassungsmäßigen Verbindung der deutschen Reichsfürsten" zu treten. Die Artikel wurden von dem hannöverischen Minister Beulwitz entworfen, von den preußischen Ministern Hertzberg und Finkenstein revidirt und am 23. Juli 1785 nach dem Willen des Königs, welcher einen baldigen Abschluß verlangte, von den Bevollmächtigten unterzeichnet. Allmählich schlossen sich diesem Fürstenbunde die meisten deutschen geistlichen und weltlichen Fürsten an, so daß zuletzt nur Württemberg, Oldenburg, Hessen-Darmstadt, Kurköln und Trier dem Kaiser getreu blieben. Auch der Kurfürst von Mainz, welcher auf die Mahnung Frankreichs noch 1785 vermitteln wollte, sagte seinen Beitritt zu, so daß die verbündeten Fürsten im kurfürstlichen Collegium die Majorität hatten. Die Artikel des Fürstenbundes betrafen die Aufrechthaltung der deutschen Verfassung, die gesetzliche Ordnung bei den obersten Reichscollegien, die unabhängige Reichsjustiz und die Integrität der deutschen Reichskreise; aber der achte Artikel, welcher die Reichsstände in ihrem Besitz und in ihren Hausverträgen gegen alle eigenmächtigen Ansprüche in Schutz nahm, sowie die geheimen Artikel waren direct gegen den Kaiser und Oesterreich gerichtet. Der Austausch Baierns sollte im Nothfalle mit militärischer Hilfe verhindert werden; auch vereinbarten sich die Fürsten wegen der römischen Königswahl, der Wahlcapitulation und der Einrichtung einer neuen Kurwürde.

Dieser Fürstenbund war doch etwas Anderes als die Union im 17. Jahrhundert oder die Association der deutschen Fürsten, welche Preußen 1748 bis 1751 versucht hatte. Damals hielten noch alle katholischen Fürsten zu Oesterreich, aber 1785 vereinigten sich Katholiken und Protestanten unter der Führung Preußens gegen den Kaiser. Obwohl der Bund rein defensiver Natur war, hielt man damals allgemein dafür, daß er zu einem Kriege zwischen

---

[1]) Lebensgeschichte Josef II. Stuttgart 1842. III. 391.

Preußen und Oesterreich führen werde. Die Wiener Regierung fand es auch
angezeigt, eine Broschüre von 1785: „Prüfung der Ursachen der Association
zur Erhaltung des Reichssystemes" an alle deutschen und europäischen Höfe
einzuschicken. Sie wollte die Wichtigkeit des Fürstenbundes wegleugnen, aber
derselbe bezeichnet doch einen Sieg der preußischen Politik. Josef hatte nur
auf Frankreich und Rußland gebaut und verlor dabei die deutsche Unterstützung,
welche Oesterreich in früheren Zeiten zu den besten Siegen verholfen hatte.
Frankreich setzte dem Fürstenbunde kein Hinderniß entgegen und die Zarin
unterstützte Josef II. wohl in der Gegenwirkung, aber der Fürstenbund bestand
und wirkte auf die öffentlichen Verhältnisse mannigfach zurück.

Seit 1740 war Friedrich II. der wachsame und gerüstete Gegner Oester=
reichs. Sein Grundsatz, keine Vergrößerung Oesterreichs ohne eigenen Nutzen
zuzulassen, blieb lebendig. Er hatte vor Josef, seit er ihn in jungen Jahren
kennen gelernt, eine gewisse Scheu. Er nannte ihn einen bösen Dämon, einen
Besessenen, den Cäsar der Avaren, den verfluchten Wiener Tyrannen. Als
der König am 17. August 1786 in Sanssouci starb, ging ein Gefühl durch
Oesterreich, als sei der Staat von seinem mächtigsten Feinde befreit. Josef
schrieb an den Staatskanzler, daß er als Soldat den Verlust des großen
Mannes, der für alle Zeiten in der Kriegskunst Epoche machen werde, beklage,
aber als Bürger bedauere er jedoch, daß der Tod zu spät eingetreten sei.

Wohl ging der Fürstenbund mit Friedrich II. zu Grabe und die weiteren
Versuche 1787 und 1788, denselben gegen „Josefs erneuerte Anmaßungen
und Vergrößerungsversuche" weiter auszubilden, zerfielen in der großen Action
der orientalischen Politik. Aber Oesterreich mußte sich überzeugen, daß mit
Friedrich II. seine Politik nicht ausgestorben sei und die Worte des Fürsten
Kaunitz von 1785, daß die einzige Triebfeder des Berliner Hofes die politische
Eifersucht sei, welche nichts vertragen kann, was nur immer dem Erzhause
zu einer Convenienz gereichen dürfte, blieben wahr bis 1792 und weiter
hinaus.[1])

Dessenungeachtet wünschte Josef nach dem Tode Friedrich II. eine auf=
richtige Versöhnung und Alliance mit Preußen und zu dem Zweck eine Zu=
sammenkunft mit Friedrich Wilhelm II. „Wenn der König von Preußen ebenso
überzeugt wäre von den unberechenbaren Vortheilen, welche unsere Alliance
bringen würde, könnte man auf jede andere verzichten", schrieb er an Kaunitz;
und weiter „Oesterreich und Preußen würden die Schiedsrichter in Deutsch=
land und Europa sein, sie könnten die Wohlfahrt ihrer Völker wie den all=
gemeinen Frieden versichern, während sie sich so von Jahr zu Jahr schwächen."
Kaunitz rieth jedoch entschieden ab: weil sich alle Mächte gegen das alliirte
Oesterreich und Preußen kehren würden; die Staaten könnten nicht alles Uebel,
das ihnen zugefügt worden, vergessen; der neue König biete auch keine Ge=

---

1) Josef an Leopold, 21. Aug. 1786. Kaunitz an Reuß, 22. October 1785.
Gerson Wolf, Oesterreich und Preußen 1780—90, Wien 1880, 108.

währ für ein aufrichtiges Bündniß; für Oesterreich würden daraus mehr Nach=
theile als Vortheile erwachsen.[1]

Die erste Frucht der Freundschaft der Zarin und Josef II. war der
Garantievertrag von 1781. Der Kaiser schien sehr befriedigt[2] davon, aber
das Bündniß war doch bis 1787 manchen Schwankungen unterworfen. Als
die Zarin schon 1782 die österreichische Hilfe gegen die Pforte in Anspruch
nahm und eine geheime Convenienz in Aussicht stellte, wollte Josef dieses Ver=
langen entschieden zurückweisen; nur auf die Bitte des Staatskanzlers mäßigte
er seine Worte, beschränkte sich jedoch auf die allgemeine Versicherung seiner
Freundschaft und Bundestreue.[3] Kaunitz war damals, 1783 und 1784, viel
mehr kriegerisch gesinnt als der Kaiser; nach seiner Meinung sollte Oesterreich
den Belgrader Frieden für ungültig erklären und die Moldau und Walachei
besetzen. Der Kaiser war jedoch nicht dieser Meinung[4]: „Ich hätte dann
nicht nur die ganze Macht des türkischen Reiches, sondern wahrscheinlich auch
den König von Preußen, ja vielleicht die bourbonischen Höfe in den Nieder=
landen, am Rhein und in Italien gegen mich, um am Ende höchstens ein
elendes Stück von Bosnien oder Serbien zu gewinnen, hingegen die Gefahr, so
Vieles zu verlieren. Ich kann nicht begreifen, wie dieser geistvolle Mann
(Kaunitz) sich das in den Kopf setzen konnte, aber es bedurfte eines festen
Willens und die Zurücksendung mehrerer schon ausgefertigter Depeschen, um
ihn nachgeben zu machen; Zeit gewonnen, Alles gewonnen; ich bin vollständig
gerüstet und meine Truppen sind bereit, in vierzehn Tagen dort zu stehen, wo
ich sie für nothwendig finde." Die Zarin ließ deßwegen das große griechische
Project fallen und bemächtigte sich vorerst der Halbinsel Krim und der Land=
schaft Kuban.[5] Oesterreich suchte die Pforte von „übereilten Maßregeln"
zurückzuhalten und ließ dabei fühlen, daß sie den Krieg gegen Rußland nicht
wagen könne, ohne sich der Gefahr auszusetzen, zugleich in einen Krieg mit
Oesterreich verwickelt zu werden. Auch vermittelte Oesterreich mit Frankreich
vereint den Vergleich von 1784, in welchem die Pforte alle russischen For=
derungen zugestand und die früheren Verträge erneuerte. Oesterreich schien
zufrieden mit einem Handelsvertrag, welcher jedoch nicht gehalten wurde und
die Unsicherheit an den Grenzen dauerte fort. Das österreichische Cabinet
hatte 1783 und 1784 alle seine Schritte dem französischen Hofe mitgetheilt,
um denselben zu überzeugen, daß es mit seiner Politik keine Vergrößerungs=
absicht hege. „Unser Staatsinteresse", schrieb Kaunitz an Mercy[6], „bei dieser

---

1) 6. Dec. und 10. Dec. 1786; Ranke, deutsche Mächte, Analekten II. 298—308.
 2) Josef an Leopold, 7. August 1782: „Rußland ist gegenwärtig mit mir inniger
verbunden, als mit Jemand Anderem."
3) Josef und Katharina II., 10. Sept., 13. Nov. 1782, 4. Jänner, 26. April,
13. Mai 1784. S. 143—224.
4) Josef an Leopold, 10. August 1783. I. 164.
5) Zinkeisen, Geschichte des osmanischen Reiches VI 934.
6) 14. März 1784 Staatsarchiv.

Frage ist kein Geheimniß", fügte aber wegen der Pforte hinzu, „ob eine in allen ihren innerlichen Bestandtheilen so ruinenhafte Maschine bei ihren äußeren Umständen und Verhältnissen noch ferne und lange sich erhalten werde, ist eine Frage, worüber wir uns unmöglich eine Illusion machen können, welche das dortige Ministerium sich selbst vorspiegelt." Die Zarin bewies ihre Erkennt= lichkeit für die guten Dienste Oesterreichs, indem sie ihrem Verbündeten die diplomatischen Unterstützungen im Scheldestreit und im Austauschplane zusagte. Die Erfolge waren, wie erzählt wurde, nicht glänzend und Josef blieb deß= wegen in den nächsten Jahren von einer tiefen Mißstimmung gegen Rußland erfüllt. Als die Zarin 1786 den Kaiser abermals aufforderte, zu ihren Gunsten bei der Pforte zu interveniren und ihn zu einer neuen Zusammen= kunft in Südrußland einlud, war er weder zu dem einen noch zu dem andern geneigt. Er wollte der „katharinatisirten Prinzessin von Zerbst" fühlen lassen, daß sie ein wenig mehr Achtung und Wichtigkeit darauf legen müßte, wenn sie über ihn verfügen wolle.[1] Nur sein Minister hielt ihn damals bei dem russischen Bündniß, welches abermals für ihn verhängnißvoll werden sollte.

Während dieser großen Versuche und kleinen Erfolge in der äußern Politik hatte Josef II. begonnen, den Staat Oesterreich auf den Grundlagen der Theresianischen Regierung weiter auszubilden und besonders die Neben= regierung der Kirche und der Provinzialstände gänzlich zurückzudrängen.

---

[1] An Kaunitz 12. September 1786; Arneth a. a. O. 277 Note.

III. Die kirchlichen Reformen.

Die kirchlichen Reformen Josef II. waren ein Ausfluß der gesteigerten Staatsthätigkeit, aber sie griffen viel weiter und tiefer aus, als jene in der theresianischen Zeit. Sie haben seiner Regierung die Signatur und der österreichischen Politik eine Grundlage gegeben, welche in Oesterreich bis in die Mitte unseres Jahrhunderts unverändert geblieben ist. Nicht alle diese Reformen sind aus der Gesinnung des Kaisers unmittelbar hervorgegangen; die meisten derselben wurden vom Staatsrathe und seit 1782 von der geistlichen Hofcommission, viel seltener von den Ministern angeregt. Die eigentlichen Arbeiter in der Detailgesetzgebung für geistliche Angelegenheiten waren der Präsident der geistlichen Hofcommission, Freiherr von Kressel und der Hofrath Heinke, der erste Referent dieser Commission. Sie wurden unterstützt von Kaunitz, von dem Vicekanzler Greiner, von Gebler, dem Abte Rautenstrauch, dem jüngeren van Swieten und von den freisinnigen Professoren der Wiener Universität, namentlich Sonnenfels. Unter den Kirchenfürsten zeigten sich als Freunde der Reformen: Der Cardinal Graf Hrzan, die Bischöfe von Laibach, Graz und Königgrätz, die Grafen Herberstein, Arco und Leopold Hay, ferner die Erzbischöfe von Salzburg, Graf Hieronymus Colloredo, viele Aebte und Prälaten. Dagegen traten die Erzbischöfe von Wien, Olmütz und Grau, Graf Migazzi, Rudolf Colloredo und Josef Batthyany und insbesondere die päpstlichen Nuntien in Brüssel und Wien offen als Gegner der Josefinischen Politik auf. Als der Nuntius in Wien, Msg. Garampi, sich 1781 über die kirchlichen Neuerungen beschwerte und hinzufügte: daß bisher kein Regent von Oesterreich die Kirchengesetze angetastet und über Rechte verfügt habe, welche dem Papste allein zustehen, erhielt er vom Staatskanzler eine scharfe und bündige Antwort: der Landesfürst allein habe das Recht im Staate zu befehlen; der Kaiser gedenke nicht, sich den gesetzmäßigen Gerechtsamen des heiligen Stuhles und der Kirche, so weit sie das Dogma und die Seele betreffen, zu entziehen, aber er würde auch nicht eine fremde Einmischung in Angelegenheiten gestatten, welche der oberherrlichen Gewalt zustehen, und diese umfasse Alles, was in der Kirche nicht von göttlicher sondern von menschlicher Einsetzung ist, deßwegen auch die Aufsicht über die äußerliche Zucht der Clerisei, besonders der geistlichen Orden u. a.[1]) Man muß sich erinnern, daß damals

---

1) 12., 19. December 1781; Ritter, Josef II. und seine kirchlichen Reformen 1867. Riehl und Reinöhl, Josef II. als Reformator auf kirchlichem Gebiete 1881, 153—157.

die Bewegung gegen das alte Kirchenwesen durch ganz Europa ging und von der humanistisch aufklärerischen Richtung der Zeit getragen wurde. Selbst die Curie in Rom, welche nichts mehr fürchtete als ein Schisma, schien für Zugeständnisse geneigt. Papst Pius VI. gab in Allem nach, wenn die Sprache mit Ernst und Zutrauen geführt wurde. Der Staatssecretär war ängstlich und halb taub, die Cardinäle Boromeo und Zelada für Oesterreich. Erst von 1786 an wurde die römische Opposition bestimmter und thätiger.

Die kirchlichen Reformen Josef II. sind außerordentlich zahlreich. Sie erfolgten von 1781—1784 in rascher Eile, erst von 1784 an nach dem Gespräche des Kaisers mit dem spanischen Geschäftsträger Azara langsamer und gemäßigter. Wir erwähnen hier nur die wichtigsten: die Stellung des Clerus zu Rom und zum Staate, den Bischofseid, die Toleranzgesetze, die Klosteraufhebung, die neue Ordnung der Diöcesen, die Pfarreinrichtung, die Generalseminare und die Gesetze über den Cultus.[1] Alle diese Reformen der österreichischen Regierung, welche bis daher die strengste Form der Kirchengewalt anerkannt hatte, erregten die Aufmerksamkeit aller europäischen Mächte; ihre Gesandten berichteten darüber in jeder Depesche, der venetianische Gesandte schickte alle gedruckten Patente an seine Regierung.

Die Josefinischen Begriffe von der Staatsgewalt und Souveränität trafen zuerst die Form der katholischen Kirche in Oesterreich und deren Verbindung mit Rom. Gleich Maria Theresia erneuerte der Kaiser (26. März 1781) das Placetum regium und dehnte dasselbe auf alle Erlässe und Verordnungen der ausländischen geistlichen Vorgesetzten aus. Die Bullen in coena domini und unigenitus sollten aus den Ritualbüchern herausgeschnitten und vertilgt werden; die erstere behielt das Dispensationsrecht in vielen Fällen der Curie vor, die zweite beschränkte die weltliche Censur. Die Verbindung der geistlichen Orden mit ihren Generalen in Rom und mit den ausländischen Orden wurde verboten, 1783 auch der Briefwechsel mit den ehemaligen Generalen. Derselbe sollte künftig durch den österreichischen Bevollmächtigten in Rom vermittelt werden. Die Annahme von geistlichen Ehrentiteln z. B. eines päpstlichen Hausprälaten wurde untersagt, das päpstliche Notariat aufgehoben, der Besuch des Collegium Germanicum in Rom, in welchem seit Ferdinand II. die österreichischen und ungarischen Adeligen sich ihre priesterliche Vorbildung geholt hatten, wurde verboten, dafür wurde ein Collegium in Pavia errichtet. Der Kaiser wollte die katholische Kirche in Oesterreich zu einer Art Landeskirche zusammenfassen und vermehrte deßwegen die Schlüsselgewalt der Bischöfe gegenüber der Curie. Früher hatten die Bischöfe von fünf zu fünf Jahren die Vollmacht, von gewissen Ehehindernissen dispensiren zu können, von Rom eingeholt; diese Vollmacht, meinte Joseph, verstoße gegen die eigenen Rechte

---

1) P. Ph. Wolf, Geschichte der Veränderungen in den religiösen, kirchlichen und wissenschaftlichen Zuständen Oesterreichs unter Josef II. Leipzig 1795. Ferner die Werke über Josef II. von Großhoffinger, Jäger, Meynert, Gerson Wolf, Wendrinsky u. a.

der Bischöfe. Sie erhielten den Auftrag, von diesen Ehehindernissen, so lange nicht nach dem göttlichen und Naturrechte ein Hinderniß obwalte, aus eigener Kraft zu befreien, „weil dem Staate ungemein daran liege, daß die Bischöfe von der ihnen von Gott verliehenen Gewalt Gebrauch machen."[1] Die Pfarrer durften, wenn ein canonisches Ehehinderniß vorlag, die Trauung nur nach der Dispens des Bischofs vornehmen, der Recurs nach Rom wurde aufgehoben, aus der geistlichen Gerichtsbarkeit der Bischöfe alles Weltliche ausgeschieden. Die Consistorien behielten die Jurisdiction in geistlichen Disciplinarsachen, aber bei einer Uebertretung der Staatsgesetze wurde eine Exemption der Geistlichkeit nicht mehr geduldet. Die Entscheidung über die Gültigkeit der Ordensgelübde blieb den Consistorien vorbehalten.

Um die Bischöfe noch mehr an den Staat zu binden, sollte jeder derselben noch vor dem Eid an den Papst, welcher zugleich dem „Placet" unterliege, einen Eid an den Kaiser ablegen. Er gelobte darin, „Sr. Majestät lebenslänglich getreu und unterthänig zu sein, das Beste des Staates und den Dienst des Kaisers nach Kräften zu fördern, keinen Zusammenkünften, Unternehmungen oder Anschlägen beizuwohnen, welche zum Nachtheile des Staates gereichen könnten, vielmehr, wenn etwas dieser Art zu seiner Kenntniß gelangen sollte, es Sr. Majestät ungesäumt zu eröffnen." Der Staatsrath hatte nur den weltlichen Bischofseid beantragt, aber Kaunitz meinte, man könne den Pontificaleid nicht hindern und Josef entschied darnach. Die Instruction für die geistliche Hofcommission (26. Juli 1782) wies noch eine Reihe von geistlichen Angelegenheiten der Regierung zu.

Als die Krone der kirchlichen Reformen gilt die Einführung der religiösen Toleranz, weil sie das alte katholische Oesterreich überwand und die österreichische Regierung dadurch den meisten deutschen Staaten, England und Frankreich voranging.[2] In der Theresianischen Zeit war die Anerkennung der religiösen Freiheit der Protestanten und Juden noch nicht möglich gewesen, die ersteren waren Unterthanen „auf Kündigung", denn sie konnten nach den Gesetzen von 1752, 1758 und 1778 jeden Augenblick abgeschafft werden, und die Juden erschienen vollständig recht- und schutzlos. Auf die Anregung Kressels verbot Josef II. schon Ende 1780 die Missionen und die ganze „Ketzerriecherei", und als die Hofkanzlei die alten strengen Gesetze nur mildern wollte, verfügte der Kaiser:[3] „Daß das widersinnige Religionspatent von 1778 aufgehoben und zwischen Katholiken und Protestanten mit Ausnahme der öffentlichen Religionsübung kein Unterschied mehr gemacht werde." Die Hofkanzlei und die Mehrheit des Staatsrathes sprachen ihre Bedenken aus, während Kaunitz und Gebler die Gleichstellung der Protestanten aus Gründen der Humanität und Gerechtigkeit unbedingt vertheidigten. Der Kaiser schloß sich

1) 4. April, 4. October 1781.
2) G. Frank, das Toleranzpatent Josef II. Wien 1882.
3) Während seiner belgischen Reise aus Gent, 16. Juni 1781.

ihnen an und verkündete den Ministern[1]), daß er in seinen Staaten eine christ=
liche Toleranz eingeführt wissen wolle. Die Redaction des Gesetzes und die
Form der Kundmachung beschäftigte den Staatsrath noch eine Zeit, bis das
Toleranzpatent oder Toleranzedict vom 20. October festgestellt und den 23.
October der Hofkanzlei zur „künftigen Nachachtung" mitgetheilt wurde.[2])
Dasselbe gewährte den Augsburger und Helvetischen Religionsverwandten und
den nicht unirten Griechen ein ihrer Religion gemäßes Privatexercitium; die
katholische Religion behält den Vorzug der öffentlichen Religionsübung; die
akatholischen Unterthanen dürfen, wenn hundert Familien sich in einer Ge=
meinde vereinigen, ein Bethaus und eine Schule erbauen, aber ohne Thürme,
ohne Glocken und ohne den öffentlichen Eingang von der Gasse, daß „dasselbe
nicht eine Kirche vorstelle." Sie können ihre Schulmeister und Pastoren an=
stellen, die Stolarechte bleiben den ordentlichen Pfarrern. In gemischten Ehen
sind bei einem katholischen Vater alle Kinder katholisch, bei einem protestan=
tischen Vater und katholischen Mutter folgen sie ihrem Geschlechte. Die alten
Reverse, alle Kinder katholisch zu erziehen, fallen weg. Die Akatholiken er=
hielten das Recht der Zulassung zum Grundbesitz, zum Bürger= und Meister=
rechte, zu den akademischen Würden, zum Civil= und Militärdienste. Alle
Statuten, Zunftartikel, die Paragraphe der Landesordnung, welche dagegen
sprachen, wurden außer Kraft gesetzt. Die Akatholiken können nur zu dem
Eide, welcher ihrer Religion gemäß ist, aber nicht zur Theilnahme an Pro=
cessionen und Functionen der „dominanten Religion" angehalten werden.
Einzelne Punkte wurden durch besondere Verfügungen ausgeführt: so über die
Protestanten in Asch und in Schlesien, welche ihre alten Vorrechte behielten,
über die Stolagebühren, über das Verhältniß der geistlichen Amtshandlungen.

Diese Toleranzbestrebungen des Kaisers waren jedoch manchem Wider=
stande und vielen Mißdeutungen ausgesetzt. Der Hofkanzler Graf Blümegen
beschwor den Kaiser, das Patent in Böhmen nicht kund zu machen; sächsische
und preußische Emissäre würden das Volk zum Protestantismus verleiten,
ein Religionskrieg stände in Aussicht. Auch der Präsident des Staatsrathes,
Graf Hatzfeld, sprach seine Besorgnisse aus, aber Kaunitz und Gebler fanden
diese nicht erheblich. Der Kaiser mußte das Vorgehen in geistlichen Ge=
schäften im böhmischen Gubernium besonders rügen. Der Oberstburggraf
Fürst Fürstenberg wurde wegen seines Widerstandes entlassen, ebenso der
Landeshauptmann von Görz, und der Erzbischof von Görz, Graf Edling,
der das Patent nicht kund machen wollte, wurde nach Wien beschieden. Im
Chrudimer Kreise in Böhmen kamen einige Ruhestörungen vor. Hie und da
erklärten die Bauern, sie wollten keine Katholiken mehr sein, sondern den
Glauben bekennen, welchen der Kaiser habe vorschreibe. Weil Gerüchte

---

1) A. E. vom 13. Sept. 1781.
2) Das Gesetz wurde von der Hofkanzlei auf den 13. Oct. zurückdatirt und in
der Wiener Zeitung 17. Oct. 1781 publizirt.

verbreitet waren, daß der Kaiser den Abfall vom Katholicismus begünstige, wurde auf Anrathen des Staatsrathes (16. April 1782) ein Rundschreiben erlassen: daß S. M. an der katholischen Wahrheit festhalte, aber er habe aus Menschenliebe und in der heilsamsten Absicht gegen Unterthanen, welche der heiligen Kirche noch nicht einverleibt sind, die Duldung ihrer Religion bewilligt. Die Behörden, welche die Protestanten verzeichneten, waren nicht wenig überrascht von der großen Zahl derselben und von dem fortdauernden Abfall vom Katholicismus. Sie zählten 1782 in Deutschösterreich 73,722 Protestanten und 28 Bethäuser, 1785 bereits 107,454 Protestanten, 1787 156,865 mit 154 Bethäusern. In Kärnten begann der Abfall schon 1782. Der Bischof von Gurk schrieb die Schuld einigen fanatischen Geistlichen zu und empfahl gute Schulen, die Milderung der Fasten, die Spendung der Communion unter beiderlei Gestalten und einen Termin für den Uebertritt. In Böhmen wirkte Bischof Hay durch Lehre und milde Ueberzeugung. Die Hofkanzlei tadelte ihn, der Staatsrath und der Kaiser belobten ihn. In Mähren dauerte der Abfall bis 1784. Man zählte dort 8553 neue Protestanten, meistens eingewanderte Bürger und Bauern. Um einem weiteren Uebertritt vorzubeugen, verbot die Regierung vom 1. Jänner 1783 an, eine weitere Meldung anzunehmen: wer sich noch melden würde, ist zwar nicht mehr eines Verbrechens schuldig, hat sich jedoch durch sechs Wochen in dem katholischen Glauben unterrichten zu lassen; wenn er dabei beharrt, ist er in das Verzeichniß der Akatholiken als „später gemeldet" einzutragen. Den protestantischen Geistlichen wurde aufgetragen, keine Proselyten zu machen und den katholischen, nur mit Sorgfalt und Liebe auf das Seelenheil zu wirken.

Die Regierung versuchte auch die inneren kirchlichen Angelegenheiten und das ganze evangelische Kirchenwesen neu zu ordnen, aber sie fand darin manchen Widerstand. Erst 1789 erschien eine Generalverordnung, welche 1792 von Leopold II. genehmigt wurde. Unter Josef wurde die Wegnahme protestantischer Bücher untersagt, die alten Gesangbücher und Lieder wurden beibehalten, die gemischten Ehen mußten auch von katholischen Pfarrern zum Zeugniß der dominanten Religion eingesegnet werden. Die Friedhöfe blieben gemeinsam, wenn nicht die Gemeinden besondere Stätten verlangten. Der Kaiser wünschte auch eine gemeinsame Liturgie und ein protestantisches Kirchenrecht. Er hat Alles gethan, um sein Toleranzsystem zur Wahrheit zu machen, aber seine Intentionen erfreuten sich bei der Regierung nicht der allgemeinen Anerkennung. Die Hofkanzlei wie der Staatsrath nergelten an allen Verordnungen, welche die Toleranz betrafen. Das protestantische Volk nahm dieselbe mit Dank und Freude auf, und einsichtsvolle Katholiken, Laien wie Geistliche, wetteiferten, alle zur brüderlichen Liebe und Duldung zu mahnen. Während die Erzbischöfe von Wien, Olmütz, Görz und Gran die Kundmachung des Patentes unterließen und verzögerten, gingen die Bischöfe von Laibach, Gurk und der Metropolit von Salzburg mit Bereitwilligkeit darauf ein. Auch

in Tirol wurde das Patent in einer Weise kund gemacht, welche jeden Tadel
ausschloß.[1] Der Hirtenbrief des Bischofs von Laibach vindicirte dem Landes=
herrn nicht nur die Aufsicht über das Aeußerliche der Religion und die
Kirchenzucht, sondern auch den Bischöfen in ihrem Sprengel dasselbe Recht
wie dem römischen Bischof in seiner Diöcese. Er fiel darüber in Rom so in
Ungnade, daß er dem Bisthum entsagte und in ein Kloster ging.

Neben den Protestanten fand auch die bisher verachtete Judenschaft
eine privatrechtliche Gleichstellung.[2] Weder der Staatsrath noch die Re=
gierung waren Freunde der Juden, man wollte sie ausweisen oder wenigstens
abschließen. In Tirol wurden sie noch 1781 von dem Ansiedlungsrechte aus=
geschlossen und die Stände von Inner=Oesterreich legten eine Verwahrung ein
gegen die Zulassung der Juden in den Städten. Der Kaiser betrachtete die
Emancipation der Juden vom wirthschaftlichen Standpunkte. Er wollte die
Religionsfreiheit der Juden beschützen und sie zu einer besseren socialen
Stellung erheben, aber nur um das Judenthum dem Staate nützlicher zu
machen. Die Taufe von Judenkindern, die äußeren Abzeichen, nämlich die
gelben Lappen, welche die Juden an verschiedenen Orten tragen mußten, die
Leibmaut, eine Art Personalsteuer der Juden, fielen weg. Die Juden wurden
zum Besuche aller Schulen und zu den akademischen Würden zugelassen.
Uebrigens wurde nicht ein allgemeines Judenpatent erlassen. Es gab ein
Patent für Niederösterreich, für Schlesien, für Böhmen, für Görz und
Gradiska, wo die Juden noch das meiste Ansehen genossen. Die Juden in
Niederösterreich wurden in Wien tolerirt, auf dem Lande nur für Fabriken
zugelassen. Die Judenordnung Maria Theresia's von 1774 hatte schon eine
Ausnahme gestattet. Das böhmische Judenpatent vom 19. November 1781
verpflichtete die Juden binnen zwei Jahren „zur Beseitigung ihrer National=
sprache"; alle Rechtsurkunden sollten in der Landessprache ausgefertigt
werden. Sie dürfen Ackerbau treiben, aber nicht Güter pachten, sie können
Handwerker, Maler, Großhändler und Fabrikanten werden. In Ungarn
wurde ihnen gestattet, kleinere Güter zu pachten und Gewerbe außer den
Städten zu treiben, aber sie durften keine Bärte tragen. Für Galizien wurde
die Judenfrage erst 1789 entschieden. Die Landesregierung hatte 1786 vor=
geschlagen, alle Juden, welche nicht Ackerbau oder Industrie treiben, in 241
Gemeinden zu vereinigen und alle für robotpflichtig zu erklären, damit sie
sich an die Feldarbeit gewöhnen. Aber der Kaiser gewährte ihnen die
Colonisirung und die gleichen Lasten bei den Gemeinden, nur die Schutz=
steuer mußten sie fortbezahlen. Die Einführung der Judenschaft in das
Staatswesen erfolgte durch die neuen Familiennamen, die ihnen häufig von
der Behörde dictirt wurden.

Die Frage wegen anderer christlicher Dissidenten war in dem Toleranz=

1) Frauk, 57, 58.
2) Riehl a. a. O. 147—152; Wiener Zeitung Nr. 90 1781.

patente gar nicht berührt. Der Kaiser verfügte 1782, daß solche als Ka=
tholiken zu behandeln seien, z. B. die Hussiten, welche im czechischen Böhmen
zahlreich auftauchten. Auf Kreßels Vorschlag wurden 1784 die Hussiten
und die Menoniten in Galizien zu den Protestanten gerechnet. Andere Secten
erfuhren ein schlimmeres Loos, so die Abrahamiten in Böhmen und die
Deisten in Mähren. Sie glaubten an Gott und die Unsterblichkeit, aber
nicht an die göttliche Dreieinigkeit und die höllischen Strafen. Bischof Hay
erklärte sie als Israeliten, Andere erkannten in ihnen wieder Socinianer.
Die Regierung wollte von ihnen nichts wissen, weil es absurd sei, an Gott
ohne Religion und an eine Religion ohne Gott zu denken. Der Kaiser be=
fahl sie nach Siebenbürgen abzuführen (10. October 1782). Als jedoch die
Secte bedenklich anwuchs, man zählte 1784 424 erwachsene Deisten, erließ
die Regierung einen zweiten Befehl, mit der Transmigration einzuhalten und
die Leute bei ihrer, „wenn auch irrigen“ Religion zu lassen.

Den Toleranzgesetzen folgte bald die Klosteraufhebung. Wie erwähnt,
gab es in Oesterreich zahlreiche, mächtige und einflußreiche Klöster. Noch 1781
zählte man in Deutsch=Oesterreich 2163 Klöster mit 64,890 Mönchen und
Nonnen. [1]) Es war ein politisches und sociales Bedürfniß, hier einzugreifen,
um so mehr als viele Klöster verfallen und dem Bankerotte nahe waren. Die
Theresianische Reform traf nur die geistliche Gerichtsbarkeit und Belastung der
Klöster. Josef II. zeigte sich von Anfang an als ein entschiedener Feind der
Klöster, namentlich der sogenannten Bettelorden. Er erkannte in den Klöstern
nur arme oder reiche Stätten von Müßiggängern, römische Burgen, in denen
die Hierarchie sich verschanzte und vertheidigte. Die schwachen Anfänge einer
Klosterreform unter Maria Theresia erweiterte der Kaiser zu einer durch=
greifenden Reform des Klosterwesens, ohne deßwegen den Umsturz oder die
Vernichtung alles Mönchthums zu beabsichtigen. Vor Allem sollten die Klöster
der beschaulichen Orden als „unnütz“ geschlossen und ihr Vermögen zur Er=
weiterung der Seelsorge verwendet werden. Das Recht dazu nahm er als
Monarch, als Inhaber der gesetzgebenden Gewalt in Anspruch und begnügte
sich in den meisten Fällen nur mit einer Anzeige an die Curie. Schon 1781
erfloß eine Reihe von Verordnungen, welche die Einschränkung des Kloster=
wesens betrafen. Ihr heimischer und fremder Besitz wurde verzeichnet, die
Verbindung mit ausländischen Klöstern, jede Geldsendung untersagt, die Bischöfe
erhielten die Visitations= und Disciplinarrechte über die Klöster, sie konnten
Mönche zur Seelsorge verpflichten. Als Ordensvorstand durfte nur ein Oester=
reicher gewählt werden. Die Amortisationsgesetze wurden erneuert, die Sperre
und Verlassenschaft gehörte vor die weltliche Gerichtsbarkeit, die Namen
Missionäre, Missionsstationen sind nicht mehr anzuwenden. Was die Auf=
hebung der Klöster selbst betrifft, so ging die Regierung daran ohne Vor=
bereitung und ohne sich der Schwierigkeit derselben bewußt zu sein. In Folge

---

1) De Luca, österreichische Staatenkunde 1787 I, 49—157.

eines besonderen Anlasses in der Karthause zu Mauerbach sprach der Kaiser zum ersten Male den Willen aus, die Klöster der beschaulichen Orden schließen zu lassen. „Nicht dieser besondere Fall", schrieb er am 29. November 1781 an den Hofkanzler [1]), „sondern der schon lange bestehende Beweis, daß diejenigen Orden, welche dem Nächsten ganz und gar unnütz sind, auch Gott nicht gefällig sein können, veranlassen mich der Kanzlei aufzutragen, in den gesammten Erblanden diejenigen Orden, männlichen und weiblichen Geschlechts, welche weder Schule halten noch Kranke pflegen noch sonst in den Studien sich hervorthun, in jedem Lande durch Commissäre der Landesstelle aufzuheben und ihre Einkünfte und Vermögen, wie mit den Jesuiten geschah, übernehmen zu lassen." Nach einer längeren Berathung von Seite des Staatsrathes und der Minister erschien das Klostergesetz vom 12. Jänner 1782, welches die zu schließenden Klöster und Hospitien und die Art der Aufhebung näher bestimmte. Zu den ersteren gehörten die Klöster der Karthäuser, Carmeliter und Eremiten, von Frauenorden die Kapuzinerinnen, Clarisserinnen, Carmeliterinnen und Franciscanerinnen. In jeder Provinz wird bei der Regierung eine geistliche Commission eingesetzt. Der k. Commissar verkündete den Obern und der versammelten Gemeinde die Schließung des Klosters, verzeichnete das Baarvermögen, die Vorräthe, die Kirchenschätze und Archive, welche die Geistlichen unter ihrem Eid offenbaren mußten. Sein Bericht wurde der Landesstelle und der Hofkanzlei vorgelegt. Im Allgemeinen haben sich die Commissäre, wie das Gesetz vorschrieb, mit Anstand und Würde benommen, obwohl einzelne nur ungern ihre Pflicht erfüllten. Mönche und Nonnen konnten auswandern oder in andere Orden, die Mönche in den Staub der Weltgeistlichen übertreten. Sie erhielten einen jährlichen Beitrag von 150, wenn sie barmherzige Brüder oder Piaristen wurden, 300 fl., die Frauen, welche Elisabethinerinnen wurden, 200 fl. In den Klostergebäuden durfte Niemand mit Ausnahme der Alten und Kranken zurückbleiben.

Die Curie war von diesen Gesetzen nicht wenig erschreckt, denn der Souverän machte ein Reformationsrecht geltend, wie dies in keinem andern katholischen Staate geschah, selbst in Frankreich nicht, welches seit Jahrhunderten dem römischen Hofe gegenüber eine selbständige Stellung eingenommen hatte. Mitte Jänner 1782 wurde in Rom bekannt, daß der Papst nach Wien reisen wollte. Anfangs glaubte Niemand daran, aber diese Reise hat, wie bekannt, doch stattgefunden. Pius VI. entschloß sich dazu, um nicht in Rom der Unempfindlichkeit und Vernachlässigung beschuldigt zu werden und um den Kaiser von weiteren Neuerungen zurückzuhalten. Der Papst verließ Rom am 27. Februar 1782, betrat am 14. März das österreichische Gebiet, hielt sich in Laibach und Graz auf, traf am 22. März in Wien ein und blieb bis zum 24. April. [2]) Die Reise glich einem Triumphzuge, und der Kaiser wie

---

1) Ad. Wolf, die Aufhebung der Klöster in Innerösterreich. Wien 1871.
2) Die Reise ist oft geschildert, zuletzt in Ritter a. a. O.

das Volk erwiesen dem Oberhaupte der Kirche alle schuldigen Ehren; der Papst wohnte in der Hofburg, gab Audienzen und nahm Bittschriften entgegen. Der Papst war damals 64 Jahre alt, sah aber jünger aus; er sprach kurz und bündig und hatte im mündlichen Verkehr etwas Gewinnendes, aber seine persönliche Erscheinung, seine Vorstellungen und die Verhandlung des Nuntius haben an dem Gang der Dinge nichts geändert. Kaunitz hatte dem letzteren schon bei der ersten Nachricht von der Papstreise erklärt, daß die Regierung bei ihren Gesetzen beharren werde. Der Kaiser verhielt sich im persönlichen Verkehr mit dem Papste ganz nach der Anweisung des Staatskanzlers in principiellen, namentlich in dogmatischen Dingen gefügig; er genehmigte auch die Conferenz der ungarischen Bischöfe mit dem Papste (20. 22. April), während der Staatskanzler dagegen war und in der Verhandlung mit dem Nuntius überall die kaiserliche Autorität und die Pflicht, dieselbe zu unterstützen, hervorhob. Als ihn der Papst eines Tages (16. April) in seiner Villa in Mariahilf besuchte, empfing ihn der Staatskanzler wie einen Souverän in aller Ehrfurcht, jedoch ohne das Knie zu beugen oder die Hand zu küssen.[1] Was die Verhandlung selbst betrifft, so nahm der Papst das Toleranz- und Aufhebungsgesetz als eine Thatsache hin, aber über das Placetum regium „über den Bischofseid und die bischöfliche Gewalt in Ehesachen konnten sie sich nicht vereinigen." Verstimmt reiste der Papst über Baiern und Tirol nach Italien zurück. Im ersten Consistorium, drei Monate nach der Rückkehr, erwähnte der Papst der wohlwollenden Gesinnung Josef II. und daß er in einigen wichtigen Punkten Zugeständnisse erhalten habe, aber in das Detail ließ er sich nicht weiter ein. Die österreichische Regierung fuhr auch fort, ohne Einhalt und Einschränkung ihres Verfahrens das Verhältniß zur Kirche aus eigener Macht zu beherrschen. Weil die Hofkanzlei die Geschäfte nicht mehr zu bewältigen vermochte, wurde (26. Juli 1782) die geistliche Hofcommission und bei jeder Landesregierung eine besondere geistliche Commission eingesetzt. Das Verzeichniß der Geschäfte, welche diesen Commissionen zugewiesen wurde, kennzeichnet die ausgreifende Thätigkeit der Regierung auf dem kirchlich politischen Gebiete.

Das Klostergesetz von 1782 verfügte nur über die beschaulichen Orden. Bis 1784 kamen auch andere Klöster dazu, so jene der Pauliner, Kapuziner, der beschuhten und unbeschuhten Augustiner, der Trinitarier, der Serviten und Minoriten, einige Collegiatstifte der Chorherren und die Frauenklöster der Dominicanerinnen und Benedictinerinnen. Weitere Gesetze von 1785 und 1786 verfügten die Aufhebung aller Klöster, welche für die Seelsorge entbehrlich waren und deren Vermögen für kirchliche Zwecke nothwendig schienen. Während die meisten der früher aufgehobenen Klöster den Bettelorden angehörten, wurden von 1785 an viele reiche, angesehene Stifte der Benedictiner, Cistercienser und Prämonstratenser geschlossen, so Ossiach, Victring, St. Paul, St. Lambrecht Nenberg; auch Mölk und Göttweih sollten aufgehoben werden, während Strahof

---

[1] Die Wiener Anekdoten über diesen Empfang sind nicht richtig. Ranke I. 86

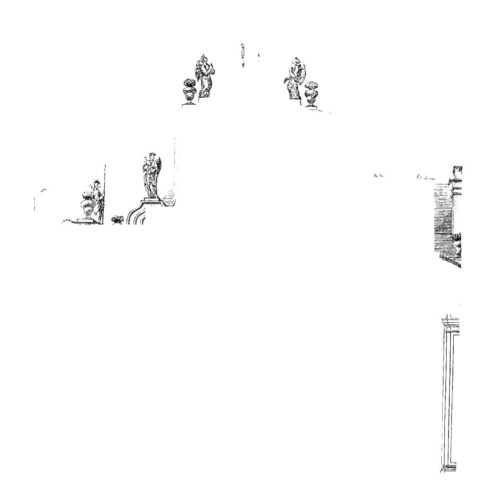

...us VI. giebt, 1786, vom Balkon der Kirche zu den neun Choren der Engel, auf dem Platze „Am Hof" zu Wien, den Segen. Links die Mariensäule.

Nach dem Original, 1786, von Karl Schütz (1746—1800).

und Emaus in Prag, St. Peter in Salzburg, Wilhering bei Linz und Admont als nutzbare Klöster bleiben sollten. [1] 1770 bestanden in Oesterreich 2163 Klöster, nämlich 238 Abteien, 1334 Männer= und 591 Frauenklöster. Davon waren bis 1784 205, bis 1786 738 Klöster aufgehoben, nämlich 82 Abteien, 395 Männer= und 261 Frauenklöster, die wenigsten in Ungarn, bis 1784 10, in Böhmen 16, in Mähren 34, in Tirol 17, in Vorderösterreich 20, in Innerösterreich 65. In der Lombardei waren schon vor Josef 80 Klöster aufgehoben worden, dazu kamen noch 45 Männer= und 14 Frauenklöster.

Die Regierung war überrascht, in den meisten Klöstern, auch in jenen der Bettelorden, einen Reichthum an Geld und Gut zu finden, welcher weit über das Bedürfniß hinausging. Das Klostervermögen in Innerösterreich allein betrug 12,₂ Millionen. Vor Josef waren drei Achtel des Grundbesitzes in Oesterreich in geistlichen Händen. Da die Regierung und besonders Kaunitz von dem Grundsatze ausging, das geistliche Vermögen sei ein für das Seelen= heil und die Armuth bestimmtes Patrimonium, die Individuen und Gemeinden nur Nutznießer, so wurde das gesammte Klostervermögen in Beschlag genommen. Wie Maria Theresia das Vermögen der Jesuiten für den öffentlichen Unter= richt bestimmt hatte, so vereinigte Josef das Klostergut in dem sogenannten Religionsfond, d. h. für rein kirchliche Zwecke. [2] Die Verwaltung wurde der Hofkammer, die Verfügung darüber der Hofkanzlei übertragen. Die Summe des eingezogenen Vermögens betrug 1782 10 Millionen, von 1782—1787 14,₉ Millionen, 1788 16,₇ Millionen in Obligationen und 259,400 Gulden Bargeld und 1789 17,₈ Millionen und 315,700 Gulden bar. Aber dieser Religionsfond reichte niemals für die Bedürfnisse der Kirche aus. Allgemein waren die Klagen, daß die ehemaligen Klostergüter schlecht verkauft und schlecht verpachtet würden, daß Minister und Beamte dieselben wohlfeil an sich brächten, daß zahlreiche Kunstschätze, kostbare Monstranzen und Paramente verschleudert waren und vor Allem, daß überall ein Mangel im Unterricht und in der Seelsorge fühlbar werde. Der Kaiser rügte noch 1790 den „Schlendrian der Hofstellen", aber eine Abhilfe war nicht so leicht möglich.

Viele Klöster wurden nur im Besitz und in der Zahl der Geistlichen reducirt. In jedem Bezirk, in jeder Stadt sollte künftig nur ein oder das andere Stift oder Kloster bleiben, die Mönche der anderen Klöster damit ver= einigt werden. Die Stifte und Klöster, welche über 30 Geistliche zählen, sind auf die Hälfte, welche weniger als 30 haben, auf zwei Drittel herabzusetzen und jene, welche weniger als 20 haben, gänzlich aufzuheben. Die Bettelorden sollen keine Novizen mehr aufnehmen, das Sammeln und Betteln der Mönche bleibt verboten, die Ordensprovinzen sind nach den Landesgrenzen auszuzeichnen, die Ordenscapitel hören auf, nur den Franziscanern wurde 1789 erlaubt, ein Generalcapitel zu halten. Die Klöster sind erbunfähig, Novizen dürfen nicht

---

1) Ad. Wolf, a. a. O. 34.
2) Handbillet vom 27. Febr. 1782.

mehr als 1500 Gulden dem Kloster mitbringen. In den Stiftern wurden statt der Aebte und Pröpste sogenannte Commendatär= oder Laienäbte, meist Weltgeistliche, eingesetzt, welche das Vermögen verwalteten. Die religiösen Bruderschaften, deren man in Oesterreich 642, in Wien 121 zählte, wurden aufgehoben und ihr Vermögen (688,248 Gulden) den Armeninstituten und den Volksschulen zugewiesen.

Die Aufhebung und Reduction der Klöster hatte ihre Anhänger und Gegner. Die Rechtsfrage wird immer streitig bleiben, aber die Aufhebung hatte doch ihre wohlthätigen Folgen. Sie schuf einen neuen Zustand von Eigenthums= und Wirthschaftsverhältnissen, machte eine Summe von todten Capitalien lebendig und führte eine Menge von Männern und Frauen, welche hinter den Klostermauern der Pflicht des Lebens entrückt waren, wieder der Arbeit und der Familie zu.

Weitere Reformen von 1783—1790 betrafen die Abgrenzung der Diö= cesen, der Pfarren und die Errichtung von Generalseminaren. Nach dem Willen des Kaisers sollten alle ausländischen Ordinariate abgeschafft und die österreichischen Diöcesen womöglich für jede Provinz mit einem Erzbischof und Bischöfen an der Spitze abgegrenzt werden. Die Ausschließung der fremden Bischöfe von der kirchlichen Jurisdiction in Oesterreich traf zunächst die Bisthümer Passau, Regensburg und Chur. Passau erstreckte seinen Sprengel an der Donau herab bis zur ungarischen Grenze. Karl VI. hatte den öster= reichischen Theil dem neuen Bisthum Wien zuwenden wollen, Maria Theresia ließ die Frage unberührt, aber Josef nahm sie sogleich wieder auf. Nach dem Tode des Fürstbischofs von Passau (13. März 1783) trennte Josef den österreichischen Theil von Passau ab, und wies ihn theils dem Erzbisthum von Wien, theils dem neuen Bisthum in Linz, welches der Papst bewilligt hatte, zu. Als das Capitel sich auf seine reichsständischen Rechte berief, er= widerte der Kaiser: er wolle diesen Rechten des Hochstiftes nicht entgegen= treten, aber er könne nicht abgehen von dem, was er zum geistlichen Wohle seiner Unterthanen verfügt habe. Nachdem (am 17. Mai 1783) der frühere Bischof von Gurk, Graf Josef Franz Auersperg, zum Bischof von Passau gewählt war, kam es 1784 zu einem Vergleiche, in welchem Passau allen Diöcesanrechten in Oesterreich entsagte und für die Rückgabe der Güter in Oesterreich, welche die Regierung in Beschlag genommen hatte, dem Bisthum Linz einen Dotirungsbeitrag von 400,000 Gulden versprach. Von dem Bis= thume Regensburg wollte der Kaiser das Egerland loslösen. Nach längerem Streite begnügte sich die österreichische Regierung damit, daß in Eger ein bischöflicher Commissär eingesetzt wurde (6. Mai 1789), weil Kaunitz geltend machte, daß das Egerland im strengen Sinne des Wortes nicht österreichisches Gebiet sei. Der Kaiser wollte auch die bischöflichen Diöcesantheile in Schlesien von Breslau abtrennen und Breslau mit Glatz, welches zu Prag gehörte, entschädigen. Er ließ jedoch, als Kaunitz hervorhob, daß Preußen nicht ein= willigen werde, das Project fallen. Für Innerösterreich wurde ein Erzbisthum mit fünf Suffraganen in Aussicht gestellt. Die Bisthümer Gurk, Lavant und Seckau gehörten zur Diöcese des souveränen Erzbischofs von Salzburg und die Bischöfe wurden entweder von Salzburg oder, wenn die Ernennung dem Landesfürsten gebührte, vom Souverän bestätigt. Der Salzburger Erzbischof, Graf Colloredo, welcher der Josefinischen Reform nicht abgeneigt war, entsagte erst nach einer längern schwierigen Unterhandlung 1786 seinen Diöcesanrechten auf Kärnten und Steiermark, behielt aber die Gebiete in Tirol, welche seinem Sprengel unterworfen waren. Die venetianischen Bischöfe, deren Sprengel sich über die österreichischen Besitzungen an der Adria ausdehnten, erhielten einfach die Weisung, ihrer geistlichen Jurisdiction in diesen Gebieten zu entsagen. 1788 war die Regulirung der Diöcesen vollendet; sechs neue Bisthümer waren errichtet: in Leoben, Linz, Budweis, St. Pölten, Gradiška und Tarnow. Das Bisthum Seckau wurde nach Graz, jenes von Gurk nach Klagenfurt, jenes von Wiener-Neustadt nach St. Pölten versetzt. Die Regierung setzte es durch, daß Graf Edling 1784 auf sein Erzbisthum in Görz verzichten mußte, aber der Papst sprach sich entschieden gegen Herberstein aus, den die Regierung als Erzbischof von Laibach bestimmt hatte, als „einen Mann, der von der gesunden Lehre abgefallen sei und in seinem Hirtenbriefe Irrsätze gelehrt habe." Erst nach seinem Tode anerkannte der Papst 1788 die neue Eintheilung der Bisthümer.

Mit der Regulirung der Diöcesen stand die Vermehrung und die Eintheilung der Pfarren in Verbindung. Diese war ein unabweisbares Bedürfniß, denn es gab in Oesterreich seit alter Zeit reiche, weit ausgedehnte Pfarren, welche jedoch der zahlreichen Bevölkerung in den neuen Dörfern, Märkten nicht mehr genügen konnten. Maria Theresia hatte eine Aenderung 1759 versucht, und die Josefinische Regierung führte dieselbe mit viel Umsicht und Energie durch. Einige Bischöfe haben dabei eifrig mitgewirkt. Es wurden neue Kirchen gebaut, Pfarrer und Hilfspriester dotirt. In Niederösterreich allein entstanden 260 neue Seelsorgestationen, in Steiermark 156 neue Pfarreien und 145 Localcaplaneien, in Tirol und zwar nur im Bisthum Brixen 74, in Mähren 180. In Ungarn wurde die Zahl der Seelsorger um 1189 vermehrt, an den neuen Pfarreien wurden überall Volksschulen errichtet. Beide Maßregeln hatten unverkennbar den wohlthätigen Zweck, die geistliche und die geistige Bildung des Volkes zu fördern.[1] Die neue Pfarreinrichtung von 1782 und 1783 hat auch die Josefinische Regierung überdauert und ist noch heutzutage, wiewohl veraltet, die Grundlage der Kirchenform.

Obwohl viele Exjesuiten und Exmönche in der Seelsorge verwendet wurden, blieb doch der Mangel an geweihten Priestern für die Seelsorge fühlbar. Einen Moment dachte der Kaiser daran, die Mönche der noch bestehenden Klöster wie Rekruten für die Seelsorge ausheben zu lassen, die Regierung mahnte jedoch ab und griff zu andern Mitteln. Sie ließ Stipendien

---

[1] A. Jäger, Josef II. und Leopold II. 126, 127.

an junge Theologen verleihen, befreite sie vom Unterrichtsgelde und ermäßigte die wissenschaftlichen Forderungen, aber Alles das half nicht. Von 1789 bis 1793 hatte man für 2505 Pfarren nur 1099 Geistliche zur Verfügung, also einen Abgang von 1406.

Um diesem Mangel an Seelsorgern zu steuern und einen Nachwuchs von jungen Theologen im Josefinischen Geiste heranzubilden, richtete die Regierung 1783 in jeder Provinz ein Generalseminar ein. Die Klosterschulen und bischöf= lichen Seminare sollten aufhören und die Novizen und jungen Theologen ihre Erziehung und den geistlichen Unterricht in Generalseminaren und zwar in Städten, wo Universitäten oder Lyceen bestanden, erhalten. Der Director, Vicedirector und der Spiritual wurden von der Regierung ernannt, der Studien= plan genau bestimmt. Arme Zöglinge erhielten ihr Kostgeld aus dem Reli= gionsfond. „Das Generalseminar", erklärte Kaiser Josef (30. März 1783) „ist nichts Anders als die Versammlung aller in einem Lande sich dem geist= lichen Stande widmenden Studenten" und am 17. August 1783: „Wer nicht die Güte der Generalseminare erkennt, der sieht die Gleichförmigkeit der Lehre und die sittliche Bildung der Geistlichen nicht als wichtig an." Solche In= stitute entstanden in rascher Folge in Wien, Pest, Pavia, Löwen und als Filialen in Graz, Olmütz, Prag, Innsbruck, Freiburg und Preßburg. Nicht alle Seminarien waren mustergültig und vor Allem entsprachen sie nicht dem Zwecke, dem Mangel an jungen Theologen, welche Priester werden konnten, abzuhelfen. Nach dem Zeugniß von Geistlichen, welche aus diesen Seminarien hervorgingen, waren die meisten derselben würdige Stätten der theologischen Bildung und Moral, freilich in einem andern Geiste, als ehemals gelehrt wurde. Die Regierung duldete keine Ausfälle gegen Dogmen und den Clerus. Sie ließ auch disciplinäre Ausschreitungen nicht ungeahndet, aber die meisten Bischöfe verharrten in ihrem Widerstand, während das Volk bei allen diesen kirchlichen Kämpfen sich gleichgültig verhielt.

Erst als die Regierung den öffentlichen Cultus angriff und das Volk in seiner kirchlichen Andacht oder in seinen alten Gewohnheiten störte, wurde dasselbe unzufrieden und begann hie und da Widerstand zu leisten: so bei der neuen Gottesdienstordnung, bei dem Verbote aller Processionen und Bittgänge und insbesondere bei der Verlegung der Friedhöfe oder bei dem Befehle, die Leichen in ungelöschten Kalk zu legen und in Säcken zu begraben. Der letzere Befehl wurde sogleich wieder zurückgenommen. Die meisten dieser polizeilichen Verordnungen, so viel auch die allgemeine Gesundheitspflege dafür sprach, wurden nicht ausgeführt, besonders nicht an Orten, welche sich den Augen der Regierung entzogen. Die neue Gottesdienstordnung fand überall Widerstand und die Regierung von Innerösterreich fand es für gut, die Verordnung nach dem Tode des Kaisers für „aufschiebbar" zu erklären.

Man sieht, die kirchlichen Reformen Josef II. umfassen das ganze Gebiet, wo sich Kirche und Staat begegneten. Die Anhänger der weltlichen Ordnung, der unbedingt staatlichen Macht, haben deßungeachtet gegen den Josefinismus

den Vorwurf der Halbheit und Unentschiedenheit erhoben: der Katholicismus
sei Staatsreligion geblieben, der Protestantismus sei nicht für frei, sondern
nur als geduldet erklärt, die Ehegesetzgebung habe kirchliche und bürgerliche
Rechte vermischt, die Möncherei und der Aberglaube sei nicht ausgerottet und
nirgends der Versuch gemacht, die Kirche aus sich heraus oder durch den
Staat zu reformiren. Ein solcher Versuch lag auch Josef II. und seiner Regierung ferne. Die letztere wollte nur die Nebenregierung der Kirche auf
politischem Gebiete zurückdrängen und Josef II. hielt sich dazu als Fürst und
Regent verpflichtet. Im Grunde war es derselbe Streit, welcher einst Welfen
und Ghibellinen gegen einander geführt hatte. Wo die politische Monarchie
hervortritt und ihre Kräfte zusammenfaßt, geräth sie in Widerstreit mit der
Kirche, in der Zeit des mittelalterlichen Kaiserthums wie in der des Absolutismus im 18. Jahrhundert. Diese Trennung der geistlichen und weltlichen
Macht ist daher weder Bourbonisch noch Josefinisch, sondern eine Forderung der
politischen Monarchie und ein Culturprincip der christlichen Völker.

Das Zerwürfniß mit Rom konnte daher dem hochstrebenden Kaiser nicht
erspart bleiben. Die Anzeichen dafür waren schon 1783 vorhanden. Als die
Regierung in der Lombardei einen Bischof aus eigener Kraft ernannte, schickte
der Papst ein drohendes Breve nach Wien, und Josef war nahe daran mit
der Curie zu brechen. Mit dem Willen dazu erschien der Kaiser während
seiner italienischen Reise plötzlich in Rom (23. December 1783), aber er mußte
die alte Erfahrung machen, daß Niemand von Rom unverändert zurückkehrt.
Er eröffnete dem französischen Kroncardinal Bernis und dem spanischen Geschäftsträger Azara, welche er von seiner Reise 1769 kannte, daß er die katholische Kirche in Oesterreich von Rom losreißen wolle; seine Bischöfe, sechsunddreißig an der Zahl, würden ihn unterstützen, das Dogma und das ganze
geistliche Gebiet blieben unverändert. Azara sprach dem Kaiser seine Bedenken
aus: große Veränderungen in den für heilig gehaltenen Meinungen seien nur
dann möglich, wenn sie das Werk der Zeit, die reife Frucht einer allmählich
geläuterten Einsicht des größeren Theiles der Nation geworden seien; der
Kaiser möge überlegen, ob das Ganze eines solchen Kampfes und eines solchen
Aufwandes von Kräften werth sei; Preußen würde jedenfalls bei der Stimmung in Deutschland die Dinge ausnützen.[1] Die Vorstellungen Azara's
machten einen großen Eindruck auf Josef. Er gab den Gedanken an den
gewaltsamen Bruch mit Rom auf und verfolgte von jener Zeit an in allen
kirchlichen Angelegenheiten eine Milde und Rücksicht, welche vielfach befremdete.
Die späteren Reformen erschienen deßwegen nur wie Nachschwingungen der
früheren Bewegung. Es kam auch die Zeit, in welcher Josef und Kaunitz den
Papst ersuchten (13. Jänner 1790), seinen Einfluß in Belgien geltend zu
zu machen, damit der Clerus seinen Widerstand gegen Oesterreich fallen lasse.

Auch die kirchenfeindliche Bewegung, welche im Beginn der Josefinischen

---

[1] Jäger a. a. O. 134.

Regierung die dichterische und wissenschaftliche Literatur besonders in Wien beherrschte, kam von 1786 an zum Stillstand. Die Freimaurer und Illuminaten wurden bald nur von Männern geleitet, welche der Regierung unbedingt ergeben waren. In der ersten Josefinischen Zeit hatte der Freimaurerorden seine Glanzperiode in Oesterreich. Seine Grundsätze: Vereinigung der Menschheit, treue Freundschaft und Brüderlichkeit, christliche Liebe ohne positive Religion entsprachen so ganz der aufklärerischen Richtung; dabei haben die Symbolik des Ordens, die Neugierde und die Mode Viele veranlaßt, sich dem Orden anzuschließen. Die Wiener Logen zählten mehr als 600 Brüder, unter ihnen Schriftsteller, Offiziere, Beamte und Adelige. Die eine Loge „zur gekrönten Hoffnung" schien ganz aristokratisch, denn die vornehmsten Namen wie: Palffy, Banffy, Clerfait, Liechtenstein und Dietrichstein waren vertreten. Zu den Provinziallogen gehörten Gouverneure und zahlreiche Beamte. Kaiser Josef war niemals Freimaurer, war aber doch von dem humanen Wirken des Ordens überzeugt und gestattete den Fortbestand der Logen, nur mußten sie sich den österreichischen Gesetzen fügen. Er verbot 1785 alle Winkellogen, erlaubte jedoch in Wien zwei, in den Provinzialstädten nur eine Loge und auch nur unter dem Schutze und der Aufsicht der Regierung. Eine große Bedeutung hatte der Orden niemals in Oesterreich, und unter Leopold II. verfiel derselbe immer mehr und mehr in eine stille Geheimißthuerei. Die österreichischen Brüder trennten sich auch von denen in Norddeutschland, weil diese eine förmliche Hierarchie mit vielem Pomp einführten. Sonnenfels nahm auch Partei für die Illuminaten. Er galt in Deutschland als das Haupt der österreichischen Illuminaten, aber es gelang ihm nicht, diesem Orden, auch nicht für die wissenschaftliche Tendenz, Proselyten zu machen. Nach dem Tode Josefs wurde er denuncirt, aber er hatte sich bereits von dem Illuminatenwesen zurückgezogen.

Die kirchliche Politik Josef II. war durchaus österreichisch und stand nur wenig im Zusammenhange mit der Bewegung, welche in jenem Jahre das katholische Deutschland erfaßt und den Widerspruch der Curie veranlaßt hatte.[1] Schon 1769 hatten sich die drei geistlichen Kurfürsten über einzelne Mißbräuche der Curie beschwert. Damals schien die Zeit nicht günstig. Als jedoch Josef die bischöfliche Autorität in seinem Lande vermehrte, einigten sich die vier deutschen Erzbischöfe in den Emser Punktationen, ihre Stellung der Curie gegenüber näher zu bestimmen. Sie verlangten eine mehr ausgedehnte Episcopalgewalt, namentlich in Dispensen, in der kirchlichen Gesetzgebung, in der Verleihung von Präbenden und von Stiftungen, ferner die Unabhängigkeit von den römischen Nuntiaturen und die Abschaffung des alten Bischofseides. Das Episcopalsystem sollte hergestellt werden, wie es in den Baseler Decreten von 1439 und im Aschaffenburger Concordate enthalten war. Sie

---

wandten sich an den Kaiser, welcher ihnen auch seine Mitwirkung und seinen Schutz zusagte (16. November 1786). Aber die erzbischöflichen Oligarchen versäumten die Bischöfe in ihr Interesse gegen Rom zu verflechten; die Nuntien und der Papst mahnten die Bischöfe ab, einen gleichen Schritt zu thun. Man ließ es den Erzbischöfen fühlen, daß es nicht in ihrer Macht liege, so gegen Rom aufzutreten. Die Kurfürsten von Mainz und Trier verloren bald den Muth und erklärten die Emser Punktationen nur als eine theoretische Abmachung der geistlichen Räthe. Sie waren zu einem Vergleiche geneigt, dessen Garantie Preußen übernahm. Der Papst nahm jedoch diesen Vergleich nicht an und steigerte seine Ansprüche der Kirche und der Staatsgewalt gegenüber wie irgend ein scharfer mittelalterlicher Papst. Bei Beginn der französischen Revolution waren die Emser Punktationen vergessen und in der Wahlcapitulation Leopold II. wurde das alte römische Kirchenrecht gegenüber der bischöflichen Auffassung hergestellt. So sehr Josef die Opposition der Erzbischöfe Anfangs unterstützte, so ging er doch auf den Rath des Staatskanzlers nicht über eine allgemeine Haltung hinaus. Die Absicht, meinte Kaunitz, gehe nur dahin, für ihre Zwecke die Suffragane und den Kaiser vorzuschieben. Ein allgemeines Concil sei gegenwärtig eine Chimäre und unpraktisch, ein Nationalconcil würde mehr Aufsehen erregen als Gutes schaffen. Die Unsicherheit in der deutschen kirchlichen Frage und das gewaltsame Auftreten gegen Passau und Salzburg war nicht geeignet, die Josefinische Politik in Deutschland populär zu machen, und die meisten Kirchenfürsten schlossen sich deßwegen 1786 und 1787 den Bestrebungen der norddeutschen Fürsten zur Sicherung der deutschen Verfassung an.

IV. Die staatlichen Reformen.

In der neuen Staatsordnung, wie sie Josef II. begründen wollte und auch theilweise begründet hat, war für eine Verfassung weder in der alten, noch in einer neuen Form kein Raum. Die gesetzgebende Gewalt stand der Krone zu, die vollziehende Gewalt übte der Kaiser durch seine Beamten. Die Monarchie erhielt erst jetzt die absolute bureaukratische Form. In der Ueberzeugung, daß alle alten Institutionen und Rechtszustände für das Volk und den Staat absolut schädlich seien, kehrte sich die Josefinische Regierung zumeist gegen die Stände und ihre Nebenregierung. Während Maria Theresia die Form der Stände und ihren provinziellen Wirkungskreis unangetastet gelassen hatte, erklärte sich Josef gegen die Form derselben, gegen ihre Vorrechte und ihre Theilnahme an der öffentlichen Verwaltung. Der Kaiser erblickte wie seine Mutter in den Ständen nur streng abgeschlossene adelige Körperschaften, welche ohne Gemeinsinn nur auf die Erhaltung und Vermehrung ihrer Vorrechte bedacht seien.

Gleich im Beginne seiner Regierung setzte er der Thätigkeit der Stände enge Grenzen. Er schaffte das alte Ceremoniel, die Ehrenwache der Landesoffiziere, die Vorrechte der ständischen Mitglieder bei den öffentlichen Aemtern, die Mauthfreiheit ab, er beschränkte das Patronatsrecht, die Fideicommisse, das Jagdrecht, er verbot die Abstiftung der Unterthanen, sowie die Einziehung der Bauerngründe. 1782 wurden alle Zahlungen der Stände ohne Genehmigung der Regierung untersagt, 1783 die ständischen Ausschüsse, die Collegien der Verordneten und das ständische Steueramt aufgehoben. Die Geschäfte übernahm das Gubernium. Zwei ständische Beamte, vom Landtage gewählt, wurden den Gubernien für die Geldgeschäfte, namentlich für den ständischen Credit beigeordnet. 1784 ließ der Kaiser den böhmischen Ständen eröffnen, daß er ein neues Steuersystem einführen wolle; sie hätten darüber zu berathen, nicht über das Ob, sondern über das Wie. Auch dieses Wie hat die Regierung nicht abgewartet, denn die Steuerpatente von 1785 und 1789 wurden ohne Einvernehmen mit den Ständen veröffentlicht und ihnen nur für die Ausführung die Art der Anlage, der Vertheilung und Einhebung überlassen. Die Versammlung der Stände wurde eine Ceremonie, ein „leerer Schatten“, wie die böhmischen Herren sagten.[1] Auch dieser Schatten mußte

---

1) Historische Aktenstücke über das Ständewesen in Oesterreich; Leipzig 1847. II. 65. ff.

weichen, denn ein kaiserliches Edict vom 1. December 1788 gestattete den Ständen sich nur zu versammeln, wenn Seine Majestät den Gegenstand für geeignet halten würde. Das Gesetz war jedoch nicht allgemein, denn in Steiermark traten noch im November 1789 die Stände zusammen, um die Steuer= und Urbarialreform abzulehnen und in Tirol, wo die Regierung noch einige magere Rechte bestehen ließ, wurde 1789 wieder ein unentgeltlicher Ausschuß bewilligt.

Josef II. hat also die ständische Verfassung nicht aufgehoben, aber unter= drückt, sistirt und in derselben Zeit, wo in Frankreich die Notabeln tagten und das große Wort der Berufung der Reichsstände bereits ausgesprochen war. Obwohl sich in Oesterreich die Stände mit Ausnahme von Belgien und Ungarn der Souverainität fügten, wurden doch auch Stimmen für eine Versammlung von Notabeln laut. Graf Karl Zinzendorf erklärte (20. Februar 1787) zur selben Zeit, in welcher die Versammlung der Notabeln in Frank= reich eröffnet wurde: für die Frage, wie die indirecten Steuern durch Er= höhung der directen zu ersetzen seien, sei nur eine von den Grundbesitzern der gesammten Monarchie zu beschickende Notabelnversammlung competent, aber weder der Staatsrath noch die Minister waren dafür geneigt. Der eine Staatsrath bemerkte, es würden nur ungeläuterte Begriffe zu Tage kommen; ein anderer verglich die Notabelnversammlung mit einer Schriftstellerconferenz. Kaunitz warnte vor den Ständen wie vor den Notabeln. Infolge dessen ge= stattete der Kaiser nur einzelne Vertrauensmänner für die Steuerreform ein= zuberufen.[1]

Gewiß ist es eigenthümlich, daß der Kaiser, während er in der Kirche das hervorragende Element der Bischöfe unterstützte, das aristokratische Element in der Verfassung und Verwaltung unterdrückte. Er war kein Feind des Adels, aber er bekämpfte dessen politische und sociale Vorrechte. In allen seinen Gesetzen steht die allgemeine Wohlfahrt, der Nutzen und das Beste der „größeren Zahl" voran. Diese Gesetze griffen gewaltsam in den Stamm und Grundstock des Adels, in dessen Familienrecht und Eigenthum ein. Sie ent= zogen dem Grundadel die Bauernschaft, sie forderten eine gleiche Steuerpflicht, sie schränkten den Einfluß der Wirthschaftsämter und Justiziäre ein. Sie ge= statteten die Allodisirung der Fideicommisse, sie unterwarfen den Adel für das bürgerliche Recht dem Landrecht und für Straffälle dem allgemeinen Strafrecht. Ein böhmischer Fürst, welcher 1784 Bücher und Waaren über die Grenze geschwärzt hatte, wurde zu tausend Dneaten Strafe verurtheilt. Ein Oberst Szekely, welcher Geld veruntreut hatte, kam an den Pranger, ein Graf Podstazky mußte wegen Fälschung Gassen lehren. Keine Expectanzen wurden mehr vergeben, keine Domherrn= oder Offiziersstellen an Kinder ver= liehen. Bürgerliche und adelige Beamte hatten dieselben Pflichten. Der Vor= rang des Herrenstandes bei Gericht wurde 1757, in der politischen Verwaltung

---

1) Hock=Bidermann, 172.

1789 aufgehoben. Der Kaiser rügte, daß die Kreishauptleute nur aus dem
Herren= oder Ritterstande genommen würden, obwohl Maria Theresia 1769
auch „Nichtbesitzer" zu Kreishauptleuten zugelassen hatte. Wie früher die
Stände die Regierung, so absorbirte jetzt die Regierung die Stände. Diese
klagten darüber: daß die Führung aller Geschäfte in der Verwaltung und
Justiz an die Regierung übergegangen seien, während früher die Landesoffiziere,
der „Staatsrath des Königs", die politische und rechtliche Gesetzgebung und
die Ausführung und Anwendung der Gesetze leiteten. „Sie waren", äußerten
die böhmischen Stände 1791, „die Väter des Vaterlandes, die Vertreter des
allgemeinen Wohles; die Interessen des Königs und der Stände flossen zu=
sammen; an ihre Stelle traten Männer, welche ohne Kenntniß des Staates
und seiner Verfassung nur theoretische Kenntnisse hatten, Männer, deren
Interessen in keiner Rücksicht mit jenen des Landes in Verbindung standen:
dem Monarchen wurden Einrichtungen vorgeschlagen, die ihn durch den
Schimmer von scheinbar vortheilhaften, aber leider auf das Verderben einer
oder der andern Bürgerclasse und in der Folge auf den Schaden des Landes
gegründeten Vorurtheilen täuschten."

Am meisten schien das aristokratische Interesse geschädigt durch die be=
rühmte Josefinische Agrarreform. Der Kaiser hat redlich dafür gearbeitet, das
Unrecht der alten Zeit zu sühnen, um die Bauern wieder in die freie Volks=
gesellschaft zurückzuführen. Aber er war so wenig wie Maria Theresia ge=
neigt, die Rechte der Grundherrn und die Robot durch einen „Machtspruch"
abzuschaffen. Er begnügte sich durch eine Reihe von einzelnen Gesetzen die
Existenz der Bauern in einem gemäßigten Unterthansverhältnisse zu sichern,
die straffen Bande mit den Grundherren zu lockern, ihre gegenseitigen Rechte
und Pflichten abzugrenzen, und dem Bauer ein festes Eigenthum zu gründen.
Eines seiner ersten Gesetze war die Aufhebung der Leibeigenschaft. Die Grund=
sätze, die er in dem Patente vom 15. Jänner 1781 aussprach, sind Grund=
sätze der Civilisation und haben die Reise durch die Welt gemacht. „In Er=
wägung, daß die Aufhebung der Leibeigenschaft und die Einführung einer
ermäßigten Unterthänigkeit nach dem Beispiele unserer österreichischen Erblande
(Oesterreich ob und unter der Enns, Steiermark und Kärten) auf die Ver=
besserung der Landescultur und Industrie den nützlichsten Einfluß genommen
hat, auch die Vernunft und Menschenliebe für diese Aenderung das Wort
spricht, haben wir uns veranlaßt gefunden, von nun an alle Leibeigenschaft
auch in unseren slavischen Ländern ganz aufzuheben und statt derselben eine
gemäßigte Unterthänigkeit einzuführen." Die sechs Artikel des Gesetzes ge=
währen den Unterthanen das freie Recht der Heirath, der Freizügigkeit, der
Arbeit, der Beschäftigung und des Eigenthums, die Freiheit vom Hofdienste
und die Leistung der Robot und Abgaben nach dem Urbarialpatente. Für
die deutschen Provinzen, wo bereits die Bauern sich in einer rechtlich ge=
sicherten Lage befanden, wurden besondere, beinahe gleichlautende Gesetze er=
lassen. Die Josefinische Regierung blieb bei diesem allgemeinen Gesetze nicht

stehen. Das Urbarialpatent und das Strafpatent vom 1. September 1781 [1]) stellten die Bauern unter den Schutz des Staates und beschränkten das Straf= recht der Grundherren auf das geringste Maß. Geldstrafen durften gar nicht und große Strafen nur mit Genehmigung der Kreisämter verhängt werden. In jeder Hauptstadt wurde ein Unterthanenadvocat angestellt. Zahlreich sind die Verordnungen für die Bodencultur, für den Waldschutz, für die geschlossenen Bauernhöfe und gegen die Willkür der Jagdberechtigten. Insbesondere war die Josefinische Regierung für die Gleichheit der Besteuerung der Grundherren und Bauern thätig, aber für die Robot und die obrigkeitliche Gerichtsbarkeit blieb die alte Ordnung. „Uebrigens," hieß es in dem einen Patent, „hebt die Mäßigung der Unterthänigkeit keineswegs den Gehorsam auf, zu welchem die Unterthanen ihrer Obrigkeit nach den bestehenden Gesetzen verbunden sind und auch in Zukunft wie zuvor verpflichtet bleiben." Noch 1788 verfügte Josef: „Jeder Unterthan ist nicht nur den landesfürstlichen Behörden, sondern auch seiner Grundobrigkeit Gehorsam und Unterwürfigkeit schuldig." Die Bauern waren nicht ganz befriedigt. Sie wurden nicht vollständig frei, weder für ihre Person noch für ihre Arbeit, aber durch die Aufhebung der Leib= eigenschaft, durch die Sicherung des Grundeigenthums, durch die Milderung der Frohndienste, durch die gleichmäßige Besteuerung und die religiöse Duldung erhielt der Bauernstand wieder die Keime eines staatsbürgerlichen Daseins. Vor Josef II. war die Bauernschaft nur eine Volksclasse, nach Josef wieder ein Stand mit öffentlichen Rechten und Pflichten. Die Frucht und der Segen dieser Reform sind nicht ausgeblieben. Wo die Erbpacht eingeführt war, stiegen wie mit einem Zauberschlage neue Häuser und Dörfer empor, in den deutschen und slavischen Provinzen kam die Cultur des Landes in einen neuen Flor, und die Bauern behielten eine Ahnung, daß in einer künftigen Zeit sich ihre Fesseln vollständig lösen würden. Sie bewahrten Maria Theresia und Josef ein dankbares Andenken, der letztere hieß allgemein der Bauernfreund. Weder in Deutschland noch in Frankreich war eine ähnliche Agrarreform durchgeführt. Maria Theresia und Josef haben in Oesterreich den englischen und italienischen Grundpacht, sowie die französische Theilbarkeit der Gründe unmöglich gemacht und jene riesenhafte, gleichförmige Masse freien Eigenthums geschaffen, welches der Grund und Boden unseres Volksthums geworden ist. Die feudale Aristokratie warf dem Kaiser auch vor, daß sie in allen ihren Rechten ver= letzt, daß an der Geschichte Oesterreichs Verrath geübt worden sei. Die Grund= herren waren empört von dem Satze, welchen die Einleitung zum Steuergesetz enthielt: „Ist es nicht Unsinn, zu glauben, daß die Obrigkeiten und Grund= herren das Land besessen, bevor noch Unterthanen waren und daß sie das Ihrige unter gewissen Bedingungen an die Letzteren abgetreten haben." Noch 1847 citirt eine ständische Schrift diesen Satz und fügt bei: „Was Josef II. Unsinn nannte, ist Wahrheit."

---

1) Wiener Zeitung 1781, Nr. 84.

In der Abneigung gegen alle organischen Institutionen opferte die Josefinische Regierung auch die letzten Reste der bürgerlichen Autonomie, indem sie die städtischen Gemeinden unter den Schutz und das Recht des Staates stellte. Die neuen Justizgesetze entschieden allein über das Leben, Vermögen und die Ehre der Bürger; jede besondere Gerichtsbarkeit der Städte hörte auf. Das Amt des Syndikus, welches seit 1621 bestand, erlosch, der Stadtrath oder Magistrat bestand hinfort aus rechtsverständigen Männern, welche von der Regierung bestellt und von der Gemeinde bezahlt wurden. Die Gerichtsbarkeit in den unterthänigen Städten und Märkten blieb den Grundherren. Die Einrichtungen der „regulirten Magistrate" von 1783 und 1785 schoben das ganze alte Regiment der Primatoren, Senatoren, Consulenten, Patrizier und Zünfte hinweg. Der Gemeinde und dem Stadtrath blieben nur die Sicherheits- und Gesundheitspolizei, die Marktfreiheit, die Einhebung der Steuer, die Verleihung des Bürgerrechts, das Patronatsrecht, das Vorschlagsrecht für die städtischen Beamten, die Armensorge und einige Ehrenrechte. Die Verwaltung des Gemeindevermögens war ohnehin seit 1763 einer besonderen Wirthschaftsdirection zugewiesen.[1]) Erst Leopold II. gab 1796 die Verwaltung des Vermögens und Verleihung von Gewerbsrechten wieder an die Magistrate zurück. Unleugbar hat diese Bevormundung der Josefinischen Regierung einen wohlthätig befreienden Einfluß auf das bürgerliche Leben genommen, die verschiedenen Gemeinden einer Stadt wurden vereinigt, der Unterschied der Stadt- und Vorstadtgewerbe verschwand. Die Verpflichtung der Stadtobrigkeiten, der Kirche zu dienen, z. B. über die Fasten und Beichtgebote zu wachen, hörte auf, der Zunftzwang wurde gesprengt, die Fortbildung des Handwerks begünstigt. Das Bürgerthum richtete sich aus seiner Apathie und Gebundenheit auf und fand wieder in seinem Berufe Freude und Ehre. Der Besitz wurde beweglich, das Capital lebendig, Industrie und Handel blühten auf, aus den bürgerlichen Kreisen ging eine Reihe von Beamten, Gelehrten und Künstlern hervor. Durch die Thore der Städte, welche Josef II. geöffnet hat, zog ein neuer Geist, ein neues Leben ein, welches nicht wieder zum Stillstande gekommen ist.

Alle diese Reformen, welche so tief in das Leben und die Thätigkeit der socialen Stände eingriffen, waren nicht das Ergebniß eines allgemeinen Gesetzes, sondern, wie unter Maria Theresia, eine Reihe von Verwaltungsmaßregeln. Die Reform der Verwaltung war das Schlagwort der Zeit und entsprach dem Ideale der Staatseinheit und Staatsallmacht, welches Josef und seinen Ministern vorschwebte. Sie kündigte einen ausgebildeten Beamtenstaat an, eine Regierung durch Männer, welche durch Gesetzeskenntniß, gewissenhafte Arbeit, die Liebe zum Vaterlande und durch eine Selbstlosigkeit ohne Gleichen die Ausführung der Gesetze leiten sollten. Um einen tadellosen Beamtenkörper zu schaffen, führte der Kaiser die sogenannten Conduitelisten ein, welche die

---

1) d'Elvert, Beiträge zur Geschichte der kgl. Städte in Mähren, Brünn 1860. Beiträge zur österreichischen Verwaltungsgeschichte 1880· 436—503.

Chefs nach jedem halben Jahre an die Minister einschicken mußten. Ja der Kaiser scheute sich nicht, von den Denunciationen gegen die Beamten Gebrauch zu machen. Dafür erließ er wieder zu Gunsten der Beamten (15. März 1781) ein Pensionsnormale, welches den Gehalt als ein Recht und nicht als eine Gnade auffaßte. Alle Beamten erhielten nach zehn Dienstjahren den Anspruch auf eine Abfertigung, von zehn bis fünfundzwanzig Jahren auf ein Drittel des Gehaltes, von fünfundzwanzig bis vierzig auf die Hälfte und nach vierzig Jahren auf den vollen Gehalt. Keine andere Regierung hat damals die Stellung der Staatsdiener so principiell rechtlich aufgefaßt. Wie in den modernen Staaten wurden die Chefs der Verwaltung verantwortlich für die Thätigkeit und den Fleiß der Untergebenen. Aber der Kaiser ging dabei von idealen Voraussetzungen aus, welche niemals in Erfüllung gehen konnten. Die Beamten bis zu den Ministern hinauf waren noch zu sehr an die alten provinziellen, nationalen Rücksichten gewöhnt und konnten sich nicht so leicht an den neuen Geist der Regierung gewöhnen. In der allgemeinen Beamten= instruction von 1783 kommen die Sätze vor: „Da das Gute nur Eines sein kann, nämlich jenes, was das Allgemeine und die größte Zahl betrifft, weil alle Provinzen der Monarchie ein Ganzes ausmachen, so muß nothwendig alle Eifersucht, alles Vorurtheil, so bis jetzt zwischen Provinzen und Nationen, wie zwischen den Departements so viele Schreibereien verursacht hat, aufhören; man muß sich nur einmal recht zu eigen machen, daß bei dem Staatskörper wie bei allen menschlichen Körpern, wenn nicht jeder Theil gesund ist, alle leiden und alle zur Heilung auch des mindesten Uebels beitragen müssen. Die Nation oder Religion darf keinen Unterschied machen; Alle müssen sich als Brüder in einer Monarchie gleich verwenden lassen und einander nutzbar sein."

Die Reform der Verwaltung oder die Organisirung, wie man in Oester= reich sagte, bestand darin, daß die öffentlichen Geschäfte zusammen= oder aus= einandergelegt, die Provinzialform der allgemeinen untergeordnet und daß den Ständen der letzte Rest der Theilnahme an der Regierung entzogen wurde. Der Organisationsplan von 1781 zielte dahin, die Centralbehörden zu ver= mindern, die Regierungsbezirke zu vergrößern, die Behörden eines jeden Bezirks zusammenzufassen, „damit die Hof= und Länderstellen besser übersehen und dadurch der Nationalgeist, so schier gänzlich erloschen, wieder erweckt und die Einsicht verbreitet werde, daß das Interesse des Landesfürsten und des Unterthans eines sei."[1] Josef dachte damals noch an eine föderalistische Regierungsform, indem er für Deutsch=Oesterreich anfangs drei, dann sechs Provinzialregierungen mit ebenso vielen Vertretungskörpern beantragte, aber der Staatsrath und die Minister waren dagegen und es blieb bei der Theresiani= schen dualistischen Form. An der Spitze standen die böhmisch=österreichische

---

1) Hock=Bidermann, 109—150; v. Krones, Geschichte der Neuzeit Oester= reichs 1879, 419. ff.

und die ungarische Hofkanzlei mit der siebenbürgischen vereinigt. Die Pro=
vinzen Deutsch=Oesterreichs zerfielen in 13 Regierungsbezirke mit ebenso vielen
Gubernien oder Statthaltereien. Schlesien wurde mit Mähren, Görz mit Triest,
Krain und Kärnten mit Steiermark vereinigt. Diese Regierungsbezirke wurden
wieder in Kreise eingetheilt und diese in Dorf= und Stadtgemeinden. Die
finanzielle Leitung wurde von der Hofkanzlei bis zu den Kreisämtern herab
mit der politischen Verwaltung vereinigt. Der Kaiser überließ den Kreis=
ämtern nicht nur das Conscriptions= und Rekrutirungssystem, das Schul=
und Studienwesen, die Vorsorge für den Ackerbau und die Industrie, welche
ihnen schon von Maria Theresia zugetheilt waren, sondern noch die Unterthans=
angelegenheiten, das neue Steuer= und Urbarialsystem, die Einrichtung der
Gemeindeverwaltung, in den Städten die Einführung von Armeninstituten,
die Judenangelegenheiten u. a. Die Kreisämter bildeten also den Unterbau
der gesammten Verwaltung.[1]) Sie sollten gewissermaßen die Volksinteressen
mit den Staatsinteressen verbinden, denn nach dem neuen System hatte die
Verfassung der Provinzialstände keinen Raum und keine Geltung mehr. Die
Kreishauptleute und Kreiscommissäre erschienen als die wichtigsten Männer,
Adel, Bürger und Bauer beugten sich vor ihnen. Das Institut erwies sich
in vielen Beziehungen als wohlthätig; dasselbe wurde eine tüchtige Schule
für den Staatsdienst, hat aber auch den Hochmuth und die Wichtigthuerei
der Beamten großgezogen. Für die öffentliche Sicherheit, Ruhe und Ordnung
wurden 1786 in den Provinzen besondere Polizeidirectionen eingerichtet und
der Landesregierung untergeordnet. Den Kreisämtern, den Magistraten der
Städte und den Grundobrigkeiten blieb der niedere Polizeidienst. Für die
Justizverwaltung galten als Grundsätze: die Trennung von der politischen
Verwaltung, welche der Staatsrath einstimmig vertheidigte, die Errichtung
ständiger Gerichte statt der zeitweiligen, die Einheit und Vereinfachung der
Geschäfte und überall die Stärkung der landesfürstlichen Macht. Die allge=
meine Gerichtsordnung von 1781 verbürgte dem Richterstande die Unabhängig=
keit und verpflichtete ihn nur auf das Gesetz. An der Spitze stand die oberste
Justizstelle in Wien, als ein unabhängiges Ministerium; unter derselben fun=
girten die Appellations= und Criminal=Obergerichte in den Provinzen, und
die verschiedenen Stadt= und Dorfgerichte. Ueberall, auch bei Stadt= und
Dorfgerichten, wurden nur geprüfte Richter verwendet; diese konnten auch in
anderen Provinzen angestellt werden. Uebrigens blieb noch eine Reihe be=
sonderer Gerichte: so das Landgericht als Civilgericht für den Adel und die
Geistlichkeit, das Hofmarschallamt, die Militär= und Berggerichte, das fürstliche
Landrecht in Schlesien, das Lehengericht des Erzbischofs von Olmütz, nur die
Consistorial= und Universitätsgerichte blieben aufgehoben.

Die tiefsten Spuren hat die Josefinische Reform in der Civil= und

---

1) d'Elvert, zur österreichischen Verwaltungsgeschichte; Organisirung der Ver=
waltung unter Josef II. 436—503.

Strafgesetzgebung hinterlassen. Weil die Arbeiten für ein allgemeines Civil=
recht in der letzten Zeit Maria Theresia's ins Stocken gekommen waren, trug
Josef II. die Fortsetzung derselben 1781 dem Staatsrath und der sogenannten
Compilationscommission, welche aus der früheren Fachcommission hervorging,
neuerdings auf. Aber diese kamen in mannigfachen Widerstreit und schützten
mehr das alte Recht, als sie ein neues förderten. Nur durch den Willen
des Kaisers und die Ueberzeugung der freisinnigen Juristen im Staatsrathe
wurde es möglich, die ständischen Unterschiede im Privatrechte zu durchbrechen,
die individuelle Freiheit zu erweitern und das Gewohnheitsrecht nur für Neben=
dinge gelten zu lassen. Der Kaiser entschloß sich, die Beendigung eines Civil=
codex gar nicht abzuwarten, sondern durch Einzelgesetze die besonderen
Theile des bürgerlichen Rechtes zu ordnen. Solche Vorläufer waren das
Eherecht von 1783 und die Erbfolgeordnung von 1786. Das Eherecht [1])
erklärte die Ehe als bürgerlichen Vertrag, erleichterte das Eingehen der Ehe,
beschränkte die Ehehindernisse, gestattete die Ehen zwischen Katholiken und
Protestanten und bestimmte die Rechte und Pflichten der Frauen. Die Ehe,
welche schon 1781 dem päpstlichen Einfluß entzogen war, soll ihre Wesen=
heit, Kraft und Bestätigung nur durch das landesfürstliche Gesetz erhalten;
jede provinzielle Verschiedenheit, das Landesrecht und Kirchengesetz wurden
abgewiesen. Zur Eheschließung gehörte noch die Mitberathung der Kirche,
das Sacrament, das Aufgebot, die Einzeichnung in die Matrikel, zur Scheidung
und Trennung die Vermittelung des Pfarrers. Die niederösterreichische Re=
gierung und einige Mitglieder des Staatsrathes hatten die Einführung der
obligatorischen Civilehe beantragt, aber die Hofkanzlei und die Compilations=
commission verwarfen dieselbe. Josef neigte mehr zu der milderen Auffassung
Martini's und konnte sich deßwegen nicht entschließen, das Eherecht von allen
kirchlichen Bedingungen zu trennen. Die Erbfolgeordnung von 1786 hob mit
einem Schlage die bisherige Gesetzgebung der Gewohnheiten und Pandekten
auf; sie befreite das Eigenthum zu Gunsten der individuellen Selbständigkeit
von den Banden der Familie, des Staates und der Gemeinde, nur die
Bauerngüter, wenn sie nicht allzu groß sind, sollen ungetheilt erhalten bleiben;
auch der adelige Fideicommißbesitz blieb aufrecht. Die Gesetzgebungscommission
hatte die Aufhebung derselben als einer Schöpfung des Lehenswesens gefor=
dert, aber im Staatsrathe nahmen Eger und Hatzfeld dieselben in Schutz:
die Fideicommisse seien Beweise der Gnade der alten Landesfürsten, sie auf=
heben hieße den Eifer des Adels für den Dienst des Hofes abkühlen und
die adeligen Familien dem wirthschaftlichen Verfalle preisgeben. Der Kaiser
gestattete jedoch die Verwandlung in Geld=Fideicommisse und erklärte sich 1785
gegen die Vermehrung derselben. Die Testirfähigkeit beginnt nach 24 Jahren;
Ordensgeistliche sind erbunfähig, das Testament eines Verbrechers, auch wäh=

---

1) Patent vom 16. Jänner 1783; Michel, Beiträge zur Geschichte des österr.
Eherechtes 1870. Ritter, österr. Eherecht 1876.

rend der Untersuchung abgefaßt, ist ungültig. Die Wuchergesetze traten 1786 außer Kraft, Darlehen für mehr als zu 5 % können nicht intabulirt werden. Unverkennbar hat die Aufklärung auf diese Gesetze Einfluß genommen und sie sind deßwegen als Marksteine unserer Cultur zu bezeichnen. Bei allen späteren Schwankungen über die weltliche und kirchliche Auffassung des Ehe= rechtes blieb der Grundsatz allgemein, daß die Ehe ein bürgerliches Rechts= verhältniß sei und in den Bereich der weltlichen Justiz gehöre. Ebenso tragen das Personenrecht von 1786 und das Strafrecht von 1787 die Spuren der neuen Zeit. „Jeder Unterthan“, heißt es im § 1 des Per= sonenrechtes, „erwartet von dem Landesfürsten Sicherheit und Schutz; es ist also die Pflicht des Landesfürsten, die Rechte der Unterthanen deutlich zu bestimmen, und ihre Handlungen so einzuleiten, wie es die allgemeine und besondere Wohlfahrt erfordert.“ Der zweite und dritte Theil des bürger= lichen Rechtes, das Sachenrecht und die gemeinschaftlichen Bestimmungen des Personen= und Sachenrechtes waren noch in der Josefinischen Zeit fertig, wurden jedoch in der reactionären Strömung unter Leopold II. nicht sancti= onirt. Das Josefinische Strafgesetz von 1787 bildet einen entschiedenen Uebergang zur modernen Gesetzgebung in Strafsachen. Das Theresianische Strafgesetz von 1769 konnte nicht mehr genügen; Kaunitz hatte es schon früher als einen Nothbehelf erklärt. Schon 1781 befahl Josef die Revision desselben und 1783 die Ausarbeitung eines vollständig neuen Strafcoder, aber die Meinungen des Staatsrathes und der Commission gingen weit aus= einander, besonders über die Todesstrafe, die Josef für immer aufgehoben wünschte. Erst den 13. Jänner 1787 wurde das „allgemeine Gesetz über die Verbrechen und derselben Bestrafung“ kundgemacht. An dasselbe schloß sich die allgemeine Gerichtsordnung vom 17. Juni 1788. Das Strafrecht hat die Zauberei, die Apostasie, die Ehe zwischen Christen und Nichtchristen nicht mehr als Verbrechen aufgenommen. An die Stelle der Todesstrafe trat das Schiffziehen. Andere Strafen sind die Anschmiedung, das Gefängniß mit öffentlicher Arbeit, Stock=, Karbatsch= und Ruthenstreiche, die Ausstellung auf der Schandbühne und die Brandmarkung. Das Strafrecht ist von dem Strafproceß geschieden. Zum ersten Male wurde erklärt, daß zu einem Ver= brechen der böse Vorsatz gehöre. Die Criminalverbrechen sind von den politischen Verbrechen zu unterscheiden. Zu den ersteren gehören: die Maje= stätsbeleidigung, Landesverrath, Aufruhr, Tumult, öffentliche Gewaltthätigkeit, Mißbrauch der Amtsgewalt, Verfälschung der Staatspapiere, Münzfälschung, Vorschub zur Desertion, gemeiner Mord, Meuchelmord und Bestellung zum Morde, die zweifache Ehe, Nothzucht, Menschenraub, Entführung, Kindes= weglegung, Diebstahl, Raub und Brandlegung. Alle anderen Delicte sind politische Verbrechen, namentlich der Holz= und Wilddiebstahl, verbotenes Spiel, Ketzerei und Irrlehre, Gotteslästerung u. A. Der Zweikampf ist unter die Criminalverbrechen aufgenommen, der überlebende Duellant ist wie ein gemeiner Mörder auch bei der Armee zu betrachten. „Ich will und leide keinen Zweikampf bei meinem Heere", schrieb Josef an einen seiner Generale. Ebenso zeigt der Strafproceß eine mehr menschenfreundliche Sorgfalt für die öffentliche Sicherheit und zugleich für die des einzelnen Staatsbürgers. Für den eines politischen Verbrechens Beschuldigten findet keine Untersuchungshaft statt, wenn auf das Verbrechen nur eine zeitliche Strafe gesetzt und der Beschuldigte von untadelhafter Aufführung war. Die Untersuchung soll mit möglichster Schonung der Ehre und des Nahrungsstandes des Beschuldigten „in Stille und geheim" vorgenommen werden. Die formelle Vertheidigung ist bis nach gefälltem Urtheile ausgeschlossen. Dem Richter wird verboten, sich irgend eines Kunstgriffes zu bedienen, um den Verhörten zu anderen Aussagen zu bewegen, als wozu er sich freiwillig versteht. Das Urtheil soll binnen acht Tagen nach geendeter Untersuchung gefällt werden. Diese Gesetzbücher waren eine Erlösung von den alten barbarischen Strafgesetzen, von der Malefizordnung Maximilian I. an bis zur Theresiana. Zum ersten Male kam der Grundsatz zur Geltung, daß auch in dem Verbrecher oder vielmehr in dem Beschuldigten der Mensch und seine Persönlichkeit zu achten ist. Ihre schützenden Formen gaben eine Garantie für die heiligsten und wichtigsten Güter des Bürgers, die Ehre, die Freiheit und das Leben. Keine andere Gesetzgebung eines europäischen Staates hatte Aehnliches aufzuweisen, auch nicht die preußische, welche damals vielfach als Muster gepriesen wurde. Die juristische Welt in Oesterreich blieb der Wächter der bürgerlichen Freiheit, der Gleichheit der Gesetze und der Einheit der Regierung. Sie vermittelte den Uebergang der Aufklärung in alle Kreise und verband sie mit dem Streben nach politischen Rechten und einer Verfassung, welche dieselben entwickeln und sichern könnte.

Nicht weniger zeigte die Josefinische Regierung eine rastlose Thätigkeit in der Gesetzgebung und der Verwaltung der Finanzen.[1]) Die erstere vereinfachte die Administration, ließ einige veraltete Abgaben fallen und eröffnete neue Finanzquellen. Die Vereinigung der finanziellen mit der politischen Leitung im Centrum wie in den Provinzen war vom Uebel, sie mußte auch wieder aufgegeben werden, aber die Regierung räumte dabei mit dem Wust der zahlreichen Aemter für das Cassen=, Zoll= und Mauthwesen gründlich auf. Von den alten Steuern erloschen 1782—1788: die Leibmauth und die doppelten Gerichtstaxen der Juden, die meisten Privatmauthen, die städtischen Sperrgelder, das landesfürstliche Abfahrtsgeld, der Viehaufschlag und die Tranksteuer. Für einige derselben zahlte die Regierung an die Stände eine Entschädigung. Neue Finanzquellen wurden eröffnet durch die Aufhebung der Klöster und die neue Einrichtung der directen und indirecten Abgaben. Die Taxen und Stempelgebühren wurden beibehalten, aber neu geordnet; der Zeitungsstempel wurde 1789 eingeführt und 1791 für Originalzeitungen und Broschüren wieder aufgehoben. Die Tabakregie

---

1) d'Elvert, Zur österreichischen Finanzgeschichte, Brünn 1881, 637 ff.

und das Lotterieregal, welche in Oesterreich seit ihrer Einführung verpachtet
waren, wurden 1784 wieder vom Staate übernommen; die verschiedenen
Pächter, wie Hönig, Fries, Grosser, Arnstein, hatten darin glänzende Geschäfte
gemacht. Der Kaiser gedachte auch den Straßenbau zu verpachten, wies aber
denselben 1788 wieder den öffentlichen Bauämtern zu.

Die Reform des Zollsystems beschäftigte den Kaiser und seine Regierung
durch mehrere Jahre. Josef II. hatte sich schon als Mitregent gegen das
Theresianische Zollgesetz von 1775 ausgesprochen. Nach seiner Ansicht müsse
man besonders den Ackerbau und die Industrie berücksichtigen und daher vor
Verboten nicht zurückschrecken, wenn es gilt, sie vor einer übermächtigen Con=
currenz zu beschützen. Josef war bekanntlich Prohibist, mehrere seiner Staats=
männer jedoch Freihändler. Das neue Zollgesetz von 1784 ist zumeist vom
Josefinischen Geiste beeinflußt. Dasselbe bezweckte weniger größere Zoll=
einkünfte, als die Erhöhung der gewerblichen Production und der industriellen
Thätigkeit nach dem Beispiele Frankreichs und Preußens, denn die Grund=
lage war ein strenges Ausschließungssystem, controlirt durch die Waaren=
stempelung und die Aufsicht an den Grenzen. Manche Erleichterung wurde
durch nachträgliche Verordnungen gewährt, besonders für die Einfuhr und
Ausfuhr nach Ungarn, das noch immer durch eine besondere Zolllinie von
Deutschösterreich abgeschlossen war. Dem Kaiser gelang es nicht, diese Zoll=
linie aufzuheben und einen völlig freien Verkehr zwischen Ungarn und
Oesterreich herzustellen, ein Schritt dazu 1786 war die Vereinigung der deutschen
und ungarischen Zollämter. Der Kaiser dachte daran, alle Zollausschlüsse,
auch den Freihafen von Triest aufzuheben, um den zersplitterten Verkehr
zu vereinigen, aber Triest, die Lombardei, Belgien und Tirol, welches seinen
Durchzugszoll behielt, sind Zollausschlüsse geblieben.

Den Schlußstein der finanziellen Operationen Josef II. machte die gänz=
liche Umgestaltung des Grundsteuersystems. Das Theresianische Gesetz war in
der That mit großen Gebrechen behaftet und gab besonders der ungleichen
Behandlung der Steuerpflicht großen Spielraum. Wie Quesnay war Josef
der Meinung: nur bei reichen Bauern können Land und König reich werden.
Aber seine finanziellen Rathgeber, die Minister Kolowrat und Chotek, die Staats=
räthe Hatzfeld und Eger, waren durchaus nicht Physiokraten; sie warnten auch
vor den Träumereien eines Schlettwein oder Iselin. Der Kaiser blieb jedoch
bei seiner Meinung und sprach seine Grundsätze in den Handschreiben von
1783 [1]) aus: „Der Grund und Boden ist die einzige Quelle, aus welcher
Alles kommt und wohin Alles zurückfließt, was zum Unterhalte der Menschen
dient. Der Wechsel der Zeiten ändert nichts, das Staatswohl muß die entgegen=
stehenden Gesetze und Landesverfassungen überragen, die Culturfläche muß die
ganze Last der Besteuerung tragen. Die Verzehrungssteuer bleibt nur in
größeren Hauptstädten. Das Erträgniß des Grundes ist nach einem zehn=

---

1) An Kolowrat 14. Jänner, 10. Juli 1783; Hock=Bidermann 598, 599.

jährigen Durchschnitt der Ernte zu berechnen. Die Steuerpflicht der Grundbesitzer ist allgemein und gleich. Vor Allem muß der Kataster erneuert
werden." Diese Grundsätze sollten durch das Steuerpatent vom 20. April
1785 ihre Durchführung finden: Der Grund und Boden soll neu vermessen,
der Naturalertrag und der Geldwerth der Producte genau erhoben werden;
Urbarial- und Zehentbezüge sind nicht einzuschließen, dürfen aber 17 Procent
vom Grundertrage nicht übersteigen. Die Vermessung und Abschätzung der
Grundstücke geschieht öffentlich und zwar in der Regel von den Gemeinden
unter der Leitung der Obrigkeit; nur in besonderen Fällen sind Ingenieure
oder Forstleute beizuziehen; Gründe, welche verschwiegen werden, werden als
herrenlos erklärt; die Schätzung geschieht nach dem Durchschnitte der Markt-
preise von 1774 bis 1784. Eine Steuerregulirungscommission sorgt für die
Controle und die Gleichförmigkeit; eine besondere Commission hat die Unter-
thansleistungen zu berathen. Der Zweck des Ganzen sei nicht eine Steuererhöhung, sondern die gleichförmige Vertheilung der Steuer nach Provinzen,
Gemeinden und Individuen auf Grund des Besitzstandes. Der Kaiser hatte
da ein riesenhaftes Werk unternommen. Er fand Widerstand bei den Ministern,
bei den Staatsräthen, bei dem Großgrundbesitze im Adel und Clerus. Fast
alle wollten nach dem altständischen Principe den Unterschied zwischen Herren-
und Bauern-, Kirchen- und Krongut beibehalten, als „eine Sache der Wahrheit, der Ordnung und Gerechtigkeit." Eine große Aufregung kam in das
Volk, als ein ganzes Heer von Schreibern, Copisten und Tabellenmachern das
Land überschwemmte. Die Angelegenheit des Katasters kam erst in Fluß, als
der Administrator der Staatsgüter in Mähren, Kaschnitz, in die Commission
berufen wurde. Erst am 15. September 1789 wurde das neue Steuerpatent
fertig und trat am 1. November 1789 ins Leben. Von jedem 100 des
Brutto-Grundertrages waren 12 Gulden 13⅓ Kr. im Durchschnitt zu entrichten, für die Häuser, für die öffentlichen Gebäude, Schlösser, die landwirth-
schaftlichen Gebäude und die Fabriken ausgenommen, 10 Procent vom Zins-
ertrage. Herren- und Bauerngüter waren noch zu unterscheiden. Von 100
Gulden Bruttoertrag sollten 70 Gulden dem Bauer frei bleiben, von 30 Gulden
sind 12 Gulden 14 Kr. dem Staate, 17 Gulden 46 Kr. dem Grundherrn zu
entrichten. Die Gemeinde haftet für die Grundsteuer, welche in zwölf Raten
zu leisten ist. Das neue Steuersystem hatte viele Gebrechen: Die Vermessung
und Schätzung waren in zu großer Eile betrieben und deßwegen nicht ganz
richtig, die Gebirgsgegenden besonders ungünstig behandelt, die Haftung schien
den Gemeinden lästig, in Böhmen, Mähren und Niederösterreich war der
Grundertrag und deßwegen die Steuer zu hoch angesetzt. Das neue Gesetz
hat auch Niemanden befriedigt. Die Privilegirten, der Adel, die Geistlichkeit
und die Städte klagten über die Schädigung ihres Vermögens. 1789 protestirten 137 krainische Grundbesitzer gegen die neue Steuer. Das Gesetz wurde
ein Nagel zum Sarge Josef II. und sein Nachfolger hob 1790 das ganze
Josefinische Steuergesetz wieder auf; die neue Zeit ist jedoch auf die natürliche

und staatsgemäße Grundlage des Gesetzes aufmerksam geworben und hat die großen Vortheile gegenüber dem Theresianischen Steuersystem hervorgehoben.

Bei allen Bemühungen der Regierung für die Entwicklung der Steuer= kraft, für die Sparsamkeit und Ordnung in der Verwaltung war sie doch nicht im Stande, die Ein= und Ausgaben im Gleichgewichte zu erhalten oder einen Schatz für künftige Zeiten zu sammeln.[1] In den ersten drei Jahren der Josefinischen Regierung war die Finanzlage nicht ungünstig: die Einnahmen des Staates (ohne die Niederlande und die Lombardei) betrugen 1781 $68_{,3}$ Millionen, 1782 85 Millionen, 1783 $78_{,2}$ Millionen, die Ausgaben 1781 $69_{,3}$ Millionen, 1782 $85_{,3}$ und 1783 $74_{,3}$ Millionen. Das Deficit verminderte sich und wich 1783 einem Ueberschuß von $4_{,5}$ Millionen, der Schuldenstand nahm um mehr als 5 Millionen ab. Aber die Kriegs= vorbereitung bei dem Scheldestreit, die Mobilisirung wegen des russisch=tür= kischen Krieges brachten die Ausgaben 1784 auf $84_{,1}$, 1785 auf 87 Millionen und 1786 auf $85_{,7}$ Millionen. Noch 1787 standen die Einnahmen auf $92_{,3}$ Millionen, die Ausgaben auf $85_{,3}$ Millionen, aber die Vorbereitung für den Türkenkrieg verschlang 1788 allein $112_{,6}$ Millionen. Der Militäraufwand von 1787 bis 1790 betrug $252_{,1}$ Millionen und für 1790 war ein außer= ordentlicher Kriegsbedarf von $43_{,1}$ Millionen präliminirt. Es war ein Deficit von $22_{,5}$ Millionen und ein allgemeiner Schuldenstand von 370 Millionen vorhanden. Die Finanzlage erschien deßwegen beim Tode Josef II. höchst ungünstig.

Die Reformen des öffentlichen Unterrichtes waren weder principiell noch in der praktischen Durchführung von den Reformen der Theresianischen Re= gierung verschieden. Die Josefinische Regierung hat nur darin weiter gebaut, den staatlichen Charakter schärfer ausgedrückt und dem praktischen Bedürfnisse angepaßt. Die Leitung und Aufsicht führte die Studienhofcommission, seit 1778 der Hofkanzlei untergeordnet. Der Staatsrath und die Regierung waren auch in diesem Fache verschiedener Meinung. Während Friedrich II. den Hochschulen nur so viel Aufmerksamkeit zuwendete, welche die Stellung eines Fürsten nothwendig macht, und an den alten Statuten festhielt, erblickte Josef II. in den Universitäten nur staatliche Institute zur Heranbildung von Beamten, nicht aber von Gelehrten. Er meinte „diese sollten sich selbst ausbilden, vom Katheder herab sei noch keiner ein Gelehrter geworden."[2] Er begünstigte deßwegen den juridischen, theologischen und medicinischen Unterricht, während er die philosophische Facultät reducirte. Universitäten blieben nur in Wien, Prag und Lemberg, die früheren Universitäten in Innsbruck, Graz, Brünn, Freiburg, welche als eine der vorzüglichsten galt, wurden in Lyceen für einen

1) d'Elvert, Finanzgeschichte, 659; Hock=Bidermann 595—631; Gerson Wolf, Oesterreich und Preußen 1880, 178, 179.

2) Gerson Wolf, Das Unterrichtswesen in Oesterreich unter Josef II. 1880. Meynert, Josef II. 76—91.

rein praktischen Unterricht umgeändert. Der theologische Unterricht blieb wie
an der Universität, für die Medicin oder eigentlich Chirurgie, für das Jus
und die Philosophie wurden nur zwei Jahrgänge mit zwei Lehrern bestimmt.
Für den Unterrichtsgang, die Vorlesebücher und Prüfungen galten für die
Lyceen dieselben Normen wie für die Universitäten; sie bildeten Corporationen
mit einem akademischen Magistrat an der Spitze. Allgemein wurde die deutsche
Unterrichtssprache eingeführt. Der Zwang wegen der Vorlesebücher wurde nicht
mehr so beobachtet wie unter Karl VI. und Maria Theresia. Die Lehrer
konnten die Bücher selber wählen. „Die Lehrer", sagt Sonnenfels [1]), „sind
weder in Lehrsätzen noch Lehrbüchern einem Zwange unterworfen. Die Frei=
heit der Meinungen ist der Wissenschaft überhaupt günstig, aber bei einer
Disciplin besonders nothwendig, wo täglich neue Aufschlüsse und Entdeckungen
vorkommen." Die Regierung trug wie zur Zeit Maria Theresia's Vorsorge
für die Vermehrung der Lehrmittel. Die Bibliotheken und Archive der Klöster
wurden den Lehranstalten übergeben, anatomische Theater für Leichensectionen
eingerichtet, für die Heranbildung von Militärärzten die medicinisch=chirurgische
Anstalt, das Josefinum in Wien errichtet. Auch der Gymnasialunterricht blieb
in Form und Inhalt derselbe wie 1776 und damit auch der Formalismus im
Geiste und in der Methode des Unterrichtes. Aber Josef II. wünschte nicht
zu viel Studierende. Es sei kein Verlust für die Gesellschaft, wenn ein
munterer Kopf von den Studien abgehalten werde; hingegen werde das bürger=
liche Leben gewinnen, wenn sich demselben gute Talente zuwenden. In Deutsch=
österreich gab es 59 Gymnasien mit 281 Lehrern (unter diesen 135 Exjesuiten)
und 9377 Schülern. Besondere Rücksicht hat die Josefinische Regierung der
Volksschule zugewendet. Das Institut der weltlichen Inspectoren, die Ein=
führung des Schulgeldes und die allgemeine Schulpflicht für sieben Jahre
waren wesentliche Veränderungen. Der Unterricht blieb verschieden nach
„Stand und Beruf" in Trivial= und Normalschulen. Uebrigens kamen
dieselben Klagen vor über die rohen Sitten, den mangelhaften Religions=
unterricht und besonders über den Mangel an Lehrern. Der jüngere van
Swieten und der Linzer Bischof hatten 1787 die Einrichtung von Lehrer=
bildungsanstalten vorgeschlagen, aber der Kaiser gestattete nur Stipendien
für die Candidaten. Das Budget betrug 1781—82 für die Universitäten
191,727 Gulden, für die Lyceen 23,241, für die Gymnasien 80,475 und für
die Normalschulen 107,067 Gulden. Die Unterrichtsverwaltung blieb in dieser
Zeit sowie früher nur ein Stiefkind der Staatsverwaltung. Auch das Volk
kam der neuen Schule nicht freudig entgegen. 1782 besuchten von 725,801
schulpflichtigen Kindern nur 208,850 die Schulen. Die Josefinische Reform
zerfiel auch in dem Widerstande des Clerus, der Gemeinden und Familien und
die spätere Regierung hat die Schule wieder der Willkür der Beamten, und
Pfarrer preisgegeben. Josef zeigte sich auch als ein Feind der Specialschulen

---

1) G. Wolf, 71.

für gewisse Stände; er hob deßwegen die Soldatenschulen für die Kinder der Soldaten, die Akademie in Kremsmünster, sowie die savoyische und Theresianische Ritterakademie auf: „weil", wie er an Kolowrat 20. November 1783 schrieb, „leider eine schier 40jährige Erfahrung gelehrt hat, daß ungeachtet einer so theuern Beköstigung allda eine nur sehr geringe Anzahl wahrhaft nutzbarer und tauglicher Diener des Staates gebildet wird und obwohl man Alles versucht hat, dennoch das wahre Ziel nicht erreicht würde."

Eine Zierde der Josefinischen Regierung ist die Gründung von Humanitäts= anstalten und die Vorsorge für die öffentliche Gesundheitspflege. „Alles, was Oesterreich an großen Humanitätsanstalten, an trefflichen Sanitätseinrichtungen aufzuweisen hat", sagt ein Fachmann [1]), „stammt aus den Zeiten Maria Theresia's und Josef II., und die folgenden Jahrzehnte vermochten bis zur neuesten Zeit wenig Vortreffliches hinzuzufügen." Nicht mit Unrecht hat man schon in jener Zeit Josef den barmherzigen Samariter auf dem Throne genannt. Zu diesen Gründungen gehörten das Taubstummeninstitut und das allgemeine Kranken= haus in Wien 1784, das Findel= und Gebärhaus, das Irrenhaus und das Armeninstitut 1785. Die Gesetze dafür sind außerordentlich umfassend und praktisch.

Im Ganzen hat Josef II. die gesammte Verwaltung modernisirt und cen= tralisirt, aber die alten Formen des Dualismus und Feudalismus waren doch noch sichtbar. Neben den österreichischen Ministerien blieben die ungarische Hofkanzlei, der niederländische Rath in der Staatskanzlei und der Reichshofrath für die deutschen Angelegenheiten. Die staatliche Einheit zeigte sich am schärfsten im Militär und in der Berathung für die allgemeinen Gesetze im Staatsrath. Nach unten blieb der feudale Grundbau, denn die Grundherren hatten die niedere Gerichtsbarkeit, die Polizei und das Schulwesen. Man kann nicht sagen, daß diese kirchlichen und staatlichen Reformen allen Bedürfnissen gerecht wurden und daß alle diese Schöpfungen Anspruch auf Dauer und Wirksamkeit haben konnten. Sie verletzten vielfach nicht nur den Adel und die Geistlichkeit sondern auch das Volk. In Deutschösterreich war das Volk im Autoritäts= glauben erzogen und blieb ohne Theilnahme und Vertrauen. Der Adel war aber mächtiger als Josef II., trotz aller Reformen behielt er seine festen Wurzeln und die Stellung in der Volksgesellschaft. Er übte seinen Einfluß auf die Regierung und umgab nach wie vor den Hof. In der allgemeinen Gährung verbanden sich die Privilegirten zum Sturze des Josefinischen Systems, zuerst in den Niederlanden und in Ungarn, wo die alten Autoritäten im Staate und in der Gemeinde noch lebendig waren.

---

1) A. Schauenstein, Gesundheitspflege in Oesterreich 1863. 19.

Erzherzogin Maria Christina, Gemahlin Herzog Albert

rkleinertes Facsimile des Stiches, 1782, von Francesco Bartolozzi (1728—

V. Die Niederlande und Ungarn.

Wie erwähnt, hat sich die Theresianische Regierung in den Niederlanden mehr erhaltend als reformirend gezeigt. Noch bestanden der föderative Staatsbau, die Herrschaft der Kirche, die ständischen und municipalen Freiheiten bis in das Volksleben hinein. Als Josef II. 1781 in das Land kam, mußte er häufige Klagen vernehmen, namentlich über den langsamen Gang der Justiz und die ungerechte Steuervertheilung. Er überzeugte sich von dem Verfalle des Heerwesens, von dem Niedergange der Städte und dem elenden Zustande des Landvolkes. Antwerpen war von seinem ehemaligen Glanz und Reichthum seit der unglückseligen Flußsperre ganz herabgekommen; in dem Scheldehafen, wo ehemals mehr als 1000 Schiffe aller Nationen eingelaufen, ruhten 20 kleine Segelschiffe. Gent, das einst eine Armee in das Feld stellen konnte, zählte nur 50,000 Einwohner. Ostende war ganz ruinirt, Flandern dünn bevölkert, im Hennegau und Namur gab es prächtige Schlösser und Wildparks, aber die Bevölkerung war verarmt, die Dörfer elend, die Straßen und Wege verfallen. Der Kaiser war schon damals entschlossen, auf diesem Boden eine staatliche Neuordnung wie in Oesterreich einzuführen. In den Conferenzen, in welchen er nach seiner Rundreise (Juni 1781) mit den Ministern die Angelegenheiten des Landes besprach, äußerte er sich nicht nur über die Barriere und Scheldesperre, sondern ebenso über die Mißbräuche der Verwaltung und deren Abhilfe. Uebrigens kannte der niederländische Rath, welcher in Wien der Staatskanzlei beigegeben war, die Klagen und die Bedürfnisse des Landes genau, und Kaunitz hatte bereits in Manchem vorgearbeitet.[1]

Die Statthalterschaft in Belgien war schon von Maria Theresia an ihre Tochter Marie Christine und ihren Gemahl, den Herzog Albert von Sachsen-Teschen übertragen: zuerst in dem Heirathsbriefe von 1766, dann 20. August 1780 unmittelbar nach dem Tode des Herzogs Karl von Lothringen. Josef gestattete ihnen jedoch die Uebernahme der Regierung erst nach seiner Rundreise. Die neuen Statthalter hielten den 10. Juli 1781 ihren feierlichen Einzug in Brüssel. Nach dem Willen Maria Theresia's sollten Beide gemeinschaftlich als Gouverneure die Regierung führen, wie einst zur Zeit Philipp II. Isabella von Spanien mit ihrem Gemahle Erzherzog Albrecht; aber sie mußten bald

---

1) Vergl. die Sammlungen der Dokumente von Gachard und Gerard, die Werke über die belgische Revolution von Le Grand, Theodor Juste, von Arendt [Raumers histor. Taschenb. 1843], Ad. Borgnet u. a Ich benützte vornehmlich die Memoiren des Herzogs Albert von Sachsen-Teschen. Mk.

erfahren, daß der Kaiser ihnen nur eine dynastisch repräsentative Stellung gewähre und in den wichtigsten Angelegenheiten ohne ihren Rath und Zustimmung entschied. Die Regierung ruhte zumeist in der Hand des Fürsten Georg Adam Starhemberg, eines ausgezeichneten Staatsmannes, desselben, welcher die Verträge mit Frankreich 1756 und 1757 abgeschlossen hatte und in der Theresianischen Zeit als Nachfolger des Fürsten Kaunitz bestimmt war. Auch Starhemberg wurde wenig um Rath gefragt und verließ 1783 seinen Posten, um in Wien als Obersthofmeister in den Hofhalt des Kaisers einzutreten. Sein Nachfolger war Graf Belgiojoso, bisher österreichischer Gesandter in London, ein Mann voll Geist und Talent, besonders erfahren im Finanzwesen, aber etwas leicht in der Behandlung der Geschäfte. Die Mitglieder der Regierung: Staatssecretär Krumpipen, der Präsident des geheimen Rathes Graf Neny, der Generalschatzmeister de Cazier, Vavrans, Präsident der Rechtskammer, waren ehrenhafte, erfahrene Herren, aber alt und nicht für eine so energische Initiative, wie sie Josef wollte, geeignet.

Im Frühjahre und Sommer 1782 griff Josef das erste Mal in die alten Zustände der Niederlande ein. Er hob den Barrierevertrag auf und erließ wie in Oesterreich Gesetze, welche die kirchlichen Verhältnisse des Landes von Grund aus veränderten. Die Klöster der beschaulichen Orden wurden aufgehoben, die Wallfahrten und religiösen Bruderschaften verboten, die kirchliche Duldung eingeführt, die Berufung an den Papst in den meisten Fällen abgeschafft, die bischöflichen Hirtenbriefe der kaiserlichen Bestätigung unterworfen, die geistliche Disciplin in mehreren Punkten geändert. Wohl schickten geistliche und weltliche Behörden ihre Beschwerden ein, ein Theil der Stände flüchtete mit einem Protest unter die alte Verfassung, aber die Regierung führte ihre Maßregeln rasch und entschieden durch. Man nahm nur die Rücksicht, daß man die Klöster nach und nach aufhob. Ein Widerstand erfolgte nirgends und das Volk nahm die kirchlichen Reformen ruhiger hin, als die Regierung erwartet hatte. Diese Neuerungen regten zumeist die Unzufriedenheit der mächtigen und einflußreichen Geistlichkeit an, und dieser Clerus wurde von Rom aus geleitet und vertheidigte in Allem den Verband mit der Curie. Josef fand hier nicht Bischöfe wie in Oesterreich, welche seine Reformen wenigstens stillschweigend durchführten. Die Führer der Opposition waren der Nuntius Zondadari, der 1782 ausgewiesen wurde, ferner der Primas von Belgien, der Erzbischof von Mecheln, Graf Frankenberg, der Bischof von Antwerpen und einige andere Geistliche.

Die allgemeine Ruhe bestärkte die Regierung, noch weiter zu gehen. Schon 1785 kündete dies Josef seiner Schwester mit den Worten an [1]): „Man muß nun an die Provinzen gehen, die Du regierst, wo so viel Bigotterie vorherrscht, wo die Studien und Schulen sich in einer so schlechten Beschaffenheit befinden und die Geistlichkeit selbst so unwissend ist." Eine Reihe von Ver-

---

[1]) 24. August.

Herzog Albert von Sachsen-Teschen.

ordnungen griff in den Cultus ein, veränderte die Gebräuche am Altar und
verbot Votivbilder und Processionen. Die weltlichen Facultäten der Universität
in Löwen kamen nach Brüssel und die theologische Facultät wurde neu ein=
gerichtet. Im October und November 1786 erschienen die Edicte für die
Errichtung eines Generalseminars in Löwen. Die Einrichtung desselben, sowie
die unglückliche Wahl von Personen, denen die Lehre und Erziehung der
jungen Cleriker anvertraut wurde, veranlaßten (8. December 1786) eine kleine
Revolte der Seminaristen. Sie verlangten die Unterordnung unter den Bischof,
gesonderte Wohnräume, ein nicht zu frühes Morgenessen, einen Abendtrunk
und die Freiheit, Besuche zu empfangen und ausgehen zu dürfen. Belgiojoso
fand für gut, zur Unterdrückung der Emeute drei Bataillone Infanterie und
ein Regiment Dragoner mit sechs Kanonen zu schicken. Diese militärische Ex=
pedition gegen 300 junge Leute machte einen ungeheuren Lärm im Lande.
Das Schlagwort wurde die Klosteraufhebung und das Generalseminar, obwohl
die Universität schon 1749 und 1784 die Unzulänglichkeit der bischöflichen
Seminare erklärt und selbst um ein Generalseminar gebeten hatte. Der Clerus
fürchtete für seine Freiheit und für sein Einkommen. Es gab in den Nieder=
landen 1 Erzbischof, 7 Bischöfe und 108 Abteien mit weltlichen Rechten und
einem Einkommen von 60,000—300,000 Fl. Die Regierung glaubte die
Opposition des Clerus zu dämpfen, indem sie zunächst gegen die Führer auf=
trat. Zondadari wurde, wie erwähnt, verwiesen, Frankenberg nach Wien be=
rufen, einige Aebte verbannt und mehrere Kapuzinerguardiane verschickt.

Am ersten Jänner 1787 erschienen die Edicte, welche den Bau der
belgischen Verfassung und Verwaltung von Grund aus umänderten. Die
obersten Collegien, der Staatsrath, der geheime Rath, der Rath der Finanzen
und das Staatssecretariat sollten aufhören. Statt ihrer sollte eine oberste
Stelle unter dem Namen „Rath des Generalgouvernements der Niederlande"
als ein eigentliches Ministerium die Geschäfte führen. Chef derselben bleibt
der bevollmächtigte Minister. Statt der früheren ständischen Collegien, welche
den drei obersten Räthen beigegeben waren, werden für die Interessen der
Provinzen fünf Deputirte der Provinzialstände neugewählt und von der Re=
gierung bestätigt. Die alte Provinzialabgrenzung und Benennung hört auf,
das Land wird in neun Kreise getheilt, jeder derselben von einem Juten=
danten verwaltet. Die Justiz wird von der ständischen Corporation ab=
gelöst und in drei Instanzen gegliedert. Der oberste Gerichtshof in Brüssel
übt die höchste richterliche Gewalt, alle besondere Gerichtsbarkeit, Territorial=,
Lehen= und geistliche Gerichte, alle Privilegien des Adels in der Verwaltung
des Rechtes wie in der Polizei hören auf.

Dieselben Tendenzen zur Einheit und Allmacht der Staatskraft, wie sie
Josef in Oesterreich theilweise ausgeführt hatte, sind hier erkennbar. Der
Feudalismus wird ein= für allemal abgethan, der Föderalismus in den Pro=
vinzen gebrochen und eine einfache Verwaltung eingeführt. Im Grunde setzte
Josef nur die Reform seines großen Ahns Karl V. fort, welcher zuerst die

ständische Freiheit bewältigt und eine kräftige Centralgewalt geschaffen hatte.[1] Ohne Zweifel enthielt der neue Organismus viele Verbesserungen. Die belgische Nation hat sich nach vielen leidensvollen Jahren, nach dem Sturze ihrer Verfassung und einer drückenden Fremdherrschaft eine Verwaltung nach denselben Grundsätzen und in derselben Form wie bei der Josefinischen Institution gegeben. Aber die Belgier waren an ein Selfgovernment gewöhnt; die ganze gesellschaftliche Ordnung beruhte auf Privilegien, „Jedermann lebt von seinem Antheil daran." Die Josefinischen Reformen dagegen erschienen durchaus absolutistisch, als Verletzung der Verfassung, als ein Umsturz aller Einrichtungen.

Die Regierung schien entschlossen, diese politische Reform wie die kirchliche rasch und entschieden durchzuführen. Die Vorstellungen und Beschwerden der Stände wurden nicht gehört, nicht beantwortet. Der Minister wies die Deputationen derselben ab und kein Wort kam vom Hofe, das die Nation beruhigt hätte. Josef selbst wollte keinen Aufschub, keine Transaction. „Ich hoffe", schrieb er an seine Schwester [2], „daß das Conseil, wenn es in das Leben tritt, gut zusammengesetzt und gut geleitet ist, alle anderen Arangements erleichtern wird, die Intendanten in den Provinzen sind von großer Wichtigkeit, ebenso die Reformen in der Justiz und in den Studien. Man sieht, was die Ungewißheit und der Fanatismus über den menschlichen Geist vermag." Die neue Organisation ging vorerst ohne Störung, ohne Widerstand vor sich. Im Frühjahre 1787 übernahmen die neuen Räthe des Gouvernements wie die Intendanten ihre Functionen und es waren nicht wenige, welche sich um die neuen Aemter beworben hatten. Aber die Regierung hat dabei so viele persönliche Vortheile, so viele verkommene alte Rechte angetastet. Der Adel sollte alles Herrenrecht und alle Ehrenämter aufgeben, die Staatsräthe verloren ihre Sporteln, die Geistlichen eine Menge Beneficien und Canonicate, die Advocaten und Procuratoren sollten sich in ein neues Gerichtsverfahren einstudieren. Auf dem Lande fürchtete man die Einführung der Conscription, in den Städten die neue österreichische Strafproceßordnung. Es war keine Classe von Bürgern, welche nicht gerechte Klagen zu haben glaubte. Die allgemeine Gleichheit vor dem Gesetze verstieß gegen die alte Form, daß Jeder nach seinem Rechte behandelt werde. Als der Kaufmann Hondt wegen Betrügereien bei der Armeelieferung gefangen nach Wien abgeführt wurde und dort in Eisen die Straße kehren mußte, galt dies als ein Eingriff in die persönliche Freiheit und Sicherheit. Die Unzufriedenheit wurde bald allgemein. Die Opposition, welche der Clerus angeregt, wurde nun von den Behörden und Corporationen aufgenommen und fand ihren vornehmsten Halt in den ständischen Ausschüssen, besonders in jenem von Brabant. Man muß sich erinnern, daß damals in ganz Europa die öffentliche Meinung gegen das

---

1) M. Philippson, Westeuropa im Zeitalter Philipp II. u. s. v. I. 59.
2) An Marie Christine 8. Febr. 1787.

bestehende Regierungssystem eingenommen war. Der alte und neue Staat kehrten sich gegen einander; eine Vermittlung der alten ständischen Freiheit mit einer allgemeinen Repräsentation des Volkes war noch nicht gefunden.

In Belgien zeigte sich der erste Conflict in der Versammlung der Brabanter Stände (April 1787). Die Regierung begehrte die gesetzliche Stener, die Stände erklärten, daß sie diese nicht bewilligen würden, bis alle Beschwerden wegen der Verletzung der Verfassung gehoben seien. Der Artikel der joyeuse entrée, welcher den Unterthan des Gehorsams entband, wenn der Souverän seine Verpflichtungen nicht einhalten würde, wurde citirt, Proteste und Adressen circulirten von Haus zu Haus. Als dann das neue Conseil oder das Ministerium die Durchführung der neuen Administration bis zum 1. Mai aufschob und alle Neuerungen, welche der Verfassung entgegen wären, zurückzunehmen versprach, wurden zwar die Steuern von den Ständen bewilligt, aber diese Stimmung schlug bald wieder um. Der dritte Stand erhielt die Oberhand, Adel und Geistlichkeit schlossen sich an und in kurzer Zeit waren sie alle in der Opposition einmüthig. Sie verlangten besonders die Abschaffung der neuen Tribunale und Intendanten, am 30. Mai auch die Entlassung des neuen Conseils und des Ministers. Die Regierung selbst war nicht einig. Die eine Partei verlangte ein energisches Auftreten, die andere ein wenigstens bedingtes Nachgeben. Die Generalstatthalter, welche eine allgemeine Revolution fürchteten, schlossen sich der letzteren an, ließen den Minister fallen und eröffneten in der Ständeversammlung am 31. Mai die Aussicht, daß Alles auf den alten Stand zurückkommen werde. Für den Moment schien der Friede in die Gemüther zurückgekehrt, die Statthalter wurden in übermäßiger Weise gefeiert, aber die Opposition wurde nun thätiger als zuvor. Im ganzen Lande bildeten sich Compagnien von Freiwilligen, Patrioten genannt, als Zeichen des Patriotismus wurden Cocarden aufgesteckt, Alles rüstete sich zum bewaffneten Widerstande.[1]) Der Kaiser war damals in Cherson, er hatte vor seiner Abreise Vorsicht und Mäßigung empfohlen, aber nach seiner Rückkehr mißbilligte er offen die Schwäche des Gouvernements.[2])

Er ließ vorerst alle Zusagen in der Schwebe, berief die Statthalter und eine Deputation der Stände nach Wien und übertrug am 3. Juli 1787 provisorisch das Generalgouvernement an den Grafen Josef von Murray, den bisherigen Militärcommandanten in Brüssel.[3]) Der Kaiser hatte dabei die äußerste Eventualität ins Auge gefaßt und ließ deßwegen die militärische Macht concentriren und verstärken. Die Abgeordneten der Provinzialstände, welche der Kaiser nach dem Rathe des Staatskanzlers nach Wien berufen

---

1) Marie Christine I, 250—65, ihre Briefe an den Kaiser und Kaunitz, 30. 31. Mai, 8. 9. 18. Juni 1787; Beer, Josef II., Leopold II. und Kaunitz 457—488.

2) Le gouvernement a perdu entièrement la tête, il se sert du mot comme la perte inévitable des Pays-bas. Josef an Katharina 23. Juni 1787.

3) O Lorenz, Josef II. und die belgische Revolution nach den Papieren des Grafen Murray 1862.

hatte, hofften noch eine friedliche Verständigung, aber die Bedingungen, welche ihnen Kaunitz eröffnete, ließen dieser Hoffnung keinen weitern Raum. Die Regierung verlangte von den Ständen, daß Alles wie vor dem 1. April eingerichtet, alle rückständigen Steuern nachgezahlt, die Beamten wieder eingesetzt, daß die Freiwilligencompagnien aufgelöst und das Generalseminar in Löwen unwiderruflich vor dem ersten November eröffnet werde. Der Kaiser selbst erklärte den Abgeordneten, daß er die belgische Verfassung aufrecht erhalten wolle, obwohl er die Waffen in der Hand halte. Diese Bedingungen, préalables genannt, welche Murray den Ständen von Brabant und Flandern eröffnete, ließen überall den übelsten Eindruck zurück. Ein neuer Conflict trat ein, als die Regierung Geld brauchte und die Verhandlung mit den Ständen wegen außerordentlicher Subsidien zu keinem Resultate führte. Die Regierung war gezwungen, ein Anlehen von vier Millionen auf die königlichen Einkünfte und Finanzen auszuschreiben.

Graf Murray war ein tapferer Offizier, hatte aber nicht den politischen Verstand, um der Bewegung auch nur im Geringsten Herr zu werden. Wohl setzte er es durch, daß die kaiserliche Verordnung über das Verbot von politischen Verbindungen und Abzeichen in den Provinzen durchgeführt und auch von den Brabanter Ständen anerkannt wurde. Als jedoch am 20. September eine große politische Demonstration in Brüssel stattfand, als Barricaden gebaut und ein blutiger Zusammenstoß erwartet wurde, ließ er die Truppen zurückziehen und fing an, „um Bürgerblut zu schonen", mit den Unzufriedenen zu verhandeln. In einer Proclamation, welche er im Namen des Kaisers erließ, gab er die ausgedehntesten Zugeständnisse: Alles solle wie früher hergestellt werden, die neuen Gerichtshöfe und Intendanzen aufgelöst, die Administration der Städte wieder aufgerichtet und auch die geistlichen Angelegenheiten sollten mit den Ständen verhandelt werden. Während die belgische Regierung dem Grafen Murray Gerechtigkeit widerfahren ließ, erkannte der Kaiser in diesem Temporisiren des Generals ein Ueberschreiten seiner Vollmacht und Verkennen seiner Pflichten.[1] Murray wurde am 8. September entlassen und General d'Alton zum Militärcommandanten in Belgien ernannt, ein ehrgeiziger Soldat, der gewillt war, die Befehle seines Herrn bedingungslos zu vollziehen. An die Stelle Belgiojoso's kam September 1787 Graf Trautmannsdorf, den der Kaiser schon früher dazu ausersehen hatte, ein ehrlicher, entschiedener Charakter, aber für so wichtige Geschäfte noch zu unerfahren. Die Statthalter, Marie Christine und Herzog Albert konnten sich nur schwer und auf den bestimmten Wunsch des Kaisers entschließen, in das Land zurückzukehren. Während ihrer Abwesenheit war bereits in Brüssel das erste Blut geflossen. Der neue Minister hatte von dem Rathe von Brabant[2] die Veröffentlichung des Decretes, welches die unbedingte Ausführung aller vor dem 1. April erlassenen Ordonnanzen an-

---

1) Lorenz, 54. — 2) 17. December 1787 und 22. Jänner 1788.

ordnete, verlangt. Als eine Zusammenrottung vor dem Palaste, vo der Rath versammelt war, erfolgte, ließ der wachthabende Offizier feuern, so daß mehrere Todte und Verwundete auf dem Platze blieben. Weitere Excesse kamen in Mecheln und Antwerpen vor, aber sie wurden alle von den Soldaten unterdrückt. Für eine Zeit schien die Ruhe und Autorität hergestellt, und die Regierung hielt den Krater für ausgebrannt, weil aus dem Innern kein Rauch aufwirbelte. Der Kaiser, welcher damals auf dem Kriegsschauplatze in Semlin verweilte, glaubte, wer die Gewalt in den Händen habe, werde auch sein Recht behalten. Er war auch der Ueberzeugung, daß die Bewegung nicht eine nationale, sondern von Frankreich und Holland aus geschürt worden sei. „Der Grund ist holländisch“, sagte er, „und darüber französischer Firniß.“ [1] Wirklich hatten sich einige Ständemitglieder an den französischen Geschäftsträger mit der Frage gewendet, ob von Frankreich etwas zu erwarten sei, sie wären geneigt, Deputirte nach Versailles zu schicken, um die Vermittlung des Königs anzusuchen. Der eine Führer der Bewegung, Advocat van der Noot, war nach England entflohen und suchte dort das Ministerium für die Niederlande zu interessiren, aber die Einmischung der fremden Mächte fand erst vom Winter 1788 an statt.

1788 im Sommer und Herbst wollte der Kaiser noch, wie er es versprochen, den Ständen ihre volle Wirksamkeit lassen, aber die Dinge waren zu Ende des Jahres auf einem Punkte gediehen, wo der Bruch mit der Regierung unausbleiblich war. Als das Gouvernement im November die Stände der einzelnen Provinzen berief, um ihnen das Budget und das Verlangen außerordentlicher Subsidien für das nächste Jahr vorzulegen, bewilligten in Brabant Adel und Clerus die Steuern, während sie der dritte Stand verweigerte. Die Stände von Flandern gaben einmüthig ihre Zustimmung zu einer Anleihe von drei Millionen, im Hennegau verweigerten der Clerus und die Bürger die Subsidien, während der Adel sich fügte. Der Minister und der Kaiser glaubten nun in aller Strenge vorgehen zu müssen. Die Steuern sollten ohne Weiteres erhoben, die Stände von Brabant und Hennegau aufgelöst, die Cassen und Archive von der Regierung übernommen werben. Die Stände, ließ der Kaiser erklären, hätten ihre Pflicht als treue Unterthanen vergessen und könnten sich nicht mehr auf die Verfassung berufen, der Souverän betrachte sich daher nicht mehr daran gebunden. Noch machte die feste Sprache der Regierung, die Truppen und Kanonen großen Eindruck, und die Stände von Brabant erklärten, allen Forderungen genügen zu wollen. Auf den Rath des Ministers Trautmannsdorf, welcher die Stände und besonders den dritten Stand umformen vollte, erschien ein neues Ebiet (16. Juni 1789) mit der Erklärung, daß der dritte Stand nach einem andern Modus berufen, die Steuer fixirt und das Conseil von Brabant aufgelöst würde; im Falle eines Widerstandes wurde die Anwendung von Militärgewalt in Aussicht gestellt.

1) An Marie Christine, Semlin 13. Juni 1788.

Schon am 7. Juni hatte Josef seiner Schwester geschrieben: „Wenn sie (die Belgier) nicht Vernunft annehmen und sich unterwerfen, wird Gewalt ange= wendet und das Uebel mit seiner Wurzel ausgerissen, komme, was da wolle." Damit war die Verfassung in den Niederlanden wie in Deutsch=Oesterreich suspendirt und ein Regiment des Schreckens verkündet. Der Herzog Albert sagte in seinen Memoiren: „Nachdem der Despotismus durch Militärgewalt die Stimme des Volkes zum Schweigen gebracht hatte, gab es keine Constitu= tion mehr. Wie konnte man noch von Rechten und Freiheiten sprechen, da eine unbedingte Unterwerfung gefordert wurde; von nun an existirten keine Stände mehr."

Von diesem Zeitpunkt an begann auch der Abfall der Niederlande. Van der Noot arbeitete dafür in London und im Haag, und als er hier wenig Gehör fand, wendete er sich nach Berlin, erhielt jedoch nur das Ver= sprechen einer Unterstützung, wenn die Niederländer ihre Unabhängigkeit er= kämpft haben würden. Ein anderer Führer Vonck erschien als der Führer der demokratischen Partei nach französischem Sinne; er hoffte Alles vom Volke, nichts von den Cabineten. Unter seiner Leitung war eine patriotische Ver= bindung geschlossen, welche bis October 1789 46000 Mitglieder zählte. Das leitende Comité, welches sich in Breda auf holländischem Gebiete aufhielt, verfügte über Geld und Waffen. Die jungen Leute flüchteten zu Tausenden über die Grenze und traten in Corps von Freiwilligen zusammen. Noch im Jahre 1789 nahmen sie an dem Aufstande in Lüttich Theil. Als die Aus= wanderung zunahm, ordnete die Regierung eine allgemeine Entwaffnung an, ließ Mehrere verhaften, sogar Frauen, wie die Fürstin Ligne und die Herzogin von Ursel und schickte Truppen gegen die Flüchtlinge. Noch hoffte sie den Aufstand in seinem Anfange bändigen zu können. Die erste Expedition der Insurgenten fiel kläglich aus. Van der Mersch, früher österreichischer Offizier und Commandant der Insurgenten, war zurückgeschlagen worden. Nur Gent blieb von den Aufständischen besetzt. General d'Alton hatte alle Maßregeln getroffen, um den Aufstand in Brüssel zu unterdrücken, aber es kamen Briefe vom Kaiser, in denen er alle kriegerischen Dispositionen mißbilligte. Der Minister solle um jeden Preis die Ruhe wiederherstellen und habe dazu unbedingte Vollmacht, um der Einmischung des preußischen Cabinets zuvor= zukommen.[1]

Bekanntlich hat die allgemeine politische Lage, der Türkenkrieg, die Po= litik Preußens und Englands auf diese niederländische Frage Einfluß genom= men. Die Folge war, daß sich ganz Brabant für die Revolution erklärte, daß ganz Flandern geräumt, die Armee in und um Brüssel vereinigt wurde und zuletzt nur die Verbindung nach Namur und Luxemburg gesichert blieb. Trautmannsdorf schien auf das Aeußerste gefaßt und nöthigte bereits die Ge= neralstatthalter zur Abreise (18. November), aber der Kaiser, welcher wegen

---

1) Memoiren des Herzogs Albert.

Ungarn und der preußischen Politik in großer Bedrängniß war, wünschte den
Frieden und widerrief den 20. und 25. November alle seine Ordonnanzen.
Er entsagte dem Generalseminar, versprach sich mit den Ständen in allen
Punkten der Constitution zu vereinigen, die joyeuse entrée soll wieder in
Kraft gesetzt, der Rath von Brabant wieder hergestellt werden; er gewährte
eine allgemeine Amnestie, nur die Führer der Bewegung sollten davon aus=
geschlossen sein. Zugleich ernannte der Kaiser (28. November 1789) den
Vicestaatskanzler Graf Philipp Cobenzl zum bevollmächtigten Commissär in
den Niederlanden; er sollte der Friedensbote sein und den Belgiern alle Ga=
rantie gewähren, welche die Opposition verlangen würde. Er kam jedoch nur
bis Luxemburg, denn die Ereignisse in Brüssel überholten seine Sendung.
Die Zugeständnisse vom 20. und 25. November wurden in Brüssel als ein
Zeichen der Furcht und Schwäche der Regierung ausgelegt und drängten die
Partei der Regierung ganz zurück. Die Chefs der Militär= und Civilgewalt
kamen in Zwiespalt; General d'Alton wollte schlagen, aber Trautmannsdorf
ging mit den Führern der Insurrection einen Waffenstillstand ein, zuerst auf
zehn Tage, dann auf zwei Monate. „Dieser Moment", schrieb Herzog Albert,
„entschied den Verlust der Niederlande für den Kaiser."

Am 12. December, noch vor Ablauf des Waffenstillstandes, brach die
Revolution in Brüssel aus. D'Alton räumte am 13. December die Stadt,
führte die Truppen nach Namur und Luxemburg zurück, Trautmannsdorf ent=
floh nach Aachen, die kaiserliche Herrschaft schien in Brabant vernichtet. Ge=
neral Ferraris, welcher noch vor Cobenzl ausgeschickt war, um statt d'Alton
das Commando zu übernehmen und mit dem patriotischen Comité zu ver=
handeln, wurde in Brüssel zurückgehalten und erhielt die Antwort: Es könne
von einem Uebereinkommen nicht mehr die Rede sein, der Kaiser sei bereits
aller Souveränitätsrechte für verlustig erklärt. Niemand war mehr im Zweifel,
daß die Revolution die vollständige Unabhängigkeit und die Trennung von
Oesterreich anstrebe. „Für den Moment", schrieb Josef [1]), „hilft in den Nieder=
landen nichts, man muß die Ereignisse und die Gelegenheit abwarten, das
Land wieder zu erobern; alle die Wege der Versöhnung sind abgebrochen,
alle Nachsicht, die ich gehabt, umsonst, die volle Unabhängigkeit ist erklärt und
wird durch drei Mächte unterstützt." Josef glaubte an die Unterstützung der
Preußen, obwohl ihnen der Ausbruch der Revolution zu früh gekommen sei.[2])
Er wünschte wenigstens die Stadt und Provinz Luxemburg zu erhalten und
General Bender, der das Commando übernahm, behauptete sich daselbst. Cobenzl
erhielt den Auftrag, sich mit London und dem Haag in Verbindung zu setzen.

---

1) An Marie Christine 28. Dec. 1789.
2) Josef an Cobenzl 24. Dec. 1789. Vous vous rapellerez que monsieur de
Hertzberg trouvait très mauvais que la revolte avait éclaté sitôt; et qu'il aurait
voulu la ménager pour le printemps où les Prussiens auraient en même temps
agi de leur coté. Brunner Correspondences intimes de Josef II. avec le comte
Cobenzl et le prince de Kaunitz, Mayence 1871, 108.

Während der Kaiser so hoffnungslose Aeußerungen niederschrieb, erschien den Staatsmännern die allgemeine Lage nicht so schlimm. Van der Mersch wurde im Luxemburgischen geschlagen. In der belgischen Armee fehlte Alles: die geordnete Verwaltung, die Disciplin und tüchtige Offiziere. Der preußische General von Schönfeld, den die Stände in Dienst nahmen, vermochte auch keine Ordnung zu schaffen. Im Innern war immer eine Partei für Oester= reich thätig. Die Vonckisten standen durch einen Agenten in Limburg mit Cobenzl in Verbindung und dieser hatte schon im December 1789 eine Reihe von Artikeln mitgetheilt, welche als Grundlage eines Vergleiches dienen konnten. England und Holland, welche auf dem Congresse im Haag das Wort führten, waren nicht geneigt, Belgien die volle Unabhängigkeit zuzugestehen, oder das= selbe, wie Preußen wünschte, mit Deutschland zu vereinigen. In der Con= vention vom 9. Jänner 1790 übernahmen die drei Mächte die Garantie der belgischen ständischen Verfassung, wiesen jedoch jede Einmischung zurück. Preußen fügte sich und hoffte seine Pläne durch das Bündniß mit der Pforte besser verfolgen zu können. In Frankreich, welches den Aufstand im Anfange unter= stützt hatte, sympathisirte die herrschende Regierung nicht mehr mit der Bra= banter Revolution; diese war ihr viel zu aristokratisch, selbst Vonck und seine Partei waren ihr verdächtig.

Inzwischen traten am 7. Jänner 1790 die Deputirten der Provinzen, von Brabant, Flandern, Hennegau und Namur, Mecheln, Geldern und Tournay in Brüssel zusammen, und constituirten sich als die „vereinigten belgischen Staaten". Die Stände von Limburg traten später bei. Luxemburg blieb dem Hause Oesterreich getreu. Den Generalstaaten wurde das Recht des Krieges und Friedens und die Militärhoheit zugesprochen; den Provinzen blieben alle anderen Souveränitätsrechte, die Gesetzgebung und die Gerichts= barkeit. Eine Behörde, „souveräner Congreß der vereinigten belgischen Stände", zusammengesetzt aus den Abgeordneten der Provinzen, sollte die oberste Re= gierung führen. Die Bundesacte wurde am 20. Jänner 1790 proclamirt. Sie war ein Compromiß der ständischen und demokratischen Partei. Noot wurde Minister, van Eupen, ein Geistlicher und Agent des Comités von Breda, Staatssecretär.[1]) Die Einrichtung der neuen Republik zeigte jedoch die politische Unkenntniß und Unerfahrenheit derer, die an der Spitze standen. Die gesetz= gebende und vollziehende Gewalt wurde von denselben Personen geübt, die Generalstaaten und der Congreß waren dieselben Versammlungen. Eine fest geregelte Regierung war unmöglich und die Republik stand auf schwachen Füßen. Für den Moment schien die Herrschaft des Hauses Oesterreich ver= nichtet und die Souveränität der Stände fest begründet, aber nach dem natür= lichen Anblick und Verlauf der Dinge mußte die Unhaltbarkeit und die Leere der neuen Schöpfung bald hervortreten.

In ähnlicher Weise entwickelten sich zur Zeit der Josefinischen Regierung

---

[1]) Borgnet, I 415.

die Dinge in Ungarn. Maria Theresia hat das Land von 1765—1780 absolut regiert, aber dasselbe war noch immer ein Feudalstaat, unberührt von den modernen Staatseinrichtungen. Trotz der Theresianischen Reformen war die Justiz veraltet, die Administration an die privilegirten Classen gebunden, die Studien verfallen und in der Hand des Clerus, das Bürgerthum versumpft, der Bauer unfrei und mit Lasten überbürdet. Josef hatte als Mitregent auf seinen Reisen diese Verhältnisse keunen gelernt und war entschlossen, mit Muth und Energie einzugreifen. Maria Theresia war gekrönte Königin, aber Josef II. ließ sich in Ungarn weder huldigen noch krönen. Der Brief vom 30. November 1780 bestätigte die königlichen Beamten und garantirte den Besitz der Rechte und Privilegien, aber er enthielt kein Versprechen, den Reichstag zu berufen. Von Jugend auf gewöhnt, den österreichischen Staat als ungetheilt und mit unbeschränkter Königsgewalt aufzufassen, war er bestrebt, Ungarn als Provinz zu behandeln und nach denselben Grundsätzen wie in Deutschösterreich zu beherrschen.[1] Es wird heutzutage nicht mehr geleugnet, daß damals ein frischer Hauch des Lebens in die Nation einzog, daß die allgemein bürgerliche Freiheit angeregt und eine neue Bahn der geistigen und materiellen Entwicklung eröffnet wurde. Mit Beginn der Josefinischen Regierung wurde dies auch in Ungarn allgemein anerkannt. Baron Lorenz Orczy sagte 1781 (15. November) in einer Comitatsversammlung: „Josef ist ein so großer Monarch, daß sich cultivirte wie wilde Völker gleichmäßig wundern; er verdunkelt die alten Cäsaren, man nennt ihn bald den Vater der Nation, bald Trajan, bald Salomon, aber meistens den Schätzer des Menschengeschlechts; glückselig, wer unter der Regierung dieses Monarchen lebt." Noch 1784 wollte ihm die Stadt Ofen ein Monument setzen. Es ist ein Irrthum, daß Josef die Ungarn durch deutsche Beamte regiert hat; in den Reihen der Beamten sind fast nur Namen der ungarischen Aristokratie zu finden, so die Batthyany, Eszterhazy, Palffy, Almásy, Karoly, Nadasdy, Mailath, Teleki, Zichy, Wesseleny u. a.[2] Noch am Abende seines Lebens hatte Josef trotz des Widerstandes und seiner Irrthümer zahlreiche Anhänger und Freunde in der ungarischen Aristokratie, obwohl dieselbe an der Form der Verfassung festhielt. Im Staatsrathe fand von Anbeginn eine starke Strömung gegen die Sonderstellung und eigenthümliche Verwaltung Ungarns statt. Kaunitz, Gebler, Martini vertheidigten das Recht der Krone, in kirchlichen und Verwaltungsfragen ohne Einwilligung der Stände einen Entscheid zu treffen. Namentlich sprach Staatsrath Eger bei jeder Gelegenheit gegen den exclusiven Standpunkt der Ungarn, gegen die Comitatscongregationen und den Reichstag, „dieses fürchterliche Steckenpferd,

---

1) Mailath, Geschichte der Magyaren IV. 1853, 63—90. Horvath, Geschichte der Ungarn, deutsch 1855, 438—614. Zieglauer, die politische Reformbewegung in Siebenbürgen unter Josef II. und Leopold II. Wien 1881. Krones, Ungarn unter Maria Theresia und Josef 1871; Hock-Bidermann, Geschichte des Staatsrathes; Marczali, Ungarn unter Josef II. 1882, I. B. (magyarisch).

2) Vgl. Fraknoi in den „Szazadok" (hist. Zeitschr. 1878).

mit welchem der ungarische Adel die Rechte des Königs streitig machen will."
Der vornehmste Träger der ungarischen Reformen im Staatsrathe war Josef
Freiherr von Izdenczy, in der Theresianischen Zeit Hofrath in der galizischen,
seit 1777 in der ungarischen Hofkanzlei und seit 1785 Mitglied des Staats=
rathes[1]), während die Hofkanzler Graf Franz Eßterhazy, Graf Karl Palffy
und der Leiter der ungarischen Statthalterei, Graf Christof Nitzky, bei aller
Fügsamkeit das alte ungarische Recht vertheidigten.

Die ersten kirchlichen Reformen betrafen, wie in Oesterreich, die Duldung
der Protestanten und Juden, die Klosteraufhebung, die Erneuerung des
Placetum, den Bischofseid, die geistliche Gerichtsbarkeit, die Beziehungen zu
Rom, die Seminare und die Pfarreintheilung, die bischöfliche Gewalt für
Ehedispensen, das Schulwesen und den sogenannten Aberglauben. Obwohl
das königliche Patronatsrecht in Ungarn von der Curie anerkannt und häufig
ausgeübt war[2]), so wurden doch die meisten kirchlichen Reformen als dem
Geiste und der Form der ungarischen Verfassung entgegen erklärt. Das
Toleranzgesetz von 1781 genügte weder den Lutherischen noch Reformirten,
weil dasselbe nicht jene Freiheit und Rechtsgleichheit gewährte, welche ihnen
durch zahlreiche Landtagsschlüsse und Gesetzartikel zugesprochen war. Die
Protestanten hatten schon im Frühjahre 1781 eine Denkschrift eingereicht, in
welcher sie auf Grund der alten Gesetze von 1606, 1681 und 1687 nicht
nur die kirchliche Freiheit, sondern auch eine reichsgesetzliche Verbürgung ihrer
Rechte verlangten. Die ungarische Hofkanzlei erhob eine Menge Beschwerden
und bezeichnete das Edict als einen Eingriff in das ungarische Staatsrecht.
Auch in Siebenbürgen hatten die protestantischen Bekenntnisse wiederholt im
Laufe der Zeit die gesetzliche Verbürgung ihrer Rechte und Freiheiten erhalten.
Dessenungeachtet wurde das Patent mit vieler Freude begrüßt, weil der her=
kömmlichen Verbitterung dadurch Einhalt gethan und das persönliche Ver=
dienst hervorgehoben wurde. Viele Katholiken fielen ab. 1783 waren nur
272 protestantische Gemeinden, 1784 bereits 758. Der Staatsrath wollte
gewaltsam einschreiten, aber der Kaiser verpönte die Apostasieprocesse, „weil
die freie Religionsübung die Ruhe der Seele verschaffen soll und nicht mit
einer persönlichen Schuld zu vermengen ist." Am meisten waren die Juden
zufrieden, denn sie durften jetzt Güter pachten und Gewerbe treiben. Die
Klosteraufhebung, welche von einer geistlichen Commission der ungarischen
Statthalterei durchgeführt wurde, traf 134 Männer= und 6 Frauenklöster
mit 1484 Mönchen und 360 Nonnen. Das Klostervermögen war bedeutend,
von den Paulaner Klöstern allein flossen dem Religionsfond 10 Millionen
zu. Während die ungarische Hofkanzlei die Verwendung des Klostergutes
als gesetzwidrig schilderte, entschied der Kaiser nach dem Gutachten des

---

1) Izdenczy, 1801 geheimer Referendar im Staats= und Konferenzministerium,
1805 baronisirt, starb 1811.
2) Virozsil, a. a. O. II. 15.

Staatsrathes: Das geistliche Vermögen gehört in Ungarn wie in den anderen
Landen der Religion und der Gemeinde; Bischöfe und Klöster sind nur Nutz=
nießer, weder die Constitution noch Diätalartikel können einen Unterschied
machen. Die ungarische Statthalterei zeigte sich dem Verkaufe der Kloster=
güter sehr gefällig und wollte dieselbe den Obergespanen, Hofräthen und
Edelleuten zuwenden, aber die geistliche Hofcommission erhielt den Auftrag,
„diese geistlichen und Cameralgüter an mehrere zur Industrie und Cultur
taugliche Individuen zu verkaufen und zwar nach gehöriger Einschätzung." [2]
Die Vermehrung der Pfarren befriedigte allgemein. 1780 waren für
4,5 Millionen Katholiken nur 3578, 1788 bereits 4787 Pfarrer und Hilfs=
priester. Auch die Errichtung von Generalseminaren 1784 in Ofen, Erlau
und Agram, 1786 nur in Preßburg und Pest, ging ohne Anstand vor sich.
Ebenso die Verminderung der Dompräbenden; für die erzbischöflichen Capitel
wurde die Zahl von zwölf, für die bischöflichen die Zahl von acht Dom=
herren festgesetzt. Die Collegialcapitel in Preßburg und Oedenburg wurden
gänzlich geschlossen, die Anhäufung von Pfründen verboten. Der Wiener
Erzbischof mußte deßwegen dem Bisthum Waitzen entsagen. Die Universität
wurde 1783 von Ofen nach Pest verlegt, das Studienwesen der Statthalterei
untergeordnet. Graf Nitzky sollte ein neues Schul= und Erziehungssystem
nach dem Muster des österreichischen ausarbeiten. Die Einführung des Schul=
geldes wurde abgelehnt.

Josef zeigte sich gegen den ungarischen Clerus, welcher niemals ultra=
montan war, äußerst rücksichtsvoll und weniger gewaltsam als seine Mutter,
welche den Stuhl von Gran zehn Jahre unbesetzt und die Intercalareinkünfte
in den Staatsschatz fließen ließ. Zur Zeit der Anwesenheit des Papstes in
Wien genehmigte der Kaiser die Conferenzen der ungarischen Bischöfe mit
dem Papste und zeichnete dieselben in mehrfacher Weise aus, so den Primas
Josef Batthyany, den Bischof von Siebenbürgen, Ignaz Batthyany, den
Bischof von Erlau, Carl Eßterhazy u. A. Sie wehrten sich alle gegen die
kirchlichen Neuerungen, indem sie darin nur eine „Vergewaltigung der allein=
seligmachenden Kirche" erkannten, aber sie störten das königliche Majestäts=
recht nicht und die kirchlichen Reformen wurden in Ungarn, wie in den
Ländern der ungarischen Krone, anstandslos durchgeführt.

Bisher, bis 1783, war auch kein Eingriff in das öffentliche Recht, kein
Verfassungsbruch vorgekommen. Die Veränderungen in den obersten Be=
hörden, die Vereinigung der siebenbürgischen Hofkanzlei mit der ungarischen,
die Verlegung der ungarischen Statthalterei und des Militärcommandos nach
Ofen, die Lösung des kroatischen Commandos von der Banalwürde und
Anderes erschienen nur als administrative Verfügungen ohne Zusammenhang
mit der Verfassung des Landes. Erst 1783 bis 1785 nach der Heimkehr

---

1) Patent vom 12. Oct. 1781.
2) 10. Oct. 1789, 12. Jänner 1790.

des Kaisers aus Ungarn und Siebenbürgen begann die staatliche Reform und zwar so umfangreich und so hastig, daß alle Gesellschaftsclassen von einer allgemeinen Unruhe und Unzufriedenheit erfaßt wurden. Die Frage erschien nicht mehr zweifelhaft, daß der Kaiser den Reichstag nicht mehr berufen und in Ungarn so absolut wie in Deutschösterreich regieren wolle. Mehrmals baten die Comitate und Behörden um die Krönung, „wenn auch die Heiligkeit und Kraft des bürgerlichen Verbandes zwischen dem König und den Unterthanen nicht in äußeren Abzeichen besteht." Mehrmals beriefen sie sich auf den kaiserlichen Brief vom 30. November 1780 als ein königliches Versprechen, aber Josef hielt sich nicht mehr an die Verfassung. Er legte sich dieselbe mit Hilfe des Izdenczy formell zurecht und hielt sich für berechtigt, ohne die Stände zu fragen, durch Ordonnanzen diese bis in die Tiefe umzustoßen, ja eine sociale und nationale Neuordnung einzuführen.

Als Einleitung dazu erschienen die Ueberführung der ungarischen Krone nach Wien, die Einführung der deutschen Sprache als Amtssprache und die Aufhebung der Leibeigenschaft. Die ungarischen Reichsinsignien wurden seit 150 Jahren im Preßburger Königsschloß aufbewahrt. Als dasselbe zum Sitze eines Seminars bestimmt wurde, ließ der Kaiser die Insignien in die Wiener Schatzkammer bringen (13. April 1785), wie einige Jahre früher die böhmische Krone und den österreichischen Herzogshut.

Die Einführung der deutschen Sprache in Ungarn war schon unter Maria Theresia vorbereitet, „weil dieselbe in Ungarn überaus nützlich und nothwendig sei." Josef erklärte (6. März 1784) im Interesse des einheitlichen Staates die deutsche Sprache statt des Lateins als Amtssprache, „weil das Latein bei allen aufgeklärten Völkern als eine todte Sprache verbannt worden sei, weil in Ungarn und Siebenbürgen neben der magyarischen auch die deutsche, slavische und wallachische Sprache verbreitet und zur Führung der Geschäfte nur die deutsche Sprache tauglich sei, deren sich auch die Regierung bereits bedient." Die Hofkanzlei und die Provinzialstellen sollten vom 1. November 1784, die Comitate und Städte vom 1. November 1785 und in drei Jahren alle Gerichte nur deutsch amtiren. Wer nicht dieser Sprache mächtig ist, kann nicht Beamter oder Advocat oder Abgeordneter werden. Die Regierung verwahrte sich, daß sie die nationale Sprache vertilgen wolle; der Zweck sei nur eine gleichförmige und sichere Führung der Geschäfte. Der Staatsrath hatte nicht unbedingt für dieses Gesetz eingerathen, Kaunitz wünschte wenigstens eine Vertagung desselben, bis die Beamten und Advocaten die Fähigkeit für die deutsche Amtirung erlangt hätten, aber der Kaiser nannte in einem scharfen Edicte (13. September 1784) die Vorstellungen der Behörden nur „Schreckbilder und Seifenblasen." Die Sprachverordnung erregte die Furcht, daß der Kaiser nur deutsche Beamten verwenden wolle. Die Comitatscongregationen klagten über die Unterdrückung der Sprache und des Geistes der Nation: Das Aufdrängen der deutschen Sprache sei unmöglich, schaffe nur eine allgemeine Verwirrung; die lateinische Sprache sei nicht todt, sondern in Ungarn lebendig und die magyarische Sprache im Aufblühen begriffen; sie befürchteten die deutsche Regierungsform, in Ungarn bestehe ein Vertrag zwischen König und Nation, Jeder habe seine Rechte und Pflichten.[1] Das Gesetz über die Aufhebung der Leibeigenschaft (22. August 1785) gewährte den ungarischen Bauern, welche seit 1514 in einer erbarmenswürdigen Knechtschaft schmachteten, die persönliche Freiheit, „welche jedem Menschen von Natur und vom Staate aus gebührt", die Freiheit des Eigenthums, der Standeswahl, die Freizügigkeit und die Lösung vom Hofdienste, aber das Gesetz wurde ebenso wenig ausgeführt, wie das Urbarialsystem Maria Theresia's. In einigen Comitaten empörten sich die Bauern gegen ihre gewaltthätigen Grundherren, sie schickten auch Deputirte nach Wien, welche jedoch zwangsweise zurückkehren mußten. Erst 1827, 1832 und 1836 wurden die Verhältnisse der ungarischen Bauernschaft im Sinne der Josefinischen Reformen geordnet.

Für Siebenbürgen war schon 1783 (16. August) ein gleiches Gesetz über die Leibeigenschaft und Unterthänigkeit gegeben. Dasselbe schien den ganzen Verband zwischen Grundherren und Grundholden zu lösen und führte 1784 und 1785 zu dem Aufstande der walachischen Bauern, der für eine Zeit die elementaren Volkskräfte vollständig entfesselte und viel wilder und leidenschaftlicher geführt wurde, als der Aufstand in Böhmen 1775. Verschiedene Mißverständnisse und das Rachegefühl eines wahrhaft unterdrückten Volkes haben dazu mitgewirkt. Einige tollkühne Führer wie: Juon Horja, auch Nicolai Ursz genannt, und Juon Kloska reizten die Bauern einer Cameralherrschaft auf, und entzündeten im südwestlichen Theile von Siebenbürgen eine furchtbare sociale Revolution. Besonders wurden davon die Comitate Zarand, Hunyady und Unteralba heimgesucht. Soldaten und Comitatsbeamte wurden ermordet, Schlösser niedergebrannt und zahlreiche magyarische Edelleute zusammengehauen. Die Führer forderten die gleiche Staatspflicht des Adels und die Aufteilung der adeligen Güter. Weil die Landesregierung und das Militärcommando den Bauern rathlos gegenüberstanden und nur verkehrte Maßregeln trafen, so griffen die magyarischen Edelleute zur Selbsthilfe und wütheten mit Feuer und Schwert. An einem Tage wurden siebenunddreißig gefangenen Bauern die Köpfe abgeschlagen.[2] Im November 1784 hatte der Aufstand seinen Höhepunkt erreicht, und es gelang erst nach einer umfassenden Entfaltung militärischer Kräfte denselben zu bändigen. Die beiden Hauptführer Horja und Kloska wurden am 27. Dec. 1784 gefangen und am 28. Febr. 1785 in Karlsburg grausam hingerichtet. Der walachische Bauernkrieg flößte dem Kaiser mehr Mitleid als Abscheu ein und er ließ

---

1) Nur mit Mühe war Josef zu bewegen, die Ausführung der Verordnung auf ein Jahr hinauszuschieben.

2) Josef an Leopold, 3. März 1784, I. 261. Die Literatur über diesen Bauernaufstand in Zieglauer 17.

fich nicht abhalten, eine durchgreifende Urbarialregierung vorzubehalten. Er verfügte die Einstellung aller Processe wegen der Leibeigenschaft und als 1788 die ungarische Hofkanzlei alle rumänischen Familien als verdächtig versetzen wollte, verbot dies der Kaiser, weil das nur Anlaß gäbe zur Ausübung persönlichen Hasses und zur Auswanderung.

In der Abneigung gegen jede ständische und corporative Einrichtung ging der Kaiser noch weiter und entschloß sich, eine rein staatliche Verwaltung, nur von Beamten geleitet und controlirt, einzuführen. Insbesondere richtete sich seine Gesetzgebung gegen die Comitatscongregationen oder die Kreis= versammlungen des Adels, welche das Recht hatten, gegen die Befehle der Regierung zu protestiren, oder dieselben zu sistiren. Die Autonomie der Comitate wurde abgeschafft, die Correspondenz derselben untersagt, die Ober= gespane hörten auf, die Vicegespane wurden königliche Beamte ohne „Präsidial= autorität". Die Comitatscongregationen sollten sich mit Bewilligung der Regierung nur einmal im Jahre versammeln und nur für die Wahlen und Steuern. Durch ein Rescript von 1785 (18. März) wurde das ganze Land in zehn Kreise eingetheilt, und für jeden ein königlicher Commiffär an die Spitze gestellt, welcher für die öffentliche Ruhe, für die Rekrutenstellung und Steuerleistung und für den Schutz des Unterthans zu sorgen hatte. Der Commiffär soll auf den Vicegespan, dieser auf den Stuhlrichter und dieser auf den Dorfrichter wirken.[1]) Die meisten Commiffäre wurden aus der Zahl der Obergespane genommen, gut bezahlt und führten den Titel „geheimer Rath". Gedanke und Form dieser Institution waren dieselben wie in Oester= reich oder wie von 1787 in Belgien und später in Frankreich. Der moderne Staat kennt auch jene Adelsversammlungen nicht mehr. Auch Ungarn hat lange dagegen angekämpft und erst 1867 wurde diese mittelalterliche Justi= tution vernichtet. Aber damals galten diese Comitatscongregationen als das Bollwerk der ungarischen Freiheit und der autonomen Verwaltung. Von diesen Congregationen, also vom hohen und niedern Adel ging auch die Opposition gegen die Josefinische Regierung aus, während in Belgien zumeist der dritte Stand gegen die Ordonnanzen der Regierung sprach und handelte. Das Votum der Städte fiel in Ungarn nicht ins Gewicht und die Ver= tretung des Bürgerthums schien eher eine Verhöhnung als ein Recht, denn alle Städte hatten zusammen nur eine Stimme auf dem Reichstag. Ein Rescript von 1786 (12. December), gültig für den ersten März 1787, kündigte die neue Administration von der Hofkanzlei bis zum Dorfrichter und Grund= herrn herab an. Wie die finanzielle Leitung mit der ungarischen Hofkanzlei, wurden die Provinzialkammern mit der Statthalterei vereinigt und für die zehn Districte des Landes besondere Cameraladministrationen und Steuer= einnehmer ernannt. Auch die sechszehn Zipser Städte, wie alle privilegirten Districte verloren die autonome Verwaltung. Die Justiz wurde wie in Oester=

---

[1]) Instruktion für die königl. Commiffäre vom 13. März 1786.

reich von der Verwaltung getrennt und in drei Instanzen gegliedert: Die Septemviraltafel als oberster Gerichtshof, die königliche Tafel als Appellations= gericht und achtunddreißig Comitatsgerichte als erste Instanz. Alle Exemp= tionen hörten auf, nur für die adeligen Streitsachen blieben fünf District= tualtafeln.

Für Siebenbürgen galt das Rescript vom 3. Juli 1784, welches einige Jahre früher die alte Comitats= und Municipalverfassung und insbesondere den Verband der drei Nationen des Landes aufgelöst hatte und zwar, wie Josef sagte, „zur Ausrottung des Nationalhasses." 1786 sollte auch die siebenbürgische Hofkanzlei mit der österreichischen vereinigt werden, was wegen des Türkenkrieges nicht zur Ausführung kam. Mit 1. November sollten die neuen Behörden ihre Functionen beginnen.

Wie diese Reformen den Zweck hatten, die Regierungsgewalt bis in das Volk zu führen, so war der Kaiser nicht weniger bemüht, durch eine allge= meine und gleiche Wehr= und Steuerpflicht die Staatskraft zu stärken. Dahin zielten die Gesetze von 1785 über die Volkszählung oder Conscription und 1786 über die Grundsteuer. Die Conscription bestand schon in Ungarn, aber nicht für adelige Personen und Güter. Mit 1. November sollte die neue Volkszählung und Numerirung der Häuser beginnen und zwar durch die na= tionalen Behörden mit Verwendung von Militärpersonen, welche sich bereits in diesem Geschäfte eine Kenntniß und Gewandtheit erworben hatten. Dem Gesetze war insbesondere beigefügt, daß die Conscription nicht für eine Re= krutenaushebung, sondern nur für das Gemeinwohl angeordnet sei, aber im Volke nahm man allgemein die Conscription als eine Einleitung zur Einführung des deutschen Kriegswesens gegenüber der adeligen Insurrection. Die Ver= theilung von Truppen im Lande trug dazu bei, diesen Glauben zu bestärken. Der ungarische Reichstag hatte sich immer gegen eine stehende Armee gewehrt und die Maßregel fand auch einstimmigen Widerspruch. Mehr oder minder scharf wurde dasselbe in allen Repräsentationen oder Vorstellungen der Comi= tate ausgesprochen: Der Kaiser habe in seinem Briefe vom 30. November 1780 die Aufrechthaltung der alten Rechte zugesagt, die Conscription sei gegen die Landesverfassung, die Verwendung von Militärpersonen in der Civilverwaltung sei schon 1741 verpönt und daher gesetzwidrig. „Die Gleichstellung des Adels mit den Unterthanen", fügte das Temeser Comitat bei, „sei eine Beschimpfung ihrer Vorrechte; wir können nichts Anderes folgern, als daß auch wir, die wir im Schoße der unschätzbaren Freiheit geboren, in die traurige Lage der Knechtschaft geschleudert und der unconstitutionellen Regierungsform der deutschen Provinzen unterworfen werden sollen." „Diese Conscription sei bisher nur in auswärtigen Provinzen möglich und habe überall eine unerträgliche Knecht= schaft über das Volk gebracht; nie sei das ungarische Volk zum Waffendienst gezwungen worden; lieber wollen wir unser Leben und Vermögen opfern, als bei dem Verluste unserer Freiheit in Thränen und Klagen ein elendes Leben führen", sagte das Comitat von Neutra. Trotz aller Klagen blieb der Kaiser bei dem Entschlusse, nur sollten die Behörden und Pfarrer das Volk über eine so friedliche Maßregel, welche nur auf das Gemeinwohl und nicht auf eine Schwächung der gesetzlichen Rechte gerichtet sei, aufklären. Die Comitate erhoben jedoch neue Vorstellungen und verhinderten hie und da trotzig die Vorarbeiten. Erst als die Regierung erklärte, die Volkszählung werde doch durchgeführt, gaben einige Comitate stillschweigend nach, während andere wie: Preßburg, Eisenburg, Neutra sich widersetzten. In Folge dessen wurden einige Obergespane entsetzt und neuerdings Truppen zusammengezogen, die Volks= zählung und Numerirung nahm einen ruhigen Verlauf und wurde im Herbst 1785 beendet. Die Behörden verzeichneten 6,935,376 nicht adelige Ein= wohner.

Die Reform des Steuersystems, namentlich die Aufhebung der Steuer= freiheit des Adels und der Geistlichkeit, war schon unter Maria Theresia geplant und wurde unter Josef 1783 in dem bekannten Briefe an Graf Palffy wieder aufgenommen. In einem zweiten Briefe vom 10. December 1785 berührte er die Frage neuerdings und setzte auch die Gründe seiner Steuerreform, welche den physiokratischen Anschauungen entsprach, auseinander: Die Grund= steuer sei am billigsten und am wenigsten drückend; Grund und Boden müssen daher vermessen und gleichmäßig nach dem Ertrage belegt werden; die Er= zeugnisse, welche durch die Natur und Cultur verfertigt werden, blieben als ein Industriale frei; für dieselben wird nur der Consumo in den Städten als bürgerliche Abgabe entrichtet; die Gemeinde hat die Vermessung, die Re= partition der Steuern zu leiten; die Allodialgründe der Adeligen können von der Vermessung und Schätzung nicht ausgenommen werden; daher haben die Herren= und Bauerngüter, die Kron= und geistlichen Güter die gleiche Steuer= pflicht. Das Rescript vom 10. Februar 1786 befahl die Durchführung des neuen Systems. Nach ihrer Vollendung solle ein Reichstag berufen und nach der Größe der Grundsteuer die Ablösung der Insurrection und die Aufhebung der Zwischenzolllinie beschlossen werden.

Durch diese und andere Neuerungen traf Josef den Kern des socialen und politischen Lebens in Ungarn. Eine allgemeine Aufregung ging durch das Land. Die zehn Commissäre, unter ihnen Freiherr von Pronay und Josef von Mailáth sprachen für die Reform, weil das alte Steuersystem durchaus mangelhaft und irrig sei. Die andere Partei und die ungarische Hofkanzlei voran, erklärten die Reform als verfassungswidrig. Sie schlugen vor, der Kaiser möge die Vermessung und Schätzung der adeligen Gründe dem Reichstag als eine Proposition der Regierung vorlegen. Die zwei Staats= räthe Izdenczy und Eger riethen jedoch unbedingt ab, in dieser Zeit einen Reichstag zu berufen: Der König habe nach altungarischem Recht die Militär= und Finanzhoheit, es sei genügend, wenn die Hofkanzlei bei diesen Reformen nicht umgangen werde. Der Einfluß Izdenczy's brachte es dahin, daß der Reichstag nicht einberufen wurde und der Kaiser entschlossen blieb, das Steuer= system durchzuführen. An einen Widerstand war nicht zu denken, es waren viele Truppen im Lande, bei Pest standen allein 80,000 Mann. Der Kaiser erkannte die Schwierigkeit der Vermessung, wollte sie jedoch im October be= endet wissen. In der That war im August die Vorarbeit und Ende 1787 das ganze Werk fertig, freilich in Vielem lückenhaft und irrig. Der Kaiser ernannte noch die Commission zur Einführung desselben. Die Instruction für diese Commission war jedoch seine letzte Arbeit in dieser Angelegenheit, denn der Türkenkrieg nöthigte ihn, Alles aufzuschieben und endlich Alles zu widerrufen.

Inzwischen begann sich der Widerstand im ganzen Lande zu regen; schon im November 1788 wurde eine Petition des siebenbürgischen Adels dem Kaiser vorgelegt. Als im Spätsommer die Comitatscongregationen einberufen wurden und die Regierung Rekruten und Lieferungen aller Art verlangte, brach ein wahrer Sturm von Vorstellungen und Beschwerden los, welche alle dasselbe Wort wiederholten: Berufung des Reichstages, die Herstellung der alten Zu= stände. Die Lieferungen gegen Bons wurden abgelehnt und von 15,000 Rekruten nur 1184 gestellt. Der Kaiser kam ins Schwanken, und Ende November ließ er der Hofkanzlei die Frage vorlegen, ob bei der „wahrhaft unsinnigen Stimmung und erhitzten Einbildungskraft" des ungarischen Adels ein Landtag rathsam sei. [1] Die Hofkanzlei antwortete bejahend: Der Reichstag sei nothwendig, wenn nicht wegen des Ob, so gewiß wegen des Wie der Kriegshilfe, wenn die Insurrection abgelöst werden sollte; der Reichstag allein könne die Ge= müther beschwichtigen, die Comitatscongregationen seien zum Aeußersten ent= schlossen. Als der Kaiser diese Antwort dem Staatsrathe vorlegen ließ, betonten mehrere Mitglieder desselben das ständische Recht der Mitwirkung und wünschten wenigstens das Versprechen eines Reichstages nach dem Kriege. Izdenczy und Eger erklärten sich jedoch dagegen und der Kaiser erwiderte der Hofkanzlei (7. December 1788): „Da es weder der Zeit noch den Umständen angemessen ist den Reichstag zu halten, so nehme ich den Vortrag der Hof= kanzlei blos zur Nachricht."

Im Winter 1788—89 bereitete sich in Ungarn Alles zu einem bewaffneten Widerstande vor. Zeugniß davon gaben nicht allein die nationalen Gedichte oder das ungarische Kleid, welches die deutsche Tracht verdrängte, sondern vielmehr die Demonstrationen in den Comitaten und verschiedene aufwieglerische Versuche. Der Kaiser hoffte 1789 in der Erwartung eines siegreichen Feld= zuges noch immer den ungarischen Adel überzeugen zu können, aber für den Armeebedarf war zu wenig vorgesorgt und es mußten im September 1789 neuerdings die Comitatscongregationen einberufen werden. Diese verweigerten jedoch die Rekrutenstellung, die Getreidelieferungen, sowie den Steuerzuschlag, welcher seit 1765 bezahlt wurde. Die Comitate von Neutra und Pest führten eine entschiedene Sprache: Das österreichische Strafgesetz soll suspendirt, die deutschen Beamten entlassen, die deutschen Eingaben nicht mehr angenommen

---

1) Hock=Bidermann, a. a. O. 193.

werden. Sie forderten den Landesrichter auf, kraft seines Amtes einen Reichs=
tag einzuberufen. Hie und da wurden die Vermessungsacten verbrannt und
die Häusernummern gelöscht. Kaunitz sagte, als er 1789 einige der Vor=
stellungen der Comitate gelesen: „Das ist die zweite belgische Geschichte." Die
belgische Bewegung traf in Vielem mit der ungarischen zusammen; es war der=
selbe Conflict zwischen dem bureaukratischen Neustaate und der alten ständischen
Monarchie. Wie in Belgien fanden in Ungarn preußische Einflüsse statt.[1]

. Die ungarischen Unzufriedenen hatten sich seit einem Jahrhunderte schon
mehrmals an Preußen gewendet. Noch 1751 hatte Friedrich II. den Bischof
von Breslau aufgefordert, im Interesse der ungarischen Protestanten an den
Papst zu schreiben, „um das Vertrauen dieser guten Leute und ein gewisses
Attachement nicht zu verscherzen." Der preußische Gesandte in Wien war
schon seit 1788 mit den Unzufriedenen in Verbindung, und die preußische
Regierung schien sehr geneigt, den Verlauf der Dinge im Auge zu behalten.
Ein Baron Hompesch, der sich für einen Nachkommen der Anjou ausgab,
wurde vom König selbst gegen den Rath des Ministers in Dienst genommen.
Auch andere ungarische Herren kamen 1789 nach Berlin und baten den König
Friedrich Wilhelm II., ihnen einen Herrscher vorzuschlagen und die Garantie der
ungarischen Verfassung zu übernehmen. Der König empfahl ihnen damals
den Herzog Karl August von Weimar, aber dieser gab sich keiner Täuschung
hin und sprach nur einem friedlichen Einvernehmen zwischen Oesterreich und
Preußen das Wort. Schon 1788 hatte der preußische Gesandte in Con=
stantinopel ausgesprochen: Der Augenblick sei gekommen, Ungarn zu einem
unabhängigen Reich zu erheben und hierdurch die Action Oesterreichs und
Rußlands zu lähmen. Die preußische Politik ging jedoch nicht so weit und
bereitete sich nur zu einer Intervention zu Gunsten Ungarns vor. Hertzberg
wollte die ungarische Bewegung nur unterstützen, um den polnischen Erwerb
oder den Erwerb der Weichselstädte durchzusetzen. Auch der preußische Ge=
sandte Jakobi, ein Feind Oesterreichs, erkannte, daß Ungarn immer dem Hause
Oesterreich den Vorzug geben werde. Er berichtete, daß viele Magnaten und
andere Edelleute mit den Plänen Josefs einverstanden, die Nation sei nicht
gegen die Dynastie, sondern nur gegen die Reform, welche ihre Verfassung
verletze. „Ueberall herrscht Verwirrung", fügte er hinzu, „aber es wird nur
dann zum Abfalle kommen, wenn sich andere Mächte in den Orientkrieg ein=
mischen." (2. December 1789.) Gewiß war eine adelige Partei für die Her=
stellung eines Wahlkönigthums, aber der größte Theil der Nation wünschte
doch nur eine Garantie für ihre politische und religiöse Freiheit.

Der Kaiser war von dieser Verbindung der Ungarn mit Preußen wohl
unterrichtet. Obwohl ihn Kaunitz zu beruhigen versuchte, so blickte er doch
nur mit Scheu und Besorgniß auf diese Unterstützung der Volksbewegung in

---

1) H. Marczali, Preußen und die ungarischen Verhältnisse 1789 und 1790:
Literarische Berichte aus Ungarn von Hunfalvy 1878, II. 28—39.

Belgien und Ungarn. Schon im Sommer 1789 kam eine Ahnung in ihn, daß es nicht so fortgehen könne, und im Bewußtsein der Gefahr entschloß er sich allmählich zu einem Wechsel seiner äußern und innern Politik. Wie er aufrichtig den Frieden mit der Pforte wünschte, so dachte er auch seit October 1789 aufrichtig an eine Versöhnung mit Ungarn; die nächsten Motive waren dazu die Nothwendigkeit des Kriegsbedarfes für 1790 und die Begehren der Congregationen. Bereits am 3. December 1789 forderte der Kaiser den ungarischen Hofkanzler Graf Palffy auf, ihm in der Antwort an die Comitate an die Hand zu gehen. Er genehmigte den Entwurf desselben und am 21. December erklärte ein königliches Rescript den Comitaten: Die Verfügungen der Regierung seien nur interimistisch, der Landtag sei nur deßhalb nicht berufen worden, weil die Reformen nicht reif genug seien, nach dem Frieden würde derselbe sicher ausgeschrieben werden. Ohne den Staatsrath zu fragen, wurde zu einer weiteren Berathung „um die Wirren zu lösen und das Vertrauen zwischen dem Lande und dem Könige zu befestigen“ eine Conferenz einberufen (24. Jänner 1790). Dieselbe bestand aus dem ungarischen und dem siebenbürgischen Hofkanzler, den Grafen Palffy und Banffy, aus zwei anderen Räthen der Hofkanzlei Pasztory und Mikos, ferner aus dem Vertreter des Fürsten Kaunitz, Hofrath Spielmann, der sich jedoch jeder weiteren Theilnahme enthielt. Schon zwei Tage nachher (26. Jänner 1790) konnte die Commission ihre Vorschläge überreichen und Kaunitz gab, „als ein rechtschaffener Mann, welcher stets seinem Souverän zugethan war“, dem Kaiser den Rath, dieselben augenblicklich durchzuführen, weil die Gemüther äußerst aufgebracht und das Vertrauen vollkommen verloren sei; der Reichstag möge für den 1. Juni berufen und inzwischen die Kriegshilfe durch gute Worte und Vorstellungen von der Nation verlangt werden. „Ew. Majestät,“ fügte er hinzu [1]) „belieben sich zu erinnern, daß Sie Ihre Niederlande bereits verloren haben, einzig und allein, weil Sie meine wohlüberlegte Vorstellung vom 20. Juni 1787 nicht nur übel aufgenommen, vielmehr in allen Stücken das Gegentheil zu verfügen für gut befunden haben. Nun ist gar sehr zu besorgen, daß die Monarchie das nämliche Unglück und zwar von Seite der ungarischen Nation, welcher es nicht an auswärtigem Beistande fehlen dürfte, erfahren werde, wofern mein dermaliges Dafürhalten nicht glücklicher sein sollte, als das damalige gewesen ist.“ Josef schrieb auf den Rand des Briefes: ‚Aus beiliegender Abschrift der Resolution werden Sie ersehen, daß ich den Zaul aus der Wurzel zu heben getrachtet habe. Sollte dieses nicht wirken, so ist der Entschluß der Empörung gekommen. Ich bin Ihnen für den treuen Rath sehr verbunden. Ich bedarf Ihrer Dienste mehr als je bei den äußerst bedenklichen Umständen und bei meiner so elenden Gesundheit, die mich schier ganz niederdrückt.“

---

1) Ranke, Analekten a. a. O.: Die Vorträge des Fürsten Kaunitz vom 25. 28. 30. Jänner, 3. 4. Febr. 1790.

Es war dies die Resolution an die ungarische Hofkanzlei vom 28. Jänner, welche die Grundlage des königlichen Rescriptes [1]) vom 30. Jänner 1790 wurde, mit welchem er seine Regierung auslöschte und die Herstellung der alten Zustände bewilligte. „Um allen Klagen in Ungarn und Siebenbürgen Einhalt zu thun", hieß es darin „sei der Kaiser entschlossen, alle seine Verordnungen aufzuheben und die Regierung auf den Stand, wie bei dem Ableben J. M. der Kaiserin zurückzuversetzen, nur das Toleranzpatent, die Pfarreinrichtung und was die Unterthanen betrifft ausgenommen. Die Krone und die andern Reichskleinodien sollen nach Ofen überbracht werden. Die Comitate und die Freistädte treten in ihre frühere gesetzliche Wirksamkeit; nur soll die öffentliche Verwaltung nicht gestört und nichts eigenmächtig verändert werden. Das Recht der Mitwirkung an der Gesetzgebung soll den Ständen erhalten bleiben. Weil dadurch die Gravamina gehoben, so werden die Stände nicht mehr so dringend einen Landtag verlangen, welcher bei der jetzigen Stimmung der Gemüther und bei seiner zerfallenen Gesundheit unmöglich sei. Er hoffe, daß daraus die Stände seine Uneigennützigkeit und sein Bestreben für ihr Bestes erkennen und erwarte, daß sie den Saat einstweilen mit Rekruten und die Armee mit den nöthigen Lieferungen versehen werden." „Ich wünsche von Herzen", setzte der Kaiser hinzu, „daß Ungarn dadurch an Glückseligkeit und guter Ordnung so viel gewinne, als ich durch meine Verordnungen in allen Gegenständen verschaffen wollte."

Die Resolution und das königliche Rescript wurden auch der siebenbürgischen Landesstelle verkündet, die Autonomie der drei Nationen wurde neuerdings verfügt und hinzugefügt, daß „die gesetzgebende Macht auch ferner zwischen den Ständen und dem Fürsten getheilt und den Ständen auf ewige Zeiten ungekränkt erhalten werden soll." Das Patent verhieß eine vollständige Restauration, nur in zwei Punkten wich der Kaiser den nationalen Forderungen aus. Er gab kein Versprechen, sich krönen zu lassen: „weil er nicht gewöhnt sei zu versprechen, was er nicht halten könne; seine Gesundheit reiche für eine so mühsame Function nicht aus, er wolle das Krönungsdiplom ohne Krönung unterzeichnen, weil er ohnehin „ein Gesalbter des Herrn sei." Auch ein bestimmtes Versprechen für die Berufung des Reichstages hat er nicht gegeben; „das würde Alles in Verwirrung bringen und nicht genügen", schrieb er seinem Bruder. [2]) Wie Josef vorausgesehen, befriedigte der Widerruf vom 30. Jänner 1790 die Nation nicht allgemein. Einige Comitate verlangten den Reichstag bis zum Mai; wenn dieses nicht geschehe, soll der Landesrichter für sich die Stände einberufen; selbst das Rescript sei nicht gesetzlich, nur mit dem Reichstag könne der König die Restauration verfügen u. a. Aber das Patent hat doch der ungarischen Opposition die Spitze abgebrochen und Leopold II. gelang es, auf Grundlage der Josefinischen Zusagen die Nation zu versöhnen.

---

1) Das Rescript ist lateinisch und auf den 28. Jänner zurück datirt.
2) An Leopold 4. Febr. 1790, II. 350.

VI. Die orientalische Politik bis 1790.

Wie alle Welt überzeugt war, hatte der Friede zwischen Rußland und der Türkei keine lange Dauer. Schon 1786 meldete die Zarin an Josef eine Reihe neuer Beschwerden gegen die Pforte und kündigte zugleich ihre Reise in die Krim an.[1]) Der Kaiser war anfangs nicht geneigt, ihrer Einladung zu folgen, sagte aber doch auf das Drängen des Staatskanzlers zu.[2]) Man kann annehmen, daß die Freude der Zarin, die sie über ein baldiges Wiedersehen aussprach, aufrichtig war, denn die Friedensliebe Oesterreichs wurde in den Briefen des Kaisers und in den Aeußerungen seines Botschafters zu sehr hervorgehoben. Josef verließ Wien am 4. April 1787, hielt sich längere Zeit in Galizien auf, kam in Polen mit dem Könige Stanislaus August zusammen und traf, wie verabredet, am 15. Mai in Cherson ein. Die Reise der Zarin hatte sich verzögert, aber eine Reihe von Diplomaten und anderen hochgestellten Personen war bereits gegenwärtig: Fürst Potemkin, die österreichischen Gesandten Graf Cobenzl und Baron Herbert, der englische und französische Gesandte Fitzherbert und Graf Ludwig Segur, der belgische Fürst de Ligne, der deutsche Troupier Karl Heinrich Prinz von Nassau, der polnische General Branicky u. A. Der Kaiser und die Zarin trafen sich bei Kodiak am Dnieper; sie blieben dann fünf Tage in Cherson, machten gemeinsam die Krimreise bis Sebastopol und kehrten nach fünfzehn Tagen wieder nach Cherson zurück. Die Reise und die pomphaften Feste, welche dabei der lebenslustigen Zarin gegeben wurden, sind oftmals beschrieben worden.[3]) Josef nahm an Allem Antheil, blieb aber dabei ein aufmerksamer Beobachter der russischen Zustände. Er durchritt sogar den Isthmus; in Baktschi-Serai sah er mit Erstaunen Häuser und Moscheen in einem Stile gebaut, der ihn an Genua erinnerte und in Sebastopol bewunderte er die junge russische Flotte, welche von hier „in zwei Tagen Constantinopel erreichen kann." Aber die Hauptsache blieben doch die politischen Gespräche mit der Zarin und Potemkin, der damals allmächtig war. Die Russen verhehlten nicht, daß der Krieg mit den Türken wahrscheinlich sei, aber der Kaiser verhielt sich zurückhaltend und

---

1) Katharina II. an Josef, Arneth, a. a. O. 274.

2) „Wer weiß, was für Vortheile wir daraus ziehen können, venn Zeit und Umstände uns günstig sind." Kaunitz an Josef 22. Dez. 1786. Vgl. Instruktion für den Kaiser, Beer, a. a. O. 247.

3) Segur, Memoiren III. B. Briefe Josefs an Lacy 1787. Arneth, a. a. O. 355—376.

empfahl gleich den europäischen Gesandten die Fortdauer des Friedens. Con=
stantinopel und Georgien, die Hauptursache des neuen Streites, wurden gar
nicht erwähnt. Die Russen ließen sich doch bewegen, ihre Forderungen gegen=
über der Türkei zu mäßigen. Ohne eine weitere Verabredung schieden am
16. Juni der Kaiser und die Zarin von einander.[1]) Der Kaiser, welcher in
Cherson die erste Nachricht von dem Widerstande der Brabanter Stände er=
fahren hatte, beschleunigte seine Rückkehr. In Lemberg, wo er am 23. Juni
eingetroffen war, erhielt er von Kaunitz die Mittheilung, daß die General=
gouverneure in Brüssel die kaiserlichen Edicte suspendirt hätten und daß er
selber zur Nachgiebigkeit rathe. In rascher Eile kehrte Josef nach Wien
zurück (30. Juni), denn er war entschlossen, den Widerstand der Belgier zu
brechen, wenn er auch noch eine Verhandlung mit den Deputirten aus Brüssel
zuließ.

Inzwischen hatten die Türken den Muth gewonnen, den Russen zu wider=
stehen, und als der russische Gesandte in der Rathsversammlung am 6. August
1787 die formelle Verzichtleistung auf Georgien ablehnte, wurde er in einen
der sieben Thürme abgeführt und am 24. August 1787 der Krieg an Rußland
erklärt. Mit Oesterreich wünschten sie wie 1784 den Frieden zu erhalten.
Der Kaiser, von seinem Staatskanzler beeinflußt, entschloß sich diesmal zum
Kriege und zwar rascher, als seine oftmals ausgesprochene Neigung zum
Frieden voraussetzen ließ. In mehreren Briefen versicherte er der Zarin
seine Bundestreue und Kriegsbereitschaft: er betrachte ihre Sache als die seine
und erbiete sich zu allen Diensten eines Alliirten.[2]) Die Zarin, darüber nicht
wenig erfreut, theilte ihm in ihrer Antwort den Operationsplan mit und sprach
die Hoffnung aus, daß ihr Bündniß unauflöslich sein werde.

Nach dem Bündnisse von 1781 war der Kaiser nur verpflichtet, eine
Hilfsarmee von 30,000 Mann zu stellen, wie Karl VI. im Kriege von 1738,
aber er zog es vor, Oesterreich als eine selbständige Macht auftreten zu
lassen, und die Dinge entwickelten sich so, daß Oesterreich noch 1788 die
Hauptmacht und Rußland als Alliirter erschien. Gegen Ende des Jahres
1787 zog der Kaiser in Südungarn eine Armee von 130,000 Mann zu=
sammen, welche nach dem Plane des Oberbefehlshabers Graf Lacy an den
Grenzen in der Länge von 180 Meilen aufgestellt wurde. Die Feindselig=
keiten begannen nicht sogleich, obwohl der Krieg gewiß war. Von anderen
Rücksichten geleitet, ließ der Kaiser noch in Constantinopel zwischen Rußland
und der Pforte scheinbar an der Herstellung des Friedens vermitteln. Ein
zu Ende des Jahres gegen Belgrad gerichteter abenteuerlicher Handstreich,
der aber schon vor der Ausführung scheiterte, gab Zeugniß von ernstlichen

---

1) Der preußische Gesandte Podewils hat damals (12. Mai 1787) aus Wien be=
richtet, daß Josef den Titel eines Kaisers von Oesterreich annehmen wolle.

2) Josef an Katharina, 30. Aug., 13. Oct. 1787; Arneth 299, 302; Ranke,
Deutsche Mächte II. 43.

Feindseligkeiten, obwohl sie Oesterreich noch leugnete. Einige Serben in Belgrad sollten nämlich in der Nacht vom 2. auf den 3. December die Thore öffnen und die Oesterreicher eindringen. General Alvinczy führte 12 ungarische Bataillone mit Artillerie auf der Donau und Save mit Kähnen herab. Wegen des Nebels fand nur ein kleiner Theil den Landungsplatz; die übrigen verirrten sich auf der Donau und kamen wieder an österreichisches Gebiet. Die gelandet waren, wurden von den Serben eingelassen und vernagelten einige Kanonen, aber ihre Zahl war zu gering; sie verließen die Festung und suchten die Boote wieder auf. Der Pascha in Belgrad führte Klage bei dem Commando in Semlin und hier entschuldigte man sich damit, die Truppen hätten nur zu einem Beobachtungscorps gehört, weil man vernommen, daß der Pascha einen Einfall in Ungarn beabsichtigte. Die Türken blieben ruhig, aber von den Serben wurden mehrere grausam hingerichtet. Erst am 9. Februar 1788 überreichte der österreichische Gesandte, Baron Herbert-Rathkeal der Pforte die Kriegserklärung und am selben Tage eröffneten auch die österreichischen Truppen ihren Angriff. Josef selbst meldete die Kriegserklärung an die Zarin und fügte hinzu:[1] ihr Feind sei jetzt der seinige und er werde Alles beitragen, ihr die Genugthuung zu verschaffen, welche sie erwarten kann, „er hoffe auch, daß ihre Waffen sich auch gegen Alle kehren würden, welche sich in diesen Krieg einmischen und sich zum Nachtheile ihrer beiderseitigen Interessen vergrößern wollten.“ Die Zarin versprach auch auf der Seite Oesterreichs zu sein gegen Alle, welche sich in den Krieg mischen würden, was gegen Preußen und Polen gerichtet war.

Die Armee, welche Oesterreich an den Grenzen in sechs Corps aufgestellt hatte, war schön, kriegstüchtig und weit über den Kriegsstand. Sie zählte 245,062 Mann Fußvolk und 36,725 Reiter.[2] Das Hauptcorps in Syrmien, welches Josef selbst commandiren wollte, zählte 63 Infanteriebataillone und 74 Escadronen Cavallerie, ungerechnet die Jäger und Freiwilligen und einige slavische Grenzbataillone. Feldmarschall-Lieutenant Prinz von Coburg sollte von Galizien aus mit den Russen in Verbindung treten, General Fabris commandirte in Siebenbürgen, Mitrowsky in Slavonien, Fürst Karl Liechtenstein in Kroatien; Triest, Fiume und die ganze Küstenstrecke waren von 6 Bataillonen gedeckt. Es war bestimmt, daß das Hauptcorps in Serbien, das Corps am rechten Flügel in Bosnien einrücken, während die Russen, von den Oesterreichern unterstützt, durch Bessarabien und die Moldau an die untere Donau vordringen würden. Man konnte auf einen siegreichen Erfolg hoffen, um so mehr als sich zahlreiche Freischaaren aus den heimischen und entflohenen Serben bildeten und die Slaven im eigentlichen Serbien, noch ehe die österreichische Armee über die Grenze ging, sich in

---

1) Josef an Katharina, 7. Februar 1788. a. a. O. 312.
2) Schels, österr. militärische Zeitschr. 1831, IV. Heft 174—180. Ausführliche Geschichte des Krieges zwischen Rußland und der Türkei, Wien 1791.

Waffen erhoben.[1]) Der Kaiser reiste den 29. Februar von Wien fort, ging über Triest und Fiume entlang der bosnischen Grenze, berührte Semlin, Peterwardein und kam am 25. März in das Hauptquartier bei Futak. Weil es als die erste Aufgabe bezeichnet war, die Save frei zu machen, zog das zwischen Semlin und Futak lagernde Heer der Save entlang bis Klenak, der Festung Schabatz gegenüber, um sich dieses wichtigen Verbindungspunktes zwischen Syrmien und Serbien zu versichern. Der Kaiser selbst leitete diese Belagerung, wobei sich die serbischen Freiwilligen besonders auszeichneten, und am 27. April mußte die türkische Besatzung die Festung übergeben. Nach dem Falle von Schabatz dachte Josef ernstlich an die Belagerung von Belgrad, aber der Kriegsrath war dagegen und Josef fügte sich, obwohl ihn Kaunitz in einem Briefe daran erinnerte[2]), daß allen seinen Generalen der geniale Sinn für ein so großes, kühnes Unternehmen fehle, welches den Feind zum Kampfe zwingt und den Feldzug entscheidet. Josef selbst schrieb[3]): „Es hat mir eine innere Anstrengung gekostet, mein Verlangen aufzugeben, aber was vermag der Wille eines Einzigen gegen den aller Anderen. Ich bin jetzt in der traurigen Nothwendigkeit, unthätig die Entwicklung der Ereignisse abwarten zu müssen." In der That war dies eine Wendung des Krieges, denn die Armee beschränkte sich auf der ganzen Linie bis in die bosnischen Bezirke hinein auf die Defensive. Nur Coburg schlug alle Angriffe der Türken zurück und belagerte, noch ehe die Russen erschienen, die Festung Chotin am Dniester.

Inzwischen hatte der Großvezier die türkische Heeresmacht von 80,000 Mann bei Sofia versammelt und nach Widdin geführt; er nahm Alt-Orsowa und rückte ins Banat ein. Der Commandant der österreichischen Vorhut ließ sich überfallen und konnte sich nur in Unordnung retten, zwei Bataillone gingen in den Wäldern zu Grunde. Dadurch sah sich der Kaiser gezwungen, von Semlin mit 21 Bataillonen in das Banat zu marschiren, um General Wartensleben, welcher dort commandirte, zu unterstützen, aber „unbegreiflicher Weise" wurden alle Operationen im Banate vereitelt. Wartensleben hatte sich, ohne weitere Befehle zu hinterlassen, zurückgezogen, während der Kaiser nur noch zwei Tagemärsche entfernt war. Im Thale von Mehadia angelangt, nahm dieser Stellung bei Flowa, was den Türken den weiteren Weg versperrte. Noch hätte man die Türken bei Almas zurückhalten können, da sie mit der Masse von Leuten in den Bergen nicht operiren konnten, aber zum größten Unglück zog sich Brechainville, ohne einen Schuß gethan, ohne einen Türken gesehen zu haben, zurück und blieb dann in Folge eines Mißverständnisses sechs Tage lang stehen, ohne dem Kaiser zu rapportiren. In

---

1) Die freiwillige Theilnahme der Kroaten und Serben an den vier letzten österreichisch-türkischen Kriegen. Wien 1854. Von Kallay, Geschichte der Serben, deutsch von Schwicker 1878 I. B.

2) 22. Mai 1788.

3) An Marie Christine.

dieser Zeit konnten die Türken leicht in die Ebene des Banates vorrücken und die Oesterreicher mußten wegen der Communication und der Lebensmittel nach Karansebes und Lugos zurückgehen. Josef hoffte hier den Großvezier erwarten und angreifen zu können. Auf diesem Rückzuge (31. August) trat jedoch in der Armee eine allgemeine Verwirrung ein. Die Truppen, in dem Wahne von den Türken angegriffen zu sein, feuerten auf einander, der Kaiser verlor seine Suite, auch der Erzherzog Franz kam in das Gedränge und der blinde Lärm dauerte bis Lugos fort, wo der Kaiser Stand hielt und die Ordnung herstellte.[1] Das Ereigniß wurde von den Feinden Oesterreichs vielfach ausgebeutet, hatte aber für den großen Krieg keine weiteren Folgen. Die vorzügliche Stellung bei Lugos nöthigte die Türken bis Mehadia zurück= zugehen und das Banat zu räumen. Ihre Reiterei verwüstete das reiche, schöne Land, verbrannte Pancsowa, auch die berühmte Veteranihöhle mußte capituliren. General Wartensleben war den Türken bis Mehadia nach= gerückt und der Kaiser eilte (27. October) mit einem Theile der Armee nach Semlin, weil die Nachricht kam, daß der Großvezier ein Lager bei Belgrad beziehen wolle, aber die Türken verließen auch Belgrad und bezogen ihre Winterquartiere. Während des Winters machte ein mehrmonatlicher Waffen= stillstand den Feindseligkeiten ein Ende. Auf dem rechten Flügel, wo früher Karl Liechtenstein, dann de Vins und seit dem 18. August Laudon comman= dirte, waren die Oesterreicher unbedingt siegreich geblieben. Die Festungen Dubitza, Novi und Schabatz an der Una und Save waren in ihrer Gewalt, nur Türkisch = Gradiska blieb in den Händen der Türken. Der Versuch, Montenegro zu unterwerfen und Albanien zu gewinnen, war mißlungen. Hauptmann Vukassevich hatte es übernommen, mit geringer Mannschaft von Cettinje aus Montenegro zu beherrschen und sich mit dem aufrührerischen Pascha von Skutari zu verbinden. Dieser machte jedoch seinen Frieden mit der Pforte, ließ vier österreichische Officiere, welche mit ihm verhandeln sollten, ermorden und behielt das Geld, welches der Preis seines Anschlusses an Oesterreich sein sollte. Auch die Montenegriner nahmen Geld, bedrohten jedoch Vukassevich in Cettinje derart, daß er mit seinen Leuten das Land räumen mußte.[2] Nur das war erreicht, daß der Pascha mit seinen Truppen in Albanien bleiben mußte und am Kriege in Bosnien nicht theilnehmen konnte. In Serbien dauerte der Guerillakrieg, wiewohl ohne Plan und Zusammenhang, fort, weil einzelne Führer, wie Kara=Gyorgye, den Krieg selbständig führten, die Freiwilligen unter Mihalowitsch durchstreiften das Land mehr wie Haiduken als Freiheitshelden. Auch auf dem linken Flügel waren die Oesterreicher im Vortheil. Feldmarschall Spleny schlug den

1) Briefe Josefs an Marie Christine aus Semlin und Lugos 11. August, 28. September, 20., 27. October, 17. November, 16. December 1788.

2) Oesterr. milit. Zeitschr. 1828 I. II. Vgl. A. Brückner in Sybels hist. Zeitschr. 27. Bd. 85—115: Die russische Politik im Mittelmeer 1788, 1789.

Tataren = Chan bei Jaſſy (31. October) und Coburg eroberte, von einem
ruſſiſchen Corps unter Soltikow unterſtützt, die wichtige Feſtung Chotin, ſein
tapferes Corps behielt fünf Diſtricte der Moldau und die beſten Päſſe in
der Walachei beſetzt.

Der Kaiſer ſchrieb noch von Semlin (17. November) an ſeine Schweſter[1])
„Die Türken ſind in ihr Land zurück; ſie haben nicht einen Zoll Boden von
uns.“ Aber gegenüber den großen Hoffnungen, mit welchen der Feldzug
eröffnet wurde, war das nur ein geringer Troſt. Die Urſachen lagen darin,
daß die Ruſſen zu ſpät in Beſſarabien erſchienen, ferner in der ſchlechten Dis=
ciplin der Generale und in den furchtbaren Krankheiten, welche der Sommer=
feldzug in dieſen Gegenden mit ſich brachte. Schon im Auguſt lag mehr als
ein Drittel der Hauptarmee in den Spitälern, ſo daß die Hauptarmee kaum
mehr als 40,000 Mann ſchlagfertig hatte. Eine allgemeine Mißſtimmung
herrſchte unter den Truppen und es wurden Aeußerungen über Lacy und
ſelbſt über den Kaiſer laut, welche alles Maß überſchritten. „Lacy darf es
nicht wagen, nach Wien zu kommen, da Alles gegen ihn erbittert iſt“, ſchrieb
die junge Erzherzogin Eliſabeth.[2]) Der Kaiſer ſelbſt war in Lugos ernſtlich
erkrankt, huſtete viel, trank Ziegenmilch und hielt ſich ſo lange als möglich
auf den Beinen. Es hat wahrlich nicht an ihm geſehlt, daß die Erſolge des
Feldzuges ſo kläglich ausfielen. Schon im April wollte er die Save paſſiren
und Belgrad belagern. Nochmals im Juni ſprach er davon, Belgrad zu
blokiren und dem Großvezier eine Schlacht anzubieten, aber die Generale und
die Meinung des ganzen Heeres war dagegen. Er zeigte ſich voll Einſicht,
Muth und Entſchloſſenheit, an Aufopferung und Thätigkeit that er es dem
gemeinen Mann zuvor. Von einem dürftigen Gaſthof in einer Vorſtadt von
Semlin richtete ſich ſein Blick auf die allgemeine politiſche Lage, auf die Nieder=
lande und ganz Oeſterreich. Noch vertraute er der Kraft ſeiner Principien
und wollte nach keiner Seite hin nachgeben. Am 17. November verließ er
die Armee, hielt ſich in Peſt und Preßburg auf und kam anfangs December
nach Wien als ein kranker Mann, der wenig mehr vom Leben zu hoffen hat.
In Wien herrſchte eine ſtarke Mißſtimmung. Ein Placat war bei ſeiner
Ankunft angeſchlagen: „Verbot, daß meine treuen Unterthanen mir bei Ge=
legenheit meiner Ankunft Triumphbögen errichten.“ Aber der Kaiſer war in
dem Winter von 1788 auf 1789 ſo krank, daß ſeine Auflöſung nur mehr
eine Frage der Zeit ſchien. Er ſelbſt glaubte ſchon im Frühjahre 1789 an
keine Heilung mehr und erwartete ſeinen Tod, wie er ſagte, „ohne Wunſch
und Furcht“. Deſſen ungeachtet arbeitete er unabläſſig für ſeine innere und
äußere Politik. Er bemühte ſich ernſtlich um den Frieden. Aber die Frage,
ob Krieg oder Frieden, war eine europäiſche geworden. Frankreich und Eng=
land waren von Anbeginn für den Frieden, nicht für eine Schwächung der

---

1) Marie Chriſtine I. 282.
2) An Erzherzog Franz 12. October 1788.

Türkei; der König von Schweden hatte gegen die Neigung seines Volkes Ruß=
land bekriegt, um Finnland zu erobern, Dänemark erklärte sich für Rußland,
Polen für die Türkei und die preußische Politik gedachte aus der Frage einen
Gewinn zu ziehen und besonders Oesterreich an jeder Vergrößerung zu hindern.
    Man kann sagen, die ganze orientalische Politik, welche Josef und die
Zarin eröffnet, scheiterte an dem alten Gegensatze zwischen Oesterreich und
Preußen, welcher trotz aller Versicherungen der gegenseitigen Freundschaft und
Hochachtung der Herrscher fortbestand. Der König von Preußen war bei
allen seinen sinnlichen und pietistischen Neigungen ein tüchtiger Erbe seines
großen Oheims und setzte unter dem Einflusse des Ministers Graf Hertzberg
die alte Politik fort: Oesterreich so viel als möglich Abbruch zu thun und
die eigene Monarchie zu vergrößern. Man wünschte im Norden Schwedisch=
Pommern und zur Arrondirung im Osten die Städte Danzig und Thorn
und ein Stück von Polen bis an die Warthe und Kalisch und Posen zu er=
werben.[1]) Oesterreich sollte Galizien und die Bukowina an Polen abtreten
und für die zwei Provinzen die Moldau und Walachei erhalten. Bis 1790
bildeten diese Absichten den Kern der preußischen Politik. Noch vor dem
Beginn des eigentlichen Krieges in Südungarn 3. April 1788 eröffnete Graf
Hertzberg dem österreichischen Gesandten in Berlin: Galizien bringe Oester=
reich nur geringen Nutzen und halte die Eifersucht zwischen Oesterreich, Preußen
und Rußland lebendig; die Donaufürstenthümer würden Oesterreich doppelt so
viel einbringen; Preußen würde den Frieden vermitteln und wünsche dabei nur
Danzig, Thorn und einige dabei gelegene Flecken zu erwerben.[2]) Während
des Feldzuges wurden in Preußen Vorbereitungen für den Kriegsfall getroffen
und die Regimenter in der Provinz Preußen erhielten den Befehl, sich marsch=
fertig zu halten. Nach allen Seiten hin war Preußen bestrebt, sich alter und
neuer Freunde zu versichern. Es schloß am 13. August 1788 seine Alliance
mit England, welche zunächst gegen Frankreich gerichtet war, aber sich den
Kaiserhöfen in der türkischen Frage gegenüber stellte. Es verbündete sich mit
der sogenannten patriotischen Partei in Polen, versprach die preußische Hilfe
gegen Rußland und erweckte die Hoffnung auf die Rückerwerbung von Ga=
lizien.[3]) Schon 1788 war die preußische Hand in Belgien und in Ungarn
zu spüren und der preußische Gesandte in Konstantinopel erhielt den Auftrag,
der Pforte die Erhaltung ihres Gebietes und allenfalls auch ein Bündniß in
Aussicht zu stellen. Auf einen wirklichen Krieg mit Oesterreich war es noch
nicht abgesehen, man wollte durch eine bewaffnete Intervention die orientalische
Politik Oesterreichs und Rußlands beherrschen. Josef II. war von allen diesen
„Machinationen", wie sie der Gesandte nannte, wohl unterrichtet. Der Kaiser,
der mit dem Erfolge des Feldzuges im Sommer 1788 mit Recht unzufrieden

---

1) Häußer, deutsche Geschichte I. 235.
2) Gerson Wolf, Oesterreich und Preußen, 169.
3) Sybel, Geschichte der Revolutionszeit 1877 I. 159.

war, hielt die Fortsetzung des Krieges, weil Preußen zu Gunsten der Pforte interveniren wolle, für unmöglich. In mehreren Briefen fragte er den Staats=kanzler um Rath. Er hielt es am meisten geeignet, um die Pläne Preußens zu durchkreuzen, den Frieden mit der Pforte zu schließen entweder mit oder ohne Rußland. Von Semlin aus schrieb er (28. October 1788): „Ich zweifle nicht, daß Sie die Schritte und versteckten Absichten des Grafen Hertzberg verfolgt haben, welche von unserer Seite ernste Maßregeln erfordern. Es handelt sich um nichts weniger, als mich zu Cessionen zu zwingen und eine Revolte in Ungarn zu erwecken, ohne der Ideen zu gedenken, welche Hertzberg für einen künftigen Frieden zwischen uns und der Türkei hegt. Auch Ruß=land kennt diese schlechten Absichten; die preußische Declaration in Polen und jene an Dänemark sind bekannt¹); Rußland sollte überzeugt sein, daß gegen die Pforte nichts zu machen ist, bis der König von Preußen gedemüthigt sei. Auch Frankreich ist im gleichen Falle, denn Preußen verbündet sich mit Eng=land und Holland; das einzige Mittel dagegen wäre eine Alliance zwischen Frankreich und Rußland und ein baldiger Friede mit der Pforte." Noch im November klagte Josef, wie elend der Krieg von Rußland geführt werde und wie er bei der Aussicht, einen doppelten Krieg führen zu müssen, nichts sehn=licher wünsche, als den Frieden. Er dachte sich denselben auf Grundlage des Besitzstandes vor dem Kriege.²) Kaunitz, der von der Gewißheit des Krieges zwischen Preußen und Oesterreich nicht so sehr überzeugt war, gab jedoch den Rath, den Krieg mit allem Nachdruck fortzusetzen und sich insbesonders der Walachei als eines Tauschobjectes zu versichern. Er rieth auch deßwegen zur Erneuerung und Cultivirung des Bündnisses mit Rußland, weil dasselbe „räthlich, nützlich und nothwendig" sei, je mehr dessen Zerstörung „von unserem gefährlichsten Feinde", dem Berliner Hofe, gewünscht und gesucht wird.³) Ein anderes Motiv für Josef II., den Frieden zu wünschen, war der Verlust an Menschen und Geld. 1788 waren nur 12,000 gefallen oder gefangen, aber vom Juni 1788 bis zum Mai 1789 gingen 33,000 Mann in den Spitälern zu Grunde. Der Krieg kostete bereits über 112 Millionen. Die 16 Millionen, welche Rußland geliehen, waren rasch zerflossen. Für 1789 waren abermals 70 Millionen für den Krieg präliminirt, und eine Einkommensteuer in Vor=schlag gebracht, welche überall Widerstand erfuhr.

Die Friedensversuche erschienen jedoch nur wie persönliche Klagen Josef II., denn weder Rußland noch die Pforte waren dazu geneigt und der Winter verging in fortdauernden Kriegsrüstungen. Die Russen hatten am 17. De=cember 1788 Oczakow erstürmt und der junge Sultan Selim III. zeigte sich

---

1) Eine scharfe preußische Erklärung zwang den Hof von Kopenhagen zur Neu=tralität. Sybel, I. 159.

2) Briefe Josefs vom 2., 26. August, 15., 29. September, 28. October, 7., 17., 24. November — Arneth, Beer, G. Wolf a. a. O.

3) Kaunitz, Memoire über die Erneuerung des Alliancesystems, 10. März 1789. G. Wolf, Beilage VIII.

kriegslustiger als der friedliebende Abdul Hamid, der am 27. April gestorben
war. Nur diese Folge hatten die Friedensversuche, daß der Feldzug 1789
sehr spät begonnen, aber mit mehr Energie und Glück geführt wurde als
jener von 1788. Josef mahnte die Zarin zu einem gemeinschaftlichen und
energischen Auftreten und Kaunitz drängte zur Erneuerung des Bündnisses
von 1781. Am 20. und 30. Mai 1789 wurde dieses Bündniß auf weitere
acht Jahre erneuert, und zwar wie 1781 in der Form von Briefen, welche
die Souveräne auswechselten. Sie machten sich darin dieselben Zusagen für
sich und ihre Erben und versprachen das Bündniß noch vor Ablauf von
acht Jahren wieder zu erneuern, mit allen Erweiterungen und Modificationen,
welche die Umstände erheischen würden.[1] Die österreichische Armee war ergänzt und Alles für eine kräftige Offensive vorbereitet. Den Oberbefehl führte
im Winter der General der Cavallerie Graf Kinsky, seit dem Frühjahre der
greise Kriegspräsident Graf Hadik, welcher am 4. Mai in Semlin ankam,
aber das Hauptquartier bald nach Weißkirchen verlegte. Bis Anfang Juli,
wo der Waffenstillstand endete, fand kein Gefecht statt und Hadik war vornehmlich beschäftigt, die Truppen so zu vertheilen, um das Banat und Syrmien gegen feindliche Einfälle zu sichern. Weil der alte Hadik erkrankte,
wurde er abberufen (28. Juli) und statt seiner Laudon, der den Krieg in
Kroatien begonnen und Berbir genommen hatte, zum Obercommandanten ernannt. Die öffentliche Meinung hatte ihn längst verlangt. Er kam am
14. August nach Semlin zur Hauptarmee und sagte zu seinen Generälen:
„Wir werden hier nicht zurückweichen, sondern siegen müssen." Der ganze
Krieg erhielt ein anderes Gesicht, umsomehr als die Hauptmacht der Türken
sich nach der Moldau gegen die Russen wandte. Die österreichische Hauptarmee
ging zur Offensive vor. Feldmarschalllieutenant Fürst Hohenlohe schlug
(3. August) ein türkisches Corps von 8000 Mann am Bozdaerpasse, und als
die Nachricht von der Niederlage der Türken bei Foksan eintraf, vertrieb
Clerfayt die Türken aus Mehadia und schlug sie vollständig (28. August).
Nach diesen Erfolgen erhielt Laudon von Josef den Befehl vorzugehen und, wenn
nöthig, eine Schlacht zu liefern. Auch Kaunitz schrieb an Laudon: ‚Nur frisch
zu, audaces fortuna juvat." Weil Südungarn vor den Einfällen der Türken
gesichert war, vereinigte Laudon die Hauptarmee, ging über die Save und begann
(18. September) die Belagerung von Belgrad, dessen Einnahme der Hauptzweck
des Feldzuges war. Das Belagerungsheer bestand damals aus 40 Bataillonen
Infanterie und 30 Escadronen Cavallerie, die serbischen Freiwilligen deckten
den Uebergang über die Donau und Save und Oberstlieutenant Mihalowitsch hielt mit seiner Mannschaft das Land von der Drina bis nahe an die
Morawa besetzt. Eine Abtheilung hatte schon am 16. September die Donau-
flotille der Türken angegriffen und vernichtet. Am 30. September erfolgte

---

1) Briefe Josefs und Katharina II. vom 20., 30. Mai 1789. Arneth, 333—36.
2) v. Kallay a. a. O. I, 241, 246.

der erste Sturm auf die Außenwerke, am Abende desselben Tages wurde die Vorstadt eingenommen und die eigentliche Festung beschossen. Der junge Erzherzog Franz hat dabei den ersten Schuß abgefeuert. Am 7. October über= gab der Commandant Osman Pascha die Festung, am 8. October wurden die Bedingungen unterzeichnet. Die Besatzung erhielt freien Abzug und der Commandant Graf Wallis ließ auch die Griechen, welche mohammedanischen Glaubens waren, mit abziehen: „weil an solchem schlechten Gepacke ohnehin nichts gelegen sei." 300 Kanonen mit vieler Munition, die Kriegsschiffe und Kriegscassa= fielen in die Hände der Oesterreicher. Es war dies ein freudiges Ereigniß für die ganze Monarchie, namentlich für Wien, wo Alles lebendig wurde. Der Kaiser schrieb am 12. October, als die Nachricht ein= traf: „Daß ich nicht dort sein konnte! es ist furchtbar, krank zu sein."

Nach dem Falle von Belgrad kamen allmählich alle festen Plätze von der Drina bis an den Timok in die Gewalt der Oesterreicher. Semendria, Kladowa u. a. wurden genommen und es war nicht schwierig, in Serbien vorzurücken und die Türken zu vertreiben. Das österreichische Heer beutete jedoch seine Siege nicht aus. Nur kleine abgetrennte Truppentheile unter den Generalen Chernel, Otto und Wartensleben drangen vor, so daß der westliche und südliche Theil von Oberserbien, besonders die Krajna, von den Oesterreichern besetzt wurde, während Unterserbien noch von den Türken be= herrscht war. Laudon unternahm nach dem Falle von Belgrad die Belagerung von Neuorsowa, welche sich bis in das Jahr 1790 hinauszog. Auch am linken Flügel blieben die Oesterreicher, welche unter Coburg mit einem russischen Corps unter Suwarow vereint fochten, siegreich. Nach der Schlacht bei Fokfan (31. Juli) wurde die türkische Hauptarmee bei Martinestye am Kimnik (22. September 1789) geschlagen und beinahe vollständig aufgerieben. Die Oesterreicher behielten die Moldau und Walachei, die lange Linie an der Save und Donau, das halbe Serbien und Bosnien besetzt.[1]

Der Erfolg des Feldzuges von 1789 war ein günstiger und bei größerer Energie und mehr Geschwindigkeit konnte in einem dritten Feldzuge noch mehr erreicht werden. In Europa zweifelte man nicht an der Vernichtung des Türkenreiches, und die Pforte wurde nur gerettet, weil keine Macht der anderen die Beute gönnte. Im Winter 1789—90 ruhten die Waffen und 1790, noch bevor der Feldzug eröffnet war, lähmten der Tod Josef II. und die Mobilisirung der Preußen die kriegerische Kraft Oesterreichs. Dann folgte der Waffenstillstand und der Friede, welcher mit den errungenen Er= folgen nicht im Verhältnisse stand.

Wie 1788 hatte der Kaiser auch während des Feldzuges 1789 den Frieden niemals aus den Augen verloren. Er war geneigt, alle Eroberungen mit Ausnahme Belgrads zu Gunsten der Pforte herauszugeben. Noch im Jahre 1790 schrieb er der Zarin, wie sehr er des Friedens bedürfe, der

---

[1] Ausführliche Geschichte III. 95—223, IV. 102—191.

Angriff der Preußen und Polen sei im Frühjahre sicher zu erwarten; die Zarin möge ihm in Rücksicht auf die großen Dienste, die er Rußland in den zwei Kriegsjahren geleistet, helfen, sein Reich zu erhalten: Kaunitz und Josef wünschten wenigstens Rußland dahin zu bringen, daß es den Türkenkrieg auf die Defensive beschränke und mit einem Theile seiner Armee Front gegen Preußen mache. In der Bedrängniß kam Kaunitz auch auf den Gedanken, England von Preußen abwendig zu machen und mit Oesterreich zu verbinden, aber es drängten die Zeit und die Verhältnisse, denn Preußen stand überall gegen Oesterreich und vereinigte die feindlichen Elemente. Es bestärkte die Türken in ihrem Widerstand, verhandelte mit Polen für einen Alliancevertrag, es hatte seine Hand in den belgischen Unruhen und die unzufriedenen Ungarn waren bestrebt, von Preußen die Gewährleistung ihrer Verfassung zu erhalten. Der preußische Hof begrüßte sogar den vollen Ausbruch der französischen Revolution mit Zufriedenheit, weil die Kaiserhöfe nicht mehr auf Frankreich rechnen konnten.[1] Seit 1789 erschien Preußen als der Führer der Continentalopposition gegen Oesterreich, obwohl der König und der Minister noch nicht ernstlich an den Krieg dachten. Der König schrieb an Hertzberg: er wünsche, daß Preußen ohne Kampf seine polnischen Erwerbungen mache und wolle in diesem Falle auch Oesterreich die Walachei gern überlassen; nur wenn Oesterreich Galizien nicht gutwillig hergebe, wolle er losschlagen und dem Kaiser noch andere Bedingungen auferlegen.[2] Während der Kaiser den vollen Ernst der Lage erkannte, schien Kaunitz nicht von den ernstlichen kriegerischen Absichten gegen Oesterreich überzeugt, nur müsse man für jeden Fall gerüstet sein.[3]

Am Hofe der Zarin hatte man dieselbe Erkenntniß. Cobenzl schrieb[4]: „Ich habe Rußland mit Nachdruck aufgefordert, unserem Beispiele zu folgen und alle disponibeln Mittel und Kräfte zu verwenden, um sich dem Angriffe Preußens und Polens zu widersetzen, in diesem Falle gegen die Türken defensiv zu verfahren, offensiv aber gegen den neuen, mehr gefährlichen Feind." Er machte geltend, der Angriff Preußens und Polens gegen Oesterreich sei schon im nächsten Frühjahr zu erwarten; Rußland möge sich vorsehen, daß Polen nicht in ein wehrloses Gebiet einfalle; Oesterreich werde sich in Vertheidigungsstand gegen Preußen setzen. Um Rußland zu drängen, erhielt Cobenzl den Auftrag, zu melden, wenn der Friede mit der Türkei nicht zu erreichen wäre, werde Josef dem König von Preußen eine neue Acquisition zugestehen. Er deutete unverholen auf eine zweite polnische Theilung und auf die Nothwendigkeit hin, gegenüber der französischen Revolution von jeder andern Thätigkeit abzustehen. Der russische Staatskanzler Ostermann sah

---

1) Sybel, I. 161.
2) Sybel, I. 162.
3) Vgl. d. Denkschrift des Kaisers: „Betrachtungen über die Lage des Staates" vom 22. März 1789, G. Wolf, 195—197.
4) 11. Jänner 1790, Ranke, II, 146 Note.

jedoch alle diese Gefahren nicht als dringend an. Nur um Oesterreich zu be=
ruhigen, versprach Rußland nur einen Theil seiner Truppen gegen die Türken
zu verwenden, bis in den Mai 40,000 Mann in Lievland und die Kosaken
in der Ukraine aufzustellen, um gegen Polen bereit zu sein.

Inzwischen war der Abfall der Niederlande erfolgt, ein Ereigniß, welches
selbst auf die Russen zurückwirkte und ihnen den Muth schwächte, Oesterreich
zu unterstützen. Josef und Kaunitz erreichten mit ihrem Drängen nur das,
daß im Winter 1789—90 abermals in Konstantinopel für den Frieden ver=
mittelt wurde. Die letzten Monate des Jahres 1789 vergingen, ohne daß
diese Verhandlung vorwärts kam. Rußland wünschte die Fortsetzung des
Krieges, um den Frieden dictiren zu können. Preußen wirkte direct dem
Frieden entgegen und erklärte sich bereit, mit den Türken ein Schutz= und
Trutzbündniß abzuschließen. Dieser Vertrag kam auch den 30. Jänner 1790
durch den preußischen Geschäftsträger Diez zu Stande. Nur ging dieser über
das Ziel hinaus, indem er unter den Läubern, deren Wiedererwerbung der
Türkei zugesagt wurde, auch die Krim versprach. Hertzberg hütete sich wohl,
in der Ratification diesen Punkt aufzunehmen, aber doch war der Vertrag
willkommen. Der König hatte mit Ungeduld den Abschluß erwartet, denn
er dachte jetzt ernstlich daran, sich mit Oesterreich zu messen, und es schien
kein Zweifel mehr, daß in den ersten Monaten 1790 ein umfassender Krieg
gegen Oesterreich ausbrechen müsse. Ein türkisches Kriegsheer sollte von
Bosnien her Oesterreich angreifen und eine preußische Armee vom Norden
über die Grenze rücken. Vom Jänner 1790 an wurden die Vorbereitungen
in Oesterreich getroffen. „Nachdem sich die Umstände“, schrieb Josef an
Laudon [1]), „immer bestimmter zeigen und kein Zweifel mehr übrig ist, daß
im Frühjahre ein Angriff von Seite Preußens mit Polen vereinigt erfolgen
wird, so ersuche ich Sie, mir Ihre Meinung über den mitgetheilten Entwurf
zur Vertheilung der Armee zu erstatten, daß, so viel es die Umstände zu=
lassen, Alles in gehöriger Zeit bereit sein möge.“ Laudon sollte das
Commando übernehmen. Ein Theil der Südarmee, 130,000 Mann, wurde
nach Böhmen und Mähren mit dem Mittelpunkte Königgrätz abberufen;
100,000 Mann blieben im Banat zur Defensive bereit, 30,000 Mann wurden
in Galizien unter Wallis und Coburg aufgestellt. Oesterreich stand an einem
gefährlichen Wendepunkte, welcher seine auswärtige Politik erschütterte, seine
Stellung in Europa, ja seine Existenz bedrohte. Die russische Hilfe war
unsicher, die Bundesgenossenschaft mit Frankreich, welches in der Revolution
fortschritt, so viel als gelöst, Belgien schien verloren und in Ungarn und
Polen bereitete sich Alles zur Revolution vor.

In der Gefahr eines allgemeinen Conflictes hatte Josef redlich an dem
Frieden gearbeitet, aber alle seine Versuche waren gescheitert und er selbst
stand am Ende seiner Laufbahn. Seit er aus dem Feldzuge 1788 krank

---

[1]) 4. Jänner 1790. Gerson Wolf, a. a. O. 238.

und elend zurückgekehrt war, hat er sich nicht wieder erholt; sein Testament
hatte er bereits am 14. April 1788 in das Hausarchiv niedergelegt. Den
Winter 1788 und 1789 brachte er meistens in seinem Zimmer zu. Die
Aerzte empfahlen ihm die Ruhe des Geistes und Körpers, aber sein lebhafter
Geist und die Sorge um das Schicksal des Reiches versagten ihm den Frieden
der Seele; dabei blieb er unablässig thätig. „Wenigstens im Arbeitscabinet",
schrieb er seiner Schwester Marie, „soll meine Maschine gehen." Erst am
3. Mai konnte er wieder ansfahren und etwas zu Fuße gehen; im Juni
ging er nach Laxenburg, im Herbste nach Schönbrunn. Im September fühlte
er sich so weit hergestellt, daß er zur Armee gehen wollte; wenn möglich
hätte er die Preußen bekämpft. Als der Kaiser jedoch am 6. October wieder
in die Stadt übersiedelte, wurde er wieder so krank als früher. Die letzten
freudigen Momente seines Lebens waren die Einnahme von Belgrad und
die Siege an der untern Donau; desto tiefer trafen ihn die Nachrichten aus
Ungarn und Belgien. Die Räumung Brüssels bezeichnete Josef als den
Gipfelpunkt des „Unglückes und der Schande." Es schien mehr als wahr=
scheinlich, wie er es vorausgesagt, daß Preußen im Frühjahre 1790 auf dem
Kampfplatze erscheinen werde. Alle diese schlimmen Nachrichten haben den
Kaiser stoßweise in den Tod getrieben. „Versunken in mein eigenes Miß=
geschick", schrieb er an Leopold von Toscana [1]), „und in das des Staates,
mit einer Gesundheit, welche mich jeder Erleichterung beraubt und die Arbeit
noch peinlicher macht, bin ich gegenwärtig der Unglücklichste unter den Lebenden,
Geduld und Ergebung sind meine einzige Devise. Du kennst meinen Fana=
tismus, darf ich sagen, für das Wohl des Staates, dem ich Alles geopfert
habe; das Bischen guten Rufes, den ich besaß, das politische Ansehen, welches
die Monarchie erworben, Alles ist dahin; beklage mich, mein theurer Bruder
und möge Gott Dich vor einer ähnlichen Lage bewahren." Seit Weihnachten
machte die Krankheit reißende Fortschritte, er konnte kaum gehen, kaum
sprechen. Tagans tagein war er nur seinen Schmerzen, seinem Kummer über=
lassen. Im November 1789 hatte er seine Ordonnanzen für Belgien wider=
rufen und am 28. Jänner 1790 unterzeichnete er den Widerruf für Ungarn.
Dabei weigerte er sich noch immer den Reichstag zu berufen. „Das würde
Alles in Verwirrung bringen und nicht genügen, man muß abwarten", schrieb
er an Leopold [2]), aber Josef vermochte nichts mehr abzuwarten. Auf sein
Verlangen sagte ihm sein Leibarzt (5. Februar), daß sein Leben jeden Tag
erlöschen könne. Der letzte wichtige Act seines Lebens war, daß er die
inneren Geschäfte an Graf Hatzfeld übertrug und für die äußere Politik
eine besondere Conferenz einsetzte. [3]) Diese bestand aus dem Obersthofmeister
Fürst Starhemberg, dem Oberstkämmerer Graf Rosenberg, dem Marschall

---

[1]) 21. 24. December II. 303, 305.
[2]) 4. Februar 1790. II. 315.
[3]) 29. Jänner 1790.

Lacy und Kaunitz. Um diesem „alles Ungemach zu ersparen", gestattete ihm der Kaiser, sich durch Hofrath Spielmann und Collenbach als Protocollführer vertreten zu lassen. Von dieser Conferenz ging auch der Beschluß aus, den Großherzog Leopold als Mitregenten zu berufen. Der Kaiser beschwor seinen Bruder bei seiner Freundschaft, bei seiner Pflicht für das Reich, in dem er und seine Kinder nachfolgen würden, schleunigst nach Wien zu kommen, seine Anordnungen sollten die Kraft haben, als wenn sie vom Kaiser selbst ausgingen.[1] Mit Widerstreben und nur einen Moment schien Leopold geneigt, dem Rufe zu folgen. „Ich soll Hand anlegen an die Geschäfte, die so verwirrt sind", schrieb er an seine Schwester Marie am 17. Februar, „und dazu die Krankheit und Stimmung des Kaisers, aber ich opfere mich und gehorche"; aber schon am nächsten Tag änderte er seinen Entschluß und äußerte sich (18. Februar): „Ich könnte nur nach Wien gehen, um seinem Tode beizuwohnen, oder ihn vielleicht zu beschleunigen." Zugleich hielt ihn ein Unwohlsein in Florenz zurück. In Einsamkeit und Verlassenheit brachte Josef seine letzten Tage zu, nur der Erzherzog Franz, Lacy, Rosenberg, Dietrichstein, Hadik, Laudon und die Secretäre kamen zu ihm. Diesen dictirte er die Abschiedsbriefe an seine Geschwister, an die Zarin und an die fünf Damen; nur mit zitternder Hand vermochte er sie zu unterzeichnen. In einem besonderen Billete vom 16. Februar bezeigte er noch Kaunitz seinen Dank und sein Vertrauen und empfahl ihm das Vaterland, „das ihm so sehr am Herzen liege." Von seinen Geschwistern war Niemand an seinem Todtenbette. Die junge Erzherzogin Elisabeth, welche für Josef eine tiefe kindliche Zuneigung hatte, war von seinem Anblicke so erschreckt, daß sie eine Frühgeburt machte und daran starb. Josef war davon tief erschüttert. Am Morgen des 20. Februar 1790 fühlte er sich sehr unwohl und verschied nach einem kurzen Todeskampfe sanft und ruhig. Bei seinem Tode waren nur der Beichtvater und Arzt, der Erzherzog Franz, Lacy, Rosenberg und Dietrichstein anwesend. Der preußische Gesandte meldete seiner Regierung: „Es giebt wenige Beispiele eines derartigen resignirten Todes." Wie ein tapferer Mann, treu seiner Pflicht bis zum letzten Hauche, ist er in den Tod gegangen. Seine Angehörigen meinten, er habe sich das Leiden, das ihn ins Grab brachte, selber zugezogen. Gewiß war seine Gesundheit durch die überstürzende Thätigkeit seines Lebens frühzeitig erschüttert; aber wer vermag zu entscheiden, wie viel die zerstörten Pläne und Hoffnungen seines Lebens zur Entwicklung eines so traurigen Uebels beigetragen haben. Ein Zeitgenosse schrieb[2]: „Vor neun Jahren, da er auf den Thron stieg, wurde er als ein Hilfsgott angebetet und von ihm das Größte, Rühmlichste, fast das Unmögliche erwartet; jetzt trägt man ihn als ein Sühnopfer der Zeit zu Grabe. Hat je ein Kaiser, hat je ein Sterblicher mehr gewollt, sich mehr

---

1) Josef an Leopold 6. 8. Februar 1790. II. 316, 318.
2) Herder, Briefe über die Humanität I. 118.

bemüht, mehr angestrebt und rastloser gewirkt als er, und welch ein Schicksal vor dem Angesicht des Todes, in den besten Lebensjahren die Erreichung seiner Absichten nicht nur aufgeben, sondern die ganze Mühe und Arbeit seines Lebens formell widerrufen, feierlich ausstreichen zu müssen und so zu sterben. Mir ist kein Beispiel in der Geschichte bekannt, daß es einem Monarchen so hart gegangen wäre."

In Wien war es erst in den letzten Tagen bekannt geworden, daß der Kaiser ohne Hoffnung darniederliege. Man flüsterte sich zu: „Er ist vergiftet!" In Böhmen, Galizien und Ungarn sagten sich die Bauern: „Er ist nicht todt, man hat ihn eingesperrt, er wird wiederkommen." Viele gedachten seiner nur mit Spott und mit Leid. Mit ihm schien auch das System, wie man es nannte, begraben; der alte Staat, die alte Ordnung, die alten Rechte konnten Glied für Glied wieder aufleben, aber die meisten seiner Institutionen haben sein Leben überdauert. Seine Regierung war voll Energie und Kraft, sie hat die alte österreichische Staatsordnung der Ferdinande mit der feudalen und kirchlichen Herrschaft gebrochen, sie hat die deutsche Cultur wieder erhoben, die Gleichheit vor dem Gesetze verkündigt, der Industrie und dem Verkehre neue Bahnen eröffnet, sie hat der freien Arbeit ihr Recht ertheilt, den Bürger und Bauer wieder als lebendige Glieder in das Volksthum eingeführt, eine Regsamkeit und innere Freiheit geschaffen, welche keine spätere Regierung verleugnen konnte und die kein treuloses Jahrhundert wieder auszulöschen vermag. —

Viertes Buch.

Leopold II. 1790—1792.

Von

Dr. Hans von Zwiedineck-Südenhorst,

Steierm. Landes-Bibliothekar u. Privatdocent an der Universität Graz.

I. Leopold und der Friede.

Leopold (Peter), der dritte Sohn Maria Theresia's, war am 5. Mai 1747 geboren, also damals 43 Jahre alt, in der Vollkraft des Lebens, mittelgroß, fast gedrungen und in seinem Antlitze mehr die charakteristischen Züge der Lothringer, als die der Habsburger tragend. Die Erziehung des Knaben, sowie seines um drei Jahre älteren Bruders Karl leitete der Ajo Josef's II., Graf Karl Batthyany, der von dem Subajo Grafen Philipp Künigl unterstützt wurde. Nach dem Tode des Erzherzogs Karl (1761) trat als zweiter Subajo Graf Franz Thurn-Valesassina zu den Genannten, der seinen fürstlichen Zögling später auch nach Toscana begleitet hat. Der Jesuit Franz Lochner war sein Beichtvater, als Lehrer werden Jacob Sauboin und Johann Brasseur genannt. Der Unterricht erstreckte sich auf die lateinische, französische, italienische und böhmische Sprache, Rechts- und Staatswissenschaft, Geschichte, Mathematik und Naturwissenschaft. Nicht ohne Einfluß auf seine Anschauungen des kirchlichen Lebens blieb die an der Wiener Hochschule herrschende Febronianische Richtung der theologischen Lehre. Schon seit seinen ersten Jugendjahren war Leopold bestimmt, die Regierung eines italienischen Staates anzutreten; und zwar hatten seine Eltern ihn zuerst als Gemahl der Erbtochter von Modena ausersehen, seine Stelle nahm jedoch später der Erzherzog Ferdinand Karl ein, während er selbst statt des früher genannten Erzherzogs Karl das Großherzogthum Toscana erhielt, welches Kaiser Franz I. mit Diplom vom 14. Juli 1763 zur Secundogenitur seines Hauses erklärt hatte. Der Kronprinz Josef gab an demselben Tage seine Zustimmung zu dieser Verfügung und am 2. Jänner 1765 trat der Kaiser als Großherzog von Toscana das Land an seinen zweiten Sohn ab. Diese Abmachungen waren die Vorbedingungen zu der Vermählung Leopolds mit der spanischen Infantin Marie Luise gewesen, welche, am 16. Februar 1765 durch Procuration geschlossen, am 5. August desselben Jahres zu Innsbruck vollzogen wurde. Die Hochzeitsfreuden wurden zuerst durch ein Unwohlsein Leopolds, bald darnach in weit erschütternderer Weise durch den Tod des Kaisers Franz unterbrochen, welcher, wie schon erzählt (S. 123), am 18. August vom Schlage gerührt wurde. Schon am 30. August trat das junge Paar die Reise nach Italien an. Der Empfang in Florenz war ein sehr freundlicher, man freute sich im Lande darüber, daß es nun wieder eine Hofhaltung geben werde, daß Toscana seine Angelegenheiten selbst besorgen könne. Der Hof selbst jedoch war in den ersten Jahren der Regierung Leopolds nicht so ganz unabhängig, als man erwartet hatte. Maria Theresia war nicht der Meinung, ihren neunzehnjährigen Sohn, trotzdem derselbe viel ruhiger und bedächtiger als sein Bruder Josef war, ganz unbeschränkt regieren zu lassen, sie hatte ihm in dem zum Oberstkämmerer ernannten Grafen Thurn einen Mentor bestellt, der wohl auch manchmal den Auftrag erhielt, Verwarnungen und Belehrungen der besorgten Mutter seinem Herrn zur Kenntniß zu bringen. Als die Hofhaltung in Florenz die Grenzen der dazu bewilligten Mittel zu überschreiten drohte, richtete Maria Theresia an Thurn (2. Jänner 1766) ein Schreiben, welches lebhafte Vorwürfe über die ungenügenden Mittheilungen von der Lage des Landes und den Verhältnissen des Hofes und herben Tadel über den Luxus enthielt, dem sich ihr Sohn nach ihrer Meinung hingab. „Der Jugend meines Sohnes will ich es zuschreiben und seinem Selbstgefühle, ein Souverän zu sein; darum glaubt er sich auf gleicher Stufe mit den Königen und von Niemandem abhängig als von Gott. Hier und da vorkommende Schmeicheleien können einen jungen Mann wohl verblenden, aber er besitzt eine Mutter, eine Familie, von denen er abhängt." [1] Die Kaiserin war kurze Zeit hindurch sogar entschlossen, den Gesandten in Madrid, Grafen Rosenberg, mit einer besonderen Mission zur Ueberwachung des florentinischen Hofes an diesen abzusenden. Graf Thurn fühlte sich über die Zurechtweisung durch die Kaiserin und den Verlust ihres Vertrauens so bitter gekränkt, daß er in Folge der Aufregung in eine Krankheit verfiel, welche ihm nach wenigen Wochen den Tod brachte.

Die ersten Minister des jungen Großherzogs, der alte Marchese Botta d'Adorno, und von 1766 an Graf Franz Orsini-Rosenberg, waren durchaus von Wien abhängig, obwohl die Kaiserin sehr bald über die Haltung ihres Sohnes beruhigt war und ihre Befriedigung darüber aussprach. Erst 1770 begann Leopold ohne Controlle im eigenen Lande zu regieren und nun brach sich auch sein schöpferischer Geist Bahn. Mit Hilfe seines Ministers Pompejo Neri, eines geborenen Florentiners, entfaltete er seine reformatorische Thätigkeit auf dem administrativen, kirchlichen und ökonomischen Gebiete, in allen Zweigen der Gesetzgebung und Verwaltung. Dadurch wurde seine fünfundzwanzigjährige Regierung zu einer merkwürdigen, in Italien sozusagen einzigen Erscheinung. [2] Er wurde dabei von denselben Anschauungen wie Josef II. geleitet; auch seine Reformen waren nicht in allem gehörig überlegt und maßvoll, aber er ging beharrlich und unermüdlich vorwärts und erzielte dadurch größere Erfolge, als sein Bruder in Oesterreich. Er hat das Grundeigenthum frei gemacht, die Selbstverwaltung der Gemeinden hergestellt, das Steuerwesen vereinfacht, die Tortur und die Inquisition aufgehoben, Handel und Gewerbe entfesselt, die Monopole und das Zunftwesen vernichtet, das Erbpachtsystem eingeführt, Freiheit der Erziehung und des Unterrichts

---

1) Arneth, Maria Theresia, 7. Bd., S. 175 ff.
2) Ferd. Hirsch, Leopold II. als Großherzog von Toscana in Sybels histor. Zeitschr., 40. Bd. p. 432—470. — A. v. Reumont, Geschichte Toscanas, II. Bd. p. 79—186. — G. Capponi, Storia di Pietro Leopoldo, Florenz 1877. II. 347 ff.

Maria Luise, Gemahlin Leopolds II.

begründet. Dagegen vernachlässigte er das Militärwesen, löste mit geringer Ausnahme die Armee und die Kriegsmarine auf, indem er die Neutralität Toscanas vor äußeren Feinden gesichert glaubte. In einzelnen Städten ließ er den Sicherheitsdienst durch Bürgermilizen versehen und auch diese hob er 1790 größtentheils auf. Tief einschneidend in die herrschenden Mißverhält= nisse äußerten sich Leopolds Umgestaltungen der kirchlichen Einrichtungen, die der Entwicklung der Bevölkerung in geistiger und materieller Hinsicht in hohem Grade hinderlich waren. Nachdem der Weg der Verständigung mit der römischen Curie aussichtslos erschienen war, setzte Leopold seine Ideen auf Grund der absoluten fürstlichen Macht durch, welcher die staatlichen Ein= richtungen seines Erblandes keine Hindernisse entgegenstellten. Lockerung des Zusammenhanges mit Rom, Kräftigung der bischöflichen Macht wurde in erster Linie angestrebt; daher forderte der Großherzog das Exequatur für die Erlasse ausländischer Kirchenbehörden, hob die Asyle und die eigene Gerichts= barkeit der Nuntien auf, verbot die Zahlungen an die päpstliche Kasse, nöthigte den gesammten Clerus, seine Vorbildung in den bischöflichen Semi= narien zu suchen und machte die Verleihung von Pfarreien von der Ablegung einer Prüfung abhängig. Sämmtliche Klöster wurden der bischöflichen Juris= diction unterstellt, der Jesuitenorden wurde 1773 aufgehoben, auch das Eremitenwesen abgeschafft. Da Toscana an einem Ueberschusse von priester= lichen Personen litt — es gab 1745 unter 900,000 Einwohnern 27,000 Geistliche —, so wurde die Zulassung zu den Weihen erschwert und dem geistlichen Vagabundenthum möglichst gesteuert. Es konnte nicht fehlen, daß diese Maßregeln viel Mißvergnügen im Volke verursachten, welches der Agitation einer großen Zahl in ihren Interessen geschädigter Personen aus= gesetzt war. Leopold glaubte, in den Bischöfen selbst eine Stütze seiner gesunden Neuerungen finden und durch die Aussprüche von Diöcesansynoden belehrend und aufklärend auf die Bevölkerung wirken zu können. Doch nur Scipione de' Ricci, Bischof von Prato und Pistoja, trat offen auf seine Seite und die von diesem 1786 einberufene Diöcesansynode von Pistoja empfahl der Regierung die Annahme der vier gallicanischen Artikel, aber Pius VI. erklärte diese Beschlüsse für häretisch und im ganzen Lande bereitete sich eine Gegenagitation vor. Leopold glaubte derselben durch die Berufung eines Nationalconcils begegnen zu können, von der Ausführung dieses Planes rieth ihm jedoch Ricci ab, so daß sich Leopold mit einer Versammlung der toscanischen Bischöfe begnügte, welche die Vorlagen für eine Provinzialsynode berathen sollte. Die Herren Prälaten konnten sich aber auch nicht einigen und gingen, ohne das Ziel der Vereinbarungen mit der Regierung erreicht zu haben, wieder auseinander. Die Geschichte der „Assamblea episcopale“ ließ der Großherzog veröffentlichen; die Nachwelt kann daraus die Ueberzeugung schöpfen, daß nicht Leopold dafür verantwortlich gemacht werden kann, wenn es ihm trotz der eifrigsten Bemühung und trotz der größten Mäßigung nicht gelang, die neue Ordnung der kirchlichen Verhältnisse vollständig durchzuführen.

Die Hebung des tief gesunkenen Volkswohlstandes, welcher schon die
Beseitigung der erschlaffenden Priesterwirthschaft sehr förderlich war, suchte
Leopold durch eine Reihe großartiger Unternehmungen zu erreichen. Es
gelang ihm, unter Leitung des Jesuiten Ximenes die Austrocknung der Moräste
(Maremmen) von Siena vorzunehmen[1]), er regulirte die Ufer des Flusses
Ambrone, verband den See von Castiglione durch einen 2³/₄ Meilen langen
Canal mit dem Meere, ließ den See von Tuccechio zum Zwecke der Sanirung
der Gegend ableiten, obwohl die Fischerei im See seiner Kammer 12,000
Gulden Einkommen geliefert hatte, und betrieb die Colonisation der fast ver-
wilderten und unbewohnten Gegend von Grossetto. Der gesteigerten Production sollte durch Aufhebung der Einfuhr- und Ausfuhrzölle die Möglichkeit
günstiger Verwerthung gegeben werden. Die Freude über die Aufhebung der
Getreidezölle erhielt durch die zu Ehren Leopolds geprägte Medaille Ausdruck, auf welcher die „Göttin des Ueberflusses" mit eigener Hand die Fackel
schwingt, um die alten Verbotsgesetze zu verbrennen. Der Handel mit Seidenwaaren, der bisher auf Florenz und Pisa eingeengt war, wurde jetzt von
jeder Beschränkung befreit, zur Untersuchung der sehr verbesserungsbedürftigen
Bergwerke wurde der siebenbürgische Bergrath Eder ins Land berufen, der
Anbau der Färberöthe wurde verbreitet, das fast ganz zu Grunde gegangene
berühmte Gestüt der Mediciär zu Pisa durch Freschapelle und Scotti wieder
zu Ehren gebracht und die Academia Georgophilorum zur Beförderung des
Ackerbaues und der Gärtnerei gegründet. Der Bau der Straße von Pistoja
nach Modena, durch welche der Apennin übersetzt wurde, hat Aufsehen erregt
und als Muster für viele spätere Straßenbauten dienen müssen. Es konnte
nicht ausbleiben, daß durch diese und noch viele andere treffliche Einrichtungen
die materiellen Kräfte des Landes erstarkten und daß auch die Finanzverhält-
nisse Toscanas einen günstigen Aufschwung nahmen. Während zu Beginne
der Regierung Leopolds die Einkünfte seines Großherzogthums nur acht
Millionen Lire betrugen und eine Anleihe von einer Million kaum aufgebracht werden konnte, verließ Leopold das Land in vollkommen geordneten
Verhältnissen mit einem Baarschatze von fünf Millionen. Es lag ganz in
der politischen Anschauung Leopolds, daß er daran dachte, eine Repräsentativ-
verfassung in Toscana herzustellen; er ließ durch einen seiner Räthe, Giani,
den Entwurf dazu ausarbeiten; dieser kam jedoch nie zur Ausführung. Die
Bevölkerung des einst so hochcivilisirten Landes verstand in ihrer Mehrheit
die guten Absichten und die Uneigennützigkeit ihres Fürsten so wenig zu
schätzen, als die der österreichischen Provinzen den großartigen Regierungsplan
Josefs. Das Volk war durch den Clerus verhetzt, der einheimische Adel
verhielt sich dem Hofe gegenüber ziemlich kühl. Leopold residirte deshalb
— zum Verdruß der Hofleute und Diplomaten — häufiger in Pisa als in
Florenz. Auch Kunst und Wissenschaft blieben nicht unberücksichtigt, obwohl

---

[1]) Biographie Kaisers Leopold des Zweyten. Wien, Mösle, 1792.

Leopold II.

Verkleinertes Facsimile des Schwarzkunstblattes, 1790, von Jacob Adam; Originalgemälde,
im April 1790, von Josef Kreutzinger (1750—1829).

man Leopold den Vorwurf gemacht hat, er habe dafür kein Interesse. Das Interesse des Liebhabers, der in der Pflege dieser Richtungen des Geistes= lebens selbst Genuß findet, besaß er allerdings nicht; doch faßte er die Auf= gaben des Staates viel zu richtig und gewissenhaft auf, um ein so wichtiges Element der Cultur zu vernachlässigen. Bei der Neuordnung der im Palazzo Pitti aufgespeicherten Kunstwerke und Raritäten wurde wohl nicht mit dem nöthigen Verständniß vorgegangen, auch hätte statt der Aufhebung der ehr= würdigen „Academia della Crusca" eine Regeneration derselben versucht und dadurch das harte Wort Alfieri's vermieden werden können, „daß Italien noch immer unter der Herrschaft der Gothen stehe", doch fällt andrerseits die Sorge für die Kunstakademie, sowie die Gründung des Museo tisico in den Uffizien, die Herstellung einer reichen Sammlung von Antiken (Niobiden= Gruppe) schwer ins Gewicht. Für die Geschichtsforschung war die Errichtung des „Archivio diplomatico" von großer Bedeutung und die Aufnahme von Privaturkunden und Familienpapieren in diese öffentliche Anstalt mit Wahrung des Eigenthums kann heute noch als nachahmenswerthes Beispiel hervor= gehoben werden. Die Entdeckung einer großen Zahl seltener arabischer Drucke und Manuscripte, welche in gänzlicher Vergessenheit in zwei Zimmern des alten Palastes zu vermodern drohten, wird Leopold selbst zugeschrieben. Er wußte den Werth des Fundes zu schätzen und trachtete ihn noch zu ver= mehren. Die berühmte Münzensammlung des Cardinals Leopoldo Medici hat Eckhel, der größte Numismatiker seiner Zeit, geordnet. Mit vollster innerer Befriedigung aber erfüllte Leopold das Wirken auf dem Felde der Humanität, der Kranken= und Armenpflege, die Versorgung elternloser Kinder, die Unterstützung von Witwen und Waisen, die Entschädigung schuldlos Ver= urtheilter u. dgl. m.

Die Anwartschaft auf die Regierung der habsburgischen Monarchie und auf die Kaiserkrone haben Leopold in seinem Thun und Lassen wenig beein= flußt, in richtiger Beurtheilung des Charakters seines kaiserlichen Bruders und mit seinem Tactgefühle hielt er sich von jeder Einmischung in die Angelegen= heiten des Wiener Hofes ferne, obwohl er sich noch bei Lebzeiten der zweiten Frau Josefs als dessen Nachfolger ansehen konnte und thatsächlich von seinen Geschwistern angesehen wurde. Er schien in der Thätigkeit für sein Groß= herzogthum aufzugehen und hatte dasselbe in seiner Sonderstellung so lieb gewonnen, daß ihm der Gedanke an dessen Vereinigung mit der übrigen Hausmacht, für welchen ihn Josef bei seiner Anwesenheit in Italien 1784 gewonnen hatte, nichts weniger als sympathisch war. Wenige Jahre später (1789) theilte er seiner Schwester Marie Christine mit, er habe gleich damals Josef erklärt, auch trotz des unterschriebenen Papieres werde der Ueberlebende doch das thun, was ihm gut scheine.[1)]

Das Verhältniß zwischen Leopold und Josef, welches nur ein einziges

---

1) A. Beer, Leopold II., Franz II. und Katharina. Anhang, S. 219.

Mal, und zwar bald nach dem Tode des Kaisers Franz wegen der Verwendung
einer größeren, in Toscana angelegten Geldsumme vorübergehend getrübt
worden war, beruhte wohl zum Theil auf Gleichartigkeit der Gesinnung, ihre
politischen Ueberzeugungen berührten sich mehrfach, gingen jedoch auch in
vielen Punkten auseinander. Schon die Grundanschauung war eine verschiedene.
Den imperialistischen Tendenzen Josefs stand Leopolds constitutionelle Auf=
fassung gegenüber. Als Necker 1781 „Rechenschaftsberichte" über die Finanz=
zustände Frankreichs drucken ließ, äußerte sich der Großherzog zu Josef:
„Die Finanzen gehören, wie überhaupt alles, dem Volke, der Souverain ist
nur der Verwalter und daher verpflichtet, darüber Rechenschaft abzulegen."
Diesem Grundsatze getreu veröffentlichte er auch selbst, bald nach seinem
Scheiden von Toscana, eine Darlegung seiner Reformen, seiner Finanzgebahrung
und ihrer Ergebnisse. Die Einberufung der französischen Generalstände fand
seine volle Billigung. Er hegte die Ueberzeugung, daß dort, wo es keine
Stände und keine Verfassung gebe, man dieselben im Interesse der Regierung
einführen müsse, deren Verantwortlichkeit dadurch wesentlich vermindert werde.
In dem vielfach erwähnten, als „politisches Glaubensbekenntniß" geschilderten
Briefe Leopolds an seine Schwester Marie Christine (vom 25. Jänner 1790)[1])
giebt er seinen Anschauungen in entschiedenster Weise Ausdruck. „Ich glaube,
daß der Herrscher, auch der erbberechtigte, nur ein Delegirter, ein Beamter
des Volkes ist, für das er bestimmt ist, daß er diesem seine Sorgen, Mühen
und Nachtwachen zu widmen hat . . .; daß es in jedem Lande ein Grund=
gesetz als Vertrag zwischen Voll und Herrscher geben soll, welches die Autorität
und die Befugniß des letzteren begränzt; daß der Herrscher, wenn er dasselbe
nicht einhält, thatsächlich auf seine Stelle verzichtet, welche ihm nur unter
dieser Bedingung eingeräumt (donnée) ist und daß dann Niemand mehr ver=
pflichtet ist, ihm zu gehorchen; daß die Executive dem Herrscher, die Legislative
aber dem Volke und seinen Vertretern zusteht; daß das letztere bei jedem
Herrscherwechsel neue Bedingungen daran knüpfen kann; daß der Herrscher
sich weder direct noch indirect in die Angelegenheit der Civil= und Criminal=
gerichtspflege mischen darf, indem er deren Formen oder Strafen ändert,
Aufträge ertheilt oder Uebertragungen einleitet. Der Herrscher hat über die
Verwendung der öffentlichen Einkünfte und den Stand der Finanzen Rechen=
schaft zu geben, er ist nicht berechtigt, nach Gutdünken Steuern, Abgaben und
Auflagen zu erheben; nur das Volk hat dieses Recht, wenn der Herrscher ihm
die Bedürfnisse des Staates auseinandergesetzt und wenn es dieselben durch
seine Vertreter als gerechtfertigt und vernünftig anerkannt hat. Der Herrscher
muß über alle Aenderungen im System und in den Gesetzen, über Pensionen
und Gratificationen Bericht erstatten und die Billigung derselben erhalten,
bevor sie veröffentlicht werden, seine Verordnungen erlangen erst durch die

---

1) A. Wolf, Leopold II. und Marie Christine. Ihr Briefwechsel (1781—1792)
S. 80 ff.

Zustimmung der Stände Gesetzeskraft; das Militär soll nur zur Vertheidigung des Landes, aber niemals gegen das Volk verwendet werden. Niemand darf ohne richterlichen Befehl verhaftet oder gerichtet werden und stets nach den gewöhnlichen Formen und öffentlich, niemals auf Grund eines willkürlichen Befehls, käme er vom Herrscher selbst. Schließlich glaube ich, daß der Herrscher nur durch das Gesetz regieren darf, sein Vollmachtsgeber ist das Volk, welches auf sein unverjährbares, natürliches Recht nicht stillschweigend verzichten, noch desselben beraubt werden kann. Es giebt sich einen Herrscher, d. h. es räumt diesem Vorrechte ein, damit er sein Glück und seine Wohlfahrt begründe, nicht nach seinem eigenen Willen, sondern nach dem Willen und dem Gefühle des Volkes; denn der einzige Zweck der Staaten und Regierungen ist das Glück des Einzelnen." Mit solchen Principien wäre das weitgehendste parlamen= tarische Regierungssystem eingeleitet, das Ideal des „aufgeklärten" Liberalismus angestrebt worden. Daß trotz der scheinbaren theoretischen Giltigkeit dieser Principien sich mit ihnen schwer oder gar nicht regieren läßt, hat Leopold durch den Verlauf der französischen Revolution, deren Ziele ja in ihren ersten Phasen mit den seinen vollkommen zusammentrafen, noch bei Lebzeiten erfahren; ja er hat sich als Regent der österreichischen Länder mehr als einmal genöthigt gesehen, seine eigenen Theorien durch die Praxis Lügen zu strafen. Seinem Bruder Josef gegenüber hat er sich niemals in diesem Sinne ausgesprochen, Josef machte ihm über seine Pläne und Handlungen zwar häufig Mittheilung, aber er verlangte keine Rathschläge und Leopold fand sich nicht veranlaßt, mit seiner Meinung ungerufen hervorzutreten. Unbedingt huldigte er der kirchlichen Politik Josefs. „Die Religion" schreibt er, „wird es Dir verdanken, daß Du Europa aufgeklärt und die wahre Religion von dem Aberglauben und den Mißbräuchen gereinigt hast, die sich eingeschlichen hatten und die Viele beklagt, ohne wie Du den Muth zu haben, sie von vorne und an der Wurzel des Uebels anzugreifen." [1] Bezeichnend für die weitgehenden Ansichten Leopolds ist auch seine Aeußerung über das Project des Kaisers, die deutschen Bischöfe zu einer Action gegen Rom zu drängen. Er geht mit Feuereifer darauf ein und findet die Gelegenheit gekommen „alle geistlichen Höfe zu gewinnen und in Deutschland für immer das eigennützige und despotische Joch des römischen Hofes abzuschütteln, indem man die deutschen Bischöfe hiezu aneifert, sie mit aller Kraft unterstützt, die Nuntiaturen in Deutschland, von derjenigen in Wien angefangen, für immer abschafft, und sie auf einfache Botschaften wie diejenigen der anderen Mächte zurückführt. Zu diesem Ende muß man ihnen jede Art von Gerichtsbarkeit nehmen, niemals Geistliche zu diesem Posten zulassen, die deutschen Bischöfe und Kirchenfürsten aber veranlassen, zusammenzutreten und eine Nationalsynode zu bilden. In derselben sollen sie, indem sie selbst über ihre Beschwerden gegen den römischen Hof berathen, ihre Amtsgewalt zurückfordern und sich in ihre ursprünglichen Rechte wieder

---

[1] Leopold an Josef, 29. November 1783 bei Arneth, Briefwechsel I. Bd., S. 189.

einseßen, die Rom ihnen geraubt hat und auf welche ihre Vorgänger zum
Schaden ihrer künftigen Nachfolger niemals verzichten konnten." [1]) Leopold
erkannte im Papste überhaupt nur den ersten der Bischöfe, niemals aber
einen geistlichen Souverain an. [2])

In Hinsicht der ungarischen Angelegenheiten trat Leopold den Schritten
seines Bruders auch nicht entgegen.   Er anerkannte die Importanz der
in Ungarn eingerissenen Mißbräuche und Uebelstände und konnte nicht
begreifen, mit welchen Vernunftgründen man die Reformen Josefs zurückweisen
könne.   Er tadelte den Widerstand und die Verschleppungspolitik der Stände [3])
und freute sich der glücklichen Wendung, welche kurze Zeit hindurch ein=
getreten zu sein schien.   Doch läßt sich nicht verkennen, daß diese Art der
Zustimmung nicht in demselben Maße von innerer Ueberzeugung getragen
ist, wie wir sie in den kirchlichen Fragen beobachtet haben.   Leopold vermied
jedes Eingehen in den Kern der Sache: das verfassungsmäßige Recht des
Kaisers und Königs zu den von ihm beschlossenen Maßnahmen.   Dieses
konnte er von seinem constitutionellen Standpunkte aus kaum zugestehen.
Noch weniger vermochte er das Auftreten Josefs gegen die Niederländer zu
billigen.   Er ließ jedoch den Kaiser über seine Meinung in diesem Punkte
völlig im Unklaren, ja seine Briefe sind in dieser Angelegenheit nicht frei von
Zweideutigkeit und man kann nicht darüber in Zweifel sein, daß Josef sie
anders auffaßte, als sie eigentlich gemeint waren.   Der Kaiser glaubte sich
noch in Uebereinstimmung mit dem Großherzoge, als dieser seiner Schwester
Marie Christine gegenüber den Weg der Nachgiebigkeit bereits als den einzig
richtigen erklärte.   Als Josef diesen Weg zu betreten sich weigerte, sah Leopold
das Wachsen des Aufstandes voraus.   „Ich glaube", schrieb er am 16. September
1789 [4]) an seine Schwester, „daß das Mißtrauen und die Unzufriedenheit
bei Euch allgemein wird und nur die Furcht vor dem Militär sie für einige
Zeit zurückdrängen kann; aber je später die Explosion stattfinden wird, um
so heftiger, vorbereiteter, verwickelter und gefährlicher wird sie sein."   Die
Truppen hielt er für viel zu schwach, um dem Anprall widerstehen zu können.
Er wußte, daß Emissäre aus Frankreich und Holland geschäftig waren, die
Bewegung zu befördern.   Für den Fall, als er selbst in Folge eines üblen
Ausganges der Krankheit seines Bruders in die Sachlage einzugreifen berufen
würde, stellt er in Aussicht, daß die Stände sofort nach der alten Form in
jeder Provinz einberufen würden und die Regierung ihnen die Erklärung
abgeben müßte, sie werde nur in Uebereinstimmung mit ihnen vorgehen.   Eine
allgemeine Amnestie für politische Verbrechen, Aufhebung des Kriegszustandes
der Armee, Verhandlung mit den Ständen wegen Streichung der unhaltbaren

---

1) 5. December 1786. Arneth, Briefwechsel, II. Bd. S. 48.
2) 6. März 1787. Ebendaselbst.
3) 4. September 1785. Arneth, Briefwechsel I, 298. — Alfons Huber,
Die Politik Kaiser Josefs II., beurtheilt von seinem Bruder Leopold von Toscana.
4) A. Wolf, Briefwechsel, S. 53 ff.

Bestimmungen der joyeuse entrée bilden die Hauptpunkte seines Pro=
grammes.

Wie in der inneren, so gingen auch in der äußeren Politik die Ansichten
der beiden Brüder vielfach auseinander. Das Bündniß mit Rußland erfüllte
Leopold nicht mit so kühnen Hoffnungen, wie Josef, die Zerstörung des
türkischen Reiches hielt er einerseits nicht für leicht, andrerseits schien ihm
ein schwächlicher Staat dem vergrößerten Rußland als Nachbar vorzuziehen[1]);
1787 fragte er den Kaiser, welche reellen Vortheile er sich für den Krieg,
für die Verluste an Geld und Menschen gesichert habe? Darin lag wohl
eine nicht mißzuverstehende Warnung vor einer kriegerischen Action, deren
Ziele nicht annähernd festgestellt waren; bei Josef fand sie jedoch keine
Beachtung. Dies bestimmte den Großherzog, sich in seinen Aeußerungen noch
mehr Zurückhaltung aufzuerlegen und deßhalb finden wir in den wenigen Briefen,
mit welchen er die regelmäßigen und eingehenden Mittheilungen seines Bruders
über die Vorbereitungen des Krieges und dessen Verlauf beantwortet, keinen
weiteren Versuch, auf die Entschließungen des Kaisers bestimmend einzuwirken,
sondern fast durchgehends nur ziemlich kühle Bemerkungen über die sich
ergebenden neuen Wendungen und deren Ausnützung.[2]) Auch gegen Christine
spricht sich Leopold fast gar nicht über die orientalischen Angelegenheiten aus;
als er des Sieges bei Martinesti Erwähnung thut, den Coburg und Suwarow
am 22. September 1789 über den Großvezier erfochten, knüpft er an die
Erwartung der Einnahme von Belgrad die Annahme, daß dieselbe den Frieden
ermöglichen werde, das Einzige, das man jetzt wünschen könne.

In den letzten Jahren der Regierung seines Bruders verfolgte Leopold
die Vorgänge im Innern und an den Grenzen des Reiches mit den Gefühlen
eines Mannes, der schweres Unheil hereinbrechen sieht, die Mittel kennt,
dasselbe aufzuhalten, sie aber nicht in Anwendung bringen kann. Er hat sich
jedenfalls schon oft und mit aller Gewissenhaftigkeit darüber Rechenschaft
gegeben, was er selbst unternehmen würde, wenn er zur Action käme; das
bezeugen die Aufschreibungen, die er in Hinblick auf seine Berufung zur
Regierung gemacht hat.[3]) Um so peinlicher und aufregender wurde seine
Situation, als sich die Nachrichten über das Dahinsiechen des Kaisers mehrten,
als ihm dieser selbst wiederholt in Aussicht stellte, daß er ihn nach Wien
fordern und ihm einen Theil der Geschäfte übergeben wolle. Nichts konnte

---

1) Leopold an Josef. Ende August 1783, zusammenfassende Beurtheilung der
orientalischen Politik. Arneth, Briefwechsel, I, 166—172.

2) Charakteristisch sind in dieser Hinsicht namentlich die Schreiben Leopolds an
Josef vom 17. December 1787 und 1. Juni 1788. Bei Arneth, II, 150—154,
180—181.

3) Aufzeichnungen des Herzogs Albrecht von Sachsen: „Points de direction
donnés par le Grand-Duc de Toscane dans une lettre écrite dans le mois
d'août 1788, et par lesquels il nous a manifesté ses intentions sur ce que dans
le cas du décès de l'Empereur, il devait se faire de sa part dans le Pays-Bas."
Wolf, Leopold II. und Marie Christine, S. 44 ff.

ihm unangenehmer sein, der Widerwille dagegen ist begreiflich genug und Leopold hat mit Recht behauptet, daß seine Dazwischenkunft auch die Lage des Kaisers nur noch unerquicklicher machen müsse, denn er würde niemals zu einem Schritte seine Zustimmung geben, der ihm nicht annehmbar erscheine, er würde aber andrerseits auch niemals gegen einen öffentlichen Act des Kaisers auftreten. Gegen Christine, welcher er diese Gedanken eröffnet, klagt er außerdem, daß er nichts von alledem wisse, was man in Wien verhandle, nichts über die Stimmung für Krieg oder Frieden, nichts über die niederländischen Angelegenheiten. Sein Sohn Franz schreibe ihm nicht und er stehe auch sonst mit Niemandem in Correspondenz. [1])

Anfangs Februar ging ein Vertrauensmann Leopolds nach Wien, um sich über den Gesundheitszustand des Kaisers und die Lage der Dinge im Reiche zu informiren und dem Großherzoge ein richtiges Bild davon entwerfen zu können. Entweder schon durch diesen, jedenfalls aber durch die Briefe Josefs vom 4. und 6. Februar erhielt Leopold die Ueberzeugung von der Nothwendigkeit seines Eingreifens in die Regierungsgeschäfte in kürzester Zeit. Am 17. Februar übermittelte er daher seiner Schwester und dem Herzog Albrecht nach Bonn ein Memoire, welches für den Fall des Todes Josefs den Generalständen der Niederlande bekannt gegeben werden sollte. [2]) Dieser erste Act einer selbständigen und aus der Initiative Leopolds hervorgehenden Thätigkeit als Leiter der österreichischen Politik ist für die Beurtheilung desselben von größter Bedeutung. Es liegt darin nichts, was ihm die Verhältnisse abgerungen haben, sondern nur der Ausdruck seiner eigensten Ansichten. Er spricht zunächst seine Mißbilligung über die Angriffe auf die Verfassung der Niederlande und die eingeleiteten Reformen aus; er beruft sich darauf, daß er schon 1770 gegenüber seiner Mutter die Verfassung der Niederlande als Muster für alle anderen Provinzen aufgestellt habe. Ein Abgehen von dem beschworenen Vertrage mache den Souverain seiner Hoheitsrechte verlustig, der Nachfolger könne jedoch für die Fehler seines Vorgängers nicht verantwortlich gemacht, das Erbrecht nicht alterirt werden. Er wünsche sich mit den Nieder= landen zu vereinbaren, biete daher den Ständen die volle Bestätigung der joyeuse entrée und der besonderen Privilegien jeder Provinz mit einer allgemeinen und vollkommenen Amnestie. Zu der Besetzung der Aemter werde er die Zustimmung der Stände einholen, die Generalstatthalter sollen Mit= glieder der kaiserlichen Familie oder Eingeborne sein, sowie die Minister und der Armeecommandant, das Militär wird im Namen des Souveräns und der Stände beeidet und darf nur mit Genehmigung der Letzteren außer Landes oder zur Herstellung der Ordnung im Lande verwendet werden, in geistlichen Angelegenheiten sind nur die Bischöfe competent, das Generalseminar hat zu

---

1) Leopold an Marie Christine, 25. Jänner 1790. Wolf, Leopold und Marie Christine, S. 80 ff.

2) Dasselbe wurde mehrfach abgedruckt. (Gachard, Documents politiques et diplomat. — Le Grand, Revol. brabançonne.)

entfallen, die Generalstände können sich ohne Erlaubniß des Statthalters
versammeln, ohne ihre Einwilligung kann kein Gesetz eingeführt werden, die
Einkünfte des Landes müssen im Lande zur Verwendung kommen, die Provinzial=
stände registriren die Verordnungen und leiten die innere Verwaltung. Es
ist der consequenteste Constitutionalismus, der sich hier entfaltet und that=
sächlich schon am 2. März manifestirt wurde. Es war nur ein Ausfluß
derselben Gesinnung, wenn Leopold den Kaiser zu dem Entschlusse beglück=
wünschte, in Ungarn die alten Zustände wieder herzustellen, d. h. die ungarische
Verfassung ungeschmälert wieder in Kraft treten zu lassen.[1] Er wünschte noch
die Krönung und die Abhaltung eines Reichstages in gesetzlicher Form, da er
jede Halbheit in den Zugeständnissen für gefährlich und geeignet hielt, die Wieder=
kehr des Vertrauens zu verhindern.

Leopold war mitten in den Vorbereitungen zu seiner Abreise aus Toscana,
wohin er kaum mehr dauernd zurückzukommen gedachte, als ihn die Nachricht
von dem Tode seines Bruders traf. Ein heftiges Unwohlsein hatte ihn daran
verhindert, in den letzten Momenten des verehrungswürdigen, unglücklichen
Sterbenden diesem zur Seite stehen zu können.

Am 3. März reiste Leopold von Florenz ab, am 12. langte er in
Wien an. Wir wissen, was er in seiner Heimath vorfand — einen in innerer
Auflösung begriffenen Staat, der durch eine ungeschickte äußere Politik bereits
in den Krieg mit einem Nachbar verwickelt war und eben gewärtigen mußte,
von einem zweiten, mächtigeren und gefährlicheren, angegriffen zu werden.
Es ist noch nicht allzulange her, seit man diese Zustände richtig erkannt und
die Aufgabe zu würdigen gelernt hat, die Leopold bei seinem Regierungs=
antritte vorgefunden und — gelöst hat. Das mythische Element ist in der
Erinnerung der Menschheit noch immer thätig, es bedarf stets einiger Anstrengung,
um einer von Lieblingsideen beeinflußten Anschauung gegenüber der Wahrheit
ihr Recht zu verschaffen. Die ideale Gestalt Josef II., die Großartigkeit seiner.
Pläne, seine Aufopferung für das Staatswohl haben die Sympathie für ihn
in einer Weise gesteigert, daß man gegen seinen Nachfolger ungerecht wurde,
daß man das Verständniß für den Geist seiner Regierung vollkommen verloren
hat.[2] Heinrich von Sybel hat es mit seiner klaren Beurtheilung von Personen
und Zuständen erst begründet. „Leopold sollte als Nachfolger seines Bruders

---

1) Leopold an Josef, 16. Februar 1790. Arneth, Briefwechsel II. Leopold an
Marie Christine, Wolf, S. 109. Vgl. auch den Brief vom 12. Februar, S. 95.

2) Ein vor wenigen Jahren, also in einer Zeit erschienenes Werk, in welcher die
Gelegenheit, Leopolds Auffassung von den Maximen einer constitutionellen Regierung
aus seinen Briefen kennen zu lernen, reichlich geboten war, spricht von der „Schlauheit
florentinischer Staatskunst, welche mit allen Mitteln die unter Josef in Fluß gerathene
Bewegung der Geister zu dämmen und langsam aber sicher die Dinge auf den Status
quo ante zurückzuführen begann." Glaubt der Verfasser, daß jene Bewegung der
Geister, welche die meisten Anhänger Josefs weit oberflächlicher berührt hatte, als
Leopold selbst, den Zerfall des Staates hätte aufhalten können?

den tief erschütterten Staat von dem Rande des Absturzes zurückziehen. Es war kein geringes Glück für das Haus Lothringen, daß gerade dieser Bruder vorhanden war, um die Lenkung auf so schwindelnden Wegen zu übernehmen. So gescheidt und ruhig, so weich gemäßigt und doch so unerschütterlich fest, trat er in die Geschäfte ein und verstand sogleich das Vertrauen um sich her zu verbreiten, das, an sich selbst eine Eroberung, alle künftigen Siege in sich schließt. Er war geistig genug, um die großen Principien Josefs zu würdigen, und nüchtern genug, um jedem unerreichbaren Ziele gelassen den Rücken zu kehren. Er war ohne Weiteres bereit, den großen Eroberungsplänen des Bruders zu entsagen, um das Dasein des Gesammtstaates zu retten und der Zukunft desselben nichts zu vergeben. Nach dieser Gesinnung nahm er seine Maßregeln." [1] Es war in ihm kein Gegensatz gegen ideale Bestrebungen vorhanden, er mußte dieselben jedoch durch die Rücksicht auf das Gegebene und Erreichbare zu controliren. Die Schulung, welche Leopold in seinem Großherzogthum als Regent genossen hatte, befähigte ihn dazu, die Ordnung der verwickelten Angelegenheiten des großen Staatswesens, an dessen Spitze er nun trat, sofort in Angriff zu nehmen. Er hatte im Kleinen gelernt, die Menschen richtig zu nehmen und zu lenken, er hatte gelernt, bei der Verfolgung großer Ziele die kleinen Hindernisse nicht außer Acht zu lassen, er war mit einer weisen Beschränkung vertraut geworden, die auf der zu= treffenden Unterscheidung zwischen Nothwendigem und Wünschenswerthem beruht; er war zum eminent praktischen Politiker herangereift, der sich über den Werth der Theorie in keinem Zweifel mehr befand.

Leopold erkannte in den ersten Stunden seiner Anwesenheit in Wien, daß er selbst sofort alle wichtigen Geschäfte erledigen müsse. Von den Ministern seines Bruders war keine Initia= tive zu erwarten, sie waren insgesammt rathlos

Facsimile der Unterschrift Leopold II. Von einem diplomatischen Beglaubigungs= schreiben, datirt: Wien, 20. März 1790.

und traten ihm ohne Programm, ohne Vertrauen entgegen. Sie wurden zwar, ebenso wie die Mitglieder des Staatsrathes, in ihren Aemtern bestätigt, sollten aber erst die Grundsätze kennen lernen, von welchen Leopold auszugehen gedachte. Dieser suchte sich zunächst von allen Angelegenheiten die eingehendste Kenntniß zu verschaffen, er arbeitete 10—12 Stunden des Tages ohne Unter= brechung und kam, wie er an Christine schrieb, nicht einmal dazu, frische Luft zu schöpfen. Die auswärtigen Beziehungen wurden zum Angelpunkte für sein Vorgehen. Der Friede mußte hergestellt, jeder neue Conflict vermieden werden, venn die Beruhigung der österreichischen Provinzen erreicht werden sollte. War diese gelungen, dann war es auch möglich, dem Staate wieder

---

1) Sybel, Geschichte der Revolutionszeit, 4. Aufl. I. Bd. S. 167—168. Sybel hat die Auffassung, die er schon in der ersten Auflage seines Werkes über Leopold II. ausspricht, seit jener Zeit noch zu Gunsten des Kaisers corrigirt. Die Einsicht in die Correspondenzen desselben hat ihn überzeugt, daß in dem Charakter Leopolds der Geist der Frivolität, den er damals bemerkte, doch nicht nachgewiesen werden kann.

neues Ansehen im Rathe der europäischen Mächte zu gewinnen. Kaunitz sah
die größte Gefahr für Oesterreich in der Haltung Preußens, von welcher
Macht er des Schlimmsten gewärtig war. Seine Ansicht ging dahin, die
Türkei durch eine möglichst energische Erneuerung des Krieges zum Frieden
zu zwingen und gleichzeitig in Berlin so kräftig zu demonstriren, daß der
preußische Hof vor einer offenen Unterstützung der Türken zurückschrecken würde.
Für Leopold hingegen war die Erhaltung des Friedens mit Preußen das
erste Gebot der Nothwendigkeit, die Abfindung mit den Türken schien ihm
schon deßhalb nicht schwierig zu erreichen, weil er nicht darauf ausging,
irgendwelche nennenswerthe Vortheile im Orient um jeden Preis zu behaupten,
sondern im äußersten Falle sogar mit der Wiederherstellung der Zustände vor
dem Kriege sich zufrieden geben wollte.

Es ist bewunderungswürdig, daß Leopold die Situation um so viel
richtiger beurtheilte, als Kaunitz. Ein Krieg mit Preußen hätte damals den
österreichischen Staat ohne Zweifel in die bedenklichste Lage versetzt. Preußen
konnte sofort 160,000 Mann marschiren lassen und wenn man die Stärke der
österreichischen Armee, der äußerst optimistischen Ansicht eines militärischen
Schriftstellers folgend, wirklich mit 300,000 Combattanten annimmt, so muß
man doch zugeben, daß Oesterreich auf beiden weit auseinanderliegenden
Kriegstheatern, zwischen welchen eine gegenseitige Aushilfe nicht denkbar war,
in der Minderheit erscheinen mußte. Die Niederlande gingen dann jedenfalls
vorläufig verloren und in Ungarn konnte die preußisch gesinnte Partei
Schwierigkeiten bereiten, deren Tragweite gar nicht abzusehen war. Man denke
jedoch nur an die Möglichkeit einer wenn auch vorübergehenden revolutionären
Bewegung, durch welche die gegen die Türkei operirende Armee vom Centrum
des Reiches und den in allen Kriegsfällen allein verläßlichen Erblanden
abgeschnitten oder gar im Rücken bedroht werden konnte! Die Hoffnung des
Fürsten Kaunitz, Preußen isoliren und seine Bemühungen für eine Coalition
gegen Oesterreichs und Rußlands orientalische Aggressivpolitik auf diplomatischem
Wege lahm legen zu können, hatte sich als völlig illusorisch erwiesen: Preußen
hatte mit der Türkei und mit Polen ein Offensivbündniß geschlossen, dessen
Ziel die Erhaltung der Türkei gegen geringen Gebietsverlust und gleichzeitige
Rückstellung von Galizien an Polen war; England hatte das Project einer
Allianz mit Oesterreich mit größter Kälte aufgenommen, Frankreich war außer
Stande, in der äußeren Politik irgend eine bestimmende Stellung einzunehmen.
Schweden war bereits mit Rußland in Conflict gekommen und die deutschen
Mittelstaaten neigten insgesammt Preußen zu, welches von dem Zusammen=
bruche seiner künstlich in die Höhe geschraubten Kräfte, den Kaunitz mit
Sehnsucht erwartete, noch nichts merken ließ. So war denn der Entschluß
des greisen Staatskanzlers, noch einmal das Glück der Waffen in einem
Kampfe mit dem gehaßten Preußen zu versuchen, ein unheilvoller, abenteuer=
licher. Der Moment, in welchem der Regierungswechsel stattfand, wird von
Ranke im Zusammenhalte der äußeren und inneren Politik „einer der gefähr=

lichsten für die Existenz von Oesterreich genannt, den die Weltgeschichte nachweist. Ein Zusammenstoß schien leicht eine neue Ordnung der Dinge herbeiführen zu können."

Das erkannte Leopold und er zögerte keinen Augenblick, mit der traditionell gewordenen Politik zu brechen und über die Köpfe der beiden leitenden Minister Hertzberg und Kaunitz hinweg eine Verständigung mit dem gefürchteten Neben= buhler zu versuchen. Er wendete sich in einem persönlichen Schreiben am 25. März direct an den König Friedrich Wilhelm, um ihm einen friedlichen Ausgleich der schwebenden Differenzen anzutragen. Durch dasselbe wurde vorerst das Eine erreicht, daß der König die ihm von Hertzberg vorgezeichneten Wege theilweise verließ und dadurch die Politik seines Ministers ins Schwanken brachte, welche im Frühjahr 1790 die günstigsten Chancen für eine kräftige Action gefunden hatte. Leopolds Schritt erhielt eine unerwartete Unterstützung durch eine gleichzeitige Aenderung in der Haltung Englands. Dieses erklärte dem Berliner Cabinet, daß es mit der Herstellung des Friedens auf Grund der Besitzverhältnisse vor dem Kriege vollkommen befriedigt sein würde, es strebe die Schwächung Oesterreichs nicht an und wolle Preußen auch nur dann unterstützen, wenn dieses in der Verfolgung ähnlicher Tendenzen Feindseligkeiten zu erleiden haben sollte.[1]) Damit schwand die Aussicht Hertzbergs, Oesterreich zur Herausgabe Galiziens zwingen zu können und dadurch auch die Möglichkeit einer Erwerbung von Danzig und Thorn. — Als Fürst Kaunitz die Beobachtung machte, daß er sich in einem Widerspruche mit seinem neuen Herrn in einer Hauptfrage der äußeren Politik befand, entschloß er sich, diesem seine Entlassung anzubieten.[2]) Sie wurde nicht acceptirt. Auch hierin handelte Leopold sehr einsichtsvoll. Er konnte unter den jüngeren österreichischen Diplomaten keinen Ersatz für Kaunitz finden, die Cobenzl und Colloredo waren unbedeutend, Stadion und Thugut noch nicht in den Vordergrund getreten. Ließ sich Kaunitz herbei, die Frontveränderung anzuerkennen und die Intentionen Leopolds im Wesentlichen durchzuführen, so war er noch immer der brauchbarste und geschickteste Acteur auf der politischen Bühne, den Oesterreich besaß. Leopold machte ihm übrigens die Schwenkung so leicht als möglich; er konnte ihm die Versicherung geben, daß er die Annäherung an Preußen durchaus nicht um jeden Preis durchführen, sondern nur für den Frieden mit der Pforte freie Hand gewinnen wolle und bereit sei, wenn die orientalischen Angelegenheiten geordnet wären und Rußland sich zu einer militärischen Unterstützung geneigt zeige, es auf einen Krieg mit

---

1) Note vom 2. April 1790.

2) Kaunitz an Leopold, Wien, 26. April 1790: „Sire! Au moyen des Suites naturelles d'un bien long Ministère, je sens que je ne suis plus dans le Cas de pouvoir continuer à servir Votre Majesté, comme il pourroit Lui paroître né= cessaire ou agréable de l'être en Conséquence, je crois pouvoir et devoir même La supplier d'accepter ma Démission de tous les Emplois .." A. Beer, Josef II., Leopold II. und Kaunitz.

Preußen ankommen zu laffen. Jedenfalls wollte Leopold an der beftehenden Allianz mit Rußland nicht rütteln. Unter folchen Aufpicien ließ fich der Staatskanzler bewegen, feine Demiffion fchon am 27. April wieder zurück=znnehmen. Die beiden Strömungen, die kaiferliche und die Kaunitz'fche, laffen fich von da ab in der öfterreichifchen Politik fehr genau verfolgen, ihre Aeußerungen fteigerten fich oft bis zum Widerfpruche, der zu der Meinung Anlaß gegeben hat, der Kaifer felbft fei unklar und fchwankend in feinen Entfchlüffen gewefen. Dem war jedoch nicht fo; der Kaifer war nicht in der Lage, diefen Gegenfatz aus der Welt zu fchaffen, weil er den Fürften nicht entbehren konnte. „Er würde gewiß nicht gezögert haben, einen anderen Mann mit der Führung der Gefchäfte zu betrauen, wenn fich nur eine folche geeignete, der fchwierigen Situation gewachfene Perfönlichkeit gefunden hätte. Die Staatsmänner waren in Oefterreich von jeher fpärlich gefäet, und der alte Kaunitz überragte die jüngeren Kräfte damaliger Tage um Kopfeslänge." 1) Die Verftändigung mit Preußen ließ übrigens noch einige Zeit auf fich warten. Die Antwort Friedrich Wilhelms auf das Schreiben Leopolds bewegte fich noch vollftändig in den leitenden Gedanken Hertzbergs: Herftellung des Zuftandes vor dem jetzigen Kriege oder ein Gebietsaustaufch zwifchen Oefterreich, Preußen, Polen und der Türkei, durch welchen die Intereffen diefer Staaten gemeinfam gewahrt würden. Dabei mußte jedoch Oefterreich benachtheiligt werden, weil Preußen als Alliirter der Pforte, und insbefondere nach den durch feinen Gefchäftsträger Diez in Conftantinopel übereilt eingegangenen Verpflichtungen die Türkei, die doch eigentlich die ganze Rechnung bezahlen follte, nicht zu fo ausgiebigen Abtretungen verhalten konnte, um Oefterreich die Rückgabe Galiziens an Polen annehmbar erfcheinen zu laffen. Auf diefer aber beruhte für Preußen die Möglichkeit, Danzig und Thorn von Polen fordern zu können.

Am Wiener Hofe faßte man die Antwort des Königs von Preußen als ziemlich gleichbedeutend mit der Ablehnung einer Verftändigung auf und drang neuerdings bei Rußland auf beftimmte Zufagen für den Fall eines Bruches mit Preußen. Ein zweites Schreiben Leopolds an den König (28. April) fprach es auch geradezu aus, daß Oefterreich auf die Vorfchläge Preußens erft dann eine beftimmte Antwort geben könne, wenn es mit Rußland über die Grundbedingungen des Friedens mit der Pforte übereingekommen fei. Fürft Reuß mußte dazu in Berlin noch die mündliche Erklärung geben, daß Preußen, welches feinerfeits ja auch an die Zuftimmung Englands gebunden fei, fich kaum darüber befchweren könne, wenn Oefterreich ebenfo die Willens=äußerung feines Alliirten abwarte. Der König verlangte hierauf (9. Mai) eine möglichft rafche Entfcheidung. Er habe Verpflichtungen zu löfen, die keinen Auffchub duldeten, und befinde fich in einer Lage, die mehr einem Waffen=ftillftande, als dem Frieden ähnlich fehe. Daran fchloß fich eine Ueberficht der

---

1) A. Beer, Analekten z. Gefchichte der Revolutionszeit. Sybels Hiftor. Zeitfchr., 27. Bd.

geplanten Gebietsveränderungen, welche für Oeſterreich jene Theile von Serbien
und der Walachei ergaben, die es ſeiner Zeit durch den Paſſarowitzer Frieden
erworben hatte. — Die Bemühungen Oeſterreichs in Petersburg waren indeſſen
durchaus nicht von dem gewünſchten Erfolge begleitet. Rußland wollte in
den Friedensverhandlungen mit der Türkei in keiner Weiſe gebunden ſein.
Trat die letztere das von Rußland beſetzte Territorium zwiſchen Donau und
Dnjeſter ab, ſo war das Ende des Krieges gegeben, wenn nicht — war Ruß=
land entſchloſſen, ſeinen Vortheil mit den Waffen in der Hand weiter zu
verfolgen. Eine beſtimmte Zuſage, Oeſterreich im Kriege mit Preußen zu
unterſtützen, wurde nicht ertheilt, auch dieſe ſollte von dem Verlaufe der Unter=
handlungen mit der Türkei abhängig ſein, Oeſterreich ſolle jedoch immerhin
den diplomatiſchen Verkehr mit Preußen fortzuſpinnen ſuchen, um Zeit zu
gewinnen.[1]) So ſtand alſo Oeſterreich einem eventuellen Angriffe Preußens
allein gegenüber. Die Wahrſcheinlichkeit eines ſolchen ward immer augen=
fälliger, beſonders ſeit dem Einlangen eines britten Schreibens Friedrich
Wilhelms in Wien (vom 2. Juni), welches einen neuerlichen Vorſchlag be=
züglich der Abtretung Galiziens wie ein Ultimatum zur Kenntniß brachte
und die Einſtellung der Feindſeligkeiten gegen die Türkei von Oeſterreich
verlangte.

Gleichzeitig begann die Concentration der preußiſchen Streitkräfte in
Schleſien, wohin ſich der König, begleitet von Hertzberg, begab. Er bezog
das Hauptquartier in Schönwalde, nahe der böhmiſchen Grenze, am 18. Juni
und ließ durch ſeinen Geſandten in Wien erklären, er ſei zum Kriege ent=
ſchloſſen, wenn Leopold ſeine Forderungen nicht berückſichtigen wolle. Die
nunmehr dringend gewordene Entſcheidung wurde in Wien durch Leopold
gefällt, der in conſequenter Verfolgung des einmal gefaßten Beſchluſſes, ent=
gegen der Meinung des Staatskanzlers, die Annahme der preußiſchen Anträge
dem Kriege vorzog. Kaunitz hatte gegen die Beſchlüſſe einer Conferenz, von
welcher bereits am 15. Juni das Entgegenkommen gegen Preußen gebilligt
worden war, mannigfache Einwendungen erhoben. Leopold erwiderte dieſelben
durch die Note von 16. Juni in folgenden Worten: „Ich bin Ihnen für
die Mittheilung Ihrer Wohlmeinung ſehr verbunden. Unſere innerliche Umſtände
ſind aber leider ſo beſchaffen, daß wir alle nur einigermaßen anſtändige
Mittel anwenden müſſen, um einen Bruch mit Preußen abzuhalten.‟ Der
Conferenz hatte auch Feldmarſchall Laudon beigewohnt, welchem das Ober=
commando der gegen Preußen aufgeſtellten Armee übertragen worden war.
Schon als die erſten Nachrichten über das preußiſch=türkiſche Bündniß nach
Wien gelangten, hatte Kaiſer Joſef 39 Bataillons und 66 Escadrons, welche
in ungariſchen Winterquartieren lagen, an die ſchleſiſche und galiziſche Grenze
dirigirt, im Lauſe des Frühjahres waren dieſe Truppen verſtärkt worden,
ſo daß 20 Bataillons und 34 Escadrons gegen Polen, 91 Bataillons und

---

1) A. Beer, Die orientaliſche Politik Oeſterreichs, S. 137.

120 Escadrons gegen Preußen in Verwendung kommen konnten.[1]) Ob die=
selben zusammen ein Heer von 150,000 Mann ausgemacht haben, wie mehr=
fach behauptet wird, ist immerhin zweifelhaft. Laudons Oberbefehl ergab sich
schon aus seiner Stellung als Höchstcommandirender der ganzen österreichischen
Armee, velche Leopold ihm bei seinem Regierungsantritte eingeräumt hatte.[2])
Laudon hatte an der schlesischen Grenze im Mai einen Cordon gezogen, die
Hauptmacht concentrirte er um Neutitschein. Fürst Hohenlohe commandirte
ein Corps in Mähren, Wenzel Colloredo eines in Galizien. Laudon scheint
zwar recht kriegerisch gesinnt gewesen zu sein, mit allzugroßer Zuversicht
dürfte er jedoch auch nicht von den zu erwartenden Erfolgen gesprochen haben.
Zum mindesten wurde Leopold dadurch nicht beeinflußt.

Die Unterhandlungen mit Preußen wurden durch den Staatsreferendar
Baron S p i e l m a n n geführt, der am 25. Juni in Breslau eintraf und dem
Könige ein Schreiben Leopolds überbrachte, welches über die friedfertige
Gesinnung Oesterreichs keinen Zweifel aufkommen ließ und Friedrich Wilhelms
Gerechtigkeit in der schmeichelhaftesten Form apostrophirte. Die Besprechungen
mit Hertzberg betrafen zunächst das Compensationsobject in Galizien, welches
nach der preußischen Auffassung dem Werthe von Danzig und Thorn nebst
einigen Grenzdistricten, die von Hertzberg zusammen mit 120,000 Einvohnern
und 600,000 Thalern Einkünften veranschlagt wurden, gleichkommen sollte.
Oesterreich bot einige unzusammenhängende galizische Territorien mit 300,000
Einwohnern und 343,000 Gulden Einkünften. Auf die verlangte Abtretung
von Brody und den Salzwerken von Wieliczka wollte sich Spielmann nicht
einlassen, ohne neue Instructionen von Wien zu erhalten. Während diese
erwartet wurden, wirkten auf die Entschlüsse des Königs von Preußen jedoch
mehrere gewichtige Thatsachen ein, durch welche dieselben eine unervartete
Modification erhielten. L u e c h e s i n i , der preußische Gesandte in Warschau, der
nach dem Verhandlungsorte Reichenbach gerufen worden war, um über die
Stimmung in Polen zu berichten und den erkrankten Hertzberg zu vertreten,
sprach seine Ueberzeugung aus, daß Polen für den Austausch der beiden
Städte gegen galizisches Gebiet kaum zu gewinnen sein werde. Die Gesandten
von England und Holland erschienen ebenfalls in Reichenbach und traten mit
der Erklärung auf, daß sie nur einem Ausgleiche auf Grundlage des unver=
änderten Besitzstandes vor Beginn des Türkenkrieges zustimmen könnten. England
war eben erst der Gefahr einer ernsten Verwicklung mit Spanien wegen des
Besitzrechtes auf den Nootkasund in Californien entgangen, indem die National=
versammlung in Paris die Unterstützung Spaniens abgelehnt hatte. Eine
Wandlung der französischen Politik war jedoch nicht ausgeschlossen und für

---

1) S c h e l s , Kaiser Leopold II. (X. Bd. der Geschichte der Länder des österr.
Kaiserstaates.)

2) J a n k o , Laudous Leben. Ueber Zahl, Beschaffenheit, Aufstellung der gegen
Preußen bestimmten Operationstruppen bevahrt Janko ein kaum erklärliches Schweigen,
während er mit sehr gleichgiltigen Anecdoten nur allzu freigebig ist.

diesen Fall mußte England zur Behauptung seiner Interessen jenseits des Oceans von jeder Verwicklung in Europa frei sein.[1]) Für eine Vergrößerung Preußens und der Machtsphäre desselben an der Ostsee hatte es die allergeringste Veranlassung, werkthätig einzugreifen. Durch diese Eröffnungen wurde Friedrich Wilhelm verstimmt und da gleichzeitig auch sein Vertrauen zu Hertzberg, der ihm als Anhänger revolutionärer Anschauungen denuncirt wurde, eine auffallende Verminderung erfuhr, so wich auch er von den leitenden Ideen seines Ministers ab und beauftragte diesen, die Verhandlungen mit Oesterreich so rasch als thunlich ohne weitere Rücksicht auf preußische Erwerbungen zum Ende zu bringen. „Sie sollen sich nicht länger von Fürst Kaunitz hinhalten lassen", schrieb er am 14. Juli an Hertzberg. „Wenn ich für jetzt auf Danzig und Thorn verzichte, so wird das den Wiener Hof nöthigen, deutlich zu reden und nicht mehr tausend Ausflüchte zu finden; drum muß man den strengen Status quo vorschlagen, wie ich Ihnen ausdrücklich aufgetragen habe."

Die Ueberraschung Spielmanns, als er von dieser Aenderung der preußischen Anträge verständigt wurde, war keine geringe und durchaus keine angenehme.[2]) Die Herstellung des Status quo entsprach den österreichischen Wünschen nicht in dem Grade, daß man in Wien davon freudig berührt worden wäre und dies scheint sehr begreiflich. Von dem geringen Vortheile, welchen der Besitz von Galizien gewährte, war man damals gewiß schon überzeugt, ein Tausch gegen Erwerbungen an der Donau konnte nur willkommen sein, auch wäre mit dem Schlagworte einer allgemeinen Gebietsregulirung der Rückzug maskirt worden, der jetzt durch das Aufgeben aller gegen die Türken errungenen Vortheile eingestanden werden mußte. Der Tod Laudons (14. Juli 1790) jedoch ließ die Nothwendigkeit der Erhaltung des Friedens in Wien noch dringender erscheinen, als früher. Wenn die Hoffnungen, welche man auf ihn gesetzt hatte, vielleicht auch etwas übertrieben gewesen waren, so darf doch der moralische Erfolg seines Verlustes bei den Truppen nicht verkannt werden, bei denen er von jeher großes Vertrauen genossen hatte. Einen vollwichtigen Ersatz für Laudon konnte man auf keinen Fall an seine Stelle setzen und damit wurde der Ausgang eines Krieges sehr zweifelhaft. „So unangenehm es ist", schrieb Ph. Cobenzl an Spielmann, „sich vom Berliner Hof Gesetze vorschreiben zu lassen, so sind unsere einheimischen Zustände, besonders nach dem Verlust des großen Laudon so beschaffen, daß man sich alles gefallen lassen müßte, um nur aus dem Sumpf herauszukommen."

Der Status quo wurde also angenommen. Oesterreich verpflichtete sich alle Eroberungen des letzten Krieges an die Pforte zurückzugeben, nur Chotzim sollte vorübergehend besetzt bleiben und eine Sicherung der bosnischen Grenze vorgenommen werden. Preußen behielt sich dafür entsprechende Entschädigungen

---

1) Sybel, Revolutionszeit. I. S. 154.
2) Beer, Leopold II., Franz II. und Catharina, S. 28.

vor. Es sprach in einer den Vertrag selbst commentirenden Declaration die Erwartung aus, daß Oesterreich während der Fortdauer des russisch=türkischen Krieges sich jeder Einmischung in denselben enthalten und Rußland weder direct noch indirect gegen die Pforte beistehen werde. Was die belgische Angelegenheit betraf, erklärte es, sowohl in Hinsicht der Unterwerfung als der Verfassung einmüthig mit den Seemächten vorgehen zu wollen.

Dieser Vertrag von Reichenbach vom 27. Juli 1790 ist ein großer und höchst bedeutungsvoller diplomatischer Sieg Oesterreichs, den es der Klugheit und Mäßigung Leopolds zu danken hatte. Mit einem Schlage war die Situation geklärt, das Ansehen Leopolds nach außen gekräftigt, die Action gegen die Niederlande und Ungarn jedem fremden Einflusse entrückt, die Möglichkeit der Concentration aller Kräfte zur Herstellung der inneren Ruhe des Staates gegeben. Daß dagegen Preußen von seinen weitaussehenden Plänen hatte abstehen und den Gedanken, aus den Verlegenheiten Oesterreichs für sich Nutzen zu ziehen, hatte fallen lassen müssen, wurde allgemein als eine empfindliche Schlappe aufgefaßt.

Auf dem türkischen Kriegsschauplatze waren mittlerweile keine bedeutenden Veränderungen vorgegangen; die Oesterreicher hatten jedoch einige kleine Vor=theile erreicht. Alexinez an der Morawa war am 7. April, Orsowa am 17. d. M. erobert worden; eine vom Feldmarschalllieutenant Baron Spleny geleitete Unternehmung gegen Giurgewo war mißglückt; dagegen hatte Feld=zeugmeister Graf Clerfayt am 26. Juni ein 8000 Mann starkes türkisches Corps bei Kalafat geschlagen, und noch am 27. Juli 4000 Türken zurück=geworfen, welche bei Florentin über die Donau gegangen waren. Die Ankunft eines preußischen Obersten im Lager Clerfayts am 20. August machte den Feindseligkeiten ein Ende und durch den am 19. September geschlossenen Waffenstillstand von Giurgewo wurde der Rückzug der sich gegenüberstehenden Streitkräfte in geeignete Cantonnements angeordnet. Bis zum Zustandekommen des Friedens, welcher längstens bis Ende Mai 1791 erfolgen sollte, blieben beide Theile im Besitze der Landschaften und festen Plätze, welche sie dermalen inne hatten. Am 30. December wurde der Friedenscongreß zu Sistowa in Bulgarien eröffnet. —

Eine Folge der Reichenbacher Convention war auch die Wahl Leopolds zum deutschen Kaiser. Die Ereignisse in Frankreich und die erregte Stimmung in Deutschland machten den Wunsch allgemein, das Interregnum baldigst zu beenden. Ganz besonders trug dazu auch die Wirthschaft des Reichsvicars, des Kurfürsten von Pfalz=Baiern bei, welcher die ihm durch die Reichsverfassung eingeräumten Befugnisse dazu ausbeutete, massenhaft Adelstitel zu verkaufen und bei der Besetzung der Bisthümer von Freising, Regensburg und Eichstädt in ganz ungehöriger Weise seine Candidaten zu begünstigen. In Reichenbach war die Frage der Nachfolge im Reiche nur nebenher zur Sprache gekommen, weil Preußen auf dieselbe kein Gewicht legte, es hatte selbst während des Conflictes mit Oesterreich an eine Aenderung der bestehenden Verhältnisse

nicht gedacht. In den Kreisen der Fürsten hatte zwar die Idee einer Ueber=
tragung der Kaiserwürde an Preußen Besprechung gefunden, sie war jedoch
schon aus dem Grunde aussichtslos, weil bei der ausgesprochen protestantischen
Gesinnung Friedrich Wilhelms die Möglichkeit eines Uebertrittes zum Katholi=
cismus nicht angenommen werden kounte. Es war ein großes Glück für
Deutschland, daß die preußischen Könige ihre junge Krone von dem Moder
der alten Reichsruine unbefleckt erhielten und daß ihre Staatsmänner viel
mehr darauf ausgingen, durch Erwerbung neuer Provinzen ihre Macht zu
erweitern, statt dieselbe durch die Uebernahme von Pflichten, denen keine Rechte
gegenüberstanden, zu schwächen. Den meisten Fürsten schien es jedenfalls das
Bequemste zu sein, die Kaiserwürde beim Hause Habsburg zu belassen, welches
über eine Armee von 300,000 Mann und über 90 Millionen Einkünfte verfügte;
nur die römische Curie machte einige Anstrengungen in München und Berlin,
um die Wahl des Gesinnungsgenossen Josefs und Reformators von Toscana
zu hindern[1]), jedoch ohne Erfolg. Der Gesandte von Kurmainz kam schon
am 24. März nach Wien, um Leopold als König von Böhmen zur Kaiser=
wahl einzuladen. Leopold that das Seine, um seine Wahl zu erleichtern, er
kam den Reichsständen sehr freundlich entgegen, erklärte sich bereit, die von
den Kurfürsten zu stellenden Bedingungen annehmen zu wollen und meldete
sich gleich nach der Ankunft der Wahlbotschafter in Frankfurt als Candidat.
Der Beginn der Wahlconferenzen war für den 1. Juli angesetzt gewesen,
wegen der Unsicherheit der Verhältnisse zwischen Oesterreich und Preußen
ließen sich die Gesandten jedoch Zeit und eröffneten ihre Thätigkeit erst nach
dem Abschlusse der Reichenbacher Convention am 11. August. Bei der Fest=
stellung der Wahlcapitulation, welche als die Erneuerung des Reichsgrund=
gesetzes Gelegenheit zur Anbahnung von Reformen geboten hätte, machten sich
die alten particularistischen Tendenzen geltend, welche in der möglichsten Be=
schränkung der kaiserlichen Macht die Bürgschaft für das Wohl und den
Frieden des Reiches erblickten. Es ist beinahe unglaublich, daß man in dieser
Zeit, in welcher die Ohnmacht des Reichsoberhauptes ohnehin schon zum
Kinderspott geworden war, noch neue Mittel suchte, um den Wirkungskreis
desselben einzuengen, wie durch die Bestimmung, daß der Kaiser keine In=
structionen und Verfügungen an das Kammergericht erlassen, daß er keine
neuen Reichsstände, namentlich Personalisten, einführen, in den fürstlichen und
reichsritterlichen Territorien keine Festungen anlegen dürfe. Dagegen wahrten
sich die Reichsstände das Recht, zu Friedensverhandlungen besondere Gesandte
abzusenden und verlangten den Schutz ihrer Rechte auf den in Frankreich
gelegenen Besitzungen, wo dieselben durch die neue Ordnung der Dinge bereits
aufgehoben waren. Auch die allzugroße Schreib= und Lesefreiheit wurde von
geistlicher Seite mit Mißbilligung in Erinnerung gebracht und verlangt, daß
keine Druckschrift geduldet werden solle, welche mit den symbolischen Büchern

---

1) Leopold an Marie Christine, 17. Juni 1790. Wolf, Briefwechsel, S. 161.

der katholischen und protestantischen Religion, mit der guten Sitte oder mit der Erhaltung der öffentlichen Ruhe nicht vereinbar seien. Dagegen fand sich Niemand berufen, die Abstellung jener Mißbräuche in den vielgestaltigen Verwaltungsgebieten zu verlangen, welche schon so oft und neuerdings in verschiedenen Flugschriften gekennzeichnet worden waren. Die Mehrheit der im Reiche Regierenden war vollkommen blind für die Bedeutung der in Frankreich entfesselten Bewegung und hatte keine Ahnung von den Gefahren, denen man entgegenging.

Die Wahl selbst fand am 30. September statt und fiel, wie zu erwarten stand, mit Einstimmigkeit auf Leopold. Dieser hatte das Ergebniß als sicher annehmen können und seine Vorbereitungen darnach getroffen. Im Laufe des September war die königliche Familie von Neapel über Fiume nach Wien gekommen, wo am 19. die dreifache Verbindung der beiden Regentenhäuser stattfand, indem Erzherzog Franz die Prinzessin Maria Theresia, Erzherzog Ferdinand, Großherzog von Toscana, deren Schwester Maria Louise und die Erzherzogin Clementine den sicilianischen Kronprinzen Franz Januarius, der durch Erzherzog Karl vertreten wurde, heirathete. Am 23. September reiste Leopold mit seiner Gemahlin über Neuburg an der Donau, wo er den Besuch des Kurfürsten von Baiern entgegennahm, nach Mergentheim und traf daselbst mit seinem Bruder Max und der Königin Karoline von Neapel zusammen. In Aschaffenburg erhielt er die erste Meldung der erfolgten Wahl durch den Reichsmarschall Grafen Pappenheim und unmittelbar darauf das Wahldecret durch den von der Wahlcommission entsendeten Herzog Karl von Mecklenburg. Auch Marie Christine und Herzog Albert, die er zu den Festlichkeiten geladen hatte, schlossen sich ihm hier an und begleiteten ihn nach Frankfurt, wo er am 4. October den feierlichen Einzug hielt. Unter Entfaltung des üblichen Pompes und im Beisein vieler Fremden erfolgte am 9. October die Krönung. Bezeichnend für den Eindruck, welchen dieselbe bei den Zeitgenossen hinterließ, ist die Aeußerung eines Augenzeugen: „Nichts konnte ein traurigeres Bild der eiskalt erstarrten und kindisch gewordenen alten deutschen Reichsverfassung geben, als das Fastnachtsspiel einer solchen in ihren zerrissenen Fetzen prangenden Kaiserkrönung." [1] Besonderen Aufwand machte bei den Festlichkeiten der Kurfürst von Trier, Clemens Wenzel von Sachsen, der im Main eine prachtvoll ausgestattete Jacht ankern ließ, auf welcher er glänzende Dejeuners und Soupers veranstaltete. Die sonst üblichen Geldbeiträge an die geistlichen Kurfürsten zur Bestreitung der Krönungskosten entfielen diesmal, da man geltend machte, daß dieselben wohl bei einer Königswahl zu Gunsten eines regierenden Kaisers billig seien, bei einer Kaiserwahl aber nicht als Schuldigkeit verlangt werden könnten. Bei Gelegenheit der Königswahl Josef II. hatte Kurmainz 75,000, Cöln und Trier je 50,000 Gulden nebst dem gewöhnlichen Präsent erhalten und diese Herren, welche darauf gerechnet hatten, machten auch jetzt

1) Memoiren des Rittes Lang, I. 212.

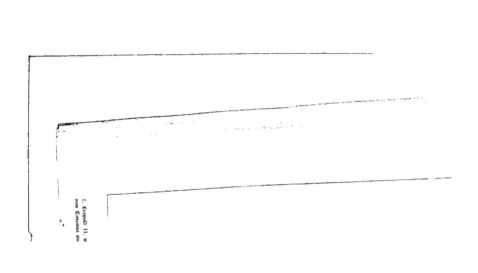

t. Leopold II. u:
von Toscana un:

ihre Ansprüche geltend. Kaunitz blieb in diesem Punkte unnachgiebig, mußte aber später selbst eingestehen, daß der Kurfürst von Mainz diese Kargheit sehr übel aufnahm und „bei Allem, was man sonst zum Besten des Reiches that, bei aller persönlichen Aufmerksamkeit, die man ihm erwies, mißvergnügt blieb und seine Empfindlichkeit, die freilich durch seine wahre und große Geldver= legenheit unterhalten wurde, gar nicht verbergen konnte." [1]

Mitten im Lärm und Gewühl der Feierlichkeiten besprach Leopold mit Marie Christine und Albert die Principien, nach welchen sie in den Nieder= landen, deren Wiedereroberung nun mit Bestimmtheit zu erwarten war, regieren sollten. Mit Spielmann, der in seinem Gefolge war, notirte er die wichtigsten Punkte des Manifestes, welches Graf Mercy dem Congresse im Haag als das letzte Wort des Kaisers an die rebellischen Stände mittheilen sollte. Kurze Zeit nach der Krönung (16. October) reiste Leopold mit der königlichen Familie von Neapel nach Oesterreich zurück, um sich bald nachher abermals einer Krönung, und zwar als König von Ungarn, zu unterziehen.

---

1) Kaunitz an König Franz, 10. März 1792 bei Vivenot, Quellen z. deutschen Kaiserpolitik Oesterreichs, I. 411.

II. Die Pacification der Niederlande und Ungarns.

Beim Tode Josefs schien Belgien vollständig unabhängig zu sein, man konnte erwarten, daß es sich, ähnlich wie die Generalstaaten, in die Reihe der selbständigen europäischen Staaten einfügen werde. England und Holland hatten die private Unterstützung des Aufstandes zugelassen, aber im Vertrag von Loo (9. Jänner 1790) einigten sie sich mit Preußen doch nur dahin, die Garantie der alten belgischen Verfassung zu übernehmen und zwar auf Grund der Verträge von 1715. Vom Anbeginn der Verwicklungen hielten sich die Seemächte berechtigt, über das Schicksal der Niederlande zu entscheiden, mit oder ohne Preußen, für oder gegen Oesterreich. Leopold vermied es, ihnen das Recht der Vermittlung abzusprechen, obgleich er sein Erbrecht und die Souveränität des Hauses Oesterreich über Belgien nachdrücklich betonte, und begnügte sich zunächst damit, Preußen von der Verbindung mit den Seemächten allmählich loszulösen. Seine Aufgabe hatte er in dem Schreiben an Marie Christine vom 2. März dahin präcisirt: „es müsse seine erste Sorge sein, Frieden zu schließen, jeden Krieg zu vermeiden, die fremden Höfe zu beruhigen, um dann besonders für die Niederlande und Ungarn wirken zu können." Daß er vorerst den Weg der Verständigung zu betreten entschlossen war, bewies nicht nur das bekannte politische Glaubensbekenntniß vom 25. Februar, sondern noch mehr jene Denkschrift vom 17. Februar, welche den belgischen Ständen in seinem Namen sollte vorgelegt werden, sobald der Tod Josefs eingetreten war. In derselben bot er ihnen, wie schon erwähnt, die Zurücknahme aller Neuerungen, die Herstellung der alten Verfassung und Verwaltung und eine allgemeine Amnestie. In seinem Eifer war er geneigt, die wichtigsten Rechte und Bürgschaften, welche seine Vorfahren seit Karl V. der Krone einverleibt hatten, der Nation zuzuwenden. Damit suchte er seine eigenen Regierungsmaximen den Grundsätzen der Bundesacte vom 20. Januar 1790 anzupassen, welche nur in dem Punkte modificirt zu werden brauchte, daß an die Stelle des gewählten Präsidenten der erbberechtigte Fürst an die Spitze des vollkommen autonomen Staates trat. Die Maßregeln, welche er am 1. März, noch vor seiner Abreise von Florenz, in einem Briefe an die Statthalter anordnete, die damals in Poppelsdorf bei Bonn ein Asyl gefunden hatten, verfolgen einerseits die Absicht, die Ausgleichsaction durch militärische Zwischenfälle nicht stören zu lassen und andrerseits den Entschluß, die feste Position in Luxemburg um jeden Preis zu behaupten, da die Wiedereroberung, wenn dieselbe unvermeidlich würde, doch nur von dort ausgehen köne. General Bender sollte die Patrioten nicht angreifen, sondern sich defensiv halten, wenn er aber bedroht würde, die Angreifer mit Macht zurückwerfen. Die Statthalter sollten nur mit der Nation direct verhandeln, die österreichisch Gesinnten unterstützen und wenigstens noch eine Provinz zu gewinnen trachten.

Das Manifest vom 17. Februar gelangte mit einigen Aenderungen, welche die souveräne Gewalt des Congresses und die Militärgewalt des Fürsten betrafen, an die Stände und enthielt noch immer das Angebot einer Summe von Freiheiten, mit welchen die entschiedenste demokratische Gesinnung ihr Auslangen finden konnte. Das Angebot wurde nicht angenommen, der Congreß ließ das Manifest unbeantwortet, machte sich dagegen das Vergnügen, alle Personen, welche je im Dienste der kaiserlichen Statthalter gestanden waren, des Landes zu verweisen. Diese Haltung des Congresses hing damit zusammen, daß derselbe mehr und mehr von Van der Noot, dem Führer der clerical=revolutionären Partei, beherrscht wurde; ein großer Theil der Demo= kraten (Vonckisten) war überzeugt, daß ihre Bestrebungen mit denen Leopolds sich in sehr vielen gemeinsamen Punkten trafen und daß für die Sache der Freiheit und des wahren Fortschrittes die Annahme seiner Bedingungen das Nützlichste sein würde. Van der Mersch, der einzige Militär von Geschick, auf welchen die Stände zählen konnten, hatte sich über die Anträge Leopolds offen geäußert: „Greift zu, jetzt bietet man euch Gold; wer weiß, ob ihr später auch nur Kupfer erhalten werdet." Gerade gegen Van der Mersch aber richtete Van der Noot jetzt seinen Angriff, um die Demokraten ihrer bedeutendsten und populärsten Kraft zu berauben. Es ging dies Hand in Hand mit der Installation des clericalen Regiments, welches sich zunächst in Brüssel durch die Krawalle vom 16. und 17. März 1790 festsetzte. Noch acht Tage vorher, als die von Van der Noot verlangte Eidesformel zu Gunsten der Stände von den Freicompagnien verworfen wurde, hatte Vonck die Macht in Händen, den Congreß zu sprengen. Er glaubte jedoch groß= müthig sein zu dürfen und rettete durch seine Autorität die Ständemitglieder vor einem gegen sie geplanten Fenstersturze. Großmuth ist aber gewiß die schlechteste Waffe, der man sich gegen den Fanatismus und die Priesterherr= schaft bedienen kann, die den Gegner nur so lange achten, als er ihnen die Zähne zeigt. Dies mußten die belgischen Demokraten erfahren. Die von ihnen beantragte Verfassungsrevision gab den Clericalen Gelegenheit, die schon genügend vorbereiteten Massen ihrer blinden Anhänger gegen die Liberalen loszulassen. Der Erzbischof von Mecheln hatte bereits durch einen Hirtenbrief diejenigen für Feinde der Religion erklärt, „die das Glück der guten Bürger durch die leichtfertigen und spitzfindigen Vernünfteleien der Philosophie des gegenwärtigen Jahrhunderts stören wollen" und ein von seinem Secretär an alle Pfarrer und Kirchenvorsteher gesandtes Schriftstück erklärte Alle für Verräther des Vaterlandes und Störer der öffentlichen Ruhe, „welche in die Religion oder die Verfassung Neuerungen einführen wollen."

Diese Erklärung mußte von den hervorragendsten Laien jedes Kirchspieles unterschrieben und dem Erzbischofe zurückgestellt werden.   Wer nicht unterschrieb, wurde vom Genusse der Sacramente ausgeschlossen.[1]) Man sieht, wie alt und bewährt die Agitationsmittel sind, deren sich die clericale Partei noch heute mit so schönen Erfolgen bedient, und wie wenig wählerisch sie in der Verwerthung kleiner politischer Kunstgriffe, wie Lüge und Verleumdung, von jeher war.   Die Mitglieder der patriotischen Gesellschaft, welche in einer äußerst maßvoll gehaltenen Adresse die Berathung von Verfassungsänderungen verlangten, wurden Schurken genannt, welche die Religion vernichten wollten, und man scheute sich nicht, den Pöbel zu Gewaltthätigkeiten gegen die Häupter der demokratischen Partei aufzufordern.   Dieser ließ sich das nicht zweimal sagen und plünderte mit Hingebung alle Häuser von wohlhabenden Kaufleuten und Banquiers, welche ihnen schon vorher bezeichnet worden waren durch Aufschriften wie die folgende:

Cette maison doit être pillée,
Le chef en sera massacré,
Pour conserver notre liberté.
Sans cela point de tranquillité,
C'est le voeu de la publicité.

Nachdem die Führer der Demokraten, die Herzoge von Arenberg und Ursel, Walkiers, Godin, La Marck u. A. geflüchtet waren, traten die Stände von Brabant erst mit dem Verbote der Zusammenrottungen hervor. Die Arbeit war gethan, sie waren Herren der Hauptstadt.   Um ihre Macht dauernd zu befestigen, mußten sie noch die unter des Generalfeldzeugmeisters Mersch Befehl stehende Armee sprengen.   Dies besorgte der in die Dienste der Stände aufgenommene preußische General von Schönfeld, von welchem sich Mersch, der ihm an Geist und Kenntnissen weit überlegen war, in unbegreiflicher Kurzsichtigkeit dupiren und fangen ließ.   Der Held der Revolution, der es für unmöglich gehalten hatte, daß man ihm beikommen könne, ihm, der nur das Gesetz zu vertheidigen glaubte, mußte sich die Internirung in dem ganz clerical gesinnten Antwerpen gefallen lassen, während Vonck und seine Genossen ins Ausland flohen.   Schönfeld versuchte sogar Angriffe auf die Stellung der Oesterreicher, wurde jedoch am 18. und 23. Mai schmachvoll zurückgeworfen.   Dagegen versäumten die Vonckisten, welche sich in Lille zu einer stattlichen Macht von 5000 Mann gesammelt hatten, die Gelegenheit, über die geschlagenen Truppen herzufallen und nach Brüssel zu marschiren. Sie warteten so lange, bis die Geistlichkeit Tausende von Bauern gegen sie auf die Beine gebracht hatte und die ihnen zuziehenden Freischaaren einzeln zersprengt worden waren.   Abermals tobten jetzt die Jesuiten gegen die Liberalen, sie forderten den Tod derselben mit Umgehung der langwierigen gerichtlichen Formen.   „Keine Langsamkeit, keine Verbannung, keine Plünderung

---

1) Borgnet, Hist. des Belges. — Hierzu der Aufsatz von F. Liebrecht in Sybels Hist. Zeitschr., VIII, S. 38 ff.

mehr" hieß es in einer ihrer Flugschriften, „der Tod, der Tod, der schmach=
vollste Tod! Sind erst hundert Verräther hingerichtet, dann haben wir keine
Oesterreicher mehr zu bekämpfen, wir sind dann frei, sind dann glücklich! Das
ist das eifrige Verlangen des belgischen Volkes, ist seine Stimme, ist die
Stimme Gottes! Vox populi, vox dei!"

Die Vonckisten näherten sich jetzt der österreichischen Regierung. Am
10. Juli konnte Marie Christine ihrem Bruder schreiben: „Der Graf La
Marck war beim Gesandten Mercy, um ihm in seinem Namen und in dem
des Herzogs von Arenberg, seines Bruders, zu erklären, daß, obschon sie
früher für die Unabhängigkeit Belgiens und für die patriotische Partei gewesen
seien, sie jetzt sehnlich wünschen, daß das Land unter meine Herrschaft zurück=
kehre und daß sie auf dieses Ziel mit allen ihren Kräften hinarbeiten wollten."[1]
Sie verlangten jedoch eine neue Wahlordnung, jährlich wiederkehrende Stände=
versammlungen und Beeidigung des Heeres auf die Nation. Leopold ging
nicht darauf ein, er hatte es nicht nothwendig, sich einer einzelnen Partei in
die Arme zu werfen, sobald er den Krieg mit Preußen vermeiden konnte.
„Ich merke", spricht er sich am 9. August gegen Marie Christine aus, „daß
alles, was die Demokraten jetzt sagen und antragen, nur daher stammt, daß
sie sich nicht frei machen konnten und daß sie keine Unterstützung von Frank=
reich erhielten, wo sie dieselbe suchten." Weder der König, noch weniger die
radicale Nationalversammlung fanden eine Veranlassung, für die Clericalen
in Belgien einzutreten; England wußte dies und blieb daher gänzlich kalt,
als der Congreß in London die Drohung vernehmen ließ, er würde sich
nöthigenfalls an Frankreich anschließen. Pitt antwortete, England würde
in diesem Falle seine Truppen mit den österreichischen sich vereinigen lassen.

Kaiser Leopold war durch die Vorgänge in Belgien längst belehrt worden,
daß jede weitere Verhandlung mit einem so irregeleiteten und fanatischen
Volke zwecklos sein würde, daß er bei den bereits gemachten Versprechungen
bleiben und ruhig den Zeitpunkt abwarten müsse, wann er die Wiedereroberung
des Landes einleiten könne. Er konnte indessen ruhig zusehen, daß die
Bischöfe den Kreuzzug gegen seine Truppen predigten, daß in Hirtenbriefen
der Krieg gegen ihn als eine Gott und den Menschen angenehme Sache erklärt
wurde, daß Mönche von Dorf zu Dorf eilten und sich mit dem Säbel und
dem Crucifix an die Spitze der Freiwilligen stellten. Konnten sie es doch
nicht hindern, daß ihre Schaaren auseinanderliefen, sobald sie mit den Oester=
reichern zusammentrafen. Die Wirkung des Vertrages von Reichenbach wurde
von den Aufständischen nicht in ihrer vollen Tragweite erkannt; sie trösteten
sich mit den Lügen, die sie selbst im Volke verbreiteten. Bald hieß es, die
Verhandlungen wegen Belgien würden erst beginnen, bald versprach man sich
die Intervention Frankreichs, bald erklärte man, Oesterreich würde auch mit
80,000 Mann des Landes nicht Herr werden können. Im September trat

---

[1] Wolf, Briefwechsel, S. 175.

ein Congreß im Haag zusammen, auf welchem England durch den Minister Lord Auckland, Holland durch den Großpensionär Van Spiegel, Preußen durch den Grafen Keller vertreten waren. Der Congreß forderte die belgischen Agenten auf, sie sollten sich um einen Waffenstillstand mit Oesterreich bewerben, sie hätten dann die Herstellung ihrer alten Verfassung und eine vollständige Amnestie zu gewärtigen, aber nur unter der Bedingung, daß sie sich den Rathschlägen des Congresses fügen würden. Graf Mercy brachte im October nach der Kaiserkrönung ein neues Manifest Leopolds zur Kenntniß der Belgier, in welchem die früheren Versprechungen im Einklange mit den Zusagen des Congresses wiederholt, zugleich aber in Aussicht gestellt wurde, daß 30,000 Oesterreicher in Belgien einrücken und sich des Landes mit Gewalt bemächtigen würden, wenn sich die Stände bis zum 21. November nicht unterworfen hätten. Der Kaiser wendete sich mit Ignorirung der revolutionären Vertretungskörper an die Provinzialstände und forderte diese auf, sich zu versammeln und zu entscheiden, ob sie die legitime Autorität ihres Fürsten anerkennen und ihm unter den mitgetheilten Bedingungen den Eid leisten wollten. Graf Mercy gab noch außerdem die Versicherung, daß die katholische Religion die herrschende bleiben und daß der Clerus in der Ausübung seiner Rechte und Freiheiten ungestört sein werde.

Van der Noot versuchte nochmals bei Frankreich Unterstützung zu finden. Seine Agenten wurden jedoch von der Nationalversammlung nicht empfangen. General Dumouriez, der sich drei Wochen lang in Belgien aufgehalten hatte, um die Lage der Dinge daselbst genau kennen zu lernen, erstattete einen Bericht, welcher von der vollständigen Zerfahrenheit der Parteien und der Unfähigkeit der revolutionären Regierung ein wahrheitsgetreues Bild gab. Die Armee, meinte er, sei zwar voll Muth, es fehle ihr aber an Waffen, an Kleidern, an Geld, an Officieren, an Kriegszucht; ihr General (Schönfeld) sei ein Spitzbube, der gar nicht verstehe, daß das Schicksal Belgiens vom Congreß von Reichenbach abhänge. Frankreich könne aus diesem Chaos keinerlei Vortheil ziehen. [1]) Auch der Plan Montmorins, den Herzog von Orléans durch die Aussicht auf die Krone von Brabant unschädlich zu machen, scheint sehr bald fallen gelassen worden zu sein. Der belgische Congreß trat am 14. November zusammen, er war eingeschüchtert und wagte es nicht, die Verhältnisse der Wahrheit gemäß anzuerkennen. Die Armee war bereits vollkommen desorganisirt, General Schönfeld, dessen Versuch, die österreichischen Truppen noch vor der Ankunft ihrer Verstärkungen zu überrumpeln, kläglich gescheitert war, gab seine Entlassung, viele Oberste folgten seinem Beispiele. Vergebens hatte die Brüsseler Regierung eine Verlängerung der mit 21. November ablaufenden Frist verlangt; Graf Mercy hatte geantwortet, man werde nicht einen Tag zugeben. Der holländische Großpensionär Van Spiegel hielt Mercy vor, daß diese Weigerung gewichtige Folgen haben und Europa an allen

---

1) Mémoires du général Dumouriez. I. 90—91.

vier Ecken in Brand stecken könne. Es sei möglich, antwortete Mercy, daß das Haus Oesterreich mit anderen Häusern in Brand gerathe; der Verlust der Niederlande sei aber der Erniedrigung vorzuziehen. An dem verhängniß= vollen Termine erklärte sich der Congreß in Permanenz und kam endlich um 11 Uhr Nachts, also buchstäblich in letzter Stunde — zu dem Beschlusse, den dritten Sohn des Kaisers, den jungen Erzherzog Karl, zum erblichen Groß= herzog unter der Bedingung auszurufen, daß der neue Staat niemals mit Oesterreich vereinigt werden dürfe. In einer pomphaften Proclamation wurde der Beschluß bekannt gegeben, er fand jedoch keine Würdigung. Graf Mercy leugnete die Wahlfreiheit der Stände und erklärte den Beschluß als einen Eingriff in das Erbrecht des Kaisers, Marschall Bender ließ die Commissäre, welche ihm den Beschluß kundgeben sollten, gar nicht die Vorposten passiren und begann nunmehr seine Operationen.

Die österreichische Armee zählte 28,873 Mann Infanterie mit 4575 Pferden, welche von tüchtigen Generalen, wie Browne, Alvinczy, Latour u. A. commandirt wurden. Nicht leicht wurde ein Krieg so fröhlich, die Eroberung eines Landes so rasch durchgeführt, als diesmal. Die feierliche Versicherung des Kaisers, daß das Eigenthum und die persönliche Sicherheit der Bewohner gewahrt werden sollten, ging den Truppen voraus, welche vom Volke vielfach mit lautem Jubel begrüßt wurden. Denn dieses war des Congresses und der Revolution müde und legte der militärischen Promenade nach Brüssel keine Hindernisse in den Weg. Bender ging am 24. November auf das linke Maasufer über und schob seine Avantgarde bis Quatrebras vor, am 26. November besetzte er bereits Stadt und Citadelle von Namur, auf deren 180 Geschütze Van der Noot so große Hoffnungen gesetzt hatte. Selbst diese Thatsache suchte der Congreß in Brüssel noch hinwegzuleugnen, bis die Flüchtlinge des Heeres als sprechende Zeugen in den Straßen der Hauptstadt erschienen. General Köhler erhielt jetzt den Oberbefehl über den Rest der Insurgenten= armee von etwa 5000 Mann, um die Hauptstadt zu schützen und die Ordnung im Innern zu erhalten. Er konnte jedoch nicht hindern, daß sich das Volk gegen die Stände erhob, die Magazine und das Zeughaus plünderte und auf diese Weise die Unordnung den höchsten Grad erreichte. Die meisten ständischen Deputirten verließen die Hauptstadt. Die Häupter der clericalen Partei, Van der Noot, Van Eupen und der Abt von Tengerloo flohen nach Holland, Cardinal Frankenberg versteckte sich in Brüssel. Die österreichische Armee hatte, ohne Widerstand zu finden, den Marsch von Namur bis vor die Thore der Hauptstadt fortgesetzt, welche schon am 30. November zur Uebergabe aufgefordert wurde. Einige Insurgentengenerale machten sich jetzt noch das unschuldige Vergnügen, um einen Waffenstillstand anzusuchen, der selbst= verständlich von Bender abgelehnt wurde. Am 2. December Vormittag übergab der Magistrat die Schlüssel, worauf die Oesterreicher, vom Volke freudig empfangen, einrückten. Köhler zog sich mit dem Rest der Insurgenten nach Gent und löste dort auf Befehl der brabantischen Stände die Truppenverbände auf. In den nächsten Tagen wurde auch Mecheln, Antwerpen und Gent von den Oesterreichern besetzt, so daß Marschall Bender, als er am 7. December in Brüssel ankam, bereits Deputirte aus allen belgischen Provinzen vorfand, welche deren Unterwerfung ankündigten und um österreichische Truppen zur Aufrechthaltung der Ordnung baten. Die Stände erklärten jetzt durch ihre Abgeordneten auch dem Congresse im Haag, daß sie sich den Bedingungen des Kaisers fügten, worauf dieser Congreß am 16. December mit einem „Résumé des négociations" abschloß, in welchem die vermittelnden Mächte England, Holland und Preußen den Besitz der Niederlande für Oesterreich garantirten, während dieses sich verpflichtete, die Provinzen bei ihren Verfassungen zu erhalten, welche durch Karl VI. und Maria Theresia bestätigt worden waren. Der Kaiser gewährte auch eine allgemeine Amnestie, von welcher nur sehr wenige gefährliche Persönlichkeiten ausgeschlossen waren und hielt jene Concessionen aufrecht, die er früher nur unter der Bedingung freiwilliger Unterwerfung angeboten hatte, nämlich die Zurücknahme der in das Recht der Kirche eingreifenden Verordnungen, die Wiederherstellung der Universität Löwen, die Aufhebung der Generalseminare, die Autonomie der Kirche in der Verwendung ihrer Einkünfte. Auch der Aufstand in Lüttich, wo sich Bürger und Stände gegen die absolute Gewalt des Bischofs erhoben hatten, ging jetzt zu Ende; nach den Reichstruppen und Preußen zogen die Oesterreicher ein und stellten die alte Ordnung wenigstens für einige Zeit wieder her.

So schien die belgische Revolution nach einer kurzen bewegten Zeit vorläufig abgeschlossen. Am 12. December hielt der Cardinal Frankenberg den Dankgottesdienst für die Beendigung der Wirren und die Rückkehr der gesetzlichen Regierung und gerade nach Verlauf eines Jahres, seitdem man Josef II. seiner Rechte auf Belgien verlustig erklärt hatte, wurden in Brüssel und Antwerpen Trauergottesdienste für ihn gehalten. Es fehlte nicht an Stimmen, welche den Kaiser aufforderten, das Recht der Eroberung geltend zu machen und ein neues Regiment einzuführen, aber Leopold hielt sein fürstliches Wort und den Haager Vertrag aufrecht. Die Leitung der belgischen Regierung übernahm zunächst Graf Mercy, der am 4. Jänner 1791 in Brüssel ankam, das Statthalterpaar verlebte den Winter 1790—1791 in Wien und kam erst am 15. Juni ins Land, wo es vom Volke sehr freundlich begrüßt wurde. Als Minister fungirte vom 8. Juli an Graf Metternich, der Vater des nachmaligen Staatskanzlers, der bisher als Gesandter bei den geistlichen Kurfürsten verwendet gewesen war. Die Unbefangenheit und vornehme Milde der österreichischen Regierung ging so weit, daß man Van der Mersch, der auf seinem Landgute Dadizeele lebte, ganz unbehelligt ließ und einen Wink der holländischen Regierung, sie wolle die Augen schließen, wenn man Van der Noot und Van Eupen auf ihrem Gebiete aufheben ließe, vollkommen ignorirte. Trotzdem, ja vielleicht in Folge der zu weit gehenden Nachsicht, zeigten sich auch sehr bald wieder Schwierigkeiten. Die Vonckisten, welche eine Reform der Verfassung mit erweiterter Vertretung des dritten Standes und Abstimmung nach Köpfen verlangten, waren durch die Herstellung der ständischen Regierungsform überhaupt nicht befriedigt, die Stände wieder zeigten in der Geltendmachung ihrer Rechte geringe Bescheidenheit. Als die Regierung aus dem obersten Rath von Brabant mehrere Mitglieder, welche der Revolution gehuldigt hatten, ausschloß, fanden die Stände darin eine Verletzung ihrer Verfassung und verweigerten die Steuern. Der Kaiser befahl, strenge an der Verfassung festzuhalten, aber in gesetzlichen Beziehungen nicht nachzugeben. „Die Stände", schrieb er am 5. September 1791 an Marie Christine, „verweigern die Subsidien, aber ich werde mit ihnen ein Ende machen; ich habe alles gethan, was Pflicht und Gewissen verlangen, ich habe alle verfassungsmäßigen Pflichten eines Herzogs von Brabant erfüllt, aber wenn das Alles nicht genügt, werde ich zur Gewalt schreiten; sie werden das Volk gegen sich haben und meine Truppen." Leopold wußte, wie sehr die demokratischen Ideen die Stimmung gegen die Stände im Lande verändert hatten. Die demokratische Partei war im steten Wachsen begriffen, französische Emissäre fachten das Fener an. Die Nationalversammlung trat zwar noch nicht offen auf, sie erklärte noch im Jänner 1792, gute Nachbarschaft mit den Oesterreichern halten zu wollen, unter der Hand aber unterstützte sie die Unzufriedenen. In Lille und Breda bestanden geheime Comités, jenes unter Van der Mersch, dieses unter Van der Noot. Sie konnten über 4 Millionen Gulden und 60,000 Gewehre verfügen und warteten nur auf einen geeigneten Moment zu einer neuen Erhebung. „Ich erkenne den Stand der Dinge bei Euch", schrieb der Kaiser zu Ende des Jahres, „ich bin überzeugt, daß weder Preußen noch Holland, welche jetzt in Treue zu uns halten und die Verträge unterzeichnen wollen, sich einmischen, nur England könnte im Spiele sein, gewiß aber die Franzosen und das Comité in Lille. Ich bin überzeugt, daß die Geistlichkeit unter der Hand die Stände aufregt, sich allem zu widersetzen, um die Vonckisten nicht aufkommen zu lassen und ihre vollständige Niederlage zu verhindern, wenn das französische System eingeführt würde. Ich bin überzeugt, daß Van der Noot, Van Eupen, Van der Mersch, Vonck, die Barnaves und alle übereinstimmen. Eine Explosion wird erwartet; man muß auf der Hut sein, keine Gelegenheit geben, wenn sie aber ausbricht, die Bewegung mit militärischer Strenge unterdrücken." [1] Thatsächlich war für den Februar 1792 der Ausbruch eines neuen Aufstandes festgesetzt, die Regierung kam ihm aber durch die Verhaftung der Verschworenen (am 16. und 17. Jänner d. J.) noch zuvor. Die Regierung setzte es auch durch, daß Van der Noot aus Holland ausgewiesen wurde, es war aber nicht durchzusetzen, daß England den Vertrag vom Haag mit den von Leopold daran vorgenommenen Aenderungen ratificirt hätte. Auch die großen Politiker des Inselreiches, die gewohnt waren, im Trüben zu fischen, ahnten nicht, von

---

[1] Leopold an Christine, 31. December 1791. Wolf, Briefwechsel, S. 283. Marie Christine, II. 104.

welcher Bedeutung eine feste Position Oesterreichs in Belgien für die künftige Constellation gewesen wäre, sie liebäugelten mit der Revolution, die ihnen noch viel Geld kosten sollte.

Die zweite große Aufgabe, welche Leopold aus der Hinterlassenschaft seines Bruders zur Lösung übernommen hatte, war die Pacification von Ungarn. Auch hier konnte er der Bewegung nur schwer Herr werden, nur mit großer Geduld und Klugheit ist es ihm gelungen, die Restauration zu vollziehen. Die Opposition war schon nach den ersten Concessionen auf eine Bahn gerathen, auf welcher alles wild durcheinander wogte. Die Regierung schien völlig aufgelöst und bis in die fernsten Winkel des Landes regte sich der alte barbarische Widerwille gegen die gesetzliche Ordnung und eine starke nationale Antipathie gegen alles Fremdartige und Neue, mochte es auch noch so vortrefflich sein. Die französische Revolution, die Gährung in Polen und die Hoffnung auf preußische Unterstützung berauschten den kleinen Adel, dessen schlechte wirthschaftliche Verhältnisse, durch ein Schlemmerleben hervorgerufen, in ihm stets die Stimmung zu Revolten nährten, weil sich dabei möglicherweise irgend ein momentaner Vortheil erhaschen ließ. In den Comitats=congregationen wurde eine freche Sprache geführt; das Biharer Comitat erklärte am 15. März 1790 die Rescripte vom 28. Jänner für ungesetzlich, die Regierung Josef II. sei ein Verfassungsbruch gewesen, welcher eine Unter=brechung in der ungarischen Erbfolge hervorgerufen habe. Der Reichstag allein könne über Toleranz und Urbarreform, welche Josef aufrecht erhalten wollte, entscheiden; es gäbe nur einen gekrönten König von Ungarn und man werde auch Leopold II., obwohl er sich König nenne, bis zur erfolgten Krönung als solchen nicht anerkennen. Leopold hatte schon auf der Reise von Florenz nach Wien die Einberufung eines Krönungslandtages zugesagt; zwei Tage nach seiner Ankunft in Wien theilte er der ungarischen Hofkanzlei mit, daß er nach der pragmatischen Sanction als gesetzmäßiger Thronfolger die Regierung übernehme, daß er den Widerruf Josefs vom 28. Jänner bestätige und nach den Grundgesetzen des Landes regieren werde. Ueber die drei Punkte, welche Josef ausgenommen, solle der Reichstag, dessen Einberufung bald kundgemacht werden würde, berathen. Wie in den Niederlanden wurde auch in Ungarn dieses Entgegenkommen als Schwäche ausgelegt; viele Magnaten blieben in Verbindung mit dem preußischen Königshause und wollten die Erbfolge, wie die königlichen Rechte von einem neuen Vertrage mit der Krone abhängig machen. Leopold sah voraus, daß der Reichstag viel Lärm machen werde und waffnete sich mit Geduld; er war entschlossen, in allem nachzugeben, was gerecht und richtig sei, aber auch keinen Schritt weiterzugehen.[1]) Der Reichstag wurde auf den 6. Juni einberufen, in dem betreffenden Rescripte wiederholte der Kaiser seine Zusagen wegen der Krönung und des Inauguraldiplomes, schon vorher aber wurden auf administrativem Wege einige kirchliche und

---

1) Leopold an Marie Christine, 5. Mai 1790. Wolf, Briefwechsel, S. 145.

politische Reformen Josefs abgethan: das Steuerpatent war bereits auf=
gehoben, in Schule und Amt wurde nicht mehr die deutsche, sondern
die magyarische oder lateinische Sprache gebraucht, Cultus und Unter=
richt wurden von der Studienhofcommission abgelöst und der Statthalterei
zugetheilt.

Der Reichstag wurde nach altem Recht und in alter Form vom Index
Curiae Grafen Karl Zichy am 8. Juni in Ofen eröffnet. Er bot schon
äußerlich ein eigenthümliches Bild, da die 600 Mitglieder der Magnatentafel
und der Ständetafel nur im Nationalcostüm oder im geistlichen Gewande er=
schienen waren. Viele Comitate hatten Banderien, bewaffnete Reiterschaaren,
die aus dem niederen Landadel zusammengestellt waren, in ihren Farben nach
der Hauptstadt gesendet, angeblich um die Krone des heil. Stephan zu bewachen,
in der That aber, um sich dem Reichstage für alle Fälle zur Verfügung zu
stellen. Schon die ersten Sitzungen verliefen stürmisch, die Josefinische Ver=
waltung sollte bis in ihre Wurzeln vertilgt werden, der Adel verlangte die
vollständige Herstellung seiner Rechte, den Ausschluß aller Bürgerlichen und der
Fremden aus den Aemtern. Sogar die Regierung Maria Theresia's und das
Erbfolgerecht des Königs wurde angegriffen. Der gemäßigten Partei, an deren
Spitze der Hofrichter, der Personal Uerményi und der Primas Batthyani
standen, gelang es, das Feuer etwas zu dämpfen, sie konnten jedoch nicht ver=
hindern, daß die Ausstellung einer neuen Versicherungsacte, durch welche die
Rechte des Landes gewährleistet werden sollten, vom Könige verlangt wurde.
Eine Deputation von 14 Magnaten und 36 Mitgliedern der Ständetafel ver=
fügte sich nach Wien und überbrachte dem Könige diese Forderung; dieser
erklärte jedoch durch das Rescript vom 30. Juli, daß er niemals ein anderes
Inauguraldiplom, als jenes, welches von seinen Vorfahren Karl VI. und
Maria Theresia ausgestellt worden war, unterschreiben werde; er wolle die
ungarische Verfassung, ebenso wie seine königlichen Rechte, unverletzt aufrecht
erhalten, deßhalb müsse er das eigenmächtige Vorgehen der Comitate, welche
einen besonderen Reichstag halten und den Adel unter die Waffen rufen wollen,
mißbilligen, ebenso die Debatte über die Unterbrechung der Erbfolge. Er sei
König nach der pragmatischen Sauction und werde sich auch seine vollziehende
Gewalt nicht schmälern lassen. Er müsse es seltsam finden, daß er noch nicht
zum Reichstage geladen worden sei. Zugleich wurde bekannt, daß der König
dem Kronanwalte aufgetragen habe, darüber zu berichten, welche Strafe das
Gesetz über Jene verhänge, welche behaupten wollen, daß die Thronfolge durch
die Regierung Josef II. unterbrochen worden sei und die mit auswärtigen
Mächten in Verbindung stehen. Die Namen der Schuldigen werde der König
selbst hinzufügen. — Nichts regte Leopold mehr auf, als diese Verbindung
des ungarischen Adels mit dem Könige von Preußen, obwohl er wußte, daß
Preußen dieselbe nur für die Zwecke seiner polnischen Erwerbungen ausnutzen
wollte. Er war gesonnen, wenn der Plan des Reichstages, eigene Gesandte
nach Reichenbach zu senden, zur Ausführung käme, diese Gesandten an der

Grenze gefangen nehmen zu lassen.[1]) Spielmann und Reuß hatten den Auf=
trag, die ungarische Angelegenheit officiell nicht zur Sprache kommen zu lassen,
höchstens mündlich und nebenher darüber Aufklärungen zu geben. Die hoch=
verrätherische Haltung der Ungarn war die Haupturfache der Nachgiebigkeit
Leopolds in Reichenbach, der lieber die Erfolge des Türkenkrieges wieder
preisgab, als daß er sich der Eventualität aussetzte, die Krone von Ungarn
unter dem Protectorate des Königs von Preußen zu tragen. Denn nichts
Geringeres strebte die adelige Oppositionspartei des Reichstages für den Fall
der Krönung Leopolds an, als die Anerkennung und Aufrechthaltung der
Verfassung unter preußische Garantie zu stellen.[2]) Leopold glaubte an die
Möglichkeit einer allgemeinen Insurrection des Königreiches und schreckte auch
vor dem offenen Kampfe mit der edlen Nation nicht zurück, die ja in jedem
Conflicte mit der Krone ihre Geneigtheit zur Rebellion zur Schau zu tragen
gewohnt ist. Die deutsche Cavallerie wurde aus diesem Grunde in Bereitschaft
gehalten,[3]) auf sie konnte sich die Dynastie immer verlassen, ob es gegen Preußen,
Niederländer oder Türken ging. Der Abschluß des Reichenbacher Vertrages
machte den kühnen Hoffnungen der Magnaten mit einem Male ein Ende; die
preußischen Truppen zogen sich von der schlesischen Grenze zurück, Ungarn
war sich selbst überlassen. Von diesem Augenblicke an konnte Leopold freier
und kräftiger der Opposition im Reichstage gegenübertreten, um so mehr, als er
den Clerus wieder auf die Seite der Regierung gebracht hatte und auch das
bürgerliche Element sich gegen die Uebergriffe der Aristokraten zu wenden
begann. Doch gab der Reichstag seine Bemühungen, die Macht des Königs
noch neuerdings zu beschränken, nicht auf. Ungeachtet der wiederholt (am
20. August 1790) abgegebenen Erklärung Leopolds, daß er das Inaugural=
diplom nur in der Theresianischen Form annehme, arbeitete eine Commission
dennoch den Entwurf eines Diplomes aus, welches weit über die Bestimmungen
der ersteren hinausging. Der König sollte darin anerkennen, daß die Geset=
gebung zwischen der Nation und dem Könige getheilt sei, daß er Galizien und
Siebenbürgen nur durch die ungarische Krone besitze, daß zu einem Frieden
mit den Türken ungarische Gesandte beigezogen werden müßten, daß die Krone
im Lande bleibe, daß der Thronfolger vor seiner Krönung die Verfassung
beschwören müsse, widrigenfalls er nicht zur Ausübung der königlichen Rechte
befähigt sei. Wenn drei Monate nach dem Tode eines Königs der Reichstag
nicht berufen ist, so haben die Stände das Recht, dies innerhalb der nächsten
sechs Monate selbst zu thun, und schließlich: Wenn der König oder sein Nach=
folger durch was immer für Entscheidungen, Decrete oder Verfügungen diesen
Punkten zuwiderhandeln, sollte den Ständen die Befugniß, dergleichen Befehlen
den Gehorsam ungestraft zu verweigern, ungefährdet bleiben. In diesen

---

1) Rosenberg an Ph. Cobenzl, 20. Juli 1790. Vivenot, Deutsche Kaiserpolitik,
I. S. 520.
2) Leopold an Marie Christine, 26. Juli. Wolf, Briefwechsel, S. 182.
3) Leopold an Marie Christine, 20. August 1790. Ebendas.

Forderungen war so Manches enthalten, was Leopolds constitutionellen Principien entsprechen mußte; er hatte in den Niederlanden sogar Aehnliches zugestanden, trotzdem verhielt er sich ihnen gegenüber vollkommen ablehnend. Der Unterschied ergab sich aus den Verhältnissen. In Ungarn hatte der regierende König von jeher ganz andere Rechte ausgeübt, als die Fürsten der niederländischen Provinzen, die Annahme von Bedingungen vor der Krönung machte das Erbrecht illusorisch und untergrub ohne Zweifel sein Ansehen. Die letzte Clausel öffnete bei der Unverläßlichkeit der dynastischen Gesinnung in Ungarn der Rebellion Thür und Thor und verlieh derselben für alle Zukunft eine gesetzliche Basis. Hier durfte nicht nachgegeben werden. Leopold legte seinen Standpunkt in einem neuen Rescripte vom 20. August mit aller Entschiedenheit dar, indem er jede weitere Erörterung über die Wünsche der Nation und die Art ihrer Befriedigung vor der Krönung als unstatthaft und in der Verfassung nicht begründet erklärte. Auch versagte er den Ungarn den Wunsch, daß er die Krönung als ihr König der Kaiserkrönung vorangehen ließ. Er reiste von Wien ab, ohne die Antwort des Reichstages auf sein letztes Rescript abzuwarten.

Die ruhige und würdevolle Sicherheit in dem Auftreten Leopolds verfehlte ihre Wirkung nicht. Nachdem die erste Bewegung vorübergegangen war, setzte die gemäßigte Partei im Reichstage es durch, daß der Vorschlag des Königs angenommen und die Krönung bedingungslos zugestanden wurde. Man half sich mit einer formellen Constatirung des Rechtes, vor der Krönung die Bestimmungen des Inauguraldiplomes festzustellen, war aber bereit, diesmal auf dieses Recht zu verzichten. Graf Josef Károlyi wurde mit dem Beschlusse nach Frankfurt entsendet. Leopold berührte die principielle Frage in seiner Antwort gar nicht, drückte sein Wohlgefallen über die Nachgiebigkeit der Stände aus, verlegte den Reichstag nach Preßburg und bestimmte als Tag der Krönung seinen Namenstag, den 15. November.

Von Schloßhof aus, einer Besitzung des Prinzen Eugen, hielt Leopold am 10. November seinen Einzug in Preßburg, wo ihn bereits die Erzherzoge, der König und die Königin von Neapel, Herzog Albert und Marie Christine, sowie eine zahlreiche Adelsgesellschaft erwarteten. Die Kaiserin hatte wegen Unwohlseins in Wien zurückbleiben müssen. Von der Wahl eines Palatins wurde Umgang genommen, da der achtzehnjährige Erzherzog Alexander, der zweite Sohn des Kaisers, dazu ausersehen war und mit Acclamation angenommen wurde. Nachdem der Prinz den gewöhnlichen Palatinaleid in Anwesenheit einer Ständedeputation geleistet hatte, hielt der Kaiser eine Ansprache an ihn, in welcher er ihm die Bedeutung desselben in feierlicher Weise auseinandersetzte. Er gebiete ihm die Heilighaltung dieses Eides nicht nur als Vater, sondern als König. Das allgemeine Verlangen der Stände und seine Genehmigung desselben werde der Prinz nur dann rechtfertigen, wenn er in Erfüllung seiner Amtspflichten nichts zu wünschen übrig lasse. Das Band, welches den Sohn mit dem Vater verbindet, dürfe ihn nie hindern, zu thun, was Gesetz und Pflicht heischen. Denn feierlich erkläre er vor den getreuen Ständen, daß er nicht zweifle, sein Sohn werde nicht nur über die Aufrechthaltung der königlichen Würden und Rechte wachen, sondern ebenso für die Erhaltung der gesetzmäßigen Rechte der Stände und der allgemeinen Freiheiten des Reiches mit gleicher Aufmerksamkeit Sorge tragen. Diese Rede erregte so allgemeine Begeisterung, daß sie auf das einstimmige Verlangen der Stände zum ewigen Andenken dem fünften Artikel des Reichstags-Abschlusses von Wort zu Wort eingeschaltet wurde.[1]) Der Charakter eines Familienfestes, welches zwischen der Dynastie und dem ungarischen Volke gefeiert wurde, trat auch in dem Umstande hervor, daß nach altem Herkommen der Palatin dem Fürstprimas beim Krönungsacte zur Seite stand, also diesmal der Sohn dem Vater die Krone aufs Haupt setzen durfte. Die gute Stimmung des Reichstages offenbarte sich auch in der Höhe des Krönungsgeschenkes (von Mailath mit Vorliebe Honorar genannt). Dasselbe hatte für Maria Theresia 100,000 Gulden betragen, Leopold erhielt 50,000 Ducaten.

Viel ruhiger vollzog sich die Restauration in Siebenbürgen, wo die Frage der Thronfolge gar nicht berührt wurde. Leopold sagte in einem Sendschreiben vom 14. März die Herstellung der Verfassung mit allen Rechten und Freiheiten der Nationen zu und versprach, die Berathung der nothwendigen Reformen dem Landtage überlassen zu wollen, der anfangs im August, später im December zur Huldigung berufen werden sollte. Noch im Mai wurde die Josefinische Kreiseintheilung abgeschafft, die alten Comitate und die drei Nationalterritorien wurden wie früher abgegrenzt, das Wahlrecht der Beamten hergestellt.[2]) Vom Mai bis November tagte die „Nationsuniversität" der Sachsen nach altem Recht und Brauch und einigte sich über die Vorlagen für den Landtag, über die Theilnahme an der gesetzgebenden Gewalt, über die Grenzen der Executive, die Union mit Ungarn, die Steuerbewilligung und namentlich über die Aufhebung der Leibeigenschaft, welche die Versammlung als den Naturgesetzen zuwider und illegal bezeichnete. Der Huldigungslandtag trat am 21. December in Klausenburg zusammen und wurde, wie dies in Siebenbürgen gewöhnlich war, von einem „Militärdiplomaten", dem Feldmarschalllieutenant Freiherrn Christani von Rall, früher österreichischem Geschäftsträger in Schweden, eröffnet. Unter den 419 Mitgliedern des Landtages befanden sich so viele „Regalisten", welchen Amt und Würde das Recht zur Theilnahme verlieh, daß die Regierung im Vorhinein auf ein friedliches Ende rechnen konnte. Sie ließ dem Landtage durch den königlichen Commissär ein Reformprogramm vorlegen, welches den humanen und aufgeklärten Ideen des Kaisers entsprach; ohne die Grundlagen der alten Verfassung anzugreifen, sollte der Boden für neue Ideen und Schöpfungen gewonnen werden: die persönliche Freiheit der hörigen Leute

---

1) Mailath, Gesch. d. Magyaren, IV. S. 108.
2) Zieglauer, Reformbewegung in Siebenbürgen, Wien 1881, ein für die Geschichte der österreichischen Verfassung und des Constitutionalismus überhaupt höchst bedeutungsvolles Werk.

(Grundholden), ihre Freizügigkeit und das Eigenthumsrecht sollten gesichert, die
Steuervertheilung, die Comitatsverwaltung, die Gerichtspflege neu eingerichtet
werden. Am 23. December leistete zuerst der Landtag Mann für Mann nach
der Reihenfolge der „Stände und Ordnungen" (status et ordines) die Huldigung,
über Wunsch der Regierung in der Form von 1744, dann wurde der könig=
liche Commissär auf die Verfassung des Landes, „auf die Seele des Königs"
beeidet. Die nun folgenden Berathungen der vorgelegten Reformvorschläge dehnten
sich auf viele Monate aus und gingen nicht ohne ernste parlamentarische
Kämpfe vorüber. Die Magyaren und Szekler verlangten die Union mit
Ungarn, die Sachsen waren dagegen. Der Kaiser fand, so wie Maria
Theresia, seine Interessen durch die Sonderstellung am besten gewahrt und
erkannte die Schwierigkeit, die constitutionellen Rechte Siebenbürgens mit der
Union in Einklang zu bringen, besser als der siebenbürgische Landtag selbst.
Das Rescript vom 28. Februar 1791 bestimmte die Trennung der sieben=
bürgischen Hofkanzlei von der ungarischen, und am 5. März wurde die erstere
als selbständiges Ministerium, wie unter Maria Theresia, eröffnet, ohne daß
die Proteste der Magyaren und Szekler eine Beachtung fanden. Der Adel
wollte die Leibeigenschaft beibehalten, die Freizügigkeit nicht gestatten und sich
auf die Abstellung einiger Mißbräuche beschränken. Diesen Bemühungen trat
Leopold mit der kategorischen Erklärung entgegen, daß die Leibeigenschaft
aufgehoben werden müsse; da auch die Sachsen und Magyaren, erstere unbe=
dingt, letztere unter gewissen Beschränkungen für das Princip der Freizügigkeit
der Unterthanen eintraten, so wurde dasselbe in der Sitzung vom 1. August
zum Beschluß erhoben. Unter stürmischer Opposition der Katholiken wurde
das Operat der Landtagscommission über die Stellung der vier „recipirten
Religionen des Landes", des katholischen, evangelischen, reformirten und uni=
tarischen Bekenntnisses, verhandelt. Die Tendenz desselben war auf die voll=
kommene Wiederherstellung der schon im 16. Jahrhundert in Siebenbürgen
verfassungsmäßig sanctionirten Religionsfreiheit gerichtet, welche durch eine
Reihe von Verfügungen unter Karl VI. und Maria Theresia verletzt worden
war. Man verwarf auch das Toleranzpatent und die übrigen religiösen
Neuerungen Josef II., weil man sich im Besitze der seit Jahrhunderten
erworbenen Freiheiten weit sicherer fühlte. Den heftigsten Widerstand der
Katholiken rief die Bestimmung hervor, daß Jedermann der Uebertritt von
einer der recipirten Religionen zur anderen ohne Nachtheil gestattet sein solle,
sowie die Begünstigung der gemischten Ehen; er blieb jedoch erfolglos, indem
zwar die beiden beanstandeten Artikel aus dem Landtagsprotokolle ausgelassen,
dagegen eine ihrem Inhalte entsprechende Resolution angenommen wurde.
In dieser Frage hatten die akatholischen Magyaren und Szekler an den
Sachsen getreue Bundesgenossen gefunden, fast in allen andern Berathungen
sahen sich die Sachsen jedoch von den beiden Nationen, mit welchen sie ein
so oft und so feierlich beschworner Bund seit Jahrhunderten als gleich=
berechtigter „Mitstand" verknüpfte, angefeindet, häufig verunglimpft und

beleidigt. Es bedurfte der überlegenen Mäßigung des Sachsengrafen Freiherrn Michael von Bruckenthal und des Hermannstädter Bürgermeisters Freiherrn von Rosenfeld, um ihnen den Aufenthalt im Landtage noch erträglich zu machen. Bei Gelegenheit der „Sprachendebatte", in welcher es sich um die Zurückweisung einer in deutscher Sprache abgefaßten Proposition des Guberniums handelte, traten die Gegensätze so scharf gegen einander auf, daß nur die persönliche, außerordentlich geschickte Intervention des königlichen Commissärs Christani einen Ausgleich herbeizuführen vermochte. Die hohe Stellung, welche Christani im Freimaurerorden einnahm, der damals in Siebenbürgen viele Mitglieder und eine lebenskräftige Loge besaß, mag seinen Einfluß bei diesem Versöhnungswerke wesentlich unterstützt haben. Die Klageschrift der Walachen, durch welche diese bereits auf eine Million Seelen angewachsene Nation die rechtliche, politische und religiöse Gleichstellung mit den drei übrigen Nationen vom Kaiser verlangte, fand im Landtage eine sehr kühle Aufnahme: die Nationen gaben ihre Meinung darüber einzeln ab, jede suchte gewisse Vorwürfe zu entkräften, die Sonderstellung der Walachen jedoch als historisch begründet nachzuweisen. Das thatsächliche Ergebniß der Berathung war ein einziger Artikel, welcher die Duldung des griechisch-nichtunirten Bekenntnisses neuerdings bestätigte, die Organisation dieser Kirche jedoch unter die Aufsicht der Regierung, der Comitate und Stühle setzte. Am 9. August wurde der Landtag nach erfolgter Wahl einer nach Wien zu entsendenden Deputation geschlossen; die Details der Verhandlungen desselben bieten ein außerordentliches Interesse durch die Wichtigkeit der behandelten Fragen und die Eigenart und Vielgestaltigkeit der staatsrechtlichen Formen, welche dabei zur Anwendung kamen; seine schließlichen Bestimmungen sind mit geringen Abweichungen durch nahezu fünfzig Jahre maßgebend gewesen. — So wie die Begünstigung der rumänischen Bewegung durch die Regierung in Siebenbürgen sehr ernüchternd auf die erhitzten Parteien gewirkt hatte, so blieb die südslavische Frage auch auf die Haltung des ungarischen Reichstages nicht ohne Einfluß. Der slavisch-nationale Geist war schon vor und während des Türkenkrieges lebendig geworden. Während der Reichstag in Ofen tagte, vor der Krönung, erschien eine slavische Deputation unter Führung des Erzbischofes von Carlowitz in Wien und auf ihr Verlangen gestattete der Kaiser die Abhaltung eines serbischen Nationalcongresses in Temesvar. Derselbe wurde am 31. August eröffnet und war vom Erzbischof, 7 Bischöfen und 75 Mitgliedern besucht. Er begehrte die Anerkennung der Serben als einer besonderen, der „illyrischen Nation" im Banate und in der Bacska (serb. Woiwodina), eine selbständige Verwaltung auf Grundlage der Leopoldinischen Freiheitsbriefe von 1690 und 1691 und stellte dem Könige 40,000 Mann für den Nothfall zur Verfügung. Der königliche Commissär Freiherr v. Schmidburg, Commandant von Peterwardein, brachte die Antwort des Kaisers, welche in wohlwollenden Worten die Entscheidung bis zur Rückkehr des Kaisers von der Krönung in Frankfurt aufschob. Die Versammlung sah schon in dem Umstande, daß ihre Forderungen nicht geradezu abgewiesen wurden, eine Errungenschaft und präcisirte dieselben noch in folgenden Punkten: freie Religionsübung, Gleichstellung der griechischen Popen mit den katholischen Geistlichen, Berechtigung zur Wahl als Comitats= und Regierungsbeamte, zur unbeschränkten Erwerbung von Grundbesitz und zur Theilnahme an den städtischen Magistraten, Errichtung einer eigenen Hof= kanzlei für die Angelegenheiten der illyrischen Nation, so wie die Zuerkennung des Rechtes, Nationalcongresse abzuhalten. Die Errichtung der illyrischen Hof= kanzlei und die Ernennung des Kanzlers Grafen Balassa, früheren Banus von Croatien, zum Hofkanzler durch eine königliche Verfügung vom 5. März 1791 sicherte der Regierung das Vertrauen und die Unterstützung der Serben, wodurch die oppositionelle Stimmung im ungarischen Reichstage nicht wenig gedämpft wurde. Der Reichstag erhob zwar sofort seine Stimme gegen die den Serben gemachten Zugeständnisse, er erklärte sie im Widerspruch mit der Verfassung und dem Krönungseide und machte die Bemerkung, Josef habe Ungarn mit Oesterreich vereinigen wollen, dagegen wolle der gegenwärtige König das Land durch Zertrennung in seiner Macht schädigen. Die „Raizen", wie die Serben von den Ungarn genannt wurden, seien eingewandertes Volk, als Flüchtlinge aufgenommen, sie haben kein Recht zur Bildung einer besonderen Provinz. Leopold antwortete: die Errichtung einer eigenen illyrischen Hofcommission sei in derselben Weise, wie unter Maria Theresia, erfolgt und durch die Urkunde Leopold I. von 1691 begründet, sie stehe im Einklange mit dem ungarischen Municipalgesetze und beeinträchtige die Stellung der ungarischen Hofkanzlei nicht. Dabei blieb es.

So hatte der Kaiser in einer Reihe bedeutungsvoller Angelegenheiten bewiesen, daß er bei aller Geneigtheit zum Frieden und zur Achtung vor den bestehenden Verfassungsgesetzen von den Rechten der Krone nicht das Geringste preiszugeben gesonnen sei, er hatte die Machtsphäre des ungarischen Reichstages eingeengt und sich Bundesgenossen für den Fall gesichert, daß die extreme Partei unter den Magyaren zu Gewaltmaßregeln schreiten würde. Die natürliche Folge davon war, daß die parlamentarischen Verhandlungen in Ungarn ruhiger als bisher verliefen und die gesetzlichen Schranken nicht mehr durchbrachen. Der Reichstag beschäftigte sich nach der Krönung mit inneren Angelegenheiten auf Grundlage der königlichen Proposition, so mit dem Theresianischen Urbarialsystem, der Militärsteuer von 1764, der Reform der Comitatsverfassung, der Justiz und der politischen Stellung der Pro= testanten. Ein vollkommener Rückschritt zu den Zuständen, wie sie unter der großen Kaiserin bestanden hatten, war trotz aller conservativen Gesinnung doch nicht zu erreichen, das Wirken Josefs nicht ungeschehen zu machen; dem Reichstage fiel die Aufgabe zu, das wünschenswerthe Neue mit dem Herkommen und mit den Interessen der Betheiligten in Uebereinstimmung zu bringen. Die Grundzüge der in zahlreichen Gesetzartikeln niedergelegten Beschlüsse sind folgende: Ungarn wird als ein selbständiges, von den anderen österreichischen Ländern unabhängiges Reich erklärt, welches nur nach den Gesetzen regiert

werden darf, welche vom Könige und den Ständen gemeinschaftlich beschlossen
werden. Die vollziehende Gewalt gehört dem Könige zu, doch wird er dieselbe nur im Sinne der Gesetze handhaben. Die Krone des heiligen Stefan
wird in Ofen aufbewahrt und darf ohne Zustimmung der Stände nicht trans-
portirt werden. Der Reichstag tritt alle drei Jahre zusammen, doch kann
ihn der König auch früher berufen; die Steuern werden von Reichstag zu
Reichstag bewilligt und ausgeschrieben. Der König begehrt keine weiteren
Subsidien an Geld, Naturalien oder Rekruten und nimmt selbst freiwillige
Anerbietungen davon nicht an. Die königlich ungarische Statthalterei ist die
höchste Behörde im Lande, sie ist unabhängig, verkehrt unmittelbar mit dem
Könige, doch besteht ihr gegenüber das Recht der Gegenvorstellung und Beschwerde. Der König verspricht, keine fremde Sprache einzuführen, das
Lateinische bleibt Geschäftssprache, doch wird das Ungarische an allen Lehranstalten gelehrt. Strafrecht und Gerichtsordnung Kaiser Josefs sind aufgehoben, alle von ihm gemachten Schenkungen bedürfen der Bestätigung des
neuen Königs, wenn sie giltig sein sollen. Die Ordnung der religiösen Fragen
machte große Schwierigkeiten. Die von drei verschiedenen Commissionen des
Reichstages vorgelegten Anträge konnten nicht in Einklang gebracht werden,
worauf man dem Könige die Entscheidung überließ. Gegen dieselbe protestirten jedoch der katholische Clerus und vierundachtzig weltliche Ständemitglieder beider Tafeln. Nun wurde der König abermals ersucht, eine
Resolution vorzulegen, welcher der Reichstag Gesetzeskraft verleihen wollte.
Als diese erfloß, legte der Primas Batthyany im Namen des gesammten
katholischen Clerus einen zweiten Protest schriftlich vor. Derselbe blieb jedoch
wirkungslos und der Reichstag beschloß, die königliche Resolution als 26. Artikel
in das Leopoldinische Decret aufzunehmen. Sie spricht auf Grundlage der
kirchlichen Freiheit, welche sich die Protestanten durch internationale Verträge,
namentlich den Wiener und Linzer Frieden (1608 und 1647) errungen haben,
die bürgerliche Gleichberechtigung der Protestanten aus, überläßt ihnen die
autonome Leitung und Verwaltung von Kirche und Schule und behält dem
Könige nur das oberste Aufsichtsrecht, welches auf constitutionellem Wege ausgeübt wird, vor. Demzufolge hatten die Protestanten das Recht, Volks- und
Mittelschulen und höhere Lehranstalten zu errichten und aus eigenen Mitteln
zu erhalten, Lehrer und Rectoren zu ernennen, Aufsichtsorgane aus den
Mitgliedern ihrer Confession zu bestellen und die Lehrpläne für ihre Schulen
festzusetzen. Doch mußten dieselben mit den Gesetzen des Landes über Studien-
ordnungen übereinstimmen. Für Croatien, Slavonien und Dalmatien behielten
die einzelnen Municipalgesetzgebungen Giltigkeit. Die in diesen Artikeln ausgesprochenen Grundsätze blieben auch für die folgenden Generationen maßgebend, sie wurden durch den Ausgleich von 1867 neuerdings in feierlicher
Weise gewährleistet. Die unerledigten wirthschaftlichen Angelegenheiten wurden
einer Commission von neun Mitgliedern zur Berathung übergeben, fanden
jedoch keine Förderung. Das Reformwerk blieb unausgeführt, die Bauernschaft,

wenn auch nicht leibeigen, so doch unfrei, das Bürgerthum gedrückt und unentwickelt, der Adel steuerfrei und von der Militärpflicht eximirt, so daß seine Macht höher stieg, als je. So verfiel Ungarn, während die meisten übrigen europäischen Nationen in einem mehr oder minder raschen Fortschritte begriffen waren, einer regungslosen Stagnation.

Kaiser Leopold schloß den bedeutungsvollen Reichstag am 13. März 1791; er hatte Ruhe und Ordnung in dem gefährdetsten Theile seines Reiches wieder hergestellt und damit vorläufig das nothwendig Anzustrebende erreicht. Ob er die Begründung gesünderer Zustände in späteren, ruhigeren Zeiten selbst in Angriff genommen hätte, läßt sich nicht entscheiden; die Kürze seiner Regierung ließ keinen darauf abzielenden Versuch zu.   Daß eine Wieder= aufnahme des schon von Josef selbst aufgegebenen Kampfes mit einer ganzen Nation unter den damals gegebenen äußeren Verhältnissen für sein Haus und für die Existenz Oesterreichs von den verderblichsten Folgen gewesen wäre, wird Niemand leugnen können, der sich den Zusammenhang aller treibenden Kräfte jener bewegten Zeit klar vor Augen hält.

Schon am 14. März trat Leopold die Reise nach Italien an, um seinen zweiten Sohn Ferdinand in die Regierung von Toscana einzuführen. Die milde Luft, die Freiheit der Bewegung, der Wechsel des Lebens thaten ihm wohl. „Wenn man so gearbeitet hat, wie ich in den letzten dreizehn Monaten", schrieb er im Mai an Marie Christine, „wenn man den Kelch der Unannehmlichkeiten und des Verdrusses aller Art, wie ich, bis auf den Grund geleert hat, ist es wohl billig, einige Monate frei zu haben, um die zerrüttete Gesundheit wieder herzustellen, die gedrückte Laune zu zerstreuen, neue Kräfte zu sammeln, und um überhaupt nicht unterzugehen."

III. Die Restauration der erbländischen Verfassungen.

Nicht nur in Ungarn und den Niederlanden, sondern auch in den übrigen Ländern des Hanses Habsburg hatten die Verwaltungsreformen Josefs eine nachhaltige Verstimmung hervorgerufen; namentlich wurden die Mitglieder der noch im Beginne des 17. Jahrhunderts so mächtigen Stände in eine Erregung versetzt, welche während der Regierung Karl VI. und Maria Theresia's niemals wahrzunehmen gewesen war. Die Tragweite dieser Bewegung war nur aus dem Grunde mit den Vorgängen in den erstgenannten Ländern nicht zu vergleichen, weil in Deutsch-Oesterreich Niemand so weit ging, die Beziehungen zu der Dynastie lockern oder den Staat selbst in Frage stellen zu wollen. Wie in allen gefährlichen Krisen war auch diesmal die Treue und Anhänglichkeit der alten Erbländer, insbesondere Innerösterreichs und seiner nächsten Nachbarn, keinen Augenblick wankend geworden und der Gedanke, sich Bundesgenossen außerhalb der Grenzen des Reiches zu suchen und sich den Bestand der verfassungsmäßigen Rechte durch eine fremde Macht garantiren zu lassen, blieb auf dieser Seite unausgesprochen. Auch in Böhmen war seit der Wiedereroberung im dreißigjährigen Kriege der rebellische Geist vollkommen ausgerottet und eine Bedrohung der Interessen des regierenden Hanses, wie sie in Ungarn bei jeder ernsteren Verwicklung an der Tagesordnung war, ganz ausgeschlossen. Trotzdem gab es auch in den deutsch-österreichischen Ländern ein reges politisches Leben und Conflicte zwischen Conservativismus und Reformbestrebungen, zwischen dem absoluten Regierungssysteme und den damals berufenen Vertretern der grundbesitzenden Bevölkerung. Es ist in Oesterreich zur Gewohnheit geworden, die ständischen Corporationen jener Tage als vollkommen wesenlos anzusehen, die Ständemitglieder als lächerliche Marionetten und bloße Jasager hinzustellen, welche keine Berücksichtigung fanden, noch verdienten; der Liberalismus glaubte das Gewicht seines Auftretens dadurch erhöhen zu müssen, daß er von der Existenz verfassungsmäßiger Rechte und Zustände vor dem Jahre 1848 absah und seine Bestrebungen um die politischen und wirthschaftlichen Interessen der Länder als die ersten in Oesterreich bezeichnete. Die ständische Bewegung während der Regierungszeit Leopolds, und hauptsächlich im Beginne derselben liefert den Beweis, daß diese Anschauung eine vollkommen unhistorische ist. — Als Leopold nach fünfundzwanzigjähriger Abwesenheit in die Heimath zurückkehrte, hatte er selbst keine Kenntniß von dem Inhalte der Opposition des Adels und Clerus gegen die Eingriffe seines Bruders in ihre ererbten

alten Rechte und Privilegien. Auf seiner Reise nach Wien hatte er zuerst
in Tirol Gelegenheit, sich persönlich von der herrschenden Unzufriedenheit und
der Nothwendigkeit beruhigender Schritte zu überzeugen. Er gab einer von
Dr. Andrä Dipauli geführten Deputation, welche ihm in Bozen die Be=
schwerden der Opposition vortrug, zur Antwort, „er sehe die landschaftlichen
Stände als die Säulen der Monarchie an und wolle ihnen daher alle ihre
Vorrechte wieder geben und im Vereine mit ihnen das Beste seiner Völker
mit dem seinigen in Uebereinstimmung bringen." [1] In Bruck a. d. Mur
begrüßten ihn Abgesandte der steirischen Stände, welche ebenfalls Klagen
über die den Ständen seit Jahrzehnten, namentlich aber durch Josef II. zu=
gefügten Unbilden vorbrachten und um die Erlaubniß baten, die Beschwerden
der Landschaft durch Vertrauensmänner in Wien vorbringen zu dürfen. Die
Bitte wurde gewährt. Bevor jedoch die Stände der Erbländer in die Lage
kamen, sich über die drückendsten Verhältnisse selbst äußern zu können, hatte
der Kaiser bereits aus eigener Initiative einen Stein des Anstoßes hinweg=
geräumt: die Josefinischen Grundsteuer= und Urbarialgesetze, welche durch ein
Rescript an den obersten Kanzler, Grafen Kolowrat, vom 27. März 1790
aufgehoben wurden. Der nächste und entscheidende Schritt war die Einbe=
rufung der Landtage von Böhmen, Mähren, Schlesien, Oesterreich ob der
Enns, Steiermark, Kärnten, Krain, Görz, Tirol und Vorderösterreich, durch
welche die Verständigung zwischen der Krone und den Ländern auf ver=
fassungsmäßigen Boden verwiesen und die absolutistische Richtung der Ver=
waltung preisgegeben war. Die Stände von Oesterreich unter der Enns
hatten sich schon am 11. März zum Empfange des neuen Herrschers in Wien
versammelt und darnach ihre Berathungen begonnen. Als erster Gegenstand
der Landtagsverhandlungen [2] wurde die Regelung der Steuerpflicht aufgestellt,
welche zunächst auf die alten Steuern basirt wurde, deren Leistung jedoch
dem Unterthanen „durch das patriotische Benehmen der Stände und Grund=
herren" erleichtert werden sollte. Der zweite Punkt betraf „die Wieder=
herstellung der ständischen Verfassung und ihrer Wirksamkeit, wobei die
historische Darstellung derselben, wie solche vormals und hernach sowohl
während als nach der Regierung der Kaiserin=Königin höchstseligen Gedächt=
nisses war, vorauszugehen und dann die umständliche Vorschläge, auf was
Art dieselbe mit Rücksicht auf die gegenwärtigen Umstände und ohne Be=
bürdung des Landes oder des Aerariums auf die zweckmäßigste Art wieder
hergestellt werden könne, zu folgen haben werden." Diesem sollte sich drittens
anschließen „die Darstellung aller ständischen und übrigen Beschwerden,
gravamina und Wünsche derselben sowohl in Rücksicht auf die Civil= und
Strafgesetze, als in Beziehung auf die politischen und Cameralverfügungen",
wobei der Kaiser die Erwartung aussprach, „daß die Stände nichts verlangen

---

1) J. Egger, Geschichte Tirols. 3. Band, S. 130.
2) Handschreiben an den obersten Hofkanzler vom 29. April 1790.

werden, was die Grenzen der Billigkeit überschreiten oder der Beförderung des allgemeinen Wohls hinderlich sein könnte."

In der Zeit vom Sommer 1790 bis zum nächsten Frühjahr versammelten sich die Stände der Provinzen in Wien, Linz, Innsbruck, Prag, Brünn, Graz, Laibach, Klagenfurt, und zwar zuerst die ständischen Ausschüsse, welche Josef sistirt und Leopold wiederhergestellt hatte, dann die Stände selbst. Wie die alten Landesordnungen es vorschrieben, erschienen die adeligen Herren und die geistlichen Würdenträger, nebenbei bescheiden und gedrückt die wenigen Repräsentanten der Städte, in Tirol die Vertreter der freien Bauernschaft. Die Ordnung, das Auftreten, selbst die Kleidung waren wie in alter Zeit. Aber der Geist, der aus diesen Versammlungen sprach, war ein anderer, als zur Zeit Leopold I. und Karl VI., alle ihre Beschwerden, Rechtsverwahrungen und Verhandlungen werden ohne alle Submission, mit Nachdruck und Bewußtsein vorgebracht. Die Redaction derselben fiel — da die wenigsten Ständemitglieder gesetzeskundig und formgewandt waren — fast durchweg den Secretären der Ausschüsse zu, welche mit dem Actenmaterial vertraut waren. Die größte Bedeutung für die Verfassungsgeschichte der österreichischen Provinzen haben die Instructionen, welche in besonderen Heften den Deputationen mitgegeben wurden, die entweder bei Hofe oder bei der Landesregierung die Forderungen der Stände zu vertreten hatten. Sie sind zwar in Einzelheiten nach Ländern und Städten sehr verschieden, geben im Zusammenhalte jedoch ein Bild des inneren Zustandes der Monarchie, welches in dieser Treue auf anderem Wege nicht herzustellen ist, sie weisen auf Stimmungen und Strömungen, die durch die Gleichzeitigkeit mit der großen politischen Bewegung in Frankreich ein um so größeres Interesse beanspruchen können. Der Gegensatz zu den Cahiers, welche den Abgeordneten zur französischen Nationalversammlung 1789 mitgegeben wurden, tritt in den Hauptpunkten, die mehr oder weniger von allen Provinzen betont werden, auffallend genug hervor. Der Absolutismus in der Executive wird im Ganzen nicht verurtheilt, man verlangt nur die Theilnahme der Stände an der gesetzgebenden Gewalt, dagegen wird fast allgemein die Herstellung des Gewissenszwanges und der kirchlichen Alleinherrschaft auf Grund der Agitation der Bischöfe, nicht der niederen Geistlichkeit, begehrt. Die Rechte, welche Josef dem Bürgerthum durch Detailgesetze sichern wollte, wurden so wenig anerkannt, wie seine Reformen in der Rechtspflege und im Lehenwesen. Wir begegnen dem Particularismus der Provinzen und Städte, dem Egoismus der zünftigen Gewerbe, doch nirgends einem schwungvollen Freisinn, einer warmen Vaterlandsliebe; es ertönt kein Ruf nach einer Gesammtverfassung, nach einer entsprechenden Vertretung des Bürgerthums in den politischen Corporationen — der vollständige Rückschritt zu den Einrichtungen der alten Monarchie bleibt das Ziel der Majorität.

In Niederösterreich beschäftigte sich der Landtag vom 10. März bis 31. Juli mit der Einrichtung eines neuen Katasters, mit der Herstellung einer neuen Ständematrikel, mit der Frage, ob es den Herren gestattet werden

kann, Bauern= und Bürgergüter zu erwerben und sie zu Herrengütern umzu=
gestalten. In einer beim Erzherzog Franz abgehaltenen Conferenz erklärte
Graf Zinzendorf, er finde nicht, daß die Herren ein Interesse daran hätten,
da sie dadurch die auf den bürgerlichen Gütern haftenden Abgaben verlören.
Die adeligen Gutsbesitzer waren bereit, ihren Antheil an der Grundsteuer zu
verdoppeln, wenn dadurch eine Erleichterung für die Bauern erreicht werden
könne. Die Anerkennung der alten Verfassung erhielt einen besonderen äußeren
Ausdruck durch die Uebertragung des österreichischen Erzherzoghutes nach
Klosterneuburg, woselbst dieser seit 1616 aufbewahrt worden war. Der Hoch=
und Deutschmeister Erzherzog Maximilian, Bruder der Kaiser Rudolf II. und
Mathias, hatte ihn damals als Schmuck eines silbernen Brustbildes des
heiligen Leopold dem genannten Chorherrenstifte gewidmet, und seither war
er bei den Huldigungen in Wien in Gebrauch gesetzt worden. Kaiser Josef
hatte ihn 1784 zu den historischen Raritäten in die kaiserliche Schatzkammer
bringen lassen, Leopold stellte ihn nach vollzogenem Huldigungsacte dem Stifte
wieder zurück, wohin er mit allem hergebrachten Ceremoniel von kaiserlichen
Commissären geleitet wurde.[1)]

Der böhmische Landtag war mit einigen Unterbrechungen vom 20. März
1790 bis 29. Jänner 1791 versammelt. Die von ihm gesammelten und
redigirten Beschwerden erstreckten sich auf das Robotpatent, das als eine
Gefahr für den Wirthschaftsbetrieb und die Steuerfähigkeit des Grundbesitzes
bezeichnet wurde, auf die Agenden der Kreisämter, die Nothwendigkeit des
Frohndienstes, der nur aus besonderer Gnade durch eine Geldleistung abzulösen
sein sollte, auf die Wiederherstellung des früheren Verwaltungsorganismus
und des Zunftwesens, die Aufhebung des Schulgeldes und der weltlichen
Schulaufsicht, die Wiedereinführung der geistlichen Censur, die Leitung des
Religionsunterrichtes durch die Bischöfe, das Toleranzpatent, die Gemeinsamkeit
der Friedhöfe für Katholiken und Protestanten, die Verweigerung der Erwerbung
landtäflicher Güter u. s. w. Anstellungen bei den Kreis= und Landesämtern
sollten dem eingebornen Adel vorbehalten werden, die Landesofficiere Sitz und
Stimme beim Gubernium, der Oberstburggraf die Leitung der Verwaltung in
seiner Hand haben. Die Böhmen verlangten die Mittheilung aller Gesetz=
entwürfe, das Recht der Steuerbewilligung und der Einberufung des Land=
tags auch gegen den Willen der Regierung, die Installation eines Gesandten
der Stände, also eines Landesministers in Wien, die Zurücknahme aller
Josefinischen Reformen und endlich eine gänzliche Aenderung des staatsrecht=
lichen Verhältnisses des Landes zur Dynastie und zum Gesammtstaate, sie
erhoben jetzt nachträglich nicht nur gegen die Verfügungen Josef II., sondern
auch gegen einzelne Regierungsacte Maria Theresia's Protest. Das Endziel

---

1) Der Bürgermeister von Klosterneuburg, Franz Fransche, hat den denkwürdigen
Act in einem besonderen Schriftchen: „Nachtrag zu den Niederösterreichischen Erb=
huldigungsfeierlichkeiten" verewigt.

dieser Bestrebungen war die Aufstellung einer „Leopoldinischen verbesserten Landesordnung", welche als Grundstein der Verfassung des böhmischen Staates vom Könige bei der Krönung beschworen und für seine Nachfolger als verbindlich erklärt werden sollte. In Bezug auf die Landesämter ging man sogar bis 1497 und 1577 zurück, um ihre Bedeutung als eigentlich verfassungsmäßige Landesregierung nachzuweisen und die Wiedereinsetzung derselben in alle ihnen gebührenden Rechte begehren zu können. In der zweiten Hauptschrift der Stände wird im Eingange darauf hingewiesen, „daß es die Stände Böhmens waren, die den Grund ihres Staates legten und ihre Constitution bildeten: daß sie ihre Landesfürsten nicht erhielten, sondern sich solche selbst gaben, — letztere daher nicht mehr Macht hatten, als ihnen die Stände bei der Wahl oder Annahme übertragen, und jeder Theil der Regierungsmacht, welchen die Stände nicht ausdrücklich an den Landesfürsten übertragen hatten, in Händen der Stände zurückbleiben mußte." Solchen selbstbewußten Hinweisungen gegenüber erklärte die kaiserliche Entschließung vom 28. Juni 1791 ganz trocken: „Der Maßstab der künftigen Verfassung der Stände kann nur von dem Regierungsjahre der höchstseligen Maria Theresia Majestät 1764 hergenommen und in die älteren Zeiten nicht weiter eingegangen werden."[1]) Die kühnen Hoffnungen der ständischen Diplomaten fanden durch die Entscheidung des Kaisers eine unerwartete Enttäuschung. Er verweigerte die gewünschten Abänderungen der Landesordnung, behielt die Gesetzgebung der Regierung vor und räumte den Ständen nur das Recht der Beschwerde ein; die Einberufung des Landtags durch den Oberstburggrafen auch ohne die kaiserliche Bewilligung wurde geradezu abgewiesen, die Oberstlandesofficierämter wurden zwar wieder besetzt, jedoch mit Regierungsstellen verbunden, so daß von der Selbstverwaltung der Stände nichts übrig blieb, als einige Titel, die den Beamten des Kaisers beigelegt wurden. Sogar dem Verlangen, daß das böhmische Landesreferat bei der österreichischen Hofkanzlei einem angesessenen Böhmen anvertraut werden möchte, wurde nicht willfahrt.

Nicht weniger als die Böhmen zeigten sich die Mährer den feudalen Principien getreu, ihr Landtag stellte sich auf den Standpunkt der Landesordnung von 1628 und verurtheilte die Staatsumwälzungen unter Josef. Bei allen Veränderungen in den öffentlichen Verhältnissen mögen ständische Gutachten eingeholt werden, alles, was zum Wohle des Staates von den Ständen verlangt wird, soll vom Landtage entschieden werden, die Grundsteuer und das Urbarialsystem sei „als dem Landesfürsten und dem Staate nachtheilig" aufzuheben, dagegen das alte Ceremoniel bei den Landtagen wieder herzustellen und die Aufnahme von landschaftlichen Bedienten, Trompetern, Paukern, Trabanten und Hausknechten zu gestatten. Die Vorrechte der geheimen Räthe und Kämmerer bei ständischen Versammlungen, welche

---

1) Histor. Actenstücke über das Ständewesen in Oesterreich. II. Heft. Leipzig 1848.

1787 eingeführt worden waren, hätten wieder zu entfallen, da den Landes=
officieren vor allen Räthen der Vorrang gebühre. Die Ständemitglieder
sollten bei der Verleihung von Gubernialraths= und Kreishauptmannstellen
besonders berücksichtigt, Ausländer von denselben ausgeschlossen werden, die
Vereinigung der höchsten Stelle in der staatlichen und ständischen Verwaltung
(Landtagsdirector und Gubernialpräsident) nur danu zulässig sein, wenn ein
„begüterter Landmann" damit betraut würde. Die Geistlichkeit klagte über
die Bedrückung der herrschenden Religion durch zu weit gehende Duldung der
Andersgläubigen, über die Beschränkung des Aufsichtsrechtes der Bischöfe in
religiösen Angelegenheiten, über die Generalseminare, die Preßfreiheit, die
Besetzung der theologischen Lehrkanzeln, die Aufhebung von Prälaturen,
Klöstern und Stiftern, die Verwandlung obrigkeitlicher Realitäten in Bauern=
gründe, kurz über alle Einrichtungen, durch welche der Staat eine gerechtere
Vertheilung der Lasten anstreben und die dem Gemeinwohle schädlichen Vor=
rechte eines einzelnen Standes beseitigen wollte. Ebenso richtete sich die
Opposition gegen den kaum lebensfähig gewordenen Schulorganismus, durch
welchen angeblich ein Verfall ·der Wissenschaften herbeigeführt werben sollte,
und gegen die Erleichterungen, welche Kaiser Josef dem Bauernstande zuge=
dacht hatte. Es soll nicht unvergessen bleiben, daß es gerade der Clerus
war, der für die Wiedereinführung der Jagdrobot und des Abfahrtgeldes,
für das Schank= und Braurecht und die Strafbefugniß der Herrschaften, sowie
für die Aufhebung der bäuerlichen Erbfolgeordnung eintrat. Das Bürgerthum
in Mähren regte sich nicht etwa für die Selbstverwaltung oder die freie
Wahl der städtischen Functionare, sondern für die Herstellung der Zunft=
ordnungen und die Verminderung der Zahl der Meister. Brünn wollte ein
eigenes Pflastergeld, Olmütz ein Kloster, Znaim, Maria Neustift und Gaya
hatten auch ihre besonderen Wünsche. [1]

Besonderes Interesse bieten die Verhandlungen Kaiser Leopolds und
seiner Regierung mit den Ständen der Steiermark, weil dabei die Frage
der Vertretung des Bürger= und Bauernstandes in den Vordergrund trat.
Auch in der Steiermark war die ausgesprochene Absicht des Kaisers, einzelnen
gerechtfertigten Beschwerden der Stände Abhilfe zu gewähren, der Anlaß zur
Aufstellung einer ganzen Reihe reactionärer Forderungen gewesen. In einem
Majestätsgesuche, welches der Landtag am 13. Juli 1790 guthieß, verlangte
er nicht nur die Wiedereinsetzung eines Landeshauptmannes, der den Ständen
die treue Erfüllung seiner Amtspflichten und die Wahrung der Landesfreiheiten
zu geloben habe, die Reactivirung des ständischen Ausschusses und der Ver=
ordnetenstelle und den Ausschluß jeder staatlichen Controle über die Geld=
gebahrung der Stände, sondern auch Einfluß auf die Justiz durch die Bestellung
eines Landesverwesers als Präsidenten eines Gerichtes, vor welchem die Mit=

---

1) d'Elvert, Die Desiderien der mähr. Stände und ihre Folgen. Schriften
d. hist.=statist. Section d. mähr.=schles. Gesellsch., 14. Bd.

glieder der Stände sammt ihren Angehörigen nur durch Ihresgleichen Recht zu empfangen hätten, die Zulassung eines ständischen Repräsentanten am kaiserlichen Hoflager, der daselbst den Sitzungen der vereinigten Hofstelle beiwohnen und mit dem Kaiser in unmittelbaren Verkehr treten sollte, das Asylrecht für die landschaftlichen Gebäude, das Recht, Unterthanen, die mit ihren Giebigkeiten im Rückstande waren, abzustiften, d. h. von Haus und Hof zu vertreiben, die Erhebung einer Gebühr von 33 1/2 Percent bei Besitzveränderungen u. A. [1] Die Deputirten der Stände, die Grafen Ferdinand Attems und Johann Brandis, welche in Wien diese Forderungen durchsetzen sollten, erhielten von Leopold vor seiner Abreise nach Italien am 7. März 1791 zwar die Zusage, daß er ihnen einen Landeshauptmann und das Recht zugestehe, für diese Stelle 12 Candidaten vorzuschlagen, mit den übrigen Anliegen aber verwies er sie auf die Vereinbarung mit den Repräsentanten der Hofstelle, deren Conferenzen in dieser Angelegenheit am 9. März begannen. An denselben nahmen außer den genannten Deputirten auch der Prälat von Admont, der Grazer Advocat Dr. Franz Xaver von Feldbacher, der Herrschaftsbesitzer von Mosmillern und der Altbürgermeister von Leoben, Anton Raspor, Theil. In dieser Conferenz war es, daß die Frage aufgeworfen wurde, „ob außer dem Adel und der Geistlichkeit auch das Bürgerthum und vielleicht selbst die Bauerschaft zur Mitwirkung bei den ständischen Geschäften heranzuziehen wäre?" Die Bauern als Unterthanen der Grundherren hatten bis dahin im Landtage gar keine Vertretung gehabt, die Bürger hatten ihre Rechte als vierter Stand, die sie noch im 16. Jahrhunderte ausgeübt hatten, fast gänzlich eingebüßt, 31 Städte und Märkte waren durch den sogenannten Städte-Marschall vertreten, welcher in seiner Isolirung natürlich vollständig einflußlos war. Die Städte und Märkte machten nun den Versuch, ihr historisches Recht wieder zur Geltung zu bringen, die Gewaltträger der fünf Kreise von Steiermark sendeten drei Vertrauensmänner nach Wien, wo ihr Begehren bei der Regierung sehr gute Aufnahme fand. In den Conferenzen vom 5. und 9. März 1791 trat der Referent für die innerösterreichischen Angelegenheiten, Freiherr von Waidmannsdorf, für die Ansicht ein: „daß etwelche Vertreter des Bürger- und Bauernstandes im Landtage bei jenen Fragen, welche sie betreffen, wenigstens berathende Stimme haben sollten, weil es feststehe, daß das Wohl des ganzen Landes, das der echte Wunsch der Stände sein müsse, nicht gut besorgt werden könne, wenn man nicht zugleich für die Erhaltung des Bürgers im aufrechten Stand sorge, da er doch das nothwendige Mittelding zwischen Herren und Unterthanen sei." Das Recht der Bürger hielt Herr von Waidmannsdorf für unzweifelhaft, die Heranziehung der Bauern schien ihm mit größeren Schwierigkeiten verbunden, doch meinte er, die Stände würden die Thatsache berücksichtigen, daß zwei

---

1) H. J. Bidermann, Die Verfassungskrisis in Steiermark zur Zeit der ersten französischen Revolution. Mitth. d. histor. Ver. f. Steiermark, 21. Heft, 1873.

Dritttheile des Landes Eigenthum der Bauern seien, weshalb es für die Stände selbst rathsam erscheine, den Unterthan vor Entscheidung über sein Schicksal durch seine voraussichtlich bescheidenen Vertreter zu vernehmen, statt es auf Zerwürfnisse ankommen zu lassen, die zum Widerrufe bereits gefaßter Beschlüsse nöthigen könnten. Die Conferenz entschied sich jedoch nur für Concessionen an den Bürgerstand: ein Erlaß der vereinigten Hofstelle vom 17. Mai 1791 veröffentlichte die a. h. Entschließung, wonach jeder Kreis zwei Vertreter der Städte und Märkte für den Landtag wählen und außerdem ein Delegirter des Bürgerstandes im ständischen Verordneten-Collegium Platz nehmen sollte. Der steirische Herrenstand erkannte diesen Erlaß nicht als zu Recht bestehend an, Graf Attems suchte in wiederholten Audienzen den Kaiser zur Aenderung seiner Verfügung zu bewegen. Leopold ordnete deshalb über diesen Gegenstand eine neuerliche Staats-Conferenz am 30. November an. In derselben betonte zuerst Graf Edling die Nothwendigkeit „allen vier Ständen einen wohlüberdachten Vorschlag abzufordern, wie mit Vermeidung aller Neckereien ihre wechselseitige Verbindung zum Wohle der guten Sache noch enger geknüpft werden könne." Graf Carl Zinzendorf bemerkte, die Bürger seien die größten Consumenten; ihnen sich zu nähern, gebiete das eigene, wohlverstandene Interesse aller Producenten, somit auch des die Landwirthschaft betreibenden Adels. Gerade in Innerösterreich rage der Bürgerstand durch seinen Reichthum hervor und verbreite nach allen Richtungen die Wohlhabenheit. Das allein rechtfertige seine Aufnahme in das Verordneten-Collegium. Besonders bezeichnend für die aufgeklärte Anschauung der Regierungskreise und ihr Verständniß für die Zeitströmung ist die Aeußerung des Hofrathes v. Kees: Die Stände kämen dermalen nur als die Repräsentanten des Volkes in Betracht, das allgemeine Wohl sei der Zweck ihres Daseins; von einer wahren Vertretung des Landes können Bürger und Bauern nicht länger ausgeschlossen bleiben, es sei eine Anmaßung, wenn der Adel und die Geistlichkeit, welche nur den herrschaftlichen Großgrundbesitz vertreten, im Namen des ganzen Volkes sprechen. Graf Rudolf Chotek meinte, wenn man diese Ansichten acceptire, so werde man es auch nicht bei der Interessenvertretung bewenden lassen können, sondern eine „der arithmetischen Volkszahl entsprechende Repräsentationsart" zulassen müssen; er sieht voraus, daß die Repräsentanten aller Volksklassen dann auch das Recht beanspruchen werden, unaufgefordert zu reden, so daß „preces armatae" daraus entstehen. Er sieht die „Zuziehung des Bürgerstandes als eine sehr erwünschliche, jedoch aus der ständischen Verfassung nicht erfließende, mithin durch Befehle nicht zu erzwingende, sondern durch eine geschickte Behandlung mit den Ständen mittelst ihres freiwilligen Beitritts zu erzielende Anstalt an." An dieser Conferenz nahm auch Erzherzog Franz theil, der sich damals der „demokratischen Partei" zuneigte. Schon im December 1790 hatte er sich über die niederösterreichischen Stände in folgenden Worten geäußert: „Die Stände scheinen ganz vergessen zu haben, daß es die Pflicht des Souveräns ist, nicht nur das bloße Dasein auch dem geringsten Unterthanen zu gönnen, sondern diesem, wie dem größten ein behagliches Dasein zu schaffen und wie weit es mit der Behaglichkeit des Unterthans gekommen, werden jene am besten einsehen, die einige Zeit des Jahres auf ihren Gütern zubringen. Auch sollten die Stände erkennen, daß der Bauer bereits die Rechte einsieht, welche er als Mensch fordern kann und daß er verlangen darf, als solcher behandelt zu werden." So dachte man in der nächsten Umgebung Leopold II. Der Bürger= stand blieb im Besitze der ihm damals eingeräumten verfassungsmäßigen Befug= nisse bis zur Regierung Ferdinands. Der Mißstimmung des Adels wurde unter dem Eindrucke der revolutionären Uebergriffe in Frankreich durch eine Vermehrung der Zahl der Verordneten begegnet, welchen noch zwei Mitglieder des Herren= und Ritterstandes zugesellt wurden. Der Herrenstand verlor sein ausschließliches Recht auf die Besetzung des Postens eines General=Einnehmers, indem er dabei mit dem Ritterstande alterniren mußte. Die Ernennung eines ständischen Repräsentanten am kaiserlichen Hoflager wurde nicht gestattet, ebenso behielt sich der Kaiser die Besetzung der Richterstellen allein vor, „da eine reine, untadelhafte Justizpflege die erste Pflicht eines Monarchen sei."

Die „allerunterthänigste Vorstellung der treugehorsamsten Stände des Herzogthums Krain" vom 27. Juli 1790[1]) beschränkt sich nicht nur auf die Bitte um die Herstellung der historischen Rechte der vier Stände des Landes: des Herren= und Ritterstandes, der landesfürstlichen Städte und des geistlichen Standes, die Berufung der Landtage, der weiteren und engeren Ausschüsse, des Verordneten=Collegiums, die Ernennung eines vom inneröfterreichischen Gubernium unabhängigen Landeshauptmannes, die Wahl der Landesbeamten, auf die Gefälle und Patronatsrechte, die Gerichtsbarkeit der Grundherren, die Vorrechte beim Empfang der Lehen, die Mauthbefreiung, die Verwaltung der ständischen Finanzen u. s. w., sie geht in den Beschwerden und Wünschen auch auf Gebiete über, welche in den anderen Erblanden gar nicht berührt werden. So verlangt sie z. B. eine Erweiterung der Gerichtsferien und Verlegung der= selben auf die Zeit der Ernte und Weinlese, eine Herabsetzung der Zahl der Advocaten auf 12 oder gar nur 8, „welchen eine Besoldung von 1000 Gulden angewiesen werden und deren Verdienst an die besoldende Casse abgeführt werden soll", und die Aufhebung des bürgerlichen Gesetzbuches. Besonders bezeichnend für die Anschauung der besitzenden Klassen ist jedoch die Oppo= sition gegen die Schulverfassung, welche lebhaft an die moderne Agitation gegen den obligatorischen Unterricht erinnert. „Die Stände verehren die wohl= thätige Absicht der verewigten Kaiserin Maria Theresia in der Einführung der Trivialschulen auf dem Lande. Wenn dem Bauer die Fesseln der Dumm= heit abgenommen werden, wenn Licht in seiner Seele aufgeht, wenn sein Herz gebildet, wenn der Keim des rechtschaffenen, gehorsamen, arbeitsamen Unter= thans in ihm gepflanzt, gepflegt und zur Reife gebracht wird, so ist das

---

1) E. H. Costa, Ein Beitrag zur Geschichte des Ständewesens in Krain. Mitth. d. hist. Ver. f. Krain, 14. Jahrg. 1859.

Inſtitut, das ſo ein Werk im Großen zu Stande bringt, ein Geſchenk des Himmels und der Urheber ein Werkzeug der allbeglückenden Gottheit. Allein bei dem Trivialſchulen-Inſtitute iſt dieſer Endzweck nicht erreicht worden. Durch den Zwang, mit dem es ausgeführt wurde, verlor es die Natur einer Wohlthat. Durch die Gaben, die man Gemeinden, Patronen und Grundherren aufdrang, wurde es gehäſſig, durch die Entziehung der Jugend von der Landwirthſchaft, ihrer künftigen einzigen Beſtimmung, in den Augen des Volkes, das nur nach den erſten Eindrücken urtheilen kann, gemeinſchädlich, durch die geringe Aufmerkſamkeit des Staates, der ſeine Lehrer mit Hoffnungen nährte und dem Elende preisgab, durch ihre ſchlechte Verwendung und gleiche Aufführung, die gewöhnliche Begleiterin des Elends, ſogar verächtlich. Alle dieſe Urſachen wirkten vereint, um das Inſtitut von ſeinem wohlthätigen Zwecke je mehr und mehr zu entfernen. Der Erfolg entſpricht vollkommen den angewandten Mitteln. Auf eine geringe Uebung im Leſen und Schreiben beſchränkt ſich alles. Bildung des Verſtandes und des Herzens war von den Lehrern, denen es ſelbſt an beiden fehlte, bei einem Gehalte, gegen welchen das Schickſal eines Dorfknechtes beneidenswerth iſt, nicht zu erwarten. Die meiſten Kinder lernten gerade ſo viel, als es nöthig iſt, um die Unzufriedenheit mit ihrer Beſtimmung und Ungehorſam gegen den Grundherrn hervorzubringen. Aus dieſem Grunde bitten die Stände, die den Unterthanen ſo läſtig gewordenen Trivialſchulen auf dem Lande ganz aufzuheben, nur in Städten und Märkten nach den Bedürfniſſen jedes Ortes Normal-, Haupt oder Trivialſchulen in einer entſprechenden Verfaſſung, doch ohne allen Zwang, einzuführen und die Koſten zu ihrer Erhaltung aus der Staatscaſſa zu beſtreiten." Getadelt wird ferner die Verwandlung der Spitäler und Waiſenhäuſer in Handſtipendien und der Mangel einer Anſtalt, „um arbeitsloſen Menſchen Beſchäftigung zu verſchaffen und muthwillige Bettler zu züchtigen." So verbindet die Denkſchrift manche richtige Beobachtung und der Erfahrung entſprungene praktiſche Anſchauung mit einem doctrinären Conſervatismus, der ſich auf ſehr ſeichte hiſtoriſche Kenntniſſe ſtützt und es nicht verſchmäht, die Schlagworte des franzöſiſchen Radicalismus für die Motivirung der Vorrechte und Sonderbeſtrebungen der grundbeſitzenden Klaſſe auszubeuten. — Das kaiſerliche Patent vom 28. Juni 1791 ließ den größten Theil dieſer frommen Wünſche unberückſichtigt und begnügte ſich damit, verfaſſungsmäßige Zuſtände wieder herzuſtellen. Die Centralverwaltung von Inneröſterreich wurde aufgehoben. Krain erhielt wieder ſeinen eigenen Landeschef, welcher die Stelle des Landeshauptmannes mit dem Präſidium der Landrechte vereinigte, in der Perſon des Gubernialrathes Grafen Gaisruck und eine geſonderte Adminiſtration. In kirchlicher Hinſicht ließ ſich die Regierung auch zu keinen anderen Conceſſionen, als der Aufhebung der Generalſeminare herbei. Die Aufſicht über das Vermögen der geiſtlichen Corporationen blieb aufrecht, die Geſuche um Wiederherſtellung aufgehobener Klöſter wurden insgeſammt abgewieſen. Dagegen förderte die Einführung der Lehrkörper und deren Vereinigung zu

einem sogenannten „Studienconsens" den Einfluß der Lehrer auf das Studien=
wesen. ¹)

Am lebendigsten im Bewußtsein des Volkes war das Verfassungsrecht
in Tirol, wo es einerseits auf breitester Basis ruhte, anderseits die selt=
samsten Institutionen aufwies, so daß Tirol in Hinsicht seiner staatsrechtlichen
Raritäten mit Siebenbürgen wetteifern kann. Reichsunmittelbare Bischöfe
und deren Vasallen, landesfürstliche Beamte, alte Dynastengeschlechter, Stifter,
Landgerichte, selbständig verwaltete Grenzbezirke, Städte, Dörfer waren im
sogenannten „offenen Landtag" vertreten, der in den letzten Jahrzehnten
jedoch keine Bedeutung hatte, da nur landschaftliche Conferenzen abgehalten
und Postulatausschüsse berufen worden waren. Der Bauernstand bildete nebst
den Städten seit dem 15. Jahrhundert in Tirol einen integrirenden Bestand=
theil der Landesvertretung, deren Mitgliederzahl mit den französischen General=
ständen wetteifern konnte. Die Theresianischen und Josefinischen Reformen
hatten auch hier die Stärkung der Regierungsgewalt bezweckt und eine Oppo=
sition hervorgerufen, deren Hauptstützen das Viertel Etschland und die Stadt
Bozen waren. Schon bei seiner Durchreise nach Wien hatte sich Leopold
dem Begehren dieser Partei nach Einberufung eines offenen Landtages nicht
abgeneigt gezeigt, die Absendung eines Hofcommissärs, des Grafen Franz
Enzenberg, bereitete diesen Schritt vor, gegen welchen der Gouverneur Graf
Sauer vergeblich die Einwendung erhob, daß er der landesfürstlichen Macht
so gefährlich, wie die französische Nationalversammlung dem Königthum werden
könne. ²) Am 22. Juli 1790 wurde der Landtag eröffnet, welcher in der
ersten Zeit 580 stimmberechtigte Mitglieder besaß, die sich später theilweise
durch Procuratoren vertreten ließen. Bis zum 17. August wurden von den
Votanten nicht weniger als 2000 Beschwerden vorgebracht. Der Geist, der
in denselben zum Ausdruck kam, mag am besten durch die Worte des Grafen
Franz von Lodron gekennzeichnet werden, der offen mit der Frage auftrat:
„Was geht das den Tiroler an, was in Böhmen, in Mähren und in anderen
Staaten geschah? Die Tiroler haben ihren eigenen Souverän, ihre eigenen
Rechte, ihre eigene Verfassung, ihr eigenes Land. Es ist bloß zufällig, daß
ihr Fürst auch noch andere Staaten beherrscht, es ist zwar schmeichelhaft für
sie, daß sie einen so großen Monarchen, einen Beherrscher so vieler Provinzen
zu ihrem Regenten, zu ihrem Beschützer haben, allein sie wollen diese Ehre
nicht so theuer, nicht mit dem Verluste ihrer Fundamentalgesetze bezahlen,
worüber ihnen Gott und die Stände Bürgschaft leisten." Ein bäuerlicher
Abgeordneter, der Richter Senn von Pfunds, mußte für die Anerkennung des
Fortschrittes in vielen von den letzten Regenten getroffenen Einrichtungen und
für die Schule eintreten. „Niemand, der mit dem Geschäfte der Erziehung
bekannt ist", sagte er, „wird leugnen, daß die neue sogenannte Normalmethode,

---

1) Dimitz, Geschichte Krains, IV. Band, S. 237 ff.
2) J. Egger, Geschichte Tirols, III. Band, S. 118—159.

überhaupt genommen, und wie sie unter der Regierung der Maria Theresia beschaffen war, in deutschen Schulen viel Vortreffliches an sich hat, weil dadurch die Kinder in mehr Gegenständen und gründlicher unterrichtet werden können als vormals." Auch in Tirol richtete sich das Streben des Landtages auf die Wiederherstellung der ständischen Privilegien und Freiheiten, die Ernennung eines selbständigen Landeshauptmannes, die Besetzung der Landesstellen mit Eingeborenen, die Aufhebung der Militärconscription und erzwungenen Recrutenstellung. Das erste Zugeständniß von Seite der Wiener Regierung war ebenfalls die Wahl von Candidaten für die Würde des Landeshauptmannes, welche von der des Gouverneurs wieder getrennt werden sollte. Der oben genannte Graf von Lodron wurde, nicht ohne Zuthun seines Schwagers Enzenberg, Landeshauptmann, nach seinem bald darnach eingetretenen Tode Graf Josef Spaur. Zur Unterstützung und Vertheidigung der Landtagsforderungen wurde eine Deputation von acht Mitgliedern nach Wien entsendet, welche daselbst den ganzen Winter über, mit reichlichen Diäten ausgestattet, mit der Regierung verhandelte, bis die Hofresolution vom 4. März 1791 die Grundlagen der neuen Verwaltung des Landes sicherte. Darin nahm der Kaiser das Gesetzgebungsrecht für sich in Anspruch, gestattete jedoch „Erinnerungen und Vorstellungen"; die Landesfreiheiten wurden nach der Formulirung von 1712 anerkannt, die Berücksichtigung der „Inländer" in Aussicht gestellt, jedoch nicht als Recht zugestanden, die Ordnung des Militärwesens den Berathungen des Landtagsausschusses vorbehalten. In allen kirchlichen Angelegenheiten wurde an den bestehenden Verhältnissen nichts Wesentliches geändert. So finden wir denn auch hier die Befriedigung der Unzufriedenen durch Anerkennung des formalen Verfassungsrechtes, dagegen ein entschiedenes Festhalten an der bisherigen Regierungspraxis und Aufrechthaltung der Centralgewalt.

Im Ganzen war es doch nur das letzte Athemholen des Feudalsystems, das wir in allen diesen Landtagsverhandlungen beobachten konnten. Mit mehr oder weniger Hartnäckigkeit suchen die Träger des mittelalterlichen Staates die Bedingungen ihrer Existenz sich neuerdings zu sichern, ihr Auftreten hat einen ausgesprochen greisenhaften Charakter; mit Stellen und Titeln lassen sich die aufgeregten Gemüther zur Ruhe bringen, nirgends finden sie die Kraft zu einer consequent ablehnenden Haltung gegen die Politik des Absolutismus. Die ständischen Verfassungen, welche Leopold wieder herstellte, bestanden nur dem Scheine nach, sie konnten es zu keinem inneren Leben mehr bringen. Die neue Staatsform hatte unter Maria Theresia zu feste Wurzeln gefaßt, auch der Josefinische Geist konnte nicht mehr aus der Welt geschafft werden, unbewußt übte er seine Wirkung auch bei jenen Elementen, die seine Ausrottung durchzusetzen hofften. Die Herren, Ritter und Prälaten fühlten sich nicht mehr als die wahren Regierer des Landes, seitdem die kaiserlichen Regimenter in demselben dauernd Station genommen hatten, seitdem die kaiserlichen Beamten das Gerichtswesen beherrschten und die wichtigsten

24*

Kassen verwalteten. Leopold hat von den Rechten der Krone, welche Maria Theresia mit Klugheit und Emsigkeit zusammenzufassen verstanden hatte, kein wesentliches preisgegeben, die Wiederherstellung der Ruhe und geordneter Zustände in allen Provinzen war wahrlich nicht zu theuer erkauft. Für den Constitutionalismus, den er selbst als das Ideal eines staatlichen Organismus gehalten hat, fand er seine Oesterreicher noch nicht herangereift, nur eine starke, maßvoll auftretende Regierung konnte ihnen den Weg zur politischen Bildung ebnen. Die ständische Opposition in sich selbst zerfallen zu lassen, war gewiß ein verläßlicheres Mittel zur Beseitigung einer antiquirten und kraftlos gewordenen Einrichtung, als sie mit offenem Kampfe und mit Ausrottung zu bedrohen, wie es Josef gethan hatte.

Von einer föderativen Regierungsform war im Staate Leopold II. nichts zu merken, die wichtigsten Acte der Regierung gingen nach wie vor von Wien aus. Durch eine Reihe von Hofdecreten wurden Verfügungen von allgemeiner Giltigkeit für alle oder mehrere Erbländer getroffen, von welchen wir nur einige hervorheben wollen, die für die Regierungsmaximen Leopolds besonders charakteristisch sind. [1]) Die Criminalstrafen wurden gemildert, die öffentliche Züchtigung mit Schlägen, die Brandmarkung der Verbrecher, das Anschmieden und Schiffziehen abgeschafft, auch eine humane Behandlung der Verbrecher in Hinsicht auf Kost und Unterkunft angeordnet. Nach erfolgter Aufhebung der Generalseminarien wurde jedem Bischofe und jedem Orden gestattet, theologische Lehranstalten zu errichten, doch sollten die Lehrer auf einer erbländischen Universität oder in einem Lyceum geprüft werden. Für die nicht in bischöflichen Seminarien befindlichen Candidaten hatte der Stipendienfond und das Unterrichtsgeld zum Theil Unterstützung zu leisten. Der Lehrgang an den einzelnen Seminarien wurde durch allgemein bindende Bestimmungen geregelt. Die Candidaten für Pfarrämter mußten sich einer Concursprüfung unterziehen; die Josefinische Ordnung des Gottesdienstes und der öffentlichen Andacht wurde beibehalten, die Processionen blieben in der Regel untersagt, die Bruderschaften aufgehoben. Die Geistlichen waren so wie die übrigen Staatsbürger in Civil- und Criminalhandlungen einer und derselben Gerichtsbarkeit unterworfen, sollten dagegen in Ansehung der eigentlichen geistlichen Amtshandlungen, der Lehre und Zuchtangelegenheiten den Bischöfen unterstehen. Bei der Besetzung von Pfarrstellen wurden Weltgeistliche den Mönchen und Stiftsgeistlichen vorgezogen. Als ein wesentlicher Fortschritt im Schulwesen ist zu verzeichnen, daß den Lehrern selbst ein Einfluß auf die innere Verfassung der Schulen eingeräumt wurde. Den Sitzungen der Professoren-Collegien der Facultäten entsprachen die Lehrerconferenzen an Gymnasien und „bürgerlichen Hauptschulen", jede Provinz erhielt einen Studiencongreß, welcher von Mitgliedern

---

1) d'Elvert, Die Desiderien der mähr. Stände.... Schriften d. hist.-stat. Section der mähr.-schles. Gesellsch., XIV. Bd. S. 237 ff.

aller Lehrerversammlungen unter Vorsitz des Rectors der Universität gebildet
wurde. Hinsichtlich der Büchercensur bestimmte Leopold genauer, was
eigentlich für bedenklich anzusehen sei und setzte zur allgemeinen Richtschnur
fest, daß alles, was die allgemeine Ruhe des Staates stört, was Irrungen,
Uneinigkeiten und Spaltungen hervorbringt und hervorbringen kann, was den
Gehorsam gegen den Landesfürsten vermindert, Lauigkeit in Beobachtung der
bürgerlichen und Religionspflichten, was endlich Zweifelsucht in geistlichen
Sachen nach sich ziehen kann, für bedenklich anzusehen, und nicht zuzulassen
sei. Schriften, welche die kirchliche Verfassung oder die Diener der Kirche
dem Gespött preisgaben, waren ebenfalls untersagt. Mit dem Fortschreiten
der französischen Revolution wurden auch die Censurvorschriften, deren Hand=
habung (8. December 1791) der Hofkanzlei übertragen wurde, verschärft.
Der Güterverkehr wurde mehrfach eingeschränkt, die Freiheit des Getreide=
handels in und um Wien wieder aufgehoben, die Fleischtaxe eingeführt,
dagegen die Einfuhr von fremden Weinen, Ligneurs, Seefischen, raffinirtem
Zucker gestattet, die Erbfolge in den Bauergütern unter die Bestimmungen
der Erbfolgeordnung vom 11. Mai 1786 gestellt und der Theilbarkeit der
Bauerngüter eine Grenze gesetzt. Durch Nachtragsverordnungen zum ersten
Theile des neuen bürgerlichen Gesetzbuches wurde angeordnet, daß
bei der Ungiltigkeitserklärung oder Auflösung des Ehebandes niemals ein
Proceß zwischen den Eheleuten geführt, sondern, nach Untersuchung und
erfolgloser Vergleichsverhandlung das Urtheil vom Landrechte gefällt werden
solle; das von Josef II. eingeführte Erbrecht unehelicher Kinder wurde gänzlich
beseitigt, die Verpflichtung des Vaters oder Vormundes zu jährlicher Rech=
nungslegung über Kinder= und Waisenerbtheile gemäßigt und die Curatels=
verhängung wegen Verschwendung wieder als zulässig erklärt.

In der Auffassung der Bedeutung des Beamtenstandes wich Leopold
von seinem Vorgänger nicht ab; er sprach bei jeder Gelegenheit seinen Willen
aus, daß bei Anstellungen nicht der Stand, sondern nur Fähigkeiten, Kennt=
nisse, Verhalten entscheidend sein sollen. Namentlich sollten Rathsstellen nur
an solche Personen verliehen werden, welche Zeugnisse über alle Theile der
juridischen und politischen Wissenschaften beibringen könnten. Große Auf=
merksamkeit wendete er der Besetzung der Kreishauptmannschaften zu; er
bemühte sich, das Publikum vor Parteilichkeit in Schutz zu nehmen und ihm
eine genügende und verständliche Rechtsbelehrung durch deutliche Bescheide
zu sichern.

IV. Orientalische und polnische Angelegenheiten.

In den Verwicklungen der auswärtigen Politik war durch den Reichen=
bacher Vertrag, bei welchem wir in der Darstellung derselben wieder anzu=
knüpfen haben, nur ein Stillstand eingetreten, gelöst waren sie noch lange
nicht, sondern schienen im Gegentheil sich noch zu vervielfältigen. Oesterreich
bemühte sich zunächst, die üblen Folgen, die seine Nachgiebigkeit gegen Preußen
auf sein Verhältniß zu Rußland haben könnte, möglichst abzuschwächen.
Leopold war weit davon entfernt, die Auseinandersetzung mit Preußen zu
einer intimeren Annäherung steigern und sich dadurch Rußland ganz entfremden
lassen zu wollen. Ihm war es Ernst damit, für Oesterreich allmählich wieder
eine Politik der freien Hand zu ermöglichen, indem er sich keiner der beiden
Mächte bedingungslos anschloß. Dies zu erreichen erforderte ein ganz
besonders kluges Auftreten, ja es war nur durch diplomatische Kunststücke
zu erreichen, die bisweilen den Anschein eines Doppelspieles annehmen und
zu falschen Auslegungen Anlaß geben konnten. Rußland fürchtete eine offensive
Coalition zwischen Preußen, Schweden, der Pforte und Polen und verlangte
für den Fall eines Krieges mit Preußen bestimmte Zusagen über die Mit=
wirkung Oesterreichs. Leopold bemühte sich dagegen, Rußland die Vortheile
eines raschen Friedensschlusses klar zu machen und stellte nur eine Geldhilfe
für den Krieg in Aussicht.[1] Darüber herrschte unter den russischen Staats=
männern, sobald der österreichische Gesandte in Petersburg, Cobenzl, es
auszusprechen wagte, eine große Erbitterung. Man verlangte von Oesterreich,
es solle wenigstens Preußen in Ungewißheit über seine Absichten erhalten
und in den Friedensverhandlungen mit der Türkei die Unverläßlichkeit
Preußens erkennen lassen. Kaunitz suchte hierauf den Russen begreiflich
zu machen, daß ihre Interessen durch die Erwerbung von Oczakow hin=
länglich gewahrt seien und daß für beide Kaiserhöfe die Lockerung des An=
hanges von Preußen zunächst anstrebenswerth erscheine. Der Kaiser sah sich
veranlaßt, Katharina die Gründe seines Vorgehens besonders nachdrücklich
auseinanderzusetzen, indem er sie auf den Unterschied der geographischen Lage
beider Staaten aufmerksam machte. Durch diese sei es ihr möglich, das An=
sinnen Englands und Preußens, sich mit der Herstellung des Status quo
vor· dem Kriege zu begnügen, zurückzuweisen, während Oesterreich seiner
inneren Verhältnisse wegen einem Angriffe Preußens keinen ausreichenden

---

1) Beer, Leopold II., Franz II. und Katharina, S. 30 ff.

Widerstand hätte entgegensetzen können. Seine intimen Beziehungen zu Ruß= land würden deswegen nicht in Frage gestellt, sie seien im Systeme seiner Politik begründet und müßten unveränderlich bleiben. [1])

Am 30. December 1790 wurden in der bulgarischen Stadt Sistowa die Friedensverhandlungen zwischen Oesterreich und der Pforte eröffnet. Als kaiserlicher Bevollmächtigter erschien der Internuntius Freiherr von Herbert= Rathkeal, neben ihm als Zeuge für das Königreich Ungarn Graf Franz Esterhazy, die Türkei wurde vertreten durch den Reiseffendi Birri= Abdullah, Preußen durch Lucchesini, England durch seinen Gesandten am Wiener Hofe, General-Lieutenant v. Keith, Holland ebenfalls durch den ständigen Gesandten in Wien, Freiherrn von Haefen. Polens Ansuchen um die Zulassung eines Gesandten der Republik zu den Verhandlungen war ausweichend beantwortet worden. Die Türken, welche sich auf ihren preußischen Alliirten stützen zu können glaubten, traten gleich anfangs mit der frechen Forderung auf, Oesterreich habe nicht nur die Eroberungen des letzten Krieges, sondern auch die durch eine friedliche Uebereinkunft 1777 erworbene Bukowina herauszugeben; außerdem verlangten sie die Entschädigung ihrer Kriegskosten und Aufhebung der ihnen lästigen Staats = und Handelsverträge von 1789. Es war selbstverständlich, daß Oesterreich in diesem Tone nicht mit sich reden ließ und Anlaß nahm, die Unterhandlungen im Februar wieder abzubrechen. Die Türkei hatte diesmal ihrem Gegner mehr genützt als sie ahnte. Oesterreich hatte kein sonderliches Interesse an dem raschen Abschlusse des Friedens mit der Pforte, die Verzögerung desselben erleichterte ihm sein Verhältniß zu Rußland, während Preußen nach zwei Seiten, durch seine Allianz mit der Türkei und durch den Reichenbacher Vertrag gebunden war. Die Hert= bergische Politik vermochte sich in Preußen nicht mehr Geltung zu verschaffen. Sie hätte jede passende Gelegenheit ergriffen — und diese war in den Zer= würfnissen von Sistowa gegeben — um die Zugeständnisse an Oesterreich wieder rückgängig zu machen. Hertzbergs Einfluß war jedoch seit Reichen= bach in stetem Sinken begriffen, er mußte sich selbst davon überzeugen, daß ein Staatsmann von den Grundfesten seines politischen Systems niemals ungestraft etwas preisgeben kann. Seine Nachgiebigkeit zu Reichenbach, durch welche er den Tendenzen seines großen Meisters Friedrich II. zuwider= handelte, brachte ihn um seine Stellung und Preußen in eine Situation, die man zum mindesten charakterlos nennen muß. Dies machte sich in Berlin schon im Laufe des Winters 1790—91 geltend. Am Hofe trat jene Partei mehr und mehr in den Vordergrund, welche in Hertzberg einen Förderer revolutionärer Tendenzen erblickte. Sein Sturz und damit der Bruch des Friedericianischen Systems der auswärtigen Politik erschienen nothwendig aus

---

1) Leopold an Katharina, 29. December 1790, bei Beer: „Que dans toutes les occurences imaginables, hors l'impossible que personne ne peut, il n'y a rien qu'Elle ne doive attendre de mon attachement inviolable au sistème de notre Alliance, et de celui que pour la vie j'ai voué à sa Personne.

conservativen Rücksichten, sie waren die Frucht der sich steigernden Angst vor dem Jacobinismus und dessen Verbreitung über alle Staaten Europas. Einer der Führer dieser Partei, der Oberst v. Bischoffswerder, gewann damals das Vertrauen des Königs und trat entschieden für eine weitere Verständigung mit Oesterreich ein. Schon im September war der Prinz von Hohenlohe gegenüber dem österreichischen Gesandten, dem Fürsten von Reuß, mit der Erklärung hervorgetreten, Preußen wünsche mit Oesterreich die Frage der Intervention in Frankreich auseinanderzusetzen, es wolle zum Zwecke der Herstellung der königlichen Autorität in Frankreich in eine Allianz mit Oesterreich treten und schon im Vorhinein die Entschädigungsobjecte für die aufzuwendenden Kosten feststellen. Am 7. Jänner 1791 machte Bischoffswerder dem österreichischen Gesandten neuerlich den Antrag zur Begründung eines engeren Einvernehmens der beiden Staaten. Trotzdem auch Rußland seine Geneigtheit zu erkennen gebe, die alte Allianz mit Preußen zu erneuern, wolle der König doch vorher eine innige Verbindung mit Oesterreich versuchen, um deren Preis er dann sich auch herbeilassen könne, gegenüber Rußland von dem Status quo in den orientalischen Angelegenheiten abzugehen. Die Vereinbarung zwischen Oesterreich und Preußen solle vorläufig ein Geheimniß bleiben und durch die Absendung einer Vertrauensperson nach Wien angebahnt werden. Die Bedenken des Fürsten von Reuß, daß England an dem Status quo festhalten und Minister Hertzberg für eine Annäherung an Oesterreich nicht zu gewinnen sein werde, wußte Bischoffswerder zu zerstreuen. England werde sich auf einen Krieg mit Rußland schließlich doch nicht einlassen wollen und Hertzbergs Opposition werde den Monarchen nicht abhalten, seinen eigenen Einsichten und Neigungen zu folgen.

Als Kaunitz von diesen Eröffnungen Kenntniß erhielt, war er höchlichst erfreut, nun die Preußen herankommen zu sehen und sie mit einiger Malice unverrichteter Dinge wieder abziehen lassen zu können. Wir wissen ja, wie schmerzlich ihm der Rückzug nach Reichenbach geworden war, mit welchem Widerstreben er den von Leopold gewünschten Ton gegenüber dem alten Nebenbuhler angeschlagen hatte. Noch war es ihm nicht klar geworden, daß Preußen von Reichenbach weit eher als Besiegter, denn als Sieger heim= gekehrt war und daß die neueste Wendung der preußischen Politik für Oester= reich kaum gefährlich werden konnte. „Nun ist es Zeit, hohe Zeit", schrieb er am 14. December an Reuß, „daß wir allmählich gegen den Berliner Hof wieder zu dem Tone zurückgreifen, der sich für eine Macht ersten Ranges, wie unsere, gebührt; wenn wir jenen dazu bringen wollen, auf den Ton des Dictators zu verzichten, den er uns gegenüber anzunehmen gewagt hat, und zu demjenigen zurückzukehren, von dem er niemals hätte abweichen sollen."

Nach der Meinung des Staatskanzlers sollte der Kaiser in Berlin seine Geneigtheit erklären lassen, seinerseits Alles für die Herstellung des Friedens zu thun; man müsse jedoch Rußland Anträge machen, die es nach den im Kriege erfochtenen Erfolgen annehmen könne. Wenn die Zarin außer Oczakow noch die Hälfte oder den dritten Theil ihrer bisherigen Forderungen aufrecht halte, so müsse sich der König von Preußen anheischig machen, die Annahme dieser Bedingungen bei der Pforte durchzusetzen oder die letztere ihrem Schicksale zu überlassen. Der Kaiser wünschte jedoch von russischen Erwerbungen, die über den Status quo hinausgingen, keine Erwähnung zu thun und war bereit, die Sendung einer Vertrauensperson nach Wien anzunehmen. Kaunitz widerstrebte insbesondere diesem Punkte auf das eifrigste, er könne sich davon kein Resultat versprechen, dagegen werde Rußland dadurch in Aufregung versetzt werden. Leopold antwortete: Er sehe nicht ein, aus welchem Grunde er die Sendung einer Vertrauensperson ablehnen solle, welche entweder ein freundschaftlicher Act sein oder es doch scheinen wolle. Im ersten Falle wird man daraus Nutzen ziehen, im zweiten wenigstens über die Intentionen des Berliner Hofes aufgeklärt werden. Meint es Preußen ehrlich mit der Beförderung des Friedens, so wird eine Vermittlung leicht anzubahnen sein und man erwirbt sich ein Verdienst um Rußland; sucht Preußen einen Vorwand, um Rußland zur Festhaltung eines Theiles seiner Eroberungen zu veranlassen, damit es selbst eine ähnliche Gelegenheit ergreifen könne, dann wird sich Oesterreich im Verlaufe der Unterhandlungen auch in dieser Richtung sicher stellen, geht man in Berlin aber auf eine Täuschung aus und will man von den österreichischen Vorschlägen am russischen Hofe einen schlechten Gebrauch machen, um ein Zerwürfniß zwischen den beiden Kaisermächten zu erzielen, so braucht man die eigenen Intentionen auch nicht bis ins Detail auszusprechen und es wird Mittel genug geben, die Preußen darüber zu täuschen. [1] Auf diese Auseinandersetzung hin mußte Kaunitz sich fügen und mit innerem Widerstreben nach Berlin melden, daß man die Absendung einer Vertrauensperson als höchst wünschenswerth betrachte, indem dadurch jedenfalls die schätzbare Gelegenheit sich ergeben werde, das wechselseitige Vertrauen der beiden Souveräne zu befestigen. Bis zum Eintreffen des angekündigten geheimen Agenten bemühte sich Kaunitz in einer Serie von Denkschriften nochmals die Ueberzeugung beizubringen, daß eine Verständigung zwischen Preußen und Oesterreich ein Ding der Unmöglichkeit sei. Er recapitulirt zu diesem Zwecke alle Nachtheile, die Oesterreich durch Preußen seit 1740 erfahren habe und meint, man müsse immer zur Vergeltung bereit sein. Sogar auf die Möglichkeit einer Wiedergewinnung Schlesiens weist er hin, wenn man die günstige Gelegenheit abwarte, Preußen den Krieg zu erklären. Als die Ankunft Bischoffswerders bereits angekündigt war, legte er dem Kaiser seine Meinung dar, daß der preußische Diplomat den Auftrag habe, eine genaue Kenntniß von dem Charakter des Kaisers zu erlangen und ihn zur Sprache zu bringen, ohne selbst von der künftigen Politik Preußens etwas zu verrathen. Er instruirte den Vicekanzler Cobenzl und Spielmann, sich so wenig

---

[1] Leopold an Kaunitz, 19. Jänner 1791. Bei Beer, Josef II., Leopold II. und Kaunitz, S. 386.

wie möglich auszusprechen und nur den Preußen seiner Aufträge sich ent=
ledigen zu lassen, „um seinem Sacke auf den Grund zu sehen."

Schon in der ersten Unterredung mit Cobenzl trat Bischoffswerder mit
einer überraschenden Offenheit auf, er gab zu, daß am Berliner Hofe zwei
Strömungen sich geltend machen: die Oesterreich feindlich gesinnte, welche von
Hertzberg ausging, und die von Möllendorff, dem Herzoge von Braunschweig
und ihm selbst hervorgerufene, welche vor allem ein Bündniß mit Oesterreich
anstrebe und demselben sogar alle Vortheile unterordne, die sich etwa aus
einer Intimität mit Rußland ergeben könnten. Der König habe dasselbe
Ziel vor Augen und wolle Rußlands Vergrößerung nicht unterstützen, wie
Oesterreich es thue, er werde auch selbst auf jede Erwerbung verzichten, wenn
man dann in Ruhe und Frieden leben könne. Uebrigens glaube er, daß die
Erwerbung Danzigs keine Schwierigkeiten bereiten werde, sobald nur einmal
das Freundschaftsverhältniß zwischen Preußen und Oesterreich bestehe. Auch
über Erwerbungen von Seite Oesterreichs werde man sich dann verständigen
können. Als die Punkte, über welche man eine Einigung erzielen wolle,
bezeichnete Bischoffswerder den Frieden Rußlands mit der Pforte, um die
Vertreibung der Türken aus Europa zu hindern, die Ausschließung Rußlands
von den deutschen Angelegenheiten, gemeinsame Schritte zur Aufrechterhaltung
der deutschen Reichsverfassung und die gegenüber der französischen Revolution
einzunehmende Haltung. Später würden auch das Aussterben der kursächsischen
Linie, die Vereinigung von Ansbach und Baireuth und die Ansprüche Oester=
reichs auf Baiern in Betracht kommen.

Der Kaiser sprach sich in einer kurzen Audienz des preußischen Agenten
beifällig über den Abschluß eines Bündnisses aus, behielt sich aber die Er=
wägung der Bedingungen vor. Da der Kaiser bald darnach, wie wir wissen,
nach Italien abreiste, so fiel Kaunitz die Aufgabe zu, die Verhandlungen
weiter fortzuspinnen. Dieser sowohl, als sein gelehriger Schüler Spielmann,
waren durch Bischoffswerders Mission in ihren Ansichten nicht wankend geworden.
Beide stimmten darin überein, man könne die gegebene Constellation nicht
besser ausnützen, als indem man Preußen durch ein scheinbares Entgegen=
kommen sicher mache, selbst jedoch seine Kräfte sammle; nebenbei könne man
sich noch immer auf Unkosten Preußens bei Rußland beliebt machen. Kaunitz
hätte eine Vereinbarung mit Preußen durch irgend ein Auskunftsmittel für
möglich gehalten, „wenn nicht so viele Gründe vorhanden wären, in die
Kunstgriffe dieses Hofes ein unabläßiges Mißtrauen zu setzen." Er war
daher entschlossen, sich in keine bestimmten Abmachungen einzulassen, Preußen
zur Vorlage von Anträgen über Gebietserwerbungen, Compensationen für
Oesterreich im Falle der Annexion von Danzig und Thorn zu nöthigen, in
keinem Falle jedoch Rußland irgend eine Veranlassung zum Mißtrauen zu
geben. Denn er fürchtete vor allem, daß die ganze von Preußen eingeleitete
Action nur darauf hinausgehe, Oesterreich von Rußland zu trennen. Um
diesen Bemühungen jeden Boden zu entziehen, ging er in Petersburg sogar

weiter als bisher, indem er die Hoffnung auf österreichische Unterstützung
nährte, wenn Preußen und England zum Angriffe schreiten sollten.

England entfaltete zu Ende März eine erstaunliche Kriegslust, es wollte
im Mai eine Flotte in die Ostsee dirigiren und verlangte deßhalb von Preußen,
daß es gleichzeitig mit einer Armee von 85000 Mann in Livland operiren
solle. Dem Könige von Preußen, der in Wien noch keine bindende Zusage
erhalten hatte, blieb nichts übrig, als auf diese Forderungen einzugehen.
In Wien aber ließ er erklären, daß England auf dem Status quo beharre,
daß daher alle Vermittelungsvorschläge entfallen, er selbst aber die Erfüllung
der von Cobenzl in Aussicht gestellten Zusagen und speciell die Beschleunigung
der Friedensverhandlungen von Sistowa erwarte. So schrieb Friedrich
Wilhelm selbst am 3. April an Reuß. Am 7. April war die Situation schon
wieder wesentlich verändert. Abermals war es England, welches vor dem Gegner,
dem es soeben noch Gesetze geben zu können geglaubt hatte, muthig zurückwich.
Das Parlament fühlte keinen Beruf in sich, den einträglichen Ostseehandel
selbstmörderisch zu gefährden und Pitt war schnell bereit, zum Rückzuge zu
blasen und von der Erhaltung des vielberufenen Status quo abzugehen.
Diesmal vernahm Preußen diese Botschaft nicht gerade unwillig, es war vor=
läufig seiner kostspieligen Allianzverpflichtungen ledig und konnte seine Wer=
bungen um Oesterreichs Freundschaft, durch welche es dauernde Sicherheit zu
gewinnen hoffte, ungestört wieder aufnehmen. Auch die Hoffnung auf Danzig
erhielt neue Nahrung.

Lord Elgin erhielt vom englischen Ministerium den Auftrag, die neuen
Propositionen seiner Regierung in Wien und besonders dem bereits in Italien
weilenden Kaiser zur Kenntniß zu bringen. Kaunitz war durch die erste
Nachricht von dem Umschwunge der englischen Politik, welche er aus Berlin
erhielt, einigermaßen überrascht und fand sich nicht sofort zurecht damit. Er
glaubte vor allem die Verlegenheiten Preußens durch denselben wesentlich
erhöht und freute sich, daß man dieselben benützen könne, um einige Vortheile
beim Friedensschlusse mit der Pforte zu erpressen. Englands Widerspruch
flößte ihm keine Besorgniß ein, er hatte längst erkannt, daß Oesterreich von
England überhaupt nichts zu erwarten habe und bis jetzt von jener Seite stets
ausgebeutet worden sei. „Eine kaltblütige ferme Sprache" werde genügen, um
seine Einmischung in die orientalischen Angelegenheiten zu beseitigen. In
Folge weiterer Nachrichten von Seite des Prinzen Reuß änderte er jedoch
seine Meinung dahin, daß er in der neuen Wendung der Dinge den Versuch
Englands erblicke, sich zum Herren der Situation in Europa zu machen,
nachdem Frankreichs äußere Politik vollkommen lahm gelegt war. England
wolle Oesterreich an sich ziehen, um Rußland in Schranken zu halten. Letz=
teres werde auf diese Weise ganz in die Arme Preußens getrieben werden.
Oesterreich müsse sich daher nach allen Seiten von jeder Verpflichtung frei
halten und nur den momentan sich ergebenden Vortheil in Sistowa aus=
nützen. Der Kaiser stimmte im Allgemeinen den Ansichten seines Ministers

bei, war jedoch geneigt, den englischen Anträgen ein gewisses Wohlwollen entgegenzubringen. Elgin traf Leopold in Florenz und setzte ihm dort am 9. Mai die Wünsche Englands auseinander: 1. daß der Kaiser der Kaiserin von Rußland die Annahme des Friedens unter den jetzt vorgeschlagenen Modificationen (Erwerbung von Oczakow und eines Landstriches zwischen Bug und Djnestr durch Rußland) anempfehlen, 2. daß er seinerseits die Verhand=lungen mit der Pforte zu Sistowa zum Abschluß bringen möge, ohne irgend eine neue Forderung vorzubringen, 3. daß Oesterreich mit England, Preußen und den Generalstaaten eine Defensivallianz eingehen möge, durch welche die contrahirenden Theile einerseits sich gegenseitig ihre Besitzungen garantiren, andrerseits aber auch der Pforte gegenüber sich verbindlich machen würden, dieser Macht ihre Besitzungen auf Grundlage des Friedens zu garantiren, wie er den jetzt vorgeschlagenen Modificationen gemäß geschlossen werden solle.[1]

Leopold wies in den ersten Unterredungen mit Lord Elgin auf die Schwierig=keiten hin, welche sich aus seinem Verhältnisse zu Rußland ergaben und drückte den Wunsch aus, daß man letzterem die Möglichkeit des Eintrittes in das Bündniß zugestehen solle. Elgin hob dagegen mit besonderem Nachdrucke die Bedeutung hervor, welche die Existenz der Türkei für Oesterreich habe, die von Rußland ernstlich bedroht sei; die zustimmenden Aeußerungen Leopolds erweckten in ihm den Glauben, daß derselbe vollkommen für seine Vorschläge gewonnen und sogar bereit sei, die Allianz mit Rußland preiszugeben. In diesem Sinne berichtete er an sein Ministerium und nach Berlin, wo man sich nun entschloß, durch Bischoffswerder seine besonderen Anliegen nochmals dem Kaiser vorbringen zu lassen. Dieser hatte sich drei Wochen in Florenz aufgehalten, war dort mehrfach von Unwohlsein belästigt gewesen und hatte auch durch die öffent=lichen Verhältnisse in Toscana wenig Erheiterung erfahren. Anfangs Juni traf er in Mailand ein, wo ihn Bischoffswerder aufsuchte. Der Kaiser verhielt sich bei der ersten Begegnung sehr kühl gegen ihn, um die Zuversicht, welche auch in Berlin in Folge der Uebertreibungen Elgins Wurzel gefaßt hatte, im Vorhinein als unbegründet zu bezeichnen. Bald jedoch erfuhr er, daß man ihn durch die Aeußerungen gegen Elgin keineswegs für gebunden erachtete und trat nun offen und vertrauensvoll gegen Bischoffswerder auf.

Mit diesen Conferenzen zu Mailand eröffnet Leopold eine neue Rich=tung seiner Politik, welche vollständig auf persönlicher Ueberzeugung beruhte, denn sie trat — wie wir sehen werden — sehr bald in einen entschiedenen Gegensatz zum System des Fürsten Kaunitz. Ausschlaggebend waren für den Kaiser damals die französischen Verhältnisse, deren Rückwirkung auf die öster=reichische Politik wir im nächsten Kapitel im Zusammenhange zu erörtern haben werden. Vorläufig genügt es, die Thatsache zu constatiren, daß Leopold in Mailand den Entschluß faßte, die Allianz mit Preußen anzunehmen und ihr

---

[1] Herrmann, Zur Geschichte der Wiener Convention vom 25. Juli 1791. Forschungen z. deutschen Geschichte, V. 242.

alle nothwendigen Concessionen zu machen. Die erste und wichtigste war der
Friedensschluß mit der Türkei, welcher neuerdings wieder sehr fraglich geworden
war. Es war — wie wir bereits gehört haben — der leitende Gedanke
des Staatskanzlers, die für Oesterreich nachtheiligen Bestimmungen der Reichen=
bacher Convention durch Zähigkeit und Ausdauer bei den Friedensverhand=
lungen wenigstens theilweise zu umgehen und nachträglich doch noch einige
Erfolge des Türkenkrieges durch Ausnützung der veränderten europäischen
Situation für Oesterreich zu erhalten. Er widersetzte sich der Forderung
Preußens, daß in dem neuen Vertrage mit der Türkei auf die Reichenbacher
Abmachungen Rücksicht genommen werde, denn darin könne er nur eine absicht=
liche Demüthigung erblicken, die weder der Pforte noch Preußen einen erkenn=
baren Nutzen gewähre. Außerdem gab er der Bestimmung, es sei der Status quo
vor dem Kriege wieder herzustellen, die Auslegung, daß nicht nur Oesterreich,
sondern auch die Pforte alle rechtskräftig bestehenden Tractate thatsächlich erfüllen
müsse. So werde Alt=Orsowa, welches durch den Belgrader Frieden Oester=
reich zugesprochen, jedoch seit der Zeit mehrmals vergeblich von der Türkei
reclamirt worden var, nunmehr von Oesterreich, das sich im letzten Kriege in
den factischen Besitz gesetzt hatte, auch festgehalten werden. Dasselbe galt von
einem Districte an der Unna, dessen Herausgabe die Pforte bis jetzt ebenfalls
verweigert hatte. Kaunitz war geneigt, sich mit der Abtretung einiger wenig
fruchtbaren Landstriche und Waldungen zu begnügen, das Princip des Rechtes
sollte jedoch jedenfalls gewahrt und sowohl in Constantinopel, wie in Berlin die
Ueberzeugung befestigt werden, daß eine weitere Nachgiebigkeit Oesterreichs auf
keinen Fall zu erwarten sei. Als die Conferenzen in Sistowa im Mai wieder auf=
genommen wurden, hatten die österreichischen Delegirten nicht nur an dieser
Instruction festzuhalten, sondern auch Erleichterungen der österreichischen
Schifffahrt auf türkischen Flüssen und die Sicherung des Handels österreichischer
Unterthanen in den türkischen Provinzen zu verlangen. Die Pforte machte
keine Miene der Geneigtheit zu irgend einer Concession und bestand auf ihrer
Auffassung des Status quo, so daß die österreichischen Bevollmächtigten noch=
mals die Unterhandlungen sistirten und einen Ausflug nach Bukarest unter=
nahmen. So kam es, daß in denselben Tagen, in welchen Leopold mit
Bischoffswerder in Mailand die Grundlagen für die gemeinsamen Ziele einer
auf einem festen Bündnisse beruhenden österreichisch=preußischen Action besprach,
der Wiederausbruch des Krieges mit der Türkei und dadurch die Beseitigung
der Beschlüsse von Reichenbach in Aussicht zu stehen schien. Die kaiserlichen
Regimenter in Ungarn und in der Walachei erhielten den Befehl, an die
Grenze vorzurücken, um nöthigenfalls die Feindseligkeiten wieder aufnehmen
zu können. In Berlin entwarf man Pläne für den bevorstehenden Krieg
und ließ sich durch den Herzog Ferdinand von Braunschweig ein Gutachten
darüber abgeben. Bis Ende August sollten 80,000 Mann an der böhmischen
Grenze stehen. Der Herzog war zur Uebernahme des Commandos bereit
und wollte die Armee im ersten Ansturme so weit als möglich ins Innere

von Böhmen und Mähren hineinführen, um dort eine Defensivstellung für den Winter einnehmen zu können.

Leopold beseitigte durch seine eigene Entscheidung zum zweiten Male die Gefahren eines Krieges zwischen den beiden deutschen Großmächten. Es erfüllte ihn etwas von dem großen Gedanken der Macht und des Uebergewichtes, welches das Zusammengehen seines und des preußischen Staates in der äußeren Politik zu Gunsten der Erhaltung von Frieden und Ordnung in Europa ausüben könne. Die Thatsache, daß beide Mächte von dem Augenblicke an, als es zwischen ihnen kein Streitobject giebt, ihre Interessen am besten gemeinsam wahren können, mochte einem Realpolitiker, wie Leopold es war, nicht verborgen bleiben. Am 26. Juni theilte der Kaiser von Mailand aus dem Staatskanzler die mit Bischoffswerder vereinbarten Punkte mit: der Friede wird in Sistowa sofort auf der Grundlage des Status quo conform der Reichenbacher Uebereinkunft ohne irgendwelche Beschränkung abgeschlossen, die Allianz zwischen den Souveränen von Oesterreich und Preußen ist als abgeschlossen betrachtet, die Bedingungen werden nach des Kaisers Rückkunft mit Herrn von Bischoffswerder in Wien festgesetzt; sobald dies geschehen, werden sie Rußland und England bekannt gegeben, damit sich diese Mächte nach ihrem Gutdünken anschließen können, oder nicht. In einem besonderen Schreiben von demselben Datum setzte Leopold dem Fürsten einige Motive auseinander, welche ihn zu dem raschen Friedensschluß veranlassen. „Wir haben weder eine Armee, noch haben wir irgendwelche Vorbereitungen getroffen, um den Krieg fortzusetzen. Weder unsere Finanzen, noch unsere Interessen erlauben es. Wir haben im Angesichte von Europa in Reichenbach zugesagt, den Frieden auf dem Standpunkte des Status quo zu schließen, Anstand und Ehrenhaftigkeit zwingen uns, eine öffentliche und feierliche Convention genau einzuhalten .... Die Allianz mit dem König von Preußen ist ausschließlich defensiv und gegenseitig und ich kann daran nichts finden, was Jemand für unpassend halten könnte." Bischoffswerder sandte von Mailand aus einen Courier direct an Lucchesini, durch welchen Preußen in Sistowa vertreten wurde und dieser veranlaßte es, daß die Türken an die in Bukarest weilenden österreichischen Diplomaten eine Einladung richteten, die Verhandlungen wieder aufzunehmen. Am 18. Juli wurden die Conferenzen neuerdings begonnen, am 4. August der Friedensvertrag unterzeichnet. Er enthielt eine Erneuerung des Belgrader Friedens von 1739 und aller seit jener Zeit zwischen Oesterreich und der Pforte abgeschlossenen Staats-, Handels- und Schifffahrtsverträge. Oesterreich gab die seit 9. Februar 1788 eroberten türkischen Landschaften und festen Plätze den Türken zurück, nur Chotym blieb bis zum Frieden mit Rußland als neutrales Gebiet von den österreichischen Truppen besetzt. Der Kaiser erklärte, auf den Fortgang des Krieges mit Rußland keinen Einfluß nehmen zu wollen. Die Räumung und Uebergabe der eroberten Länder und die Regulirung der Grenze mußte von gemischten Commissionen durchgeführt werden. Die Gefangenen wurden wechselseitig ohne Lösegeld ausgetauscht, die ausgewanderten Unterthanen und die zur Religion des Gegners Uebergetretenen durften nicht reclamirt werden. Die Türkei sagte Schutz des Handels, Beibehaltung der bestehenden Zölle und Abgaben österreichischer Kaufleute und freie Religionsübung für Katholiken zu. Die alliirten Gesandten unterschrieben ein Protocoll, wonach dieser Vertrag seinem ganzen Inhalte nach unter Vermittelung der Könige von England und Preußen und der Generalstaaten abgeschlossen worden sei. In einer Separatconvention zwischen Oesterreich und der Pforte wurde die Abtretung von Alt-Orsowa, von Czertin und Dreßnik, sowie eines Landstriches von der Glina bis an die Korana und Unna an Oesterreich zugestanden; doch durften auf diesen Gebieten keine Befestigungen angelegt werden. Am 13. August wurde der Tractat in Wien ratificirt, am 23. d. M. in Sistowa ausgewechselt. Der Internuntius Baron Herbert kehrte nunmehr nach Constantinopel zurück und am 11. Februar des nächsten Jahres langte ein türkischer Botschafter in Wien an. — Die Russen hatten im Laufe des Sommers 1791 keine entscheidenden Operationen unternommen; sie beschränkten sich, die Moldau, welche sie nach der Eroberung von Ismaila besetzt hatten, festzuhalten. Die Möglichkeit eines Krieges mit Preußen und Polen nöthigte sie, eine Stellung zu wählen, durch welche ihre Armeen nicht außer jede Fühlung geriethen. Nach den Siegen bei Babadagh und Matschin kehrten sie stets wieder auf das linke Donauufer zurück. Nur die Kaukasus-Armee unter Gudowitsch hatte am 3. Juli Anapa am Schwarzen Meer erobert. Der Verlust dieses wichtigen Platzes veranlaßte die Pforte, sich zu Friedensunterhandlungen zu bequemen, welche zu den Präliminarien von Galacz (11. August) und zu einem sechsmonatlichen Waffenstillstand führten. Am 1. October begannen die Verhandlungen in Jassy, welche nach Potemkins Tode auf russischer Seite von dem Grafen Besborodko geleitet wurden. Durch den am 9. Januar 1792 geschlossenen Frieden erhielt Rußland Oczakow und das Land zwischen Djnestr und Bug, der jetzt Grenzfluß wurde. Der türkische Großvezier ließ sich, wahrscheinlich durch Bestechung, bestimmen, auch die Bedingungen von Kainardsche neuerlich anzuerkennen, wodurch Rußland das Interventionsrecht in den Donaufürstenthümern eingeräumt blieb.

An die Stelle der türkischen Frage, welche die europäischen Ost- und Nordmächte lange Zeit hindurch in Aufregung erhalten, nunmehr jedoch ihre momentane Bedeutung verloren hatte, war mittlerweile die polnische Frage in den Vordergrund getreten, so daß sie auch einen Gegenstand der Vereinbarung zwischen Oesterreich und Preußen bilden mußte. Die polnische Nation hatte die Lehre, welche ihr durch die erste Theilung in so verständlicher Weise gegeben worden war, nicht in ihrer vollen Wahrheit erfaßt, sie begriff nicht, daß die einzige verläßliche Grundlage der Existenz und Unabhängigkeit eines Staates seine eigene Kraft sei. Hätten die Polen noch die Fähigkeit besessen, ihre persönlichen Laster zu überwinden und der politischen Reform eine moralische Basis zu geben, so war die Möglichkeit einer Erhaltung ihres

Staates noch immer gegeben, die äußeren Verhältnisse gestalteten sich für sie durch die wachsende gegenseitige Eifersucht ihrer Nachbarn nicht ungünstig. Zu dieser unumgänglich nothwendigen moralischen Erhebung war die herrschende Klasse, der polnische Adel, jedoch nicht veranlagt, der Bürgerstand war bedeutungslos, der Bauer durch den Jahrhunderte hindurch währenden Druck stumpfsinnig geworden, der später an die beiden letzten Klassen gerichtete Appell, die Macht an sich zu reißen und selbst das Reich zu retten, ging wirkungslos vorüber. Die polnische Nation hat ihr Schicksal gerade so gut, wie jedes andere Volk, in ihrer Hand gehabt, sie hat sich selbst preisgegeben und zum Handelsobject der drei Großmächte erniedrigt, die sich an ihren Grenzen entwickelt hatten. Es ist eine sehr billige Genugthuung, welche sich die Polen nachträglich verschaffen wollen, indem sie sich als Opfer übermächtiger Feinde und gewaltthätiger Unterdrückung hinstellen. Die Geschichte aller Völker beweist die Thatsache, daß nur eigene Schwäche und Verkommenheit den Zustand einer dauernden Unterdrückung herbeiführt, sie belehrt uns auch darüber, daß Polen gerade in der Epoche, von welcher wir zu erzählen haben, alle äußeren Bedingungen vorfand, sich wieder zur Geltung zu bringen. Die Mittel hiezu waren durchaus nicht schwierig zu erfinden, sie lagen für Jeden, der sie ernstlich suchte, klar am Tage. Polen brauchte nichts als geordnete Finanzen und ein schlagfertiges Heer. Um diese zu erlangen, hätte es nichts weiter bedurft, als daß der gesammte Adel, groß und klein, sein Lotterleben aufgab, seinen Grundbesitz mit Fleiß und Ordnung bewirthschaftete und dem Staate Steuern und Abgaben entrichtete, wie man es eben in allen Staaten thun muß, die etwas bedeuten wollen. Wo Arbeit und Redlichkeit fehlt, da hat man kein Recht, über Bedrückung zu klagen, das Unglück ist dann selbst verschuldet und nothwendig. Für Prasser und Faulpelze ist die Freiheit ein unerschwingliches Kleinod. — Finanzen und Heer hatten seit der ersten Theilung nicht nur keine Verbesserungen erfahren, sie waren im Gegentheil in einem erschreckenden Verfall begriffen; was noch an königlichen Domänen vorhanden war, wurde verkauft oder verpfändet, die einzige Quelle, welche den Landboten noch immer nicht genügend ausgeschöpft schien, die Steuerkraft der Bauern, zeigte sich dem Versiegen nahe: die Härte, mit welcher die Grundherren ihre nahezu leibeigenen Grundholden behandelten, trieb sie zur Auswanderung oder zu trotziger Arbeitseinstellung. Weite Flächen bebaubaren Landes blieben unausgenützt und verödeten, weil der Bauer kein Interesse mehr daran fand, sich damit zu bemühen, oder weil ihm das Saatkorn fehlte. So imponirend der Titel des „Krongroßfeldherren" Branicki war, so elend waren die wenigen Truppen, die er unter seinem Commando hatte, jedenfalls folgten sie dem Beispiele ihres Führers in dessen bemerkenswerthesten Eigenschaften, in der Trunksucht und Bestechlichkeit. Während der durch Schulden und die Intriguen verlassener Geliebten in Unannehmlichkeiten aller Art verwickelte König Stanislaus sich seit dem Beginne des russisch-türkischen Krieges wieder enger an die Zarin angeschlossen hatte, hoffte die Patrioten-Partei, welche die Mehrheit im Reichstage besaß, auf die Sympathie Preußens und dessen kräftige Unterstützung für den Fall eines Conflictes mit einem der Kaiserhöfe oder mit beiden zugleich. Der Anschluß an Preußen war eine im Grunde ganz richtige politische Idee, wenn sie mit zielbewußter Consequenz durchgeführt worden wäre. Man durfte dann vor einem kleinen Opfer, wie der Abtretung von Danzig, nicht zurückschrecken und mußte Alles daransetzen, um als Alliirter Preußens auch in Rechnung zu kommen, d. h. in einem Kriege, den dieses zu führen hatte, etwas leisten zu können. Die Zahl der unabhängigen Männer war in Warschau jedoch eine so geringe, daß eine wahrhaft unabhängige Politik nicht durchzusetzen war, wenn selbst einzelne tüchtige Führer dazu vorhanden gewesen wären. Das russische Geld beherrschte alle Kreise vom Könige bis zu den Landboten herab. Die großen Familien der Potocki, Czartorisky, Sapieha, Lubomirsky rechneten bei der in Aussicht stehenden Vacanz des Thrones auf ihre eigene Erhöhung oder suchten ebenfalls durch den Anschluß an Rußland ihren Einfluß zu verstärken. Der Reichstag entschloß sich zu Beginn des Jahres 1790, Fürsorge für die Wiederbesetzung des Thrones zu treffen. Nach langwierigen Debatten beschloß man, den Landtagen, in welchen der gesammte Adel versammelt war, die Frage vorzulegen, ob zur Vermeidung der Gefahren eines Interregnums die Wahl eines Thronfolgers noch bei Lebzeiten des Königs stattfinden dürfe? Die Mehrzahl der Landtage bejahte die Frage[1]) und zeigte entschiedene Neigung für die Wahl des Hauses Sachsen, drückte jedoch gleichzeitig Bedenken gegen die Erblichkeit der Krone aus, da dieselbe der Freiheit der Republik gefährlich werden könne. Das Mandat des Reichstages ging zu Ende, er wollte jedoch nicht abtreten, bevor die neue Regierungsform nicht entschieden war. Um seine Stellung zu sichern und die Ungesetzlichkeit seiner Mandatsüberschreitung zu bemänteln, verstärkte er sich durch neugewählte Landboten, welche im December 1790 in Function traten. Einer der ersten Beschlüsse der auf 600 Mitglieder angewachsenen Versammlung richtete sich gegen die Bestechung der Mitglieder durch fremdes Geld, auf welche die Todesstrafe gesetzt wurde, ohne daß sich der neue russische Gesandte, Herr von Bulgakow, dadurch hätte in seinen Machinationen stören lassen. Mißtrauen und Argwohn verhinderte mehr als je ein gedeihliches Zusammenwirken der wenigen ehrlichen Elemente des Reichstages, deren geringe Geschäftskenntniß und Welterfahrenheit sie für alle Gerüchte und Verdächtigungen nur um so empfänglicher machte. Der Rücktritt Englands von der gegen Rußland gerichteten Allianz und die Furcht vor den Umtrieben des russischen Gesandten in Warschau, die darauf ausgingen, Polen zu einer Secundogenitur des Zarenreiches zu machen, veranlaßten die herrschende Partei des polnischen Reichstages, welcher sich neuerdings auch der König wieder zur Verfügung gestellt hatte, zu dem Staatsstreiche

---

1) Herrmann, Geschichte des russischen Staates, VI. Bd., 6. Abschnitt. Polen vom Reichenbacher Congreß bis zum Frieden von Jassy.

vom 3. Mai 1791, durch welchen der Entwurf einer neuen Verfassung zum Gesetz erhoben wurde. Der wesentlichste Punkt derselben war folgender: „Die erbliche Thronfolge wird eingeführt und auf den jetzt regierenden Kur= fürsten von Sachsen und dessen Prinzessin Tochter, die zur Infantin von Polen ernannt wird, übertragen. Der König und die Nation werden für dieselbe einen Gemahl erwählen, und ihre Nachkommen werden den Stamm einer neuen Dynastie der polnischen Könige bilden." Sämmtliche fremden Höfe wurden durch das Ereigniß vom 3. Mai überrascht. [1])

Oesterreichs Tendenz in Bezug auf die polnischen Angelegenheiten war während Leopolds Regierung dahin gegangen, der Intimität zwischen Polen und Preußen entgegenzuwirken und den Einfluß der Kaiserhöfe so weit zu fördern, daß ihre Interessen in Polen nicht geschädigt würden. Kaunitz hatte sich noch in einer Depesche vom 31. December 1790 ausgesprochen: Oesterreich und Rußland könnten der Gährung in Warschau ruhig zusehen, bis es ihnen möglich sein würde, ihren Einfluß daselbst wieder zu gewinnen. Nothwendig wäre nur ein gemeinsames Einverständniß über die Thronfolge. Dem sächsischen Projecte konnte Oesterreich nicht abgeneigt sein, damit war die Hoffnung auf eine Consolidirung Polens gegeben, durch welche den Vergrößerungsbemühungen Preußens und Rußlands gleichmäßig entgegen gebaut wurde. Für die Ansicht, daß Kaiser Leopold durch Verbindungen mit einzelnen hervorragenden Persönlichkeiten aus der herrschenden Partei in Polen (der Fürstin Adam Czartoriska, dem General Grafen Woyna u. A.) direct für die Einsetzung einer sächsischen Erb= dynastie gewirkt habe, lassen sich keine überzeugenden, sicheren Beweise beibringen, obwohl die Möglichkeit nicht ausgeschlossen ist. Diese Frage scheint jedoch von keiner so hervorragenden Bedeutung zu sein, da ja die Stellung der Mächte zu der vollzogenen Thatsache, über welche ja doch kein Zweifel besteht, mehr durch die in Aussicht stehenden Folgen als durch die vorausgegangenen Veranlassungen bestimmt wurde. Für Preußen bedeutete die Gründung einer neuen polnisch=sächsischen Dynastie ohne Zweifel zum mindesten einen Aufschub seiner Arrondirungsbestrebungen an den östlichen Grenzen seines Staates; war der Staatsstreich unter österreichischer Aegide vorbereitet und in Scene gesetzt worden, so ergiebt sich daraus nur ein um so größerer Vorwurf gegen die Halbheit und Lässigkeit der preußischen Diplomatie, welche durch den Gegensatz zwischen Hertzberg und der gegen ihn intriguirenden Partei genügend

---

1) Ueber die Frage, ob Oesterreich den Staatsstreich in Polen unterstützt habe, entstand zwischen dem Verfasser der russischen Geschichte, Herrmann, und Heinrich von Sybel eine hartnäckige Controverse (Herrmann, Streitschrift gegen H. v. Sybel, Gotha, 1861. — Zur Geschichte der Wiener Convention vom 25. Juli 1791 in den Forschungen zur deutschen Geschichte, V., und im Ergänzungsbande zu seiner russischen Geschichte; Sybel in der Histor. Zeitschr., Bd. X, XII, XXIII). — Man halte dazu A. Beers Analecten z. Gesch. der Revolutionszeit, Histor. Zeitschr., Bd. XXVII und Leopold II., Franz II. und Katharina. In der neuesten Auflage seiner Geschichte der französischen Revolution giebt Sybel einer zwischen seiner ursprünglichen und der Herrmanns vermittelnden Ansicht Raum.

erklärt wird. Preußen mußte darauf gefaßt sein, daß das schwache und geängstigte Polen sich an eine andere Macht anzuklammern bemühen werde, venn es sich von Preußen in Stich gelassen sah. Daß Kaiser Leopold einer Annäherung Polens allen möglichen Vorschub leisten würde, war ebenfalls einleuchtend; in diesem Punkte stimmte er auch mit den Ansichten des Staats= kanzlers vollkommen überein, nur in der Art der Verwerthung der neuen Constellation gingen die Meinungen der Beiden wieder auseinander. Es ist daher durchaus nicht überraschend, daß Kaunitz die Gesandten in Warschau und Dresden über die von ihnen angesichts der Beschlüsse vom 3. Mai zu beobachtende Haltung sofort zu instruiren wußte, ohne die Aeußerung des in Italien weilenden Kaisers abzuwarten. Die Annahme, daß dieser Umstand eine vorhergegangene Cooperation Oesterreichs mit der Majorität des polnischen Reichstages voraussetze, ist nicht berechtigt. Das Project eines sächsischen Erbkönigthums war schon unter Josef II. mehrmals in den Vordergrund getreten und nun neuerdings seit nahezu einem Jahre besprochen worden; Kaunitz konnte über Leopolds Beurtheilung desselben längst unterrichtet sein; daß es der Verwirklichung mit unerwarteter Raschheit zugeführt wurde, änderte nichts an seiner Bedeutung. Der Inhalt der am 14. Mai an Hartig in Dresden und an de Caché in Warschau gerichteten Depeschen sprach nichts weiter als die Ueberzeugung des Staatskanzlers aus, daß der Kaiser an der vorgefallenen Veränderung vollkommen beifälligen und vergnüglichen Antheil nehmen werde, sowohl wegen der aufrichtigen Freundschaft und innigen Hoch= achtung, die er dem Kurfürsten von Sachsen zolle, als auch von dem Wunsche für die Aufrechterhaltung und Consolidirung des polnischen Reiches beseelt, wozu die vorgenommenen Reformen gewiß beitragen werden. In einem großen Irrthum aber befand sich Kaunitz über die Auffassung, welche die Neugestaltung der polnischen Verhältnisse von Seite Rußlands erfuhr. Seine Sympathien für das Zarenreich, welche durch den Haß gegen Preußen genährt worden waren, verleiteten ihn zu dem Glauben, daß Rußland durch die in der ersten Theilung errungenen Vortheile vollkommen befriedigt sei und seine frühere auf eine Schwächung Polens gerichtete Tendenz aufgeben könne. Auch Cobenzl hielt eine wohlwollende Politik Rußlands gegen Polen für möglich und ließ sich von dem Vicekanzler Ostermann über die wahren In= tentionen seiner Regierung täuschen. Selbst das plötzlich erwachte Interesse Katharinas für eine österreichisch=preußische Intervention in Frankreich war ihm nicht auffallend.

In Berlin siegte auch in Bezug auf die Behandlung der polnischen Frage die neue Hofpartei gegen Hertzberg, dem schon seit 1. Mai zwei neue Minister, die Herren von Schulenburg und Alvensleben, zur Behandlung der auswärtigen Geschäfte an die Seite gesetzt worden waren. Hertzberg erkannte die Nachtheile, welche Preußen durch den polnischen Staatsstreich drohten, sofort und vertrat die Ansicht, daß sein Cabinet gegen die neue Verfassung offen auftreten solle. Sein Bericht wurde nicht beantwortet, sondern Bischoffs=

werder nach Dresden gesendet, um dem kursächsischen Hofe die Gratulation des Königs abzustatten, und dem Grafen Goltz in Warschau eine Instruction ertheilt, welche das Einverständniß Preußens mit dem polnischen Verfassungs= wechsel aussprach. Hertzberg war moralisch gestürzt, wenn auch sein Ent= lassungsgesuch vom 5. Juli nicht definitiv angenommen, sondern seine ferneren Dienste für die königliche Akademie und den Seidenbau verlangt wurden. So kam es, daß Bischoffswerders zweite Mission an den Kaiser auch eine Verständigung in der polnischen Frage in sich schloß, welche ohne Schwierig= keiten zu erreichen schien, wenn der Kaiser der englisch=preußischen Allianz beitrat. Dies zu bewirken, war der Auftrag, den Bischoffswerder nach Mai= land mitnahm. Er sollte in Gemeinschaft mit Lord Elgin jede Theilnahme Rußlands an den Verhandlungen zu verhindern suchen, die Möglichkeit einer Heranziehung dieser Macht zu der Allianz für Preußen überhaupt als unan= nehmbar bezeichnen. In Bezug auf Polen erklärte sich Friedrich Wilhelm einverstanden, der Republik den unverkürzten Umfang ihrer Territorien und ihre Unabhängigkeit zu garantiren. „Zur Beruhigung der Besorgnisse des österreichischen Ministeriums rücksichtlich der künftigen Infantin von Polen" machte der König den Vorschlag „daß diese Prinzessin sich nie mit einem Prinzen aus den Häusern der drei benachbarten Mächte vermähle und daß über= haupt nie ein Prinz aus diesen Häusern die polnische Krone tragen dürfe." Wir haben bereits von dem Empfange, welchen Bischoffswerder in Mailand erfuhr, Erwähnung gethan; wir haben gehört, daß der Kaiser die Trennung von Rußland ablehnte, daß er jedoch das Bündniß mit Preußen mit rascher Entschlossenheit annahm. Auch die Anträge des Königs wegen der Ordnung der Erbfolge in Polen erhielten seine Zustimmung. Sie standen auch nicht im Widerspruche mit der Haltung, welche Oesterreich selbst gegenüber Polen einzunehmen gesonnen war und von welcher es glaubte, daß sie auch die Rußlands sein werde; sie standen jedoch in grellem Widerspruch zu den wirklichen Absichten des Petersburger Cabinets, die man in Berlin entschieden richtiger beurtheilte.

Die Entwicklung des Uebereinkommens mit Preußen, welche sich in den Unterredungen Bischoffswerders mit dem Kaiser verfolgen läßt, wurde jedoch wesentlich von den Ereignissen in Frankreich beherrscht, denen wir uns nun= mehr zuwenden müssen. Die Stellung, welche Leopold gegenüber der fran= zösischen Revolution einnahm, ist der wichtigste Punkt seiner äußeren Politik, zugleich die charakteristischste Aeußerung seiner staatsmännischen Auffassung, da er in dieser Frage keine Tradition vorfand und durch die Verhältnisse, welche er bei seinem Regierungsantritte vorgefunden hatte, nicht gebunden war.

V. Leopold und die französische Revolution.

Die Wahlcapitulation, deren Annahme der Krönung Leopolds als römisch-deutscher Kaiser vorausgegangen war, enthielt auch die Verpflichtung, jede Beeinträchtigung, welche einzelnen Reichsständen durch die neue Ordnung der Dinge in Frankreich zugefügt werden sollte, von diesen abzuwehren. Diese Beeinträchtigungen bestanden in dem Verlust der Herrenrechte, Kopf- und Gütersteuern, Zölle, Accisen, Monopole und Schutzgelder, welche die Besitzer deutscher Enclaven im französischen Elsaß durch die Beschlüsse der Nationalversammlung vom 4., 6., 8., und 11. August 1789, durch das Decret über die Aufhebung des Zehents vom November desselben Jahres, durch die Aufhebung aller fremden geistlichen Gerichtsbarkeit im Juni 1790 und die Herstellung einer neuen Kirchenverfassung erlitten hatten. Betroffen waren die drei geistlichen Kurfürsten, der deutsche Orden, die Fürstbischöfe von Straßburg, Speyer und Basel, die Herzöge von Würtemberg und Pfalz-Zweibrücken, der Landgraf von Hessen-Darmstadt, der Markgraf von Baden, die Fürsten von Nassau, Leiningen und Löwenstein u. A. Von französischer Seite suchte man zwar noch eine Zeit lang, bis zum Herbste 1790, den Glauben zu erhalten, es solle eine Entschädigung stattfinden, die Aussicht auf Assignaten und Nationalgüter war jedoch nicht geeignet, die beunruhigten Gemüther zu befriedigen. Der Kaiser richtete über Andringen der geschädigten Stände am 14. December ein Schreiben an die französische Regierung, in welchem er die Wiedereinführung der alten Zustände verlangte. Es blieb unbeantwortet. Die Sache wurde nun im verfassungsmäßigen Wege in Berathung gezogen, ein Reichsgutachten und auf Grund desselben ein Reichsschluß verlangt. Der Eifer der rheinischen Kirchenfürsten vermochte die Mehrzahl der weltlichen Reichsglieder nicht zu einem feindlichen Schritte gegen Frankreich hinzureißen, die Ansicht Preußens, der Kaiser sei zu ersuchen, sich vorläufig noch einmal ernstlich in Paris für die Interessen der Stände zu verwenden, wurde acceptirt und mit Zustimmung des Kaisers selbst die ernste Intervention verschoben. Man konnte jedoch schon in den ersten Jahren der Revolution die Wahrnehmung machen, daß die Bevölkerung der Grenzländer von dem Treiben in Paris nicht unberührt blieb, sondern sich die Grundsätze der Demokratie mehr und mehr zu eigen gemacht hatte. In den Gebieten der Bischöfe von Speyer und Lüttich kam es zu bedenklichen Aeußerungen und Drohungen; in Lüttich mußten nach dem Abzug der preußischen Truppen, welche zuerst die Reichsexecution durchführen sollten, die fränkischen, schwäbischen und rheinischen

Kreise mit einem Contingent von 8000 Mann zur Execution herangezogen werden, da der Bischof den von Preußen befürworteten Ausgleich mit seinen Ständen ablehnte. Die Kreistruppen konnten keine Erfolge erzielen, erst der Einmarsch der Oesterreicher stellte — wie schon erwähnt — äußerlich Ruhe und Ordnung wieder her. Eine innere Versöhnung und dauernde Verständigung der streitenden Parteien wurde nicht erreicht, die Stimmung in Lüttich jedenfalls nicht in einer für das Reich günstigen Weise beeinflußt. — Die Klagen, welche deutsche Fürsten gegen Frankreich erhoben, traten bald zurück vor den Beschwerden, welche von französischer Seite gegen das Treiben der Emigranten an den rheinischen Höfen, vor Allem Trier, erhoben wurden. Und nicht nur die Beschwerden vermehrten die Schwierigkeiten der Situation für die Reichsregierung, es war auch von nachhaltigem schädlichen Einflusse auf die Bewohner der von Frankreich zunächst bedrohten Gebiete, daß die Hofhaltung der Prinzen in Coblenz und Schönbornslust, das leichtfertige Gebahren ihrer Cavaliere mit fremdem und eigenem Gute, die Zuchtlosigkeit der aus den Emigranten gebildeten Compagnien den allgemeinen Unwillen erregten. Dazu machte auch Rußland neuerdings seinen Anspruch geltend, als Bürge des westfälischen Friedens sich in die deutschen Angelegenheiten mischen zu können, indem es die Gelegenheit benutzen wollte, um zu Einfluß im Reiche zu gelangen. In der Zurückweisung dieser Bestrebung waren diesmal aber Preußen und Oesterreich einig und auch in der öffentlichen Meinung regte sich Mißtrauen gegen die russischen Tendenzen.[1] Beide Mächte waren jedoch noch im Frühjahre 1791 gesonnen, in der Stellung zu Frankreich keine wesentliche Aenderung eintreten zu lassen und die weitere Entwicklung der Dinge abzuwarten. Kaunitz schrieb am 8. April an Kurmainz: „Die eigentlichen Gesinnungen der meisten Reichsstände, selbst jener, die hiebei hauptsächlich interessirt sind, bedürfen noch einer weiteren Aufklärung. So lang nicht förmliche Reichsschlüsse jeden Stand zur verhältnißmäßigen Theilnahme verbinden, muß auch das Erzhaus Oesterreich dies Geschäft als eine fremde Angelegenheit betrachten und kann den betreffenden Reichsständen nur durch freundschaftliche Vorstellungen bei dem französischen Hofe zu Statten kommen; indem sonst demselben zu Beschwerden über unbefugte und den zwischen beiden Höfen bestehenden Verbindungen nicht angemessene Zudringlichkeit eine scheinbare Veranlassung gegeben würde."[2] Friedrich Wilhelm erklärte: „man wird vor allen Dingen abwarten müssen, was der König von Frankreich des römischen Kaisers Majestät auf Dero Schreiben geantwortet und was Höchstdieselben darauf an das versammelte Reich hierüber gelangen lassen werden."

Die brüderlichen Gefühle, welche Leopold dem französischen Königspaare entgegenbrachte, haben seine Politik im ersten Jahre seiner Regierung gar

---

1) Häusser, Deutsche Geschichte, I. 2. Buch.
2) Vivenot, Quellen z. Gesch. d. deutschen Kaiserpolitik Oesterreichs während der franz. Revolutionskriege, I. Bd.

nicht beeinflußt, so sehr ihm gewiß die peinliche und trostlose Lage seiner
Schwester zu Herzen gegangen ist. Das Schreiben, mit welchem er noch von
Florenz aus (27. Februar) M a r i e   A n t o i n e t t e von seinem Regierungs=
antritte verständigte, ist voll warmen Gefühles und aufrichtiger Theilnahme
für sie und ihr Haus; es beschäftigt sich jedoch in keiner Weise mit den
politischen Verhältnissen in Frankreich, die Leopold damals kaum gefährlicher
erschienen sein dürften, als die seines eigenen Reiches. Die Königin fand
erst am 1. Mai Gelegenheit zur Beantwortung dieses Schreibens, in welchem
sich ihre Uebereinstimmung mit ihrem Gemahl und ihre treue Anhänglichkeit
an denselben in ebenso überzeugenden Worten ausspricht, wie die Tiefe ihres
Schmerzes über die Fülle des Undanks, den sie hatte erfahren müssen. „Mon
voeu le plus sincère est, que jamais vous (ne) trouviez des ingrats; ma
propre et triste expérience me prouve que c'est de tous les maux le plus
affreux." [1]) Von dem Wunsche nach einer Intervention war die Königin weit
entfernt, wenn sie auch die Meinung aussprach, daß ihr Schicksal jeden
Souverän betrüben müsse. „Il n'y a que le temps et la patience qui
puissent ramener les esprits; c'est une guerre d'opinions et elle est loin
encore d'être finie." Leopold erwiderte ihre herzlichen Zeilen am 17. Mai
mit einer neuerlichen Versicherung seines Mitgefühles und der Hoffnung, daß
das französische Volk noch Gerechtigkeit gegen die Tugenden und persönlichen
Eigenschaften seiner Herrscher üben werde. Die Entwirrung der Verwicklung
seiner eigenen Situation übersteige gegenwärtig seine Kräfte. — Den Abgang
des Grafen M e r c y, der ihr ein wahrer Vertrauter und treuer Anhänger
war, bedauerte die Königin in einem Schreiben vom 3. October. Wenn
Leopold die Verschlimmerung der französischen Zustände in so naher Zeit
hätte voraussehen können, so würde er seine Schwester dieser Stütze und
eines so klaren und ruhigen Kopfes, von dem sie sich in entscheidenden
Momenten leiten ließ, nicht beraubt haben. Marie Antoinette blieb noch
immer gefaßt und voll Vertrauen auf die eigene Kraft und Ausdauer. „Le
temps et la patience sont les vrais remèdes à nos maux, mais je crois
qu'il viendra pourtant un temps, où il faudra aider l'opinion, mais nous
n'y sommes pas encore." Als der junge Fürst Karl L i e c h t e n s t e i n die
officielle Notification der Thronbesteigung des Kaisers nach Paris brachte,
war er Zeuge der Aufregung, in welcher die königliche Familie ihre Tage
verbrachte, die Thränen Marie Antoinette's, die sie bei ihrer geheimen Unter=
redung mit dem Fürsten nicht zurückdrängen konnte, sprachen beredter von
der Seelenqual der unglücklichen Schwester seines Kaisers, als alle Worte;
von Hilfe, die sie von ihrem Bruder erwartete, geschah jedoch so wenig Er=
wähnung, als in ihrem Briefe an den Kaiser vom 7. November, der eine
so richtige und scharfe Beurtheilung des Zustandes enthält, in welchem das
französische Volk sich damals befand. Erst Ende Februar 1791 schreibt die

---

1) A r n e t h, Marie Antoinette, Josef II. und Leopold II.

Königin an Leopold über das Anerbieten Spaniens, in Verbindung mit dem Kaiser, Sardinien und der Schweiz für das bedrängte Königthum in Frankreich einzutreten und von der Nothwendigkeit eines entscheidenden Schrittes, „da es Umstände gebe, unter welchen zu viel Zurückhaltung Alles verlieren machen könne." Gleichzeitig beginnen mit Graf Mercy die Auseinandersetzungen über die militärischen Hilfsmittel, welche der Kaiser von Belgien aus zur Verfügung stellen könne, wenn die königliche Familie Paris verlassen, sich in eine treu gebliebene Provinz zurückziehen und von dort aus die Wiedereroberung des Landes unternehmen würde. Am 2. Mai verlangt Leopold genaue und verläßliche Auskunft über die Absichten des Königs, damit er seine Entschlüsse darnach einrichten könne. „Je suis dans une position bien embarassante, avec mon attachement et le désir que j'ai de pouvoir vous être utile." Am 22. d. M. eröffnet ihm die Königin den Plan der Flucht nach Montmédy und die Aufnahme der königlichen Familie durch die Truppen Bouillé's, welchem Leopold ein Corps von 10,000 Mann in Luxemburg zur Unterstützung bereitstellen möge. Der Kaiser ist dazu bereit, er schreibt am 6. Juni, Marie Antoinette dürfe mit Mercy alles verabreden, was sie für nothwendig halte. Doch er ist voll Sorge über das Gelingen und giebt seine Zustimmung zu den gewünschten Schritten nur deßhalb, weil er auf die Pläne seiner Verwandten nicht mehr einwirken kann. Das unkluge Treiben und Drängen Artois' und der Emigranten verurtheilt er ebenso, wie die Königin. Die Unterredung mit Artois in Mantua (20. Mai) benutzte er dazu, um dessen Vorgehen controliren und leiten zu können. Er wies seine Anträge auf eine bewaffnete Intervention in Frankreich nicht geradezu ab, suchte ihn jedoch für die möglichste Zurückhaltung zu bestimmen. Er schrieb darüber am 5. Juli, unter dem Eindrucke falscher Nachrichten über die glücklich durchgeführte Flucht der königlichen Familie nach Metz, von Padua aus an Marie Christine nach Brüssel: „Du verlangst meine Intentionen über die französischen Angelegenheiten zu wissen. Hier sind sie. Ich hatte mit dem Grafen von Artois unterhandelt, um ihn zu vermögen, sein Vertrauen auf mich zu setzen und um ihn von einem Unternehmen abzubringen, welches die Sicherheit und das Leben des Königs wie der Königin ohne irgend einen Nutzen gefährden könnte. Es gelang mir; ferner unterhandelte ich mit Spanien, Sardinien, der Schweiz, mit dem Reiche und dem Könige von Preußen für eine Erklärung und ein gemeinschaftliches Handeln, wenn es in Frankreich zu Gewaltstreichen kommen sollte. Das alles war gethan. Die Flucht des Königs, sein Anhalten in Varennes, die Art, wie er befreit wurde, sein Aufenthalt in Metz, die Ankunft der Königin und ihrer Familie in den Niederlanden, alles das ändert die Verhältnisse ganz und gar. Ich habe nun nichts mehr mit dem Grafen von Artois auszumachen, nichts mehr mit ihm zu thun. In diesem Moment ist der König frei. Er hat gegen alles, was geschehen ist, Protest eingelegt. Ich kenne jetzt nur den König, ich bin sein Verwandter, Freund und Alliirter und will ihn mit all meiner Kraft, nach meinem ganzen Vermögen unterstützen. Ich gebe Dir die Vollmacht, alles dies dem Könige und der Königin mitzutheilen. Laffe ihnen wiffen, daß sie jede Summe Geld, die sie nöthig haben, aus meinen Kaffen erheben, jedes Anlehen auf meinen Namen und Credit machen können. Meine Befehle dafür sind gegeben. Ich bevollmächtige Dich, dem Marschall Bender und allen Generalen zu befehlen, daß die Truppen sich in Bewegung setzen, an die Grenze rücken und selbst in Frankreich ein= marschiren, wenn der König es wünschen sollte, aber nur auf sein Verlangen als alliirte Truppen. Sie sollen immer getrennt bleiben und von keinem französischen Officier commandirt werden, auch wenn es ein Prinz von Geblüt oder der Graf von Artois wäre; nicht ein Piquet soll von Franzosen befehligt werden." [1] Leopold hatte sich von dem Auftreten des Königs nach seiner gehofften Befreiung einen großen moralischen Erfolg versprochen, er hielt die Verwendung der Truppen, von der er sprach, nur zu einer Demonstration, nicht zu einer kriegerischen Action für nothwendig. Dies geht aus den Worten hervor, welche er am 12. Juni an Marie Antoinette gerichtet hatte: „Wenn ihr in Sicherheit seid, werdet ihr öffentlich gegen alles, was geschehen ist, protestiren und eure Freunde und Getreuen zu eurem Beistande aufrufen. Alle Welt wird herbeieilen (volera) und alles wird viel leichter beendet werden, als man glaubt."

Die unbefangene Beurtheilung dieser Aeußerungen des Kaisers wird Jedermann die Ueberzeugung gewähren, daß der Kaiser so lange als möglich die Intervention in Frankreich zu verhindern trachtete, es widerspricht den Thatsachen, wenn man Leopold die Absicht zuschreiben will, er habe die Führung einer contrarevolutionären, gegen Frankreich gerichteten Allianz an= gestrebt und Preußen für eine allgemeine europäische Reaction gewinnen wollen. Die Wiederherstellung der königlichen Autorität in Frankreich, der Schutz seiner Verwandten gegen die drohendsten Gefahren, wozu er das Seinige beizutragen bereit war, können doch nicht als reactionäre Bestrebungen bezeichnet werden. [2] Daß er zu Lord Elgin von dem schädlichen Einfluffe sprach, welchen die revolutionären Tendenzen in allen Ländern verursachen müßten, von dem „Feuer des Aufruhrs, welches die Franzosen in seinen Ländern und in ganz Italien zu entfachen verfuchten", bedarf keiner besonderen Begründung und es gehört ein sehr fest gewurzeltes Vorurtheil dazu, um aus dergleichen Bemerkungen den Beweis erbringen zu wollen, Leopold habe dem Defensiv= und Föderativsysteme, welches England, Preußen und Holland vertraten, das System einer activen conservativen Politik entgegenstellen wollen. Friedrich Wilhelm von Preußen war durch die Ereignisse in Frankreich weit mehr aufgeregt, als der Kaiser, deffen Familieninteresse durch die Rücksichtnahme auf seine politische Stellung und Aufgabe wesentlich beeinflußt wurde. Während

1) A. Wolf, Marie Christine.
2) Siehe Herrmanns „Gesch. d. ruff. Staates", Ergänzungsband.

der Unterhandlungen mit Bischoffswerder in Mailand war Leopold noch durchaus nicht im Klaren darüber, ob eine Action der europäischen Mächte gegen Frankreich nothwendig sei oder nicht, und wenn, welches Ziel sie sich dabei zu stecken habe. Er hat sich auch im Princip dafür ausgesprochen, dem schon bestehenden Bündnisse zwischen England und Preußen, das doch gewiß keine reactionäre Bedeutung hatte, beizutreten[1]), nur wollte er Rußland die Möglichkeit des Beitrittes wahren, offenbar, um sich dieser Macht gegenüber nicht bloß zu stellen und die Loyalität seiner Verbindung mit Preußen und England nachweisen zu können.

Erst die Nachricht von der Vereitlung der Flucht Ludwig XVI. und seiner Gefangennahme bestimmten Leopold zur Einleitung einer gemeinsamen Operation der europäischen Souveräne zu Gunsten des im hohen Grade gefährdeten Königs von Frankreich. Am 6. Juli richtete er an die Kaiserin von Rußland, den Kurfürsten von Mainz (als Kanzler des deutschen Reiches), an die Könige von England, Preußen, Spanien, Sicilien und Sardinien gleichlautende Schreiben, in welchen er sie zu gemeinsamen Schritten gegen die revolutionäre Partei in Frankreich in der Ueberzeugung aufforderte, daß sie von dem Attentate, welches dieselbe durch die Gefangennahme des Königs, seiner (des Kaisers) Schwester und der königlichen Familie ausgeführt, ebenso von Unwillen erfüllt sein werden, als er selbst. Sie mögen sich mit ihm über die Maßnahmen einigen, um Freiheit und Ehre des Königs und seiner Familie herzustellen und den gefährlichen Ausschreitungen der französischen Revolution ein Ende zu machen. Er schlug vor, die Mächte sollten gleichlautende oder ähnliche Declarationen· erlassen, für welche er einen Entwurf beilegte. Dadurch könnten die Führer der Bewegung veranlaßt werden, in sich zu gehen, könnte verzweifelten Entschlüssen derselben zuvorgekommen werden, indem man ihnen die Aussicht auf einen anständigen Rückzug und die Einrichtung geordneter Zustände in Frankreich gewähre. Man müsse jedoch gleichzeitig durch Achtung gebietende Vorkehrungen die Wirkung dieser Declaration unterstützen. In der letzteren hätten die Souveräne zu verlangen, daß der König sofort in Freiheit gesetzt werde und daß man seine und der königlichen Familie Unverletzbarkeit zugebe. Sie würden alle Gewaltthaten rächen, die man sich fernerhin gegen die königliche Familie erlauben würde. Nur jene Gesetze und jene Verfassung würden sie anerkennen, die freiwillig von einem vollkommen freien Könige sanctionirt worden seien. Im entgegengesetzten Falle würden die Souveräne übereinstimmend alles anwenden, um dem Scandal einer Usurpation ein Ende zu machen, die dann den Charakter einer offenen Revolte annehmen würde und deren gefährliches Beispiel man nicht dulden könne.[2])

Der Abschluß einer besonderen Allianz mit Preußen wurde noch auf italienischem Boden zwischen dem Kaiser und Bischoffswerder abgemacht;

---

1) Depesche Elgins vom 18. Juni 1791, bei Herrmann, Ergänzungsbd., S. 34.
2) Beide Actenstücke bei Vivenot, S. 185, 186.

die Feststellung der einzelnen Punkte wurde der Wiener Staatskanzlei vor=
behalten. Bischoffswerder ging in dem Bewußtsein, daß er die Intentionen
Friedrich Wilhelms am genauesten kenne, weiter, als seine Instruction ihm
eigentlich gestattete. Die Warnungen der Minister ließ er gänzlich unberück=
sichtigt. Er wußte jedenfalls, was er davon zu halten habe, wenn ihm
Schulenburg schrieb: „Seien Sie gegen diesen Fürsten (Leopold) auf
der Hut. Unter den gewinnendsten Formen verbirgt er den verschlagensten
Charakter von der Welt; er weiß seinen Macchiavell auswendig. Fürchten
Sie den Fürsten Kaunitz weniger als den Kaiser und die Italiener, deren
er sich bedient."[1] So groß war die Verbitterung der Staatsmänner there=
sianischer und friedericianischer Schule, daß sie ein ehrliches Zusammengehen
beider Staaten auf Grund gemeinsamer Interessen für eine bare Unmöglichkeit
hielten. Kaunitz war, wie wir bereits gesehen haben, nicht anders gegen
Preußen gestimmt, als dieser Schulenburg gegen den Kaiser, dessen aufrichtige
Friedensliebe ihm weit unsympathischer war, als die unverhohlene Lust des
alten Staatskanzlers zu Schwert= und Federkriegen. Thatsächlich waren es
nur die beiden Monarchen selbst, welche damals gegen den Willen ihrer leitenden
Beamten die Annäherung ihrer politischen Bestrebungen durchgesetzt hatten.
Die Präliminaracte, welche am 25. Juli von Kaunitz und Bischoffswerder
unterzeichnet wurde, constatirt dieselbe in sehr allgemein gehaltenen Ausdrücken.
Sie stellt folgende Punkte auf: 1. Die beiden Höfe garantiren sich gegen=
seitig ihre Territorien gegen jeden Angriff. 2. Keiner von beiden wird ohne
Wissen des andern eine Allianz schließen. 3. Confirmation der früheren
Friedensschlüsse, namentlich von Breslau, Dresden, Hubertsburg und Teschen.
4. Die beiden Höfe werden sich bemühen, unverzüglich die Uebereinkunft zu
Stande zu bringen, zu welcher der Kaiser soeben in Bezug auf die französischen
Angelegenheiten die Hauptmächte Europas eingeladen hat, sie werden sich
überdies auf ihr respectives Ansuchen Hilfe und Beistand leisten im Fall, daß
bedenkliche Bewegungen die innere Ruhe in dem einen oder dem andern ihrer
Staaten zu stören drohen. „Unabhängig von diesen Hauptpunkten, welche als
Grundlage des Allianz= und Freundschaftsvertrages dienen, sind die beiden
Höfe übereingekommen, einen die Polnischen Angelegenheiten betreffenden Artikel
auf folgender Grundlage hinzuzufügen: Die Interessen und die Ruhe der
benachbarten Mächte lassen es außerordentlich wünschenswerth erscheinen, daß
sich unter ihnen eine klare Verständigung anbahne, durch welche jede Eifersucht
und jede Furcht vor irgend einem Uebergewicht ferngehalten werde. Die Höfe
von Wien und Berlin werden daher unter sich und mit Beiziehung von Rußland
festsetzen, daß nichts unternommen werde, um die Integrität und die Aufrecht=
haltung der freien Verfassung Polens zu alteriren, daß sie niemals trachten
werden, einen Prinzen ihres Hauses auf den polnischen Thron zu bringen,
weder durch eine Heirath mit der Prinzessin Infantin, noch durch eine neue

---

[1] Herrmann, Ergänzungsbd. S. 36.

Wahl, sie werden sich auch ohne vorhergegangene Verständigung unter einander für keinen anderen Prinzen verwenden." Die Lausitzer Frage, welche in den Verhandlungen zwischen Bischoffswerder und Spielmann ebenfalls zur Sprache gekommen war, wurde im Vertrage nicht berührt. Oesterreichischerseits war man der Ansicht, daß im Falle des Aussterbens des kursächsischen Hauses die beiden Lausitzen ebenso an Oesterreich heimfallen müßten, wie die beiden brandenburgischen Markgrafschaften in Franken, Ansbach und Bayreuth, an Preußen; letzteres sah sich durch das Vordringen der Oesterreicher nach Norden sehr bedroht und rechnete darauf, daß es möglich werden würde, eine der beiden Lausitzen abzuhandeln oder auszutauschen, wogegen es bereit gewesen wäre, 7 Millionen Thaler an die Erben des Kurfürsten auszuzahlen. Spiel= mann schnitt die darauf abzielenden Bemerkungen Bischoffswerder's mit den Worten ab: „Keinem Fürsten seien Land und Leute für Geld feil."[1] Kaunitz fand es für nothwendig, den Schein zu wahren, als wenn er selbst an der Inaugurirung des neuen Verhältnisses zu Preußen Antheil genommen habe, indem er dem preußischen Minister eine lange Abhandlung vorlas, welche die Vortheile besprach, die aus der Annäherung der beiden Nachbarstaaten erwuchsen. Die Grundsätze des politischen Katechismus, welchen er einst Friedrich dem Großen übergeben hatte, kamen dabei wieder zur Geltung.

Noch vor dem Abschlusse der Convention mit Preußen, deren Ratificirung erst nach dem Zustandekommen des Friedens von Sistowa und nach dem Eintritte des Waffenstillstandes zwischen Rußland und der Türkei stattfinden konnte, hatte Oesterreich durch ein Circularschreiben an die kaiserlichen Gesandten und Minister zu Petersburg, Madrid, London, Berlin, Neapel und Turin seine Absichten hinsichtlich der gegenüber Frankreich einzuschlagenden Schritte kund= gegeben. Abberufung der europäischen Gesandten aus Paris, Concentrirung von Streitkräften an den Grenzen, Abhaltung von Ministerconferenzen in Spaa oder Aachen wurden darin vorgeschlagen. Von den Mächten zeigte sich nur Preußen eifrig und zum Handeln geneigt; Friedrich Wilhelm fand die Erörterung des Kriegsplanes für wichtiger, als die Versuche, Frankreich durch eine Handelssperre zur Besinnung zu bringen. Von Seite aller übrigen Staaten lauteten die Antworten auf die Note von Padua mehr oder weniger zurückhaltend. Sie stimmten in dieser Weise zu den Anschauungen des Kaisers, der den Gedanken an Intervention sofort wieder aufgegeben hatte, als er erfuhr, daß die Mehrheit der Nationalversammlung die republicanischen Bestrebungen zurückwies und die Vereinbarung einer neuen monarchischen Verfassung mit dem Könige zu erzielen suchte. Leopolds Briefe an Marie Antoinette vom 17. und 20. August enthalten die Rechtfertigung dieser Anschauungen. Die Erhaltung der monarchischen Regierung in Frankreich sei eine Angelegenheit aller Souveräne Europas geworden. Sie werden sich nicht durch Illusionen täuschen lassen, sondern warten die reellen Bürgschaften

---

[1] A. Beer, Leopold II., Franz II. und Katharina.

für die Beruhigung Frankreichs ab. Zu diesen gehöre die freiwillige Zustimmung des Königs zur Constitution, wenn durch dieselbe die Erhaltung
der wesentlichsten Eigenthümlichkeiten der monarchischen Regierung, die Unver-
letzlichkeit, Sicherheit, die Achtung gebietende Stellung des Königs und seiner
Familie, der thatsächliche Einfluß auf die Regierung und die Vollstreckung
der diese ihm zusichernden Gesetze verbürgt werde. Die Mächte werden es
jedoch nicht zugeben, daß der König seiner wahren Autorität durch Gesetze,
die sich entweder widersprechen oder nicht beobachtet werden, beraubt sehe,
ein Gefangener inmitten seines Hofes, ein Spielball der Parteileidenschaften
und der Excesse einer zuchtlosen Masse werde. — Diese Gesichtspunkte waren
auch für das Verhalten des Kaisers in der Zusammenkunft mit dem Könige
von Preußen zu Pillnitz ausschlaggebend. Schon Friedrich von Gentz
hat dieselben im Ganzen richtig erkannt, als er Leopold II. Politik
charakterisirte: „Die ganze Richtung seines Charakters, sein mehr für die
Furcht, (?) als für die Hoffnung empfängliches Gemüth, seine Langsamkeit im
Entschlusse, seine Behutsamkeit in der Ausführung, seine entschiedene Vorliebe
für die Geschäfte der inneren Staatsverwaltung, alles nährte in ihm jene
friedlichen Grundsätze und Neigungen, auf welche jeder seiner Pläne gebaut
und jeder seiner Schritte berechnet var. Ein Krieg mit Frankreich lag weit,
sehr weit von seinen Wünschen und Absichten entfernt, die Besorgniß, den
Tractat von 1756, der seinem Hause so ersprießliche Dienste geleistet hatte,
aufs Spiel gesetzt zu sehen, der Einfluß eines alten Ministers, der diesen
Tractat wie eine seiner Schöpfungen liebte, selbst die Furcht, durch rasche
und entscheidende Maßregeln das Schicksal der gedrängten königlichen Familie
noch unglücklicher und verzweifelter zu machen, schreckte ihn von jedem Versuch,
den Fortschritten der Anarchie mit Nachdruck entgegen zu arbeiten, ab. Seinem
hellen Kopfe entging der wahre Charakter, entgingen die fürchterlichen Symptome,
entgingen die möglichen Folgen jener alles zerrüttenden und alles bedrohenden
Krankheit nicht; in Augenblicken von vorzüglicher Schrecklichkeit theilte er
auch wohl die Resultate seines Nachdenkens darüber diesem oder jenem
befreundeten Hofe mit. Sobald aber nur wieder der schwächste Hoffnungs-
strahl leuchtete, war er immer der erste, der Ruhe, Neutralität und ein
milderndes Verfahren und ein bedächtiges Zögerungssystem anrieth; und bis
auf seinen frühzeitigen Tod war es der Wunsch seines Herzens und das
letzte Ziel seiner Bemühungen, einen Krieg mit Frankreich zu vermeiden."[1]
Man wird auch nicht mit Unrecht seine constitutionelle Gesinnung als ein
bedeutsames Motiv seiner Politik bezeichnen dürfen. Leopold hielt eine Vereinbarung zwischen der Nation und der Dynastie nicht nur für möglich,
sondern für anstrebenswerth, ein gewaltsames Eingreifen in die Bemühungen
dieser beiden Factoren eines Staatswesens erschien ihm als ein Unrecht. Erst

---

[1] F. v. Gentz, Ueber den Ursprung und Charakter des Krieges gegen die
französische Revolution.

wenn diese Bemühungen als gescheitert angesehen werden konnten, wenn dem
Königthum gegen den öffentlich ausgesprochenen Willen des Königs Rechte
entzogen und Beschränkungen auferlegt werden sollten, durfte demselben von
außen Schutz geboten werden. Noch stand die Verfassung des französischen
Staates nicht außerhalb des weiten Rahmens, welchen Leopold für die consti=
tutionelle Monarchie entworfen hatte. Sein Irrthum lag darin, daß er den
constitutionell gesinnten Parteien in Frankreich eine größere Kraft zutraute,
als sie wirklich besaßen, daß er den Zwang und die Gewaltthätigkeit unter=
schätzte, welche auf den König bereits ausgeübt worden waren, daß er dessen
officielle Nachgiebigkeit höher achtete, als sein inneres Widerstreben. Doch
wer konnte damals die Macht der revolutionären Idee richtig beurtheilen,
wer konnte die Grenze ziehen, bis zu welcher eine Regierung der öffentlichen
Meinung Rechnung tragen dürfe, ohne ihre Wirksamkeit selbst zu untergraben?
Leopold II. erwartete mit Bestimmtheit das Eintreten günstiger Momente in
der inneren Entwicklung des französischen Staates, welche den wahren Patrioten
es möglich machen würde, die Bedingungen eines gesunden Staatslebens wieder
herzustellen, wie er es selbst in Ungarn erlebt hatte; er glaubte ohne Zweifel,
daß seine Schwester Antoinette, die ja bis zum Beginne des Jahres 1792
selbst an dieser Hoffnung festgehalten hatte, nunmehr aber an der Kraft der
conservativen Elemente verzweifelte, durch Gemüthsbewegungen in der richtigen
Beurtheilung der Sachlage gehindert sei. In der Hofburg zu Wien ließ
sich die französische Revolution allerdings kühler beurtheilen, als in den
Tuilerien, insbesondere fehlte dort das Verständniß für den Einfluß persön=
licher Bestrebungen, die in allen Revolutionen so schwer ins Gewicht fallen.
Marie Antoinette wußte besser, was von den Lameth, Lafayette, Barnave u. A.
zu halten war, als ihr Bruder. Ob sie dieser noch hätte retten können,
selbst wenn er ihr nachgegeben und die Intervention in Scene gesetzt hätte,
bleibt noch immer zweifelhaft. Die Ueberstürzung und Ungeschicklichkeit in
der Veranstaltung der Flucht hatte den sichersten Weg dazu bereits versperrt. —
Von einer allgemeinen europäischen Coalition gegen Frankreich konnte übrigens
schon deßhalb gar nicht die Rede sein, weil England seinen Entschluß, die
strengste Neutralität zu wahren, bereits mit aller Entschiedenheit ausgesprochen
hatte. Das englische Cabinet erklärte officiell, daß es einen Widerspruch
zwischen dem Vorgehen Bischoffswerders bei Abschluß der Convention vom
25. Juli und zwischen den Versicherungen des Vertrauens und des über=
einstimmenden Handelns sehe, die in dieser Angelegenheit der Berliner Hof
gegeben habe, sowie daß es sicherlich nicht Verpflichtungen beitreten könnte,
welche so außerordentlich weit von dem Ziel abwichen, welches sich England
bei der zu bildenden Allianz gesteckt hätte. Hiezu kam noch die auffallende
Haltung Rußlands, welches im Gegensatze zu England einen ganz besonderen
Eifer für die Sache des französischen Königthums entfaltete. Mochte dies
auch immerhin mit dem Charakter und den Idealen der Zarin, die sich als
Copie Ludwig XIV. gefiel, in Einklang stehen, so war doch auch die Combi=

nation naheliegend, Katharina wolle Oesterreich und Preußen mit Absicht in die französischen Angelegenheiten verstricken, um danu ungestört mit Polen abrechnen zu können. Ueber die Beurtheilung der Verfassungsänderung von Seite der Zarin kounte man doch nicht mehr im Zweifel sein. Leopold fand, daß Rußland und das neuerlich mit diesem verbündete Schweden sehr wenig bei einem französischen Feldzuge wagten, während er die mühsam wieder errungenen belgischen Provinzen sofort auf das Spiel setzte.[1] Als der Graf von Artois am 20. August, kurz vor der Abreise des Kaisers nach Böhmen, in Wien erschien, fand er für seine Vorschläge und Forderungen taube Ohren. Sein Ersuchen, in Pillnitz erscheinen zu dürfen, wurde zwar nicht abgelehnt, man versicherte ihn aber, daß er eine Aenderung des Systems auch dort nicht erzielen werde.

Am 25. August traf der Kaiser in Begleitung des Erzherzogs Thron= folgers, des Feldmarschalls Grafen Lacy und des Baron Spielmann auf dem kurfürstlichen Schlosse zu Pillnitz ein, um dort die Begrüßung des Königs von Preußen zur Wahrheit werden zu lassen, welche er schon in Mai= land dem Obersten Bischoffswerder zugestanden hatte. Der letztere, der mittler= weile zum Generalmajor befördert worden war, hatte die Genugthuung, die von ihm eingeleitete Politik durch einen nicht mißzuverstehenden Act der beiden Monarchen sanctionirt zu sehen. Er allein nahm auf die Haltung Friedrich Wilhelms damals Einfluß, die Minister Alvensleben und Schulenburg waren völlig in Unwissenheit darüber, was ihr König in Pillnitz beabsichtigte.[2] Die beiden Monarchen fanden sich dort in völliger Uebereinstimmung in Bezug auf die Haltung gegen Frankreich; wenn Friedrich Wilhelm sich auch etwas weiter mit den Emigranten eingelassen hatte, als der Kaiser, der ihnen geradezu Abneigung entgegenbrachte, so hat ihnen seine Protection in Pillnitz doch sehr geringe Dienste geleistet. Die Festigkeit Leopolds blieb jedenfalls nicht ohne Einfluß auf den König von Preußen, dessen Haus= und Staatsinteressen noch viel weniger von der Revolution berührt zu werden schienen, als die des Kaisers. Der Graf von Artois, der am 25. August in Begleitung des Herrn von Caloune, des Prinzen von Nassau=Siegen, des Marquis de Bouillé und des Baron Rolle in Dresden angekommen und Tags darauf mit kurfürstlicher Equipage nach Pillnitz abgeholt worden war, fand dort so wenig Sympathie für seine Agitation, als in Wien. Er trat als der alleinberechtigte Vertreter Frankreichs im Rathe der europäischen Mächte

---

1) Sybel, Gesch. d. Revolutionszeit. 4. Aufl. I. 306 ff.
2) Die Pillnitzer Zusammenkunft wird von den österreichischen und preußischen Geschichtschreibern sehr verschieden beurtheilt. Ranke (Ursprung und Beginn der Revolutionskriege) findet, daß die Eigenart des preußischen Wesens dem neuen Ver= hältniß wie von Natur entgegenstrebte. „Nicht eine weitere Machtentfaltung der preußischen Monarchie schien in dem Gange der Politik, die man einschlug, zu liegen, sondern eine Unterordnung unter Oesterreich, wie denn eine solche sogleich in einer Modification der ministeriellen Stellungen zu Tage trat."

auf, verlangte die Uebertragung einer Curatel über Ludwig XVI. an den
Grafen von Provence, deſſen Regentſchaft der Kaiſer officiell anerkennen ſollte,
das Vorrücken öſterreichiſcher, preußiſcher und ſardiniſcher Truppen an die
franzöſiſche Grenze, die Erlaubniß zu Rüſtungen für die Emigranten, die
Mittel zur Bezahlung der Truppen, welche der Landgraf von Heſſen=Caſſel
den Prinzen angetragen hatte, und die Bewilligung, nach Erlaſſung eines
von allen bourboniſchen Prinzen zu zeichnenden Manifeſtes eine Anleihe von
zehn bis zwölf Millionen Rente öffentlich aufzulegen.   Leopold und Friedrich
Wilhelm verſtändigten ſich ſehr raſch über dieſe Forderungen und lehnten ſie
insgeſammt, Punkt für Punkt motivirt, ab; ſie unterzeichneten hierauf eine
Erklärung, in welcher ſie die momentane Lage des Königs von Frankreich
als ein Object des allgemeinen Intereſſes bezeichneten und die Hoffnung
ausſprachen, daß dieſes Intereſſe von den Mächten nicht verkannt werde,
deren Beiſtand man anrufe; man erwarte von dieſen Mächten, daß ſie dem=
zufolge nicht anſtehen werden im Verein mit beiden Majeſtäten die aus=
reichenden Mittel im Verhältniß zu ihren Kräften anzuwenden, um den König
von Frankreich in die Lage zu verſetzen, in vollkommener Freiheit die Grund=
lage einer Regierungsform zu befeſtigen, welche den Rechten der Souveräne
und dem Wohle Frankreichs entſpräche.   Der Kaiſer und der König von
Preußen ſeien dann und in dieſem Falle entſchloſſen, in wechſelſeitigem Ein=
vernehmen raſch vorzugehen und mit den nothwendigen Mitteln das vorge=
ſteckte Ziel anzuſtreben.   Mittlerweile (en attendant) werden ſie ihren Truppen
die nöthigen Befehle ertheilen, durch welche ſie in den Stand kommen, ſich
in Bewegung zu ſetzen.   Der letzte Paſſus verurſachte, wie Spielmann an
Kaunitz meldet[1]), „die allergrößten Debatten, indem der Graf von Artois und
Calonne mit einer unglaublichen Heftigkeit auf nichts weniger gedrungen haben,
als daß beide Monarchen ihre Truppen in unverzügliche Bewegung ſetzen und
eine Winter=Campagne vornehmen laſſen möchten.   Nicht ohne große Mühe
und dringliche Gegenvorſtellungen brachte man es endlich dahin, anſtatt der
ſo äußerſt übertriebenen und in jeder Rückſicht ganz unthunlichen Forderungen
des Comte d'Artois die erwähnte letzte Stelle auf jene Art zu mäßigen, wie
ſie in der Declaration enthalten iſt.   Wie mich übrigens Se. Majeſtät ver=
ſichert haben, iſt zwiſchen Allerhöchſt denenſelben und dem König außer gene=
ralen Freundſchafts=Verſicherungen nichts vorgekommen, was irgend auf ein
beſonderes Geſchäft einen Bezug gehabt hätte.   Nur hat der König gegen
Se. kaiſerliche Majeſtät fallen laſſen, daß er alle Idee wegen eines Austauſches
der Lauſitz völlig aufgegeben habe, weil der Kurfürſt davon nichts hören
wolle.“   Der Kaiſer bezeichnete in einem beſonderen Schreiben an Kaunitz
das Benehmen des Königs von Preußen gegen ihn als „on ne peut pas
plus franc, cordial et honnête.“   Er ſei ganz erfüllt und überzeugt von der
Nützlichkeit der Allianz und wünſche nichts als Frieden und Ruhe mit ſeinen

---

1) Spielmann an Kaunitz, Prag, 31. Auguſt 1791, bei Vivenot, I., 236 ff.

Nachbarn. Spielmann hatte keinen besonders günstigen Eindruck von dem Könige, der ihn zu einer einstündigen Privataudienz berufen hatte. Er nennt ihn „eine ungeheure Fleischmasse", er zeige einen „handgreiflichen Mangel an Kenntniß der Geschäfte" und hänge augenscheinlich stets von der „Impulsion" irgend eines Rathgebers ab.

General Bischoffswerder, den Kaunitz „für diensam erachtende Gelegenheiten" zur Einleitung einer Privatcorrespondenz mit ihm einladen ließ, zeigte sich durch diese Aufmerksamkeit sehr geschmeichelt und in allen zwischen ihm und Spielmann zur Besprechung gelangenden Fragen äußerst nachgiebig.

Nachdem der Kaiser außer den stürmischen Verhandlungen mit Artois auch die ganze programmmäßige Serie von Tafeln, Opernvorstellungen, Illuminationen, Bällen und Besichtigungen der Merkwürdigkeiten von Dresden glücklich überstanden hatte, reiste er am 28. August Morgens zwischen 2 und 3 Uhr wieder ab, um sich in Prag den Fährlichkeiten einer Krönung als König von Böhmen auszusetzen, die jedoch ebenfalls ohne Zwischenfall vorüberging. Am 10. September fand in Prag in Gegenwart des Kaisers und des Erzherzogs Franz eine Ministerial-Conferenz statt, in welcher das als Consequenz der Pillnitzer Declaration sich ergebende Verhalten Oesterreichs in vier Punkten fixirt wurde: „1. Es wäre in keine Unternehmungen und thätige Vorkehrungen einzugehen, es sei denn nach zu Staube gebrachtem Concert und zugleich mit den übrigen dazu eingeladenen Mächten; 2. Insonderheit wäre sich mit den geflüchteten französischen Prinzen in keine was immer für einseitige Unterhandlungen und Theilnehmungen einzulassen, sondern selbe und ihre Emissairs an dasjenige lediglich zu verweisen, was das besagte Concert mit sich bringen würde; 3. Wenn das Concert zu Staube kommen und zu reeller Ausführung gedeihen würde, werde der Kaiser 50,000 Mann aus den Niederlanden und Vorlanden in Verwendung bringen und dieselben in den bezeichneten Ländern durch Truppen aus Böhmen ersetzen; 4. Je ein Cavallerieregiment wird in die Niederlande und Vorlande dirigirt und der Rückmarsch einer Husaren-Division aus den Niederlanden suspendirt. In die Vorlande gehen noch vor dem Winter zwei neue Bataillone ab." Zu weiteren Verfügungen fühlte sich der Kaiser nicht veranlaßt. Der preußische General Prinz von Hohenlohe, welcher Mitte September in Prag eintraf, um die gemeinsamen militärischen Vorkehrungen zu besprechen, konnte es nicht erreichen, daß ihm der Name des eventuellen Obercommandanten eines gegen Frankreich operirenden österreichischen Corps genannt wurde. Sowohl die Emigranten als das zu kriegerischer Intervention drängende Schweden wurden mit haltlosen Verheißungen hingehalten. [1]

Inzwischen war die Revision der neuen französischen Verfassung beendet und am 12. September dem Könige zur Genehmigung vorgelegt worden. Marie Antoinette erklärte dieselbe für ein „Gewebe von Unvernunft", hielt

---

1) Häusser, Deutsche Geschichte.

die Annahme jedoch für unabweisbar. Sobald die europäischen Mächte durch eine imponirende Demonstration einen ernüchternden Eindruck in Frankreich hervorgerufen und den Muth der Mittelklasse gehoben haben würden, könne immerhin unter dem Einflusse eines „bewaffneten Congresses" eine Revision der Verfassung vorgenommen werden. „Il ne s'agit pour nous que de les endormir et de leur donner confiance en nous pour les mieux déjouer après" schrieb sie an Mercy in einem Augenblicke, wo die Empörung über die sie umgebende Schändlichkeit und den unglaublichen Blödsinn der demokratischen Staatsmänner die Hülle der Zurückhaltung durchbrach, die sie sonst meistens zu bewahren verstand. Auch dem Kaiser suchte sie die Nothwendigkeit der Annahme der Constitution durch den König begreiflich zu machen. Dies sei das einzige Mittel, Vertrauen zu erwecken und zu bewirken, daß das Volk, durch Unglück im Innern und Furcht vor dem Auslande aus seinem Taumel gerissen, mit Abscheu vor den Begründern seiner Leiden zum Königthum zurückkehre. Am 13. September sprach Ludwig XVI. seine Zustimmung zu der Verfassung aus, welche er nur durch die Bemerkung begleitete, daß sie der Regierung nicht immer die für das Gemeinwohl nöthige Kraft verleihe, worüber jedoch die Erfahrung entscheiden möge. Seinen Brüdern suchte er sein Vorgehen als unvermeidlich darzustellen und forderte sie auf, die Mühe, die er durch die Verfassung auf sich nehme, ihrerseits durch Resignation zu unterstützen. Er glaubte, man müsse die Probe machen und seine Franzosen würden durch Schaden klug werden; er vergaß, daß seine Geduld sich nicht ohne einen gewissen Beigeschmack von Feigheit oder mindestens Energielosigkeit bemerkbar machte und daß letztere der Brutalität stets Thür und Thor öffnet; er übersah auch, daß gerade das französische Volk, welches für die Entwicklung der äußeren Form eine ganz besondere Begabung entfaltet hat, der größten Brutalität der Gesinnung fähig ist, vor allem aber das Gesetz der Billigkeit und Gerechtigkeit nicht kennt und der Achtung fremder Rechte unfähig ist. Die Stellung, welche der König von Frankreich durch die bedingungslose Anerkennung der Verfassung einnahm, entzog den Mächten jede rechtliche Basis, jeden Anlaß für die Intervention. Es lag eine gewisse Art absichtlicher Täuschung darin, deren traurige Folgen auf den Urheber derselben zurückfallen mußten. Derselbe König, der sich am 6. October 1789 durch betrunkene Pöbelhaufen zur Uebersiedelung von Versailles nach Paris hatte zwingen lassen, der die Würde seiner Stellung, seiner Familie, seiner Person opferte, um das Blut seiner Garden zu schonen, die bereit waren für seine Sache einzustehen, derselbe König, dessen Hand niemals an den Degen fuhr, wenn man ihm Insulten ins Gesicht schleuderte, konnte auch nicht erwarten, daß sich Andere mehr für seine Ehre ereifern sollten, als er selbst. Graf Mercy hat der Königin später die Bemerkung nicht vorenthalten können, daß sich nach der glatten Annahme der Verfassung (l'acceptation presque pure et simple) die Mächte etwas abgekühlt über die französischen Angelegenheiten zeigen und daß es nicht angehe, über die wahren Ansichten und Wünsche des Königs noch länger einen Zweifel zuzulassen. Kaunitz schrieb an Spielmann am 28. September: „Le Roi a mieux aimé être Roi sur le pied de la constitution que de ne plus l'être du tout; das ist, däucht mir, ungefähr das Resultat von allem, was man dieserwegen sagen könnte, und nach meinem Sinne sollten wir et Compagnie Gott danken, daß ce bon homme de Roi nous ait tiré par sa détermination du mauvais pas, dans lequel nous nous trouvions embarqués." Eine Instruction an den Fürsten Reuß in Berlin aber stellte den Gesichtspunkt, unter welchem der allerhöchste Hof die französischen Angelegenheiten in diesem Augenblicke (Ende September 1791) betrachtete, folgendermaßen fest: „Da der Kaiser alle Höfe zu einem thätigen Concert aufgefordert hat und ein großer Theil der Reichsfürsten sein Vertrauen über die französischen Verhältnisse auf ihn setzte, so muß von Seiten Oesterreichs die bisher geführte Sprache fortgesetzt und kein Zweifel darüber gelassen werden, daß der kaiserliche Hof die Zustandebringung eines solchen Concerts wünscht und, wenn dasselbe wirklich zu Staube kommt, seinerseits nach Kräften mitwirken werde . . . . Nachdem aber die übrigen Höfe geringe Lust zur Theilnahme zeigen, der kaiserliche Hof daher sich wirklich compromittiren würde, wenn er sich in einseitige und voreilige Schritte und Unternehmungen einließe, so sei die Absicht Oesterreichs eigentlich dahin gerichtet, den Schein zu retten und eine anständige Contenance zu zeigen; auch erfordere es auf der andern Seite die Klugheit, daß diese Sprachführung in den allgemeinsten Ausdrücken sich bewege und daher zwar der beste Wille geäußert, in Ansehung des quomodo der Unternehmungen aber nicht verhehlt werde, daß nachdem die übrigen Höfe bisher noch nicht, wie man angetragen und gewünscht hat, eins geworden sind und daher die günstige Jahreszeit versäumt worden ist, alles darauf ankomme, ob und wozu diese Höfe sich bis zum Frühjahr einverstehen, und wie sich bis dahin die französischen Umstände anlassen würden." In einer Note an den Kurfürsten von Mainz vom 11. November begründete Kaunitz „das auf die politische Nothwendigkeit gegründete System einer zweckmäßigen Unthätigkeit" und Tags darauf verständigte er den Grafen Mercy, als den Vertrauensmann der Königin, von dem Stande der diplomatischen Action. Er unterzieht insbesondere den Eifer der Kaiserin Katharina einer scharfen Kritik und meint, daß inzwischen bei allem diesem Eifer auf fremde Gefahr und Unkosten nichts Anderes gezeigt werde, als die „vague détermination à appuyer cette noble entreprise de tous les efforts que la situation topographique de ses États peut rendre praticable" und daß die Zarin sich dem österreichischen Gesandten selbst dahin ausgesprochen habe, sie wünsche Schweden und Preußen durch diese weitaussehende Angelegenheit zu beschäftigen und zu erschöpfen. Er trägt dann Mercy auf, die Königin vor den Projecten der Prinzen zu warnen: „die nach ihren exaltirten Gesinnungen die Bewerkstelligung alles dessen, was sie wünschen und träumen, für leicht ansehen, und deren Absichten, weit entfernt auf das wahre Beste des Königs, der Königin, der königlichen Familie und des ganzen Königreichs gerichtet zu sein,

26*

nichts Anderes als ihr selbsteigenes Privat=Interesse zum Endzweck haben", das Project einer mit einem gewaltsamen Einbruch der Emigranten in Ver= bindung zu bringenden Flucht hält er für äußerst schädlich und dem fest= gesetzten Plane des Königs geradezu widersprechend.

Inzwischen hatte die Gironde die Leitung der am 1. October 1791 er= öffneten gesetzgebenden Versammlung in Paris angetreten und in einer un= glaublichen, durch die lächerlichen Tiraden ihrer aufgeblasenen Redner schlecht verhüllten Frivolität den Plan gefaßt, die monarchische Verfassung, auf Grund welcher die Versammlung ins Leben getreten war, durch einen Krieg mit dem Auslande zu beseitigen. Es braucht hier nicht betont zu werden, daß dieser Krieg künstlich herbeigeführt werden mußte, daß Frankreich von keiner Seite bedroht und in der Ordnung seiner Angelegenheiten sich selbst überlassen war; die officiellen Documente und vertraulichen Mittheilungen, welche heute bereits Jedermanns Einsicht zugänglich gemacht sind, lassen keinen Zweifel mehr darüber aufkommen, daß Frankreich nicht etwa die Einmischungsversuche des Auslandes mit gewaffneter Hand zurückzuweisen hatte, sondern daß es dem Auslande den Krieg gegen dessen Willen aufgedrängt hat. Am 8. No= vember wurde der Beschluß gefaßt, über alle Emigranten, welche bis 1. Jän= ner 1792 nicht zurückkehren, die Todesstrafe zu verhängen; als der König gegen dieses barbarische Decret sein Veto geltend machte, beschuldigte man ihn sofort des Einverständnisses mit den Emigranten und den Frankreich feindlich gesinnten Mächten, am 29. November wurde dem König aufgetragen, er möge die Kurfürsten zur Auflösung des Emigrantenheeres auffordern, die Entschädigung der deutschen Fürsten im Elsaß durchführen, das diplomatische Corps in patriotischem Sinne erneuern und Streitkräfte an den Grenzen ver= einigen, um der ersten Forderung Nachdruck zu geben. Und nun verfiel Marie Antoinette auf den unglückseligen Gedanken, den König zu einem Doppelspiele zu drängen, von dem sie allein noch Rettung erwartete: während sie selbst bei allen Höfen die Nothwendigkeit eines bewaffneten Congresses auseinandersetzte und die auswärtige Hilfe als unerläßlich für die Gesundung Frankreichs bezeichnete, mußte Ludwig XVI. scheinbar auf die Pläne der Re= publikaner eingehen und seine Hand zur Bildung eines nationalen Heeres reichen. Mit diesem glaubte sie sich dann an die Spitze der Bewegung stellen und, unterstützt von den Truppen der Mächte, Frankreich den inneren Frieden dictiren zu können. Wenn man in dem Schicksale der unglücklichen Königin nach der tragischen Schuld fragt, so kann man sie gewiß nirgends anders als in der Verirrung dieses Gedankens finden, welcher der gerechtesten Sache durch ein unlauteres Mittel zum Siege verhelfen wollte.¹) Am 14. December verkündete Ludwig dem Reichstage, daß er dem Kurfürsten von Trier erklärt habe: wenn binnen einem Monat das Emigrantenheer nicht aufgelöst sei,

---

1) Man vergleiche auch Ranke's Ansicht über das Schreiben Marie Antoinette's vom 16. Dezember 1791. Ursprung u. Beginn der Revolutionskriege, S. 103.

werde man ihn als Feind betrachten. Um dieser Aufforderung Nachdruck zu verleihen, werde er die Aufstellung von drei Heeren mit zusammen 150,000 Mann unter den Generalen Rochambeau, Lafayette und Luckner verfügen. Damit war die europäische Situation von Grund aus verändert. In Wien war es nicht nur das Auftreten Ludwig XVI., welches beunruhigend wirkte, sondern mehr noch das Urtheil des Grafen Mercy über die Verhältnisse in Frankreich, welches dieser zu Ende des Jahres übersandte. Dasselbe giebt von der richtigen Auffassung dieses Staatsmannes einen vollgiltigen Beweis. „Es scheint klar zu sein," schreibt er, „daß das gegenwärtige Verhalten des Königs von Frankreich ihm zum Theil die öffentliche Meinung wieder gewonnen hat und daß die Discreditirung der Nationalversammlung im Verhältniß zu der dem Monarchen sich zuwendenden günstigen Stimmung zugenommen hat; aber aus der bewährten Beobachtung, daß die Revolutionen nie das Werk einer ganzen Nation sind, daß stets ein sehr kleiner Theil der Individuen den zahlreicheren mit sich fortreißt und beherrscht, und daß sogar dieser letztere fast immer sich unthätig und passiv verhält und durch die Energie und Kühnheit weniger unruhiger Geister sich unterjochen läßt, ist die Folgerung zu ziehen, daß, um die Beschaffenheit und die Wirkungen einer großen Kraft zu beurtheilen, man sie nach den Triebfedern, von denen sie ausgeht, berechnen müsse. In diesem Sinne wollen die Erfolge des Allerchristlichsten Königs wenig bedeuten in Vergleich zu der Verstärkung, welche die Aufständischen (les factieux) durch die Mittel sich verschaffen, die sie anwenden, um ihren Plan auszuführen und ihr Ziel zu erreichen. Dieses bleibt unverrückt dasselbe und ist unverhohlener als je darauf gerichtet, die Monarchie umzustürzen und an ihre Stelle eine republikanische Regierung zu setzen." [1] Er kündigt den Massenkrieg als die einzige Form der Kriegführung an, welche die Franzosen unter den gegebenen Verhältnissen durchführen können, und sieht voraus, daß sie darauf ausgehen werden, republikanisch gesinnte Parteien in den Nachbarländern in Action zu bringen. In einem späteren Schreiben (vom 7. Januar 1792) spricht er die Ueberzeugung aus, daß die ganze Nation einig sein werde, wenn es gelte, einem neuerlichen Fluchtversuch des Königs zu begegnen, eine Gegenrevolution zu vereiteln oder einen Angriff der Emigranten zurückzuweisen. Eine Nation von vierundzwanzig Millionen Menschen, die über einen Gegenstand einig sind, sei sehr schwer zu besiegen, weil selbst nach dem Siege der Eroberer nichts erreicht haben würde, man dürfe daher nicht zugeben, daß einer der vorerwähnten Fälle den casus belli abgebe. Die deutsche Territorialfrage und die Verletzung der päpstlichen Besitzungen müsse hiezu den Anlaß bieten. Der Eindruck der Depeschen Mercy's in Wien war ein nachhaltiger, im höchsten Grade verstimmender. Der Kaiser ließ durch den Prinzen Reuß in Berlin sofort eröffnen, daß sich ihm die Nothwendigkeit aufdränge, „eine ernsthafte Partei gegen Frankreich zu ergreifen". Er wünsche die Beschleunigung des

---

1) Herrmann, Gesch. d. russischen Staates. Ergänzungsband, S. 133 ff.

Allianzbeschlusses und lasse den König ersuchen, zu diesem Zwecke den General Bischoffswerder nochmals nach Wien zu entsenden. Am 17. Jannar wurde in Gegenwart des Kaisers und des Erzherzogs Franz eine Conferenz abgehalten, an welcher der Obersthofmeister Fürst S t a r h e m b e r g , der Feldmarschall Graf L a c y , der Reichsvicekanzler Fürst C o l l o r e d o , der Hof= und Staats= vicekanzler Graf Ph. C o b e n z l , der Staatsreferendar Freiherr von S p i e l = m a n n und als Protokollführer der Freiherr von C o l l e n b a c h theilnahmen. Zur Grundlage der Berathung diente eine Vorlage des Fürsten Staatskanzler, dessen Anträge mit geringen Modificationen angenommen wurden. Demnach sollte von Frankreich verlangt werden: 1. Daß die zur Versammlung dreier Armeen an den deutschen Reichsgrenzen gemachte Anstalt eingestellt, und alles, was den Ruhestand des deutschen Reiches stören oder auch nur bedrohen kann, beseitigt werde; 2. daß die in ihren Gerechtsamen und Besitzungen verletzten Reichsstände entschädigt werden; 3. daß der päpstliche Stuhl in den Besitz von Avignon und Venaissin wieder eingesetzt werde; 4. daß dem König und der königlichen Familie die vollständigste persönliche Sicherheit, Inviolabilität, absolute Freiheit sammt allem, was ihre Ehre und Würde fordert, eingestanden und ohne geringste Schmälerung gehandhabt werde; 5. daß die monarchische Regierungsform in Frankreich aufrecht erhalten bleibe; 6. daß die fortwährende Giltigkeit aller zwischen Frankreich und anderen Mächten errichteten Tractate bestätigt werde. Die Frage der Entschädigung für eventuellen Kriegsaufwand auf Frankreichs Unkosten wurde vom Kaiser ausgeschieden, indem er abwarten wollte, ob nicht von Preußen aus eine darauf sich beziehende Anregung ge= schehen würde. — Am 25. Jannar wurde der Feldzeugmeister Prinz Hohen= lohe mit dem Commando der Armee von 40,000 Mann betraut, welche im Falle des Zustandekommens einer gemeinsamen europäischen Action gegen Frankreich operiren sollte; davon waren 6000 Mann zur Verstärkung der vorderösterreichischen Besatzungen, 34,000 Mann in die Niederlande bestimmt.

Die guten Beziehungen zu Preußen wurden durch die Veränderung in der Stellung Frankreichs entschieden gefestigt, die Correspondenz der Monarchen und Minister erwies die vollkommene Uebereinstimmung der Anschauungen in den wesentlichsten Punkten und fand endlich ihren formellen Ausdruck in dem Abschlusse des Allianzvertrages vom 7. Februar 1792. (Traité d'amitié et d'alliance défensive.) [1]) Die wichtigste Bestimmung der zehn offenen Artikel desselben war die Zusage gegenseitiger Hilfeleistung für den Fall, daß einer der beiden Staaten angegriffen würde, mit je 20,000 Mann. Die In= tegrität Polens, die Aufrechthaltung „d'une libre constitution" (also nicht präcis der Verfassung vom 3. Mai) wurden garantirt, die Besitzergreifung von Ansbach und Bayreuth stillschweigend zugestanden. Von den zwei geheimen Artikeln betraf der erste die Zusage einer Verständigung über die Lausitz,

---

1) Der Entwurf stammt aus der Staatskanzlei in Wien und ist nach dem Muster des Versailler Vertrages von 1756 ausgeführt. R a n t e , Revolutionskr., Analecten.

wenn sie nach dem Aussterben des kursächsischen Hauses heimfallen würde, auf der Basis einer namhaften Grenzberichtigung Preußens, der zweite setzte fest, daß die Alliirten sich auch beim Ausbruche von inneren Unruhen in ihren Ländern Hilfe leisten sollten. Ausgeschlossen waren die österreichischen Nieder= lande, das preußische Westfalen und Ostfriesland. Oesterreich würde selbst= verständlich die schwer bedrohten Niederlande gerne in den Vertrag einbezogen haben, Kaunitz ließ auch bei Gelegenheit der Ratification dem Bedauern über den Ausschluß derselben Ausdruck geben, man kann es aber Preußen wahr= haftig nicht verdenken, daß es sich auf ein so ungleiches Spiel nicht eingelassen hat. — Die Tendenz des Bündnisses, welches einen ausschließlich conservativen Charakter an sich trug und nach keiner Richtung Besorgniß erregen konnte, wo nicht Erwerbungs= und Vergrößerungspläne in Vorbereitung waren, geht am klarsten aus folgender Willensäußerung des Kaisers hervor, welche Kaunitz am 20. Februar in Berlin mittheilen ließ: „Sollte wider alle bessere Ver= muthung von mehreren anderen und gerade von den vorzüglichsten Höfen, als z. B. von Rußland und von Spanien, auf eine absolute Contre=Revolution der neuen französischen Constitution schlechterdings gedrungen werden, so er= achten Se. kais. Majestät, an einem solchen Plane um so weniger Theil nehmen zu können und zu sollen, je mehr wenigstens Sie überzeugt sind, daß fremde Höfe zur Ausführung dieses Planes nicht berechtigt sind, daß dessen Ausführung unthunlich und dessen Soutenirung auf einem stabilen Fuße schlechterdings un= möglich ist." Die Vermehrung der beiderseits zur Verwendung kommenden Armeen von 40= auf 50,000 Mann, welche von Preußen angeregt worden war, fand der Kaiser ganz zweckentsprechend, auf der Entsendung von 6000 Mann preußischer Truppen ins Cleve'sche, oder wenigstens Ansbach'sche Gebiet, entsprechend der gleichen Zahl von Verstärkungen in den österreichischen Vorlanden, bestand der Kaiser, „um auch dadurch die vollkommenste Uebereinstimmung des Willens, der Absichten und der Maßnehmungen beider Höfe öffentlich zu manifestiren." „Solchergestalten", konnte Kaunitz die betreffende Depesche schließen, „sind Seine kaiserliche und königliche Majestät in allen wesentlichen Punkten als vollkommen einverstanden zu betrachten, und was das weitere Detail betrifft, werden wir mit der vertrauten Person, deren baldigste Ankunft allhier wir hoffen, das freundschaftsvollste und cordialste Einverständniß zu pflegen nicht ermangeln." Der einst unversöhnliche Feind alles Dessen, was nur im ent= ferntesten mit Preußen zusammenhing, war schon ganz warm geworden in der neuen Freundschaft; das hatte die französische Revolution und Leopolds aufrichtige Friedensliebe und sein unverkennbares Verständniß für die wahren Interessen seines Reiches vermocht.

Der französischen Regierung hatte der Kaiser indessen die nöthigen Auf= klärungen als Antwort auf das königliche Decret vom 14. December gegeben. Er bestand auf seinem Rechte, dem Kurfürsten von Trier, wenn dieser durch feindliche Einfälle heimgesucht werden sollte, Hilfe zu bringen, wozu er dem Marschall Bender die nöthigen Weisungen gegeben habe. Weiter wurde betont, daß der Kurfürst sich bereit erklärt habe, hinsichtlich der Emigranten diejenigen Grundsätze zu befolgen, die für die Niederlande in Geltung seien, der Kaiser werde den Kurfürsten auch noch durch einen eigenen Gesandten an die Erfüllung seines Versprechens erinnern lassen, übrigens könne Frankreich in den 4000 Mann, die sich im Trier'schen versammelt haben, unmöglich eine ernstliche Gefahr sehen. Kaunitz hatte überdies noch am 6. Februar dem kurtrier'schen Ministerium „mit der größten Gelassenheit" erklären lassen: „Wenn wegen Nichtbefolgung der angeratheuen Vorkehrungen, entweder in den Kurtrier'schen Landen, oder aus dieser Veranlassung wo immer in dem Reiche, die besorgten unangenehmen Auftritte sich ergeben sollten, so werde Seine Majestät alsdann auch nicht einen Finger rühren, noch einen Mann in Bewegung setzen lassen." So war also die Emigrantenangelegenheit gründlich abgethan und das Bemühen der französischen Prinzen, auf Umwegen über Rußland oder Spanien ihr Ziel zu erreichen, vergeblich gewesen. Die kriegslustige Gironde wollte jedoch nicht befriedigt sein und brachte endlich nach einem längeren parlamentarischen Vorspiele den Antrag ein: Der Kaiser, welcher durch den Vertrag mit Preußen vom 25. Juli und durch seine Noten vom 12. November und 21. December das Bündniß von 1756 verletzt habe, solle bis 1. März auf die Frage Antwort geben, ob Oesterreich ferner mit Frankreich in Frieden leben und auf jede Verbindung gegen dessen Unabhängigkeit verzichten wolle? Nichtbeantwortung oder ungenügende Antwort auf diese Frage sei als Kriegserklärung zu betrachten. Die Note, welche darauf Kaunitz am 17. Februar an den österreichischen Geschäftsträger, Herrn von Blumendorf, in Paris richtete, war ernst und würdig, ließ jedoch noch immer die Hoffnung auf Erhaltung des Friedens durchblicken, sie rechtfertigte die dem Marschall Bender ertheilten Befehle, sowie die Nothwendigkeit des europäischen Concertes, so lange eine republikanische Faction den mit Leopold verbündeten König, und das größte Uebel, das eine Großmacht treffen könne, die volksthümliche Anarchie, Frankreich und seine Nachbarn bedrohe. Der Kaiser glaubte, durch die Ruhe und Besonnenheit, welche er den Franzosen gegenüber festhielt, dieselben doch vom Kriege zurückhalten zu können. Noch am 24. Februar schrieb er seiner Schwester Marie Christine: „Man glaubt, daß die Franzosen uns eine Kriegserklärung schicken werden; sie werden es aber nach meinen letzten und entschiedenen Aeußerungen unterlassen." Er hoffte auf die Zwietracht und Unzufriedenheit aller Klassen, auf die Wirkungen des unvermeidlichen Bankerotts — er ahnte nicht, wie weit die Gewaltthätigkeit gehen könne, wenn sie die letzten moralischen Fesseln abwirft. Friedrich Wilhelm war bereits von der Unmöglichkeit, den Frieden aufrecht zu erhalten, durchdrungen, die letzten Nachrichten aus Paris hatten die in Berlin lebenden Emigranten überzeugt, daß die republikanische Partei die Herrschaft ganz an sich gerissen habe und den Krieg um jeden Preis erzwingen wolle. Die Emigranten jubelten, denn ihre so oft ausgesprochene Ansicht, daß sich mit der Revolution nicht pactiren lasse, hatte sich jetzt bewahrheitet. Der König von Preußen, der auch über die Intentionen der Zarin bezüglich Polens schon besser unterrichtet war, als der Kaiser, sah jetzt die Nothwendigkeit gekommen, alle Schritte für die Aufnahme des Krieges vorzubereiten. Bischoffs= werder sollte sie in Wien mit dem Kaiser ins Reine bringen.[1]) Am 28. Februar langte der General in Wien an, am 29. wurde Leopold plötzlich von einer heftigen Krankheit erfaßt, am 1. März um 3 Uhr Nachmittags starb er, weder an den Pocken, noch an Gift, wie man aus der Kürze der Krankheit und den Erscheinungen derselben schließen wollte, sondern in Folge einer Erkältung, welche zu einem jener heftigen, mit rheumatischem Fieber verbundenen Krampfanfälle geführt hatte, welchen der Kaiser häufig ausgesetzt gewesen war. Nach der Erzählung des sächsischen Gesandten, Grafen Schönfeld, dessen Hausarzt selbst an einer Consultation beim Kaiser theilgenommen hatte, war die Erkältung durch einen Spazierritt nach Schönbrunn entstanden, welchen der Kaiser in Gesellschaft des Prinzen Karl Lichtenstein unternommen hatte. Er durchlief alle Gemächer des Schlosses und gab Befehle zu den Einrichtungen für den Sommeraufenthalt, kehrte sehr echauffirt in die Stadt zurück und verweilte bei geöffneten Fenstern in seinem Zimmer. — Das officielle Bulletin des Leibarztes von Langusius constatirte rheumatisches Fieber „avec attaque de la poitrine", that aber auch des dem Tode vorangegangenen heftigen Erbrechens Erwähnung. — Der Kaiser starb in Beisein seiner Ge= mahlin, die ihm nach zehn Wochen, am 15. Mai, im Tode folgte. Noch am 1. März notificirte Erzherzog Franz den fremden Höfen seinen Regierungs= antritt als König von Ungarn und Böhmen.

---

1) Die Instruction Bischoffswerders bei Ranke, Revolutionskr., Analecten. 4. Eine ausführliche Besprechung derselben, sowie der Aufnahme Bischoffswerders in Wien wurde in diese Darstellung nicht aufgenommen, da die entscheidenden Schritte doch von dem Nachfolger Leopold II. ausgingen.

VI. Urtheile über Leopold. — Kultur und sociales Leben.

Die Bedeutung des plötzlichen, ganz unvorhergesehenen Todes Leopold II.
geht aus der Betrachtung der europäischen Situation und des Einflusses,
welchen der Kaiser auf dieselbe genommen hatte, von selbst hervor. Es fehlte
mit einem Male der geistig am höchsten stehende unter den einflußreichen
Fürsten Europas, ein Mann, der sich mit den politischen Geschäften in ihrem
vollen Umfange vertraut gemacht und eine reiche Erfahrung darin erworben
hatte, der seine Pflichten als Regent mit Ernst und Ruhe zu erfüllen suchte,
von Leidenschaften unbeeinflußt blieb und es vorzog, das Erbe seiner Dynastie
in den Grenzen, die er vorgefunden, möglichst innerlich geordnet zu erhalten,
statt es durch gewagte Unternehmungen zu vergrößern. Leopold hatte es
während seiner kurzen Regierungszeit verstanden, sich unter den europäischen
Mächten Achtung und Vertrauen zu verschaffen, er war ohne Zweifel zum
Führer auf den gegen Frankreich einzuschlagenden Wegen berufen. Wir wollen
keine Conjecturalpolitik treiben und nicht alle Möglichkeiten erörtern, die sich
aus einer längeren Dauer der Leopoldinischen Staatsleitung ableiten ließen;
aber trotzdem möge die Frage gestattet sein: welche Erfolge es hätte nach sich
ziehen müssen, wenn das Einverständniß zwischen Oesterreich und Preußen,
die wichtigste Schöpfung Leopolds, erhalten geblieben wäre? Leopold war
der Mann dazu, mit Preußen friedlich abzurechnen und die Theilung des
morschen Reichskörpers unter die beiden deutschen Großmächte ohne gewaltsame
Erschütterungen durchzuführen, weil er ein vollendeter Realpolitiker und so
veranlagt war, daß er das Erreichbare sehr gut von dem Unerreichbaren, das
Werthvolle von dem Werthlosen zu unterscheiden verstand. Von derselben
Tragweite wäre für die weitere Entwicklung der europäischen Verhältnisse der
Umstand geworden, daß Leopold ein entschiedener Gegner der Reaction in
Frankreich, ein Verächter des windigen und abenteuernden Emigrantenthums
war, daß er dem politischen Fortschritte aufrichtig ergeben war, sofern sich
derselbe organisch aus dem Bestehenden ohne Umsturz und Vernichtung vor-
handener gesunder Einrichtungen und Kräfte herausbilden ließ. Es hat nie=
mals etwas Lächerlicheres gegeben als die Behauptung, Leopold sei die Seele
der Reaction gegen die Ideen der französischen Revolution gewesen. Es
saßen im Gegentheil auf den Thronen Europas wenige so nahe Gesinnungs=
verwandte und Freunde jener Bewegung, wenn sie sich die Begründung einer
correcten constitutionellen Staatsform zur Aufgabe gesetzt hätte. Den Abfall
von den lauteren Freiheitsbestrebungen zu Gewaltthätigkeit, Rohheit, Anarchie

konnte er selbstverständlich nicht billigen. — Was Leopold für Oesterreich
bedeutet hat, glauben wir schon nachgewiesen zu haben; er hat es restaurirt,
d. h. er hat es vor dem Verfalle gerettet, welchen ein Weiterführen der
Josefinischen Centralisationsversuche nothwendig hätte nach sich ziehen müssen.
Aus der Analogie seiner Thätigkeit in Toscana läßt sich schließen, daß er
dabei nicht stehen geblieben wäre, wenn eine längere Friedenszeit ihm die
Gelegenheit gewährt hätte, Verwaltungsreformen mit Heranziehung der verfassungsmäßigen Factoren anzubahnen und durchzusetzen.   Daß Leopold ein
ganz besonders scharfes Auge für die berechtigten Eigenthümlichkeiten seiner
Länder hatte, daß er die Bedingungen richtig erkannte, unter welchen die
verschiedenen Gruppen derselben zu einem organischen Leben vereint werden
können, welches zwar nicht dem eines vollkommen entwickelten Staates ent-
spricht, aber doch dessen nothwendigste Aufgaben unter gewissen Verhältnissen
ersatzweise erfüllen kann, das wird man ihm heute, da es an Anlaß zu
ähnlich gemeinten Unternehmungen nicht fehlt, kaum absprechen dürfen.

Die Zeitgenossen haben den Kaiser sehr verschiedenartig beurtheilt, am
ungünstigsten die Oesterreicher selbst, die ihn nicht verstanden.   Einer der
unterrichtetsten und geistreichsten Staatsmänner jener Zeit, der Präsident des
obersten Rechnungshofes, spätere Staatsminister Graf Karl Zinzendorf,
entwickelt in seinen „Confessions“ folgende Anschauungen über ihn: „Der
Nachwelt kommt es zu, sich über die Denkart und Handlungen Leopold II.
auszusprechen; die Dinge sind unserem Blicke noch zu nahe, als daß wir
aus ihnen ein genaues Urtheil ableiten könnten. Er war ein guter, humaner,
wohlthätiger Fürst, der weder des Urtheils, noch der Ansicht ermangelte,
aber zugleich furchtsam, schwach, ein Feind der Arbeit, argwöhnisch, scheu,
mißtrauisch. In Toscana hatte er nach guten Grundsätzen regiert. Wäre
er der unmittelbare Nachfolger Maria Theresia's gewesen, er hätte vielleicht in Oesterreich sein toscanisches Regiment fortgeführt, er hätte mit der
Ruhe eines Weisen die guten Grundsätze seines Bruders befolgt, aber sich
gehütet, das Eigenthumsrecht anzutasten und, wie Josef gethan, den Ackerbau
den kleinen industriellen Experimenten der Hauptstadt zu opfern. Die Wirren
und die Gährung, welche durch die Reformen seines ungeduldigen Bruders
erregt waren, schüchterten den ohnehin ängstlichen Charakter Leopold II.
ein. Er begann, noch bevor er nach Wien kam, an den Grundsätzen der
Verwaltung zu zweifeln, die er selber befolgt hatte. Er versprach allen alles
und darüber hinaus, was sie verlangten; er hielt sich verpflichtet alles umzustürzen, was sein Vorgänger aufgerichtet hatte, warf auseinander, was jener
vereinigt hatte, und vervielfachte die Rathskörper und die Provinzialregierungen. Eine Folge seiner Schwäche war, daß er den Krieg gegen
Frankreich als Erbschaft hinterließ. Wie Rußland seinen Verbündeten Josef
beherrscht hatte, gab sich Leopold dem König von Preußen hin, dem einzigen
Urheber des schmachvollen Friedens zu Sistowa. Die zwei Unterhändler
Spielmann und Bischoffswerder paßten vollkommen zu einander. Trotz seiner

Güte und Leutseligkeit wurde Leopold II. wenig betrauert. Sein unerwarteter Tod rief im Publikum keine Sensation hervor." So der österreichische Hof= mann, der jedenfalls noch eine Perle unter seinen Standesgenossen genannt werden muß. Zur Erklärung dieser mehr als herben Kritik des Kaisers möge erwähnt werden, daß Zinzendorf sich von diesem zurückgesetzt fühlte, weil ihm bei Besetzung der Stelle des Hofkammerpräsidenten, zu welcher er jedenfalls sehr geeignet gewesen wäre, Graf Rudolf Chotek, sein Gegner, vorgezogen worden war. Hören wir dagegen die Meinung des preußischen Gesandten Jacobi über Leopold, ausgesprochen nicht als von christlicher Nächstenliebe dictirter, unschädlicher Nekrolog, sondern als Anhang zu einem amtlichen Bericht, der doch die Belehrung des Berliner Hofes zur Aufgabe hatte. [1])

„Es ist bekannt, daß der Kaiser während seiner ganzen Regierung in Toscana die Herstellung einer gleichmäßigeren Existenz der verschiedenen Stände und Klassen seiner Unterthanen, die Verminderung der Berechtigungen und der Reichthümer des Adels und des Clerus, sowie die Erweiterung des inneren und äußeren Handels zu dem unablässigen Gegenstand seiner Be= mühungen machte. In der österreichischen Monarchie schmeichelten sich zu Anfang seiner Regierung die Stände fast aller Provinzen und der Clerus, daß für sie der Zeitpunkt gekommen sei, wo sie ihre Privilegien und Präro= gativen wieder erlangen könnten. Auch fanden in der That verschiedene Re= clamationen des Adels Berücksichtigung und einige Prälaturen wurden wieder= hergestellt. Uebrigens darf man bei der Gerechtigkeitsliebe des Kaisers nicht annehmen, daß er in die Rechte irgend Jemands, wer es auch sei, wird eingreifen wollen; aber es ist doch ebenso bekannt, daß seine Grundsätze von Philosophie und politischer Oekonomie ihn in eben diesen Rechten viele Usur= pationen erblicken lassen. — Die in der Stille vor sich gehenden Unterredungen und Berathungen, welche eine billige Berücksichtigung der von den steier= märkischen Bauern kundgegebenen Wünsche zum Gegenstand haben, die Arbeiten, mit welchen der Kaiser sich beschäftigt behufs einer gleichmäßigen Vertheilung der Abgaben in allen Provinzen, mit einem Wort, die ganze Art und Weise, wie dieser Monarch nützliche Veränderungen zu bewirken sich bemüht, beweisen einerseits die Beständigkeit seiner Grundsätze und andrerseits seine große Umsicht. Aber er weiß zu gut den Volksgeist und die ansteckenden Principien zu würdigen, welche die Völker beherrschen, um nicht zu temporisiren. Eine in Leopolds Vertrauen stehende Person hat mir gesagt, daß Seine Kaiserliche Majestät noch nicht mit sich im Reinen sei in Bezug auf den Zeitpunkt, wo es angemessen sein möchte, die Initiative zu ergreifen, und ob er der Explosion der Unzufriedenheit in seinen Staaten zuvorkommen solle durch eine alsbaldige Abstellung der Beschwerden des dritten Standes, oder ob es besser sein möchte, den Beginn ruhigerer Zeiten abzuwarten. . . . Wenn man

---

1) Herrmann, Ergänzungsband.

den planmäßigen Gang, welchen dieser Monarch als Großherzog von Toscana in allen Beziehungen einhielt, im Auge hat, so muß man sich überzeugen, daß die Langsamkeit und das vorsichtige, anscheinende Schwanken, welches zur Zeit, als er die Regierung der österreichischen Monarchie antrat, seine ersten Anord= nungen nach allen Richtungen zu charakterisiren schien, viel mehr die Wirkung einer tiefen Reflexion als des Leichtsinns oder der Unbeständigkeit in seinen Grundsätzen war. In der That zeigen alle seit einiger Zeit vom Kaiser ausgegangene Entschließungen, daß der große Gegenstand, welchen er seit seinem Regierungsantritt verfolgte, der war, das Innere seiner neuen Monarchie besser kennen zu lernen; sowie von den wirklichen Fähigkeiten und dem guten Willen der mit der Ausführung seiner Pläne beauftragten Minister sich zu überzeugen." Ganz besonders wird Leopolds Eintreten zu Gunsten des Frei= handelssystems und seine Abneigung gegen das Militär hervorgehoben. Den Klagen der einheimischen Fabrikanten, welche sich durch die Aufhebung der Pro= hibitivzölle und des auf ausländischen Produkten liegenden Stempels geschädigt glaubten und ihre Arbeiten einstellen zu müssen erklärten, hielt er die Ansicht entgegen, daß die Verluste einiger Individuen nicht in Betracht kommen können, wenn durch schlechte einheimische Fabrikate eine ganze Monarchie in Contribution gesetzt werde. Wenige Monate vor seinem Tode hatte er eine besondere Militärcommission eingesetzt, welche das System des Marschalls Lacy, das dem Kaiser viel zu kostspielig und schwerfällig war, von Grund aus refor= miren sollte.

Im Volke hat Leopolds Gewissenhaftigkeit in der Verwaltung des Staats= vermögens den besten Eindruck gemacht. Man lobte die strenge Scheidung, welche er zwischen Privat= und Staatseinkünften durchführte und erzählte zahlreiche Beispiele von der Strenge, mit welcher er über die Verwendung der Staatsgelder wachte. Als man ihm den Vorschlag machte, zur Bestreitung der Feierlichkeiten bei dem Besuche des sicilianischen Hofes eine kleine Auflage auszuschreiben, soll seine Antwort gewesen sein: „Meine Gemahlin hat noch für einige Millionen Juwelen."[1] Das Familienleben des Kaisers, welcher sich eines reichen Kindersegens (zwölf Erzherzoge und vier Erzherzoginnen) zu erfreuen hatte, wurde trotz des gewiß ungetrübt guten Verhältnisses, in dem er stets zur Kaiserin stand, der Gegenstand übler Nachreden. Man erzählte sich, die Gutmüthigkeit Maria Ludovica's sei so weit gegangen, daß sie mit einzelnen Maitressen ihres Gemahls intim verkehrt habe, man brachte sogar seinen Tod mit „erotisch=rosenkreuzerischen Excessen" in Verbindung. Wir sind weit davon entfernt, ihm den Kranz einer besonderen Tugend= haftigkeit auf die Stirne drücken zu wollen, nach welchem er wahrscheinlich selbst nicht gegeizt hat, doch möge immerhin constatirt werden, daß in allen ernsten Geschichtswerken, in die wir Einsicht genommen haben, das Capitel der galanten Laufbahn des Kaisers nicht behandelt ist, ebensowenig fanden

---

[1] Grazer Merkur. 6. März 1792.

vir eine Andeutung, daß sein Auftreten als Regent durch Privatbeziehungen
dieser Art irgendwie beeinflußt worden sei. [1])

Das Oesterreich, das Leopold II. bei seinem allzufrühen Tode verließ,
war ein anderes geworden, als es unter Leopold I. und Karl VI. gewesen
war. So sparsam und beschränkt auch die staatsbürgerlichen und politischen
Rechte der Mehrheit der Bewohner zugemessen waren, so viele Lücken auch
die Gesetzgebung offen ließ, so war ein Fortschritt auf allen Gebieten der
Kultur doch unverkennbar. Man verdankte denselben unbestreitbar nur der
Regierung, der unmittelbaren Initiative dreier Regenten, welche bei aller
Verschiedenheit ihrer Geistes- und Willensrichtung doch in der Aufopferung
für das Volk einig waren. Die Idee, einen einheitlichen Großstaat mit einer
mächtigen Centralgewalt zu gründen, welche für alle Völker- und Länder-
gebiete entsprechend sorgen würde, indem sie das größte Maß von Aufklärung
zu verbreiten und vernünftige Einrichtungen einzuführen bemüht wäre, diese
Idee hatte sich zwar als unvereinbar mit den thatsächlichen Verhältnissen
erwiesen; die Annäherung der einzelnen Reichstheile an einander hatte nur
äußerst langsame Fortschritte gemacht, sie war an Grenzen gebunden, die sich
um keinen Preis verrücken ließen, es war evident geworden, daß das Völker-
conglomerat, welches die Habsburger unter ihrem Scepter vereint hatten,
in der Werthschätzung der Freiheit und aller anderen geistigen Güter der
Menschheit sehr verschieden zu urtheilen gewohnt war. Die Deutschen,
welche damals in ihrer Stellung als Kulturträger noch kaum bestritten
wurden, hatten in ihrer Entwicklung gewaltige Sprünge gemacht, mit welchen
sie einzuholen suchten, was sie während der hundertjährigen Jesuitenherrschaft
versäumt hatten. Josef II. hatte nicht umsonst regiert, der moralische Einfluß
seines Auftretens als Kaiser und Monarch war ein nachhaltiger und dauernder
geworden. Das Bewußtsein der Rechtsgleichheit theilte sich jedem Einzelnen
mit, gab ihm Muth und Selbstvertrauen. Die Anerkennung der Pflichten
des Regenten gegen das Volk, von Maria Theresia durch werkthätige Anwendung vorbereitet, von Josef feierlich verkündet, von Leopold zur Grundlage seines Regierungssystems gemacht, hob den Unterthan aus seiner
beschränkten Stellung empor, stellte ihn in der Gesammtheit als eine Macht
dem Regenten gegenüber und stärkte durch den Hinweis auf seine Rechte
zugleich sein Pflichtgefühl. Wohin man auf allen Gebieten des materiellen
und geistigen Lebens seine Blicke wenden mochte, überall war der Anfang
einer schwachen, aber stetigen Bewegung zu erkennen. Die Bevölkerungszahl
war im Zunehmen begriffen, Böhmen, welches nach dem dreißigjährigen Kriege

---

1) Es braucht kaum erwähnt zu werden, daß sich Vehse, der leider noch immer
zu viel gelesene Skandalgeschichtschreiber, zum Sammler aller über Leopold verbreiteten
Lügen hergegeben hat. Er weiß zu berichten, daß der Kaiser im letzten Jahre seines
Lebens das Gedächtniß verloren habe und sich nur mit Mühe von einem Tage auf
den anderen zu erinnern vußte; Bischoffswerder habe seinen Einfluß auf Friedrich
Wilhelm II. und Leopold seiner Kunst in der Zubereitung von Stimulantien verdankt ꝛc.

auf 800,000 Einwohner gesunken war, zählte 1777 schon 2,718,400; in Innerösterreich hatte die Verfolgung der Protestanten, welche noch unter Maria Theresia zur gänzlichen Emigration aus den österreichischen Staaten oder zur Transmigration nach Siebenbürgen gezwungen worden waren, allerdings einigen Abfall verursacht, im Ganzen war aber damals auch hier eine Vermehrung zu constatiren. Den auffallendsten Aufschwung zeigten die Städte: Brünn zählte 1667 nur 4000 Einwohner, 1797 schon 23,191, in Linz und Graz hatten sich die Einwohner verdoppelt. „Mit und ohne Bei=hilfe der Regierung vollzog sich in den Jahren 1770—1792 ein großartiger wirthschaftlicher Umschwung im Bauern= und Bürgerthum. Ohne politische Freiheit, ohne eine neue Organisation der Arbeit wurden tausend schlummernde Kräfte im Bürgerthum lebendig. Die Zahl der Erzeuger, Bearbeiter und Verbraucher nahm zu, das Anlage= und Betriebscapital vermehrte sich, Ge=werbs= und Handelsarbeit griffen in einander. Das Handwerk steigerte sich zur Großindustrie und eine neue, frische Thätigkeit stieg bis zu dem kleinen Bürger, bis zur Dorfindustrie herab. Der Wohlstand nahm zu, die Zahl der Bettler und Vagabunden verminderte sich, das Armenwesen wurde besser besorgt." [1] Für die Hebung der Industrie hat man in den Regierungskreisen eine beinahe zu ängstliche Sorgfalt entwickelt, man glaubte auch diese von oben herab beleben zu können, verirrte sich dabei oft in die complicirtesten Projecte, brachte viel Geld an und mußte endlich doch zugestehen, daß die Entwicklung der Arbeit in Wahrheit nur von den Arbeitenden selbst aus=gehen könne, daß das Capital seinen Weg zur Hebung der Produktion selbst finden müsse. Mit den Staatsfabriken in Linz, Brünn und Olmütz hatte man gründlich Fiasco gemacht. Weit günstiger wirkte es, als einige ein=sichtsvolle Cavaliere in Böhmen und Mähren zur Gründung neuer, nach englischem Muster eingerichteter Tuchfabriken und Glashütten schritten. Die Zahl der Fabriken in Böhmen stieg in den Jahren 1780—1786 von 50 auf 112, von 1785—1788 kamen allein 14,497 Webstühle in Gang, welche 126,962 Arbeiter beschäftigten, die Leineninduſtrie brachte 11 Millionen Gulden an Löhnen ins Land. In Wien standen einige hundert Seiden=weberstühle; man erzeugte Sammt, Grosdetours, halb und ganz seidene Zeuge, auch Plüsch und Cottonwaaren. Die Begründer dieser Induſtrieen waren meist Einwanderer aus Deutschland. Der Handel mit Wein, Leinwand, Eisen, Stahl, Kupfer, Leder, Porcellan ging über Trieſt nach Italien, Spanien, Portugal und auf der Donau in die Türkei. Die Aufhebung der Zollſchranken, die Ver=besserung des Steuerkatasters unter Josef II. hatten äußerst wohlthätig gewirkt, die gesunden Induſtrieen, wie die schon genannten in den nördlichen Ländern, die Eiseninduſtrie in Steiermark und Kärnten, konnten auch die durch Leopolds Freihandel entfesselte Concurrenz ertragen. Von dem Wohlstande, der in manchen Landestheilen unter den Bauern herrschte, giebt die Schilderung von

---

1) A. Wolf, Geschichtl. Bilder aus Oeſterreich. 2. Bd. VII. Städte und Bürger.

Oberösterreich in den „Briefen eines reisenden Franzosen" [1]) Zeugniß: „Sobald man den Fuß auf österreichischen Grund und Boden gesetzt hat, fühlt man lebhaft, daß ein ganz anderer Regierungsgeist das Land belebt. Die Wohnungen der Landleute, ihre Kleidung, ihre Gesichtszüge, der Anbau ihrer Güter, alles zeichnet sie zu ihrem Vortheil auffallend von den Baiern aus. Ich sah hier einige Bauern in einspännigen Kaleschen zu Markte fahren, die völlig wie die reicheren Pächter in England oder die nordholländischen Bauern aussahen. Ihr volles Gesicht, ihre ausgefütterten Pferde und das gute Geschirr sprachen von einem Wohlstande, den ihr langer, brauner, aber doch sehr reinlicher Wollenkittel, ihre plumpen Schuhe ohne Schnallen und die großen aufgekrempten Hüte nicht zu verrathen schienen. Ueberall erblickt man Spuren des Wohlbefindens und es ist mehr Sitte, als dringende Armuth, daß man besonders unter dem Titel zur Aussteuerung einer Braut oder eines Bräutigams von den Landleuten angebettelt wird." Auch das Wohlleben in Steiermark war Fremden sehr auffällig. — Die Staatseinnahmen wurden mit 82 Millionen Kaisergulden angegeben, wozu Ungarn und Siebenbürgen 18 Millionen beitrugen, die Zinsen der Staatsschuld berechnet Schlözer mit 15 Millionen Gulden.

Ungarn, damals in noch sehr mangelhafter Verbindung mit dem gebildeten Europa, erregte durch die Menge und Güte seiner Produkte immer mehr und mehr Aufmerksamkeit. Die Verwerthung derselben bot jedoch große Schwierigkeiten, weil es so zu sagen keine Straßen, außer den von der Natur geschaffenen Wasserstraßen der Donau und ihrer Nebenflüsse gab. Man fuhr im ganzen Lande, wie noch jetzt in einigen von den Eisenbahnen entfernteren Gegenden, über den herrlichsten Ackerboden, der in mächtiger Breite zur Steppe umgewandelt ward. Das Getreide hatte geringen Werth, es blieb daher viel Boden brach liegen, obwohl man auch Tabak, Safran und einzelne andere Handelspflanzen baute, Obstzucht und Weinbau trieb. Die vortrefflichen Eigenschaften des ungarischen Weines waren bereits weit verbreitet, er kam jedoch nur selten außer Landes, die unglaublich harten Bedingungen für die Ausfuhr und Durchfuhr desselben durch die österreichischen Erbländer hinderten den Export. Von Industrie gab es in Ungarn kaum die ersten Anfänge, es mußte seinen ganzen Bedarf an Tuch, Seide, Leinwand, Baumwollwaaren, Glas, Galanterie- und Luxusgegenständen vom Auslande beziehen; für Zucker und Kaffee allein rechnete man 2½ Millionen Gulden. Dagegen verkaufte es etwa für 5½ Millionen Vieh, für 4 Millionen Getreide und Heu, für 3 Millionen Gulden Wein, für eine halbe Million Tabak und Seide. Der Adel, der nebst der Geistlichkeit fast allen Grund und Boden innehatte, war seit Karl VI. an das Hofleben herangezogen worden, das er vordem nicht gekannt hatte, nahm allmählich deutsche und französische Sitte

---

1) Briefe eines reisenden Franzosen über Deutschland. An seinen Bruder in Paris. Uebersetzt von K(arl) R(isbek). 2 Bde. 1784.

an, ging mit Vorliebe Ehen mit dem deutschen Adel ein und trieb einen geradezu unmäßigen Luxus. Daneben war der Zustand des niederen Volkes ein äußerst gedrückter, beklagenswerther.

Die Literatur der Aufklärungszeit in Oesterreich hat einige bescheidene Talente und Specialitäten, aber keine Erscheinung von Bedeutung zur Reife gebracht. Die Wieland'sche Muse fand in Johann Baptist von Alxinger (geb. zu Wien 24. Januar 1755, gest. ebendaselbst am 1. Mai 1797) einen nicht ungeschickten Nachahmer. Die epischen Gedichte „Doolin von Mainz" (1787) und „Bliomberis" (1791) zeichnen sich durch Reinheit und Wohllaut

Johann Baptist von Alxinger.
Verkleinertes Facsimile des Kupferstiches von Langer.

der Sprache und sorgsame Behandlung des Versmaaßes aus. Alxinger war k. k. Hofagent, wurde 1794 Secretär bei der Direction des Burgtheaters und stand in lebhaftem Verkehr mit Wieland, Geßner, Uz, Ramler, Gleim, Göcking, Fr. Nicolai u. a. deutschen Schriftstellern. Ein weit ursprünglicheres Talent entfaltete sich in Alois Blumauer (geb. zu Steyer 21. December 1755, gest. zu Wien am 16. März 1798), dem Verfasser der berühmten Travestie „Virgil's Aeneis oder Abenteuer des frommen Helden Aeneas" (1784—88), die durch eine natürliche Komik in gefälliger Form, durch gute Einfälle und echten Witz eine dauernde Stellung in der Literatur gewonnen hat. Blumauer wollte in seiner Jugend Jesuit werden, wurde aber durch

die Aufhebung des Ordens daran verhindert und erhielt durch van Swieten's
Vermittlung eine Anstellung als Censor, die er bis 1793 bekleidete. In
diesem Jahre übernahm er die Gräffer'sche Buchhandlung, machte damit jedoch
keine glänzenden Geschäfte und sah sich kurz vor seinem Tode veranlaßt, sie
wieder aufzugeben. Seine „Gedichte" zeigen den Einfluß Bürgers und Wie=
lands auf den Dichter, der bei einem Besuche in Weimar die volle Gunst
des letzteren sich erwarb. Mit Fr. Nicolai gerieth Blumauer in eine heftige
Polemik wegen des Ersteren Bemerkungen über Wien in seiner bereits erwähnten
Reisebeschreibung, welche ihn zur Herausgabe von „Beobachtungen über Oester=
reichs Aufklärung und Literatur" (1783) und der zweibändigen Streitschrift
,Proceß zwischen Herrn Friedr. Nicolai und den 797 Pränumeranten auf
dessen neueste Reisebeschreibung" veranlaßten. Allgemeine Anerkennung fand
auch Blumauers Thätigkeit als Bibliograph. Gemeinschaftlich mit J. F.
Ratschky gab er den von letzterem 1777 begründeten „Wienerischen Musen=
Almanach" von 1781 bis 1792 heraus, in welchem sich eine große Zahl
versificirender Dilettanten neben den wenigen Dichtern von Beruf, welche
Oesterreich aufzuweisen hatte, selbstgefällig breitmachte. Von den vielen Mit=
arbeitern des Musenalmanachs[1]) mögen außer den Herausgebern erwähnt
werden: Alxinger, Denis, Goekingk, Karoline von Greiner, später verehelichte
Pichler, Lorenz Haschka, Johann von Kalchberg, Gottlieb Leon, Mastalier,
M. Prandstetter, L. von Retzer und Josef von Sonnenfels, der sich vornehmlich
mit Epigrammen betheiligte. Ratschky schrieb außer lyrischen Gedichten auch ein
„heroisch=episches Gedicht für Freunde der Freyheit und Gleichheit": Melchior
Striegl in 6 Gesängen (Wien, 1794), welches das Motto trug: „Fehde dem
Schlosse, das Wohlstand verkündet, Friede der Hütte, wo man nichts findet."
Von Dramatikern wäre nur Cornelius Herm. von Ayrenhoff (geb. 28. Mai
1733, gest. 15. August 1819), der im französischen Stile dichtende Feld=
marschalllieutenant zu nennen, dessen Lustspiele „Der Postzug oder die nobeln
Passionen" und „Alte Liebe rostet nicht" bis zum Anfange des 19. Jahr=
hunderts häufig auf den deutschen Bühnen gegeben wurden. — Den größten
Einfluß auf die Entwicklung der jüngeren Generation, in welcher lebensfähige
dichterische Keime noch geweckt werden konnten, übte das von Josef II. glanz=
voll ausgestattete „Nationaltheater", welches mit dem von Paris erfolgreich
wetteifern konnte. Schauspieler, wie Stephanie der ältere, Brokmann, Schröder,
Bergopzomer und Müller, Künstlerinnen von dem Rufe der Madame Salto,
welcher alle Gesellschaften Wiens, ja selbst die Gemächer der Kaiserin offen
standen, Nanette Jaquet, Madame Lange u. A. begründeten den großen Ruf
des Burgtheaters, das zur Hebung der dramatischen Kunst, wie auch des An=
sehens der Künstler in Deutschland nicht wenig beigetragen hat. Nicolai, der
sich die möglichste Mühe gab, den Werth der Wiener Künstler herabzudrücken

---

1) Das Verzeichniß bei Schlossar, Oesterreichische Cultur= u. Literaturbilder.
Wien 1879.

und denselben vorwarf, „daß ihnen die großen Schritte, welche die Schauspiel=
kunst in Hamburg that", unbekannt geblieben seien, mußte zugestehen, daß die
Aeußerlichkeiten des Schauspieles: Beleuchtung, Bequemlichkeit in Logen und
Parterre, Decorationen, Kleidungen ꝛc. vorzüglich seien und daß Wien in diesen
Stücken „viele" Städte Deutschlands übertreffe. Eine eigenthümliche Schöpfung
der Wiener Volkslaune, die Figur des einfältigen Bauers „Kasperl", eines
Nachfolgers des „Hanswurstes", wurde von der sogenannten „Badener Truppe"
cultivirt, welche im Sommer in Baden bei Wien und während des Winters
in einem eigenen Theater in der Leopoldstadt gutbesuchte Vorstellungen gab.
Die Bewohner der Vorstädte erlustigten sich bei Bier, Wein und Würsten an
den „Kreuzercomödien", welche bisweilen auch mit Tragödien abwechselten,
deren Darstellung allerdings ihre erheiternde Wirkung nicht verfehlte.

Auch in den Provinzen hielt man etwas auf gute Theater; hier waren es die
ständischen Corporationen, welche den in den Hauptstädten wohnenden Familien
die Gelegenheit zu einer edleren Unterhaltung zu bieten bestrebt waren, indem
sie verhältnißmäßig große Summen auf die Herstellung entsprechender Gebäude,
auf Decorationen und Ausstattungen verwendeten. Das Repertoire des Schau=
spiels war mit dem in Deutschland auf gleicher Stufe. In Graz spielte man zu
Kaiser Josefs Zeit „Fiesco" und „Cabale und Liebe", 1797 fand daselbst
die erste Aufführung des Don Carlos statt. [1] Auch Shakespeare ist mit
„Coriolan", „Macbeth" und dem „Kaufmann von Venedig" vertreten;
außerdem gab man Leisewitz' „Julius von Tarent", Marivaux' „Falsche
Vertraulichkeiten", Calderons „Verschlag" und selbstverständlich Iffland
und Kotzebue.

Während der Antheil Oesterreichs an der deutschen Literatur des
18. Jahrhunderts nur ein äußerst bescheidener genannt werden kann, gestaltete
sich die Pflege der Musik in überraschender Weise aus, ja es wurde Wien
zur Heimstätte einer Kunstbewegung, welche fast ein volles Jahrhundert hin=
durch auf die ganze deutsche Nation bestimmend und führend wirkte. Die
Gemüthsanlage der Deutschösterreicher und ihre zwischen dem italischen Süden
und dem rein deutschen Norden vermittelnde Stellung haben diese Erscheinung
begründet. Die deutsche Musik hatte sich in ihrer vollen Tiefe und Würde
zuerst im Herzen Deutschlands entfaltet; dort wo vor Jahrhunderten der
Minnegesang seinen glänzendsten Aufschwung genommen, am Fuße der Wart=
burg schuf der Thüring Johann Sebastian Bach die ersten vollendeten
Kunstwerke echt deutschen Charakters. Ihr Ernst und die Strenge ihres
Stiles, die vorwiegend kirchliche Richtung verhinderte jedoch, daß die Be=
deutung dieser Musik in ihrem vollen Umfange von der Gesammtheit der
Nation erfaßt wurde. Die socialen Träger der Kunst, die Höfe und höheren
Stäube, welchen das Verständniß für den Geist ihres Volkes fast gänzlich
verloren gegangen war, ergötzten sich damals ausschließlich an italienischer

---

[1] Schlossar, Innerösterreichisches Stadtleben vor hundert Jahren.

Musik. Ihnen, namentlich aber dem katholischen Theile derselben, konnte die
Bach'sche Muse die Erlösung aus den Banden einer bereits erschlaffenden
fremden Production nicht bringen, zwischen ihr und dem Geschmack der üppigen
Rococosalons gab es keine Brücke. Aber Mozart, das Sonnenkind, konnte
die Herrschaft des Wälschen gefährden, brechen, vernichten. Und diesen Mozart,
den nach Heiterkeit und leichtem Lebensgenuß dürstenden, dabei schnell und
tief erregbaren, die schwierigste Arbeit fast spielend bewältigenden Meister,
wo könnten wir ihn in einer seiner Eigenart entsprechenderen Umgebung, vo
seine Entwicklung natürlicher begründet finden, als in dem lebenslustigen,
naiv-sinnlichen Wien oder in dem deutschen Prag des 18. Jahrhunderts?
Von Oesterreich aus ist die Musik wieder die Herzenssache des deutschen
Volkes geworden. Mozart und Haydn mußten die Wege zu dem Herzen
des Volkes weisen. Die so ganz weltliche Generation bedurfte dieser weltlichen Kunst, die den Gehalt, die Innigkeit, die Gefühlswahrheit der deutschen
Richtung mit freundlicher Form und dem berückenden Wohlklange der Italiener
verband. Die deutsche Kunst hat ihre Blüthe immer dann erreicht, wenn die
Seele des Deutschen, von fremden Eindrücken mächtig bewegt, den Wettkampf
mit den romanischen Nachbarn aufnahm. Davon giebt gerade die Entwicklung
der classischen Periode unserer Musik den klarsten Beweis. Zur Aufnahme
der Anregung durch die italienische Musik, zur Verarbeitung und Ausbildung
der fremden Formen, zur Gestaltung harmonisch schöner Schöpfungen brachten
die Deutschösterreicher die reichste Begabung, zum Genusse derselben die größte
Empfänglichkeit mit. Mozart war bekanntlich schon als Wunderkind ein
Liebling des Hofes der großen Kaiserin gewesen, er hatte Marie Antoinette,
weil sie ihn, da er ausgeglitten war, vom Boden aufgehoben, die Ehe versprochen. Als er 1781 zum zweitenmal in Wien erschien, nachdem er bereits
ein weltbekannter Virtuose geworden war, fand er dort sehr viel musikalisches
Leben vor. Da gab es eine treffliche Oper unter Salieri mit den Sängern
Adamberger und Fischer, den Damen Bernasconi und Aloisia Weber, eine
große Zahl musikalischer Cirkel in den Kreisen des Adels und der hohen
Bureaukratie, bei der Gräfin Thun, Mozarts Schülerin, bei den Fürsten
Kaunitz und Lichnowsky, den Hofräthen von Born und von Keeß, bei van
Swieten und im Hause des berühmten Botanikers Jacquin, wo Mozart be-
sonders intim war. Vor Allem aber lebten in Wien der große Regenerator
der Oper, W. von Gluck, und Josef Haydn, (geb. 31. März 1732 zu
Rohrau in Niederösterreich) bis 1790 Kapellmeister des Fürsten Eßterhazy
und durch seine Instrumentalcompositionen bereits in ganz Europa bekannt
und geschätzt. Kaiser Josef war ein Gönner Mozarts, wenn er auch seine
Musik nicht vollkommen zu würdigen verstand. Bekannt sind die Worte des
Kaisers nach der ersten Aufführung der „Entführung aus dem Serail"
(12. Juli 1782): „Zu schön für unsere Ohren und gewaltig viel Noten,
lieber Mozart!" worauf dieser schnell bereit zu antworten wußte: „Gerade
so viel Noten, Ew. Majestät, als nöthig ist!" Die Sparsamkeit Josefs, der

Joseph Haydn.
Verkleinertes Facsimile des Stiches von Joh. Ernst Mansfeld (1738—1796).

die Ausgaben für Kunst doch nicht eigentlich als productive ansah, war Ursache, daß Mozart nicht durch ein reichliches Auskommen vor den Bedrängnissen des täglichen Lebens geschützt und vielleicht vor dem frühzeitigen Versagen seiner physischen Kräfte bewahrt worden ist. Die Intriguen wälscher und deutscher Collegen thaten das Ihre, um ihm den Weg zu einem geordneten Haushalte zu erschweren. Leopold war sehr ungnädig gegen Mozart, er ließ sein Gesuch um die Stelle des zweiten Hofkapellmeisters unberücksichtigt, er vertraute ihm den Unterricht seiner Kinder nicht an; ja bei den Festlichkeiten im September 1790, die der Anwesenheit des neapolitanischen Königspaares galten, wurde wohl Weigels „Cafetiera bizarra" und Salieri's „Axur", aber weder der „Figaro" noch der „Don Juan" aufgeführt. Aus welchem Grunde Mozart die Krönungsreise nach Frankfurt auf eigene Kosten mitgemacht hat, ist nicht bekannt geworden. Erst nach dem Tode Wolfgangs Amadeus (5. December 1791) zeigte sich der Kaiser großmüthig, er trug zur Tilgung der Schulden ein bedeutendes Geschenk bei und warf der Witwe eine Pension aus, die sie vor Mangel schützte. Trotzdem Mozart in Wien nicht mit Gunst überhäuft wurde, war er doch nicht zu bewegen, die Stadt zu verlassen. Er war nahe daran gewesen, einen Antrag nach Berlin anzunehmen, die einzigen Worte Josefs: „Sie wollen mich verlassen?" genügten, ihn von dem Plane abzubringen. Sehr glücklich fühlte er sich in Prag, wo am 29. October 1787 „Don Juan" zum erstenmal aufgeführt und mit wahrer Begeisterung und allgemeinem Entzücken aufgenommen wurde. — Nach Mozarts Tode fand das Musikleben Wiens durch die folgende Kriegszeit bald ein jähes Ende; auch Haydn hatte damals Wien verlassen und war in London zu der großartigsten Periode seines Schaffens gelangt. Dittersdorf (1739—1799), dessen „Doctor und Apotheker" als volksthümlich-komische Oper in Wien 1786 einen großen Erfolg gehabt hatte, starb ziemlich verkommen, fern von der Heimath. Erst als Beethoven, der 1792 seinen Aufenthalt in Wien genommen hatte, der Mittelpunkt eines Kreises hingebungsvoller Musikfreunde geworden war, waren die Elemente zu einer neuen Glanzperiode gegeben. Das Zusammenspiel im Orchester hatte ebenso wie das Quartettspiel in Wien eine hohe Stufe der Vollkommenheit erreicht. Nicolai hebt rühmend die Ausführung Haydn'scher Symphonien und insbesondere die exacte Anwendung der kurzen Stricharten in den Saiteninstrumenten hervor und muß zugeben, daß man in Berlin diese Kunst noch nicht geübt habe. Er findet das Orchester des Burgtheaters fast noch besser, als das des Operntheaters, welches damals schon, wie noch achtzig Jahre später, das Theater am Kärntnerthor genannt wurde.

Wien hatte sammt den Vorstädten 5378 Gebäude und 254,261 Einwohner, während gleichzeitig London mit 900,000, Paris mit 700,000, Berlin mit 140,000 Einwohnern berechnet wurden. [1] Die Sterblichkeit war

---

1) Zu diesen und den folgenden Angaben benutze ich die treffliche „Skizze von Wien", 1786. 2 Hefte und Fr. Nicolai's „Beschreibung einer Reise durch Deutschland und die Schweiz im Jahre 1781, Berlin u. Stettin 1784, Band 3, 4, 5.

Ansicht vom Glacis vor Wien gegen die Alfervorstadt. Nach dem Originale von J. Ziegler vom Jahre 1782.

Im Vordergrunde der Paradeplatz, an diesen anschließend die Alservasterne; l. die Alservorstädter Minoritenkirche; r. die Schwarzspanierkirche (heut. evang. Garnisonskirche); v. bildet den Hintergrund der Kahlenberg.

in Wien sehr groß, es starben in den Jahren 1770 bis 1782 jährlich 9000 bis 12,000 Menschen; als Todesursachen treten häufig Blattern (im Jahre 1767 allein 1046 Fälle) und Schlagflüsse auf. Die Reinlichkeit der Stadt, welche noch unter Leopold I. vieles hatte zu wünschen übrig gelassen, war unter Maria Theresia und Josef II. wesentlich gehoben worden. Da die zahl= reichen in Wien lebenden Fremden ihre Nationaltracht trugen, so bot die in den engen Gassen sich lebhaft drängende Menge ein sehr buntes Bild; nicht= minder herrschte eine Sprachenmischung, deren Verwirrungen häufiger die lateinische als die deutsche Sprache auszugleichen hatte. Man zählte in Wien über 3000 Herrschaftswagen, 600 nummerirte Fiaker, 300 sogenannte Lohn= kutschen und noch etwa 300 Landkutschen und Chaisen von Privatleuten, die sämmtlich im guten Stande gehalten waren und die Pariser Gefährte an Bequemlichkeit und Eleganz überboten; 22,000 Pferde standen in den Ställen der Stadt, darunter manche im Werthe von 4 — 5000 Gulden. Demgemäß verschlang der Magen Wiens schon damals recht stattliche Quan= titäten von Produkten aller Art; man rechnete 1783 40,000 Stück Ochsen, 63,000 Kälber, 35,000 Hammel, 170,000 Lämmer, 80,000 Schweine, 723,000 Strich Semmelmehl, 972,000 Strich Roggenmehl, 1,263,000 Strohbünde, 20,000 Fuhren Heu, bei 300,000 Klafter Brennholz, 500,000 Eimer Wein und 4½ Millionen Eimer Bier.[1]) Der deutsche Adel war sehr zahlreich in Wien vertreten, auch von den ungarischen Magnaten hatten manche ihren bleibenden Aufenthalt in der Residenz. Zu den hervorragendsten Familien zählten die Auersberg, Batthiany, Colloredo, Czartorisky, Dietrichstein, Eßterhazy, Grassalkowicz, Kauniß, Khevenhiller, Kinsky, Klary, Lichtenstein, Ligne, Lobkowiß, Paar, Palm, Schwarzenberg und Starhemberg. Von diesen verzehrten manche jähr= lich 200,000 Kaisergulden, ja die Lichtenstein, Dietrichstein, Eßterhazy, Schwarzenberg, Lobkowiß tarirte man auf 3 — 600,000 Gulden jährliche Ausgaben. Neben den verschiedenen Stufen des alten Adels machten sich auch neu baronisirte Spekulanten geltend, welchen die Kriege unter Maria Theresia die Gelegenheit zu Geld= und Titelerwerb gegeben hatten. Trotz ihres großen Reichthums waren die großen adeligen Häuser, besonders die ungarischen, mit Schulden überladen, Pferde und Dienerschaft kosteten enorme Summen. Es gab viele Privatställe mit 50, 60 und mehr Pferden in Wien; selbst mittelmäßige Häuser hielten einen Haushofmeister, einen Secretär, zwei Kammerdiener, zwei Läufer, einen oder zwei Jäger, zwei Köche, fünf bis sechs Lakaien, einen Portier. Ein Schmuck für eine Dame im Werthe von 30,000 bis 40,000 Gulden war etwas ganz gewöhnliches, im Spiele verloren Cavaliere 15,000 bis 20,000 Gulden auf einem Sitze. Es galt der Satz: Man verthut sein Geld in Paris mit mehr Geschmack, aber die

---

1) Nicolai's Berechnung, daß von 7½ Millionen Eimern, welche 1780 in Niederösterreich fabricirt wurden, nur 300,000 Eimer Bier auf Wien entfallen sollen, ist jedenfalls irrthümlich.

Wiener halten länger aus. — Auch die bürgerliche Bevölkerung von Wien war dem Wohlleben und dem heiteren Lebensgenusse ergeben. „Der gemeine Mann", heißt es in der Skizze, „liebt Schmaus, Tanz, Spectakel, Zerstreuung. Er spaziert an Festtagen fleißig in den Prater und Augarten, besucht Hetze und Feuerwerk, fährt auch wohl mit seiner Familie über Land, und bestellt sich allenthalben einen wohlbesetzten Tisch. Da in Wien bis auf Wohnung und Holz alles sehr wohlfeil ist, so ist klar, daß der Handwerksmann seine Käufer nicht überhält, und da der gemeine Mann im Durchschnitt selten Bankerott macht, im Gegentheil noch wohlhabend ist, so muß man daraus schließen, daß er seine Vergnügungen nicht über seine ökonomischen Kräfte treibt." Der lebhafte Verkehr in den engen Gassen der inneren Stadt fiel dem Fremden auf, namentlich das Fahren der zahlreichen Wagen, deren geschickte Lenkung allgemeine Anerkennung fand. Dies kam daher, weil nicht nur die adeligen Herrschaften, sondern auch viele Bürger fast täglich ihre Spazierfahrten machten. Das Tagesleben eines wohlhabenden Wieners schildert Nicolai nicht ohne einige Berechtigung in folgendem Excurse: „Schon in der Frühe schlürft er im Sommer ein paar Seidl Obers oder Milchrahm in sich, und genießt eine gehörige Anzahl Kipfl oder Milchbrödchen dazu. Im Winter aber tunkt er seine Eierkipfl in Milchkaffee, und ehe er in die Messe geht, stopft er eine gute Portion Gebetwürstl in sich. Noch Vormittags ist er im Sommer im Kirschweinkeller oder im Winter im Methkeller anzutreffen und dabei wird wieder etwas Kaltes genossen. Zu Mittag ißt er gewöhnlich vier Gerichte und von jedem nicht wenig. Alsdann setzt er sich ein halbes Stündchen in einen Schwungstuhl und schaukelt sich, um die Verdauung zu befördern. Dafür kann er auch gegen vier Uhr ein tüchtiges Jausen oder Vesperbrod zu sich nehmen. Um fünf Uhr geht er im Sommer in einen öffentlichen Garten zum Kegelspiel und nach einem halben Stündchen empfindet er daselbst schon wieder Hunger. Da ist dann ein Aufgeschnittenes, geselchtes Kaiserfleisch oder „gebackene Hendl" bereit, die ihm sehr wohl schmecken. Im Herbste oder Winter geht er ins Lothringer Bierhaus oder in das bei der Schlange auf der Kärntnerstraße. Daß er da Luft- oder Hornerbier trinkt, ist das wenigste. Er ißt auch gebackene Schnecken, eingerührte Eier, Lungenbratl oder doch wenigstens eine gute Portion Kipfl. Demohngeachtet kann er zu Hause gegen Acht Uhr doch wieder eine Abendmahlzeit von drei Gerichten verzehren."

Sehr entwickelt war auch damals schon das Kaffeehausleben; auf dem Graben und dem Kohlmarkte befanden sich Kaffeehäuser, welche mit Spiegeln, Tapeten, Bildern u. dgl. geziert und den ganzen Tag über gut besucht waren. Die Tanzsäle in den Vorstädten boten auch im Sommer Gelegenheit zur Fortsetzung der Faschingsbelustigungen, im Augarten gab es ebenfalls während des Sommers Bälle für die höheren Gesellschaftskreise. Auf dem Kohlmarkte erging man sich in den Abendstunden bis Mitternacht, nahm Eis und unterhielt sich mit den Damen, welche auf langen Reihen von Stühlen Platz

genommen hatten. Im Trattner'schen Hause am Graben, welches zu den
schönsten Privatbauten gehörte, die unter Josef II. entstanden, wurde 1784
ein adeliges Casino gegründet, als dessen Mitglied man jährlich sechs Ducaten
bezahlte. Es gab dort Concerte, Bälle, Billard- und Kartenspiel. — Zu den
Volksbelustigungen gehörten auch die „Thierhetzen", in welchen nicht nur
lustige Bärentänze und Affencomödien zur Aufführung kamen, sondern leider
auch grausame Kämpfe zwischen Stieren und Hunden, Schweinen und Wölfen
veranlaßt wurden, deren oft gräßliches Ende von dem aus allen Berufs-
classen zusammengesetzten Publikum mit kaltblütigem Behagen angesehen wurde.
Wenn Nicolai in seiner Beurtheilung der Wiener Verhältnisse bisweilen über das
Ziel schießt, so können wir seiner gerechten Entrüstung über diese Verirrungen
nur beipflichten. Die Gastfreundschaft der Wiener genoß einen außerordent-
lichen Ruf, sie war so groß, daß die Gasthäuser dabei nicht floriren konnten,
von welchen die traurigsten Schilderungen entworfen werden. — Wortspiele
und Witze standen in dem Wien vor hundert Jahren ebenso im Flore, wie
heutzutage; auch die Redefreiheit erregte bei Fremden allgemeines Erstaunen.
In den zahlreichen Weinkellern, Bierhäusern und Kaffeehäusern, deren es bei
fünfzig gab, wurde ohne Scheu über Politik und Religion raisonirt, ja Kaiser
Josef ließ auch jede öffentliche Kritik seiner eigenen Handlungen uneingeschränkt
öffentlich zu, unter seiner Regierung wurde niemals irgend Jemand wegen
einer freien Aeußerung beanstandet. Dennoch suchte die Polizei sich von
allem, was vorging und geredet wurde, in Kenntniß zu erhalten und unterhielt ein Heer von geheimen Agenten in ihrem Solde. „Dieses Ungeziefer
drängt sich zu allen Gesellschaften, beunreinigt jeden nicht äußerst sorgfältig
gewählten Cirkel. Vorzüglich nistet es in Wirthshäusern, Kaffeehäusern, bei
Tracteurs, in den Gärten, auf den Spazierplätzen und allen öffentlichen Be-
lustigungsorten. Es schleicht in allen Gestalten herum, bald stellt es einen
Wirth vor, bald einen Markeur, bald einen Difasterienten; jetzt einen Kauf-
mannsdiener, dann einen Pensionisten, nun einen Kammerdiener oder Secretär,
es befühlt in der Hülle eines Doctors den Puls, schreibt in der Hülle eines
Advokaten Acten und Rapporte, macht in der Form eines Mönchs Haus-
besuche, tändelt in dem Mäntelchen eines Abbé um galante Weiber, verwandelt
sich sogar in Barone und Grafen." — Zur Zeit der französischen Revolution
erhielten diese „Schmeißfliegen" mehr Beschäftigung, als während Josefs
Regierung. Damals wurden die politischen Debatten, die sich selbstverständlich
ins Ungemessene entwickelt hatten, in öffentlichen Localitäten untersagt und
die Wirthe für alles, was in ihren Stuben geredet wurde, verantwortlich
gemacht. Trotz ihrer Vorliebe für das Politisiren und Raisoniren waren die
Wiener in politischer Hinsicht doch ziemlich harmlos. Der Verfasser der
„Skizze" beurtheilt sie in dieser Richtung trefflich: „Die heutigen Wiener
haben eine zwar nur dunkle, aber ihnen fest vorschwebende Idee von der
gegenwärtigen Stärke und Uebermacht ihres Staats. Sie zittern vor niemandem mehr, in der Ueberzeugung, daß ihre Minister und Generale wohl

dafür sorgen, daß nie wieder ein feindliches Heer ihren Linien zu nahe komme. Uebrigens lassen sie ihren Landesherrn machen, was ihm gut däucht. Er hat sie schon an sehr empfindlichen Fleckchen angegriffen, aber sie haben keine offene saure Miene darüber gemacht. Es war für das Wienerische Publikum keine so ganz gleichgiltige Sache, die sogenannten Ketzer toleriren, Mönche und Nonnen aufheben, die Kirchenmusik abstellen, die Andachten vermindern, die Heiligen entkleiden, und sich einen Besuch vom heiligsten Vater Papst auf den Hals zu ziehen. Indessen duldeten die Wiener alles mit froher Gleichmüthigkeit, und hätten sich die Mönche und Bigotten nicht so viele Mühe gegeben, in allen Häusern herumzuschleichen, die Andächtigen aufzuhetzen, über die neuen Anstalten des Souveräns zu lästern, verschiedene pasquillantische Schriften zu verbreiten und die Gemüther auf alle ihnen nur mögliche Weise zu verbittern, so würde man auch nicht einmal in Privatgesellschaften die Stimme der Unzufriedenheit und Schmähsucht gehört haben."

Diese sprüchwörtlich gewordene Gutmüthigkeit, welche zu nicht geringem Theile auf Apathie und Bequemlichkeit zurückzuführen ist, machte den Wiener, wie den Durchschnittsösterreicher überhaupt, sehr geeignet, die mannigfachen Schicksalsschläge, welchen sein Staatswesen unterworfen war, mit Ruhe und Geduld hinzunehmen, selten gerieth er in Aufregung, jedenfalls nicht auf lange Zeit. Auch die Lasten der mit Leopolds Tode beginnenden langen Kriegszeit, die dreimal in einem Decennium einen harten und begehrlichen Feind mitten in das Herz des Reiches führte, trug er mit bewunderungswürdiger Ausdauer, sie kostete ihm den besten Theil seiner guten Laune, doch ganz ließ er sie sich niemals nehmen und seine Unzufriedenheit nahm keinen gefährlichen Charakter an. Ebensowenig war er jedoch einer starken und nachhaltigen Begeisterung fähig, noch eines gerechten Zornes, eines starken Hasses gegen den Unterdrücker. Nur in den Alpenländern blitzte es bisweilen von tieferer Volksleidenschaft auf, manche barbarische Racheausbrüche der inneröstreichischen Bauern geben Zeugniß davon. Im Ganzen aber wurde das österreichische Volk in der Franzosenzeit nicht tief aufgeregt, der Aufschwung der Befreiungskriege, wie er in den nördlichen deutschen Landen sich gestaltete, war kaum in einem schwachen Nachhalle fühlbar und die goldene Congreßzeit, von deren Herrlichkeit noch unsere Väter schwärmten, lullte das ganze Volk wieder in die alte — geschwätzige Indifferenz.

Verzeichniß der Illustrationen.

Im Text.

Vollbilder.

Doppelvollbilder.

Inhaltsverzeichniß.

Einleitung.

Erstes Buch, 1740—1765.

Vollendung des Satzes am 8. April 1884.

Lightning Source UK Ltd.
Milton Keynes UK
UKHW012145120119
335365UK00007BA/354/P